INTRODUCTION
À LA PSYCHOLOGIE

Les grandes perspectives

SCIENCES HUMAINES

OUVRAGES PARUS DANS CETTE COLLECTION:

— *Introduction à la psychologie sociale – Vivre, penser et agir avec les autres,* Luc Bédard, Josée Déziel et Luc Lamarche, 1999.

— *Méthodologie des sciences humaines – La recherche en action,* Sylvain Giroux, 1998.

— *Méthodes quantitatives – Formation complémentaire,* Luc Amyotte, 1998.

— *Économie globale – Regard actuel,* Renaud Bouret et Alain Dumas, 1997.

— *Défis sociaux et transformation des sociétés,* Raymonde G. Savard, 1997.

— *Démarche d'intégration des acquis en sciences humaines,* Line Cliche, Jean Lamarche, Irène Lizotte et Ginette Tremblay, 1997.

— *Les âges de la vie – Psychologie du développement humain,* Helen Bee, adaptation française de François Gosselin, 1997.

— *Guide de communication interculturelle,* 2e édition, Christian Barrette, Édithe Gaudet et Denyse Lemay, 1996.

— *Méthodes quantitatives – Applications à la recherche en sciences humaines,* Luc Amyotte, 1996.

INTRODUCTION À LA PSYCHOLOGIE

Les grandes perspectives

CAROL TAVRIS
CAROLE WADE

ALAIN GAGNON
Collège de Bois-de-Boulogne

CLAUDE GOULET
Collège Ahuntsic

PATRICE WIEDMANN
Collège Édouard-Montpetit

ÉDITIONS DU RENOUVEAU
PÉDAGOGIQUE INC.

5757, RUE CYPIHOT
SAINT-LAURENT (QUÉBEC) H4S 1R3
TÉL.: (514) 334-2690
TÉLÉC.: (514) 334-4720
COURRIEL: erpidlm@erpi.com

SUPERVISION ÉDITORIALE : *Jacqueline Leroux*
TRADUCTION : *Pierrette Mayer*
RÉVISION LINGUISTIQUE : *Hélène Lecaudey*
CORRECTION D'ÉPREUVES : *Jacqueline Gendrot et France Lafuste*
RECHERCHE ICONOGRAPHIQUE : *Bianca Lam*
CONCEPTION GRAPHIQUE : E꞉PI
COUVERTURE : *Alibi/Acapella*
ÉDITION ÉLECTRONIQUE : *Caractéra*
ILLUSTRATIONS ET PHOTOGRAPHIES : *voir p. S1*

Dans cet ouvrage, le générique masculin est utilisé sans aucune discrimination et uniquement pour alléger le texte.

Cet ouvrage est une version française de la deuxième édition de *Psychology in Perspective* de Carol Tavris et Carole Wade, publiée et vendue à travers le monde avec l'autorisation d'Addison Wesley, à l'exception du chapitre 8, qui a été écrit par MM. Gagnon, Goulet et Wiedmann.

Dépôt légal : 2e trimestre 1999
Bibliothèque nationale du Québec
Bibliothèque nationale du Canada
Imprimé au Canada

ISBN 2-7613-0718-6

234567890 II 5432
20039 ABCD   LHM-9

Avant-propos

Avant d'élaborer un cours ou un manuel, un professeur se pose généralement la question suivante: «Qu'est-ce que je veux que les élèves apprennent à propos de la spécialité que j'enseigne?» La réponse spontanée à cette question est presque toujours «Tout!» Aucun enseignant n'aime mettre des sujets de côté, surtout si son cours d'introduction est le seul que les élèves suivront dans cette matière. En rédigeant ce manuel, nous avons donc dû faire face à un dilemme: comment proposer un contenu rendant parfaitement compte de l'avancement des connaissances en psychologie et dont la structure permet de tisser les liens nécessaires entre les thèmes couverts, sans pour autant produire un manuel si épais qu'il en devient rébarbatif; comment, en éliminant les «détails», ne pas écarter du même coup les explications et les analyses fondamentales.

Pour ce faire, nous nous sommes inspirés des recommandations du rapport d'Appley et Maher (1989), qui porte sur les moyens d'améliorer la formation scientifique des étudiants, et qui recommande aux enseignants de donner la préférence à la *profondeur* plutôt qu'à la *largeur* dans les cours d'introduction en sciences humaines. En fait, nous nous sommes posés la question suivante: «Qu'est-ce qu'un élève bien formé devrait absolument savoir à propos de la psychologie?» Pour nous, la solution est une structure qui permette à l'étudiant d'organiser efficacement ses connaissances afin d'améliorer sa compréhension des faits, des affirmations, des débats et des controverses reliés à la psychologie qu'il découvrira tant dans ses interactions quotidiennes que dans ses études. À nos yeux, cette structure est celle que constituent les cinq grandes perspectives de la psychologie, qui sont en quelque sorte cinq façons distinctes d'interroger et d'expliquer les conduites humaines et animales. En cela, notre démarche se démarque de celle des autres manuels d'introduction à la psychologie, qui adoptent tous une approche thématique.

Nous sommes conscients que la structure de ce volume pourra quelque peu surprendre certains professeurs habitués à une présentation par thèmes. C'est pourquoi nous les invitons à parcourir la table des matières et l'index; ils constateront indubitablement la présence de sujets familiers. En fait, l'enseignant y retrouvera la plupart des thèmes traités dans les autres volumes d'introduction à la psychologie présentement sur le marché, le tout bonifié d'ajouts importants regroupés autour des cinq principales perspectives de la psychologie: biologique, psychodynamique, béhavioriste, humaniste et cognitive.

Étant donné que nous avons décidé d'approfondir les concepts, nous avons inclus plusieurs aspects qui sont malheureusement évacués des principaux volumes d'introduction. Ce sont les principaux apports théoriques des grands auteurs que sont Freud, Skinner, Rogers, Maslow et Piaget, ainsi qu'une présentation succincte mais adéquate des méthodes d'intervention thérapeutique des cinq grandes perspectives. Par ces ajouts, nous croyons être arrivés à présenter une vision non seulement plus complète de la psychologie contemporaine mais surtout plus près de ce qu'elle est réellement aux yeux de ceux qui la pratiquent quotidiennement, c'est-à-dire les psychologues chercheurs et cliniciens.

Cet ouvrage est le résultat des efforts que nous avons déployés pour favoriser l'enseignement non seulement des faits mais aussi des *idées*. Notre objectif était de présenter une véritable introduction à la manière dont les psychologues exercent leur profession dans le cadre de la perspective qu'ils ont choisie: les questions qu'ils soulèvent, les méthodes qu'ils emploient, les hypothèses qu'ils posent et les principales découvertes qu'ils ont faites. Nous avions aussi à cœur de favoriser le développement de l'*esprit critique* chez les élèves; c'est pourquoi ce livre ne contient pas uniquement des réponses : il soulève aussi des questions importantes. De plus, nous avons inclus à la fin de chaque partie une évaluation critique de la perspective étudiée, où nous examinons ses apports et ses limites. Notre but est que l'élève apprenne à éviter le piège des explications uniques, qui présentent les choses sous un seul angle.

Nous avons fait de notre mieux pour rendre ce manuel aussi vivant et stimulant que possible. Aux recherches classiques et incontournables, nous avons ajouté l'analyse de sujets d'actualité afin d'illustrer les principaux concepts théoriques. Nous avons inclus plusieurs encadrés portant sur les apports du milieu francophone à la recherche en psychologie, entre autres des encadrés illustrant une contribution de chacune des perspectives au domaine de l'éducation. De plus, le regroupement de la matière autour des cinq grandes perspectives nous permet d'aborder les grandes questions qui agitent la psychologie, par exemple l'écart grandissant entre les psychologues chercheurs et les psychologues cliniciens qui pourrait mener éventuellement à une division à l'intérieur de la psychologie.

Nous avons fait tout ce qui était en notre pouvoir pour rendre la psychologie aussi captivante à vos yeux qu'elle l'est aux nôtres. Nous souhaitons vivement que vous nous fassiez part de vos idées et de vos réactions. D'ici là, bon voyage dans le monde de la psychologie !

Remerciements

Nous tenons à exprimer notre gratitude à tous ceux et celles qui ont contribué à la conception de cet ouvrage. Nos remerciements s'adressent tout d'abord à Jean-Pierre Albert, directeur du secteur collégial et universitaire des Éditions du Renouveau Pédagogique, à qui revient l'initiative de ce projet et qui a su nous convaincre dès le début de sa pertinence. Nous remercions aussi tous les professeurs, les psychologues chercheurs et cliniciens qui ont évalué et commenté les premières ébauches de ce volume et qui nous ont fait profiter de leur vaste expérience d'enseignement et de travail. Merci à Annick Bève, Daniel Carrier, Catherine Cloutier, Philippe Desrosiers, Ronald Durand, Sylvain Giroux, Jo Godefroid, Isabelle Labossière, Nicole Laquerre, Jean Lamarche, Hélène Pagé, François Picotte et Gilles Poirier. Enfin, et surtout, un merci tout particulier à nos conjointes qui nous ont encouragés et soutenus tout au long de la préparation de cet ouvrage.

Alain Gagnon
Claude Goulet
Patrice Wiedmann

Table des matières

Évaluation de la perspective biologique

Troisième partie | La perspective psychodynamique

Évaluation de la perspective psychodynamique

Quatrième partie

La perspective béhavioriste

Évaluation de la perspective béhavioriste

Évaluation de la perspective cognitive

Septième partie — L'intégration des cinq perspectives

Introduction à la psychologie

En 1945, Anne Frank, une jeune fille juive de 15 ans, meurt du typhus au camp nazi de Bergen-Belsen. Elle avait vécu les deux années précédentes en Hollande en compagnie de ses parents, de sa sœur et de quatre autres personnes dans un minuscule réduit, à l'insu des troupes d'occupation allemandes. Le groupe ne pouvait sortir de sa cachette et dépendait totalement d'amis pour sa subsistance. Anne, qui était douée pour l'écriture et fine observatrice, notait dans son journal les peurs, les frustrations et les conflits inévitables qui survenaient entre ces personnes condamnées à la promiscuité. Malgré sa situation précaire, elle ne perdait pas espoir et conservait même intacte sa capacité de s'émerveiller devant les petites joies de la vie. Elle décrit avec humour et tendresse les fêtes de famille, l'émoi d'un premier amour et l'agitation liée à sa croissance d'adolescente. Tout juste avant d'être arrêtée par la Gestapo, Anne écrivait : « Je m'étonne de ne pas avoir perdu tous mes idéaux, car ils semblent si absurdes et si irréalisables. Je les conserve malgré tout parce que je continue à croire que les gens sont fondamentalement bons. Je ne peux tout simplement pas fonder mes espoirs sur un monde où règnent la confusion, la misère et la mort. »

Des années plus tard, à des milliers de kilomètres de là, Jeffrey Dahmer grandit dans ce qui semble avoir été une famille américaine tout ce qu'il y a de plus normale. Durant ses premières années, Jeffrey semblait heureux et plein d'entrain. Puis il s'enferma graduellement dans un monde intérieur imaginaire et commença à se comporter de façon anormale. Il se mit à collectionner des ossements et des carcasses d'animaux morts dans sa petite cabane. Il s'en allait errer seul dans les bois chaque fois que ses parents se disputaient et il avait un regard inexpressif et absent. C'est à l'âge de 18 ans que Jeffrey commença à commettre une série de crimes abominables. Au cours des treize années suivantes, il attira 17 jeunes hommes dans sa maison, il les tortura, les tua et mutila

leurs cadavres. Il conservait des parties du corps de ses victimes comme souvenirs et eut même des comportements d'anthropophage (il dévora la chair d'une de ses victimes).

Comment Anne Frank, qui vivait dans un monde qui avait sombré dans la folie, est-elle parvenue à conserver sa foi en l'humanité? Pourquoi Jeffrey Dahmer, dont l'enfance ressemblait à celle de bien d'autres enfants, a-t-il pu commettre des crimes aussi horribles? De manière plus générale, comment peut-on expliquer que certaines personnes savent s'adapter à de nouvelles situations, alors que d'autres se sentent complètement dépassées? Pourquoi certaines personnes essaient-elles de réaliser leurs rêves, alors que d'autres sombrent dans les pires cauchemars? Pourquoi certains d'entre nous apprécient-ils si bien la vie en société, alors que d'autres en rejettent brutalement les règles fondamentales?

C'est à toutes ces questions et à bien d'autres encore que la psychologie tente de répondre. Les explications qu'elle propose se démarquent de celles que nous sommes portés à donner spontanément, car elles sont basées sur une démarche scientifique. Les théories qui se dégagent de cette démarche permettent d'identifier les principaux facteurs qui peuvent rendre compte de l'incroyable diversité des conduites humaines.

Chapitre

1

Qu'est-ce que la psychologie?

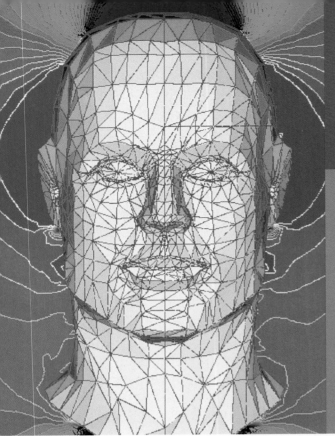

Voici une représentation des différents champs magnétiques qui ceinturent la tête et dont les plus puissants vont du rouge à l'orangé. Les psychologues étudient d'autres «champs d'influence», qui touchent chaque individu, que ce soit sur le plan biologique, le plan de l'inconscient, le plan environnemental, le plan de l'identité ou le plan cognitif.

Si vous alliez dans une librairie feuilleter les livres de la section de psychologie (parfois indiquée par les termes «psychologie populaire» ou «croissance personnelle»), peut-être en sortiriez-vous avec les impressions suivantes:

■ La psychologie traite de la façon de régler les problèmes personnels d'un individu. Elle est donc synonyme de «psychothérapie».

■ La psychologie vient en aide aux gens souffrant de différents syndromes: le «syndrome de la superfemme», le «syndrome du nid déserté» ou encore le «syndrome de Peter Pan», qui se manifeste chez les hommes ayant peur de s'engager (lesquels rendent la vie particulièrement difficile aux femmes atteintes du «complexe de Cendrillon»), etc.

■ La psychologie vous aidera à tenir tête à vos parents ou à prendre vos distances vis-à-vis d'eux, ce qu'il vous faudra sûrement faire. Presque tout le monde en effet a des parents «empoisonnants» et vient d'une famille «dysfonctionnelle». Les rares parents qui ont l'air bienveillants et affectueux se rendent en fait coupables d'«inceste affectif» en étant trop proches de leurs enfants.

■ La psychologie abonde en conseils contradictoires: des titres tels que *En route vers la qualité totale par l'excellence de soi* et *Pour en finir avec l'excellence* se côtoient sur les rayons des librairies. *Parce qu'à deux, c'est mieux* voisine avec *Enfin seul(e)!* On peut apprendre à *Renaître à l'amour*, à moins qu'on ne fasse partie de *Ces femmes qui aiment trop*. Il existe des livres faisant l'éloge de *La vertu d'égoïsme*, et d'autres de *L'art d'aimer*.

■ La psychologie peut venir à bout de tout ce qui ne va pas dans votre vie. Elle vous montrera comment travailler efficacement, comment surmonter les difficultés que vous rencontrez dans vos relations avec autrui, comment gagner de l'argent, comment avoir recours à votre subconscient pour guérir d'une maladie physique, comment développer l'hémisphère droit de votre cerveau, qui est le siège de l'intuition, comment vous remettre d'un chagrin d'amour et comment planifier vous-même une vie exempte de stress.

En fait, la psychologie dont nous traitons dans ce manuel est une véritable science, et elle n'a pas grand-chose à voir avec celle qui est décrite dans la plupart des ouvrages de vulgarisation. Elle est à la fois plus complexe, plus instructive et, ce nous semble, beaucoup plus utile. Les psychologues s'intéressent à toutes les activités des êtres vivants, qu'elles se caractérisent par la bravoure ou la lâcheté, l'intelligence ou la folie, la beauté ou la brutalité. Le but des psychologues est d'observer le comportement des humains — et d'autres animaux — et d'expliquer comment ils apprennent, se souviennent, résolvent des problèmes, perçoivent, réagissent affectivement et s'entendent avec leurs semblables. Certes, certains psychologues étudient les troubles mentaux, les comportements anormaux et les problèmes d'ordre personnel, mais ce n'est pas une règle générale. Les psychologues peuvent également centrer leur attention sur des phénomènes aussi universels et courants que l'éducation des enfants, la mémorisation d'une liste d'achats, le rêve éveillé, le commérage, les relations sexuelles et le fait de gagner sa vie.

On peut donc définir la **psychologie** moderne comme étant *l'étude scientifique du comportement et des processus mentaux, que conditionnent les caractéristiques de l'environnement ainsi que l'état physique et mental du sujet.* Définir ainsi la psychologie, c'est un peu comme dire d'une automobile qu'elle est « un véhicule servant à transporter des personnes d'un endroit à un autre ». Bien que juste en soi, une telle définition est assez limitée: en effet, elle ne permet guère de savoir à quoi ressemble une voiture, ce qui la distingue d'un train ou d'un autobus, ce qui différencie une Ford d'une Ferrari, ou comment fonctionne un carburateur. De même, pour mieux cerner ce qu'est la psychologie, vous devrez étudier les méthodes qu'elle emploie, les découvertes qu'elle a faites et la façon d'interpréter les informations qu'elle adopte. Les méthodes et les manières d'aborder un sujet en psychologie différencient ce domaine des autres — qu'il s'agisse de la littérature, de la philosophie ou de l'histoire — où l'on cherche aussi à comprendre le comportement. C'est également ce qui distingue la psychologie des idées populaires, mais non scientifiques, que véhiculent les médias, par exemple dans des émissions télévisées ou radiophoniques peu objectives, où le public intervient en direct.

> **Psychologie**
> Étude scientifique du comportement et des processus mentaux.

LES PRÉTENTIONS SCIENTIFIQUES DU PSYCHOVERBIAGE

L'attrait du public envers tout ce qui touche à la psychologie a créé un vaste marché pour un domaine que R. D. Rosen (1977) qualifie de « psychoverbiage » (pseudoscience et charlatanerie masquées par le vernis du vocabulaire scientifique emprunté à la psychologie). Les exemples que Rosen a analysés incluent divers ateliers de croissance personnelle, qui permettent de transformer au cours d'une fin de semaine l'existence la plus terne en une vie de rêve; la thérapie primale, dans laquelle les participants sont censés relier leurs malheurs du moment au traumatisme originel qu'est la naissance; la thérapie thêta, qui se base sur le *rebirth*, offre la possibilité de « renaître » et d'accéder ainsi à la paix, à la prospérité et à la sagesse (selon le chef de file de la méthode thêta, « personne ne meurt à moins de le vouloir », ce qui constitue une admirable profession de foi prônant le pouvoir de l'esprit sur la matière !).

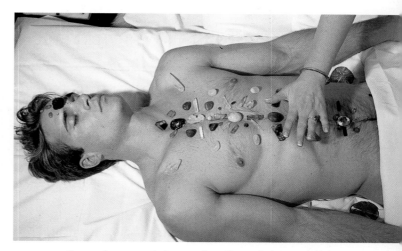

De nombreux psychologues s'inquiètent de la popularité de thérapies pseudoscientifiques, comme l'utilisation des cristaux, qui n'ont reçu aucune confirmation scientifique.

Les programmes et les écoles de thérapie fondés sur le psychoverbiage changent de nom et de dirigeant d'année en année, mais leur credo ne varie pas. Ils promettent tous des solutions rapides aux problèmes émotionnels et utilisent tous un langage rappelant peu ou prou celui de la psychologie et des sciences: il est question de « refoulement des émotions », de « prise de contact avec son moi réel », de « reprogrammation du cerveau», de «reconnaissance de talents inconscients», etc. En Amérique du Nord, certaines formes de psychoverbiage s'appuient sur le fait que le public croit en même temps aux méthodes rapides d'autothérapie et aux techniques de pointe. C'est ainsi qu'on peut se procurer toutes sortes de gadgets électroniques grâce auxquels l'usager fera travailler au maximum les deux hémisphères de son cerveau (Chance, 1989): citons le Convertisseur d'énergie de Graham, le Tranquillisateur, le Bain flottant, le Stimulateur électroneural transcutané, le Superchargeur cérébral ou encore le Synchro-énergiseur cérébral de type ondulatoire. On trouve également sur le marché des dizaines de cassettes «subliminales» qui assureront au consommateur bonheur, beauté, santé, prospérité, ou lui inculqueront quatre langues, et ce durant son sommeil. (Des recherches ont montré que cela ne «fonctionne» pas [Moore, 1994].)

Aujourd'hui, alors que de nombreuses idées issues de la «psycho pop» ont fortement imprégné la culture générale, le système scolaire et même le système judiciaire, il est plus que jamais impératif de savoir discerner le psychoverbiage de la véritable psychologie, les *croyances populaires* sans fondement scientifique des *faits révélés* par la recherche. Les exemples présentés dans le tableau 1.1 illustrent ces différences.

Les croyances liées à des sujets relevant de la psychologie ne sont pas inoffensives et on aurait tort de les sous-estimer: beaucoup de gens s'appuient souvent sur elles pour prendre des décisions capitales. C'est le cas, par exemple, de la croyance selon laquelle, en l'absence de modèles parentaux appropriés, on deviendrait nécessairement un mauvais parent. Cette croyance est à ce point répandue qu'un juge a refusé d'accorder à une femme la garde de ses enfants sous prétexte qu'elle avait été victime de mauvais traitements dans son enfance, et ce même si elle-même n'avait jamais causé de tort à ses propres enfants. La prétendue inévitabilité des abus «en chaîne» ne s'appuie que sur l'observation de quelques cas, soit des enfants victimes de mauvais traitements qui, une fois adultes, commettent à leur tour des actes de violence. Une démarche appuyée sur la psychologie scientifique prendrait comme sujets d'étude des enfants victimes de mauvais traitements qui, une fois adultes, n'ont *pas* maltraité leurs enfants, et des enfants n'ayant jamais subi de mauvais traitements mais qui, une fois adultes, ont maltraité

TABLEAU 1.1 — PSYCHOVERBIAGE ET PSYCHOLOGIE VÉRITABLE

AFFIRMATIONS PSEUDOSCIENTIFIQUES	FAITS SCIENTIFIQUES
Un divorce est toujours une expérience douloureuse pour les enfants. Les conséquences néfastes d'un divorce se dissipent rapidement.	Les conséquences d'un divorce dépendent de la relation existant entre les parents ainsi que de l'âge et du sexe des enfants; il faut considérer aussi les mauvais traitements ou les actes de violence au sein de la famille, etc.
Les enfants victimes de mauvais traitements ou de négligence maltraiteront leurs enfants s'ils en ont. Les enfants d'alcooliques seront eux aussi alcooliques.	Ces affirmations sont fausses dans la majorité des cas.
Presque toutes les femmes «souffrent» du «syndrome prémenstruel».	La plupart des femmes ne sont pas plus maussades quelques jours avant leurs menstruations qu'à tout autre moment du mois.
La mémoire fonctionne comme un magnétophone; elle enregistre fidèlement tout ce que vit une personne à partir de sa naissance.	La mémoire fonctionne comme ces jeux où il faut former un dessin en reliant des numéros: on supplée plusieurs détails après que l'événement s'est produit. Pour des raisons physiologiques et psychologiques, la plupart des adultes ne se souviennent pas des événements qui sont survenus avant l'âge de trois ans environ.

leurs enfants. Les chercheurs examineraient toutes les données relevant des quatre possibilités décrites dans le tableau 1.2.

Les données recueillies permettent de tirer les observations suivantes : le fait d'avoir été victime de mauvais traitements constitue bien un facteur de risque de devenir un parent qui maltraite ses enfants ; cependant, la majorité des parents ayant subi des mauvais traitements durant leur enfance ne maltraitent *pas* leurs propres enfants (Kaufman et Zigler, 1987 ; Widom, 1989).

La différence fondamentale entre le psychoverbiage et la psychologie scientifique réside peut-être dans le fait que le psychoverbiage *confirme* les croyances et les préjugés du moment — d'où l'attrait qu'il exerce —, alors que la psychologie scientifique ne craint pas de les *mettre en doute*. Il n'est pas nécessaire d'être psychologue pour savoir que la majorité des gens n'apprécient guère que l'on remette en cause leurs convictions. On entend rarement quelqu'un s'exclamer : « Je vous remercie de m'avoir expliqué pourquoi ma conception de l'éducation des enfants est erronée. Je vous en suis vraiment reconnaissant ! » La plupart répliqueront plutôt : « Vos idées bizarres ne m'intéressent pas. Parlez-en à d'autres ! »

La psychologie se trouve parfois mise sur le même plan que des activités aussi peu scientifiques que la chiromancie, la graphologie, la cartomancie, la numérologie et, surtout, l'astrologie. Vous avez des problèmes sentimentaux ? Un astrologue vous conseillera de choisir un Gémeaux plutôt qu'un Lion pour votre prochaine relation amoureuse. Vous vous sentez incapable de prendre une décision ? Un médium vous expliquera que votre énergie vitale est tout simplement en déséquilibre. On se pose donc la question suivante : les astrologues et les médiums possèdent-ils des connaissances ou des pouvoirs qui les mettent en mesure de réussir des choses que la science ne peut accomplir, comme prédire l'avenir ou entrer en contact avec des personnes disparues ou décédées ?

En fait, lorsque les affirmations et prédictions des astrologues et des médiums sont testées objectivement, c'est-à-dire de manière scientifique, elles se révèlent rarement exactes. Vous êtes-vous déjà demandé pourquoi si peu de médiums sont millionnaires ? S'ils possédaient de réels talents (ou pouvoirs), pourquoi n'ont-ils pas encore fait fortune à la Bourse ou gagné à la loterie ? Les astrologues, quant à eux, se bornent habituellement à des prédictions d'ordre général, par exemple : « un événement malheureux frappera le Québec » (mais aucun n'a prédit l'inondation catastrophique survenue au Saguenay en 1996). Des organismes comme Les Sceptiques du Québec et des chercheurs proposent un exercice fort instructif : compiler chaque année les prédictions des astrologues et vérifier celles qui se sont vraiment réalisées. Geoffrey Dean (1987) s'est livré à cet exercice aux États-Unis et il a observé que la justesse des prédictions ne dépassait pas ce qui peut être obtenu par le seul hasard.

Malgré les recherches scientifiques et les défis lancés par certains organismes (Les Sceptiques du Québec offrent une somme rondelette à toute personne capable de faire la preuve d'un pouvoir paranormal — et à ce jour, ils n'ont pas eu à verser cette somme), les médiums et les astrologues continuent de prospérer. La renommée des médiums repose en partie sur la rumeur, parfois alimentée par eux-mêmes, selon laquelle ils auraient déjà réussi à résoudre des problèmes grâce à leurs

TABLEAU **1.2**	**EXEMPLE DE DÉMARCHE S'APPUYANT SUR LA PSYCHOLOGIE SCIENTIFIQUE**

| | | **ENFANT VICTIME DE MAUVAIS TRAITEMENTS ?** ||
		Oui	**Non**
PARENT QUI MALTRAITE SES ENFANTS ?	**Oui**	Enfants victimes de mauvais traitements qui deviennent des parents qui maltraitent leurs enfants.	Enfants non victimes de mauvais traitements qui deviennent des parents qui maltraitent leurs enfants.
	Non	Enfants victimes de mauvais traitements qui ne deviennent pas des parents qui maltraitent leurs enfants.	Enfants non victimes de mauvais traitements qui ne deviennent pas des parents qui maltraitent leurs enfants.

« Je peux voir que vous serez moins crédule à l'avenir. »

pouvoirs. Pourtant, aucun médium n'a jamais trouvé un enfant disparu, identifié un tueur en série, ni aidé la police à résoudre un crime en ayant recours uniquement à ses « pouvoirs paranormaux », contrairement à ce qu'affirment les comptes rendus des médias (Rowe, 1993). Dans le cadre d'une recherche menée auprès de 50 postes de police dans les plus grandes villes américaines, les enquêteurs ont cherché à déterminer si les informations révélées par un médium avaient été plus utiles que celles provenant d'autres personnes. Non seulement la réponse fut négative, mais plusieurs policiers se sont plaints des effets pervers de l'intervention des médiums (Sweat et Durm, 1993). Néanmoins, le ministère américain de la Défense a dépensé 20 millions de dollars deux décennies durant auprès de médiums censés répondre à des questions précises, par exemple, trouver le lieu de résidence du chef de l'État libyen, le colonel Muammar al-Kahdafi. (Un médium a cependant fait part d'une vision : « Je vois du sable. Je vois de l'eau. Je vois une mosquée. »)

En résumé, nous croyons que la connaissance de la psychologie scientifique peut aider les gens à savoir discerner le vrai du faux dans les notions véhiculées par la « psycho pop ». Du fait de sa complexité, le comportement humain ne peut être réduit aux formulations simplistes. Chacun doit donc se méfier de quiconque prétendrait le contraire, même un psychologue.

PENSER DE FAÇON CRITIQUE ET CRÉATIVE

« L'objet de la psychologie est de nous donner une idée tout autre des choses que nous connaissons le mieux. »

Paul Valéry

Nous croyons que l'un des principaux avantages que vous pouvez retirer de l'étude de la psychologie consiste à affiner votre capacité de penser de façon critique. La **pensée critique** suppose la capacité et la volonté de s'interroger sur la valeur de toute affirmation et de porter des jugements objectifs en s'appuyant sur des arguments fondés. Elle suppose aussi la capacité de trouver des lacunes dans les raisonnements et de rejeter toute affirmation non étayée par des faits. Il ne faut toutefois pas confondre pensée critique et pensée négative. La pensée critique favorise la capacité d'être *créatif et constructif* : proposer diverses explications des événements, réfléchir aux implications des résultats de recherches et appliquer les nouvelles connaissances à un large éventail de problèmes sociaux et personnels. On ne peut séparer la pensée critique de la pensée créative, car ce n'est qu'en s'interrogeant sur *ce qui est* qu'on est capable d'entrevoir *ce qui pourrait être*.

Est-ce un ovni? Les personnes qui croient passionnément à l'existence des objets volants non identifiés peuvent passer rapidement de « Je veux qu'ils existent » à « Ils existent ».

Patricia King et Karen Kitchener (1994) ont étudié la pensée critique ; elles ont observé que les individus âgés de moins de vingt-cinq ans et même ceux qui ont effectué plusieurs années d'études universitaires ne se servent pas toujours des connaissances et des habiletés qu'ils ont acquises. De nombreuses personnes croient que penser n'exige aucun effort et en profitent parfois pour justifier leur paresse intellectuelle en se déclarant fières d'avoir « l'esprit ouvert ». Pour elles, avoir l'esprit ouvert signifie que toutes les opinions se valent et que les croyances de l'un sont aussi bonnes que celles de n'importe qui d'autre. Cela est vrai en ce qui concerne les croyances religieuses et les goûts personnels : si vous préférez l'apparence d'une Peugeot à celle d'une Honda, personne ne peut vous dire que vous avez tort. Par contre, si vous soutenez que « la Peugeot est une meilleure voiture que la Honda », vous portez un jugement, ce qui est bien plus qu'une simple opinion. Vous devrez donc l'appuyer à l'aide de données relatives à la fiabilité et

> **Pensée critique**
>
> Pensée caractérisée par la capacité et la volonté de s'interroger sur la valeur de toute affirmation et de porter des jugements objectifs en s'appuyant sur des arguments fondés, ainsi que par la capacité de rejeter toute affirmation non étayée par des faits.

à la sécurité de la voiture, aux résultats des essais sur piste, etc. (Ruggiero, 1988). Si votre opinion ne tient pas compte de la réalité, elle n'est pas égale à toute autre. De plus, la thèse largement répandue de nos jours, selon laquelle tout problème présente toujours deux aspects, accroît la confusion entre les croyances fondées sur des questions de goût ou de choix et les croyances fondées sur des raisonnements solides et des faits bien établis. Il n'y a pas deux façons de savoir si l'Holocauste a eu lieu, comme l'affirment les révisionnistes (Lipstadt, 1993). «Discuter» de l'existence de l'Holocauste, c'est comme se demander si la Terre est ronde ou si la gravité existe.

Ces observations ne signifient pas que les gens ne peuvent pas penser de façon critique, elles soulignent plutôt qu'ils n'y sont pas encouragés. Le cerveau n'est pourtant pas une éponge servant à retenir passivement la connaissance; penser, comprendre et se souvenir sont des processus actifs. Ils requièrent la capacité de faire des choix, de jauger des informations et de porter des jugements. Fort heureusement, de tout jeunes enfants sont capables de faire preuve d'esprit critique même s'ils n'y sont pas toujours encouragés. Par exemple, un élève en quatrième année du primaire, à qui l'on déclarait que la Grèce était le «berceau de la démocratie», répliqua: «Et les femmes et les esclaves, qui n'avaient pas le droit de vote ni aucun autre droit? La Grèce était-elle une démocratie pour eux?» Voilà un bel exemple de pensée critique. C'est aussi une pensée créative car, une fois qu'on a remis en question le fait que la Grèce était une démocratie pour tous, on peut envisager de nouvelles interprétations de la civilisation de la Grèce antique. Trop souvent, cependant, les enfants qui critiquent la pensée dominante, à la maison ou à l'école, sont qualifiés de rebelles, alors qu'ils font simplement preuve de jugement.

La pensée critique peut être appliquée à l'étude de n'importe quelle discipline ou à tout problème auquel on fait face, mais elle est particulièrement utile en psychologie, pour trois raisons. Premièrement, cette discipline inclut l'étude du raisonnement, de la résolution de problèmes, de la créativité et de la curiosité; elle favorise donc, par sa nature même, la pensée critique et créative. Deuxièmement, la psychologie comprend aussi l'étude des *obstacles* à une pensée claire, tels que le penchant qu'ont les êtres humains pour la rationalisation, le parti pris et les perceptions tendancieuses. Troisièmement, la recherche en psychologie donne lieu à un certain nombre de découvertes en apparence incompatibles sur des sujets touchant à la vie personnelle et sociale, tels que la nature de la toxicomanie et celle de la mémoire; il est donc nécessaire que chacun soit capable d'évaluer les résultats des recherches et leurs implications. La pensée critique peut également vous aider à distinguer la psychologie du psychoverbiage, qui encombre les ondes et les librairies.

Apprendre à penser de façon critique exige d'abord qu'on respecte les règles de la logique, mais ensuite qu'on se conforme à plusieurs autres principes (Ennis, 1986; Paul, 1984; Ruggiero, 1988). Voici huit principes sur lesquels nous insisterons tout le long de cet ouvrage.

1 POSER DES QUESTIONS ET RÉFLÉCHIR. Vincent Ruggiero (1988) a écrit: «Ce qui déclenche la pensée créative, c'est la curiosité, la réflexion et le questionnement.» Le fait de se demander: «Qu'est-ce qui ne va pas dans ce cas-ci?» ou «Pourquoi cette chose est-elle comme elle est et comment en est-elle venue à être ainsi?» mène à la détermination de problèmes. Dans certaines professions, on apprend même aux stagiaires à penser de cette manière. On demande par exemple aux ingénieurs industriels qu'ils fassent le tour d'une entreprise en remettant chaque procédé en question, même ceux qui sont utilisés depuis des années.

2 DÉFINIR LE PROBLÈME. Après avoir soulevé une question, le chercheur doit déterminer ce qui est en cause en termes clairs et concrets. «Qu'est-ce qui rend les gens heureux?» constitue un bon sujet de rêverie, mais on ne trouvera pas de réponse à cette question à moins de préciser d'abord ce qu'on entend par «heureux». Le bonheur consiste-t-il à se maintenir dans un état d'euphorie tout le temps? pendant un certain temps? combien de temps? Très heureux, cela signifie-t-il simplement éprouver un agréable sentiment de satisfaction face à la vie? Le bonheur est-il l'absence de problèmes graves et de douleur?

La formulation des questions est l'une des caractéristiques qui distinguent le psychoverbiage de la psychologie scientifique. Un adepte de l'hypnose issu de la «psycho pop» pourrait demander: «Comment l'hypnose améliore-t-elle la mémoire des événements?», ce qui sous-entend que l'hypnose améliore effectivement la performance mnésique. Une personne faisant preuve d'esprit critique poserait une question plus neutre, qui laisse place à d'autres possibilités: «L'hypnose influe-t-elle sur la mémoire et, si oui, de quelle façon?» En fait, des expériences ont montré que l'hypnose peut accroître les *erreurs* de rappel; certaines personnes sous hypnose peuvent même inventer les détails d'un événement qui n'a jamais eu lieu (Dinges, *et al.*, 1992; Spanos, *et al.*, 1991).

3 EXAMINER LES FAITS. Accepter une conclusion non fondée sur des faits, ou attendre des autres qu'ils l'acceptent, constitue un signe indubitable d'une pensée qui n'est pas critique. Cela signifie que toutes les opinions se valent, ce qui est faux. Une personne à l'esprit critique demande: «Quelles données appuient ou réfutent cet argument et son contraire? À quel point ces données sont-elles fiables?»

Pourtant, de nombreuses personnes acceptent des idées propagées par la «psycho pop» en s'appuyant sur des données peu convaincantes, ou parfois même en l'absence totale de données. Ainsi, bien des gens croient qu'il est sain, tant sur le plan psychologique que sur le plan physique, de décharger sa colère sur la première personne venue. En réalité, des études s'appuyant sur des données **empiriques**, recueillies au moyen d'observations rigoureuses, d'expériences et de mesures suggèrent que, bien qu'il soit parfois bénéfique d'exprimer sa colère, la plupart du temps on n'en tire aucun avantage. Souvent, la personne n'en devient que plus en colère, et la personne visée risque de répondre par la colère, ce qui accroît l'hostilité et l'agressivité (Tavris, 1989). Malgré tout, la croyance selon laquelle il est toujours sain d'exprimer sa colère persiste.

> **Empirique**
> Qualifie des données obtenues par l'observation, l'expérimentation ou la mesure.

4 ANALYSER LES PRÉSUPPOSITIONS ET LES CROYANCES. Les personnes à l'esprit critique évaluent les présuppositions et les croyances qui sous-tendent une argumentation. Elles se demandent en quoi celles-ci ont influé sur les affirmations et les conclusions contenues dans les ouvrages qu'elles lisent, les bulletins d'informations qu'elles regardent et les annonces dont elles sont bombardées quotidiennement. Voici un exemple: dans une publicité, le fabricant d'un analgésique bien connu affirme que son produit est utilisé de préférence à tout autre par les hôpitaux. On est naturellement porté à croire (et tel est bien l'objectif du publicitaire) que ce produit est le meilleur; en réalité, les hôpitaux lui accordent la préférence parce que le fabricant leur offre une ristourne supérieure à celle des concurrents. La pensée critique nous renvoie à la nécessité de préciser nos croyances lorsque nous sommes appelés à interpréter les faits de façon objective.

5 ÉVITER LES RAISONNEMENTS QUI NE S'APPUIENT QUE SUR DES ÉMOTIONS. Les émotions ont leur place dans la pensée critique, elles peuvent par exemple nous inciter à défendre une idée peut-être impopulaire mais à laquelle nous sommes profondément attachés. Par ailleurs, en l'absence d'émotions telles que la compassion et la pitié, la logique et la raison sont susceptibles d'amener une personne à prendre des décisions peu judicieuses, voire néfastes. Néanmoins, lorsque la pensée lucide cède aux impulsions du moment, le résultat peut s'avérer tout aussi désastreux. Comme le faisait observer Edward de Bono (1985), «Les persécutions, les guerres, les lynchages sont dictés par des réactions viscérales.»

En lisant cet ouvrage, il vous arrivera peut-être de vous insurger contre des résultats de recherche qui vous déplaisent. Parfait, cela dénote de votre part un esprit alerte mais, avant de poursuivre votre lecture, il vous faudra vous interroger sur les raisons de ce désaccord: les résultats vous obligent-ils à remettre en question une croyance qui vous est chère, ou bien les faits rapportés ne vous semblent-ils pas convaincants? Vous réagissez probablement de façon émotionnelle à certains sujets comme la drogue, l'avortement, les causes de la criminalité, le racisme, les différences entre les sexes, les programmes sociaux et l'homosexualité. Étant donné que nos sentiments nous semblent justifiés, il nous est parfois difficile d'accepter qu'une autre personne puisse tenir tout aussi fortement à un point de vue contraire. Or, c'est habituellement ce qui se produit. Il faut donc admettre que les seuls sentiments ne peuvent nous guider à coup sûr vers la vérité et qu'il faut examiner de façon rationnelle les faits pertinents.

6 ÉVITER DE SIMPLIFIER À L'EXTRÊME. Un esprit critique ne s'arrête pas aux évidences et il évite les généralisations hâtives. Les idées de la «psycho pop» sont souvent fondées sur des anecdotes, c'est-à-dire la généralisation d'une expérience personnelle ou de quelques exemples à l'ensemble d'une population. Ainsi, si un ex-détenu en libération conditionnelle commet un crime, on va déclarer que tout le programme de libération conditionnelle est à rejeter. Les stéréotypes proviennent également de généralisations reposant sur des anecdotes: si on connaît une mère qui touche frauduleusement des prestations d'aide sociale, on va en déduire que tous les bénéficiaires de l'aide sociale sont malhonnêtes; si on rencontre un Parisien non conformiste, on va en conclure que tous les Parisiens sont des marginaux. De même, beaucoup de gens se rendent la vie difficile en généralisant à partir d'un seul événement fâcheux et en élaborant ainsi un véritable modèle d'échec: «J'ai eu une mauvaise note à cet examen, donc je ne réussirai jamais à obtenir mon diplôme ni à décrocher un emploi.» Un esprit critique ne se contente pas d'un ou de deux événements pour tirer une conclusion; il lui faut davantage de faits.

7 FORMULER D'AUTRES INTERPRÉTATIONS. Un esprit critique et créatif énonce des hypothèses constituant des explications plausibles de situations, de comportements ou d'événements. Il vise à trouver l'explication susceptible d'intégrer le plus grand nombre de données possible et de comporter le moins de suppositions possible. Cette méthode met en application le principe du rasoir d'Occam, appelé ainsi parce qu'il a été énoncé, au XIVe siècle, par le philosophe anglais Guillaume d'Occam. Prenons le cas d'une diseuse de bonne aventure qui se déclarerait capable de prédire votre avenir en lisant les lignes de votre main. Il existe deux explications possibles à ses «exploits» (Steiner, 1989):

- La chiromancienne est capable de distinguer, dans le nombre infini d'interactions se produisant entre les êtres humains, les animaux, les événements et les objets, les facteurs spécifiques pouvant influer sur votre vie. En outre, elle est capable de contourner toutes les lois admises par la physique et de faire mentir les centaines d'études montrant que personne n'a réussi à prédire l'avenir lorsque des conditions appropriées de vérification des prédictions étaient présentes.

OU

- La chiromancienne fait semblant de savoir.

Selon le principe du rasoir d'Occam, il vaut mieux retenir la seconde possibilité puisqu'elle comporte moins de suppositions que la première.

Par ailleurs, les personnes qui font preuve d'esprit critique prennent soin de ne pas rejeter trop rapidement certaines explications. Elles élaborent un certain nombre d'interprétations des faits avant de choisir celle qui leur paraît la plus plausible. Imaginons, par exemple, qu'on annonce dans un bulletin d'informations que les individus souffrant de dépression profonde sont plus susceptibles d'être atteints d'un cancer. Quelles pourraient être les autres explications à envisager avant de conclure que la dépression cause le cancer ? Les personnes déprimées ont peut-être tendance à fumer et à boire plus que les autres, et ces habitudes de vie néfastes sont susceptibles d'entraîner l'apparition d'un cancer. Par ailleurs, il est possible qu'un cancer non encore décelé soit à l'origine des sentiments de dépression que ressentent certaines personnes.

8 TOLÉRER L'INCERTITUDE. Enfin, apprendre à penser de façon critique nous enseigne l'une des leçons les plus difficiles de la vie : comment vivre dans l'incertitude. Il est important d'examiner les faits avant d'en arriver à des conclusions, mais il arrive qu'on dispose de trop peu de données pour appuyer son raisonnement. Parfois, les faits permettent de tirer des conclusions tout juste provisoires. Parfois, les faits semblent suffisants pour qu'on puisse en tirer des conclusions solides… jusqu'à ce que de nouvelles données — et ce peut être exaspérant — viennent jeter le doute sur les croyances établies. Les personnes à l'esprit critique acceptent volontiers cet état d'incertitude. Elles ne craignent pas de dire : « Je ne sais pas » ou « Je ne suis pas certaine ». Ces aveux ne sont pas des échappatoires mais des incitations à poursuivre la recherche d'explications.

Qu'il soit nécessaire de tolérer un certain degré d'incertitude ne signifie pas qu'on doive vivre sans croyances ni convictions. « Le fait que les connaissances du moment risquent toujours d'être démolies — ou tout au moins réévaluées — peut mener, selon Ruggiero (1988), à un état de scepticisme accompagné du refus d'épouser quelque idée que ce soit. Ce serait une erreur car, en pratique, il serait impossible de vivre de cette façon. De plus, ce n'est pas l'adhésion à une idée en soi qui cause des problèmes ; les difficultés surgissent du refus de mettre fin à cette adhésion lorsque le bon sens le dicte. Il convient donc de ne pas se laisser convaincre trop facilement, de maintenir ses convictions sans en faire des dogmes et d'être prêt à les remettre en question chaque fois que de nouveaux faits l'exigent. »

La pensée critique est un processus et non une action qu'on accomplit une fois pour toutes. Personne ne réussit à garder un esprit critique en tout temps ; il arrive à chacun de raisonner en s'appuyant sur ses émotions ou de prendre ses désirs pour la réalité, du moins en ce qui a trait à certains éléments de sa vie. Faut-il en déduire que le progrès intellectuel est une chimère ? Pas du tout. Lorsqu'une théorie s'écroule, il peut émaner de ses cendres une nouvelle théorie, meilleure que la première, qui expliquera un plus grand nombre de faits et permettra de résoudre plus d'énigmes. Cet état de choses est frustrant pour les personnes qui souhaitent que la psychologie et les autres sciences leur apportent des vérités absolues, mais il est stimulant pour les personnes qui cherchent autant à comprendre qu'à acquérir des connaissances. D'ailleurs, les principes avancés par la pensée critique vous seront fort utiles pour assimiler les notions de base de la recherche en psychologie présentées au chapitre suivant.

Cet objet bizarre ressemble peut-être à un vaisseau spatial, mais il s'agit en fait d'un simple nuage.

RÉPONSES, p. 28

A Les affirmations suivantes sont-elles scientifiques ou relèvent-elles du psychoverbiage ? Justifiez votre choix.

1. « Un parent normal ne peut maltraiter son enfant, car son instinct lui dicte de le protéger. »

2. « Si vous êtes atteinte du cancer, madame, c'est à cause de toutes ces pensées négatives qui grugent votre énergie et permettent à la maladie de progresser. »

B Amélie et Hubert ont une discussion animée à propos de la peine de mort. « Écoute, je suis convaincu que c'est barbare, inefficace et immoral », dit Hubert. « Tu n'y es pas, rétorque Amélie. Je crois à l'adage "Œil pour œil, dent pour dent" et en plus je suis sûre que ça permet de dissuader les criminels de commettre d'autres crimes. »

De quels manquements à la pensée critique Amélie et Hubert font-ils preuve ?

LA PSYCHOLOGIE D'HIER ET D'AUJOURD'HUI

Jusqu'au milieu du XIXe siècle, la psychologie ne constituait pas en elle-même un champ d'études, et il existait bien peu de règles formelles auxquelles devaient se conformer ceux qui œuvraient dans ce domaine. La plupart des grands penseurs, d'Aristote à Descartes, ont bien sûr soulevé des questions qu'on rattacherait aujourd'hui à la psychologie. Ils cherchaient à savoir comment on reçoit de l'information des sens, comment on utilise celle-ci pour résoudre des problèmes, et également ce qui motive une personne à agir de façon courageuse ou ignoble. Ils se sont interrogés sur la nature des émotions : nous dominent-elles ou pouvons-nous les dominer ? Cependant, contrairement aux psychologues modernes, les érudits des siècles passés ne s'appuyaient guère sur des données empiriques. Leurs observations n'étaient souvent fondées que sur des anecdotes ou la description de cas particuliers.

Cela ne signifie pas que les précurseurs de la psychologie moderne avaient toujours tort. Hippocrate, qui a vécu dans la Grèce antique et est considéré comme le père de la médecine moderne, a déduit de l'observation de patients ayant subi des blessures à la tête que le cerveau est certainement la source suprême « de nos plaisirs, joies, rires et plaisanteries, aussi bien que de nos peines, douleurs, chagrins et larmes ». Et en cela il avait raison. Au 1er siècle après Jésus-Christ, les philosophes dits stoïciens ont observé que ce ne sont pas les événements en tant que tels qui mettent les gens en colère ou les rendent tristes ou anxieux, mais plutôt l'interprétation qu'ils en donnent. Et eux aussi avaient raison.

Cependant, les précurseurs de la psychologie ont par ailleurs commis d'énormes erreurs. Aristote, qui fut pourtant l'un des premiers grands philosophes à préconiser l'utilisation de méthodes empiriques, ne les a pas toujours appliquées correctement. Il croyait que le cerveau ne peut être le siège des sensations puisqu'il n'est pas lui-même sensible à la douleur, et il en a conclu que cette structure n'est qu'une sorte de radiateur servant à refroidir le sang. Le cerveau est certes insensible, mais il est faux de croire qu'il fonctionne comme un radiateur. Aristote avait également tort de croire que les personnes de petite taille ont une mémoire peu étendue !

Même si depuis le début du XIXe siècle, en Europe et en Amérique, des scientifiques mènent des recherches sur des sujets comme la sensation et la perception, ce n'est qu'à partir de 1879 que

Au XIXe siècle, la phrénologie a connu un très grand succès. Selon cette approche, chaque région du cerveau correspondait à un trait de personnalité particulier comme « impétuosité » ou « religiosité ». Les phrénologistes croyaient même que les traits de personnalité pouvaient être « lus » à partir des bosses présentes sur le crâne.

la psychologie a été reconnue comme une discipline
à part entière, notamment
grâce à l'utilisation de plus
en plus répandue de mé-
thodes de recherche empi-
riques. Cette année-là en
effet, Wilhelm Wundt (1832-
1920), qui avait étudié la
médecine et la philosophie,
créa le premier laboratoire
de psychologie à Leipzig en
Allemagne. Il avait auparavant déclaré, en 1873, qu'il
ferait en sorte que la psychologie devienne une véritable science. S'inspirant des
progrès effectués en chimie
et en physique, Wundt et
surtout Titchener, un de ses
élèves, bâtirent une nou-
velle théorie, le **structuralisme**[1], selon laquelle l'objet
de la psychologie est l'étude
des composantes de la conscience, envisagée comme la
capacité de chaque individu
d'accéder à sa propre expérience immédiate. Ainsi,
pour ces théoriciens, tout
comme les éléments chi-
miques indépendants se
combinent pour produire des composés aux propriétés différentes, la pensée humaine est un agrégat d'unités distinctes
qu'il s'agit de reconnaître pour mieux expliquer la conscience.
Les éléments de la pensée, ou composantes de la conscience,
sont les sensations, les sentiments et les images mentales.

L'une des méthodes de recherche préférées de Wundt était
l'*introspection dirigée*[2]. Elle consistait, pour des personnes spé-
cialement entraînées à cet effet, à observer et à analyser leurs
propres expériences mentales, soit les sensations, émotions,
idées, etc., qui leur traversaient l'esprit, dans des conditions

Wilhelm Wundt, troisième à partir de la gauche, en compagnie de quelques collaborateurs

Structuralisme

Ancienne approche en psy-
chologie qui visait à déterminer
les composantes de la conscience
à l'origine de la pensée et des
émotions.

Fonctionnalisme

Ancienne doctrine psychologique qui mettait l'accent
sur les fonctions ainsi que
sur les conséquences pratiques
du comportement et de la
conscience.

bien définies. Ce n'était pas une tâche facile puisque les
sujets devaient s'astreindre à 10 000 observations au moins
avant que Wundt leur permette de participer à une de ses
recherches. De plus, le compte rendu d'une observation
ayant duré 1,5 seconde pouvait prendre parfois 20 minutes
(Lieberman, 1979). Wundt espérait que l'introspection four-
nirait des résultats fiables et vérifiables susceptibles d'appuyer ses prétentions scientifiques. Cependant, alors que
son but était de faire de la psychologie une science objective, plusieurs psychologues contestèrent l'utilisation de
l'introspection car ils jugeaient que cette méthode n'était
pas suffisamment… objective.

Les idées de Wundt eurent une grande influence aux États-
Unis, mais elles se heurtèrent à une forte opposition des
adeptes d'une autre école de psychologie scientifique, le **fonctionnalisme**, qui mettait l'accent sur la fonction, ou le but, du
comportement. L'un des chefs de file de cette école était
William James (1842-1910), un Américain à la fois philosophe,
médecin et psychologue. Selon lui, chercher à saisir la nature de
l'esprit au moyen de l'introspection, c'était «comme espérer
comprendre le mouvement en saisissant une toupie ou essayer
d'ouvrir le robinet de gaz assez rapidement pour voir à quoi
ressemble l'obscurité» (James, 1890/1950).

Les fonctionnalistes s'inspiraient en partie des théories
évolutionnistes de Charles Darwin (1809-1882). Ce dernier
avait déclaré que le travail d'un biologiste ne consiste pas
uniquement à décrire le plumage du paon ou les taches
du lézard, mais aussi à déterminer comment ces attributs
favorisent la survie: aident-ils l'animal à attirer une femelle
ou à échapper au regard de ses ennemis? De la même façon, les

---

1. Pour plusieurs théoriciens, le structuralisme a été attribué à tort à Wundt, et
   il conviendrait plutôt d'utiliser le terme «élémentarisme» pour qualifier
   l'orientation théorique de ce dernier (Hunt, 1993).

2. Des historiens l'appellent «introspection expérimentale» pour la distinguer
   de l'introspection utilisée par les philosophes et de celle utilisée par les
   psychanalystes (Hunt, 1993).

fonctionnalistes voulaient savoir comment les comportements permettent à un organisme de s'adapter à son milieu. Ils recherchaient les causes sous-jacentes et les conséquences pratiques de comportements et de stratégies mentales spécifiques. Ils employaient plusieurs méthodes et ils ont ouvert le domaine de la psychologie à l'étude de l'enfant, de l'animal, de l'expérience spirituelle et à ce que James a appelé le *stream of consciousness*, expression qui décrit merveilleusement bien le fait que les pensées coulent comme une rivière, se bousculant les unes les autres à l'instar des vagues, passant du calme à l'agitation et vice-versa.

Au même moment, en Europe, des progrès majeurs étaient effectués dans le traitement des maladies mentales. La psychologie en tant que méthode de psychothérapie vit le jour à Vienne, en Autriche, où un médecin publia en 1900 un livre intitulé *L'Interprétation des rêves*. On ne peut guère dire que l'ouvrage ait fait sensation du jour au lendemain. En fait, durant les huit premières années suivant sa publication, les éditeurs n'en vendirent que 600 exemplaires. L'auteur était Sigmund Freud (1856-1939), dont le nom est aujourd'hui aussi connu que celui d'Einstein.

Neurologue de formation, Freud désirait faire carrière dans la recherche médicale, mais ses responsabilités familiales l'obligèrent à pratiquer la médecine auprès d'une clientèle privée. C'est en écoutant ses patients lui parler de leur dépression, de leurs angoisses et de leurs obsessions que Freud acquit la conviction que les causes de plusieurs de ces symptômes étaient d'ordre mental et non physique. Il en vint à la conclusion que la détresse de ses patients était due à des conflits et à des traumatismes émotionnels ayant eu lieu durant la petite enfance. Freud élabora par la suite sa première théorie de l'inconscient ou de la personnalité. Sa théorie de même que ses méthodes de traitement des personnes atteintes de troubles émotionnels sont connues sous le terme de *psychanalyse*.

LA PSYCHOLOGIE ET LES AUTRES DISCIPLINES EN SCIENCES HUMAINES

Comme la psychologie, plusieurs disciplines en sciences humaines se consacrent à l'étude du comportement humain. Les plus proches, en terme d'objets d'étude, sont l'anthropologie, la sociologie et la philosophie; il convient donc de préciser ce qui distingue la psychologie de chacune d'elles.

L'anthropologie sociale étudie les interactions sociales propres à certaines cultures par l'analyse de leurs réalisations, telles que les techniques de travail, les institutions, etc. Même si l'unité d'analyse y est souvent l'individu, comme en psychologie, les anthropologues s'intéressent surtout à ce qui différencie les cultures entre elles, alors que la psychologie vise à déterminer ce qui est commun à l'ensemble des humains (Gergen et Gergen, 1992). L'anthropologie contribue à une meilleure compréhension du comportement humain en mettant en lumière l'influence de la culture sur le comportement.

La sociologie se consacre à l'étude des sociétés modernes et des rapports entre les différents groupes sociaux qui s'y développent. Contrairement à la psychologie, l'unité d'analyse y est la plupart du temps le groupe, et l'étude porte sur son évolution, sa structure et sa fonction au sein de la société. La psychologie sociale — dont l'unité d'analyse est bien sûr l'individu — se distingue de la sociologie dans la mesure où l'explication du comportement se limite aux caractéristiques internes de la personne: ses émotions, ses attitudes et ses pensées. Ainsi, le psychologue social étudiera l'effet du groupe sur le fonctionnement psychologique de l'individu mais aussi quelles caractéristiques d'une personne peuvent influer sur un groupe.

La philosophie est la discipline où ont été formulées les premières tentatives d'explication du comportement humain. La psychologie ne s'en est réellement affranchie qu'à la fin du XIXe siècle et elle s'en distingue par la préférence qu'elle accorde à l'utilisation de méthodes scientifiques afin d'étudier le comportement humain. Pour de nombreux psychologues, l'apport de la philosophie à la psychologie est surtout historique, même si certains domaines comme l'épistémologie des sciences, c'est-à-dire l'étude critique de l'origine des sciences et de leurs présuppositions logiques, contribuent à guider nombre de théoriciens.

LES PSYCHOLOGUES AU TRAVAIL

Depuis ses débuts au sein de la philosophie, des sciences naturelles et de la médecine, la psychologie est devenue un champ de connaissances à part entière, comprenant différentes écoles, perspectives, méthodes et programmes de formation. On pourrait comparer la psychologie moderne à la famille tentaculaire: tous les membres ont en commun des arrière-grands-parents, mais des cousins ont formé des alliances, certains se querellent et d'autres refusent de se parler.

Le premier sujet de querelle est la définition même du terme *psychologue*, qui a plusieurs sens et sert à désigner des personnes ayant des occupations bien différentes (Gardner, 1992). Pour la plupart des gens, le mot *psychologue* évoque l'image de Freud écoutant attentivement un patient confortablement allongé sur un divan, qui lui confie ses difficultés. Bien que cette image corresponde effectivement à certains psychologues (quoique de nos jours on trouve plus souvent des fauteuils qu'un divan dans leur bureau), elle n'a rien à voir avec nombre d'entre eux.

Les activités professionnelles des psychologues se divisent généralement en deux grandes catégories: d'une part, la *recherche et l'enseignement*, qui consistent à étudier différentes problématiques et à en appliquer les résultats dans divers milieux ainsi qu'à enseigner au niveau universitaire ou collégial et, d'autre part, l'*intervention clinique*, qui consiste à dispenser des services psychologiques et à intervenir dans le domaine de la santé mentale (voir le tableau 1.3). Les psychologues spécialisés dans la première catégorie sont désignés globalement par le titre de chercheur en psychologie ou psychologue chercheur, alors que ceux qui sont spécialisés dans la seconde catégorie sont appelés psychologues cliniciens ou psychologues-conseils. Ces classifications ne supposent pas des activités mutuellement exclusives puisque de nombreux psychologues passent facilement d'un type d'activité à un autre. Ainsi, certains feront de la recherche mais aussi de la consultation dans un établissement offrant des services en santé mentale; d'autres se spécialiseront soit en recherche soit en consultation.

TABLEAU 1.3 — RÉPARTITION DES PSYCHOLOGUES MEMBRES DE L'ORDRE DES PSYCHOLOGUES DU QUÉBEC PAR SECTEUR DE TRAVAIL DE L'EMPLOI PRINCIPAL (31 mars 1998)

SECTEUR DE TRAVAIL	NOMBRE	POURCENTAGE
Pratique privée	1713	27,63
Fonction publique	523	5,21
Entreprises privées	314	5,07
Secteur de la santé et des services sociaux		
Centres hospitaliers	850	13,71
Centres locaux des services communautaires	348	5,61
Centres jeunesse	179	2,89
Centres de réadaptation et d'hébergement	338	5,45
Secteur de l'éducation		
Milieu scolaire - niveau primaire	564	9,10
Milieu scolaire - niveau secondaire	289	4,66
Cégeps et collèges	249	4,62
Universités	549	8,86
Autres	483	7,79
Total	6199	100,00

Source: Ordre des Psychologues du Québec, *Rapport annuel 1997-1998*, p. 22.

Les chercheurs

La majorité des psychologues chercheurs détiennent un doctorat, et c'est dans le secteur de l'éducation qu'ils œuvrent le plus souvent. Ainsi, en plus de leurs tâches d'enseignement, les professeurs de psychologie effectuent différents types de recherche. Le travail du psychologue chercheur s'oriente selon deux axes principaux: la recherche fondamentale et la recherche appliquée. Globalement, la recherche fondamentale a pour but d'accroître les connaissances relatives à un problème donné; la recherche appliquée fait appel aux connaissances fondamentales afin de résoudre des problèmes individuels ou sociaux. Par exemple, un psychologue spécialisé en recherche fondamentale se demanderait: « En quoi les enfants diffèrent-ils quant à leur façon d'aborder des questions d'ordre moral comme l'honnêteté? », alors qu'un psychologue spécialisé en recherche appliquée se demanderait: « Comment pouvons-nous utiliser nos connaissances du développement du sens moral pour prévenir la violence chez les enfants? » Le premier se pencherait sur la question suivante: « Un chimpanzé ou un gorille peut-il apprendre à se servir du langage des signes? », alors que le second se pencherait sur la question suivante: « Peut-on employer les techniques utilisées dans l'enseignement d'un langage aux chimpanzés pour venir en aide aux enfants handicapés mentaux ou intellectuellement déficients qui sont incapables de parler? »

D'autres psychologues chercheurs travaillent au sein de la communauté, et ce dans les secteurs les plus divers. Ils œuvrent comme consultants auprès d'entreprises désireuses d'améliorer la satisfaction de leurs employés au travail et leur productivité; ils élaborent des programmes visant à faciliter les relations et à réduire les tensions entre les divers groupes ethniques; ils agissent en tant qu'experts auprès de commissions dont le mandat est de déterminer, par exemple, dans quelle mesure la pollution et le bruit influent sur la santé mentale; ils conseillent les juges et les jurés quant à la fiabilité du témoignage de témoins oculaires; ils viennent en aide aux policiers dans des situations d'urgence comportant une prise d'otage ou mettant en cause des personnes en état de crise; ils conseillent le gouvernement dans le but d'aider les familles monoparentales; ils supervisent des sondages d'opinion; ils travaillent avec les entraîneurs pour améliorer la performance des athlètes, etc.

Les psychologues qui font de la recherche fondamentale ou appliquée ont largement contribué à l'avancement des connaissances dans des secteurs aussi divers que la santé, l'éducation, la gestion, le comportement des consommateurs, le design industriel, la productivité et la satisfaction des ouvriers, ainsi que la planification urbaine. La majorité des découvertes dont il est question dans le présent ouvrage sont le résultat des efforts de chercheurs en psychologie.

Les cliniciens

Les psychologues cliniciens et les psychologues-conseils, dont le rôle est de comprendre et d'améliorer la santé physique et mentale des individus, travaillent dans des centres hospitaliers, des établissements psychiatriques, des cliniques spécialisées, des centres locaux de services communautaires, des écoles et en cabinet privé. Ils étudient, diagnostiquent et traitent les troubles et les déficiences d'ordre comportemental, psychique ou émotionnel. Leur formation les a préparés à pratiquer la psychothérapie tant auprès de personnes qui présentent des troubles profonds qu'auprès de personnes qui se sentent légèrement perturbées ou malheureuses, ou qui souhaitent apprendre à mieux faire face à leurs problèmes. Certains cliniciens, en plus de leur pratique clinique, assument des tâches d'enseignement et de recherche dans des collèges ou des universités. Au Québec, pour être autorisé à pratiquer la psychologie clinique en tant que psychologue, il est nécessaire d'être membre en règle de l'Ordre des psychologues du Québec. Ce titre atteste que l'intervenant a reçu une formation professionnelle qui inclut un stage supervisé et l'obtention d'un diplôme de maîtrise ou d'un doctorat en psychologie.

Les psychologues ne sont pas les seuls à exercer leur métier en psychologie clinique, ils partagent ce champ d'exercice notamment avec les psychanalystes, les psychiatres et les psychothérapeutes. Au Canada, les psychanalystes ne sont pas régis par des normes strictes comme le sont les psychologues et les psychiatres. La plupart d'entre eux détiennent un diplôme universitaire en sciences humaines (pas nécessairement en psychologie), ont reçu une formation en psychanalyse dans un établissement d'enseignement reconnu et ont eux-mêmes suivi une psychanalyse. Quant au psychiatre, il s'agit d'un médecin qui, après avoir terminé sa formation en médecine générale, s'est spécialisé en psychiatrie, la partie de la médecine qui s'intéresse aux troubles mentaux et affectifs. Le rôle d'un psychiatre est sur bien des points semblable à celui d'un psychologue clinicien, mais il comporte cependant des différences importantes. Il revient plus souvent aux psychiatres qu'aux psychologues de traiter des patients atteints de troubles mentaux graves, en particulier ceux qui sont directement reliés à des dysfonctionnements biologiques. De plus, les psychiatres sont autorisés à prescrire des médicaments, alors que les psychologues ne le sont pas. Toutefois, le psychiatre ne reçoit pas une formation aussi approfondie que le

Les psychologues se désignent habituellement soit par le terme « chercheur », soit par le terme « clinicien »; certains œuvrent aussi bien en psychologie clinique qu'en recherche. Sur la photo de gauche, un chercheur étudie les changements neurologiques accompagnant les processus cognitifs. Sur la photo de droite, une psychologue clinicienne vient en aide à un couple en thérapie.

psychologue en ce qui a trait aux théories et aux méthodes d'intervention de la psychologie moderne. Toutes ces différences peuvent influer sur l'approche thérapeutique choisie. Par exemple, un psychiatre prescrira souvent un antidépresseur à un patient déprimé, alors qu'un psychologue aura plutôt tendance à chercher les causes psychologiques et sociales de sa dépression et à orienter son intervention selon ces dimensions.

Le titre de « psychothérapeute » n'est pas protégé au Canada. N'importe qui peut donc accrocher à sa porte une enseigne portant l'inscription « thérapeute » ou « psychothérapeute », et de nombreuses personnes le font. Ainsi, M. Bedondaine qui se désigne comme « psychothérapeute en pratique privée » peut être diplômé en psychologie, en psychiatrie, en travail social ou en quoi que ce soit d'autre et se qualifier lui-même de psychothérapeute. Dans son ouvrage *The Psychological Society*, Martin Gross (1978) a dressé une liste de « thérapies » échappant à toute réglementation. On y trouve entre autres la thérapie par le marathon, l'urinothérapie, la thérapie par la nudité, la thérapie des états de crise, la thérapie par l'électrosommeil, la thérapie par la visualisation corporelle, la thérapie par la privation, la thérapie de l'espoir, la thérapie « art de vivre » et la thérapie du « faites-le maintenant ». Dès qu'une « thérapie » n'est plus à la mode, une autre la remplace aussitôt.

De nombreux psychologues s'inquiètent de cette marée montante de psychothérapeutes aux formations plus douteuses les unes que les autres (Dawes, 1994). Certains de ces psychothérapeutes n'ont pas le moindre certificat, d'autres n'ont étudié aucune méthode de recherche et ne savent rien des principales théories psychologiques, d'autres encore emploient des techniques d'entrevue ou de thérapie n'ayant jamais fait l'objet d'une procédure de validation. Plusieurs thérapeutes appartenant à d'autres associations, par exemple les travailleurs sociaux et les thérapeutes familiaux, font part également de leurs préoccupations en ce qui concerne l'absence de normes nationales minimales de formation professionnelle (Fox, 1994). C'est pourquoi les consommateurs doivent faire preuve d'esprit critique et de discernement dans le choix d'un thérapeute ou de toute autre personne offrant des services susceptibles d'avoir des conséquences sur leur vie ainsi que sur leur santé physique et psychologique.

Les principaux domaines de travail

Afin de vous convaincre, si ce n'est déjà fait, de la très grande diversité des applications, parfois surprenantes, de la psychologie, nous vous invitons à consulter le tableau 1.4. Dans les paragraphes qui suivent, nous allons passer en revue le travail des principaux spécialistes de la psychologie.

Les psychologues expérimentalistes. Ils n'œuvrent pas dans une branche précise de la psychologie; leur titre désigne plutôt l'approche utilisée par le chercheur, habituellement la méthode expérimentale, et ce dans un des domaines présentés dans les paragraphes qui suivent. Par exemple, un

TABLEAU **1.4**

LISTE DES SECTIONS RECONNUES PAR L'AMERICAN PSYCHOLOGICAL ASSOCIATION (APA)

1. La psychologie générale
2. L'enseignement de la psychologie
3. La psychologie expérimentale
4. Sans objet*
5. La mesure, l'évaluation et les statistiques
6. La psychophysiologie et la psychologie comparée
7. La psychologie du développement
8. La psychologie sociale et la psychologie de la personnalité
9. L'étude des problèmes sociaux
10. La psychologie et les arts
11. Sans objet*
12. La psychologie clinique
13. La psychologie-conseil
14. La psychologie industrielle et organisationnelle
15. La psychopédagogie
16. La psychologie scolaire
17. Le counseling
18. Les psychologues de la fonction publique
19. La psychologie militaire

20. Le développement des adultes et le vieillissement
21. La psychologie expérimentale appliquée et la psychologie ergonomiste
22. La psychologie de la réadaptation
23. La psychologie du consommateur
24. La psychologie théorique et philosophique
25. L'analyse expérimentale du comportement
26. L'histoire de la psychologie
27. La psychologie communautaire
28. La psychopharmacologie
29. La psychothérapie
30. L'hypnose psychologique
31. Affaires concernant les associations de psychologues dans chaque État
32. La psychologie humaniste
33. L'étude des problèmes développementaux et du retard mental
34. La psychologie des populations et de l'environnement
35. La psychologie des femmes
36. Les psychologues intéressés par les questions de religion

37. Les services à l'enfance, à la jeunesse et à la famille
38. La psychologie de la santé
39. La psychanalyse
40. La neuropsychologie clinique
41. La psychologie et le droit
42. Les psychologues en pratique privée
43. La psychologie de la famille
44. L'étude des questions relatives aux homosexuels et aux lesbiennes
45. L'étude des questions relatives aux minorités ethniques
46. La psychologie des médias
47. La psychologie de l'exercice physique et du sport
48. La psychologie de la paix
49. La psychologie des foules et la psychologie de groupe
50. Toxicomanie
51. L'étude des hommes et de leur masculinité
52. La psychologie internationale

Il n'y a pas de sections 4 et 11.

Source : American Psychological Association, 1998 (traduction libre).

psychologue expérimentaliste étudiera les effets de la durée de la présentation de certaines images sur la capacité de rétention de l'information visuelle.

Les neuropsychologues et les psychophysiologistes. Ils se spécialisent dans l'étude des composantes biologiques qui sous-tendent le comportement. Les neuropsychologues étudient plus particulièrement l'influence des différentes structures du système nerveux sur le comportement, notamment le cerveau ; les psychophysiologistes étudient l'influence sur le comportement de diverses composantes corporelles comme le taux de glucose dans le sang, le produit des glandes endocrines, etc. Pour soigner un comportement

violent, par exemple, le neuropsychologue étudiera les zones cérébrales responsables du déclenchement ou de l'inhibition de ce comportement ; le psychophysiologiste, lui, effectuera une analyse de sang pour tenter d'y déceler la présence de certaines molécules responsables du déclenchement d'un tel comportement.

Les psychologues du développement. Ils étudient les changements physiques, affectifs, cognitifs et sociaux qui surviennent à tous les stades du développement, de la naissance à la mort. Un tel spécialiste étudiera par exemple les étapes par lesquelles se développe la relation d'attachement entre l'enfant et ses parents.

Les psychologues cliniciens et les psychologues-conseils.

Les psychologues cliniciens ont pour tâche d'évaluer des personnes aux prises avec des troubles comportementaux et affectifs qui entravent sérieusement leur fonctionnement et leur bien-être; ils posent un diagnostic et décident du traitement. Les psychologues-conseils effectuent un travail similaire à celui des cliniciens mais pour soigner des problèmes moins graves. Ainsi, le psychologue clinicien sera appelé à traiter une dépression grave, alors que le psychologue-conseil viendra en aide à une personne qui fait face à des difficultés passagères au travail ou dans sa famille.

Les psychologues en milieu scolaire.

Deux branches de la psychologie s'y côtoient: la psychologie scolaire et la psychopédagogie. Le travail du psychologue scolaire s'apparente à celui du psychologue-conseil. Il intervient surtout auprès des élèves, mais aussi auprès des professeurs et des parents qui traversent des difficultés temporaires reliées à l'environnement scolaire. Il aidera par exemple un élève à réduire son anxiété à l'approche des examens. Le psychopédagogue, lui, se penche sur l'ensemble du processus éducationnel avec pour objectif l'amélioration des apprentissages. L'éventail de ses interventions est vaste: par exemple, il évaluera d'abord à l'aide de tests les difficultés d'apprentissage de certains élèves et suggérera ensuite une intervention ponctuelle; il conseillera aux professeurs des méthodes pédagogiques plus efficaces, il mettra sur pied un programme qui permettra d'accroître la motivation des élèves, etc.

Les psychologues sociaux.

Ils étudient comment la présence des autres influe sur nos pensées, nos émotions, nos attitudes et notre comportement. Ils s'intéressent à toutes sortes de comportements sociaux comme les préjugés, l'attirance interpersonnelle, le conformisme, etc. Un psychologue social analysera par exemple les stéréotypes que les Québécois francophones, anglophones et allophones entretiennent les uns envers les autres avec pour objectif l'amélioration des relations entre tous ces groupes.

Les psychologues industriels et organisationnels.

Ils étudient l'environnement de travail sous tous ses aspects, comme le processus de prise de décision ou la structure organisationnelle de l'entreprise, et proposent des interventions pour augmenter la productivité et diminuer l'absentéisme. Par exemple, un psychologue industriel suggérera aux dirigeants d'une entreprise d'accroître les responsabilités des employés afin d'améliorer leur estime de soi et, au bout du compte, leur motivation et leur satisfaction au travail.

Les psychologues de la personnalité.

Ils cherchent à déterminer les facteurs qui influent sur la constance et sur les changements du comportement humain à travers le temps. Un psychologue de la personnalité étudiera par exemple les traits particuliers qui dénotent une grande sensibilité aux demandes d'autrui, observés chez certains individus.

Les psychométriciens.

Ils se spécialisent dans la mise au point, l'administration et l'analyse de tests psychologiques dans le but d'évaluer la personnalité, l'intelligence et de nombreux types de comportements. Ils travaillent aussi à l'élaboration de nouvelles techniques d'analyse statistique. Un psychométricien pourrait, par exemple, être appelé à créer les outils psychométriques nécessaires pour évaluer un programme d'intervention communautaire en santé mentale.

Qu'avez-vous appris ?

RÉPONSES, p. 28

A

1. Les précurseurs de la psychologie s'appuyaient sur _____? (des observations informelles/ des méthodes empiriques)

2. Le fondateur de la psychologie moderne est _____. (William James/Wilhelm Wundt)

3. Les psychologues qui s'intéressaient principalement à l'aspect adaptatif du comportement étaient connus sous le nom de _____.

B

Associez chaque énoncé avec une des cinq spécialités.

1. Intervient en vue d'accroître l'estime de soi chez les élèves de première année du collégial.

2. Détient une maîtrise ou un doctorat, intervient en santé mentale.

3. Détient un diplôme dans n'importe quelle discipline, ou aucun diplôme.

4. Étudie l'influence de la présence de spectateurs sur la performance sportive des athlètes.

5. Est diplômé en médecine et adopte une approche médicale à l'égard des troubles émotionnels.

Spécialités

a) Psychothérapeute   b) Psychiatre

c) Psychologue clinicien   d) Psychopédagogue

e) Psychologue social

LES PRINCIPALES PERSPECTIVES EN PSYCHOLOGIE

Imaginons un groupe de personnes discutant de leurs difficultés à accepter leur colère. Une femme déclare: «J'étais déjà en colère quand je suis *née*. Je montrais le poing aux passants quand on m'a transportée de l'hôpital à la maison.» Une autre femme avoue qu'elle se décharge de la colère qu'elle éprouve envers son mari en criant après ses enfants, ses amis et sa mère. Elle ajoute: «Je me sens ensuite tellement coupable de m'être mise en colère que je m'empiffre ou que j'ai une migraine.» Un homme attribue son mauvais caractère à l'exemple que lui a donné son père: «Mon père avait l'habitude de se soûler et de se mettre en colère contre nous. Je me surprends maintenant à faire exactement la même chose.» Un autre participant affirme qu'il désire améliorer son comportement: «À moi aussi il m'arrive d'être colérique, mais je déteste me voir agir de cette façon, ce n'est pas comme ça que je me perçois. Je veux améliorer mes relations avec les autres, il n'y a que moi qui puisse faire quelque chose et j'entends bien y parvenir.» Un adolescent, membre d'une bande de jeunes délinquants, explique pourquoi il a attaqué un étranger dans la rue: «Je n'ai pas eu le choix. Cet homme était méprisant; il m'a manqué de respect.»

Chacune de ces observations souligne un aspect de la colère, mais aucune n'en donne une vision globale. Les cinq commentaires émis par ces personnes bien différentes correspondent aux cinq principales perspectives employées en psychologie au Québec pour étudier et expliquer les processus mentaux et le comportement: la perspective biologique, la perspective psychodynamique, la perspective béhavioriste, la perspective humaniste et la perspective cognitive.

Ces perspectives reflètent plusieurs questions que les psychologues se posent sur le comportement humain, différentes hypothèses qu'ils formulent sur le fonctionnement de la pensée et, surtout, différentes explications qu'ils avancent sur les raisons qui poussent les gens à agir de la sorte. En d'autres termes, vous serez bientôt à même de constater que les psychologues mettent en œuvre les principes de la pensée critique et créative que nous avons déjà décrits. Dans cet ouvrage, nous étudierons en détail ces cinq perspectives. D'ores et déjà nous vous présentons un aperçu de chacune d'elles afin de vous familiariser avec les principaux concepts.

La perspective biologique

Quand elles entreprennent l'étude de la psychologie, bien des personnes sont étonnées de découvrir que les psychologues ne s'intéressent pas seulement aux comportements et aux pensées, mais aussi aux gènes, aux hormones et aux cellules nerveuses. Pourtant, l'approche biologique joue depuis toujours un rôle important en psychologie: Wilhelm Wundt a intitulé son ouvrage le plus connu *Éléments de psychologie physiologique*. En effet, Wundt, comme la plupart des chercheurs de son époque, voulait asseoir la science qu'il contribuait à fonder sur des bases solides, soit l'anatomie et la physiologie. La **perspective biologique** repose sur le postulat que tous les comportements, les sentiments et les pensées sont associés à des activités physiologiques. Des impulsions électriques parcourent à toute vitesse le réseau complexe que constitue le système nerveux; des hormones circulent dans le système sanguin, indiquant aux organes internes s'ils doivent ralentir ou augmenter leur activité; diverses substances chimiques, les neurotransmetteurs, traversent l'infime espace qui sépare les cellules cérébrales les unes des autres et régularisent ainsi le comportement et les pensées.

> **Perspective biologique**
> Approche du comportement centrée sur l'analyse des changements biologiques associés aux comportements, aux sentiments et aux pensées.

Un questionnement commun rassemble les psychologues spécialisés dans l'étude des composantes biologiques, soit les psychophysiologistes, les neuropsychologues et les psychobiologistes: comment les changements internes interagissent-ils avec les stimulations environnementales pour produire des perceptions et des souvenirs, et influer sur le comportement? Ces spécialistes se penchent sur la façon dont les changements corporels modifient notre rythme de vie, notre perception de la réalité, notre capacité d'apprendre, nos émotions, notre tempérament et, dans certains cas, les risques potentiels de souffrir de troubles émotionnels.

Au cours des dernières décennies, les progrès techniques ont permis l'exploration de régions du cerveau jusqu'alors inaccessibles. Il en est résulté entre autres une meilleure compréhension de la manière dont l'esprit et le corps interagissent chez un individu malade ou en bonne santé. C'est sur cette question que se penchent les chercheurs en neuropsychoimmunologie. Ils ont récemment découvert que, s'il est vrai que les processus biologiques influent sur les humeurs et les émotions, la réciproque l'est aussi: les émotions, les attitudes et les perceptions influent sur le fonctionnement du système immunitaire, d'où la prédisposition de certaines personnes à contracter des maladies comme la grippe (Kiecolt-Glaser et Glaser, 1989; O'Leary, 1990). Les recherches en biologie ont fait resurgir le débat sur les apports respectifs de l'inné (prédispositions génétiques) et de l'acquis (éducation, environnement social) dans le développement des comportements et des traits de personnalité.

De nombreux psychologues spécialisés en biologie souhaitent que leurs découvertes contribuent à résoudre quelques-uns des mystères entourant les troubles mentaux et émotionnels. À propos de la femme mentionnée plus haut, qui croit être « née en colère », ces chercheurs se demanderont : Que se passe-t-il dans l'organisme des personnes qui, comme cette femme, s'emportent facilement ? Souffrent-elles d'une affection physique qui expliquerait un tel comportement ? Sont-elles enclines à se mettre en colère ? Leurs émotions sont-elles reliées à la consommation d'alcool et de drogues ? Existe-t-il un facteur biologique — lié aux gènes, à la structure du cerveau ou aux hormones — responsable des comportements violents ? Existe-t-il une relation entre la colère et le fait d'être soumis à un stress de nature physique ?

Les progrès techniques permettent aux chercheurs spécialisés dans l'étude des composantes biologiques du cerveau de mieux comprendre le fonctionnement psychologique de l'être humain.

Bien des gens pensent que l'explication d'un comportement anormal est *ou bien* d'ordre physiologique *ou bien* d'ordre psychologique, ce qui les empêche d'apprécier la complexité réelle des interactions entre le corps et l'esprit. Mais la perspective biologique nous rappelle une évidence : nous ne pouvons comprendre le fonctionnement psychologique de l'être humain si nous ne comprenons pas son fonctionnement biologique.

La perspective psychodynamique

La perspective psychodynamique occupe dans la psychologie en tant que discipline une place analogue à celle que le pouce occupe dans la main : il est relié aux autres doigts mais en est également séparé. La perspective psychodynamique diffère radicalement des autres approches en ce qui concerne le vocabulaire, les méthodes et les normes régissant la validité des observations. Selon certains psychologues chercheurs qui ont opté pour la perspective biologique, la perspective béhavioriste ou encore la perspective cognitive, l'orientation psychodynamique n'a pas sa place dans la psychologie scientifique. Alors que les autres approches ont vu le jour dans le contexte de la recherche scientifique, soutiennent-ils, les racines de la perspective psychodynamique se trouvent davantage dans la philosophie, la littérature ou la psychanalyse freudienne que dans les sciences sociales. Pourtant, la psychologie actuelle dans son ensemble, notamment la psychologie clinique, a été grandement influencée par cette approche, et ce de bien des façons. Nous examinerons donc la contribution de la perspective psychodynamique tout en mentionnant à l'occasion les controverses qu'elle suscite encore.

La **perspective psychodynamique** met l'accent sur la dynamique inconsciente de l'individu, où interviennent entre autres les forces intérieures, les conflits et l'énergie instinctuelle exprimée par les pulsions. Ces théories ont en commun une vision *intrapsychique* de l'individu et soulignent les mécanismes internes ou cachés de la « psyché », ou esprit. Selon Freud, la conscience en état de veille n'est que la pointe d'un iceberg mental. Sous la pointe visible, dit-il, on trouve la partie inconsciente de l'esprit, qui renferme les désirs inavoués, les ambitions, les passions, les pensées coupables, les envies inavouables, et les conflits entre le désir et le devoir. Ces forces invisibles, croyait-il, ont sur la conduite beaucoup plus d'influence que la conscience. Le véritable objet d'étude de la psychologie consiste donc à s'efforcer de voir sous la surface des choses.

> **Perspective psychodynamique**
>
> Approche qui met l'accent sur la dynamique inconsciente des forces intérieures, conflictuelles et instinctives, qui orientent le comportement de l'individu.

Freud considérait l'agression, de même que la sexualité, comme une pulsion biologique inconsciente. L'énergie liée à la pulsion d'agression, si elle n'est pas canalisée vers des activités productives, est inévitablement déchargée ou déplacée vers des actions violentes, allant de la simple colère à la guerre entre les peuples. Revenons encore une fois au groupe de discussion sur la colère. La femme qui avoue « déplacer » sa colère sur ses enfants et exprimer sa culpabilité par de la goinfrerie et des migraines utilise des termes empruntés au vocabulaire de la psychanalyse. Les psychologues ayant adopté cette approche se demanderaient pourquoi elle se sent coupable d'être en colère et ils chercheraient à savoir quels motifs inconscients la poussent à se gaver et à exprimer son insécurité par des symptômes physiques comme la migraine.

Plusieurs disciples de Freud se sont inspirés de ses idées pour élaborer leurs propres théories. Étant donné qu'ils

Ce psychologue clinicien aide un client à faire face à un problème émotionnel.

accordent toujours une place fondamentale à la dynamique de l'inconscient, mais ont rejeté certains principes de la théorie psychanalytique, leurs théories sont qualifiées de *psychodynamiques* plutôt que de *psychanalytiques*. Bien que certaines hypothèses de la perspective psychodynamique soient invérifiables et demeurent des objets de controverse pour les philosophes, d'autres ont permis d'amorcer des courants de recherche majeurs. Ainsi, des psychologues étudient les mécanismes de défense tels que les processus de rationalisation, de déni ou de formation réactionnelle, qui sont autant d'idées issues de la théorie freudienne selon laquelle la conscience cherche à se protéger contre les informations menaçantes.

Aujourd'hui, les chercheurs dans leur ensemble estiment que les pensées et la conduite rationnelle sont susceptibles d'être perturbées par la culpabilité, l'anxiété et la honte. Un conflit émotionnel prolongé peut en effet s'exprimer par des symptômes physiques, des conduites infantiles et des actes autodestructeurs. Par ailleurs, la perspective psychodynamique s'interroge sur les grands dilemmes existentiels tels que l'aliénation due à la solitude et la peur universelle de la mort. En ce sens, les théories psychodynamiques ont contribué au progrès de la psychologie et à la compréhension du comportement humain.

La perspective béhavioriste

Le psychologue John B. Watson (1878-1958) a publié en 1913 un article qui allait bouleverser la psychologie scientifique, qui était alors une toute jeune discipline. Dans « Psychology as the Behaviorist Views it » (« La psychologie vue sous l'angle du béhaviorisme »), Watson affirmait que la psychologie ne pourrait jamais devenir une science objective si elle ne renonçait pas à l'étude de l'esprit et de la conscience. Selon lui, les psychologues devaient mettre de côté l'intros-

pection en tant que méthode de recherche et s'abstenir d'employer des termes tels que *état mental, esprit* et *émotion* dans les explications qu'ils donnaient du comportement. Ils devaient s'en tenir à ce qu'ils pouvaient observer ou mesurer directement : les comportements des humains et des animaux, et les événements se produisant effectivement dans leur environnement.

Selon Watson, les psychologues doivent abandonner le mentalisme au profit d'une analyse scientifique du comportement, le **béhaviorisme.** Ainsi, pour lui, il ne sert à rien de demander à quelqu'un de décrire ce qu'il ressent quand on le pique avec une aiguille ; un béhavioriste voudrait plutôt observer ce qui se passe lorsqu'on pique une personne au doigt avec une aiguille : se met-elle à pleurer ? retire-t-elle sa main ? se met-elle à jurer ? que fait-elle d'autre ? Watson a repris à son compte les études du physiologiste russe Ivan Pavlov (1849-1936), qui avait montré que plusieurs types de comportements automatiques ou involontaires, tels que la salivation, n'étaient que des réponses conditionnées (apprises par associations répétées) à des événements donnés, ou stimuli, présents dans l'environnement. À l'instar de Pavlov, Watson croyait que les lois élémentaires de l'apprentissage peuvent expliquer les comportements des humains et des animaux.

> **Béhaviorisme**
> Approche psychologique qui met de l'avant l'étude du comportement objectivement observable et du rôle de l'environnement comme facteur déterminant du comportement humain et animal.

Par la suite, le psychologue B. F. Skinner (1904-1990) a inclus dans l'approche béhavioriste l'explication des comportements qui nous paraissent volontaires, par exemple allumer une lampe, faire du vélo ou s'habiller. Skinner a décrit comment les conséquences d'un comportement déterminent dans une large mesure la probabilité qu'il se reproduise. Ainsi, les conséquences qui ont pour effet d'accroître la probabilité d'apparition du comportement sont dites renforçantes, alors que les conséquences qui ont pour effet d'en diminuer l'apparition sont dites punitives.

À ses débuts, le béhaviorisme a intéressé non seulement les psychologues, mais aussi les sociologues et les politologues. Tous ces chercheurs découvraient enfin une façon de conférer aux sciences sociales une base rigoureuse et de mettre fin ainsi aux critiques des sceptiques. Du même coup, le champ de la psychologie s'étendit à des sujets qui ne pouvaient être étudiés par l'introspection, comme les enfants, les personnes aux prises avec des troubles psychologiques ou encore les animaux. Aux États-Unis, le béhaviorisme s'est rapidement imposé comme l'école de psychologie expérimentale dominante, et ce jusqu'à sa remise en question au début des années 1960.

Il est essentiel que les parents stimulent intellectuellement leurs enfants en leur faisant la lecture, en leur posant des questions, en leur procurant des livres et des jeux.

chercheurs se demanderaient également comment l'homme en est venu à associer la consommation d'alcool avec un comportement violent. Ils affirmeraient que l'alcool « ne libère pas la rage refoulée » ; en fait, les gens pensent que, lorsqu'ils sont en état d'ébriété, ils peuvent accomplir certains gestes sans avoir à en subir les conséquences.

Les applications pratiques du béhaviorisme ont eu des effets sur la vie de bien des gens. On a utilisé les techniques béhaviorales pour aider des personnes à vaincre des peurs irraisonnées, à cesser de fumer, à perdre du poids, à apprendre à leur animal à être propre, à modifier des comportements agressifs destructeurs ou à acquérir une meilleure discipline d'étude. Les techniques fondées sur la théorie de l'apprentissage social ont été employées pour aider des personnes à accroître leur confiance en elles, leur motivation et leur désir de réussite. L'importance que le béhaviorisme accorde à la précision et à l'objectivité a grandement contribué à faire progresser la psychologie dans son ensemble.

La perspective humaniste

Au cours des années 1950 et 1960, les critiques se firent plus nombreuses envers la psychanalyse et le béhaviorisme. Abraham Maslow (1908-1970), Rollo May (1909-1994) et Carl Rogers (1902-1987) remirent en cause la place attribuée par la psychanalyse à l'hostilité, aux conflits inconscients et à l'instinct : selon eux, en effet, il s'agissait là d'une vision pessimiste et réductionniste de la nature humaine, basée uniquement sur l'observation d'individus souffrant de troubles psychologiques. Ils remirent également en cause la place accordée par les béhavioristes aux principes du conditionnement : selon eux, en effet, ces principes mènent à une vision trop mécaniste ou « dénuée d'esprit » de la nature humaine et à une vision tout aussi réductionniste, basée sur la simple observation de rats et de pigeons. Pour ces chercheurs, il était temps d'envisager une troisième orientation en psychologie, qu'ils ont appelée la **perspective humaniste**.

Certains psychologues soulignèrent rapidement qu'il existait d'autres façons d'expliquer les apprentissages. En effet, on apprend également par l'observation et l'imitation, de même que par la réflexion sur les choses qui nous entourent. Le béhaviorisme social et cognitif, qui combine des éléments du béhaviorisme traditionnel et des résultats de recherche sur la pensée et la conscience, a donné naissance entre autres à la **théorie de l'apprentissage social**. Cette théorie insiste sur l'influence des projets, perceptions et attentes sur le comportement. « Si les récompenses et les punitions venant de l'extérieur déterminaient entièrement les actions, fait observer Albert Bandura (1986), les gens se comporteraient comme des girouettes, changeant continuellement d'orientation sous l'effet de n'importe quel agent qui exercerait sur eux une influence momentanée. » Le fait qu'on ne se comporte pas (toujours) comme une girouette donne à penser qu'une bonne part de l'apprentissage d'une personne est *autogérée*, c'est-à-dire modelée par ses pensées, ses valeurs, ses réflexions sur elle-même et ses intentions.

Mais alors, comment se fait-il que l'homme colérique, dont il a été question plus haut, reproduise le comportement de son père malgré son désir d'agir différemment ? Les chercheurs qui ont adopté la perspective béhavioriste examineraient les conséquences des accès de colère des deux hommes : lorsqu'ils expriment leur colère, obtiennent-ils l'attention et les réactions qu'ils souhaitent ? Les mêmes

> **Théorie de l'apprentissage social**
>
> Approche selon laquelle le comportement est appris et maintenu par l'observation et l'imitation des comportements des autres personnes.
>
> **Perspective humaniste**
>
> Approche qui favorise l'étude des caractéristiques uniques de l'être humain, comme le libre arbitre et le concept de soi.

Maslow (1971) reprochait à Freud d'avoir largement construit sa théorie à partir de l'observation de patients aux prises avec des troubles majeurs comme l'hostilité et la dépression. Pourtant, écrit Maslow (1971), « si on choisit pour une étude consciencieuse des personnes en bonne santé, fortes, créatives, pleines de bonté et avisées, [...] on acquiert une vision très différente de l'humanité. On se demande alors jusqu'à quel

Les psychologues se penchent sur de nombreuses questions dont la réponse n'est pas toujours évidente. Par exemple, pourquoi certaines personnes sautent-elles en élastique dans le vide ?

point une personne peut se développer, ce qu'un être humain peut devenir. » Selon Maslow, le blâme majeur que l'on peut formuler envers la psychologie, c'est d'avoir oublié que l'être humain vit aussi des événements heureux marqués par la joie, le rire, l'amour, le bonheur et quelques moments exceptionnels suscités par l'atteinte de l'excellence ou la recherche de valeurs importantes.

La perspective humaniste se démarque également des autres perspectives par la place prépondérante qu'elle accorde aux caractéristiques qui nous distingueraient des autres animaux : une expérience subjective consciente composée de pensées, de sentiments et de croyances (le soi), la capacité de faire des choix pour orienter sa vie (le libre arbitre) et un besoin inné de croître et de se réaliser pleinement (le besoin d'autoactualisation).

Pour Carl Rogers (1951, 1961), l'épanouissement de toute personne sur le plan affectif et fonctionnel dépend de l'amour et du soutien que lui apporte son entourage en l'acceptant inconditionnellement. Malheureusement, beaucoup de personnes accordent un regard essentiellement conditionnel, la

condition étant « je t'aimerai si tu te comportes comme je le veux », et « je ne t'aimerai pas si tu te comportes mal à mes yeux ». Les personnes qui subissent un tel regard ont tendance à réagir en éliminant des comportements qui leur sont propres ou en supprimant des pensées qui les empêchent de recevoir le regard bienveillant de ceux qu'ils aiment. Selon Rogers, il en résulte un état d'incongruence où la personne a l'impression de ne pas être authentique, de s'isoler de ses vrais sentiments. À plus long terme, ces réactions sont associées à une faible estime de soi, à un état défensif et à de l'amertume.

Dans l'exemple de la violence présenté au début de cette section, l'homme qui affirme « ne pas aimer se voir comme ça » exprime probablement une incongruence entre son comportement et son concept de soi. La décision de modifier ses comportements peut s'expliquer par l'intention de se rapprocher du concept de soi désiré en développant pleinement son potentiel. De plus, cette personne montre qu'elle croit avoir le choix et la maîtrise de son avenir.

Il faut distinguer ici l'humanisme d'un courant de pensée proche, l'existentialisme, dont les racines philosophiques européennes se trouvent dans les écrits de Kierkegaard et de Sartre. L'humanisme et l'existentialisme ont un intérêt commun pour la vie intérieure consciente et ses répercussions sur le développement de la personne. Toutefois, alors que les humanistes se donnent pour but d'aider les gens à mieux se comprendre et à s'épanouir, les existentialistes (c'est ainsi que se qualifient certains psychologues) centrent leur réflexion sur l'effort déployé par chacun pour trouver un sens à sa vie, pour vivre selon des normes morales et pour comprendre le sens de la souffrance et de la mort (Becker, 1971, 1973 ; Yalom, 1980). Dans le cadre restreint de cet ouvrage, nous ne présenterons que le point de vue humaniste.

La perspective cognitive

Durant les années 1950 et 1960, le nouvel intérêt accordé en psychologie au fonctionnement de la pensée humaine se trouva renforcé par un facteur inattendu, l'arrivée de l'ordinateur. Cette invention incita en effet les scientifiques à étudier la résolution de problèmes, la rétroaction de l'information et d'autres processus mentaux : la psychologie cognitive était née. (Le terme « cognitif » vient du latin *cognitum*, de *cognoscere*, qui signifie « connaître ».)

Selon les psychologues de la **perspective cognitive,** pour comprendre comment

Perspective cognitive

Approche qui met de l'avant l'étude des processus mentaux dans la perception, la mémoire, le langage, la résolution de problèmes et d'autres aspects du comportement.

Il pense. Mais ses processus mentaux sont-ils efficaces?

les humains utilisent le langage, acquièrent le sens des valeurs morales, vivent des émotions ou se comportent en groupe, il faut étudier la façon dont ils sélectionnent et organisent l'information sociale ainsi que les connaissances d'eux-mêmes et du monde dont ils disposent. De même, pour comprendre les comportements et les états affectifs des individus, il faut découvrir l'origine de leurs pensées, de leurs souvenirs, de leurs croyances, de leurs perceptions et de leurs autres processus mentaux. Cependant, les psychologues cognitifs ne voulaient pas revenir à l'ancienne méthode de l'introspection; ils mirent donc au point de nouvelles techniques afin d'obtenir des informations sur les processus mentaux à partir de comportements observables. Par exemple, l'examen des types d'erreurs que les individus commettent en tentant de se rappeler les mots d'une liste donnée permet de tirer des conclusions sur la façon dont les mots sont emmagasinés dans la mémoire, soit sous la forme de sons, soit sous la forme de significations.

L'un des apports les plus importants de la perspective cognitive a été de montrer que les interprétations et les perceptions d'une personne influent sur ce qu'elle fait ou ressent. Chacun cherche constamment à trouver un sens au monde qui l'entoure et à son état physique ou mental du moment. Que nos pensées soient réalistes ou non, elles exercent sans cesse une influence sur nos actions et nos choix. Revenons au cas de l'adolescent qui a assailli un étranger parce qu'il se croyait insulté par ce dernier. Même si ce jeune homme sentait qu'il n'arriverait pas à réprimer sa colère et qu'il n'avait pas d'autre choix pour réagir, il s'était mis en colère en réalité parce qu'il avait *interprété* le comportement de l'étranger comme un signe d'irrespect. Il y avait peut-être d'autres possibilités d'interprétation de la situation : l'étranger n'avait peut-être aucunement l'intention d'être méprisant; il était peut-être myope et n'avait même pas vu l'adolescent. Dans la perspective cognitive, les chercheurs se demanderaient : Comment l'interprétation d'un événement influe-t-elle sur les émotions et les réactions? Existe-t-il d'autres interprétations possibles?

Bien peu de sujets relevant de la psychologie ont échappé aux répercussions de ce qu'on a appelé la « révolution cognitive » (Gardner, 1985). Les psychologues qui ont choisi cette approche ont étudié les explications données par les individus eux-mêmes sur leurs propres comportements, la façon dont ils comprennent une phrase, résolvent un problème intellectuel, raisonnent, se forment une opinion ou se souviennent d'un événement. Grâce à l'utilisation de nouvelles méthodes de recherche, les psychologues ont pu examiner des phénomènes qui avaient jusqu'alors appartenu au domaine de la spéculation, tels le sommeil, l'hypnose et les états de conscience provoqués par des drogues. Les psychologues conçoivent maintenant des programmes informatiques capables d'accomplir des tâches cognitives complexes et de prévoir comment des humains s'acquitteraient des mêmes tâches (Simon, 1992).

Autres perspectives ou points de vue en psychologie

Il existe également d'autres approches du comportement qui n'entrent pas dans l'un des cinq courants décrits ci-dessus. Parmi celles-ci, notons la perspective socioculturelle et le point de vue féministe.

LA PERSPECTIVE SOCIOCULTURELLE

Au cours des années 1930 et 1940, certains psychologues ont remis en cause la tendance à centrer l'étude psychologique sur l'individu, que ce soit par l'analyse de l'influence de facteurs biologiques, par celle de l'inconscient ou par celle du conditionnement. Ils se sont penchés sur l'influence que pouvaient avoir le milieu social et les valeurs culturelles sur le comportement social. Par exemple, comment expliquer que des personnes en apparence bien équilibrées puissent, à l'occasion, exprimer des préjugés haineux et raciaux? Mais, surtout, comment intervenir pour améliorer les relations interpersonnelles? C'est cette préoccupation à l'égard de l'influence de l'environnement social et culturel sur le comportement qui caractérise l'approche socioculturelle.

Tout comme les béhavioristes, les chercheurs qui ont adopté la perspective socioculturelle notent que la majorité des gens ont tendance à négliger l'influence du contexte environnemental sur leurs conduites. Pourtant, notre façon d'éduquer nos enfants, de gérer nos affaires personnelles, de percevoir le monde est largement tributaire du milieu social et culturel dans lequel nous évoluons. Si nous accordons si peu d'importance à ces influences, c'est probablement parce qu'elles sont aussi essentielles que l'air qui nous entoure et dont on oublie la présence.

Les psychologues qui mettent l'accent sur l'aspect social de la perspective socioculturelle examinent l'influence que les êtres humains exercent les uns sur les autres, que ce soit en tant qu'employeurs, conjoints, parents, amis, amants ou étrangers. Ils étudient la manière dont nous imitons nos héros, nous conformons à la conduite de nos pairs, obéissons à l'autorité, nous épanouissons ou dépérissons dans une relation intime. Ils étudient également les caractéristiques du milieu physique telles que l'agencement d'une pièce, le niveau de bruit ambiant, etc., qui ont des effets considérables sur l'individu.

Les psychologues qui insistent sur l'aspect culturel de la perspective socioculturelle étudient plutôt comment la culture influe sur les membres d'une communauté ou d'une société donnée. Le terme culture désigne ici un ensemble de règles régissant le comportement des membres d'un groupe, de même que les valeurs, les croyances et les attitudes communes à la majorité. Il s'agit parfois de règles explicites (il ne convient pas de rire lors d'une cérémonie religieuse ou funéraire ni de jouer à la bataille navale durant un cours de psychologie) et parfois de règles implicites, non verbales (la distance convenable pour s'adresser à un ami est de 50 centimètres). La culture dans laquelle baigne une personne exerce une influence sur chacun des aspects de sa conduite. Par exemple, les Occidentaux accordent beaucoup d'importance à l'individualisme, alors que les Asiatiques et les Latino-Américains insistent sur la loyauté envers la communauté et la coopération. Les Américains ont un dicton : « On huile la roue qui grince », ce qui signifie qu'il faut faire du bruit pour obtenir ce que l'on veut ; les Japonais ont un autre dicton : « On tape sur la tête du clou qui sort de la planche », ce qui signifie qu'il vaut mieux ne pas trop se faire remarquer et qu'il importe de s'intégrer au groupe.

La perspective socioculturelle peut être considérée comme une approche majeure en psychologie, au même titre que les cinq perspectives présentées dans cet ouvrage. Elle a contribué à faire de la psychologie une science plus représentative de la complexité de la conduite humaine en intégrant l'étude des contextes historique, social, situationnel et culturel.

Le point de vue féministe

Les années 1970 ont également vu l'émergence d'un autre courant de pensée en psychologie, soit celui des féministes. Bien qu'il ne s'agisse pas à proprement parler d'une approche très importante en psychologie, le point de vue féministe a néanmoins exercé une profonde influence sur la psychologie contemporaine. Il a mis en évidence l'existence de biais répandus dans les recherches en psychologie (Crawford et Marecek, 1989 ; Hare-Mustin et Marecek, 1990). Les psychologues féministes ont relevé un grand nombre de recherches s'appuyant uniquement sur des hommes, habituellement jeunes, blancs et de classe moyenne, et ont démontré pourquoi il était souvent tout à fait inapproprié de généraliser à l'ensemble du genre humain des résultats obtenus auprès d'un groupe aussi restreint de sujets. Ces psychologues ont aussi montré que des recherches qui incluaient des femmes avaient tendance à présenter les différences reliées au genre comme étant des déficiences des femmes plutôt que de simples différences (Denmark, *et al.,* 1988).

Les femmes et les hommes qui se considèrent comme des psychologues féministes puisent dans chacune des grandes perspectives de la psychologie, ainsi que dans les autres sciences humaines, les informations qui nourrissent leurs réflexions sur les différences entre les hommes et les femmes. Ils ont stimulé la recherche sur des thèmes longtemps laissés de côté, tels que les menstruations, la maternité, la dynamique du pouvoir dans les relations intimes, les questions reliées à la santé mentale et à l'espérance de vie des femmes. Ils ont aussi examiné d'un point de vue critique le parti pris des hommes en psychothérapie, en partant des études de cas de Freud lui-même (Hare-Mustin, 1991). Enfin, ils ont analysé les conséquences que peuvent avoir sur le plan social les découvertes de la psychologie et ont montré que les résultats des recherches ont souvent servi à justifier le fait que les femmes et d'autres groupes défavorisés ont un plus bas niveau de vie.

Toutefois, des critiques, tant parmi les adversaires que parmi les défenseurs du point du vue féministe, se demandent si certains chercheurs n'ont pas tendance à troquer le parti pris pour les hommes contre le parti pris pour les femmes. D'autres craignent que le but ultime des psychologues féministes — promouvoir l'égalité des hommes et des femmes — ne les conduise à accepter des conclusions auxquelles ils sont intuitivement acquis mais qui ne reposent pas sur une base empirique solide (Mednick, 1989 ; Peplau et Conrad, 1989). Cependant, la psychologie féministe rappelle à tous les psychologues que la recherche et la psychothérapie sont des processus sociaux soumis à la subjectivité de chacun. Dès lors, le progrès de la psychologie et de ses applications est tributaire de la prise de conscience par le psychologue de ses propres croyances et de sa volonté de les remettre en cause. Ces prises de position ont inspiré d'autres approches en psychologie qui luttent contre les partis pris dans les études portant sur les groupes ethniques ou culturels, les gais et les lesbiennes, les personnes âgées, les handicapés et les démunis.

RÉPONSES, p. 28

A L'anxiété est un trouble fort répandu. Associez chacune des cinq explications possibles de l'anxiété avec une des cinq perspectives.

1. Les personnes anxieuses ont tendance à déformer les événements lorsqu'elles pensent à ce qui les attend.

2. L'anxiété est due à des désirs inconscients et défendus.

3. Les symptômes de l'anxiété sont souvent récompensés, par exemple lorsqu'ils permettent d'éviter un examen.

4. L'anxiété excessive peut être causée par un déséquilibre chimique, la caféine ou un problème relié au sommeil.

5. L'anxiété peut être provoquée par une trop grande différence perçue entre le soi idéal et le soi actuel.

Perspectives

a) Béhavioriste b) Psychodynamique

c) Humaniste d) Biologique e) Cognitive

B Différents postulats à propos du comportement humain peuvent mener à des conclusions différentes. Quels postulats permettent de distinguer la psychologie cognitive du béhaviorisme ? Quels postulats permettent de différencier la perspective psychodynamique de la perspective humaniste ?

À PROPOS DU PRÉSENT OUVRAGE

Les cinq perspectives que nous avons choisi d'examiner dans cet ouvrage constituent des approches qualitativement différentes de l'étude de la pensée et du comportement ; ce sont aussi les plus productives du point de vue de la recherche et de l'intervention. Nous ne les exposons pas par ordre d'importance, ce qui suggérerait un jugement de valeur, ni selon une trame historique stricte, qui ne convient pas toujours à une présentation globale. Nous avons choisi un ordre qui, tout en respectant l'évolution des perspectives, facilite selon nous leur intégration. Ainsi, nous présentons d'abord la perspective biologique, qui permet d'associer la psychologie à ses fondements biologiques, puis nous étudions la perspective psychodynamique qui, avec la psychanalyse naissante, a constitué le courant le plus important au début du siècle. Nous nous penchons ensuite sur la perspective béhavioriste, qui a grandement contribué à consolider les connaissances de l'apprentissage. Ensuite nous abordons la perspective humaniste, qui est apparue en réaction au béhaviorisme et à la psychanalyse et qui a eu une influence capitale dans le domaine de l'intervention thérapeutique. Enfin nous présentons la perspective cognitive qui a grandement enrichi nos connaissances des processus de la pensée.

Le livre est structuré en cinq parties. Chaque perspective fait l'objet d'une partie, qui est composée d'un ou deux chapitres et qui se termine par l'évaluation de la perspective. Chacune des parties mettra en évidence les questions importantes auxquelles la perspective s'intéresse, de même que les questionnements qu'elle suscite, les limites qui lui sont propres et quelques-unes de ses répercussions sur le plan social et sur le plan éthique. Nous examinerons également ce que chaque perspective peut apporter à ce que les psychologues appellent, de façon charmante, la « vraie vie », c'est-à-dire les applications des découvertes imputables à chacune des approches, ce qui inclut la psychothérapie, la modification des comportements, l'amélioration de la vie des individus et des relations interpersonnelles, et la résolution de problèmes sociaux persistants. C'est dans cet esprit qu'une rubrique intitulée « La psychologie appliquée à l'école » sera consacrée à l'intervention psychologique dans le domaine scolaire, et ce pour chacune des cinq perspectives.

Quoique, dans l'ensemble, ils reconnaissent qu'il est important d'intégrer les cinq perspectives, en pratique, la plupart des psychologues ne le font pas, car ils sont spécialisés, à l'instar des professionnels des autres disciplines. Celui ou celle qui a été entraîné à chercher les causes biologiques du comportement n'a pas tendance à étudier l'influence de l'inconscient, ni même à y réfléchir, et l'inverse est tout aussi vrai. Certains psychologues ont tendance à croire que la partie de la psychologie qu'ils étudient constitue la discipline tout entière, ou du moins qu'elle en est la partie la plus importante. Cela explique que les différences entre les diverses approches aient suscité de la part de leurs défenseurs respectifs de vives discussions, des confrontations hargneuses et, parfois, un mutisme absolu.

Des spécialistes des sciences humaines souhaitent voir se mettre en place une approche unificatrice qui rassemblerait sous le même toit toutes les tendances de la psychologie (Bevan, 1991 ; Gibson, 1994). Gregory Kimble (1994, 1995), par exemple, a proposé un cadre de référence unificateur pour la psychologie scientifique incluant des principes généraux empruntés à la biologie, l'apprentissage, la cognition et la culture. Kimble (1994) écrit : « De l'ensemble des connaissances accumulées depuis [William] James, il apparaît que certains principes — à la manière des lois que Newton nous a laissées — suscitent l'adhésion d'un nombre suffisant pour favoriser l'intégration des différentes perspectives en psychologie. » Cependant, beaucoup de psychologues en sont venus à la conclusion qu'on ne pourra jamais réunir ces différents courants en une science cohérente et qu'il est donc inutile de tenter d'imposer une fausse unité — comme aiment le faire les auteurs de manuels scolaires (Gardner, 1992 ; Hilgard, 1991 ; Koch, 1981). Sigmund Koch (1992) suggère qu'on cesse de parler de « l'étude de la psychologie » comme s'il s'agissait d'une entité unique et qu'on adopte plutôt l'expression « les études psychologiques ». Howard Gardner (1992) se dit convaincu qu'il n'existera bientôt plus rien qui corresponde à ce qu'on appelle maintenant « le champ de la psychologie ». À son avis, les disciplines florissantes que sont les sciences cognitives et les neurosciences engloberont ce qui se rattache aux approches biologique et cognitive, et à celle de l'apprentissage ; un vaste champ interdisciplinaire, soit les « études culturelles », inclura la perspective socioculturelle ; d'autres branches (comme la psychologie clinique, la psychologie industrielle et organisationnelle, et la psychologie de la consommation) deviendront des domaines d'application ; enfin, la perspective psychodynamique et les recherches sur la personnalité se rattacheront à la littérature, à la philosophie et aux arts.

Nous ne ferons pas nous-mêmes de prédictions quant à l'avenir de la psychologie et nous chercherons aussi à éviter les jugements de valeur sur les différentes perspectives. Nous nous limiterons à affirmer qu'il existe plusieurs façons d'étudier un problème, quel qu'il soit, ou de formuler des solutions à des problèmes personnels ou sociaux persistants. Dans le dernier chapitre, nous montrerons comment on peut étudier un problème social important à partir des cinq perspectives.

Si vous êtes prêt à partager notre enthousiasme pour l'étude de la psychologie, si vous portez intérêt aux énigmes et désirez savoir non seulement qui a fait quoi, mais aussi pourquoi il l'a fait, si vous acceptez de remettre en question ce que vous pensez que vous pensez…, alors vous êtes prêt à aborder la lecture de ce manuel.

Réponses

Page 12

A Dans les deux cas il s'agit de psychoverbiage, puisque les énoncés confirment des croyances populaires apparemment basées sur des faits mais qui ne tiennent pas compte d'autres pistes possibles d'explication. Dans le premier cas, par exemple, que penser du parent qui punit son enfant pour avoir traversé dangereusement la rue et qui, l'instant d'après, s'interpose entre l'enfant et un chien dangereux ? Dans le second cas, que penser des personnes qui sont constamment tendues (pensées négatives) mais qui ne présentent pas des symptômes de cancer ?

B Voici quelques problèmes reliés à leur façon de discuter : ■ Les émotions influent fortement sur leur raisonnement. ■ Leurs arguments ne sont pas basés sur des faits vérifiés. Par exemple, que nous apprennent les recherches sur le lien entre la peine de mort et le taux de criminalité ? Est-ce que la peine de mort est appliquée également à tous les meurtriers, qu'ils soient riches, pauvres, blancs, noirs, hommes ou femmes ? ■ Ils n'ont pas examiné leurs présuppositions et croyances personnelles. ■ Ils n'ont pas bien défini la question. Par exemple, quel est l'objectif relié à la peine de mort ? Dissuader les criminels, satisfaire le désir de vengeance des citoyens ou empêcher les criminels d'obtenir des libérations conditionnelles ?

Page 19

A 1. Observations informelles. 2. Wundt. 3. Fonctionnalistes.

B 1. d. 2. c. 3. a. 4. e. 5. b.

Page 27

A 1. e. 2. b. 3. a. 4. d. 5. c.

B Les psychologues cognitifs croient qu'ils peuvent expliquer le comportement par les pensées et les sentiments ; les béhavioristes estiment que ce sont les caractéristiques des comportements de même que les conditions dans lesquelles ils sont émis qui doivent être étudiées. Les psychologues qui adoptent l'approche psychodynamique considèrent que le comportement est largement déterminé par des facteurs intrapsychiques tels que les pulsions inconscientes ; les psychologues humanistes pensent que chaque personne est consciente et responsable de ses choix et qu'elle cherche à développer pleinement son potentiel humain.

RÉSUMÉ

1 La *psychologie* est l'étude scientifique du comportement et des processus mentaux que conditionnent le milieu ainsi que l'état physique et mental d'une personne. La psychologie se démarque du psychoverbiage ou des approches non scientifiques de l'étude du comportement, comme l'astrologie et le spiritisme, par ses méthodes de recherche et ses théories scientifiques.

2 L'un des principaux avantages que vous pouvez retirer de l'étude de la psychologie est l'amélioration de votre capacité à penser de façon critique. La *pensée critique* suppose la capacité et la volonté de s'interroger sur la valeur de toute affirmation et de porter des jugements objectifs en s'appuyant sur des arguments bien fondés. Les personnes dotées d'un esprit critique sont curieuses et posent des questions; elles définissent les problèmes de façon claire et précise; elles examinent les faits et analysent les présuppositions; elles évitent les raisonnements fondés sur des émotions et les simplifications à outrance; elles considèrent toutes les interprétations plausibles et tolèrent l'incertitude.

3 Jusqu'au XIXe siècle, la psychologie ne constituait pas en elle-même un champ d'études, et peu de règles formelles en régissaient la recherche et les applications. De nombreuses généralisations sur le comportement humain reposaient sur des anecdotes ou la description de cas individuels. La psychologie en tant que science empirique a vu le jour en 1879 lorsque Wilhelm Wundt a créé le premier laboratoire de psychologie à Leipzig, en Allemagne. Ses travaux s'appuyaient en grande partie sur l'introspection dirigée, que les autres chercheurs ont vite délaissée, considérant qu'elle n'était pas suffisamment objective.

4 Le fonctionnalisme fut l'une des premières écoles de psychologie à s'opposer aux idées de Wundt. Les fonctionnalistes s'inspiraient en partie des théories évolutionnistes de Charles Darwin. Ils cherchaient à savoir comment les conduites d'un être humain ou d'un animal l'aident à s'adapter à son environnement, et ils recherchaient les causes sous-jacentes, les motifs et les conséquences pratiques des comportements et des stratégies mentales spécifiques.

5 Les travaux de Sigmund Freud ont donné naissance à la psychologie en tant que méthode de psychothérapie. Freud a par la suite développé ses premières idées en une vaste théorie de la personnalité. Sa théorie et ses méthodes de traitement des troubles émotionnels sont connues sous le terme de *psychanalyse.*

6 Les activités professionnelles des psychologues se divisent généralement en deux grandes catégories: la recherche et l'intervention clinique. Les psychologues chercheurs étudient des problématiques et en appliquent les résultats dans divers milieux ou enseignent à l'université ou dans un collège. Les psychologues cliniciens offrent des services psychologiques et interviennent en santé mentale. De nombreux psychologues œuvrent dans ces deux champs de compétence à la fois.

7 Le travail du psychologue chercheur prend place selon deux orientations principales: la recherche fondamentale et la recherche appliquée. La recherche dont le but est d'accroître les connaissances relatives aux comportements et aux processus mentaux est dite fondamentale; la recherche qui fait appel aux connaissances fondamentales afin de modifier des conduites humaines est dite appliquée.

8 Les psychologues cliniciens, dont le rôle est de comprendre et d'améliorer la santé physique et mentale des individus, travaillent dans des centres hospitaliers, des établissements psychiatriques, des cliniques spécialisées, des écoles et des cabinets privés. Ils étudient, diagnostiquent et traitent les problèmes et les déficiences d'ordre comportemental, mental ou émotionnel. Si l'usage du titre «psychologue» est réglementé, celui de «psychothérapeute» ne l'est pas. Bien des psychologues s'inquiètent de ce qu'un nombre croissant de psychothérapeutes pratiquent leur «art»

▶▶

sans avoir reçu de véritable formation et sans comprendre les méthodes de recherche et les découvertes de la psychologie moderne.

9 Les domaines dans lesquels les psychologues chercheurs ou cliniciens sont appelés à exercer leur métier sont nombreux et fort variés. Ils peuvent travailler en tant que : psychologues expérimentalistes, neuropsychologues, psychophysiologistes, psychologues du développement, psychologues-conseils, psychologues scolaires, psychopédagogues, psychologues sociaux, psychologues industriels ou organisationnels, psychologues de la personnalité, psychométriciens, etc.

10 Il existe aujourd'hui cinq points de vue prédominants en psychologie, qui se distinguent par les questions soulevées, les hypothèses de travail et les explications offertes. La ***perspective biologique*** s'intéresse à la façon dont l'activité biologique et l'activité physiologique interagissent avec les événements extérieurs pour produire les perceptions, les pensées, les émotions, les souvenirs et les comportements, ainsi qu'aux contributions respectives de l'inné (les prédispositions génétiques) et de l'acquis (l'éducation et l'environnement) dans le développement des habiletés et des traits de personnalité. La ***perspective psychodynamique*** insiste sur la dynamique des forces de l'inconscient, comme les motifs, les conflits ou l'énergie exprimée par les pulsions ; elle diffère grandement des autres perspectives quant aux méthodes et aux normes de validation des faits. La ***perspective béhavioriste*** met l'accent sur la façon dont l'environnement et l'histoire d'une personne influent sur son comportement. Dans cette optique, les béhavioristes étudient les modalités par lesquelles nous adoptons de nouvelles conduites, et ce notamment par l'étude du rôle des conséquences associées aux comportements. La ***perspective humaniste*** accorde beaucoup d'importance au libre arbitre et au potentiel humain ; elle exerce une grande influence sur la psychothérapie et sur les mouvements relevant de la croissance personnelle. La ***perspective cognitive*** étudie la façon dont les processus mentaux interviennent dans la perception, la mémoire, le langage, les émotions, la résolution de problèmes, la formation de croyances et d'autres aspects de la pensée.

11 Les écoles de psychologie ne se rattachent pas toutes clairement à l'une ou l'autre des cinq perspectives présentées ici. La *perspective socioculturelle* situe l'individu dans son contexte social et culturel, c'est-à-dire qu'elle met l'accent sur la façon dont les rôles sociaux et culturels, de même que les exigences situationnelles, influent sur les croyances et le comportement. Le *point de vue féministe* utilise les résultats de recherches appartenant à l'une ou l'autre des cinq principales perspectives pour analyser les relations et les différences entre les deux sexes ; il a mis en évidence les partis pris contre les femmes qui sous-tendent certaines recherches.

12 Étant donné que les facteurs qui régissent le comportement sont intimement liés, chacune des perspectives est en elle-même limitée. Tisser ensemble tous les fils de la recherche en psychologie pour en faire une seule science cohérente et unifiée pourrait s'avérer une tâche irréalisable.

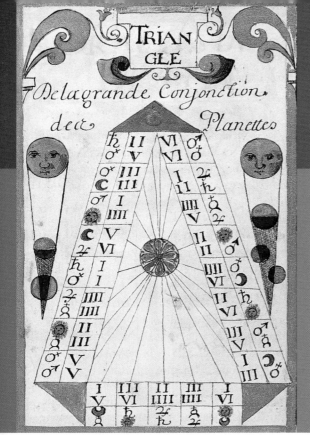

La recherche en psychologie

Dans la France du XVIIe siècle, les gens cherchaient la réponse à leurs problèmes à l'aide d'une carte astrologique. Après avoir lancé les dés, on associait le chiffre obtenu au chiffre romain correspondant sur la carte, qui indiquait alors sous quelle influence planétaire se trouvait l'individu. La psychologie scientifique fait appel à des méthodes plus fiables et plus utiles.

Supposez que vous êtes la mère ou le père d'un garçon autistique de neuf ans. Votre enfant vit dans un monde à part, silencieux, coupé des interactions sociales habituelles aux enfants de son âge. Il ne vous regarde que très rarement dans les yeux. Il se balance d'avant en arrière pendant des heures. Parfois, il s'inflige délibérément des blessures au point de s'arracher des lambeaux de chair. Il ne parle pas, ou guère, et il ne peut suivre une classe normale à l'école.

Imaginez alors l'intérêt et l'espoir que susciterait en vous un reportage à la télévision portant sur une nouvelle technique, déjà appliquée dans plusieurs cliniques nord-américaines, qui pourrait permettre à votre enfant de sortir de sa prison mentale. Selon les promoteurs de cette technique, les enfants atteints d'une déficience mentale ou d'autisme apprennent à composer des phrases en sélectionnant des mots sur un tableau, avec l'aide d'un adulte qui leur

tient délicatement la main ou l'avant-bras. Vous trouvez une clinique qui a recours à cette technique appelée « communication assistée ». Certes les frais sont élevés mais, comme vous vous trouvez dans une situation désespérée, vous décidez de faire admettre votre fils dans cet établissement.

Le scénario que nous venons de décrire est tout à fait vraisemblable. Ces dernières années, des milliers de parents en détresse ont fondé tous leurs espoirs sur les promesses offertes par cette technique. La « communication assistée » représente un véritable miracle, clamaient ses promoteurs. Selon eux, certains enfants, grâce à leur « assistant » (la personne qui leur tient délicatement la main), étaient parvenus à maîtriser des habiletés en mathématiques et en lecture du niveau de la fin du secondaire. D'autres même avaient écrit des poèmes d'une grande beauté. Mais qu'en est-il vraiment ?

Aux yeux des psychologues chercheurs, on ne peut accepter d'emblée les affirmations et les témoignages concernant les succès de cette méthode. Il faut vérifier son efficacité au moyen d'études expérimentales contrôlées avec des centaines d'enfants et d'adultes autistiques (Jacobson et Mulick, 1994 ; Mulick, 1994). Dans l'une de ces études, les chercheurs firent en sorte que l'« assistant » ne puisse voir les images présentées à l'enfant, ni entendre les questions auxquelles l'enfant devait répondre. Dans ces conditions, il s'est avéré que l'enfant autistique n'avait acquis aucune habileté linguistique inattendue (Eberlin, *et al.,* 1993). Dans une autre étude, des autistes adultes pouvaient observer la même image que l'« assistant » ou bien une image différente. Dans ces conditions, les seules descriptions correctes données par le sujet autistique correspondaient aux images qui n'avaient été observées que par l'« assistant » (Wheeler, *et al.,* 1993). Les chercheurs ont conclu de ces études que l'interaction

Certains pensent que la « communication assistée » représente une découverte capitale dans le traitement des troubles liés à l'autisme. Mais que nous apprend la recherche contrôlée à ce sujet ?

entre l'autiste et l'« assistant » est similaire à l'interaction entre le médium et la personne dont il guide la main vers le plateau d'un jeu de Oui-ja pour l'aider à capter les « messages » d'un « esprit » : La personne chargée de l'« assistance » dirige inconsciemment la main de l'autre personne dans la direction désirée. Quand on y regarde de plus près, la « communication assistée » reflète plutôt la communication de l'« assistant ».

Les recherches contrôlées de ce type sont indispensables ; en effet, lorsque les parents investissent temps et argent dans un traitement qui ne donne aucun résultat, ils perdent la possibilité d'obtenir l'aide qui serait réellement bénéfique pour leur enfant ; en outre, la souffrance de voir tous leurs espoirs s'évanouir peut être terrible. Les méthodes de recherche que nous abordons dans ce chapitre sont les outils professionnels du psychologue. Elles constituent un moyen de départager des points de vue contradictoires ou de corriger des idées fausses susceptibles de causer des torts importants aux personnes dont les décisions majeures en dépendent. Nous verrons aussi, à plusieurs reprises dans le présent ouvrage, comment des méthodes de recherche innovatrices et astucieuses ont mené à la découverte de réponses à des questions fondamentales sur le comportement humain.

Certains étudiants s'impatientent lorsqu'on leur demande de se pencher sur les méthodes de recherche, car ils ne voient pas toujours leur utilité. « Pourquoi ne pas aller directement aux résultats ? », disent-ils. Si tel est votre cas, considérez comment vous devriez réagir devant les nombreuses affirmations contradictoires susceptibles d'exercer une influence considérable sur votre vie — par exemple, les conseils pour vous défaire d'une mauvaise habitude, maîtriser vos émotions, vous habiller pour faire bonne impression, mettre fin à un conflit, vaincre votre timidité, améliorer votre vie amoureuse ou réduire votre stress. L'étude des méthodes de recherche constitue une façon de faire face à ces interrogations : elle fournit à l'étudiant les outils qui lui permettront d'évaluer les différentes étapes menant à l'obtention des résultats. Considérée sous cet angle, la connaissance des méthodes de recherche n'est certes pas un luxe superflu réservé aux scientifiques, mais bien une étape essentielle dans l'acquisition d'une pensée critique adaptée aux exigences de la science moderne.

Forsyth et ses collaborateurs (1992) ont montré que les étudiants de niveau collégial dont les connaissances sur ces méthodes de recherche sont approximatives ont tendance à réagir différemment aux résultats d'une étude selon que ces résultats sont plus ou moins conformes à leurs attentes. Si les résultats sont en accord avec ces dernières, ils les acceptent volontiers, même si les méthodes employées ne justifient pas une telle confiance. Par contre, les étudiants qui ont appris à évaluer les différentes étapes de la conception d'une étude font davantage preuve de pensée critique et prennent le temps d'examiner les méthodes employées avant de tirer des conclusions (Forsyth, *et al.*, 1992). Nous espérons que vous aussi, lorsque vous prendrez connaissance des résultats de recherches en psychologie, vous vous questionnerez sur la façon dont les informations ont été recueillies et les données, interprétées, et ce en vous appuyant sur les lignes directrices présentées dans ce chapitre.

EN QUOI UNE RECHERCHE EST-ELLE SCIENTIFIQUE?

Lorsqu'on dit des psychologues qu'ils sont des scientifiques, cela ne signifie pas qu'ils travaillent avec des machines et des instruments compliqués ou qu'ils portent des sarraus blancs (bien que ce soit le cas pour certains d'entre eux). Le domaine scientifique correspond bien davantage aux attitudes et aux méthodes des chercheurs qu'aux appareils qu'ils utilisent. De nombreux philosophes et scientifiques ont écrit des ouvrages volumineux sur ce qui différencie la science des autres formes du savoir. Nous ne pouvons reprendre ici toutes les différences étudiées, mais nous allons décrire quelques-unes des caractéristiques qui distinguent le travail du scientifique de celui du pseudoscientifique. Ces caractéristiques sont illustrées dans l'encadré de la page 36, qui porte sur le prétendu pouvoir des sourciers.

1 LE SCEPTICISME. Certains des plus remarquables progrès de la science ont été effectués par des personnes qui ont osé mettre en doute ce que l'on considérait alors comme la vérité absolue: par exemple, que le Soleil tourne autour de la Terre, qu'on peut guérir des individus en appliquant des ventouses sur leur peau ou que les malades mentaux sont possédés du démon. Dans la vie quotidienne du chercheur, être sceptique signifie faire preuve de prudence à l'égard de toute conclusion, récente ou ancienne; sa devise pourrait être «Prouvez-le moi.» Cette prudence doit toutefois s'accompagner d'une ouverture aux idées et aux faits nouveaux, sinon le scientifique risque de devenir aussi borné que le célèbre physicien Lord Kelvin qui, à la fin du XIXᵉ siècle, était fermement convaincu, selon des historiens des sciences, que la radio n'avait aucun avenir, que les rayons X n'étaient qu'un canular et que jamais on n'arriverait à faire voler des machines plus lourdes que l'air.

2 LA PRÉCISION. Le travail du chercheur en psychologie commence habituellement par un questionnement sur un problème théorique ou pratique. Par exemple, vérifier s'il est vrai que les personnes aux prises avec une détresse psy-

chologique passagère recherchent la présence d'autres personnes dans la même situation. La démarche scientifique du chercheur débute alors par la formulation d'une **hypothèse**, c'est-à-dire un énoncé offrant une description ou une explication provisoires d'un comportement (voir la figure 2.1). Cette hypothèse peut d'abord être énoncée de façon très générale, comme «La détresse rapproche» mais, avant d'entreprendre une recherche, il faudra la reformuler en termes plus précis. Par exemple, «La détresse rapproche» deviendrait: «Les personnes anxieuses qui appréhendent une situation menaçante ont tendance à rechercher la compagnie de personnes qui font face au même danger.»

Les hypothèses peuvent être formulées à partir d'observations personnelles ou être déduites d'une **théorie**, c'est-à-dire d'un système de suppositions et de principes organisés, visant à expliquer certains phénomènes et les relations existant entre eux. Une théorie n'est pas un calque parfait de la réalité mais un ensemble de postulats ou d'énoncés fondés sur des observations ainsi que de données empiriques qui rendent compte d'un ensemble d'éléments interreliés. L'intérêt d'une théorie pour un scientifique est qu'elle permet d'orienter la réflexion sur le phénomène étudié et surtout de faire des prédictions et de vérifier, à l'aide de méthodes scientifiques, leur exactitude. À l'opposé,

> **Hypothèse**
> Énoncé qui vise à prédire un ensemble de phénomènes. Une hypothèse scientifique précise les relations entre deux ou plusieurs variables et sera soumise à un processus de vérification empirique.
>
> **Théorie**
> Système de suppositions et de principes organisés, visant à expliquer un ensemble donné de phénomènes et les relations existant entre eux.

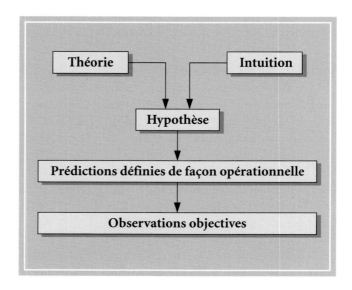

les opinions et expériences personnelles qui ne sont pas soumises à ce processus de vérification ne peuvent être ni confirmées ni infirmées : la personne qui les détient devient donc le seul juge de la véracité de ses observations. Les théories acceptées par la communauté scientifique sont généralement confirmées par de nombreuses recherches et ne peuvent être en contradiction qu'avec un petit nombre d'entre elles (Stanovich, 1992). Une théorie scientifique n'est pas un ramassis d'observations personnelles ou d'intuitions malgré ce que laisse entendre l'expression populaire « Ce n'est qu'une théorie. »

Dans les limites du cadre théorique choisi, une hypothèse doit conduire à des prédictions explicites sur ce qui devrait se produire dans une situation donnée. Ainsi, pour justifier une prédiction, des termes vagues tels que « anxiété » et « situation menaçante » ne sont pas acceptables ; il est nécessaire de donner une *définition opérationnelle*, qui précisera la façon dont on observera et mesurera le comportement ou la situation. Dans le cas des termes ci-dessus, l'« anxiété » pourra être définie comme le résultat à un test d'anxiété ou bien une réaction comportementale, par exemple se ronger les ongles, et la « situation menaçante » pourra être l'éventualité de recevoir un choc électrique. La prédiction s'énoncerait alors comme suit : « Si l'on accroît les scores d'anxiété de certaines personnes en les avertissant qu'elles vont recevoir des chocs électriques et qu'on leur donne ensuite le choix d'attendre seules ou avec d'autres personnes dans la même situation qu'elles, elles auront davantage tendance à choisir d'attendre en compagnie d'autres personnes qu'elles ne le feraient si elles n'étaient pas anxieuses. » Puis cette prédiction sera testée au moyen de procédures précises et systématiques. La démarche scientifique du chercheur se démarque ainsi de celle des pseudoscientifiques que nous avons mentionnée au chapitre 1, qui se cachent derrière des termes vagues et des prédictions très générales ne pouvant être ni confirmées ni infirmées.

3 LE RECOURS AUX CONFIRMATIONS EMPIRIQUES. On ne juge pas une théorie ou une hypothèse scientifiques comme une pièce de théâtre ou un poème, en se demandant si elles sont agréables ou présentent une grande valeur esthétique. Une idée peut paraître stimulante au premier abord simplement parce qu'elle est plausible, séduisante et pleine d'imagination. Mais quel que soit son attrait, on ne peut lui accorder de la crédibilité que si elle est étayée par des faits. Ignorer ce principe entraîne des conséquences désastreuses comme l'illustre l'exemple suivant à propos de l'autisme.

À la fin des années 1960, de nombreux cliniciens furent influencés par les écrits de Bruno Bettelheim, un éminent psychanalyste selon lequel l'autisme était dû à la peur ressentie par l'enfant en présence d'une mère destructrice et glaciale, qui le rejetait. À cette époque, la prise de position de Bettelheim reposait sur des données bien minces. Dans *La forteresse vide* (1967), il avait présenté les études de cas de trois enfants autistiques dont les mères souffraient elles-mêmes de troubles psychologiques. Il avait également fait allusion à 37 autres cas sur lesquels il ne citait toutefois aucune donnée précise. Mais la réputation de Bettelheim était si bien assise que bien des gens acceptèrent ses conclusions telles quelles, malgré la faiblesse de ses appuis empiriques. Cependant, des chercheurs se mirent à douter de cette théorie et décidèrent d'effectuer une comparaison plus approfondie entre les parents d'enfants autistiques et des parents n'ayant pas d'enfant atteint de cette maladie. Au lieu de se fonder sur des impressions subjectives, à l'instar de Bettelheim, ils firent appel à des tests normalisés d'adaptation psychologique et effectuèrent des analyses statistiques à partir des données recueillies. Les résultats furent significatifs : en ce qui concerne les rapports existant entre les traits de personnalité et l'entente entre conjoints ou la vie familiale, les chercheurs ne constatèrent aucune différence, en moyenne, entre les parents d'enfants autistiques et ceux d'enfants normaux (DeMyer, 1975 ; Koegel, *et al.,* 1983). Bettelheim s'était donc trompé ; ses conclusions, acceptées trop rapidement, avaient amené des milliers de parents à se croire responsables des troubles dont souffraient leurs enfants et à se culpabiliser inutilement.

4 UNE DIMENSION PUBLIQUE. Les psychologues et autres scientifiques se montrent-ils toujours à la hauteur des normes élevées qui leur sont fixées ? Non, bien entendu. Il leur arrive, comme à tout être humain, d'accorder trop d'importance à leur expérience personnelle, de se leurrer et même, parfois, de laisser leur ambition prendre le pas sur leur honnêteté. Ils peuvent s'abstenir de mettre leurs théories véritablement à l'épreuve : il est toujours plus facile de douter des idées des autres que de ses propres croyances.

Il est donc essentiel que la démarche des scientifiques soit publique, c'est-à-dire qu'elle puisse être accessible à la communauté scientifique. Pour ce faire, on demande au scientifique de préciser la source de ses idées, la façon dont il les a vérifiées et les résultats qu'il a obtenus. Il doit fournir sur tous ces aspects des informations claires et détaillées de façon à ce que ses collègues puissent reprendre, ou *reproduire*, les mêmes études et analyser les résultats. Pour faciliter ce processus, le scientifique publie ces informations dans des revues spécialisées afin que ses pairs puissent en prendre connaissance. Il doit persuader ses collègues, même les plus sceptiques, que ses affirmations reposent sur des bases solides. La communauté scientifique joue le rôle d'un jury en examinant minutieusement les données, en départageant le vrai et le faux, en acceptant certains points de vue et en reléguant les autres aux oubliettes. Ce processus a lieu au grand jour et il représente, malgré ses imperfections, un mécanisme d'autocorrection garantissant une certaine maîtrise sur l'acquisition des connaissances en psychologie. Les individus n'étant pas toujours objectifs, rationnels ni même honnêtes, la science doit mettre en place les conditions qui permettent de vérifier la véracité de leurs affirmations.

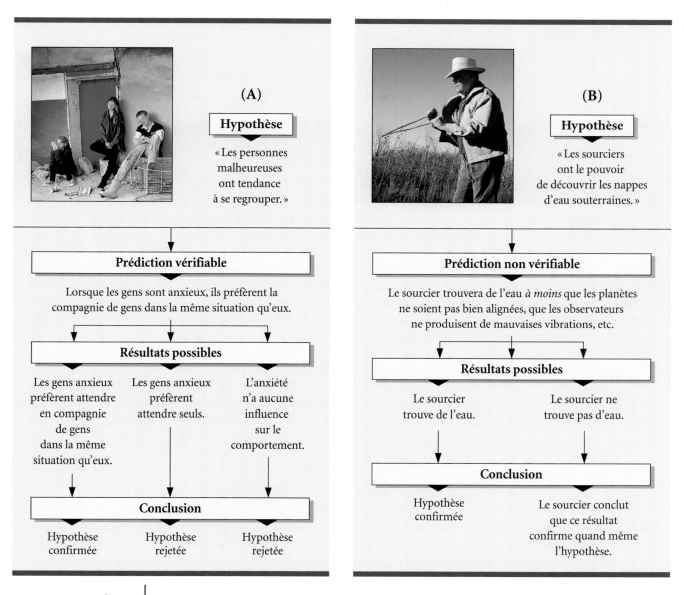

FIGURE 2.1 — Vérification d'une hypothèse

La démarche scientifique requiert que le chercheur énonce les résultats attendus sous la forme d'une hypothèse précise et observable. Les résultats qui infirment les hypothèses indiquent au chercheur qu'il doit raffiner son hypothèse de base ou le contexte de son expérimentation. À l'opposé, les pseudoscientifiques ne font généralement pas de cas des résultats qui infirment leurs croyances, ils trouveront toujours des explications pour justifier les échecs de façon à ne pas remettre leurs croyances en question.

L'exemple suivant montre que la reproduction des expériences constitue un élément important de la démarche scientifique, car ce qui peut apparaître comme un phénomène fabuleux s'avère parfois n'être que le fruit d'un hasard extraordinaire. Il y a quelques décennies, une équipe de chercheurs apprit à des vers plats à reculer au signal d'une lumière clignotante. Ils tuèrent ensuite les vers et en firent une purée qu'ils donnèrent à manger à un second groupe de vers. Grâce à ce régime cannibalesque, expliquèrent les chercheurs, le second groupe acquit la réponse de recul plus rapidement que le premier (McConnell, 1962). La réaction du milieu scientifique fut vive : si on peut accroître la vitesse d'apprentissage des vers en leur faisant ingérer des « molécules de mémoire » provenant de leurs semblables, ne pourrait-on pas envisager la fabrication de « pilules de mémoire » spécialisées ? Et pourquoi pas une pilule pour le cours d'introduction à la psychologie ? Cependant, d'autres chercheurs ne parvinrent pas à reproduire ces résultats, et on arrêta de parler des « pilules de mémoire ».

LE SAVOIR DES SOURCIERS

Contexte. Certaines personnes, que l'on appelle sourciers, croient qu'elles peuvent localiser des eaux souterraines en se promenant avec une baguette à la main jusqu'à ce que celle-ci se courbe en direction de la nappe d'eau. Certains d'entre eux utilisent une baguette particulière faite d'acier, alors que d'autres préfèrent employer des objets aussi ordinaires qu'un cintre redressé ou une branche fourchue. Ils pensent tous que le mouvement de l'objet choisi s'explique par le fait qu'une force métaphysique les informe de la présence de l'eau.

Question. Les sourciers sont-ils réellement dotés d'un pouvoir métaphysique leur permettant de localiser les sources d'eau potable souterraines ?

Réponse. Tâchons de répondre en appliquant les principes scientifiques que nous venons de présenter. Envisageons tout d'abord le problème sous l'angle du *scepticisme*. Plusieurs questions se posent alors : A-t-on évalué de manière objective le taux de réussite des sourciers ? Peut-on expliquer autrement que par l'intervention de forces métaphysiques les performances des sourciers ? Si tant est qu'elles existent, comment pourrait-on mesurer la présence de ces forces ? En s'inspirant du principe du rasoir d'Occam vu au chapitre 1, on peut formuler une explication beaucoup plus simple : c'est le sourcier lui-même qui fait ployer la branche. C'est ce que croit l'illusionniste et démystificateur professionnel James Randi (1982), qui a mis au défi les sourciers de faire la preuve de leurs pouvoirs. Il a adopté une *démarche* *publique* pour vérifier les présumés pouvoirs des sourciers. Il s'engageait à verser plusieurs milliers de dollars à tout sourcier reconnu comme tel qui ferait preuve d'une plus grande efficacité à déceler les sources d'eau qu'une méthode fondée sur la sélection des emplacements au hasard. Randi n'a pas encore eu à verser un sou. L'épreuve de Randi a également le mérite de *préciser* la réflexion sur les pouvoirs des sourciers. C'est un peu comme s'il disait : « Vous affirmez posséder des pouvoirs particuliers auxquels je ne crois pas ; démontrez-moi tout d'abord l'existence de ces pouvoirs, puis nous essaierons de les expliquer. » Par ailleurs, Randi ne s'est pas fié aux souvenirs des sourciers ou à ceux des différents témoins pour évaluer l'exactitude de leur sélection des emplacements ; il s'est appuyé sur des observations *empiriques* qui lui ont permis de conclure à l'absence des présumés pouvoirs. Randi a aussi noté que, en dépit de leur échec, les sourciers perdaient rarement confiance en leur capacité : ils attribuaient plutôt leur piètre performance à l'alignement des planètes, à la présence de taches solaires ou aux « mauvaises vibrations » des spectateurs.

Un scientifique qui chercherait à expliquer comment une personne peut déceler la présence d'une source d'eau devrait recourir à des méthodes de recherche scientifiques. Par exemple, il pourrait se pencher sur d'autres explications qui ont le mérite d'être plus objectives, telles que l'utilisation consciente ou inconsciente d'indices environnementaux comme le relief du terrain ou encore les caractéristiques de la végétation ou des types de sol.

Le recours à la démarche scientifique

Comme tout scientifique, le psychologue doit donc suivre une *démarche scientifique* (Robert, *et al.*, 1988) pour formuler des propositions permettant de rendre compte d'un aspect particulier de la réalité qui l'entoure. Les principales étapes de cette démarche sont les suivantes : préciser le phénomène à étudier ou la question à laquelle il veut répondre en s'inspirant de son expérience personnelle et des connaissances contemporaines en psychologie ou dans les autres sciences, formuler une hypothèse ou un objectif de recherche précis, choisir une méthode de recherche et des outils de mesure appropriés afin de vérifier l'objectif ou l'hypothèse, procéder à la collecte des données, analyser les données recueillies et, enfin, interpréter les résultats. L'exemple suivant, tiré de la psychologie sociale, illustre bien cette démarche.

Contexte. La soumission à l'autorité est un phénomène fort répandu : il se produit chaque fois qu'une personne obéit aux ordres d'une autre personne occupant une position hiérarchique supérieure. La plupart du temps, les conséquences sont bénignes, tel est le cas de l'étudiant qui accepte de reprendre une partie de son travail parce que son professeur estime que la syntaxe est incorrecte. En d'autres occasions, la soumission à l'autorité mène à des comportements susceptibles de causer des torts irréparables à autrui. Par exemple, dans le film *La liste de Schindler*, réalisé par Steven Spielberg, des fonctionnaires et des soldats obéissent aux ordres de leurs supérieurs et en viennent à tuer systématiquement et froidement d'autres êtres humains. Comment expliquer des comportements si barbares ? On a longtemps pensé que les personnes qui obéissaient à des ordres immoraux étaient trop faibles pour refuser ou atteintes de troubles psychologiques graves. Stanley Milgram, un psychologue social, a voulu étudier plus en profondeur l'influence de la situation sur le comportement du sujet sommé d'obéir à une personne en position d'autorité. Dans sa recherche, Milgram (1963) s'est démarqué de tous les penseurs qui s'étaient déjà penchés sur ce sujet en appliquant la démarche scientifique.

Démarche. L'étude de la soumission à l'autorité est un domaine très vaste qu'il fallait tout d'abord circon-scrire. L'objectif de recherche de Milgram se limitait, dans un premier temps, à évaluer le nombre de personnes qui se plieraient jusqu'au bout à des ordres qu'elles désapprouvaient. Pour atteindre son objectif tout en respectant une démarche scientifique, Milgram choisit la méthode expérimentale : il s'agissait de reproduire en laboratoire des conditions de soumission à l'autorité comportant trois composantes fondamentales : une personne en position d'autorité, en l'occurrence un professeur d'université vêtu d'un sarrau blanc, un sujet naïf ne connaissant pas les objectifs de la recherche et une victime. Pour le sujet naïf, l'expérience se déroulait de la manière suivante : il devait aider un étudiant à apprendre au moyen de chocs électriques qu'il lui infligerait, en présence du professeur, assis en retrait. Le sujet était placé devant une console où des boutons et des vignettes indiquaient l'intensité des chocs, de « 15 volts-choc léger » à « 450 volts-danger : choc grave ». Le professeur donnait comme consigne au sujet d'augmenter l'intensité des chocs au fur et à mesure que l'étudiant commettait des erreurs. En fait, l'étudiant était un complice de l'expérimentateur, et sa tâche consistait non seulement à faire constamment des erreurs, qui forceraient le sujet à lui administrer des chocs électriques de plus en plus intenses, mais aussi à simuler une vive douleur à chaque décharge électrique reçue (en réalité, aucun choc n'était infligé). Lorsque le sujet manifestait des réticences à donner un choc électrique, le professeur insistait pour qu'il continue.

L'approche expérimentale de Milgram a permis de recueillir des données qui ont causé une véritable commotion dans le domaine de la recherche en sciences humaines.

À gauche, la console permettant d'administrer des chocs électriques. Ci-dessus, un « élève » est relié à l'appareillage par l'expérimentateur et par le sujet naïf qui agira à titre de « professeur ».

Alors que Milgram et de nombreux experts avaient prévu qu'une infime minorité de sujets exécuteraient les ordres les plus extrêmes, les résultats ont montré au contraire que la majorité des sujets ont administré les chocs électriques jusqu'au bout. Ces résultats ont donné lieu à diverses interprétations, dont certaines étaient davantage émotives que rationnelles. Pourtant, c'est devant des résultats de recherche aussi spectaculaires que les scientifiques se doivent de faire preuve de la plus grande objectivité possible, en somme de mettre en pratique la pensée critique. Ainsi des recherches subséquentes, menées par Milgram et d'autres chercheurs, ont permis de définir les conditions qui favorisent ou freinent la soumission à l'autorité. Par ailleurs, ces travaux ont évidemment soulevé des questions éthiques, qui seront traitées plus loin dans ce chapitre. Quoi qu'il en soit, la démarche scientifique de Milgram a littéralement bouleversé les connaissances sur un phénomène social important et a rendu possible son étude objective. (Nous vous suggérons de voir le film *I... comme Icare* du réalisateur Henri Verneuil, qui illustre bien l'expérience de Milgram.)

Qu'avez-vous appris ?

RÉPONSES, p. 58

Vérifiez votre compréhension de ce qu'est la science en notant les principes scientifiques qui n'ont pas été suivis dans chacune des situations suivantes.

1. M. Latendresse est un excellent bricoleur; il croit avoir inventé un appareil permettant d'équilibrer les ondes cérébrales et d'harmoniser les pensées des gens. Il affirme que, grâce à son invention, son voisin a guéri de ses ulcères de l'estomac. M. Latendresse se refuse toutefois à laisser des gens étudier son dispositif, car il ne veut pas se faire voler son invention.

2. Mme Martin a gagné un million de dollars à la loterie en choisissant les chiffres selon son signe astral. Elle croit aux pouvoirs surnaturels et est fascinée par la communication avec les défunts. Elle a engagé des médiums qui animent des séances où des défunts semblent se manifester mais, à son grand regret, ils ne se manifestent qu'aux médiums. Elle fait confiance à ces derniers et est persuadée de la validité de leurs expériences.

Cet exemple montre que les recherches scientifiques peuvent susciter d'importantes remises en question. Elles requièrent une très grande rigueur, c'est pourquoi les chercheurs doivent veiller à choisir la méthode d'investigation la plus appropriée pour répondre aux questions à l'origine de leur démarche.

LES MÉTHODES DE RECHERCHE EN PSYCHOLOGIE

Les psychologues emploient diverses méthodes de recherche, ou des combinaisons de méthodes, selon la nature des questions auxquelles ils cherchent à répondre. Tout comme un enquêteur a recours, par exemple, à l'examen d'indices à la loupe *et* au relevé d'empreintes digitales *et* à l'interrogation de suspects pour découvrir le coupable, de façon analogue, les psychologues chercheurs peuvent faire appel à différentes méthodes à divers stades d'une investigation. La recherche en psychologie peut être subdivisée en trois grandes catégories : les recherches descriptives, les recherches corrélationnelles et les recherches expérimentales.

Avant de présenter les méthodes de recherche, il importe de les différencier des outils de recherche. Alors que les méthodes de recherche se distinguent par leurs objectifs particuliers, les outils de recherche ont tous le même but, c'est-à-dire recueillir des données sur les personnes ou les groupes de personnes étudiés. Parmi les principaux outils de recherche, citons les tests, les questionnaires, les grilles de codification et les entrevues. Ils peuvent être utilisés dans chacune des trois méthodes de recherche. Pour en simplifier la présentation, nous décrirons les outils de recherche là où ils sont le plus fréquemment employés, soit dans les recherches descriptives.

Les recherches descriptives

De nombreuses **méthodes** de recherche en psychologie sont **descriptives** : elles permettent certes de décrire mais aussi de prédire le comportement d'une personne ou d'un groupe ; cependant elles ne permettent pas nécessairement de choisir entre plusieurs explications contradictoires. Certaines de ces méthodes sont employées principalement

> **Méthode descriptive**
>
> Méthode qui permet d'obtenir une description du comportement, mais qui n'en fournit pas nécessairement une explication causale.

par les cliniciens pour décrire le comportement d'individus, alors que d'autres sont surtout utilisées par les chercheurs pour comparer des groupes de personnes et parvenir à des généralisations sur le comportement humain. Dans cette section, nous examinerons les méthodes descriptives les plus courantes. Afin de vous faciliter l'apprentissage de ces méthodes, nous vous suggérons de noter par écrit les avantages et les inconvénients de chacune d'elles et de comparer votre liste avec celle du tableau 2.1, présenté à la page 50.

L'ÉTUDE DE CAS

Une **étude de cas** est une démarche exploratoire où on décrit en détail une personne ou un petit groupe de personnes en s'appuyant sur l'observation approfondie des conduites ou l'administration rigoureuse de tests psychologiques. Elle comporte habituellement des informations sur l'enfance de la personne étudiée, ses rêves, ses fantasmes, ses expériences, ses relations avec ses proches, ou encore ses espoirs — en somme tous les éléments permettant de mieux étudier son comportement. Les études de cas sont employées en particulier par les cliniciens afin d'illustrer certains principes psychologiques à l'aide du portrait détaillé d'un individu, ce que ne permettent pas les généralisations ou les statistiques. Elles présentent également une grande utilité pour les chercheurs qui ne disposent parfois d'aucun autre moyen pour étudier une problématique donnée. Citons, à titre d'exemple, des recherches sur l'hypothèse d'une période critique pour le développement normal des capacités langagières, période située entre un et six ans (Curtiss, 1977). Cette hypothèse ne pouvait être étudiée qu'à partir de certains cas tragiques d'enfants maltraités, enfermés sans stimulation langagière pendant des années, et auxquels les psychologues tentaient d'apprendre à communiquer normalement (Rymer, 1993).

Cependant, les études de cas comportent aussi certaines limites. Elles dépendent souvent des souvenirs que les personnes ont conservés de leur passé, or ceux-ci peuvent se révéler inexacts ou avoir fait l'objet d'une sélection. De plus, du fait qu'elles sont centrées sur des individus, leur utilité peut être limitée pour les psychologues qui tentent d'élaborer des généralisations sur le comportement humain. La personne qui fait l'objet d'une telle étude, notamment lorsqu'elle se trouve aux prises avec des difficultés d'ordre psycho-

> **Étude de cas**
> Description détaillée d'une personne faisant l'objet d'une étude ou d'un traitement.
>
> **Observation systématique**
> Étude dans laquelle le chercheur observe et enregistre méticuleusement et systématiquement le comportement, sans intervenir.

logique, ne ressemble pas nécessairement à la majorité des personnes dans la même situation, groupe sur lequel le chercheur essaie de tirer des conclusions. (Rappelez-vous que l'une des erreurs de Bettelheim a été de supposer que les mères sur lesquelles portait son étude étaient représentatives de tous les parents d'enfants autistiques.) De plus, il est souvent difficile de choisir entre plusieurs interprétations possibles à partir de la description d'un seul cas.

Les études de cas s'avèrent fort utiles lorsque des considérations d'ordre pratique ou éthique ne permettent pas de faire appel à d'autres moyens pour recueillir des informations, ou lorsque des circonstances exceptionnelles rendent impossible l'étude de certaines questions d'ordre général. La plupart des études de cas constituent des sources d'hypothèses; elles ne sont que rarement utilisées en tant que méthodes de vérification d'hypothèses. Vous devez vous montrer extrêmement prudent à l'égard des ouvrages de « psycho pop », qui n'appuient leurs affirmations que sur des témoignages et des expériences vécues.

L'OBSERVATION SYSTÉMATIQUE DU COMPORTEMENT

L'**observation systématique** du comportement par le chercheur consiste à observer et à enregistrer le comportement de manière systématique et rigoureuse, sans interagir de quelque façon que ce soit avec les personnes (ou animaux) observées. Contrairement à l'étude de cas, l'observation systématique porte habituellement sur de nombreux individus. Mais à l'instar de l'étude de cas, cette approche peut être considérée comme une méthode exploratoire, car elle constitue souvent la première étape d'un programme de recherche : en effet, il est habituellement essentiel de disposer de la bonne description d'un comportement avant de tenter de l'expliquer.

Lorsqu'on utilise cette méthode, on mesure les comportements de manière systématique afin de limiter les biais propres aux observateurs. Un des outils privilégiés pour y parvenir est l'utilisation d'une *grille de codification* des comportements. Les comportements répertoriés dans la grille doivent faire l'objet d'une entente préalable entre les observateurs quant à la définition précise ou opérationnelle de chacun des comportements. De cette façon, les observateurs pourront comparer leurs résultats après une séance d'observation afin de déterminer les principales tendances comportementales chez les sujets observés. Dans la mesure du possible, il est préférable que ceux-ci ignorent la présence des observateurs : ils se comportent alors comme ils le font habituellement, ce qui accroît la justesse, ou *validité écologique,* des observations.

L'observation systématique du comportement peut avoir lieu dans un environnement recréé de toutes pièces en laboratoire par le chercheur ou dans le milieu naturel où évoluent les sujets d'observation, soit à la maison, sur le terrain de jeu, à l'école, au bureau, etc. L'objectif principal de l'observation en milieu naturel est de décrire le comportement tel qu'il se produit habituellement dans le milieu. Les éthologistes, notamment Jane Goodall et Dian Fossey, ont employé cette méthode pour étudier les singes et d'autres animaux en pleine brousse.

Il est parfois préférable, voire indispensable, d'effectuer des observations en laboratoire plutôt que dans un milieu naturel. Lorsqu'il utilise l'*observation en laboratoire*, le psychologue maîtrise davantage la situation. Il peut utiliser un équipement perfectionné, déterminer le nombre de personnes à observer simultanément, disposer les meubles d'une certaine façon, etc. Par exemple, supposons que vous désiriez savoir comment des enfants de différents âges réagissent lorsqu'on les laisse en compagnie d'un étranger. Vous pourriez aller observer les enfants dans une garderie, mais comme la plupart d'entre eux la fréquentent depuis assez longtemps,

ils connaissent le personnel. Vous pourriez vous rendre à leur domicile, mais cela prendrait beaucoup de temps et ce serait peu commode. Il existe une autre solution : inviter dans votre laboratoire des parents accompagnés de leurs enfants. De cette façon, vous pourriez les observer tous ensemble, à travers un miroir sans tain (qui vous permet de les voir sans être vu), puis faire entrer une personne étrangère dans la pièce et, quelques minutes plus tard, demander au parent de sortir. Vous pourriez alors noter la présence de différents comportements chez l'enfant tels des signes de détresse, des interactions avec la personne étrangère, etc.

Les particularités associées à l'observation systématique du comportement, comme la présence des chercheurs ou des appareils de mesure ou encore l'aménagement des lieux lors de l'observation en laboratoire, sont susceptibles d'amener les sujets observés à se comporter autrement qu'ils ne le feraient habituellement. On parle alors de la *réactivité* des sujets ou de réponses provoquées par le contexte de l'observation. Par exemple, lorsque les chercheurs sont présents au cours de l'observation, ils peuvent, sans en être conscients, fournir des indices qui indiquent au sujet comment il devrait se comporter (Rosenthal, 1966). Pour limiter la réactivité, les chercheurs s'assurent que les sujets auront le moins conscience possible d'être observés, par exemple en utilisant un miroir sans tain en laboratoire. D'autres encore ont recours à des subterfuges originaux pour l'observation en milieu naturel. Ainsi, Eibl-Eibesfeldt (1970), qui a étudié les expressions faciales des humains, avait recours à une caméra truquée dont la lentille photographiait en fait à 90 degrés de l'endroit sur lequel elle était dirigée.

Employée seule, l'observation systématique, qu'elle soit en milieu naturel ou en laboratoire, sert davantage à décrire le comportement qu'à l'expliquer. Quand on constate que les jeunes enfants protestent lorsque leur père ou leur mère quitte la pièce, on ne peut être sûr des *raisons* pour lesquelles ils le font. Est-ce parce qu'ils se sont attachés à leurs parents et qu'ils ont besoin que ces derniers soient constamment près d'eux, ou bien l'expérience leur a-t-elle appris que, en se mettant à pleurer, ils obtiennent l'attention et l'affection de leurs parents ? Il est difficile de répondre à des questions de ce type en s'appuyant uniquement sur l'observation systématique des comportements.

La femme qui demande de l'argent est en réalité une psychologue qui fait appel à l'observation systématique pour étudier la façon dont les gens réagissent aux mendiants. Un magnétophone dissimulé dans l'un de ses sacs lui permet d'enregistrer les réponses verbales des passants.

LE TEST PSYCHOLOGIQUE

Le **test psychologique** ne constitue pas à proprement parler une méthode

Test psychologique
Outil de recherche permettant de mesurer et d'évaluer les traits de personnalité, les états émotionnels, les capacités, les intérêts, les habiletés et les valeurs.

de recherche : il s'agit plutôt d'un outil dont les psychologues se servent pour compléter leur étude de la personne, notamment en ce qui concerne les aspects difficilement accessibles par l'entremise de l'observation systématique. La majorité des gens vont passer un test psychologique à un moment ou à un autre de leur vie, que ce soit en vue d'évaluer leur intelligence, d'entreprendre une psychothérapie ou de postuler pour un emploi. Des centaines de tests sont utilisés en éducation, en recherche et en psychologie clinique pour mesurer et évaluer des traits de personnalité, des états émotionnels, des aptitudes, des intérêts, des habiletés, des intentions comportementales et des valeurs. Sur le plan clinique, ils sont surtout utilisés pour favoriser la connaissance de soi ou pour évaluer un traitement ou un programme, alors qu'à des fins de recherche ils servent à déterminer certaines caractéristiques générales du comportement humain. Ils permettent soit de définir des différences entre les individus, soit de mettre en évidence la diversité des réactions d'un même individu placé dans différentes situations ou à divers stades de son évolution.

Les tests sont administrés aussi bien à des individus qu'à de grands groupes. La personne qui passe un test doit habituellement répondre oralement ou par écrit à une série de questions. On compile ensuite les réponses aux questions afin d'obtenir un ou des scores reflétant quelques-unes des singularités de la personne. Certains tests sont dits *objectifs* : ils évaluent des éléments dont le sujet est conscient comme les croyances, les sentiments et les comportements ; d'autres sont dits *projectifs* : ils mettent au jour les sentiments et les motifs inconscients (voir le chapitre 5).

La construction, l'administration et l'interprétation d'un test exigent un entraînement spécialisé. La première étape, la construction d'un test rigoureux, obéit à un ensemble de procédures très strictes. Il faut d'abord qu'un test soit *fidèle*, c'est-à-dire que les résultats ne varient pas en fonction du moment et de l'endroit où le test est administré. Ainsi, un test d'intérêts professionnels n'est pas fidèle si les résultats indiquent que Julie a les aptitudes pour devenir ingénieure lors d'un premier test et agente d'administration lors d'un deuxième, un mois plus tard. Un test est fidèle si, en l'administrant une seconde fois, on obtient des résultats similaires à la première fois : on parle alors d'une **fidélité test-retest**. Un test doit aussi être **valide**, c'est-à-dire qu'il doit mesurer réellement ce qu'il est censé mesurer. Pour ce faire, il doit posséder une validité de contenu, c'est-à-dire

Fidélité test-retest
Constance des résultats obtenus au test, pour une même personne.

Valide
Qualifie un test qui mesure ce qu'il est censé mesurer.

que les éléments qui le composent doivent refléter l'ensemble des aspects importants de la question étudiée. Par exemple, un test de créativité n'est pas valide s'il ne mesure en fait que les habiletés langagières ; il est valide s'il permet d'évaluer l'ensemble des aspects de la problématique considérée. Un des moyens de s'assurer de la validité d'un test consiste à comparer les résultats avec ceux des personnes dont on sait qu'elles possèdent indiscutablement les qualités évaluées. Ainsi, des créateurs renommés devraient obtenir des résultats plus élevés au test de créativité que la moyenne des gens.

L'administration d'un test doit également être régie par certains principes, notamment l'utilisation de **procédures standardisées**. Le fait de présenter des instructions plus détaillées et d'accorder à certains individus plus de temps pour répondre pourrait fausser les résultats. C'est pourquoi les personnes chargées de faire passer un test doivent bien connaître les procédures se rapportant aux instructions à donner, au temps à accorder et au matériel à utiliser.

L'interprétation d'un test débute par la correction des épreuves. À cette fin, on se reporte habituellement à des **normes** qui constituent en quelque sorte des critères d'évaluation pour une population

Procédures standardisées
Procédures uniformes d'administration et de notation d'un test.

Norme
Critère permettant d'évaluer la performance à un test.

donnée. Les normes indiquent au psychologue les résultats qui peuvent être considérés comme élevés, faibles ou moyens. Les résultats s'expriment souvent au moyen d'un nombre unique, ce qui peut donner l'illusion d'une très grande précision. « Un test de quotient intellectuel de 119, un résultat dans le 74e centile à un test d'aptitudes mentales, tout cela semble très précis. [...] Mais l'apparence d'exactitude ne remplace pas la validité de fait (Sternberg, 1988). » Les psychologues sont toutefois conscients des précautions à prendre dans l'interprétation des résultats. Pour eux, les résultats au test ne constituent qu'un élément d'information parmi d'autres (entrevues, observations) dont il leur faut tenir compte dans l'évaluation d'une personne.

La justesse et la rigueur scientifique d'un test psychologique passent par une critique approfondie des méthodes employées pour le mettre au point, l'administrer aux sujets et en interpréter les résultats. Cette démarche tranche nettement avec celle des tests psychologiques pseudoscientifiques que l'on trouve en abondance dans les revues et les journaux et qui, dans leur quasi-totalité, ne possèdent aucune valeur scientifique. Ces questionnaires portent souvent des titres accrocheurs comme « Découvrez vos forces psychologiques cachées » ou « Quel type d'amoureux êtes-vous ? ». Il ne s'agit pas réellement de tests, mais de simples listes de questions qui semblent intuitivement rendre compte d'une certaine réalité. Autrement dit, ces questionnaires appartiennent au domaine de la pseudoscience. Alors, si vous avez échoué au test de « L'amoureux idéal », ne vous découragez pas !

L'ENQUÊTE

Il est parfois difficile de différencier l'**enquête**, qui est une méthode de recherche, du test, qui est un outil de recherche. Alors qu'avec les tests on peut évaluer des caractéristiques ou des capacités dont l'individu n'a pas forcément conscience ou connaissance, comme son quotient intellectuel (Q.I.) ou certains aspects de son concept de soi, avec les enquêtes, qu'elles soient sous la forme d'entrevues

> **Enquête**
> Méthode de recherche qui consiste à interroger les gens sur des aspects d'eux-mêmes qu'ils sont en mesure de décrire.

ou de questionnaires, on peut recueillir des données en interrogeant directement les gens sur des aspects d'eux-mêmes qu'ils sont en mesure de décrire comme leurs expériences, leurs attitudes et leurs opinions. À partir des résultats obtenus auprès d'un groupe d'individus, les chercheurs tirent des conclusions sur les caractéristiques de l'ensemble de la population de référence. La forme d'enquête la plus connue est probablement le sondage d'opinion, une forme d'enquête qui peut porter sur les sujets les plus variés, depuis les habitudes de consommation jusqu'aux préférences sexuelles.

La première étape pour réaliser un sondage d'opinion consiste pour le chercheur à sélectionner un *échantillon représentatif* de la population qu'il tente de décrire. Pour ce faire, l'échantillon doit comporter la même proportion de femmes, d'hommes, de personnes à faible revenu et à revenu élevé, de résidents de la ville ou de la campagne, etc., que l'ensemble de la population que l'on va étudier. La taille d'un échantillon est moins importante que sa représentativité : on peut

LE TEST DU « DÉTECTEUR DE MENSONGE »

La validité et la fidélité de certains tests largement utilisés sont parfois insuffisantes, c'est pourquoi il faut être très prudent lors de l'interprétation de leurs résultats. Prenons le cas du fameux « détecteur de mensonge ». La confiance dont jouit cet appareil repose sur l'hypothèse selon laquelle toute personne qui ment subit des changements physiologiques particuliers comme l'accélération du rythme cardiaque et de la respiration ou l'augmentation de la conductivité électrique de la peau, qui témoignent alors de sa culpabilité ou de son innocence. Le test du détecteur de mensonge a suscité beaucoup d'intérêt parce que les gouvernements, les employeurs, les conjoints et les enquêteurs désirent avoir à leur disposition des moyens sûrs pour découvrir la vérité. Selon la commission du travail du Sénat américain, en 1988, le nombre de tests de ce type administrés chaque année avait atteint 2 millions. Pourtant, lorsque des psychologues ont évalué ce test à l'aide de méthodes scientifiques, ils ont découvert que sa validité et sa fidélité étaient nettement insuffisantes, car il n'existe pas de

réponse physiologique propre au mensonge. Ainsi, si le rythme cardiaque d'une personne varie lorsqu'elle entend le mot « banque », c'est peut-être parce qu'elle a connu des difficultés à la suite d'un chèque sans provision et non parce qu'elle en a déjà dévalisé une. Pourtant, dans les deux cas, la réponse physiologique sera interprétée comme révélatrice d'un mensonge. Par ailleurs, des menteurs invétérés ont montré qu'ils étaient capables de mettre en défaut délibérément et systématiquement l'appareil en tendant leurs muscles ou en songeant à une expérience agréable au moment où on les questionnait (Lykken, 1981). De plus, les jugements de différents testeurs ne concordent pas de façon suffisante et, pis encore, ils ont davantage tendance à accuser des innocents d'avoir menti qu'à laisser des coupables se tirer d'affaire (Gale, 1988 ; Kleinmuntz et Szucko, 1984). Étant donné le peu de validité et de fidélité du détecteur de mensonge, l'American Psychological Association (APA) s'est opposée à son utilisation et a demandé qu'on en bannisse totalement l'usage.

CHAQUE FOIS QUE JE CROIS QUE MA RELATION AFFECTIVE EST NORMALE... QUELQU'UN PUBLIE UNE NOUVELLE ENQUÊTE.

obtenir des résultats extrêmement précis en utilisant un petit échantillon bien représentatif. Par contre, un sondage fournira des résultats discutables si on néglige d'avoir recours à des techniques appropriées d'échantillonnage. Une des règles incontournables de l'échantillonnage est que chaque membre de la population générale doit avoir la même probabilité d'être choisi pour faire partie de l'échantillon. Transgresser cette règle risque de causer des biais importants qui réduisent la validité du sondage.

Un des obstacles à la validité des enquêtes est le *biais dû au volontariat* des sujets, dont voici un exemple. De nombreuses revues effectuent des sondages sur les habitudes et les attitudes de leurs lecteurs. Les lecteurs qui sont favorables à un questionnaire sur la sexualité et le remplissent ont peut-être, en moyenne, une vie sexuelle plus (ou moins) active que ceux qui n'y répondent pas. De plus, les lecteurs habituels des revues sont en général plus jeunes, plus instruits et plus aisés que l'ensemble de la population, et ces facteurs sont susceptibles d'influer sur les résultats. Quand vous prenez connaissance des résultats d'un sondage, demandez-vous toujours quels types de personnes y ont participé. Le fait que l'échantillon soit biaisé, ou non représentatif, ne signifie pas nécessairement que le sondage n'a aucune valeur ou qu'il est totalement dépourvu d'intérêt, mais que les résultats ne doivent pas être généralisés à d'autres groupes.

Les sondages comportent d'autres difficultés ; il arrive que les personnes interrogées mentent, et cela risque d'autant plus de se produire que le sujet abordé est délicat. Il existe diverses façons de réduire les « mensonges », la plus efficace consiste

encore à garantir l'anonymat des répondants. Malgré tout, certains sujets auront tendance à « embellir la réalité », c'est-à-dire à répondre aux questions de façon à ne pas s'opposer à ce qu'ils perçoivent comme socialement acceptable (Elmes, *et al.*, 1989).

Qu'avez-vous appris ?

RÉPONSES, p. 58

A

Quelle méthode serait la plus appropriée pour chacun des sujets de recherche suivants ? (Notons que ces sujets ont déjà fait l'objet de recherches.)

1. Les différences entre les jeux des garçons et ceux des filles.

2. Le changement d'attitude à l'égard du désarmement nucléaire à la suite de la présentation à la télévision d'un film sur l'holocauste nucléaire.

3. La comparaison des habiletés mathématiques chez des enfants québécois et chez des enfants japonais.

4. La mesure des changements physiologiques survenant pendant la projection de films violents.

5. Le développement d'un garçon qui fut éduqué comme une fille à la suite d'un accident où il perdit son pénis.

Méthodes

a) Étude de cas

b) Observation en milieu naturel

c) Observation en laboratoire

d) Enquête   e) Test psychologique

B

Au début de la session, Mme Albert, professeure de psychologie, soumet ses étudiants à un test d'aptitudes à l'étude de la psychologie, test qu'elle vient de concevoir. À la fin de la session, Mme Albert s'aperçoit que les étudiants qui avaient bien réussi au test n'obtiennent qu'une faible moyenne générale. Le test est _____.

La formulation des questions constitue également un aspect important de l'enquête. La présence de questions tendancieuses ou imprécises peut amener les gens à répondre différemment. Prenons la question suivante: «Pensez-vous que le taux de criminalité diminuerait si l'on condamnait à la prison à vie les criminels coupables d'au moins trois crimes violents?» La question propose une solution parmi d'autres qui ne sont pas données. En utilisant cet énoncé, on obtiendra probablement des réponses différentes de celles qu'auraient données les mêmes personnes si on leur avait soumis diverses solutions au problème de la criminalité en leur demandant laquelle leur semblait la plus appropriée. Les sondeurs engagés par des organismes politiques formulent parfois les questions de manière à obtenir les résultats désirés.

L'enquête présente toutefois un aspect dont il est rarement question et dont il faut être conscient. Les sondages exercent également une *influence* sur les attitudes et le comportement des individus; ils n'en sont pas seulement un reflet. En effet, ils suggèrent aux personnes qui désirent «être comme les autres» ce qu'elles devraient penser ou faire pour être appréciées ou à la mode (Noelle-Neumann, 1984). À ce propos, comment réagiriez-vous si, en lisant ce livre, vous preniez connaissance de résultats indiquant que vos opinions et vos habitudes sont celles d'une minorité de gens?

Les recherches corrélationnelles

Les psychologues qui effectuent des recherches descriptives désirent souvent aller plus loin dans leur étude du comportement. Il leur arrive de vouloir déterminer si deux ou plusieurs phénomènes sont reliés et, si oui, jusqu'à quel point. Pour ce faire, ils ont recours à la **méthode corrélationnelle**. Une *corrélation* est une évaluation numérique du degré de dépendance entre deux «éléments» susceptibles de varier de façon quantifiable. Dans le vocabulaire de la recherche en psychologie, ces «éléments» portent le nom de **variables**. On utilise comme variables la taille, le poids, l'âge, le revenu, le Q.I., le nombre d'éléments retenus à un test sur la mémoire, le nombre de sourires esquissés durant un intervalle temporel donné, ou tout autre élément auquel on peut attribuer une mesure, un taux ou une note.

Méthode corrélationnelle

Méthode de recherche qui permet de mesurer le degré de dépendance entre deux ou plusieurs phénomènes.

Variable

Caractéristique du comportement ou de l'expérience de la personne qui peut être mesurée et décrite sur une échelle numérique.

Une corrélation s'établit toujours entre deux *ensembles* d'observations. Dans les recherches en psychologie, les ensembles d'observations mis en corrélation se rapportent habituellement à plusieurs individus, et on les utilise afin de comparer des groupes de personnes. Par exemple, les psychologues qui s'intéressent aux origines de l'intelligence cherchent à déterminer s'il existe une relation entre le quotient intellectuel des parents et celui de leurs enfants. Pour ce faire, ils doivent mesurer le Q.I. d'un ensemble de parents et celui de leurs enfants. Il est impossible de calculer une corrélation si on ne connaît le Q.I. que d'une seule paire parent-enfant. Si l'on veut affirmer qu'il existe une relation entre deux variables, il faut être en mesure de comparer plus d'une paire de valeurs.

Si la *corrélation* est *positive*, cela signifie qu'à des valeurs élevées d'une des variables correspondent des valeurs élevées de l'autre variable, et que des valeurs faibles d'une des variables sont associées à des valeurs faibles de l'autre variable. Par exemple, il existe une corrélation positive entre la taille et le poids, de même qu'entre le Q.I. et les résultats scolaires. Toutefois, il est rare qu'une corrélation soit parfaite: il existe des personnes de grande taille dont le poids est inférieur à celui de personnes de petite taille, et des élèves ayant un Q.I. moyen se classent parfois parmi les meilleurs, alors que d'autres ayant un Q.I. élevé obtiennent des notes médiocres. Le graphique de la figure 2.2(a) représente la corrélation positive, établie au cours d'une étude de Wright (1976), entre le niveau de scolarité des sujets et leur revenu annuel. Chaque point est associé à un individu; on trouve son niveau de scolarité en traçant un segment horizontal reliant le point à l'axe vertical et son revenu annuel, en traçant un segment vertical reliant le point à l'axe horizontal.

Si la *corrélation* est *négative*, cela signifie qu'à des valeurs élevées d'une des variables correspondent des valeurs *faibles* de l'autre variable. La figure 2.2(b) représente une corrélation négative entre le revenu moyen et la fréquence des cas de problèmes dentaires dans des groupes composés de 100 familles. Chaque point est associé à un groupe, et on peut voir qu'en général plus le revenu moyen d'un groupe est élevé, moins ses membres souffrent de problèmes dentaires (Wright, 1976). Les exemples abondent: plus un étudiant s'absente souvent de son cours, moins les résultats sont élevés; plus le score obtenu par une personne à une épreuve évaluant la timidité est élevé, moins le nombre de personnes avec lesquelles elle interagira sera grand, etc. Vous pouvez essayer de trouver d'autres variables reliées par une corrélation négative. Rappelez-vous toutefois qu'on ne peut parler de corrélation négative entre deux variables que si elles sont interdépendantes. S'il n'existe *aucune* relation entre deux

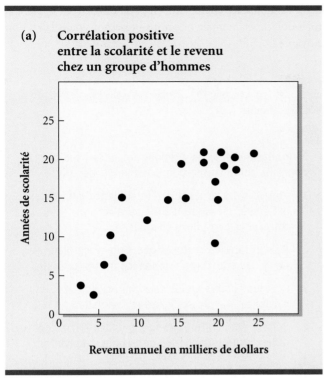

(a) **Corrélation positive entre la scolarité et le revenu chez un groupe d'hommes**

Années de scolarité / Revenu annuel en milliers de dollars

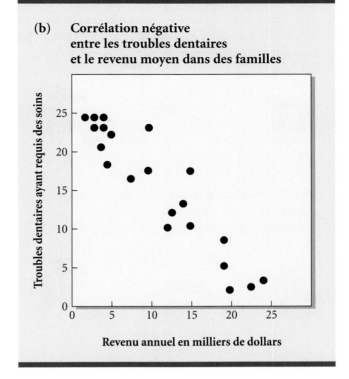

(b) **Corrélation négative entre les troubles dentaires et le revenu moyen dans des familles**

Troubles dentaires ayant requis des soins / Revenu annuel en milliers de dollars

Source : Wright, 1976.

FIGURE 2.2 Exemples de corrélation

---

variables, on dit qu'elles sont *non corrélées.* Par exemple, la longueur des cheveux et la note au cours d'introduction à la psychologie sont non corrélées.

L'ampleur et le sens de la corrélation sont indiqués par le *coefficient de corrélation.* Le coefficient +1,00 indique une corrélation positive parfaite et le coefficient −1,00, une corrélation négative parfaite. Une corrélation de +0,80 entre deux variables indique qu'elles sont étroitement reliées ; une corrélation de −0,80 indique une relation tout aussi étroite, mais dans le sens négatif. Lorsqu'il n'existe aucune relation entre deux variables, le coefficient de corrélation est nul ou presque nul.

Les chercheurs peuvent faire des prédictions en se fondant sur les corrélations observées entre deux variables. Mais comme la plupart des corrélations observées auprès d'un groupe d'individus ne sont pas parfaites, il faut être très prudent lorsqu'on fait des prédictions sur un individu isolé. Ainsi, une corrélation positive entre le niveau de scolarité et le revenu ne nous précise pas quel est le salaire d'une personne donnée. On ne peut conclure que ceci : plus cette personne a un niveau de scolarité élevé, plus son salaire devrait être élevé.

Les sciences humaines recourent souvent à des études de corrélation qui font la plupart du temps la manchette des journaux. On croit souvent à tort que, si A est associé à B, alors A est la cause de B ; or tel n'est pas nécessairement le cas. Il est essentiel de se rappeler qu'*une corrélation n'indique pas une relation de cause à effet.* Le principal inconvénient des études corrélationnelles est relié au problème des **variables contaminantes**. Il s'agit de variables qui n'ont pas été introduites dans une recherche mais qui sont susceptibles d'exercer une forte influence sur les variables étudiées. Illustrons ce phénomène à l'aide de l'exemple le plus connu, soit le rapport entre l'écoute de la télévision et l'agressivité chez les enfants.

> **Variable contaminante**
> Variable qui ne fait pas partie du protocole de recherche mais qui peut exercer une forte influence sur les variables étudiées.

Partant de l'idée qu'il existe une corrélation positive entre le fait de regarder la télévision et l'agressivité chez les enfants, de nombreuses personnes en concluent que le fait de regarder la télévision (A) suscite l'agressivité chez les enfants (B).

A   B

Pourtant, on pourrait tout aussi bien penser qu'une forte agressivité (B) amène les enfants à regarder plus souvent la télévision (A).

A   B

Mais il existe aussi une troisième possibilité mettant en œuvre une variable contaminante : le fait de grandir dans un milieu familial violent (C) peut amener les enfants à être plus agressifs *et* à regarder plus souvent la télévision.

C

A   B

Les psychologues cherchent encore à déterminer laquelle de ces trois relations de cause à effet est la plus forte ; on dispose actuellement de données appuyant chacune des trois hypothèses (APA — Commission on Violence and Youth, 1993 ; Eron, 1982 ; Eron et Huesmann, 1987 ; Oskamp, 1988). Toutefois, les recherches corrélationnelles ne suffisent pas à établir des relations de cause à effet ; elles permettent seulement de mettre au jour des relations quantifiables entre des variables. Que faut-il en conclure ? Lorsque deux variables sont interreliées, il est possible que l'une soit la cause de l'autre, mais ce n'est pas nécessairement le cas. Pour s'assurer qu'il y a bel et bien une relation de causalité entre

Méthode expérimentale
Méthode qui rend possible la mise à l'épreuve d'une hypothèse dans des conditions données, au cours de laquelle le chercheur modifie les caractéristiques d'une variable pour déterminer l'influence qu'elle exerce sur une autre variable.

deux variables, les chercheurs en psychologie font appel à la méthode expérimentale que nous présentons dans la section suivante.

RÉPONSES, p. 58

Qu'avez-vous appris ?

A

Pour chacune des observations suivantes, indiquez s'il s'agit d'une corrélation positive ou négative.

1. Plus le résultat au test d'intelligence d'un enfant est élevé, moins sa mère aura à recourir à la force physique pour l'éduquer.

2. Plus le taux de testostérone d'un singe mâle est élevé, plus le singe a tendance à être agressif.

3. Plus les adultes vieillissent, moins ils ont tendance à avoir des relations sexuelles.

4. Plus la température grimpe, plus les crimes contre la personne tels que les agressions augmentent.

B

Afin de montrer que les corrélations ne permettent pas de prouver quelque lien de causalité que ce soit, essayez de trouver une nouvelle explication illustrant l'influence d'une variable contaminante pour chacune des observations décrites à la question précédente.

Les recherches expérimentales

Si les chercheurs ont recours à la méthode descriptive pour formuler des hypothèses à propos d'un comportement et à la méthode corrélationnelle pour associer différentes variables à un comportement donné, ils font toutefois appel à la méthode expérimentale lorsqu'ils veulent découvrir les causes du comportement. La recherche des causes n'est pas une tâche facile, car les facteurs à l'origine des comportements sont nombreux et interreliés : bases biologiques, expériences personnelles, influences situationnelles, etc. C'est pourquoi les chercheurs préfèrent la méthode expérimentale à la méthode corrélationnelle : cette méthode permet de neutraliser avec plus d'efficacité les variables contaminantes qui interfèrent avec les résultats.

La **méthode expérimentale** permet à l'expérimentateur de contrôler les conditions d'une expérimentation afin de tester ses hypothèses. Pour ce faire, il modifie certaines conditions qui, selon lui, influeront sur le comportement des sujets, il maintient constant l'ensemble des autres conditions expérimentales pour tous les sujets, et il observe ensuite ce qui se passe. Selon les résultats obtenus, il pourra tirer des conclusions pour déterminer la présence ou l'absence de relations de cause à effet entre les différentes variables sélectionnées.

LES VARIABLES

Chaque expérience a pour but de tester au moins une hypothèse et comporte toujours deux types de variables, la(les) **variables indépendantes** et la(les) **variables dépendantes**. L'hypothèse prend généralement la forme du triplet suivant : « Si je fais ceci, ou si je sélectionne des gens qui ont telle caractéristique »... « je devrais observer cela »... « toutes autres choses étant égales par ailleurs ». La première partie est sous le contrôle de l'expérimentateur et constitue la variable indépendante, la deuxième partie est la variable dépendante, ainsi qualifiée parce qu'elle est censée varier selon les caractéristiques de la variable indépendante, et la troisième partie est un énoncé sur les conditions générales dans lesquelles a lieu l'expérimentation : elle signifie que, si l'expérimentateur a respecté les règles de la recherche expérimentale, tout ce qu'il ne contrôle pas (variables contaminantes) devrait se répartir de façon égale entre les différentes conditions de l'expérimentation et ne devrait pas perturber les résultats.

> **Variable indépendante**
> Variable manipulée par l'expérimentateur et qui constitue le traitement expérimental.
>
> **Variable dépendante**
> Variable qui peut être modifiée par les effets de la variable indépendante.

Imaginez un moment que vous êtes psychologue et que le gouvernement vient de vous charger d'une étude sur le rapport existant entre la consommation de tabac et les accidents de la route. Vous notez tout d'abord que, selon les statistiques, les fumeurs sont plus souvent impliqués dans des accidents de la route que les non-fumeurs, et ce même si l'on tient compte des différences quant à la consommation d'alcool, à l'âge et à d'autres facteurs (DiFranza, *et al.*, 1986). Vous savez que l'existence de cette relation ne prouve pas que le fait de fumer soit la cause des accidents. Il se peut que les fumeurs soient plus téméraires que les non-fumeurs ou encore que le fait de fumer provoque des distractions dangereuses pour la conduite comme chercher des allumettes, déposer la cendre dans le cendrier, etc. Vous décidez de mener une expérience pour clarifier la question.

Vous commencez par formuler une hypothèse : « L'usage de la nicotine diminue les habiletés propres à la conduite automobile. » Pour la tester, vous définissez un ensemble de conditions expérimentales. Vous demandez à des sujets d'effectuer un tracé sinueux sur un simulateur de conduite équipé d'une transmission manuelle et d'un accélérateur. Les sujets ont pour consigne de parcourir la plus grande distance possible en conduisant le plus rapidement possible, tout en évitant de heurter les véhicules qui les précèdent. Dans cette recherche la variable indépendante est l'usage de la nicotine et la variable dépendante est le nombre de collisions par l'arrière.

En tant qu'expérimentateur vous devez prendre les moyens pour neutraliser les variables contaminantes afin que seul le « traitement » associé à la variable indépendante puisse être tenu responsable des effets observés sur la variable dépendante. Il est hors de question que certains sujets reçoivent différentes consignes ou aient à accomplir des tâches différentes des autres. De cette façon, vous vérifiez que les résultats obtenus à la variable dépendante ne puissent être attribués qu'aux variations introduites par la variable indépendante.

LA CONDITION DE CONTRÔLE

Dans la méthode expérimentale, le « traitement », ou manipulation, de la variable indépendante doit aussi s'accompagner d'une condition où le « traitement » est absent,

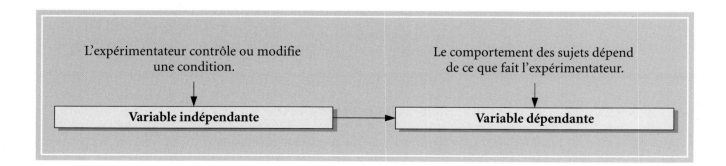

c'est-à-dire d'une **condition de contrôle**. Cette façon de procéder permet d'identifier ce qui se produit en l'absence de tout traitement. L'hypothèse d'une influence du «traitement» ne peut alors être confirmée que si l'on observe une différence statistiquement significative entre le groupe expérimental et le groupe contrôle, aussi appelé groupe témoin. Si les mêmes effets se produisent dans la condition expérimentale et dans la condition de contrôle, ils ne peuvent alors être attribués au traitement expérimental. Dans notre recherche, les sujets qui fument juste avant de conduire constituent le groupe expérimental, et ceux qui s'en abstiennent forment le groupe contrôle. Le plan de base de cette expérience est schématisé à la figure 2.3.

> **Condition de contrôle**
>
> Dans une expérience, situation de référence où les sujets ne sont pas soumis aux variations de la variable indépendante.

LA RÉPARTITION DES SUJETS

Il est important de respecter certaines règles au cours de la répartition des sujets entre le groupe expérimental et le groupe contrôle. Dans la plupart des cas, on constitue les deux groupes en utilisant la technique de la distribution aléatoire, qui assure que chaque sujet a une probabilité égale de se retrouver dans chacun des groupes. Une des façons de procéder consiste à donner au hasard un numéro à chacun des sujets et par la suite à distribuer tous les nombres pairs au groupe expérimental et tous les nombres impairs au groupe contrôle. Si l'étude porte sur un nombre assez élevé de sujets, on devrait observer une grande similarité entre les deux groupes sur un ensemble de dimensions susceptibles d'influer sur les résultats, comme le niveau de scolarité, les habitudes de conduite automobile ou de consommation du tabac, etc. Les expérimentateurs peuvent aussi créer plusieurs groupes expérimentaux. Ainsi, dans notre étude sur le tabac, les sujets pourraient être appelés à fumer une, deux ou trois cigarettes avant de terminer l'épreuve de conduite. La comparaison entre ces différents groupes révélerait par exemple que la consommation accrue de nicotine nuit encore plus à la conduite. Mais, pour le moment, penchons-nous sur les sujets expérimentaux n'ayant fumé qu'une seule cigarette.

Sommes-nous prêts à commencer? Pas vraiment! Un étudiant astucieux pourrait nous faire remarquer que le groupe expérimental et le groupe contrôle ne sont pas équi-

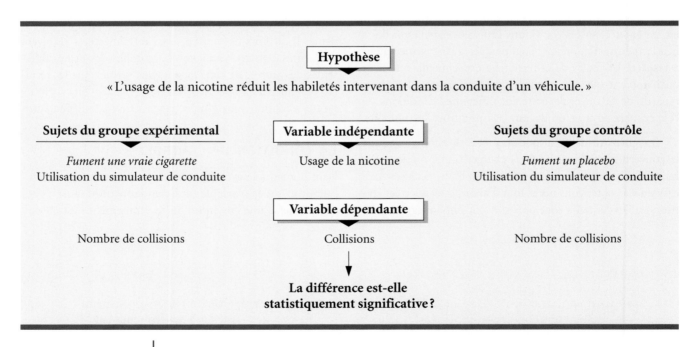

FIGURE 2.3 La nicotine nuit-elle à la conduite automobile?

Cette recherche expérimentale vise à vérifier l'hypothèse selon laquelle la nicotine nuit à la capacité de conduire.

valents. Seuls les sujets expérimentaux accomplissent certaines activités, comme allumer une cigarette et inhaler de la fumée, lesquelles peuvent avoir des répercussions importantes sur le niveau de détente ou la confiance en soi, par exemple. Il faut donc s'assurer que les sujets du groupe contrôle fassent exactement la même chose mais sans consommer de nicotine. Ainsi, plutôt que de s'abstenir de fumer, les sujets du groupe contrôle auront à fumer une cigarette **placebo** (substance neutre). Ces cigarettes ont le même goût et la même odeur que les vraies cigarettes, mais ne contiennent aucun ingrédient actif comme de la nicotine. S'il s'avère que les fumeurs de ces fausses cigarettes provoquent sensiblement moins de collisions que ceux qui fument de vraies cigarettes dans le groupe expérimental, on pourra en conclure à juste titre que c'est bien la consommation de nicotine qui accroît la probabilité d'avoir un accident de la route. (Notons que les placebos produisent parfois des effets presque aussi marqués qu'un traitement authentique. Les injections factices qui s'avèrent efficaces dans le traitement de la douleur en constituent un exemple éloquent. Que les placebos puissent avoir de tels effets demeure toutefois une énigme aux yeux de la science.)

> **Placebo**
>
> Substance neutre ou simulacre de traitement utilisés comme mesure de contrôle au cours d'une expérience ou comme traitement par un médecin.

L'INFLUENCE DE L'EXPÉRIMENTATEUR

Les chercheurs doivent aussi s'efforcer de limiter l'influence du contexte expérimental sur les résultats, notamment en ce qui a trait aux interactions entre l'expérimentateur et les sujets. Étant donné que les attentes des sujets sont susceptibles d'influer sur les résultats d'une étude, il est essentiel qu'ils ignorent à quel groupe ils appartiennent. Lorsque cette condition est respectée (ce qui est le cas la plupart du temps), il s'agit d'une *étude en simple aveugle*. Mais les sujets ne sont pas les seuls à avoir des attentes lorsqu'ils se présentent au laboratoire : les chercheurs en ont aussi. L'espoir d'obtenir un résultat positif, en particulier, peut amener les expérimentateurs à réagir différemment en face des sujets expérimentaux ou des sujets de contrôle et ainsi influencer indûment les résultats. Ces modifications dans le comportement des expérimentateurs peuvent être involontaires et inconscientes, et s'exprimer par le ton de la voix, la posture, l'expression du visage, etc.

Il y a quelques décennies déjà, Robert Rosenthal (1966) a montré à quel point l'*influence de l'expérimentateur* peut être considérable. Il a demandé à des étudiants d'apprendre à des rats à parcourir un labyrinthe. Les étudiants étaient amenés à croire que les rats avaient été sélectionnés soit pour leur habileté à s'orienter dans un labyrinthe, soit pour leur faible capacité d'orientation. Il n'existait en réalité aucune différence génétique entre les deux groupes, mais au cours de l'expérience les rats soi-disant brillants apprirent en fait plus rapidement à traverser le labyrinthe, apparemment à cause de l'attitude des étudiants à leur égard. Rosenthal en a conclu que, si elles peuvent avoir un effet sur le comportement de rongeurs, alors les attentes d'un expérimentateur peuvent certainement influer sur celui des êtres humains. Il a effectué plusieurs autres études pour démontrer qu'il en est bien ainsi. Dans l'une d'elles, il a découvert que les signaux envoyés aux participants par l'expérimentateur peuvent être aussi subtils que le sourire de la Joconde. Ainsi, Rosenthal a observé que les chercheurs de sexe masculin avaient tendance à sourire davantage aux sujets de sexe féminin qu'aux sujets de sexe masculin. Étant donné qu'un sourire en attire un autre, un tel comportement de la part de l'expérimentateur est susceptible de réduire à néant une étude sur l'amitié ou la coopération.

Il est possible de remédier au problème de l'influence de l'expérimentateur en menant une *étude en double aveugle*. Dans ce cas, la personne qui dirige l'expérience (c'est-à-dire celle qui se trouve directement en contact avec les sujets) ignore quels sujets appartiennent à l'un ou l'autre groupe avant que la collecte de données ne soit terminée. Pour mener en double aveugle l'expérience sur les effets de la nicotine, on fera en sorte que la personne chargée de distribuer les cigarettes ignore lesquelles sont de vraies cigarettes et lesquelles sont des placebos. En psychologie, il est souvent difficile de concevoir des expériences menées en double aveugle plutôt qu'en simple aveugle. Malgré tout, l'objectif demeure toujours de contrôler tout ce qui peut l'être afin de limiter toutes les influences à l'exception de celles qui sont reliées à la(les) variables indépendantes.

L'expérimentation est depuis longtemps considérée comme la méthode par excellence en psychologie parce qu'elle permet de tirer des conclusions sur les causes et les effets. Cette méthode a pourtant, comme toutes les autres, des points faibles. Il arrive que les conditions expérimentales soient conçues pour faciliter le travail du chercheur mais que, ce faisant, elles faussent les résultats d'une recherche. Une analyse récente a soulevé un de ces problèmes. Par exemple, la plupart des recherches où on utilise des rats, des souris ou des hamsters s'effectuent le jour, sous un éclairage artificiel. Mais tous ces rongeurs sont des animaux nocturnes : ils sont normalement actifs la nuit et dorment le jour. Comme le font observer les auteurs de l'analyse : « On a souvent reproché à la psychologie de s'appuyer dans une large mesure sur des

MÉTHODES DE RECHERCHE EN PSYCHOLOGIE : AVANTAGES ET INCONVÉNIENTS

TABLEAU 2.1

AVANTAGES	INCONVÉNIENTS
Étude de cas	
Bonne source d'hypothèses.	L'individu étudié n'est pas nécessairement représentatif ou typique.
Fournit des informations détaillées sur des individus.	Il est difficile de déterminer quelle interprétation subjective est la meilleure.
Les cas exceptionnels servent à clarifier des situations ou des problèmes qu'on ne peut étudier autrement pour des raisons d'ordre moral ou pratique.	
Observation systématique en milieu naturel	
Permet la description du comportement tel qu'il se produit en milieu naturel.	Le chercheur n'a aucun contrôle, ou très peu, sur la situation étudiée.
S'avère souvent utile au cours des premières étapes d'un programme de recherches.	Les observations peuvent être biaisées.
	Ne permet pas de tirer des conclusions solides sur les causes et les effets.
Observation systématique en laboratoire	
Permet d'exercer un plus grand contrôle que l'observation systématique en milieu naturel.	Le chercheur n'exerce qu'un contrôle limité sur la situation étudiée.
Permet l'utilisation d'un équipement perfectionné.	Les observations peuvent être biaisées.
	Ne peut permettre, seule, de tirer de solides conclusions quant aux relations de cause à effet. Souvent utilisée pour confirmer des résultats expérimentaux.
	Le comportement en laboratoire n'est pas nécessairement identique au comportement en milieu naturel.
Test psychologique	
Fournit des informations sur les traits de personnalité, les états émotionnels, les aptitudes et les habiletés.	Il est difficile d'élaborer des tests valides et fidèles.
	Écart entre les caractéristiques mesurées et le comportement réel.
	Problème d'interprétation des tests projectifs.
Enquête	
Fournit des quantités importantes d'informations sur un grand nombre de personnes.	Si l'échantillon est non représentatif ou biaisé, il est impossible de généraliser les résultats.
	Problème de désirabilité sociale.
	Écart entre les intentions exprimées et les comportements réels.
Recherche corrélationnelle	
Montre s'il existe une relation entre deux ou plusieurs variables.	Ne permet pas de déterminer les causes et les effets.
Permet de faire des prédictions générales.	Peut suggérer de fausses pistes.
Recherche expérimentale	
Le chercheur contrôle la situation étudiée.	La situation étudiée est artificielle ; il est parfois difficile de généraliser et d'étendre les résultats à des situations réelles.
Permet de déterminer les causes et les effets.	Il est parfois difficile d'éviter que l'expérimentateur ait une influence sur les résultats.

expériences menées sur des rats blancs mâles. [...] Il faudrait peut-être réviser cette accusation et parler plutôt de «rats blancs mâles, *endormis*!» (Brodie-Scott et Hobbs, 1992)

Lorsque les sujets sont des êtres humains, les activités de laboratoire favorisent un type particulier de relation avec le chercheur. Ce dernier décide des questions qui seront posées, quels comportements seront observés, et il s'attend à ce que le participant se conforme à ses directives. Dans leur désir de coopérer, de favoriser l'avancement des connaissances scientifiques, de présenter leurs côtés les plus positifs, les participants peuvent être amenés à agir de façon contraire à leurs habitudes (Kihlstrom, 1995). Un problème se pose donc aux chercheurs: plus ils essaient de contrôler une situation, moins cette situation présente de ressemblances avec la vie réelle. C'est pour cette raison que nombre d'entre eux souhaitent non seulement qu'on effectue plus de recherches sur le terrain et dans des contextes naturels, mais aussi qu'on évalue soigneusement la façon dont les participants perçoivent la situation expérimentale et le rôle qu'ils sont censés y jouer.

Maintenant que nous avons terminé la présentation des méthodes de recherche en psychologie, avez-vous dressé votre propre liste d'avantages et de désavantages reliés à chacune d'entre elles? Comparez-la à la nôtre au tableau 2.1.

Qu'avez-vous appris ?

RÉPONSES, p. 58

A

Déterminez la variable indépendante et la variable dépendante pour chacune des questions de recherche suivantes.

1. Est-ce que le fait de dormir après avoir appris un poème en facilite la mémorisation ?

2. Est-ce que la présence de témoins influe sur le désir d'une personne de venir en aide à une autre personne en danger ?

3. Est-ce que les personnes qui écoutent de la musique de type «métal hurlant» deviennent plus agitées ?

B

Relevez les erreurs méthodologiques pour chacune des deux études suivantes.

1. Un psychiatre s'est associé à un spécialiste du rein afin de traiter ses patients, qui souffrent de troubles psychologiques, à l'aide d'un procédé de filtration du sang. Les médecins ont présenté plusieurs cas de nette amélioration de la santé de leurs patients, qu'ils ont attribuée à l'élimination d'une toxine inconnue du sang des patients (Wagemaker et Cade, 1978).

2. Une sexologue a mené une enquête pour connaître les sentiments des femmes à propos des hommes et de l'amour. Elle a expédié 100 000 questionnaires à des associations de femmes; 4 500 lui sont revenus remplis, soit un taux de retour de 4,5 %. Sur la base de ces données, elle indique que 84 % des femmes ne sont pas satisfaites de leur relation amoureuse, que 98 % d'entre elles désirent améliorer leur communication avec leur conjoint et que 70 % des femmes mariées depuis 5 ans ou plus ont eu des relations extraconjugales (Hite, 1987).

POURQUOI LES PSYCHOLOGUES FONT-ILS APPEL AUX STATISTIQUES ?

Une fois qu'un psychologue a terminé une observation systématique, une enquête ou une expérimentation et qu'il a ses données en main, il doit faire trois choses: premièrement, analyser les résultats, deuxièmement, évaluer leur fidélité et leur signification et, troisièmement, interpréter les résultats. Nous utiliserons la recherche sur l'influence de la nicotine pour illustrer ces trois étapes.

Analyser les résultats : les statistiques descriptives

Supposons que 30 des personnes ayant participé à l'expérience sur les effets de la nicotine aient fumé de vraies cigarettes et que les 30 autres aient fumé des placebos. Étant donné qu'on a noté le nombre de collisions que chaque participant a provoquées en utilisant le simulateur de conduite, on dispose de 60 résultats numériques. Que va-t-on en faire?

La première étape consiste à résumer les données. Ce qui intéresse les chercheurs, ce ne sont pas les résultats individuels, mais plutôt la comparaison entre les résultats du groupe expérimental et ceux du groupe de contrôle. Pour obtenir cette information, il faut recourir aux **statistiques descriptives** qui fournissent les chiffres permettant de résumer l'ensemble des données. Ces valeurs numériques facilitent aussi l'interprétation des résultats lorsqu'elles sont présentées au moyen de graphiques et de tableaux.

Une façon simple de résumer des données consiste à calculer la moyenne de chaque groupe. On utilise le plus souvent la *moyenne arithmétique*, que l'on obtient en additionnant toutes les notes individuelles, puis en divisant la somme par le nombre de notes. Ainsi, pour connaître la moyenne du groupe ayant consommé de la nicotine, on additionne les 30 résultats donnant le nombre de collisions provoquées par chaque individu, puis on divise la somme par 30. On procède ensuite de façon analogue pour le groupe contrôle. On réduit de la sorte les 60 données initiales à deux valeurs numériques. Pour être en mesure de poursuivre l'analyse des résultats, supposons que le nombre moyen de collisions ait été de 10 pour le groupe expérimental et de 7 pour le groupe témoin.

> **Statistiques descriptives**
> Statistiques servant à ordonner et à résumer les résultats de recherches.

Il faut toutefois être prudent dans l'interprétation des moyennes obtenues. Une moyenne arithmétique ne décrit *pas* nécessairement un comportement « typique » ; elle ne fait que résumer une masse de données. Il est possible qu'aucun des sujets du groupe expérimental n'ait effectivement provoqué 10 collisions : il se peut que la moitié d'entre eux, de véritables fous du volant, aient provoqué 15 collisions chacun, alors que les 15 autres, plus prudents, n'en ont provoqué que 5. Il se peut également que presque tous les sujets du groupe expérimental aient provoqué 9, 10 ou 11 collisions, ou encore que le nombre de collisions par sujet soit distribué uniformément entre 0 et 15.

Si la moyenne arithmétique ne fournit pas d'indications sur ces variations, d'autres indices statistiques le font. Par exemple, l'*écart type* nous procure plus d'informations : il indique à quel point les notes individuelles sont étalées ou rassemblées autour de la moyenne. Ainsi, plus les résultats sont étalés, plus l'écart type est grand, ce qui indique une variabilité importante des données, lesquelles ne peuvent plus être interprétées adéquatement par un indice de tendance centrale comme la moyenne. Malheureusement, les articles de journaux ou les bulletins d'informations faisant état de travaux de recherches ne donnent souvent que la moyenne et parfois même ne fournissent aucune information quantifiée.

Évaluer les résultats : les statistiques inférentielles

Nous avons noté que, dans l'étude sur les effets de la nicotine, la moyenne du nombre de collisions est de 10 pour le groupe expérimental et de 7 pour le groupe contrôle. Devons-nous sabler le champagne ? Rencontrer un journaliste de *Québec Science* ? Un instant ! Il faut d'abord vérifier si les résultats sont **statistiquement significatifs**, c'est-à-dire déterminer dans quelle mesure ils pourraient être attribués au hasard et non à l'usage de la nicotine.

Les **statistiques inférentielles** permettent de répondre à ce questionnement en recourant aux lois de la probabilité. La question essentielle est la suivante : la différence observée entre les deux groupes est-elle suffisamment grande pour confirmer l'hypothèse d'une influence de la nicotine sur les habiletés de conduite et permettre de rejeter les variations dues au hasard ? Les psychologues considèrent un résultat comme significatif lorsque le test d'inférence indique qu'il peut être obtenu au hasard au plus 5 fois en 100 répétitions de l'expérience ; en d'autres termes, le résultat est significatif au seuil de 0,05. Si ce

> **Statistiquement significatif**
> Expression qualifiant un résultat qu'il serait fort improbable d'obtenir par hasard.
>
> **Statistiques inférentielles**
> Statistiques permettant de vérifier dans quelle mesure les résultats obtenus pourraient être dus au hasard.

seuil n'est pas atteint, le psychologue doit conclure que les résultats ne lui permettent pas de confirmer son hypothèse. Il a alors le choix entre reprendre l'expérience — telle quelle ou en recourant à des mesures de contrôle plus strictes — ou remettre en question l'hypothèse originale.

Il est indispensable de recourir aux statistiques inférentielles, car plusieurs phénomènes, en apparence surprenants, n'ont rien d'étonnant du point de vue statistique. Par exemple, selon vous, quelle est la probabilité que, parmi 25 personnes se trouvant dans la même pièce, il y en ait deux dont l'anniversaire tombe le même jour ? La majorité des gens croient que cet événement est très peu probable, mais il y a en fait plus d'une chance sur deux qu'il se produise (pourquoi ne pas le vérifier dans votre cours de psychologie ?).

Notons qu'une étude sur les effets de la nicotine, semblable à l'exemple fictif décrit dans cette section, a effectivement été menée, même si elle faisait appel à des procédés quelque peu différents et plus complexes (Spilich, *et al.*, 1992). Les fumeurs qui avaient fumé une cigarette juste avant de conduire ont parcouru une distance légèrement plus grande au volant du simulateur, mais ils ont également provoqué en moyenne un nombre de collisions (10,7) beaucoup plus élevé que les fumeurs qui se sont temporairement abstenus de fumer (5,2) et que les non-fumeurs (3,1). Après avoir pris connaissance de cette étude, la direction de Federal Express a interdit à l'ensemble de ses 12 000 chauffeurs de fumer durant leurs heures de travail (information fournie personnellement par George J. Spilich).

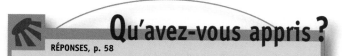

Qu'avez-vous appris ?

RÉPONSES, p. 58

Indiquez à quel type de statistiques (descriptives ou inférentielles) appartient chacun des énoncés suivants.

1. Condenser les données.

2. Déterminer la probabilité que le résultat soit obtenu par hasard.

3. Présenter la moyenne.

4. Vous permettre de savoir si vous pouvez sabler le champagne.

Interpréter les résultats

La dernière étape de toute recherche est l'*interprétation des résultats*. Tenter de comprendre un comportement au moyen de données brutes, c'est comme essayer d'apprendre à parler couramment l'anglais en lisant un dictionnaire anglais-français. De la même façon qu'il faut connaître la grammaire pour tirer un sens d'une suite de mots, les psychologues doivent faire appel à des hypothèses et à des théories pour établir des relations entre les faits mis en évidence par une recherche. De plus, en psychologie comme dans toutes les autres disciplines, il est rare qu'une seule étude permette de prouver quoi que ce soit. C'est pourquoi il faut se méfier des gros titres annonçant une « Percée majeure en science ! » Les progrès scientifiques s'élaborent généralement petit à petit ; ils ne se font que rarement à pas de géant.

Il est parfois difficile de choisir entre différentes explications concurrentes. La nicotine perturbe-t-elle la conduite parce qu'elle diminue la coordination ? ou parce qu'elle accroît la tendance du conducteur à être distrait ? ou parce qu'elle modifie la capacité à interpréter les informations ? ou encore parce qu'elle obscurcit le jugement ou fausse la perception du danger ? Fort heureusement, les psychologues peuvent s'appuyer sur des techniques statistiques pour préciser la contribution spécifique de chacune des variables dans l'obtention d'un résultat, de même que le rôle de l'interaction de ces facteurs. On considère en général que la meilleure explication est celle qui tient compte du plus grand nombre de données et permet de prédire d'autres faits avec le plus d'exactitude. Il peut arriver que plusieurs explications rendent compte également des résultats ; les chercheurs doivent alors effectuer des recherches supplémentaires pour déterminer laquelle est la meilleure.

Il est parfois nécessaire de procéder à plusieurs vérifications différentes avant de trouver la meilleure interprétation d'une hypothèse. Pour ce faire, il est judicieux d'utiliser diverses méthodes de recherche (voir le tableau 2.2). On peut aussi faire appel à une nouvelle méthode pour confirmer, infirmer ou généraliser les résultats obtenus grâce à une autre méthode. La convergence des résultats accroît leur fiabilité, alors que les contradictions renvoient à une reformulation des hypothèses ou à de nouvelles recherches.

Les psychologues font également face à un autre problème : comment interpréter les résultats, parfois contradictoires, de nombreuses recherches abordant un thème similaire ? Une technique statistique récente, la **méta-analyse**, permet de regrouper des dizaines, voire des centaines, de recherches qui ont porté sur les mêmes variables et de comparer leurs résultats : il est alors possible de déterminer quelle proportion de la variation des résultats est attribuable à une variable donnée. Grâce à cette technique, les cher-

> **Méta-analyse**
> Procédure statistique permettant de combiner et d'analyser les données de plusieurs recherches. Elle permet de déterminer quelle proportion de la variation des résultats dans toutes les études examinées est attribuable à une variable donnée.

cheurs ont pu analyser des pans entiers de la recherche en psychologie. Par exemple, des chercheurs ont montré que des différences entre les sexes apparemment démontrées quant aux habiletés verbales, aux aptitudes mathématiques et à l'agressivité s'avèrent en fait très minces. Dans la plupart des cas, la variable « sexe » n'explique que de 1 à 5 p. cent des variations des résultats (Eagly et Carli, 1981 ; Feingold, 1988 ; Hyde, 1981, 1984 ; Hyde, *et al.*, 1990 ; Hyde et Linn, 1988). En d'autres termes, savoir qu'une personne est un homme ou une femme ne nous apprend que peu de choses sur sa performance dans ces trois domaines. Par contre, une méta-analyse récente s'étalant sur près de 50 années de recherche et portant sur les différences entre les sexes a montré des

TABLEAU **2.2**

COMPARAISON ENTRE LES MÉTHODES DE RECHERCHE EN PSYCHOLOGIE, ILLUSTRÉE PAR L'ÉTUDE DU COMPORTEMENT AGRESSIF

APPLICATION	EXEMPLE
Étude de cas	
Comprendre le développement du comportement agressif d'un individu donné ; formuler des hypothèses de recherche sur les origines de l'agressivité.	Étude du développement d'un tueur en série.
Observation en milieu naturel	
Décrire la nature des actes traduisant de l'agressivité chez les jeunes enfants.	Observation, décompte et description des coups (coups de pied et autres) durant des périodes de jeu libre dans une maternelle.
Observation en laboratoire	
Déterminer si l'agressivité chez les paires d'enfants de même sexe et de sexe opposé diffèrent quant à la fréquence et à l'intensité.	Observation à travers un miroir sans tain de paires d'enfants de même sexe et de sexe opposé, fréquentant la maternelle. Chaque paire d'enfants doit s'entendre pour savoir lequel jouera avec un jouet attrayant qu'on avait promis à chacun des deux.
Test psychologique	
Comparer les traits de personnalité de personnes agressives et de personnes non agressives.	Administration de tests de personnalité à des prisonniers violents et non violents.
Enquête	
Déterminer le taux de violence conjugale au Québec.	Questionnaire demandant, sous le couvert de l'anonymat, à des personnes constituant un échantillon représentatif de la population québécoise, s'il se produit entre les membres de leur famille des échanges de gifles, de coups, etc.
Méthode corrélationnelle	
Examiner la relation entre l'agressivité et le fait de regarder la télévision.	Administration, à des élèves de cégep, d'un test d'agressivité et d'un questionnaire sur le nombre d'heures passées à regarder la télévision chaque semaine ; calcul du coefficient de corrélation.
Méthode expérimentale	
Déterminer si une température ambiante élevée suscite des comportements agressifs.	Création d'une situation où on demande à des individus d'infliger des « chocs électriques » à des « personnes en situation d'apprentissage » (qui sont en fait des complices de l'expérimentateur), alors qu'ils se trouvent dans une pièce où la température est de 22 °C ou de 30 °C.

variations importantes sur le plan des tâches visuo-spatiales pour lesquelles les hommes offrent des performances supérieures (Voyer, *et al.*, 1995).

La méta-analyse fait l'objet de controverses. On lui reproche entre autres de comparer des recherches qui comportent des variations importantes, de ne pas tenir compte des recherches qui ne sont pas publiées et de niveler la complexité des phénomènes au détriment d'une vue d'ensemble. Pour certains critiques, c'est un peu comme si on combinait des pommes et des oranges : le mélange est intéressant, mais il élimine les saveurs distinctives des ingrédients originaux. Néanmoins, la méta-analyse est le moyen le plus prometteur, si l'on tient compte de ses limites, pour découvrir une série de facteurs communs à l'explication d'un phénomène.

LA RECHERCHE EXAMINÉE À LA LOUPE

Les méthodes de recherche sont au cœur de la science. Il n'est donc pas surprenant que les psychologues passent autant de temps à justifier la rigueur des méthodes qu'ils utilisent pour recueillir, évaluer et présenter leurs données. Au cours des dernières années, les débats ont porté sur certains problèmes comme la justification de l'utilisation des tests psychologiques, l'éthique en recherche et la signification même des découvertes en psychologie.

Le mauvais usage des tests psychologiques

L'emploi des tests psychologiques à des fins inappropriées fait actuellement l'objet d'une controverse. L'anthropologue F. Allan Hanson (1993) soutient que les tests constituent une menace pour le droit à la vie privée : ce sont des « instruments utilisés par des institutions formant de plus en plus un système dominateur qui s'oppose à la liberté et à la dignité individuelles ». Selon ce chercheur, les tests d'aptitudes et d'intelligence minent la motivation, conduisent les individus à se conformer à ce que l'on a prédit à leur sujet et glorifient le potentiel hypothétique d'une personne au détriment de ses accomplissements réels.

La saga du « détecteur de mensonge » illustre bien le propos de Hanson. Ainsi, l'interdiction faite par le gouvernement américain aux employeurs d'utiliser couramment le « détecteur de mensonge » (parce que sa validité et sa fidélité

sont insuffisantes) n'a pas amené ces derniers à renoncer à mettre au point un outil permettant de découvrir les éventuels tricheurs, voleurs ou drogués. Des « tests d'intégrité » qui mesureraient la probabilité qu'un futur employé commette des vols sur son lieu de travail sont présentement à l'essai. Bien que ce type de tests soit soumis à des millions de personnes chaque année, on s'interroge encore sur leur fidélité et leur validité (Saxe, 1991). Les experts s'inquiètent du fait que de nombreuses personnes qui échouent aux tests (et peut-être la majorité) ne soient pas en réalité des personnes malhonnêtes (Camera et Schneider, 1994). Par ailleurs, quel taux d'erreur peut-on tolérer pour un test de ce genre ? Est-il acceptable s'il ne condamne un innocent qu'une fois sur dix, sur cent ou sur mille ? Avant de répondre, imaginez que vous ayez eu à effectuer un test évaluant votre « tendance à tricher » avant d'être admis au cégep. Qu'auriez-vous ressenti ?

Les défenseurs des tests répliquent à ces critiques en faisant remarquer que les tests sont de simples outils et qu'il ne faut pas les condamner en bloc lorsque certains en font un mauvais usage. Pour les adeptes des tests, il convient de distinguer leur emploi rigoureux à des fins de recherche ou de diagnostic de troubles mentaux d'avec leur utilisation négligente ou malveillante, qui se solde par une atteinte à la vie privée des gens. Dans tous les cas, toute personne qui accepte de passer un test quel qu'il soit devrait être informée au préalable des raisons pour lesquelles on lui demande de subir le test et de l'utilisation que l'on entend en faire.

L'éthique et la recherche

Les relations entre les psychologues et les sujets de recherche sont encadrées par des règles déontologiques strictes, qui précisent les conditions dans lesquelles les recherches doivent être menées. L'American Psychological Association (APA), qui est la plus importante association de psychologues aux États-Unis, a publié en 1982 un guide complet sur les principes éthiques qui doivent guider le chercheur lors d'études sur des personnes ; au Québec, le Code de déontologie des psychologues (1994) remplit les mêmes fonctions. Les principes qui y sont énoncés ont pour but de protéger les sujets contre tout tort physique ou psychologique que pourrait leur occasionner la participation à une recherche.

Malgré ces précautions, de nombreux psychologues s'inquiètent des torts que peut causer une pratique assez répandue, la *tromperie*. La tromperie consiste à cacher au sujet les véritables objectifs de la recherche afin d'éviter qu'il ne modifie son comportement selon les demandes apparentes de la situation. Par exemple, si un sujet apprend que le but de la recherche est d'évaluer l'empressement à aider les autres, il peut se transformer temporairement en émule de mère Teresa et fausser ainsi les résultats.

Si la tromperie a le mérite d'accroître la validité des résultats, elle peut dans certains cas limites provoquer un certain embarras, voire des torts, aux sujets. Citons à titre d'exemple la célèbre recherche de Milgram (1963) sur la soumission, où les participants furent persuadés qu'ils administraient vraiment des chocs électriques à des individus. Plusieurs participants crurent qu'ils avaient réellement provoqué des douleurs intenses chez une autre personne et subirent un stress important durant l'expérimentation. Est-ce acceptable? Milgram aurait probablement des difficultés à reproduire sa recherche aujourd'hui. Notons toutefois à sa décharge que, selon une enquête ultérieure, 1 p. cent des sujets seulement regrettaient d'avoir participé à la recherche et qu'aucun d'entre eux n'a souffert de traumatisme permanent (Milgram, 1974). De plus, les travaux de Milgram ont permis de faire progresser de façon décisive les connaissances sur le phénomène de la soumission à l'autorité.

On ne peut rejeter en bloc l'utilisation de la tromperie, car elle s'avère parfois incontournable ; toutefois, le code d'éthique de l'American Psychological Association exige que le chercheur qui envisage d'utiliser ce moyen démontre d'une part qu'elle est nécessaire et justifiée par le caractère essentiel du potentiel théorique, éducationnel ou appliqué des résultats attendus et d'autre part qu'il examine toutes les possibilités lui évitant d'y avoir recours. Le code d'éthique stipule également qu'il incombe au chercheur d'informer le participant des risques associés à sa participation et de son droit de mettre fin à tout moment à sa collaboration.

L'expérimentation sur des animaux est un autre aspect de la recherche en psychologie qui soulève des interrogations d'ordre éthique. On utilise des animaux dans environ 7 à 8 p. cent des études psychologiques ; dans 95 p. cent des cas il s'agit de rongeurs (American Psychological Association, 1984), mais les psychologues emploient aussi à l'occasion des pigeons, des chats, des singes et d'autres espèces animales. Dans la plupart des expériences, on ne cause aucun tort aux animaux et on ne les fait pas souffrir (par exemple, dans les études sur la reproduction des hamsters), mais ce n'est pas toujours le cas (par exemple, dans les études où des bébés singes sont élevés à l'écart de leur mère et acquièrent des comportements anormaux). Dans certaines recherches, il est même nécessaire de tuer les animaux ; par exemple, des rats élevés dans un environnement présentant toutes les caractéristiques de la pauvreté ou de l'abondance seront autopsiés afin d'examiner leur cerveau, dans le but de découvrir d'éventuelles modifications particulières.

Les études sur les animaux ont eu plusieurs conséquences bénéfiques pour les animaux eux-mêmes. Ainsi, des fermiers ont réussi à réduire la proportion de leurs récoltes détruites par les oiseaux et les chevreuils en appliquant des principes béhavioristes, ce qui leur a évité d'avoir recours à la méthode traditionnelle, soit de les tuer. Ces recherches ont aussi largement contribué à l'amélioration de la santé et du bien-être des humains. Des psychologues et d'autres chercheurs ont utilisé les résultats de ce type d'études dans la mise au point de méthodes pour, par exemple, traiter l'énurésie (incontinence nocturne), apprendre aux enfants retardés à communiquer avec leur entourage, lutter contre la malnutrition qui met en danger la vie des jeunes bébés souffrant de vomissements répétés, rééduquer des patients atteints de troubles neurologiques ou de pertes sensorielles, réduire la douleur chronique, entraîner des animaux qui viendront en aide à des handicapés ou encore comprendre les mécanismes à la base de la perte de la mémoire et de la sénilité (Feeney, 1987 ; Greenough, 1991 ; N. Miller, 1985).

Les codes d'éthique des associations professionnelles regroupant les psychologues comportent un certain nombre de clauses sur l'utilisation d'animaux à des fins de recherche (APA, 1981 ; Société canadienne de psychologie, 1985). On recommande de traiter les animaux avec bienveillance et de leur épargner toute souffrance et tout stress inutiles. Néanmoins, de nombreuses personnes s'indignent de certains traitements infligés aux animaux de laboratoire et remettent en

Les chercheurs en psychologie ont recours aux animaux pour étudier l'apprentissage, la mémoire, les émotions, la motivation et bien d'autres sujets. Ici, un rat apprend à trouver sa nourriture dans un labyrinthe en étoile.

question l'existence même des recherches portant sur eux. Une enquête a révélé que 85 p. cent des militants en faveur des droits des animaux, comparativement à 17 p. cent pour un groupe contrôle, étaient d'accord avec l'énoncé « S'il n'en tenait qu'à moi, on mettrait fin à toute recherche utilisant des animaux. » (Plous, 1991) Mais la plupart des scientifiques s'opposent à toute proposition visant à bannir ou à réduire considérablement les expériences sur des animaux. L'American Psychological Association et d'autres organisations professionnelles préconisent plutôt une législation visant à protéger les animaux mais sans compromettre les recherches qui contribuent à accroître la compréhension scientifique et le bien-être des humains. Le problème, difficile à résoudre, consiste à trouver un équilibre entre les nombreux avantages découlant de la recherche sur les animaux et une attitude de compassion envers les espèces autres que la nôtre.

La signification du savoir

Les controverses en psychologie portent non seulement sur la façon de mener les études, mais aussi sur les limites de la recherche en général. En fait, de nombreux spécialistes provenant de toutes les disciplines scientifiques, dont les sciences humaines, ont des échanges passionnés sur la signification même du savoir.

Au cours des trois derniers siècles, la réponse a semblé évidente : la connaissance est la découverte d'une réalité quelconque du « monde extérieur », qu'on peut saisir en se montrant objectif, impartial et désintéressé. L'objet d'une théorie est la représentation ou le reflet de cette réalité. On supposait alors qu'il existe une frontière nette entre, d'une part, le sujet connaissant et, d'autre part, le phénomène étudié, le premier ne devant pas franchir cette frontière.

Bien des chercheurs, adeptes du *postmodernisme*, mettent aujourd'hui en doute ces postulats fondamentaux. Ils soutiennent que l'objectivité désintéressée, longtemps considérée comme la pierre angulaire de la science occidentale, est un mythe. Selon eux, les valeurs de l'observateur, ses jugements et sa position dans la société influent inévitablement sur sa façon d'étudier les événements et de les expliquer, voire sur les événements eux-mêmes. De ce point de vue, les spécialistes et les chercheurs, comme tous les autres humains, ne sont pas exempts de subjectivité. Parce qu'ils travaillent à un moment donné, au sein d'une culture donnée, ils épousent les hypothèses et la vision du monde de leur époque et de leur milieu, et c'est ce qui détermine en bonne partie les composantes de la réalité qui retiennent leur attention, les faits

qu'ils considèrent comme importants et les normes d'excellence qu'ils s'imposent. Si vous avez déjà débattu la question de savoir quels livres sont des « classiques », entre les grandes œuvres de la littérature occidentale et les ouvrages modernes des écrivaines et/ou écrivains non européens, vous avez déjà été aux prises avec un désaccord postmoderne.

En sciences sociales, la théorie postmoderne qu'est le constructivisme social postule qu'on ne découvre pas le savoir : on le *construit* (Gergen, 1985 ; Guba, 1990 ; Hare-Mustin et Marecek, 1990 ; Rosaldo, 1989 ; Watzlawick, 1984). Notre compréhension des choses ne reflète pas simplement le monde extérieur ; elle l'organise et l'ordonne. Le linguiste George Lakoff (1987) donne un exemple tiré des sciences naturelles. En 1735, le naturaliste suédois Carl Linné a proposé un mode de classification des plantes utilisé depuis comme une norme objective. Son système repose en bonne partie sur la forme des fruits. Pourquoi Linné n'a-t-il pas choisi la forme des feuilles ou la couleur des fruits ou tout autre caractère approprié ? Selon son fils, sa décision a été motivée par des raisons d'ordre pratique et n'a rien à voir avec quelque réalité extérieure : la forme du fruit est « très nette, rapidement identifiable [et] facile à décrire avec des mots ».

De la même façon, on a élaboré des modes de classification des êtres humains. On parle souvent des « Noirs », des « Asiatiques » ou des « Blancs » comme si les frontières entre ces groupes étaient des évidences fondées sur des différences physiques. En fait, les étiquettes raciales exagèrent grandement les différences entre les groupes, car les recherches montrent qu'il existe bien moins de variation génétique et physique entre les divers groupes qu'à l'intérieur d'un seul d'entre eux (Betancourt et López, 1993 ; Jones, 1991 ; Zuckerman, 1990). Puisque le concept de race est remis en cause sur le plan scientifique (Yee *et al.*, 1993), nous éviterons autant que possible de parler de « race » dans le présent ouvrage. Nous emploierons plutôt l'expression « groupe ethnique » pour désigner un ensemble de personnes ayant une culture, une religion ou un langage communs.

Les débats suscités par les adeptes du constructivisme social constituent une tâche particulière pour les psychologues, qui ont toujours cherché à comprendre le comportement et les processus mentaux des humains. On leur demande maintenant d'analyser leur propre comportement en tant que psychologues et d'examiner dans quelle mesure les conclusions auxquelles ils arrivent dépendent de leurs propres valeurs, du fait qu'ils appartiennent à l'un ou l'autre sexe, de la place qu'ils occupent dans la société et de leurs apprentissages culturels. Certains se félicitent de ce nouveau point de vue, sachant qu'ils peuvent s'appuyer sur tout un ensemble de méthodes de recherche. D'autres, par contre, craignent que le point de vue postmoderne admette finalement l'impossibilité de connaître la vérité à propos de quoi que ce soit, ce qui signifierait qu'il faut renoncer à la science et à l'application des méthodes objectives. Ils craignent également qu'une critique justifiée des limites de la recherche ne se transforme en attaque en règle contre toutes les méthodes traditionnelles de recherche, ce qui reviendrait dans les faits à jeter le bébé (les normes rigoureuses et les résultats valables) avec l'eau du bain (la subjectivité des chercheurs) (Peplau et Conrad, 1989; Smith, 1994). On se demande aussi si la philosophie postmoderne ne va pas conduire à un relativisme extrême en ce qui a trait aux jugements d'ordre moral et éthique.

Voilà un débat sérieux et stimulant qui n'est pas près de s'éteindre. C'est pourquoi nous l'avons évoqué. Selon nous, comme nous tenterons de le montrer dans l'évaluation de chaque perspective, il est essentiel en psychologie de comprendre comment les savants et les chercheurs « construisent » la connaissance. De nouvelles façons d'aborder la connaissance et la recherche sont susceptibles d'élargir et d'enrichir notre compréhension du comportement (Gergen, 1994). Dans tous les domaines, lorsqu'on met en doute les croyances acquises, on crée la possibilité d'élaborer une nouvelle compréhension plus complète.

Cependant, certaines choses demeurent inchangées pour tous les psychologues scientifiques, y compris pour nous : nous continuerons de souligner combien il importe de prouver ce qui est avancé, de recourir à des données vérifiables et de mettre en œuvre la pensée critique. C'est pourquoi nous espérons que, au cours de la lecture de ce manuel, vous résisterez à la tentation de sauter les passages où nous décrivons le déroulement des recherches. Si les hypothèses et les méthodes sur lesquelles s'appuie une étude sont entachées d'erreurs, les résultats et les conclusions qui en découlent le seront aussi. En fin de compte, on ne peut dissocier ce que l'on sait du comportement humain et la façon dont on l'a appris.

Réponses

Page 38

1. M. Latendresse a peut-être raison, mais il ne peut le prouver. En effet, il n'a pas précisé ce qu'il entend par « ondes cérébrales équilibrées »; il ne peut donc appuyer ses affirmations sur des données empiriques; enfin, sa démarche n'est pas publique, car on ne sait comment procéder pour répéter l'expérience.

2. Mme Martin est crédule, il vaudrait mieux qu'elle fasse preuve de scepticisme (son compte en banque ne s'en porterait que mieux).

Page 43

A **1.** b. **2.** d. **3.** e. **4.** c. **5.** a.

B Invalide (le test ne mesure pas ce qu'il est censé mesurer).

Page 46

A **1.** Corrélation négative. **2.** Corrélation positive. **3.** Corrélation négative. **4.** Corrélation positive.

B ■ Le recours à la force physique peut nuire au développement cognitif de l'enfant, ou les mères plus intelligentes ont peut-être des enfants plus intelligents et utilisent peut-être moins la force physique. ■ Un comportement agressif peut stimuler la production d'hormones. ■ Les personnes âgées peuvent être plus souvent malades, ou elles peuvent croire que leur intérêt pour la sexualité devrait diminuer et se conformer à ces croyances. ■ Les victimes peuvent être plus nombreuses dans les rues, car elles sortent plus souvent la nuit quand il fait chaud, ou les criminels préfèrent sortir pour attaquer quand il fait chaud.

(**Note:** Plusieurs autres explications sont possibles, demandez à votre professeur d'évaluer celles que vous trouverez.)

Page 51

A **1.** Dormir ou ne pas dormir après la lecture est la variable indépendante et la mesure du degré de mémorisation du poème, la variable dépendante. **2.** La présence d'autres personnes est la variable indépendante et le désir d'apporter son aide, la variable dépendante. **3.** L'écoute de la musique est la variable indépendante et le niveau d'activation, la variable dépendante.

B **1.** L'étude sur le traitement du sang n'incluait pas de groupe contrôle et elle ne s'est pas déroulée en double aveugle. Les attentes des patients et des chercheurs, qui croyaient que l'appareil de filtration allait guérir les patients de leur maladie, peuvent avoir influé sur les résultats. Plus tard, des études en double aveugle ont inclus un groupe contrôle : le sang des sujets de ce groupe circulait dans le même appareil que celui des sujets du groupe expérimental, mais il n'était pas réellement filtré. Les résultats ont montré peu d'amélioration dans les deux groupes et, surtout, que le traitement réel ne produit pas de meilleurs résultats que le traitement simulé (Carpenter, *et al.*, 1983). **2.** Les résultats pouvaient être faussés par un biais de volontariat; en effet, la façon de recruter les sujets et le faible taux de retour des questionnaires posent la question de la qualité de l'échantillonnage. C'est pourquoi les résultats de cette étude n'étaient pas nécessairement valides pour l'ensemble de la population.

Page 53

1. Descriptives. **2.** Inférentielles. **3.** Descriptives. **4.** Inférentielles.

RÉSUMÉ

1 Les méthodes de recherche permettent aux psychologues de distinguer les résultats fiables des conclusions non fondées. La compréhension de ces méthodes peut aussi aider les individus à acquérir un esprit critique vis-à-vis des découvertes de la psychologie et des autres sciences.

2 Le scientifique accompli pose des **hypothèses** et fait des prédictions précises; il se méfie des affirmations reposant uniquement sur des questions de foi et d'autorité; il s'appuie sur des méthodes empiriques, il décrit en détail les méthodes qu'il emploie et les résultats qu'il obtient de manière que ceux-ci puissent être reproduits. Les pseudoscientifiques se dissimulent souvent au contraire derrière des explications ou des prédictions vagues, qui ne peuvent être soumises à une vérification empirique rigoureuse, ou alors ils prédisent des événements qui sont fort susceptibles de se produire.

3 Selon les objectifs qu'ils poursuivent, les psychologues font appel à différentes **méthodes** pour étudier le comportement et les processus mentaux. Les méthodes de recherche en psychologie peuvent être subdivisées en trois grandes catégories: les recherches descriptives, les recherches corrélationnelles et les recherches expérimentales. Chacune s'appuie sur les divers outils de recherche que sont les tests, les questionnaires, les grilles de codification et les entrevues.

4 Les **recherches descriptives** permettent au chercheur de décrire et de prédire le comportement, mais pas nécessairement de faire un choix entre plusieurs explications plausibles. Elles comprennent les études de cas, l'observation systématique, les enquêtes et les tests psychologiques. Certaines de ces méthodes sont utilisées à la fois par les cliniciens et par les chercheurs.

5 Une **étude de cas** est la description détaillée d'un individu. Les études de cas servent plus souvent à formuler des hypothèses qu'à les vérifier parce que la personne observée n'est pas nécessairement repré-sentative de la population générale. L'**observation systématique du comportement** consiste à observer minutieusement et de façon systématique le comportement en milieu naturel ou en laboratoire, et à en prendre note, sans intervenir de quelque façon que ce soit. Cependant, le comportement en laboratoire peut différer sous certains aspects du comportement en milieu naturel. On emploie les **tests psychologiques** pour mesurer et évaluer les traits de personnalité, les états émotionnels, les aptitudes, les intérêts, les habiletés et les valeurs. Les tests fidèles et valides constituent un meilleur outil qu'une simple autoévaluation et ils sont habituellement plus fiables que les jugements informels qu'on porte sur autrui. Les **enquêtes** se font sous forme de questionnaires ou d'entrevues dans lesquels on demande directement à des personnes de faire part de leurs expériences, de leurs attitudes et de leurs opinions. Il est essentiel de prendre les mesures nécessaires pour s'assurer que l'échantillon étudié est représentatif de la population plus vaste que le chercheur tente de décrire; on doit aussi veiller à ce que les résultats ne soient pas biaisés par le fait que les sujets ont accepté librement de participer.

6 Dans les **recherches corrélationnelles**, le chercheur tente d'établir des relations quantifiables entre différents phénomènes. Une corrélation est une évaluation numérique du degré de dépendance entre deux variables, c'est-à-dire deux «éléments» susceptibles de varier de façon quantifiable. Cette relation n'est *pas* nécessairement de nature causale.

7 Les **recherches expérimentales** permettent au chercheur d'exercer un contrôle sur la situation étudiée afin de sélectionner ou de modifier une condition, la **variable indépendante**, et d'évaluer les effets de cette opération sur une **variable dépendante**. Dans une expérimentation, il est habituellement nécessaire de faire appel à une **condition de contrôle** ou de comparaison qui ne reçoit pas le traitement de la condition expérimentale afin d'isoler les effets qui sont propres au traitement expérimental. Étant donné que les recherches expérimentales permettent de tirer des conclusions du type cause à effet, elles sont depuis longtemps considérées comme la méthode par excellence en psychologie.

8 Les psychologues ont souvent recours à différentes techniques statistiques pour évaluer et interpréter les résultats d'une recherche. Ils font appel aux *statistiques descriptives* telles que la moyenne et l'écart type pour compiler et résumer les données d'une étude. Ils utilisent toutefois les *statistiques inférentielles* pour déterminer dans quelle mesure les résultats sont attribuables au hasard; on dit que les résultats sont *statistiquement significatifs* si la probabilité qu'ils se produisent est très faible. Les psychologues se servent de résultats statistiquement significatifs pour faire de nombreuses prédictions relatives au comportement humain. Cependant, en psychologie comme dans toutes les autres sciences, les résultats probabilistes n'indiquent pas de façon certaine ce qu'un individu donné fera dans une situation donnée. Il est parfois difficile de choisir entre des interprétations concurrentes d'un résultat donné. Celles-ci doivent tenir compte de différents facteurs, et on doit veiller à s'en tenir aux faits. Parfois, la meilleure interprétation émerge seulement après que l'on a vérifié une hypothèse de plusieurs manières différentes.

9 Le fait qu'un résultat soit statistiquement significatif ne signifie pas qu'il soit véritablement important dans la vie réelle, car la proportion de la variation des résultats attribuable à une variable donnée peut s'avérer assez faible. La technique connue sous le nom de *méta-analyse* permet de déterminer dans quelle mesure la variation des résultats dans plu-

sieurs études distinctes est due à une variable donnée. Cette technique, dans la mesure où l'on tient compte de ses limites, est utile pour relever les régularités dans les résultats provenant de plusieurs recherches.

10 Les psychologues passent beaucoup de temps à débattre des procédures qui leur permettent de recueillir, d'évaluer et de présenter leurs données. Il existe des controverses sur les usages appropriés et inappropriés des tests psychologiques, de même que sur l'éthique de la recherche en psychologie, principalement en ce qui a trait à l'emploi de la tromperie et des expérimentations sur les animaux en laboratoire.

11 Les scientifiques ne s'entendent pas non plus sur la signification du savoir lui-même. Les adeptes du postmodernisme font valoir que les valeurs, les jugements et la position dans la société d'un observateur influent sur le choix des événements à étudier, sur la manière de les étudier et sur l'explication qui en est donnée. L'une des théories du postmodernisme, soit le constructivisme social, soutient même qu'on ne découvre pas le savoir, mais qu'on le construit ou qu'on l'invente. Des savants s'inquiètent de l'influence du postmodernisme; ils craignent qu'une critique justifiée des limites de la recherche ne se transforme en une attaque contre toutes les méthodes traditionnelles de recherche. Cependant, ces idées nouvelles sont également susceptibles de contribuer à l'élargissement et à l'enrichissement de notre compréhension du comportement humain si elles sont associées aux standards traditionnels de la pensée critique et de la démonstration scientifique.

La
perspective
biologique

Par un après-midi pluvieux, Sheila Allen se présenta à l'hôpital en disant qu'elle avait besoin de soins psychiatriques. La jeune femme était à bout de forces, elle était incapable de marcher et avait de la peine à se tenir assise. Pendant des années elle avait consulté médecin après médecin, mais elle se sentait de plus en plus malade. Les médecins n'avaient pas pris au sérieux les malaises physiques dont elle se plaignait, si bien qu'elle avait fini par suivre leurs conseils et s'était adressée à un établissement pour malades mentaux familièrement appelé « hôpital pour dingues ». Au moment de son admission, un médecin établit le diagnostic suivant à son sujet : « Comportement bizarre, manque de précision dans les associations de pensées et dépression grave accompagnée de tendances suicidaires ».

Sheila Allen eut de la chance. Un neurologue de l'hôpital établit le bon diagnostic : elle était atteinte de myasthénie, une affection rare se caractérisant par un affaiblissement des muscles. Il existe heureusement un traitement pour cette maladie, et Sheila Allen a recouvré la santé (Roueché, 1984). D'autres personnes dont la dégradation physique avait été attribuée à tort à des causes psychologiques ont eu moins de chance. Par exemple, le grand compositeur américain George Gershwin suivit des années durant une psychanalyse parce qu'il se plaignait de maux de tête et de dépression. Ses analystes attribuaient ses souffrances à la haine qu'il éprouvait envers sa mère et au manque de respect qu'il avait pour son père ; en réalité, elles étaient dues à une tumeur au cerveau, qui finit par entraîner sa mort. De même, on a longtemps qualifié à tort l'auteur-compositeur Woody Guthrie d'alcoolique ; il était en fait atteint de la chorée de Huntington, une affection héréditaire mortelle qui se manifeste au début de l'âge

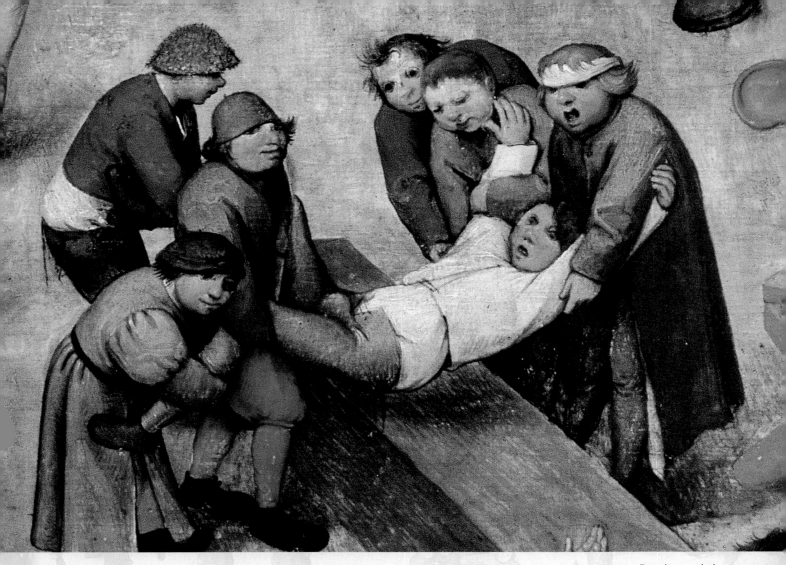

adulte et provoque des spasmes, des mouvements de torsion et des grimaces involontaires, des trous de mémoire, un comportement impulsif et qui s'accompagne parfois de paranoïa, de dépression et d'autres symptômes psychologiques.

Les psychologues qui adoptent la perspective biologique tirent d'importantes leçons de pareils cas : en tant qu'organisme biologique, tout être humain est influencé sur le plan psychologique par le fonctionnement de son corps et, plus particulièrement, de son cerveau. Ainsi, pour comprendre l'être humain — son tempérament, ses émotions, ses souvenirs, ses perceptions et ses troubles mentaux —, il est indispensable de comprendre l'action des gènes, des hormones, des neurotransmetteurs, des organes sensoriels et des neurones.

Dans cette partie de l'ouvrage, nous allons examiner le comportement humain du point de vue du psychophysiologiste et du neuropsychologue. Dans le chapitre 3, nous verrons de quelle façon la structure, la biochimie et les réseaux du système nerveux influent sur le comportement. Dans le chapitre 4, nous étudierons les facultés remarquables des sens, puis nous évaluerons la perspective biologique et en présenterons quelques applications concrètes.

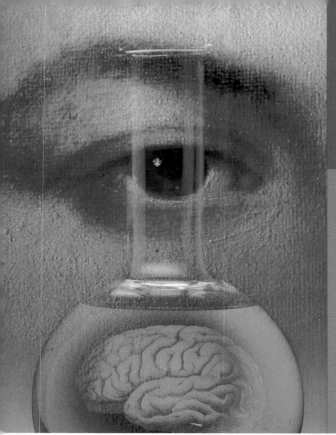

Le système nerveux : composantes, structures et fonctions

« Il est ahurissant de penser que le corps fournit du sucre et des acides aminés au cerveau, et que celui-ci produit de la poésie et des pirouettes. »
Robert Collins

C hristina, une jeune Britannique, souffrait d'une mystérieuse inflammation qui avait causé des dommages permanents aux fibres nerveuses propres à la kinesthésie, le sens qui permet de connaître la position de son propre corps et d'identifier quelles parties sont en mouvement. Le cerveau de Christina ne recevait plus de signaux des récepteurs de la douleur et de la pression situés dans ses muscles, ses articulations et ses tendons. Au début, elle était aussi flasque qu'une poupée de chiffon et incapable de s'asseoir, de marcher ou de se tenir debout. Puis, peu à peu, elle y parvint en se servant d'indices visuels et par la seule force de sa volonté. Ses mouvements paraissaient toutefois artificiels, et elle se sentait étrangement désincarnée. « Je sens mon corps comme sourd et aveugle à lui-même, confia-t-elle. [...] Il n'a pas le sens de lui-même. [...] C'est comme si on avait extirpé quelque chose en plein milieu de moi-même. »

Le docteur P. était un musicien plein d'esprit, cultivé et célèbre. Le cortex visuel de son cerveau avait subi de graves dommages, probablement à la suite d'une tumeur ou d'une maladie dégénérative. Même s'il jouissait d'une bonne acuité visuelle et d'une excellente capacité de raisonnement,

il ne distinguait plus ni les visages ni les objets. Dans la rue, il tapotait affectueusement les bouches d'incendie et les parcomètres, car il les prenait pour des têtes d'enfant, il s'adressait sur un ton amical aux meubles et s'étonnait de ne pas obtenir de réponse. Il ne reconnaissait même plus sa propre image dans un miroir. Un jour, alors qu'il cherchait son chapeau, il attrapa sa femme par la tête et tenta de la soulever : il avait pris sa femme pour un chapeau ! Le neurologue Oliver Sacks, qui étudiait le cas du docteur P., finit par le désigner comme « l'homme qui prenait sa femme pour un chapeau » (Sacks, 1985).

Ces deux cas, cités par Sacks, illustrent combien le cerveau est à la base du comportement. Les **neuropsychologues,** de même que les autres spécialistes des neurosciences, étudient les fondements du comportement à partir du cerveau et des structures du système nerveux dans le but de découvrir les phénomènes biologiques qui agissent sur la cons-

> **Neuropsychologue**
> Psychologue spécialisé dans l'étude des bases biochimiques et neurologiques du comportement et des processus mentaux.

cience, la perception, la mémoire, les émotions, le raisonnement et l'activité cognitive.

Au moment où vous lisez ces lignes, votre propre cerveau, ainsi que d'autres composantes de votre système nerveux, traite activement les mots. Que vous soyez excité, curieux ou que vous vous ennuyiez, votre cerveau enregistre une réaction émotionnelle particulière pendant votre lecture. Il emmagasinera (nous le souhaitons vivement) la majeure partie de l'information contenue dans ce chapitre pour l'utiliser ultérieurement. De même, votre cerveau vous permet de sentir le parfum d'une fleur, d'écouter le roulement des vagues, de monter un escalier, de saluer un ami, de résoudre un problème personnel ou de rire d'une bonne plaisanterie. Mais la faculté du cerveau de loin la plus étonnante, c'est qu'il se sait en train d'accomplir toutes ces choses. Cette conscience de soi distingue la recherche sur le cerveau des autres domaines de recherche car, pour étudier les neurones, la biochimie et les réseaux neuronaux du cerveau en général, les scientifiques doivent faire appel aux neurones, à la biochimie et aux réseaux de leur propre cerveau. En d'autres termes, il faut un cerveau pour en étudier un autre!

Étant donné que le cerveau est le siège de la conscience, le langage employé pour le décrire fait l'objet de vives controverses. Parmi les spécialistes qui ont relu le manuscrit de ce chapitre, l'un d'entre eux nous a reproché la manière dont nous avons rédigé le paragraphe ci-dessus. Comment, nous a-t-il demandé, pouvez-vous dire «votre» cerveau fait ceci ou cela? Après tout, si la conscience est «localisée» dans le cerveau, où est le «vous» qui «se sert» du cerveau? Y a-t-il quelqu'un d'autre dans votre tête qui fait fonctionner votre cerveau? Une autre spécialiste s'est plainte exactement du contraire. Elle s'insurgeait contre le fait que nous ayons écrit que le cerveau lit, interprète et emmagasine de l'information ou enregistre des émotions, parce qu'il lui semblait que nous dépersonnalisions ainsi les êtres humains et qu'une telle position sous-entend que les mécanismes du cerveau expliquent à eux seuls le comportement. «Je pense que ce sont les individus qui font toutes ces choses, a-t-elle noté, pas leur cerveau. Ce n'est pas le cerveau qui est l'agent.» Nous faisions donc face à un problème. Après avoir longuement discuté de cette question, nous avons décidé qu'il était plus simple d'utiliser le langage courant tout en précisant que nous ne supposons absolument pas qu'il existe un «opérateur» indépendant ou un «fantôme dans la machine» qui fait «fonctionner» le cerveau. Par ailleurs, nous ne voulons nullement laisser sous-entendre que le fonctionnement psychologique puisse être réduit aux seuls mécanismes biologiques. Nous reviendrons, à la fin de ce chapitre, sur la question fascinante de savoir où «vous» êtes si ce n'est dans votre tête.

William Shakespeare a qualifié le cerveau de «fragile maison de l'âme». En réalité, le cerveau ressemble davantage à la pièce principale d'une maison, la maison étant le système nerveux dans son ensemble. Avant d'en examiner les fenêtres, les murs et les meubles, il nous faut étudier d'abord le plan d'ensemble. Ce dernier est fort complexe et il requiert donc l'apprentissage de plusieurs termes nouveaux. Leur connaissance est indispensable pour comprendre les explications des phénomènes psychologiques avancées par les psychologues qui privilégient le point de vue biologique. Nous utiliserons ensuite ces connaissances pour illustrer notamment la façon dont la biologie permet de mettre en lumière le monde mystérieux du sommeil et des rêves.

LE PLAN DE BASE DU SYSTÈME NERVEUX

La fonction d'un système nerveux est de recueillir et de traiter l'information, de produire les réponses aux stimuli et de coordonner l'activité des cellules et des organes. La modeste méduse et l'humble ver de terre possèdent eux-mêmes une ébauche d'un tel système. Chez les organismes primitifs, qui ne font à peu près rien d'autre que se mouvoir, manger et éliminer leurs déchets, le «système» peut être constitué uniquement d'une ou de deux cellules nerveuses. Chez les êtres humains, qui accomplissent des activités complexes comme danser, cuisiner et suivre un cours de psychologie, le système nerveux comporte des milliards de cellules. Pour en faciliter la description, les scientifiques ont divisé son réseau complexe en deux parties principales, le système nerveux central et le système nerveux périphérique (voir la figure 3.1).

Le **système nerveux central** (SNC) reçoit, traite, interprète et emmagasine les stimulations sensorielles, c'est-à-dire les informations relatives aux saveurs, aux sons, aux odeurs, aux couleurs, à la pression sur la peau, à l'état des organes internes, etc. Il envoie également des signaux aux muscles, aux glandes et aux organes internes. On le décrit habituellement sous forme de deux composantes: le cerveau, que nous examinerons en détail un peu plus loin, et la moelle épinière, qui est en fait un prolongement du cerveau. (Nous utilisons ici le terme cerveau au sens large; les anatomistes différencient l'encéphale, qui comprend le cerveau, le cervelet et le tronc cérébral, du cerveau

Système nerveux central (SNC)

Partie du système nerveux composée du cerveau et de la moelle épinière.

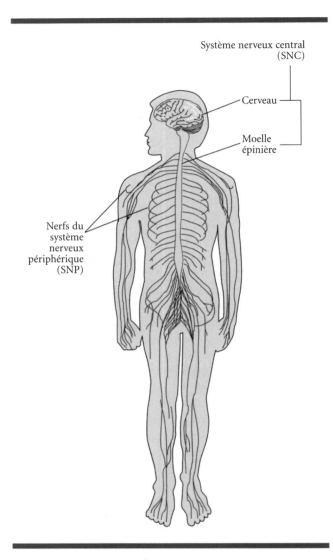

Système nerveux central
(SNC)

Cerveau

Moelle
épinière

Nerfs du
système
nerveux
périphérique
(SNP)

FIGURE 3.1 Le système nerveux

Le système nerveux central est composé du cerveau et de la
moelle épinière. Le système nerveux périphérique comprend
43 paires de nerfs qui transmettent l'information en provenance
ou en direction du système nerveux central.

au sens strict, soit la partie supérieure de l'encéphale.) La
moelle épinière joue en quelque sorte le rôle de pont entre
le cerveau et les nerfs sensitifs et moteurs situés au-dessous
du cou. Elle descend au milieu du dos, depuis la base du cerveau, et est protégée par une colonne osseuse, la colonne
vertébrale.

Bien que le cerveau soit le grand maître d'œuvre du
traitement des stimulations sensorielles et qu'il soit à l'origine de la majorité des comportements, la moelle épinière

n'en gère pas moins, indépendamment, certains comportements simples appelés **réflexes.** Les réflexes sont des réponses
automatiques à des stimulations externes, qui ne requièrent
aucune analyse consciente. Par exemple, si vous touchez
accidentellement une assiette très chaude, vous retirerez
aussitôt votre main, avant
même que votre cerveau
enregistre exactement ce
qui se passe. Les nerfs sen-
sitifs transmettent le message « brûlant » à la moelle épinière,
qui envoie immédiatement une commande aux muscles par
l'intermédiaire des nerfs moteurs afin qu'ils se contractent
pour éloigner la main de l'assiette. Le cerveau reçoit également l'ensemble de cette information qu'il a tout loisir d'analyser par la suite.

> **Réflexe**
> Réponse simple et automatique
> à un stimulus.

Le **système nerveux périphérique (SNP)** règle l'entrée et
la sortie du système nerveux central. Il comprend toutes les
parties du système nerveux autres que le cerveau et la moelle
épinière. Il comporte deux
types de nerfs, sensitifs et
moteurs, dont les ramifications atteignent les points
les plus extrêmes du corps,
du bout des orteils à la
surface du crâne. Les *nerfs
sensitifs* transmettent à la
moelle épinière les stimulations captées par des récepteurs
spécialisés localisés dans la peau, les muscles et les autres
organes sensoriels, internes ou externes ; la moelle épinière
relaie à son tour ces signaux au cerveau. C'est grâce à ces
nerfs que chaque être humain se trouve en relation à la fois
avec le monde extérieur et avec les activités de son propre
corps. Si le cerveau était incapable de recueillir les stimulations provenant de l'environnement au moyen du système
nerveux périphérique, il ressemblerait à une radio dépourvue
de récepteur. Les *nerfs moteurs* transmettent les signaux en
provenance du système nerveux central aux muscles, aux
glandes et aux organes internes. Ils permettent le mouvement
et commandent aux glandes de se contracter et de sécréter
diverses substances, y com-
pris les messagers chimi-
ques appelés *hormones.*

> **Système nerveux
> périphérique (SNP)**
> Toutes les parties du système
> nerveux à l'exception du
> cerveau et de la moelle épinière ;
> comprend les nerfs sensitifs
> et moteurs.

Le système nerveux
périphérique se subdivise à
son tour en deux parties,
le **système nerveux somatique** et le **système nerveux autonome.** Le sys-
tème nerveux somatique

> **Système nerveux somatique**
> Subdivision du système nerveux
> périphérique reliant les récep-
> teurs sensoriels et les muscles
> squelettiques qui permettent le
> mouvement volontaire.
>
> **Système nerveux autonome**
> Subdivision du système nerveux
> périphérique qui régit les
> organes internes et les glandes.

est composé de nerfs reliés aux récepteurs sensoriels et aux muscles squelettiques, qui permettent le mouvement volontaire. Quand on réagit aux stimulations autour de soi, qu'on éteint une lampe ou qu'on tourne la page d'un livre, le système nerveux somatique entre en action. Le système nerveux autonome règle, lui, le fonctionnement des vaisseaux sanguins, des glandes et des organes internes tels que la vessie, l'estomac et le cœur. Il régit en quelque sorte le fonctionnement des organes qui nous maintien-

Système nerveux sympathique

Subdivision du système nerveux autonome qui mobilise les ressources de l'organisme en vue d'une action.

Système nerveux parasympathique

Subdivision du système nerveux autonome qui s'active lorsque l'organisme est détendu et qui agit de façon à conserver l'énergie.

nent en vie sans que nous ayons à exercer quelque action consciente que ce soit.

Le système nerveux autonome se subdivise également en deux parties, le **système nerveux sympathique** et le **système nerveux parasympathique**. Ces deux systèmes travaillent ensemble, mais de manière opposée, afin d'adapter les réactions physiologiques aux différentes demandes situationnelles. Pour simplifier, on peut dire que le système nerveux sympathique joue le même rôle que l'accélérateur d'une voiture : il mobilise

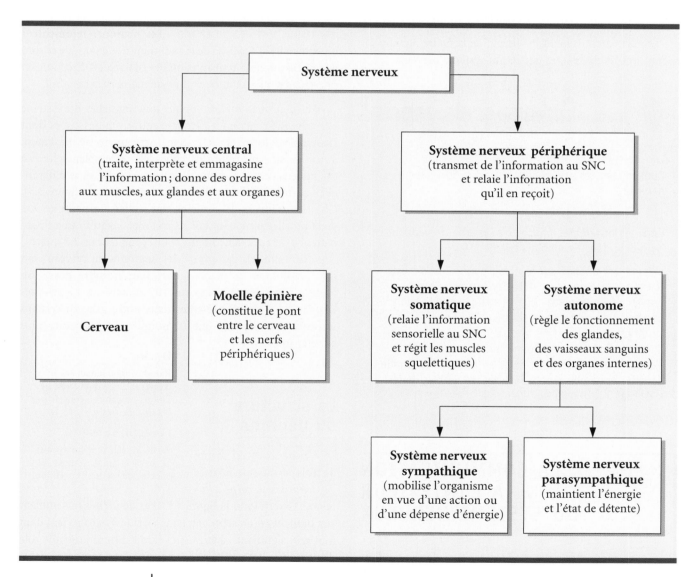

FIGURE **3.2** L'organisation du système nerveux

l'organisme en vue d'une action ou d'une dépense d'énergie. C'est lui qui vous fait rougir, transpirer et respirer plus profondément et qui accroît votre rythme cardiaque et votre pression artérielle. Quand vous vous trouvez dans une situation exigeant une réaction physique — vous battre, vous enfuir ou faire face —, votre système nerveux sympathique entre rapidement en action. Le système nerveux parasympathique joue plutôt le rôle d'un frein. Il n'arrête pas le mouvement du corps, mais il s'efforce de le ralentir ou de le faire fonctionner de façon harmonieuse. Il maintient l'énergie et aide l'organisme à l'emmagasiner. Si vous devez vous écarter rapidement de la trajectoire d'un motocycliste roulant à vive allure, le système nerveux sympathique accélérera votre rythme cardiaque; par la suite, le système parasympathique le ralentira et contribuera au maintien de sa régularité.

Étudiez attentivement le schéma de la figure 3.2 afin de mémoriser les différentes parties du système nerveux.

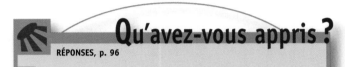

RÉPONSES, p. 96

A

Quelles sont les principales fonctions du système nerveux?

B

Citez les différentes parties du système nerveux mises en œuvre dans l'exemple suivant.

« Jean s'est allongé sur le divan pour faire la sieste. Il est sur le point de s'endormir lorsqu'un bruit provenant de la pièce voisine attire son attention, une sorte de grattement continu. Jean se lève et se dirige vers la cuisine afin de déterminer la source du bruit. Soudain, une forme bondit devant lui: c'est son chat, qui profitait de sa pause pour fouiller dans les restes du repas. Jean éclate de rire, mais a du mal à retrouver son calme. »

LA COMMUNICATION À L'INTÉRIEUR DU SYSTÈME NERVEUX

Les divisions que nous avons décrites ci-dessus ne donnent qu'une vue d'ensemble de la structure du système nerveux. Nous allons maintenant examiner ses composantes les plus fines.

Le système nerveux est en partie formé de cellules nerveuses, ou **neurones** qui sont maintenus en place par les **cellules gliales.** Ces dernières, beaucoup plus nombreuses, fournissent aux neurones des éléments nutritifs, les isolent et éliminent les débris de neurones morts. Selon de nombreux chercheurs en neurosciences, il se pourrait que les cellules gliales transmettent elles aussi des signaux électriques ou chimiques aux diverses parties du système nerveux et influent de la sorte sur l'activité des neurones adjacents (Cornell-Bell, *et al.*, 1990; Murphy, 1993; Nedergaard, 1994). Les neurones représentent cependant les spécialistes de la communication puisque ce sont eux qui assurent la transmission des signaux en direction, en provenance ou à l'intérieur du système nerveux central.

Neurone

Cellule qui transmet les signaux électrochimiques; constitue l'unité de base du système nerveux.

Cellules gliales

Cellules qui maintiennent les neurones en place et leur fournissent des éléments nutritifs.

Les neurones sont les unités fonctionnelles du système nerveux. Bien qu'on les compare souvent à des cubes dont l'assemblage formerait le système nerveux, ils ne présentent aucunement l'apparence de cubes; ils ressemblent plutôt à des flocons de neige, d'une délicatesse exquise, et se différencient surtout par leur taille et leur forme (voir la figure 3.3). Chez les animaux, la girafe en particulier, un neurone issu de la moelle épinière et qui se prolonge jusqu'à l'une de ses pattes de derrière peut atteindre une longueur de 2,7 mètres! Chez les humains par contre, les neurones du cerveau sont microscopiques et, si on ignore leur nombre exact, on l'estime généralement à environ 100 milliards, soit à peu près la quantité d'étoiles présentes dans notre galaxie; certains scientifiques estiment que ce nombre est beaucoup plus élevé encore.

Dendrites

Ramifications rattachées au corps cellulaire qui reçoivent l'influx nerveux en provenance d'autres neurones.

Corps cellulaire

Partie du neurone qui assure sa survie et qui détermine si le neurone va s'activer ou non.

La structure du neurone

Un neurone est formé de trois parties principales: les *dendrites*, le *corps cellulaire* et l'*axone* (voir la figure 3.4). Les **dendrites** ressemblent aux branches d'un arbre; en fait, le terme *dendrite* vient d'un mot grec signifiant « arbre ». Ces ramifications jouent le rôle d'antennes; elles reçoivent des signaux d'un nombre variable d'autres neurones, pouvant atteindre le chiffre de 10 000, qu'elles envoient au corps cellulaire. Le **corps cellulaire** présente *grosso modo* la forme d'une sphère ou d'une pyramide.

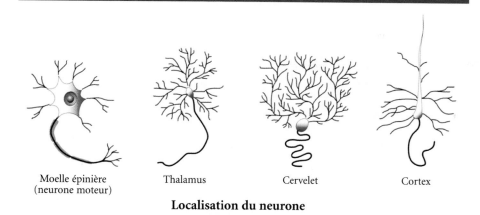

Moelle épinière   Thalamus   Cervelet   Cortex
(neurone moteur)

Localisation du neurone

F I G U R E **3.3** ─ Différents types de neurones

La forme et la taille des neurones varient selon leur localisation et leur fonction.
Plus de 200 types de neurones ont été identifiés chez les mammifères.

Il contient les éléments biochimiques qui servent à maintenir le neurone en vie. Il détermine également si le neurone doit « émettre », c'est-à-dire transmettre un signal à d'autres neurones, en s'appuyant sur le nombre de signaux issus d'autres neurones. L'**axone** ressemble à un tronc d'arbre effilé. Il transmet les signaux en provenance du corps cellulaire à d'autres neurones ou à des cellules des muscles ou des glandes. Il se ramifie généralement à son extrémité en fibrilles, appelées *arborisations terminales*. Chez les humains adultes, la longueur d'un axone varie de 0,1 millimètre à un peu plus de 1 mètre.

Axone

Partie du neurone qui transmet l'influx nerveux du corps cellulaire vers d'autres neurones.

Nerf

Faisceau de fibres nerveuses dans le système nerveux périphérique.

Chaque partie du neurone joue donc un rôle particulier : les dendrites reçoivent les signaux, le corps cellulaire assure la survie du neurone et l'axone transmet les signaux aux autres neurones.

Dans le système nerveux périphérique, les axones et parfois les dendrites de neurones individuels sont assemblés en faisceaux pour former les **nerfs,** un peu à la manière des fils dans un câble téléphonique. (Dans le système nerveux central, ces faisceaux de fibres nerveuses sont appelés *voies nerveuses*.) Le corps humain compte 43 paires de nerfs périphériques, un nerf de chaque paire pour le côté gauche et l'autre nerf pour le côté droit. La plupart de ces nerfs entrent ou sortent de la moelle épinière, mais les douze paires de nerfs logées dans la tête, les *nerfs crâniens*, sont directement reliées au cerveau.

De nombreux axones, surtout les plus gros, sont isolés grâce à une couche de substance graisseuse dérivée des cellules gliales, appelée **gaine de myéline.** La gaine de myéline se compose de segments et d'intervalles réguliers appelés *nœuds de Ranvier*, ce qui donne à l'axone l'apparence d'un chapelet de saucisses (voir la figure 3.4). Cette gaine possède entre autres fonctions celle d'empêcher que les signaux de neurones adjacents n'interfèrent entre eux. L'influx nerveux ne peut se propager sous cette gaine, en partie parce que la conduction met en œuvre l'entrée d'ions sodium (des particules chargées) à travers la membrane du neurone et que ces ions ne peuvent pénétrer dans la cellule aux endroits où l'axone est recouvert de myéline. La gaine de myéline permet également d'accroître la vitesse de l'influx nerveux dans le cas de réponses qui doivent être émises très

Gaine de myéline

Couche d'isolation qui entoure certains axones.

rapidement, comme pour les réflexes : en sautant d'un nœud de Ranvier à l'autre, l'influx nerveux peut se déplacer beaucoup plus rapidement que s'il devait parcourir l'axone sur toute sa longueur. Si la vitesse de l'influx nerveux est plus faible chez les bébés que chez les enfants et les adultes, c'est parce que les gaines de myéline ne sont pas entièrement formées à la naissance. Chez les personnes atteintes de sclérose en plaques, on observe une perte de sensation et des problèmes de coordination et de vision dus à la disparition graduelle des gaines de myéline, si bien que les neurones n'arrivent plus à assurer la transmission nerveuse.

Il y a quelques années encore, les spécialistes des neurosciences pensaient que les neurones du système nerveux central ne pouvaient ni se reproduire ni se régénérer de façon importante. Cependant, des études récentes effectuées sur des animaux ont remis en question ces convictions. En effet, des chercheurs ont réussi à faire croître des axones sectionnés de la moelle épinière chez des rats en neutralisant les effets de substances inhibitrices de la croissance des nerfs contenues dans la gaine de myéline (Schnell et Schwab, 1990). Dans une autre étude, des scientifiques ont provoqué la régénération de nerfs optiques sectionnés chez des hamsters en traçant une «piste» au moyen de tissu nerveux provenant des pattes de l'animal (Keirstead, *et al.,* 1989). Par ailleurs, des spécialistes canadiens des neurosciences ont récemment découvert que, si on immerge certaines cellules indifférenciées du cerveau d'une souris dans une protéine favorisant leur croissance, ces cellules produisent de nouveaux neurones, qui se divisent et se multiplient à leur tour (Reynolds et Weiss, 1992). Samuel Weiss raconte qu'il a tout d'abord eu du mal à croire ces résultats: «Cela remettait en question tout ce que j'avais lu et appris au cours de mes études» (cité dans Barinaga, 1992). Des résultats similaires ont depuis lors été obtenus dans d'autres études, mais avec des cellules provenant de cerveaux humains (Kirschenbaum, *et al.,* 1994).

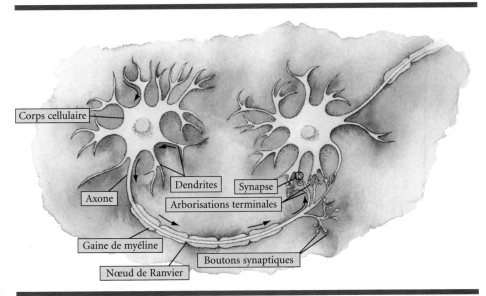

FIGURE 3.4 — **La transmission de l'influx nerveux**

La réception de l'influx nerveux est assurée par les dendrites du neurone qui le transmettent au corps cellulaire. L'influx nerveux parcourt ensuite l'axone jusqu'aux arborisations terminales du neurone émetteur. Les flèches indiquent la direction de la transmission de l'influx nerveux.

Ces recherches n'ont pas encore eu de retombées thérapeutiques majeures: personne n'est arrivé à faire croître un nombre suffisant de neurones pour rétablir des fonctions perdues à la suite de lésions. Mais chaque année apporte son lot de découvertes de la neurobiologie plus étonnantes les unes que les autres sur les neurones. Il se pourrait que ces résultats entraînent des changements importants dans notre compréhension du système nerveux et mènent à la mise au point de nouveaux traitements des lésions cérébrales et des maladies dégénératives du cerveau. Ce serait là une des contributions les plus extraordinaires de la perspective biologique.

La communication entre les neurones

Dans le système nerveux, les neurones individuels ne forment pas une chaîne continue. Si tel était le cas, le nombre de liaisons potentielles serait bien insuffisant, compte tenu de la prodigieuse quantité de signaux que le système nerveux doit traiter. En fait, les neurones individuels sont séparés par un espace infime, appelé *fente synaptique*, situé entre une arborisation terminale d'un neurone et une dendrite ou le corps cellulaire d'un autre neurone. On appelle **synapse** la région de contact tout entière, soit l'arborisation terminale et le bouton synaptique qui la termine, la fente synaptique et la membrane de la dendrite ou du corps cellulaire récepteur. Étant donné qu'un axone possède des centaines, voire des milliers d'arborisations, un même neurone est susceptible d'établir des connexions synaptiques avec un nombre impressionnant d'autres neurones. On estime que le nombre de connexions dans le système nerveux varie de 10^{12} à 10^{15}, soit entre 1 000 000 000 000 et 1 000 000 000 000 000 de liens. Ces chiffres astronomiques rendent bien compte de la complexité du système nerveux.

> **Synapse**
> Site où se produit la transmission de l'influx nerveux d'un neurone à un autre; il comprend la terminaison axonale, la fente synaptique et les récepteurs situés sur la membrane du neurone récepteur.

De nouveaux apprentissages entraînent chaque fois, la vie durant, la formation de nouvelles liaisons synaptiques dans le cerveau; ainsi, plus l'environnement est stimulant, plus les modifications sont importantes (Greenough et Anderson, 1991; Greenough et Black, 1992). La figure 3.5 illustre l'augmentation considérable du nombre et de la taille des neu-

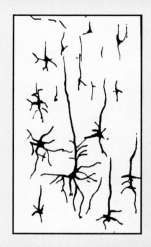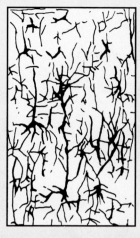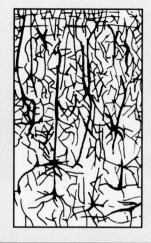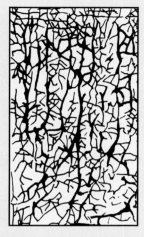

FIGURE **3.5** La communication entre les neurones

À la naissance, les neurones sont fortement espacés, mais ils commencent immédiatement à former des connexions. Ces dessins illustrent le remarquable accroissement de la taille et du nombre de neurones, de la naissance (à l'extrême gauche) jusqu'à l'âge de 15 mois (à l'extrême droite).

rones ainsi que de leurs connexions au cours des 15 premiers mois de la vie. D'autre part, lorsque l'on emmagasine une information à long terme, on observe que des arrangements particuliers de neurones se forment en une chaîne complexe de changements biochimiques. Les neurones récepteurs de cette chaîne répondront à l'avenir plus rapidement aux signaux provenant des neurones transmetteurs. À l'inverse, les liaisons synaptiques non utilisées semblent disparaître à la suite de la mort des cellules ou de leurs prolongements, qui ne sont pas remplacés (Camel, *et al.*, 1986). Les « réseaux » du cerveau ne sont pas immuables ; ils varient constamment selon la nature des stimulations provenant de l'environnement et des changements qui s'y produisent.

Les neurones communiquent entre eux et, dans certains cas, avec des muscles ou des glandes, au moyen d'un langage de nature électrique et chimique. L'influx nerveux, ou *potentiel d'action*, qui est une onde électrique, se déplace le long de l'axone émetteur un peu à la manière dont le feu se propage le long de la mèche d'un pétard. Lorsque l'influx nerveux atteint le bouton synaptique de l'arborisation terminale, il doit transmettre son signal à un autre neurone, par-delà la fente synaptique. C'est à ce moment-là que les *vésicules synaptiques*, petits sacs situés dans le bouton synaptique, s'ouvrent et libèrent quelques milliers de molécules d'une substance chimique appelée **neurotransmetteur** (voir la figure 3.6).

Après avoir traversé la fente synaptique, les molécules du neurotransmetteur se lient brièvement à des molécules particulières, appelées *récepteurs membranaires*, situées dans la membrane du neurone récepteur ; puis elles s'ajustent à celles du récepteur comme une clé à une serrure. Cela provoque certains changements dans la membrane du neurone récepteur, et il en résulte une brève variation du potentiel électrique de ce neurone. Les conséquences finales de cette modification varient selon la nature des récepteurs membranaires activés. Ce sera soit une *excitation*, c'est-à-dire une variation de potentiel dans le sens positif qui accroît la probabilité que le neurone récepteur émette à son tour, soit une *inhibition*, c'est-à-dire une variation de potentiel dans le sens négatif qui, au contraire, diminue la probabilité que le neurone récepteur émette. L'inhibition des neurones joue un rôle primordial : sans elle, le sommeil et la coordination des mouvements seraient impossibles ; l'excitation du système nerveux augmenterait constamment, au point de produire des convulsions.

Neurotransmetteur
Substance chimique libérée dans la fente synaptique par le neurone émetteur et qui modifie l'activité du neurone récepteur.

L'action réelle d'un neurone donné à un moment précis dépend de la résultante des actions de tous les neurones avec lesquels il communique. Une cellule n'« émet » que si son potentiel atteint un certain seuil. De plus, l'activité du neurone est du type *tout ou rien*, il émet ou il n'émet pas, un peu comme une lampe qui peut être soit allumée, soit éteinte et qui ne serait pas munie d'un gradateur d'intensité. Ainsi, la communication entre les neurones ne peut dépendre de l'intensité de la stimulation des neurones individuels, les neurones étant soit au repos, soit en train de transmettre leur potentiel d'action. Chaque neurone est susceptible de recevoir des milliers de signaux, excitateurs ou inhibiteurs, dont il doit en quelque sorte calculer la « moyenne ». Mais on ne comprend pas encore comment il obtient cette « moyenne » ni dans quelles conditions il parvient à émettre ou non. Ce que l'on sait en revanche, c'est que le signal arrivant à la destination finale dépend du rythme auquel des neurones donnés émettent, du nombre et du type de neurones émetteurs et de leur localisation.

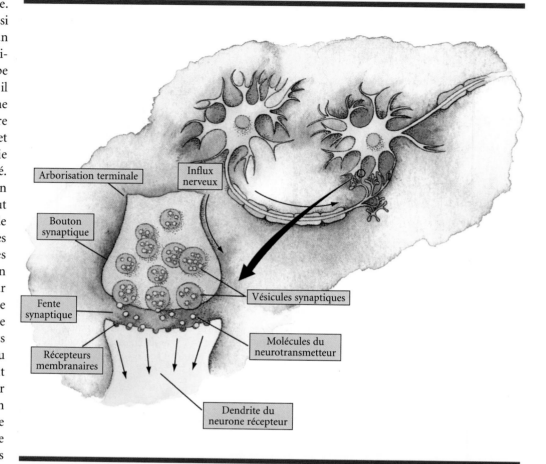

Arborisation terminale

Influx nerveux

Bouton synaptique

Fente synaptique

Récepteurs membranaires

Vésicules synaptiques

Molécules du neurotransmetteur

Dendrite du neurone récepteur

FIGURE **3.6** La synapse

Les molécules de neurotransmetteurs sont libérées par les vésicules synaptiques du neurone émetteur dans la fente synaptique séparant deux neurones. Après avoir traversé la fente, les molécules se lient aux récepteurs membranaires situés sur les dendrites du neurone récepteur. Il en résulte un changement dans la charge électrique du neurone récepteur, qui le rendra plus prompt à émettre à son tour si le neurotransmetteur a une influence activatrice ou, inversement, le rendra moins susceptible d'émettre si l'influence est inhibitrice.

Les messagers chimiques du système nerveux

Il faut une grande quantité de neurones pour construire le système nerveux. Cependant, le système nerveux demeurerait à jamais privé d'activité s'il n'y avait des messagers chimiques, notamment les neurotransmetteurs. Nous allons maintenant étudier les neurotransmetteurs et deux autres types de messagers chimiques, les endorphines et les hormones.

LES NEUROTRANSMETTEURS : DES MESSAGERS AUX TALENTS VARIÉS

Nous avons vu que c'est grâce aux neurotransmetteurs qu'un neurone peut exciter ou inhiber un autre neurone. À l'heure actuelle, des dizaines de substances ont été classées comme neurotransmetteurs, et ce nombre ne cesse d'augmenter. Les neurotransmetteurs ne se trouvent pas seulement dans le cerveau ; il en existe également dans la moelle épinière, les nerfs périphériques et certaines glandes telles que le foie.

Comme un neurotransmetteur donné se lie uniquement à certains types de récepteurs membranaires, la diversité des neurotransmetteurs et des récepteurs garantit l'acheminement des signaux à la bonne destination.

Les neurotransmetteurs agissent sur des réseaux neuronaux déterminés, et c'est de cette façon qu'ils influent sur l'humeur, la mémoire et le bien-être physique et psychologique. Voici quelques-uns des neurotransmetteurs les mieux connus et certains des effets qui leur sont associés.

- La *sérotonine* agit sur les neurones qui jouent un rôle dans le sommeil, l'appétit, la perception sensorielle, la régulation de la température, la suppression de la douleur et l'humeur.

- La *dopamine* agit sur les neurones qui jouent un rôle dans le mouvement volontaire, l'apprentissage, la mémoire et l'émotion.

- L'*acétylcholine* agit sur les neurones qui jouent un rôle dans l'activité musculaire, le fonctionnement cognitif, la mémoire et l'émotion.

- La *noradrénaline* agit sur les neurones qui jouent un rôle dans l'augmentation du rythme cardiaque et la réduction de l'activité intestinale en période de stress, ou encore dans l'apprentissage, la mémoire, le rêve, le réveil et l'émotion.

- L'*acide gamma-aminobutyrique* (GABA) est le principal neurotransmetteur inhibiteur dans le cerveau.

- Le *glutamate* agit comme un important activateur dans le cerveau. Il a notamment des effets bénéfiques sur le plan de la mémoire à long terme (Bliss et Collingridge, 1993).

La présence d'une quantité trop élevée ou trop faible de neurotransmetteurs peut se traduire par divers effets néfastes. Ainsi, on a établi un lien entre de faibles taux de noradrénaline et de sérotonine, et la dépression grave, de même qu'entre des taux anormaux de GABA et des troubles du sommeil et de l'alimentation, ainsi que différentes affections accompagnées de convulsions, y compris l'épilepsie (Bekenstein et Lothman, 1993). Des taux peu élevés de neurotransmetteurs seraient également reliés à la *maladie d'Alzheimer,* une maladie dégénérative qui touche particulièrement les personnes âgées et entraîne la perte de la mémoire, des modifications de la personnalité et, pour finir, une détérioration profonde de toutes les aptitudes physiques et mentales. Chez les personnes atteintes de cette maladie, un grand nombre de neurones cérébraux responsables de la production d'acétylcholine ont été détruits, ce qui expliquerait en partie la perte de la mémoire. De plus, les récepteurs de la séroto-nine normalement présents dans certaines couches de neurones cérébraux disparaissent presque complètement durant les premiers stades de la maladie (Cross, 1990). Il existerait un lien entre ce déficit et l'accroissement de l'agressivité et la détérioration de l'humeur observés chez de nombreux patients, même si ces changements peuvent également représenter des réactions psychologiques, tout à fait compréhensibles, à la maladie.

La dégénérescence des neurones cérébraux sécrétant et utilisant la dopamine est semble-t-il attribuable aux symptômes de la *maladie de Parkinson,* maladie qui se manifeste par des tremblements, des spasmes musculaires et une rigidité musculaire accrue. Les patients gravement atteints peuvent rester «figés» pendant quelques minutes, voire des heures. L'injection de dopamine ne s'avère cependant d'aucune utilité, car les molécules de cette substance sont incapables de traverser la *barrière hémato-encéphalique,* système très compact de capillaires et de cellules gliales dont la fonction consiste à empêcher diverses substances potentiellement nuisibles de pénétrer dans le cerveau. L'administration de L-dopa, composé chimique susceptible d'être transformé en dopamine, réduit la gravité des symptômes chez bon nombre de patients, mais il faut augmenter continuellement la dose, d'où l'apparition éventuelle d'effets indésirables comme la dépression, la confusion mentale et même des épisodes psychotiques, pires que la maladie elle-même.

Au cours des dernières années, des chirurgiens œuvrant dans divers pays ont adopté une toute nouvelle approche, d'ailleurs susceptible d'être appliquée à d'autres maladies, pour traiter les personnes atteintes de la maladie de Parkinson. Ils ont greffé des tissus cérébraux sécrétant de la dopamine, prélevés sur des fœtus avortés, dans des cerveaux de parkinsoniens et de patients présentant des symptômes similaires. Les résultats de plusieurs expériences cliniques font état d'une réduction des symptômes tels que les tremblements et la raideur musculaire (Freed, *et al.,* 1993 ; Lindvall, *et al.,* 1994 ; Widner, *et al.,* 1993). Certes tous les patients n'ont pas vu leur état s'améliorer, mais certains d'entre eux, pratiquement impotents avant l'opération, ont été par la suite capables de se mouvoir librement, de s'habiller et de se nourrir eux-mêmes. Des études effectuées sur des animaux laissent supposer que ce type de transplantation pourrait également être bénéfique à des personnes atteintes de la chorée de Huntington, maladie causée par la dégénérescence des neurones qui sécrètent l'acétylcholine et le GABA (Giordano, *et al.,* 1990 ; Sanberg, *et al.,* 1993). Les effets à long terme, négatifs ou positifs, de la transplantation de tissu cérébral ne sont pas encore connus, mais ces recherches suscitent néanmoins un énorme intérêt.

LES ENDORPHINES : LES OPIACÉS NATURELS DU CERVEAU

Les *peptides opioïdes endogènes,* mieux connus sous le nom d'**endorphines,** constituent le deuxième groupe de messagers chimiques. Ces substances ont *grosso modo* les mêmes effets que les opiacés naturels, c'est-à-dire qu'elles atténuent les sensations douloureuses et accroissent les sensations de plaisir. On pense qu'elles agissent également sur l'appétit, l'activité sexuelle, la pression artérielle, l'humeur, l'apprentissage et la mémoire. Certaines endorphines jouent le rôle de neurotransmetteurs, mais la plupart agissent surtout comme **neuromodulateurs,** c'est-à-dire qu'elles accroissent ou réduisent l'activité de neurotransmetteurs spécifiques.

Il semble que le taux d'endorphines d'un animal ou d'une personne qui a peur ou est soumis à un stress monte en flèche. Cela ne se produit pas par hasard ; en maintenant la douleur à un degré supportable dans des situations de ce type, les endorphines procurent aux espèces qui en sont pourvues un avantage sur le plan de l'évolution (Levinthal, 1988). Par exemple, elles peuvent diminuer temporairement la perception de la douleur chez un soldat blessé à une jambe pendant un laps de temps suffisant pour lui permettre de s'éloigner de la zone des combats et d'augmenter ainsi ses chances de survie.

Les chercheurs tentent présentement de découvrir des façons de stimuler la production d'endorphines ou d'administrer directement ces substances dans le but de soulager la douleur. Il est possible que certaines techniques soient d'ores et déjà mises au point. Par exemple, l'*électrostimulation transcutanée* (« transcutaneous electrical nerve stimulation » ou TENS), qui consiste à administrer de faibles chocs électriques au moyen d'un appareil implanté sous la peau, a permis de soulager la douleur chronique chez de nombreux patients, probablement en partie parce qu'elle provoque la libération d'endorphines (Pomeranz, 1989).

> **Endorphines**
> Substances chimiques présentes dans le système nerveux et similaires aux opiacés naturels par leur structure et leur action ; jouent un rôle dans la régulation de la douleur, le plaisir et la mémoire.
>
> **Neuromodulateurs**
> Substances chimiques présentes dans le système nerveux, qui ont pour fonction d'augmenter ou de réduire l'activité de certains neurotransmetteurs.

LES HORMONES : DES MESSAGERS AU LONG COURS

Les **hormones** forment le troisième groupe de messagers chimiques ; ces substances agissent à distance par l'entremise de la circulation sanguine qui les distribue dans l'ensemble de l'organisme. Les hormones remplissent de multiples fonctions, de la stimulation de la croissance à la facilitation de la digestion, en passant par la régulation du métabolisme. Elles sont sécrétées principalement par les **glandes endocrines,** qui les libèrent directement dans la circulation sanguine (voir la figure 3.7). Les hormones sont ainsi transportées jusqu'à des organes ou des cellules parfois situés relativement loin du point de départ. L'activité de certaines glandes endocrines dépend de signaux émis par le système nerveux ; inversement, les hormones sont susceptibles d'influer sur le fonctionnement de ce dernier. Les composantes des systèmes nerveux et endocrinien qui entrent en interaction constituent le *système neuroendocrinien.*

> **Glandes endocrines**
> Organes internes sécrétant les hormones, qu'ils libèrent dans la circulation sanguine.

Les hormones suivantes ont particulièrement retenu l'attention des psychologues.

1 LES HORMONES DES GLANDES SURRÉNALES. Ces glandes, situées de part et d'autre de la colonne vertébrale et juste au-dessus des reins, sécrètent diverses hormones qui jouent un rôle dans l'émotion et les réponses au stress. Leur région périphérique sécrète le *cortisol,* qui augmente le taux de sucre dans le sang et accroît l'énergie. Leur partie centrale sécrète l'*adrénaline* et la *noradrénaline.* Lorsque ces deux substances sont libérées dans l'organisme, elles stimulent le système nerveux sympathique, qui à son tour augmente le degré d'excitation et prépare l'organisme à agir. Durant la période d'excitation, les pupilles se dilatent de manière à laisser entrer plus de lumière, le cœur bat plus rapidement, la respiration s'accélère, le taux de sucre dans le sang augmente, si bien que l'organisme dispose d'une plus grande quantité d'énergie, et la digestion ralentit, ce qui permet à la circulation sanguine ainsi détournée de l'estomac et des intestins de se diriger vers les muscles et la surface de la peau. C'est pourquoi une personne ne ressent pas le besoin de manger lorsqu'elle est excitée, effrayée ou passionnément amoureuse. De plus, la libération des hormones peut améliorer la performance dans diverses tâches simples mais, lorsque le taux d'hormones devient trop élevé et provoque une forte agitation, l'effet inverse, surtout en ce qui concerne les tâches complexes, peut se produire. Ainsi, s'il est bon de ressentir une légère nervosité au moment d'un examen, il n'est certes pas souhaitable de trembler de peur.

> **Hormones**
> Substances chimiques, sécrétées par des organes appelés glandes, libérées dans la circulation sanguine et qui peuvent influer sur le comportement et les émotions.

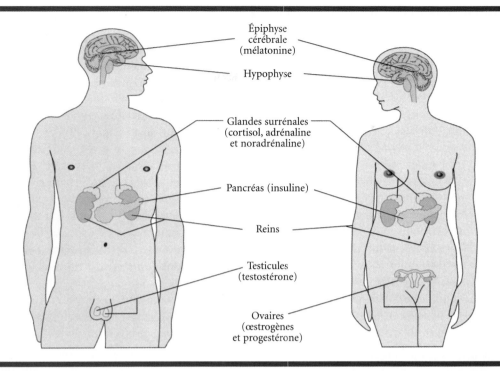

Épiphyse
cérébrale
(mélatonine)

Hypophyse

Glandes surrénales
(cortisol, adrénaline
et noradrénaline)

Pancréas (insuline)

Reins

Testicules
(testostérone)

Ovaires
(œstrogènes
et progestérone)

FIGURE **3.7** Le système endocrinien

On voit ici les composantes du système endocrinien qui intéressent particulièrement les psychologues
à cause de leurs effets connus ou soupçonnés sur le comportement et les émotions.

2 **LA MÉLATONINE.** Il semble que certains rythmes biologiques soient régis par la *mélatonine,* hormone sécrétée par l'*épiphyse cérébrale* (ou glande pinéale), une petite glande située très profondément dans le cerveau. On appelle **rythme biologique** la fluctuation périodique, plus ou moins régulière, d'un système biologique. Il en existe des dizaines, dont certains, mais pas tous, ont des effets psychologiques. Les chercheurs ont cru pendant longtemps que le cerveau était muni d'une « horloge » biologique régissant directement les dizaines de rythmes circadiens de l'être humain. Ils pensent maintenant que plusieurs horloges connectées, mais autonomes, marquent le temps dans diverses régions du cerveau. Elles seraient toutes reliées à une « super horloge », un quartier général en quelque sorte, située dans la région du cerveau appelée *hypothalamus.* La mélatonine, dont le taux fluctue en fonction des variations de la lumière du jour, aurait comme rôle de maintenir cette « super horloge » en phase avec le cycle jour-nuit (Reppert,

Rythme biologique

Fluctuation périodique, plus ou moins régulière, d'un système biologique ; a parfois, mais pas nécessairement, des effets psychologiques.

Hormones sexuelles

Hormones qui régularisent la croissance et le fonctionnement des organes reproducteurs et qui stimulent le développement des autres caractéristiques sexuelles mâles et femelles.

et al., 1988). Des études effectuées sur des animaux semblent indiquer que l'information relative à ce cycle se rend à l'épiphyse cérébrale en empruntant une voie neuronale qui relie l'œil à l'épiphyse en passant par l'hypothalamus. Dans deux cas au moins, la mélatonine a été utilisée pour synchroniser le cycle perturbé sommeil-veille chez des personnes aveugles, dont les troubles du sommeil semblaient être dus à l'incapacité de distinguer le jour de la nuit (Arendt, *et al.,* 1988 ; Tzischinsky, *et al.,* 1992). Plus récemment, un certain nombre de médecins ont commencé à prescrire des suppléments de mélatonine aux personnes qui souffrent d'insomnie chronique, et en particulier aux personnes âgées. Il est prouvé en effet que le taux de mélatonine diminue souvent avec l'âge.

3 **LES HORMONES SEXUELLES.** Les **hormones sexuelles** sont sécrétées par des tissus localisés dans les gonades, soit les testicules chez l'homme et les ovaires chez la femme.

Il existe trois principaux types d'hormones sexuelles, tous présents chez les deux sexes, mais en quantité et en proportion différentes après la puberté. Les *androgènes* (dont la plus importante est la *testostérone*) sont des hormones masculinisantes, sécrétées principalement par les testicules, mais aussi par les ovaires et la corticosurrénale. Ce sont eux qui déclenchent les changements physiques se produisant chez l'homme à la puberté, comme la mue de la voix et la poussée des poils faciaux, et qui sont à l'origine du développement des poils pubiens et axillaires chez la femme. Les *œstrogènes* sont des hormones féminisantes, sécrétées principalement par les ovaires, mais aussi par les testicules et la corticosurrénale. Elles provoquent les changements physiques qui se produisent chez les femmes à la puberté, comme le développement des seins et le déclenchement des menstruations, et influent sur le déroulement du cycle menstruel. La *progestérone* est une hormone sécrétée principalement par les ovaires, de même que par les testicules et la corticosurrénale; elle contribue à la croissance et au maintien de la muqueuse utérine en vue de l'implantation d'un œuf fécondé.

Le rôle des hormones sexuelles en rapport avec d'autres types de comportements humains, en dehors des rôles sexuel et reproductif, soulève de nombreux débats. Dans la section portant sur l'évaluation de la perspective biologique au chapitre 4, nous nous pencherons sur la croyance populaire selon laquelle la fluctuation des hormones sexuelles rendrait les femmes «émotives» et les hommes, «belliqueux».

Qu'avez-vous appris ?

RÉPONSES, p. 96

Associez chacune des définitions suivantes avec l'un des mots entre parenthèses.

1. Les unités fonctionnelles du système nerveux. (*nerfs/neurones*)

2. La partie du neurone qui reçoit l'influx nerveux. (*axone/dendrite*)

3. L'endroit où communiquent deux neurones. (*synapse/gaine de myéline*)

4. Substance similaire aux opiacés et présente dans le cerveau. (*dopamine/endorphine*)

5. Les composés chimiques qui rendent possible la communication entre les neurones. (*neurotransmetteurs/hormones*)

6. Hormone fortement associée avec l'activation émotionnelle. (*adrénaline/œstrogènes*)

LE CERVEAU

Nous abordons maintenant l'étude de l'«unité centrale» du système nerveux, à savoir le cerveau. «Il est ahurissant de penser que le corps fournit du sucre et des acides aminés au cerveau, et que celui-ci produit de la poésie et des pirouettes», a un jour noté le neurologue Robert Collins. Les capacités extraordinaires de cette masse de tissus nerveux ont en effet toutes les raisons de nous étonner, et il faut beaucoup d'imagination pour se représenter cet organe, en apparence si modeste, en train d'écrire *Hamlet*, de découvrir le radium ou d'inventer la télévision.

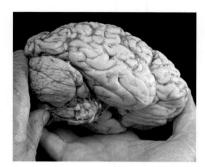

L'apparence banale du cerveau humain ne laisse pas soupçonner ses grandes capacités.

La cartographie du cerveau

Chez un individu vivant, le cerveau est bien à l'abri dans la boîte crânienne, qui le protège. Comment les scientifiques peuvent-ils donc l'étudier? L'une des approches possibles consiste à examiner les personnes atteintes de lésions cérébrales à la suite d'une blessure ou d'une maladie ou ayant dû subir l'ablation d'une région du cerveau. Une autre approche, appelée *méthode de la lésion*, consiste à créer une lésion dans une région du cerveau chez un animal, ou à en faire l'ablation, puis à observer les effets de ces interventions.

Il est également possible de sonder le cerveau au moyen d'*électrodes*. On fixe ces dernières à l'aide d'un ruban adhésif sur le cuir chevelu afin d'enregistrer l'activité électrique de millions de neurones dans des régions données du cerveau. Cette technique est fréquemment employée à des fins de recherche ou de diagnostic médical. Les électrodes sont alors connectées au moyen de fils à un appareil, appelé électroencéphalographe, qui traduit l'énergie électrique issue du cerveau en ondulations tracées sur une feuille de papier ou en figures visuelles affichées sur un écran. C'est pourquoi on désigne l'activité électrique du cerveau par le terme «ondes cérébrales». Différents types d'ondes sont associés au sommeil, à la détente et à la concentration mentale.

Le tracé résultant de l'enregistrement des ondes cérébrales est appelé **électroencéphalogramme (EEG)**. L'EEG standard présente une certaine utilité, mais il manque de précision, car il reflète l'activité électrique simultanée de plusieurs cellules. « Écouter » le cerveau à l'aide de l'électroencéphalographe, c'est un peu comme suivre un match de l'extérieur du stade : on sait à quel moment un événement survient, mais on ne sait pas exactement de quoi il s'agit ni qui en est l'auteur. On peut heureusement combiner l'informatique à la technique de l'électroencéphalographie de manière à obtenir une image plus claire des types d'activité cérébrale reliés à des événements et à des processus mentaux donnés. Pour analyser ces divers types d'activité, ou *potentiels évoqués,* les chercheurs ont recours à un ordinateur qui supprime tout le « bruit de fond » provenant du cerveau et ne conserve que les ondes propres à la réaction de l'événement étudié.

Depuis le milieu des années 1970, de nouvelles méthodes sont apparues, laissant entrevoir des résultats encore plus spectaculaires. Ainsi, la **scanographie,** ou tomographie par émission de positons (en anglais, « PET scan »), ne fournit

pas seulement des données anatomiques, elle permet aussi d'enregistrer les changements biochimiques qui se produisent dans le cerveau au moment même où ils se produisent. Cette méthode tire parti du fait que les neurones transforment le glucose en énergie. Lorsqu'un chercheur injecte à un patient une substance similaire au glucose contenant un élément radioactif inoffensif, cette substance s'accumule dans les régions du cerveau les plus actives, qui consomment donc rapidement le glucose, et elle émet des radiations qui constituent un indice éloquent de l'activité mentale. Ces radiations sont captées par un dispositif à balayage ; on obtient ainsi une image traitée par ordinateur de l'activité biochimique du cerveau, les différentes couleurs correspondant aux différentes intensités d'activité (voir la figure 3.8).

Électroencéphalogramme (EEG)

Enregistrement de l'activité neuronale du cerveau captée par des électrodes.

Scanographie

Méthode d'analyse de l'activité biochimique du cerveau par injection d'une substance similaire au glucose et contenant un élément radioactif ; aussi appelée « tomographie par émission de positons ».

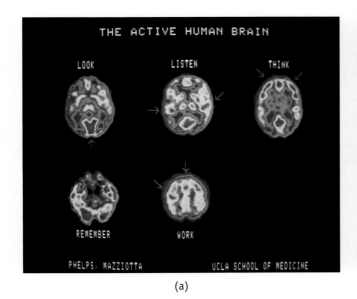

(a)

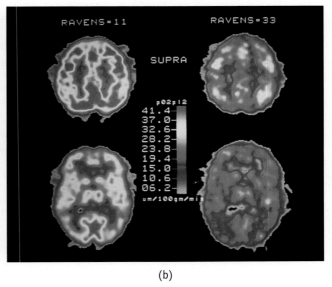

(b)

FIGURE **3.8** La mesure de l'activité cérébrale

Ces images de l'activité cérébrale ont été obtenues par scanographie. Dans l'image de gauche (a), le rouge indique les régions où l'activité est la plus grande et le violet, celles où l'activité est la plus faible. Les flèches indiquent les régions qui sont les plus actives lorsqu'une personne regarde une image complexe (en haut à gauche), écoute un son (en haut au centre), accomplit une tâche cognitive (en haut à droite), se remémore des faits provenant d'une histoire qu'elle vient d'entendre (en bas à gauche) ou déplace sa main droite (en bas au centre). L'image de droite (b) suggère un lien entre l'intelligence et l'activité cérébrale. Durant une tâche de raisonnement abstrait, le cerveau des sujets obtenant les meilleurs résultats (à droite) consomme moins de glucose par minute que le cerveau des sujets plus faibles (à gauche), ce qui peut signifier que le cerveau de ceux qui réussissent mieux travaille de façon plus efficace (Haier, *et al.,* 1988).

Le scanographe a été élaboré pour diagnostiquer des anomalies physiques. Il peut également être utilisé pour déterminer quelles régions du cerveau sont actives lorsque l'organisme s'adonne à une activité ou ressent une émotion. Les images projetées sur l'écran indiquent ce qui se passe dans le cerveau d'une personne quand elle écoute une chanson, se sent déprimée ou détourne son attention d'une tâche pour la fixer sur une autre. Les données obtenues jusqu'à présent établissent que certaines régions du cerveau des personnes qui présentent des troubles émotionnels sont soit anormalement calmes, soit anormalement actives.

Une autre technique, l'**imagerie par résonance magnétique (IRM),** permet l'exploration de l'«espace intérieur» sans injection de substance chimique. Les images des tissus du cerveau et d'autres organes qu'elle fournit sont extraordinairement précises. On emploie des champs magnétiques puissants et diverses fréquences radio pour produire des vibrations dans les noyaux des atomes composant un organe. Ces vibrations sont captées sous forme de signaux par des récepteurs particuliers, puis analysées, en tenant compte de leur intensité et de leur durée, par un ordinateur qui les transforme en une image en couleur, hautement contrastée. On se sert de l'IRM, tout comme de la scanographie, à la fois pour établir des diagnostics et pour étudier des cerveaux normaux; cependant, contrairement à la scanographie, l'IRM ne fournit pas d'information sur l'activité en fonction du temps. Toutefois des améliorations techniques récentes permettent à des IRM perfectionnés de capter des changements rapides survenant lors de certaines activités mentales comme penser à un mot ou regarder une image (Rosen, *et al.,* 1993).

De nouvelles techniques font leur apparition chaque année, mais leur usage n'est pas encore très répandu dans la recherche en psychologie. Certaines d'entre elles permettent de transformer des images statiques en images animées, montrant le passage d'un état du cerveau à un autre! La forteresse que constitue le crâne ne protège donc plus le cerveau du regard inquisiteur des chercheurs. Il est maintenant possible d'obtenir une image visuelle précise de l'organe le plus mystérieux du corps humain, sans même toucher à un scalpel.

Imagerie par résonance magnétique (IRM)

Méthode employée pour étudier entre autres les tissus cérébraux, faisant appel à des champs magnétiques et à des récepteurs radio.

Bulbe rachidien

Structure du tronc cérébral responsable de certaines fonctions automatiques telles que la régulation des rythmes respiratoire et cardiaque.

Protubérance annulaire

Structure du tronc cérébral jouant un rôle dans le sommeil, le réveil et le rêve, entre autres.

Les principales structures du cerveau

Nous allons maintenant examiner le cerveau en partant de sa base, juste au-dessus de la colonne vertébrale, pour nous rendre jusqu'au cortex qui en constitue la partie supérieure. En général, plus un comportement est de nature réflexe ou automatique, plus les chances sont grandes qu'il se trouve sous la régulation des régions inférieures; plus un comportement est complexe, plus les chances sont grandes qu'il fasse intervenir des régions supérieures. La figure 3.9 montre le cerveau tel qu'il apparaît si on le divise en deux (coupe sagittale ici): on peut voir la surface interne de l'hémisphère droit. Au cours de notre étude, nous décrirons chacune des structures présentées dans ce schéma.

LES STRUCTURES INFÉRIEURES

Le **tronc cérébral,** situé à la base du crâne, ressemble à une tige sortant de la moelle épinière. Les voies menant aux régions supérieures du cerveau, ou celles qui en descendent, passent par ses deux structures principales, le **bulbe rachidien** et la **protubérance annulaire.** La première est responsable de fonctions qui s'accomplissent sans volonté consciente, telle la régulation des rythmes respiratoire et cardiaque, alors que la seconde joue un rôle dans le sommeil, le réveil et le rêve, entre autres. La pendaison a longtemps été utilisée comme méthode d'exécution des criminels parce que la rupture du cou entraîne le sectionnement des voies nerveuses du bulbe rachidien et, par conséquent, l'arrêt de la respiration (Bailey, 1975).

La **formation réticulée,** qui part du centre du tronc cérébral et s'étend vers le haut, constitue un réseau compact de neurones relié à plusieurs des régions supérieures du cerveau. Elle filtre les signaux qui entrent en provenance de la moelle épinière et stimule les centres supérieurs devant tout événement susceptible d'être traité par ces centres. Une personne privée de cette structure ne saurait être alerte ni peut-être même consciente.

Tronc cérébral

Partie du cerveau située au-dessus de la moelle épinière et responsable de fonctions automatiques comme les battements du cœur et la respiration.

Formation réticulée

Réseau dense de neurones situé au centre du tronc cérébral; stimule le cortex et filtre l'information entrante.

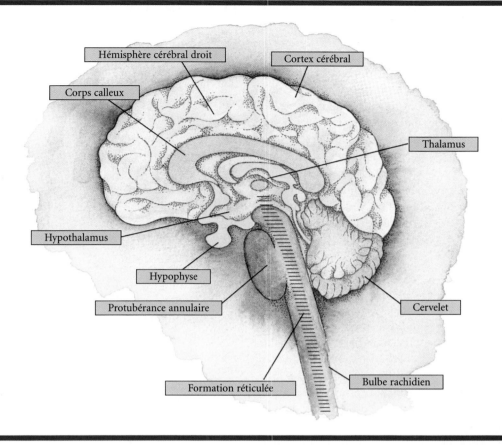

Hémisphère cérébral droit

Cortex cérébral

Corps calleux

Thalamus

Hypothalamus

Hypophyse

Protubérance annulaire

Cervelet

Formation réticulée

Bulbe rachidien

FIGURE **3.9** Le cerveau humain

Vue de la surface interne de l'hémisphère droit et des structures inférieures du cerveau, obtenue par coupe sagittale du cerveau.

LE CERVELET

Le **cervelet** est une structure logée à l'arrière du cerveau, qui a environ la taille d'un poing de petite taille. Il intervient dans le maintien de l'équilibre et il coordonne les muscles de telle sorte que les mouvements sont harmonieux et précis. Une personne atteinte de lésions cérébelleuses est généralement très maladroite et elle manque de coordination ; elle aura par exemple du mal à se servir d'un crayon, à enfiler une aiguille ou à faire de la bicy-

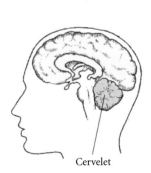

Cervelet

clette. Le cervelet contribue aussi à l'apprentissage et à l'emmagasinage de réponses simples. Par exemple, des études

sur des lapins ont montré que ces derniers n'arrivaient pas à apprendre à cligner des yeux en réponse à des sons si certaines régions de leur cervelet étaient détruites ou sous sédation (Thompson, 1986 ; Krupa, *et al.,* 1993).

Cervelet

Structure du cerveau qui régit le mouvement et l'équilibre et qui est à l'œuvre dans l'apprentissage de certains types de réponses simples.

Thalamus

Structure du cerveau qui transmet les messages sensoriels au cortex cérébral.

LE THALAMUS

Le **thalamus** est situé au-dessus du tronc cérébral, au centre du cerveau ; il est l'agent, toujours sollicité, responsable de la circulation de l'information dans le cerveau. Au fur et à mesure que les stimulations sensorielles arrivent au cerveau, le thalamus les achemine vers les centres supérieurs de traitement. Par

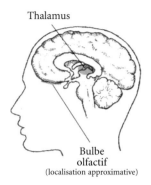

Thalamus

Bulbe
olfactif
(localisation approximative)

exemple, la vue d'un coucher de soleil envoie des signaux au thalamus, qui les dirige vers le cortex visuel. Le seul sens ne faisant pas appel au thalamus est l'odorat, qui possède son propre poste d'aiguillage, le *bulbe olfactif*. Ce dernier est situé à proximité des régions responsables de l'émotion. Cela explique peut-être pourquoi il arrive souvent qu'une odeur — comme celle du linge fraîchement lavé, des gardénias ou d'un steak rôtissant sur le gril — ravive le souvenir d'une expérience personnelle importante.

L'HYPOTHALAMUS ET L'HYPOPHYSE

Sous le thalamus se trouve une structure plus petite appelée **hypothalamus** (*hypo* signifie en dessous). Il ne faudrait pas juger de l'importance de l'hypothalamus par sa taille. Il joue

Hypothalamus

Structure du cerveau intervenant dans les émotions et les pulsions essentielles à la survie telles que la peur, la faim, la soif et la reproduction ; régit le système nerveux autonome.

Hypophyse

Petite glande endocrine située à la base du cerveau ; sécrète plusieurs hormones et régit d'autres glandes endocrines.

en effet un rôle dans des pulsions puissantes, qui assurent la survie aussi bien de l'individu que de l'espèce, soit la faim, la soif, l'émotion, les pulsions sexuelles et la reproduction. Il régularise la température de l'organisme en déclenchant la sudation et le frisson et il contrôle les opérations complexes du système nerveux autonome. Comme nous l'avons déjà souligné, c'est là que se situe la « super horloge » régissant les rythmes biologiques. L'**hypophyse,** une petite glande endocrine de la taille d'une cerise, est située sous l'hypothalamus, auquel elle est reliée par une courte tige. On la qualifie souvent de « glande maîtresse » de l'organisme, car les hormones qu'elle sécrète influent sur plusieurs autres glandes endocrines. En réalité, le véritable maître est l'hypothalamus. Ce dernier envoie en effet à l'hypophyse des messages chimiques lui indiquant à quel moment elle doit faire parvenir des messages hormonaux aux diverses glandes endocrines.

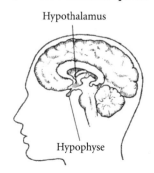

Hypothalamus

Hypophyse

LE SYSTÈME LIMBIQUE

Les composantes du **système limbique** forment en quelque sorte la limite inférieure du cerveau (voir la figure 3.10). Le système limbique joue un rôle essentiel dans certaines émotions telles que la rage et la peur, qui se manifestent également chez d'autres espèces. Des chercheurs croyaient même avoir découvert des « centres distincts du plaisir » dans le système limbique (Olds, 1975 ; Olds et Milner, 1954), mais d'autres scientifiques sont d'avis maintenant qu'il faut plutôt parler de voies neurales plutôt que de « centres distincts du plaisir ».

Le corps amygdaloïde et l'hippocampe sont deux structures du système limbique qui offrent un intérêt particulier pour les psychologues. Le rôle du **corps amygdaloïde** semble consister à évaluer les stimulations sensorielles et à les associer dans la mémoire aux différentes modalités sensorielles. Le corps amygdaloïde est aussi responsable de la prise de décision

Système limbique

Ensemble de structures du cerveau intervenant dans les réactions émotionnelles et le comportement motivé.

Corps amygdaloïde

Structure du cerveau jouant un rôle dans la stimulation et la régulation de l'émotion ; intervient peut-être également dans l'association de souvenirs provenant d'informations transmises par plus d'un sens.

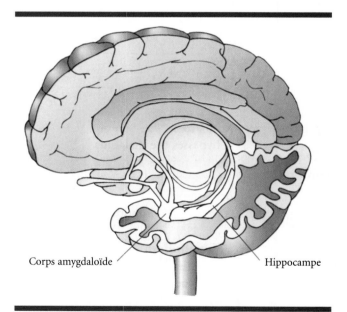

Corps amygdaloïde   Hippocampe

FIGURE **3.10** Le système limbique

Les composantes du système limbique sont représentées par les régions bleutées.

initiale de rechercher ou d'éviter le contact avec une personne ou une situation. Selon le neuropsychologue Joseph LeDoux (1989), certaines voies neuronales du système limbique amènent le corps amygdaloïde à déclencher une réaction émotionnelle à une nouvelle stimulation sensorielle, réaction susceptible d'être « annulée » à la suite d'une évaluation plus précise du cortex cérébral. (C'est ce qui explique qu'une personne ayant sursauté de frayeur en sentant une main se poser soudainement sur son épaule, alors qu'elle marchait dans une ruelle sombre, se sente rassurée lorsque le cortex enregistre le fait qu'il s'agit de la main d'un ami.) Le système limbique est heureusement apte à traiter sans délai la perception d'un danger ou d'une menace ; autrement, on pourrait rester figé dans la rue à se demander : « Est-ce prudent de traverser maintenant, alors que ce gros camion roule vers moi à toute allure ? » Les personnes dont le corps amygdaloïde est endommagé ont souvent de la difficulté à déceler leurs propres peurs de même que celles des autres (Damasio, 1994). De plus, le corps amygdaloïde joue un rôle essentiel dans l'expression de l'anxiété et de la dépression ; des scanographies montrent une activité nerveuse plus importante dans cette structure chez les patients déprimés et anxieux (Schulkin, 1994).

L'autre structure majeure du système limbique, l'**hippocampe,** est de plus grande dimension chez les humains que chez toute autre espèce. Elle semble avoir comme fonction, entre autres, de comparer les stimulations sensorielles avec ce que le cerveau a appris à attendre de l'environnement. Si les stimulations sont conformes aux attentes, l'hippocampe indique à la formation réticulée, qui est le centre d'activation du cerveau, de « rester calme ». Il ne serait pas souhaitable de réagir à *tout* par une grande excitation ; que se passerait-il si la sonnerie d'alarme neuronale retentissait chaque fois qu'une automobile passe à proximité, qu'un oiseau gazouille ou que la salive descend dans la gorge ?

> **Hippocampe**
> Structure du cerveau jouant vraisemblablement un rôle dans le stockage en mémoire de l'information nouvelle.

L'hippocampe est aussi qualifié de « portail de la mémoire » parce qu'il semble permettre, de concert avec d'autres régions du cerveau, d'emmagasiner l'information nouvelle portant sur des faits ou des événements, en vue d'une utilisation ultérieure. Sans

l'hippocampe, ces nouvelles informations ne pourraient jamais atteindre leur destination finale, qui est le cortex cérébral. Une étude de cas spectaculaire illustre cette fonction. Un homme, H. M., souffrait de graves crises d'épilepsie qui mettaient sa vie en danger ; les neurochirurgiens décidèrent de procéder à l'ablation de la quasi-totalité de l'hippocampe ainsi que d'une partie du corps amygdaloïde (Corkin, 1984 ; Milner, 1970 ; Ogden et Corkin, 1991). L'intervention chirurgicale permit effectivement de sauver la vie de H. M., mais sa mémoire fut atteinte de façon spectaculaire. Bien qu'il eût conservé la mémoire des événements qui avaient précédé l'opération, il pouvait seulement se souvenir d'événements survenus quinze minutes plus tôt, pas au-delà. Il ne pouvait apprendre de nouveaux mots ni mettre un nom sur de nouveaux visages. Ses médecins devaient se présenter de nouveau à lui à chacune de leurs visites ; il relisait souvent le même magazine sans s'en rendre compte. Aujourd'hui encore, plus de quarante ans après son opération, il ne reconnaît toujours pas Suzanne Corkin qui l'a soigné pendant de nombreuses années et il n'arrive pas non plus à se reconnaître sur une photographie, car il se considère beaucoup plus jeune que les soixante-dix ans bien comptés qu'il affiche maintenant.

LES HÉMISPHÈRES CÉRÉBRAUX ET LE CORTEX CÉRÉBRAL

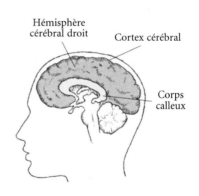

Au-dessus du système limbique se trouvent les deux **hémisphères cérébraux,** qui constituent le siège des formes supérieures de la pensée. La complexité des réseaux du cerveau humain dépasse de loin celle de n'importe quel ordinateur actuel, et une bonne partie de ces réseaux est concentrée dans ces deux hémisphères que l'on désigne souvent tout simplement comme « le cerveau ». Les deux hémisphères cérébraux sont reliés par le **corps calleux,** un large faisceau de fibres nerveuses. En général, l'hémisphère droit reçoit l'information sensorielle provenant de la moitié gauche du corps à laquelle il commande aussi, alors que l'hémisphère gauche exerce les mêmes fonctions mais pour la maîtrise du côté droit du corps. Nous verrons plus loin que chaque hémisphère possède en outre des talents propres, que l'on appelle **latéralisation du cerveau.**

> **Hémisphères cérébraux**
> Les deux moitiés opposées qui composent la portion supérieure du cerveau antérieur ; responsables de la plupart des processus sensoriels, moteurs et cognitifs chez les humains.
>
> **Corps calleux**
> Faisceau de fibres nerveuses reliant les deux hémisphères cérébraux.

> **Latéralisation du cerveau**
> Spécialisation de chacun des deux hémisphères cérébraux pour des opérations psychologiques données.

Les deux hémisphères sont recouverts de plusieurs couches minces mais très denses de neurones, dont l'ensemble forme le **cortex cérébral.** Comme c'est le cas dans bien d'autres régions du cerveau, les corps cellulaires des neurones du cortex forment un tissu grisâtre, d'où le terme *substance grise.* Même s'il n'atteint qu'environ trois millimètres d'épaisseur, le cortex renferme presque les trois quarts de tous les neurones cérébraux (Schneider et Tarshis, 1986). Dans 1 cm² de cortex se trouvent environ 2 500 km de neurones reliés par des connexions synaptiques; la longueur totale des neurones connectés du cortex tout entier équivaut à peu près à un aller-retour Terre-Lune, suivi d'un aller simple vers la Lune (Davis, 1984).

> **Cortex cérébral**
>
> Structure composée de plusieurs couches minces de neurones recouvrant les hémisphères cérébraux. Les fonctions supérieures en dépendent dans une large mesure. En latin, *cortex* signifie « écorce ».

La surface du cortex présente un grand nombre de fissures profondes et de replis, ce qui explique qu'il puisse contenir des milliards de neurones sans que les êtres humains aient pour autant des têtes énormes. Chez les autres mammifères, le cortex, composé d'un plus petit nombre de neurones, est moins plissé; chez les rats, par exemple, il est presque lisse.

Des scissures, ou sillons particulièrement profonds, divisent le cortex de chaque hémisphère en quatre régions distinctes, appelées *lobes* (voir la figure 3.11).

- Les *lobes occipitaux* constituent la partie postéro-inférieure du cerveau. Ils contiennent entre autres le *cortex visuel,* où sont traités les signaux visuels. Les lésions du cortex visuel peuvent entraîner des troubles de la reconnaissance des informations visuelles, et même la cécité.

- Les *lobes pariétaux* forment la partie supérieure du cerveau. Ils contiennent le *cortex somesthésique,* qui reçoit de toutes les régions du corps des données relatives à la pression, à la douleur, au toucher et à la température. Ce sont ces stimulations sensorielles qui indiquent à l'individu ce que les parties mobiles de son corps font à un instant précis. Les diverses parties du cortex somesthésique sont associées aux différentes régions du corps; les régions associées aux mains et au visage sont d'une grandeur disproportionnée étant donné que ces zones sont particulièrement sensibles.

- Les *lobes temporaux* constituent les parties latérales du cerveau, juste au-dessus des oreilles et derrière les tempes. Ils jouent un rôle dans la mémoire, la perception, l'émotion et la compréhension du langage. Ils contiennent aussi le *cortex auditif,* qui traite les sons.

- Les *lobes frontaux* forment, comme leur nom l'indique, la partie antérieure du cerveau, située juste sous le crâne dans la région du front. Ils contiennent le *cortex moteur,* qui commande les 600 muscles du corps responsables du mouvement volontaire. Ils semblent aussi jouer un rôle majeur dans l'aptitude à faire des projets, à penser de façon créative et à prendre des initiatives.

Cette description simplifiée n'explique pas pourquoi les fonctions des diverses régions du cortex se recouvrent largement. Néanmoins, quand un chirurgien sonde les quatre paires de lobes avec une électrode, des phénomènes différents ont tendance à se produire. Si le courant est transmis au cortex somesthésique, situé dans les lobes pariétaux, le patient ressentira probablement des picotements ou de légères caresses. Par ailleurs, si la stimulation est appliquée au cortex visuel, situé dans les lobes occipitaux, le sujet indiquera peut-être qu'il a vu une lueur ou un tourbillon de couleurs.

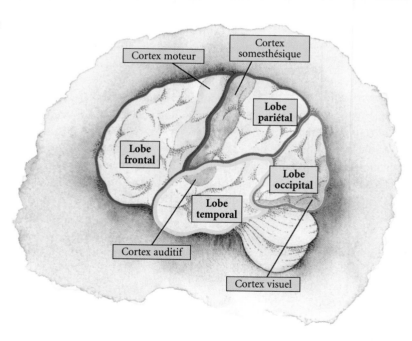

FIGURE 3.11 Le cortex cérébral

Cependant, dans la majorité des régions du cortex, la stimulation électrique n'a aucun effet. Ces régions «silencieuses», appelées *aires associatives,* semblent toutefois jouer un rôle primordial dans les processus mentaux supérieurs tels que le raisonnement et le langage.

Les chercheurs n'ont commencé que récemment à percer les secrets des aires associatives du cortex. La région du cortex qui intéresse le plus les psychologues est la partie antérieure des lobes frontaux, soit le *cortex préfrontal.* Cette zone n'existe à peu près pas chez les souris et les rats; elle représente environ 3,5 p. cent du cortex cérébral des chats, 7 p. cent de celui des chiens et 17 p. cent de celui des chimpanzés, tandis que chez les humains elle constitue au moins 29 p. cent du cortex (Pines, 1983).

Les scientifiques savent depuis longtemps que les lobes frontaux d'une personne ont un rapport avec sa personnalité. Le premier indice leur en a été donné en 1848 lors de l'accident d'un jeune employé des chemins de fer, Phineas Gage. Au cours de l'accident, une barre de fer de 2,5 cm d'épaisseur (exposée à l'université Harvard) lui traversa la tête: elle était entrée sous son œil gauche pour ressortir par le dessus du crâne. Bien qu'une grande partie de la région frontale de son cerveau eût été détruite, non seulement Gage survécut-il, par miracle, mais il continua à pouvoir parler, à penser et à se souvenir. Cependant, ses amis se plaignaient qu'il ne fût plus le même. Ayant subi une métamorphose à la Jekyll-Hyde, l'ouvrier doux, sympathique et efficace s'était transformé en un goujat grincheux sur qui on ne pouvait plus compter et qui était incapable de conserver un emploi ou de mener à bien un projet.

L'étude de cas de patients ayant subi des dommages aux lobes frontaux, y compris des tumeurs ou des blessures de guerre, semble indiquer que certaines régions de ces lobes jouent un rôle dans la planification, la fixation d'objectifs et l'intention. Elles régissent l'aptitude à effectuer une série de tâches dans l'ordre approprié et à mettre fin à cette activité au moment voulu. Le psychologue russe A. R. Luria (1980) a examiné plusieurs patients chez qui des lésions des lobes frontaux avaient entraîné la perte de cette capacité. L'un des cas de patients étudiés continuait à essayer d'allumer une allumette déjà enflammée; un autre, travaillant dans l'atelier de menuiserie de l'hôpital, rabotait non seulement une pièce de bois jusqu'à ce qu'il n'en restât plus rien, mais aussi il se mettait à raboter l'établi!

Certains chercheurs estiment que des lésions au cortex préfrontal, causées par des complications périnatales ou des mauvais traitements subis durant l'enfance, permettent d'expliquer certains comportements criminels violents (Raine, Brennan et Mednick, 1994). Des études s'appuyant sur la scanographie ont montré que l'activité cérébrale de sujets accusés de meurtre était moindre dans cette région du corps que celle de sujets du même âge et de même sexe (Raine, Buchsbaum, *et al.,* 1994). Ces résultats, s'ils étaient confirmés par d'autres recherches, soulèveraient d'importantes questions légales. Aux yeux de la loi, des personnes souffrant d'une lésion au cortex préfrontal pourraient-elles être tenues criminellement responsables d'actes violents?

Dans la section suivante, nous allons nous pencher sur deux thèmes qui ont longtemps intrigué les neuropsychologues, soit les différentes tâches accomplies par les deux hémisphères cérébraux et la compréhension du sommeil et des rêves.

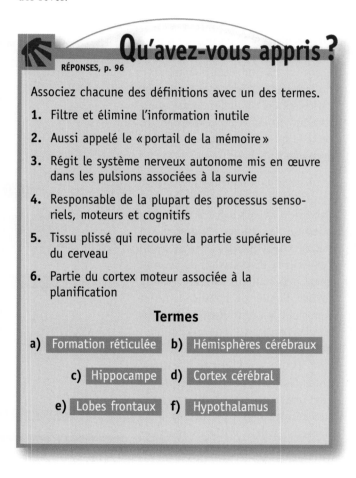

Qu'avez-vous appris?

RÉPONSES, p. 96

Associez chacune des définitions avec un des termes.

1. Filtre et élimine l'information inutile
2. Aussi appelé le «portail de la mémoire»
3. Régit le système nerveux autonome mis en œuvre dans les pulsions associées à la survie
4. Responsable de la plupart des processus sensoriels, moteurs et cognitifs
5. Tissu plissé qui recouvre la partie supérieure du cerveau
6. Partie du cortex moteur associée à la planification

Termes

a) Formation réticulée   b) Hémisphères cérébraux

c) Hippocampe   d) Cortex cérébral

e) Lobes frontaux   f) Hypothalamus

L'indépendance des hémisphères cérébraux

Nous avons vu que le cerveau est divisé en deux hémisphères, chacun étant responsable du côté opposé du corps. Dans un cerveau normal, les deux hémisphères communiquent entre eux par le corps calleux, un faisceau de fibres qui les relie. Tout ce qui se produit dans un hémisphère céré-bral est instantanément signalé à l'autre. Qu'arriverait-il cependant si les voies de communication étaient coupées? Chaque hémisphère produirait-il ses propres pensées et emmagasinerait-il ses propres souvenirs?

On sait déjà que les deux moitiés du cerveau ne sont pas l'image inversée l'une de l'autre. Chez la plupart des humains, l'hémisphère gauche est en grande partie le siège du langage, dont la production relève d'une région du lobe frontal gauche, appelée *aire de Broca*, et dont la compréhension et l'interprétation relèvent d'une région du lobe temporal gauche, appelée *aire de Wernicke*. (Ces deux aires portent le nom des scientifiques qui en ont fourni les premières des-criptions.) Ainsi, une personne atteinte d'une lésion à la suite d'un accident vasculaire cérébral — un blocage ou une rupture d'un vais-seau sanguin cérébral — risque beaucoup plus de souffrir de troubles du langage si la lésion se situe dans l'hémisphère gauche. Mais quels seraient les effets de la division du cerveau sur le langage et sur d'autres aptitudes?

Une équipe de chirurgiens, sous la direction de Joseph Bogen, eut l'occasion de répondre à toutes ces questions. Ils furent les premiers à tenter, au début des années 1960, l'expérience de la section du cerveau chez des patients atteints d'une forme d'épilepsie handicapante et réfractaire à tout traitement. Les chi-rurgiens espéraient que le sectionne-ment du corps calleux empêcherait la propagation de l'activité électrique entre les hémisphères. L'opération était une solution de dernier recours. Les résultats se sont avérés dans l'ensemble très satisfaisants. Les crises ont diminué et elles ont même cessé complètement chez certains patients. Les scientifiques ont mis à profit cette opération pour étudier ce dont est capable chaque hémi-sphère lorsqu'il est littéralement coupé de l'autre.

Les patients au cerveau divisé n'ont pas semblé affectés par l'absence de communication entre les deux hémisphères. Leur person-nalité et leur intelligence générale étaient intactes; ils pouvaient marcher, parler et mener une vie normale. Apparemment, des connexions logées dans le tronc cérébral, non divisé, assuraient le maintien d'une motricité normale. Cependant, au cours d'une ingénieuse série d'études, Sperry et ses collaborateurs ont démontré que la perception et la mémoire des personnes opérées étaient profondément alté-rées. Sperry a reçu en 1981 un prix Nobel pour ces travaux. Pour mieux les comprendre, il faut se rappeler que, lorsqu'on regarde devant soi, tout ce qui se trouve dans la partie gauche du champ visuel est projeté dans l'hémisphère droit, et tout ce qui se trouve dans la partie droite est projeté dans l'hémi-sphère gauche. Cette constatation s'applique aux *deux* yeux (voir la figure 3.12).

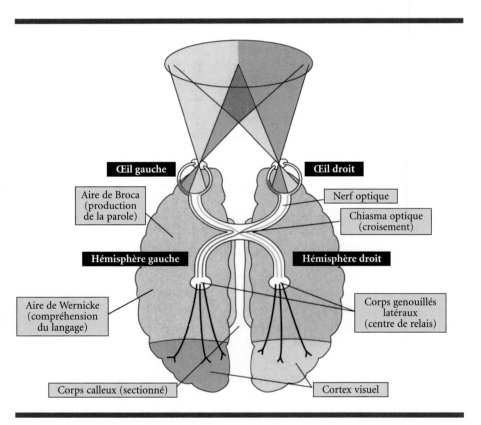

FIGURE **3.12** L'indépendance des hémisphères cérébraux

Chaque hémisphère reçoit de l'information du côté opposé du champ visuel. Si vous fixez directement l'arête qui divise le coin d'une pièce, tout ce qui se trouve à la gauche de l'arête est projeté dans l'hémisphère droit, et tout ce qui se trouve à sa droite est projeté dans l'hémisphère gauche. Ceci est causé par le croisement, à la hauteur du chiasma optique, de la moitié des axones du nerf optique vers le côté opposé du cerveau. Normalement, chaque hémisphère communique aussitôt cette information à l'autre hémisphère mais, lorsque le corps calleux est sectionné, cet échange n'est plus possible.

Le procédé de base employé au cours des tests administrés aux sujets dont le corps calleux avait été sectionné consistait à présenter des images à un seul des deux hémisphères à la fois. Au cours de l'une des premières études effectuées (Levy, *et al.*, 1972), les chercheurs ont découpé en deux des photographies de visages distincts, puis ils ont collé deux à deux des morceaux provenant de photographies différentes. Ce sont ces photographies reconstituées qui étaient présentées aux patients sous forme de diapositives. On leur demandait de fixer un point situé au milieu de l'écran avec lequel on faisait coïncider le centre de l'image projetée. On faisait ensuite défiler les images rapidement de manière à ce que les sujets n'aient pas le temps de bouger les yeux. Quand on les invitait à *dire* ce qu'ils avaient vu, ils nommaient la personne dont la moitié du visage constituait la partie droite de l'image; par contre, lorsqu'ils devaient *pointer* du doigt, de

la main gauche, le visage qu'ils avaient vu, ils indiquaient la personne apparaissant dans la moitié gauche de l'image (voir la figure 3.13). Par ailleurs, les sujets ont affirmé n'avoir rien remarqué d'inhabituel dans les photographies! Chaque hémisphère avait vu une demi-image différente et avait automatiquement suppléé la partie manquante. Aucun des deux hémisphères ne savait ce que l'autre avait vu.

Pourquoi les patients nommaient-ils verbalement la photo de droite et pointaient-ils du doigt la photo de gauche? Les centres du langage sont situés dans l'hémisphère gauche si bien que, lorsqu'un sujet donnait une réponse verbale, c'est cet hémisphère qui «parlait» et nommait ce qu'il avait reçu comme information visuelle, c'est-à-dire la portion de droite de la photo reconstituée. Par contre, quand le sujet pointait du doigt de sa main gauche, qui est sous la régulation de

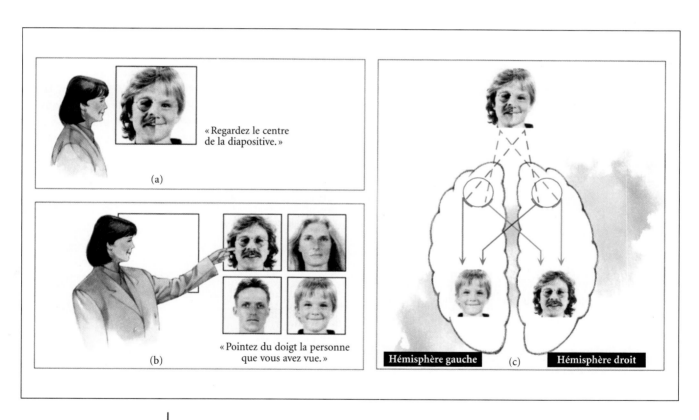

«Regardez le centre de la diapositive.»

(a)

«Pointez du doigt la personne que vous avez vue.»

(b)

Hémisphère gauche   (c)   Hémisphère droit

FIGURE 3.13 Expérience de sectionnement du corps calleux

Les patients au cerveau divisé qui ont regardé des photographies composites et qui devaient choisir, parmi une série de photos intactes, le visage qu'ils avaient observé disaient avoir vu le visage présenté sur la moitié droite de la photo composite, mais pointaient de la main gauche vers la photo correspondant à la moitié gauche de la photo composite. Puisque les deux hémisphères ne pouvaient communiquer, l'hémisphère gauche, qui régit la parole, ne connaissait que la partie droite de la photo composite et l'hémisphère droit, qui commande la latéralisation gauche, ne connaissait que la partie gauche de la photo.

l'hémisphère droit, ce dernier qui est « muet » donnait sa version de l'image qui lui avait été projetée, à savoir la portion gauche de la photo reconstituée.

D'autres recherches ont également été effectuées auprès de sujets au cerveau intact afin de déterminer les différences fonctionnelles entre les deux hémisphères. Dans ces recherches, on a utilisé des électrodes et on a mesuré la circulation sanguine à l'aide de la scanographie pour évaluer l'activité de chaque hémisphère pendant que le sujet exécutait diverses tâches. Les résultats ont confirmé que, chez presque tous les droitiers et la majorité des gauchers, l'hémisphère gauche est dans une large mesure responsable du langage. Cet hémisphère est également plus actif lors de l'exécution de diverses tâches de nature logique, symbolique ou séquentielle, comme la résolution de problèmes de mathématiques et la compréhension de sujets techniques. À cause de ses aptitudes cognitives, de nombreux chercheurs ont qualifié l'hémisphère gauche de *dominant:* ils pensent que l'hémisphère gauche régit habituellement l'hémisphère droit. Michael Gazzaniga (1983), un scientifique célèbre qui s'est intéressé au cerveau divisé, a affirmé que, sans l'aide de l'hémisphère gauche, les habiletés mentales de celui de droite seraient probablement « largement inférieures aux habiletés cognitives d'un chimpanzé ».

D'autres chercheurs, dont Sperry (1982), se sont portés à la défense de l'hémisphère droit, soulignant que ce dernier n'est pas idiot. Il est supérieur à l'hémisphère gauche pour résoudre des problèmes exigeant des aptitudes spatio-visuelles, comme lire une carte géographique ou tailler une robe d'après un patron, et il excelle dans la reconnaissance des visages et l'interprétation des expressions du visage. (Le docteur P., dont nous avons parlé au début du chapitre, était atteint d'une lésion de l'hémisphère droit.) L'hémisphère droit joue un grand rôle dans la création artistique et musicale et dans l'appréciation des arts et de la musique. Il reconnaît les sons non verbaux tels que les aboiements d'un chien. Il possède également certaines aptitudes langagières. Par exemple, il est la plupart du temps capable de lire un mot qui lui est brièvement présenté et de comprendre les instructions données par un expérimentateur. Chez quelques patients au cerveau divisé, les aptitudes verbales de l'hémisphère droit sont passablement développées, et des recherches effectuées auprès d'individus souffrant de diverses lésions cérébrales ont montré que cet hémisphère surpasse l'hémisphère gauche pour ce qui est de la compréhension des locutions et métaphores familières, comme « donner carte blanche » (Van Lancker et Kempler, 1987). Des spécialistes du cerveau ont également attribué à l'hémisphère droit un style cognitif propre, de nature intuitive et holistique, qui considère les choses dans leur ensemble, contrastant avec le mode rationnel et analytique de l'hémisphère gauche.

De nombreux chercheurs s'inquiètent cependant des interprétations populaires des découvertes effectuées par les scientifiques. Ils font observer que les livres et les « programmes d'exercices » des hémisphères du cerveau, qui promettent une amélioration considérable des capacités de ce dernier, simplifient généralement à outrance et exagèrent les différences entre les deux hémisphères. La plupart des études ont montré que les différences s'avèrent relatives et non absolues, autrement dit qu'il s'agit d'une affaire de degré et non de tout ou rien. Prenons l'exemple des émotions. Il semble que certaines régions de l'hémisphère gauche soient aptes à traiter des émotions positives telles que la joie, alors que des régions de l'hémisphère droit seraient spécialisées dans le traitement des émotions négatives telles que la peur, la colère et le découragement (Davidson, *et al.,* 1990 ; Fox et Davidson, 1988). Mais ce qui importe par-dessus tout en ce qui concerne les activités de la vie courante, c'est que les deux hémisphères semblent travailler naturellement ensemble, comme deux partenaires, chacun apportant sa précieuse contribution à l'efficacité de la personne (Kinsbourne, 1982 ; Levy, 1985). Sperry lui-même (1982) a souligné que « la dichotomie hémisphère gauche-hémisphère droit... est une notion pouvant facilement engendrer des extravagances ».

Qu'avez-vous appris ?

RÉPONSES, p. 96

En gardant à l'esprit que les deux hémisphères du cerveau sont engagés dans la plupart des activités, essayez de déterminer quel hémisphère du cerveau est le plus actif lors de chacune des activités suivantes : a) apprécier un enregistrement musical, b) agiter le gros orteil du pied gauche, c) prendre la parole devant la classe, d) équilibrer un compte-chèques, e) reconnaître un ami d'enfance.

LES ASPECTS BIOLOGIQUES DU SOMMEIL ET DU RÊVE

Nous allons maintenant examiner la façon dont les neuropsychologues étudient un sujet qui a de tout temps fasciné les êtres humains : le sommeil et les rêves. Les humains et la plupart des autres espèces animales s'endorment une fois toutes les vingt-quatre heures. Mais on ignore la raison de ce phénomène. Après tout, le sommeil place l'organisme dans une situation vulnérable : ses muscles qui sont habituellement prêts à réagir à tout danger se relâchent et ses sens s'émoussent. Comme l'a fait remarquer le psychologue britannique Christopher Evans (1984) : « Il saute aux yeux que les modèles de comportement inhérents au sommeil sont contraires au bon sens, pour ne pas dire démentiels. » Pourquoi alors le sommeil est-il absolument nécessaire ?

Pourquoi dort-on ?

L'une des fonctions probables du sommeil est de procurer au corps une période d'arrêt durant laquelle il refait son plein d'énergie, élimine les déchets accumulés dans les muscles, répare ses cellules, renforce son système immunitaire et retrouve sa capacité physique, qu'il a perdue au cours de la journée. L'idée que le sommeil sert au repos et à la récupération physiques concorde avec le fait indéniable que, à la fin de la journée, on se sent fatigué et on éprouve un besoin physiologique de dormir. La plupart des gens sont capables d'exercer leurs activités à peu près normalement même s'ils ne dorment pas pendant un jour ou deux, mais la privation de sommeil durant quatre jours ou plus leur est très pénible. Les animaux qu'on empêche de dormir contractent des infections et finissent par mourir (Rechtschaffen, *et al.*, 1983). Les observations semblent s'appliquer également aux humains. On peut citer l'exemple d'un homme qui commença soudainement à perdre le sommeil à l'âge de cinquante-deux ans. Il était si épuisé qu'il tomba dans une stupeur de plus en plus profonde. Puis il fut atteint d'une infection aux poumons et mourut. L'autopsie montra qu'il ne lui restait plus qu'une très faible proportion des gros neurones de deux régions du thalamus associées au sommeil et aux rythmes circadiens hormonaux (Lugaresi, *et al.*, 1986).

Cependant, les personnes privées de sommeil pendant plusieurs jours n'ont pas besoin d'une période proportionnelle de repos pour récupérer : une bonne nuit leur suffit habituellement pour éliminer tous les symptômes de fatigue (Dement, 1978). Dans la vie courante, le nombre d'heures de sommeil ne correspond pas toujours au degré d'activité durant le jour : par exemple à la fin d'une journée de détente sur la plage, on se couche en général à l'heure habituelle. Le repos et la récupération de l'énergie ne peuvent donc pas justifier à eux seuls le besoin de sommeil.

De nombreux chercheurs estiment que le sommeil est aussi important pour le fonctionnement du cerveau que pour le repos du corps. Seuls les animaux dotés d'un cerveau, ou

du moins d'une ébauche de système nerveux central, montrent des signes indéniables de sommeil (Evans, 1984). Nous avons déjà précisé que la plupart des gens peuvent vaquer à leurs occupations après être restés une nuit sans dormir. Cependant, l'agileté mentale, l'originalité et d'autres aspects de la pensée créative peuvent en souffrir (Horne, 1988). L'insomnie chronique peut nuire à la performance dans les tâches requérant de la vigilance ou une attention soutenue et être à l'origine d'accidents de voiture ou de travail (Dement, 1992 ; Roehrs, *et al.*, 1990). Des recherches effectuées en laboratoire et l'observation d'individus participant à des « marathons de veille » ont montré que, après avoir été privés de sommeil pendant plusieurs jours, les gens deviennent irritables, commencent à avoir des hallucinations et à manifester des signes de paranoïa (Dement, 1978 ; Luce et Segal, 1966).

Durant la dépression économique des années 1930 aux États-Unis, les marathons de danse offraient une récompense en argent aux couples qui dansaient le plus longtemps, mais les danseurs subissaient souvent les effets de la privation de sommeil.

Le cerveau a donc périodiquement besoin de repos. Les chercheurs tentent présentement de déterminer de quelle manière le sommeil contribue à la régulation du métabolisme cérébral, au maintien de l'activité normale des neurones et au réapprovisionnement en neurotransmetteurs. Il est clair cependant que le cerveau ne fait pas que se reposer durant le sommeil. La plupart des régions du cerveau demeurent en réalité passablement actives, comme nous allons le voir dans les paragraphes qui suivent.

Au royaume du sommeil

Avant les années 1950, on connaissait bien peu de choses sur le sommeil. C'est après qu'Aserinsky et Kleitman (1955) eurent observé que les yeux pouvaient bouger rapidement durant le sommeil qu'un vaste mouvement de recherche sur le sommeil et le rêve a été déclenché. En faisant appel à l'électroencéphalographe pour mesurer les ondes cérébrales, signes de l'activité électrique du cerveau, les chercheurs ont réussi un autre tour de force, à savoir établir une corrélation entre les mouvements oculaires des dormeurs et des modifications de leurs ondes cérébrales (Dement, 1992). Le sommeil commençait à révéler certains de ses secrets, et les recherches se multiplièrent. Dans les laboratoires, les scientifiques observaient et mesuraient les variations de l'activité cérébrale, de la tension musculaire, de la respiration et d'autres réactions physiologiques chez des dormeurs.

Grâce à ces travaux et à bien d'autres, on sait aujourd'hui que le sommeil n'est pas un état de repos ininterrompu, comme on l'a cru pendant longtemps. Chez les adultes, des périodes de **sommeil para-doxal** («rapid eye move-ment» ou REM) alternent avec des périodes de *sommeil lent,* où les mouvements oculaires sont moins

Sommeil paradoxal
Phase du sommeil caractérisée par des mouvements oculaires rapides, l'absence de tonus musculaire et le rêve.

fréquents, selon un cycle d'une durée moyenne d'environ 90 minutes. Lorsque la période de sommeil paradoxal débute, les ondes cérébrales du dormeur se modifient et commencent à ressembler aux ondes associées à l'état de vigilance durant l'éveil. L'expression «sommeil paradoxal» vient de ce que le cerveau est alors extrêmement actif, tandis que le tonus musculaire est presque nul. Les périodes de sommeil lent se divisent elles-mêmes en quatre stades, plus brefs, associés chacun à un type donné d'ondes cérébrales (voir la figure 3.14).

Ondes alpha
Ondes cérébrales d'amplitude relativement grande et de faible fréquence, caractéristiques de l'état de détente durant l'éveil.

Lorsque vous vous allongez, que vous fermez les yeux et que vous vous détendez, votre cerveau émet épisodiquement des **ondes alpha**. Sur un EEG, les ondes de ce type présentent un rythme régulier, une grande amplitude (ou hauteur) et une faible fréquence de 8 à 12 cycles par seconde. L'activité de type alpha est liée à la détente, au fait que l'esprit ne se concentre pas sur une chose en particulier. Les ondes alpha ralentissent graduellement encore davantage jusqu'à ce que vous entriez dans le pays des songes et que vous passiez par quatre stades de sommeil de plus en plus profond.

1 **STADE 1.** Les ondes cérébrales ont une faible amplitude et un rythme irrégulier, ce qui indique une activité associée à un faible voltage et des fréquences diversifiées. L'individu se sent dériver hors du champ de la conscience, dans un état de sommeil léger. Si on le réveille à ce moment, il se rappellera peut-être certaines sensations ou quelques images visuelles.

2 **STADE 2.** Le cerveau émet épisodiquement, pendant de brefs moments, des ondes au rythme rapide et présentant des pics, appelés *fuseaux du sommeil.* Pendant ce stade, les sons faibles et les bruits légers ne dérangent habituellement pas le dormeur.

3 **STADE 3.** En plus des ondes caractéristiques du stade 2, le cerveau émet occasionnellement des ondes très lentes, d'une fréquence de 1 à 3 cycles par seconde, qui présentent une forte

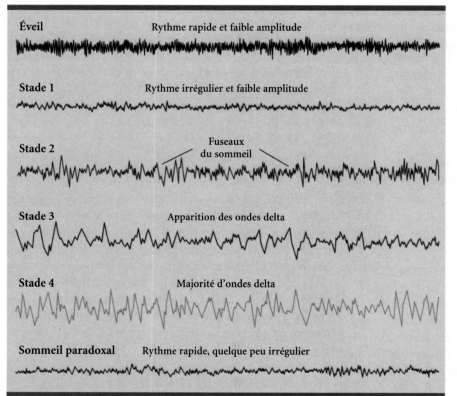

Éveil — Rythme rapide et faible amplitude

Stade 1 — Rythme irrégulier et faible amplitude

Stade 2 — Fuseaux du sommeil

Stade 3 — Apparition des ondes delta

Stade 4 — Majorité d'ondes delta

Sommeil paradoxal — Rythme rapide, quelque peu irrégulier

FIGURE **3.14** Les stades du sommeil

La plupart des types d'ondes cérébrales sont présentes durant le sommeil, mais certaines prédominent à différents stades.

amplitude. Ce sont les **ondes delta,** qui indiquent infailliblement qu'il sera difficile de réveiller le dormeur. La respiration et le pouls de ce dernier ont ralenti, sa température a chuté et ses muscles se sont relâchés.

4 **STADE 4.** Les ondes delta sont maintenant prédominantes, et le dormeur est en état de profond sommeil. Il faudrait probablement le secouer vigoureusement ou produire un grand bruit pour le réveiller, et cela ne lui plairait pas du tout. Fait étonnant, les personnes qui parlent ou marchent pendant leur sommeil le font le plus souvent durant ce stade.

Généralement, le processus décrit ci-dessus dure environ 30 à 45 minutes, puis il s'inverse et le dormeur repasse successivement du stade 4 aux stades 3, puis 2 et 1. À ce moment-là, soit à peu près 70 à 90 minutes après l'endormissement, il se produit une chose étrange. Le stade 1 n'est pas suivi d'une période de somnolence, comme on pourrait s'y attendre. Le cerveau se met en réalité à émettre pendant de longs intervalles des ondes très rapides et plutôt irrégulières, similaires à celles qui caractérisent le stade 1. Le rythme cardiaque et la pression artérielle augmentent, et la respiration devient plus rapide et plus irrégulière. On observe parfois de faibles contractions du visage et des doigts tandis que les yeux bougent rapidement. Chez les hommes, le pénis est légèrement en érection parce que les tissus vasculaires se détendent et que le sang arrive plus rapidement aux organes génitaux qu'il n'en sort; chez les femmes, il y a expansion du clitoris, engorgement des parois vaginales et augmentation des sécrétions vaginales. En même temps, les muscles squelettiques deviennent flasques, ce qui empêche le cerveau éveillé de déclencher des mouvements corporels. Il est difficile de réveiller le dormeur durant cette période, car il est entré dans une phase de sommeil paradoxal.

Le sommeil paradoxal et le sommeil lent alternent tout le long de la nuit, le premier ayant tendance à occuper des intervalles de plus en plus longs et rapprochés au fil des heures (voir la figure 3.15). La première période de sommeil paradoxal peut durer quelques minutes seulement, alors que la dernière peut s'étendre sur 20 à 30 minutes, et parfois même 1 heure. C'est pourquoi les gens sont souvent en train de rêver au moment où leur réveil sonne, le matin. Durant la

seconde moitié de la nuit, les stades 3 et 4 ont une durée très courte ou ils disparaissent complètement. Mais les cycles du sommeil sont loin d'être uniformes. Certains individus passent directement au stade 4 à partir du stade 2, ou du sommeil paradoxal au stade 2, puis de nouveau au sommeil paradoxal. En outre, la longueur des intervalles séparant le sommeil paradoxal du sommeil lent est très variable, différant non seulement d'une personne à l'autre mais également chez un même individu. Les scientifiques doivent donc avoir recours à des méthodes statistiques complexes pour «voir» la régularité des cycles de sommeil paradoxal et de sommeil lent.

> **Ondes delta**
> Ondes cérébrales de faible fréquence et de forte amplitude, au rythme régulier, caractéristiques des stades 3 et 4 du sommeil.

C'est durant le sommeil paradoxal que le dormeur est le plus susceptible de rêver (Aserinsky et Kleitman, 1955; Dement, 1955). Même les personnes qui affirment catégoriquement ne jamais rêver se rappellent un rêve si, lors d'une expérience, on les réveille durant une période de sommeil paradoxal. En réalité, elles racontent qu'elles ont rêvé aussi fréquemment que les autres (Goodenough, *et al.,* 1959). Des personnes disent parfois avoir fait un rêve durant une période

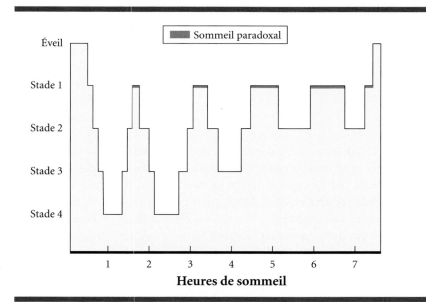

Heures de sommeil

┌─────────────── **FIGURE 3.15** ── **Une nuit typique de sommeil pour un jeune adulte**

Dans ce graphique, le trait horizontal épais représente le temps passé en sommeil paradoxal. Les périodes de sommeil paradoxal ont tendance à s'allonger au fur et à mesure que la nuit progresse, mais les stades 3 et 4 qui prédominent au début de la nuit peuvent avoir complètement disparu au petit matin.

de sommeil lent, mais cela est moins fréquent; de plus, dans ce cas, les images dont elles se souviennent sont moins vives et plus réalistes.

L'étude du sommeil paradoxal a ouvert une fenêtre sur le monde du rêve. Ainsi, on sait maintenant que les rêves ne sont pas instantanés, comme on l'a cru pendant longtemps, mais qu'ils se déroulent en «temps réel». La durée des rêves indiquée par des sujets volontaires est plus brève si on les réveille 5 minutes seulement, au lieu de 15, après le début d'une période de sommeil paradoxal (Dement et Kleitman, 1957). Si vous rêvez que vous chantez tous les couplets de *Chevaliers de la Table ronde,* votre rêve durera vraisemblablement le temps qu'il vous faut pour fredonner en entier cette chanson lorsque vous êtes éveillé. La plupart des rêves s'étendent sur quelques minutes, mais certains durent beaucoup plus longtemps.

Le rôle du sommeil paradoxal fait toujours l'objet de controverses, mais il semble essentiel. Ainsi, lorsqu'on prive une personne de ce type de sommeil et qu'on lui permet par la suite de dormir sans la déranger, on observe que le sommeil paradoxal totalisera une bien plus longue période qu'à l'accoutumée. L'activité électrique cérébrale associée au sommeil paradoxal pourra débuter au milieu d'une phase de sommeil lent ou même à l'état de veille. L'organisme semble compenser pour quelque chose dont on l'aurait privé. De nombreux chercheurs pensent que, chez les adultes du moins, l'objet de cette privation serait lié au rêve et aux fonctions qu'on lui attribue.

Le rêve

Quand un adulte se trouve dans une période de sommeil paradoxal, ses yeux semblent suivre les images, les actions et les événements qui forment la trame de son rêve (J. H. Herman, 1992; Schatzman, *et al.,* 1988). Mais pourquoi ces images oniriques surgissent-elles? Pourquoi le cerveau ne se contente-t-il pas de se *reposer* en bloquant toute pensée ou image et en faisant entrer le dormeur dans une sorte de coma? Pourquoi chacun passe-t-il au contraire ses nuits dans le monde imaginaire des songes à se battre contre des monstres ou à faire la cour à un ancien amour?

La plupart des théories sur le rêve sont de nature psychologique. Elles supposent par exemple que la fonction du rêve consiste à satisfaire des souhaits ou des désirs inconscients, souvent à caractère sexuel (Freud, 1900/1953), ou à contribuer à résoudre les problèmes émotionnels ayant émaillé la période de veille, comme des soucis causés par des

problèmes de relations interpersonnelles, de travail, de la vie sexuelle ou de la santé (Webb et Cartwright, 1978). Cependant, des théories plus récentes mettent l'accent sur la physiologie du cerveau. Ainsi, la **théorie de l'activation-synthèse,** d'abord proposée par Allan Hobson et Robert McCarley (1977), puis affinée par Hobson (1988, 1990), suggère que ce ne sont pas les désirs inconscients qui causent les rêves, mais l'émission spontanée de signaux par des neurones du tronc cérébral, et plus particulièrement de la protubérance annulaire. Ces neurones régissent les mouvements oculaires, le regard, l'équilibre et la posture, et envoient des signaux aux régions du cortex responsables, à l'état de veille, du traitement des informations visuelles et de l'action volontaire. Ces types de signaux émis durant le sommeil n'ont pas en eux-mêmes de signification psychologique, mais le cortex tente de leur en donner une en les combinant avec les connaissances et les souvenirs existants, de manière à en produire une interprétation cohérente ou *synthèse,* tout comme il le fait pour les signaux provenant des organes sensoriels à l'état de veille.

> **Théorie de l'activation-synthèse**
>
> Théorie selon laquelle le rêve résulte de la synthèse et de l'interprétation par le cortex de signaux neuronaux déclenchés par l'activité du tronc cérébral.

Ainsi, d'après cette théorie, lorsque des neurones de la région du cerveau qui est responsable de l'équilibre émettent des signaux, le cortex élabore par exemple un rêve de chute; quand le cortex reçoit des signaux habituellement associés à la course, il fabrique par exemple un rêve à propos d'une poursuite. Étant donné que les signaux eux-mêmes manquent de cohérence, l'interprétation, c'est-à-dire le rêve, est également susceptible d'être incohérente et de prêter à confusion. Cela ne signifie pas cependant que les rêves soient dépourvus de sens. Hobson (1988) souligne que le cerveau est à ce point axé sur la recherche de sens qu'il prête une signification aux données qu'il doit traiter même lorsque ces dernières n'en ont pas, ou très peu. L'étude de ces significations inventées permet à l'individu de mieux connaître les perceptions, les conflits et les préoccupations qui lui sont propres, non pas en essayant de creuser sous la surface de ses rêves, comme le préconisait Freud, mais en examinant la surface elle-même.

Hobson (1988) explique que le sommeil paradoxal et le rêve n'occupent pas toute la période de sommeil pour les raisons suivantes. Ce seraient les neurones géants de la formation réticulée à la hauteur de la protubérance annulaire, sensibles à l'acétylcholine, un neurotransmetteur, qui déclencheraient le sommeil paradoxal. Ils émettraient ensuite des décharges en rafales rappelant le tir d'une mitrailleuse. Cependant, le magasin à munitions finirait par se vider, et d'autres neurones, inhibant le sommeil paradoxal, prendraient la relève. « Si on compare des synapses avec des cartouches, écrit Hobson, on peut comprendre pourquoi le sommeil paradoxal prend fin : il n'y a plus de munitions synaptiques. » Ce n'est qu'après s'être « rechargés » que les neurones pourraient émettre à nouveau et que le sommeil paradoxal pourrait reprendre. Hobson fait observer, pour étayer cette idée, que le sommeil paradoxal et le rêve augmentent ou diminuent selon que l'on injecte à des sujets volontaires une substance stimulant ou inhibant les effets de l'acétylcholine (Gillin, *et al.,* 1985).

Les adeptes d'une explication purement psychologique du rêve sont loin de s'avouer vaincus. Chacun sait par expérience que tous les rêves ne sont pas identiques : certains se rapportent nettement à des problèmes de la vie quotidienne, d'autres appartiennent à la catégorie des « rêves angoissés », reliés à un état de tension ou à des préoccupations, d'autres encore sont nébuleux et incohérents. On découvrira peut-être un jour que les différents types de rêves possèdent des fonctions et des origines distinctes. Freud propose d'ailleurs une tout autre explication des rêves au chapitre 5 consacré à la perspective psychodynamique. Il reste en fait beaucoup à apprendre sur le rôle des rêves et du sommeil lui-même.

L'HÉRITABILITÉ

Depuis de nombreuses années, les chercheurs adeptes de la perspective biologique tentent d'expliquer pourquoi les êtres humains sont si semblables et si différents à la fois. Partout les gens élèvent des familles, célèbrent des mariages, pleurent leurs morts, aident leurs amis, combattent leurs ennemis, s'amusent, se lamentent et songent au passé tout en planifiant leur avenir. D'où ces similarités proviennent-elles ? Par ailleurs, les différences entre les gens sont aussi fort nombreuses. Certains sont extravertis, toujours prêts à fêter, alors que d'autres sont introvertis et timides. Certains débordent d'ambition, alors que d'autres se contentent de peu. Certains se sentent dépassés par les problèmes les plus simples, alors que d'autres affrontent calmement les pires difficultés. D'où ces différences proviennent-elles ? La réponse à ces questions réside dans l'étude de l'interaction entre l'influence de l'hérédité et celle de l'environnement, un domaine où œuvrent les chercheurs de la perspective biologique.

Dans le passé, les échanges entre les partisans de l'hérédité et ceux de l'environnement tenaient du combat de boxe, chacun s'efforçant de vaincre l'adversaire. De nos jours, ce type de confrontation a pratiquement disparu ; les scientifiques s'accordent plutôt à penser qu'il est important d'étudier l'*interaction* entre l'hérédité et l'environnement à l'origine non seulement de la plupart de nos caractéristiques physiques, mais aussi de nos aptitudes et comportements.

L'unité de base de l'hérédité est le **gène.** Le gène est formé de longues chaînes d'*acide désoxyribonucléique* (ADN) responsables des codes qui régissent la structure des protéines. Ces protéines à leur tour influent directement ou indirectement sur presque toutes les caractéristiques structurales et biochimiques de l'organisme. Chacun de nous est porteur d'une centaine de milliers de gènes situés sur 46 **chromosomes.** Si les gènes sont les garants de la diversité humaine, ils le sont aussi de certaines similarités fondamentales qu'ont en commun les humains, comme

> **Gène**
> Unité de base de l'hérédité composée d'ADN, qui spécifie la structure des protéines.
>
> **Chromosome**
> Structure allongée qui renferme les gènes.

Qu'avez-vous appris ?

RÉPONSES, p. 96

A

Associez chaque terme avec sa description.

1. Sommeil paradoxal
2. Alpha
3. Stade 4 du sommeil
4. Stade 1 du sommeil

Description

a) Ondes delta et parler durant son sommeil

b) Ondes cérébrales irrégulières et sommeil léger

c) Détendu mais éveillé

d) Cerveau activé mais muscles paralysés

B

Selon la théorie de l'activation-synthèse, les rêves sont provoqués par des signaux provenant de _____, et ces signaux sont ensuite combinés avec la connaissance existante par le _____ pour en permettre une interprétation.

la capacité de se tenir debout, d'imiter leurs congénères ou de reconnaître certaines expressions émotionnelles. Ces similarités sont présentes à la naissance ou apparaissent plus tard dans certaines conditions environnementales.

Darwin (1872/1965) avait émis l'hypothèse que l'expression faciale de certaines émotions chez les humains serait déterminée biologiquement. Paul Ekman a effectué une série de recherches pendant plus de 20 ans auprès d'individus appartenant à différentes cultures sur plusieurs continents, qui confirme cette hypothèse sur l'universalité de l'expression de certaines émotions. Avec ses collaborateurs, il a noté que la majorité des individus appartenant aux différentes cultures étudiées pouvaient reconnaître l'expression de sept émotions : la colère, la joie, la peur, la surprise, le dégoût, la tristesse et le mépris (Ekman, 1994 ; Ekman et Heider, 1988 ; Ekman, *et al.*, 1987). Une autre recherche (Campos, *et al.*, 1984) a confirmé que certaines expressions émotionnelles, comme la colère, la surprise, le dégoût et le plaisir, semblent présentes dès la naissance. Ces émotions pourraient avoir évolué chez notre espèce à cause de leur valeur adaptative, car elles nous permettent de communiquer plus facilement nos intentions et de mieux comprendre celles des autres.

La notion d'**héritabilité** se trouve au centre du questionnement sur l'origine génétique des similarités et des différences entre les humains. Quelle est la proportion de la variation d'une caractéristique donnée qui est attribuable aux variations génétiques entre les individus d'un groupe donné ? Ces proportions varient de façon importante. Par exemple, chez un groupe d'individus bien nourris, les variations de la taille seront plutôt dues à une différence génétique, alors que les préférences musicales seront plutôt dues aux variations environnementales. Pour mieux comprendre la notion d'héritabilité, il faut connaître les faits suivants.

> **Héritabilité**
>
> Estimation de la proportion d'un trait qui peut être attribuable aux variations génétiques entre les individus appartenant à un groupe donné.

1 LA NOTION D'HÉRITABILITÉ NE S'APPLIQUE QU'AUX CARACTÉRISTIQUES QUI VARIENT DANS UNE POPULATION DONNÉE. Le fait de savoir que la capacité de respirer est déterminée génétiquement ne nous est d'aucune utilité puisqu'il n'y a pas de variation à expliquer.

2 L'ESTIMATION DE LA PART D'HÉRITABILITÉ EST TOUJOURS FONCTION DES CARACTÉRISTIQUES DU GROUPE DE RÉFÉRENCE. Plus un groupe est issu d'un environnement homogène, plus les variations peuvent être expliquées par les différences génétiques, et vice versa. Par exemple, si une personne habite un

quartier favorisé, son régime alimentaire sera certainement bien équilibré, et elle aura accès à de bonnes écoles. Dans ce milieu homogène, les différences de performance intellectuelle seront plutôt attribuables aux variations génétiques. À l'opposé, si cette personne habite un quartier hétérogène où se côtoient des gens riches et des gens pauvres, où certains ont une alimentation équilibrée, alors que d'autres se nourrissent quand ils le peuvent, que certaines écoles sont excellentes, alors que d'autres sont inadéquates, les variations de performance intellectuelle seront plutôt attribuables à cet environnement hétérogène.

3 LES ESTIMATIONS SUR LA PART D'HÉRITABILITÉ NE S'APPLIQUENT PAS AUX INDIVIDUS EN PARTICULIER, MAIS AU GROUPE DANS SON ENSEMBLE. Personne ne peut préciser la part de l'hérédité sur quelque caractéristique intellectuelle ou émotionnelle que ce soit d'une personne donnée. Affirmer, à l'instar de certains journalistes ou auteurs à sensation, que telle personne doit 80 p. cent de ses talents musicaux à sa lignée maternelle est tout à fait erroné. Chaque personne constitue une mosaïque génétique unique, et chacun a une histoire différente bâtie à partir de relations interpersonnelles, de stimulations intellectuelles et d'expériences qui lui sont propres.

4 MÊME LES CARACTÉRISTIQUES À FORTE PROPORTION D'HÉRITABILITÉ PEUVENT ÊTRE MODIFIÉES PAR L'ENVIRONNEMENT. Même si la taille est grandement déterminée par les gènes, un enfant mal nourri n'atteindra peut-être pas sa taille maximale, alors qu'un autre, avec une alimentation très nutritive, surprendra peut-être ses parents quand il les dépassera d'une tête. De la même façon, même si l'intelligence relève surtout de l'hérédité comme le croient les partisans du déterminisme biologique, les stimulations de l'environnement sont absolument essentielles à son expression.

Les scientifiques ne peuvent évaluer directement l'héritabilité d'une caractéristique ou d'un comportement, ils doivent la déduire à partir de l'étude d'une population dont la similarité génétique est connue. L'approche la plus simple consiste à étudier les membres d'une même famille, mais le fait qu'ils vivent dans le même environnement constitue le problème majeur de cette méthode : en effet, les similarités observées peuvent être attribuables à la génétique, à l'environnement ou encore à l'interaction de ces deux facteurs. Deux autres approches permettent de mieux déterminer les influences respectives de l'environnement et des gènes. La première porte sur l'étude de cas d'enfants adoptés. De par leur famille naturelle, ces enfants ont la moitié de leurs gènes en commun avec chacun de leurs parents, mais ils vivent dans un environnement différent de celui de leurs frères et sœurs ;

de par leur famille adoptive, ils ont un bagage génétique différent de celui de leurs parents et frères et sœurs adoptifs, mais le même environnement. La seconde approche est l'étude des **jumeaux identiques,** ou monozygotes, et des **jumeaux fraternels,** ou dizygotes. Les jumeaux identiques proviennent du même ovule et possèdent ainsi le même bagage génétique, alors que les jumeaux fraternels proviennent de deux ovules fertilisés par deux spermatozoïdes différents. Du point de vue génétique, les jumeaux fraternels ne sont pas plus similaires que deux frères et sœurs ordinaires. Une recherche en cours depuis 1979 à l'université du Minnesota (Bouchard, 1984, 1995, 1996 ; Bouchard, *et al.,* 1990, 1991 ; Tellegen, *et al.,* 1988) porte sur plusieurs centaines de jumeaux identiques séparés à la naissance. En théorie, les jumeaux identiques séparés à la naissance possèdent les mêmes gènes, mais ne vivent pas dans le même environnement ; c'est pourquoi leurs similarités peuvent être plutôt attribuées à la génétique et constituer ainsi une bonne estimation de l'héritabilité d'une caractéristique ou d'une habileté particulière. De façon générale, l'hypothèse de l'héritabilité établit que plus les sujets sont similaires du point de vue génétique, plus leur performance devrait être similaire, pour un même environnement *et* pour un environnement différent.

> **Jumeaux identiques**
>
> Jumeaux qui se développent à partir du même ovule et qui possèdent le même bagage génétique.
>
> **Jumeaux fraternels**
>
> Jumeaux qui se développent à partir d'ovules différents fécondés par des spermatozoïdes différents.

Dessin par Chas. Addams ; © 1981 The New Yorker Collection/Cartoonbank.com

*Séparés à la naissance,
les jumeaux Mallifert se rencontrent par hasard.*

Plusieurs recherches sur l'héritabilité ont porté sur des sujets controversés comme l'*intelligence* et les **traits** qui caractérisent une personne. Nous abordons brièvement le sujet de l'héritabilité des traits et de l'intelligence ci-après, mais nous examinerons plus à fond le concept d'intelligence au chapitre 9 dans la partie consacrée à la perspective cognitive.

> **Trait**
>
> Caractéristique qui permet de décrire une personne ; censée se maintenir dans le temps et malgré les changements de l'environnement.

L'héritabilité des traits

Il arrive souvent que les parents décrivent les différences entre leurs enfants comme étant déterminées par l'hérédité : « Ma fille a toujours été une fonceuse, alors que mon garçon était plutôt timide, ils sont nés comme ça ! » Ce type d'affirmation renvoie à la mesure de l'héritabilité des traits. Pour ce faire, on peut d'abord chercher à déterminer les gènes à l'origine des traits. Les généticiens ont déjà identifié un gène peut-être responsable d'un trait connu comme « la recherche de nouveauté » (Benjamin, *et al.,* 1996 ; Ebstein, *et al.,* 1996). On peut également étudier les variations physiologiques associées à certains traits. C'est ainsi que Kagan et Snidman (1991) ont identifié deux sortes de tempéraments opposés, « inhibé » et « désinhibé », reconnaissables dès l'enfance et qui, sans intervention, ont tendance à demeurer stables durant toute l'enfance. On peut enfin s'appuyer sur des études effectuées auprès de jumeaux, selon lesquelles des traits comme l'altruisme, l'agression et même les attitudes religieuses chez un groupe donné pourraient être déterminées à 40 ou 60 p. cent par des différences génétiques (Loehlin, 1988 ; Waller, *et al.,* 1990). De même, ces études montrent que l'éducation reçue des parents et le fait d'avoir vécu dans le même environnement ne semblent pas avoir d'influence marquante sur les traits de personnalité à l'âge adulte (Bouchard, sous-presse ; Loehlin, 1992 ; Plomin et Daniels, 1987). Ces résultats peuvent choquer, car ils remettent en question le point de vue optimiste selon lequel l'expérience permet à l'individu de changer (McCrae et Costa, 1988).

Avant de conclure que les différences dans les traits sont surtout dues aux variations génétiques, il convient d'examiner les résultats de ces recherches en tenant compte des difficultés inhérentes à la mesure de l'héritabilité. En effet, il est extrêmement difficile de cerner les influences environnementales : les grandes catégories utilisées pour les regrouper, comme la classe sociale, l'instruction religieuse, etc., sont trop vagues et trop générales. Cette sous-évaluation de l'influence environnementale a pour corollaire une surévaluation de l'héritabilité. Par ailleurs, la plupart des jumeaux séparés ont grandi dans des environnements où les stimulations et les expériences vécues étaient somme toute assez identiques. Ici aussi ces conditions ont pour effet de surestimer l'héritabilité aux dépens de l'environnement. Alors... quel est le contrôle exercé par la biologie? La réponse est que... tout dépend des caractéristiques étudiées. Certaines caractéristiques peuvent être modifiées plus facilement que d'autres mais, en dépit des prétentions de la pop psychologie, certains aspects de votre personnalité ne peuvent sûrement pas être modifiés en 30 jours, ni même en 30 ans.

L'héritabilité de l'intelligence

Les études effectuées sur cette question comportent plusieurs points faibles qui doivent être précisés d'emblée. En effet, la plupart des recherches ont porté sur des sujets blancs de la classe moyenne, si bien que les résultats sont plus valides pour ces groupes que pour d'autres. Par ailleurs, ces recherches n'ont étudié que l'héritabilité des habiletés intellectuelles qui influent sur le résultat aux tests d'intelligence et non l'ensemble des habiletés intellectuelles. Malgré tout, certains auteurs croient que les variations de Q.I. aux tests d'intelligence sont en partie héritées. L'étude portant sur des enfants et des adolescents montre que, en moyenne, la moitié de la variance du Q.I. peut être attribuée aux différences génétiques (Chipuer, *et al.,* 1990; Plomin, 1989). Chez les adultes, la proportion a tendance à être encore plus élevée (Bouchard, 1995; McGue, *et al.,* 1993). Quoique les résultats varient grandement d'une étude à l'autre, on observe que ceux des jumeaux identiques sont toujours plus fortement corrélés que ceux des jumeaux fraternels. Les résultats des jumeaux identiques élevés *séparément* sont plus fortement corrélés que ceux de jumeaux fraternels élevés *ensemble*. Dans des études portant sur des enfants adoptés, les résultats des enfants adoptés sont plus fortement corrélés avec ceux de leurs parents biologiques qu'avec ceux de leurs parents adoptifs. À l'adolescence, les résultats des enfants adoptés ne sont que faiblement corrélés avec ceux des autres enfants de leur famille d'accueil (Plomin, 1988; Scarr et Weinberg, 1994); à l'âge adulte, la corrélation est nulle (Bouchard, sous presse; Scarr, 1993).

Il s'agit de résultats spectaculaires, mais cela ne signifie surtout pas que tout soit dans les gènes. À ce propos, Robert Plomin (1989), un spécialiste de la génétique du comportement, appelle à la prudence dans l'interprétation des recherches sur l'héritabilité; il fait remarquer que «La vague

croissante d'acceptation de l'influence génétique sur le comportement risque de se transformer en raz-de-marée qui ferait sombrer le second message de ces recherches, à savoir que les mêmes données fournissent la meilleure confirmation de l'influence de l'environnement.» Par exemple, même si les enfants adoptés obtiennent des résultats plus identiques à ceux de leurs parents biologiques qu'à ceux de leurs parents adoptifs, leurs résultats se différencient *nettement* de ceux de leurs parents biologiques. Ainsi, les enfants adoptés obtiennent en moyenne des résultats de 10 à 20 points plus élevés que ceux de leurs parents biologiques, ce qui constitue une énorme différence (Scarr et Weinberg, 1977). De nombreux psychologues attribuent cette différence aux caractéristiques de la famille adoptive, qui est habituellement plus petite, mieux nantie et mieux éduquée que la moyenne des familles, et au fait que ces caractéristiques environnementales sont généralement associées à de meilleurs résultats aux tests d'intelligence chez les enfants.

L'aspect le plus controversé de la notion d'héritabilité de l'intelligence est certainement l'application des estimations d'héritabilité à l'étude des différences *entre* les groupes, selon l'appartenance ethnique, le genre ou la classe sociale. Certains psychologues croient que les différences de Q.I. entre les groupes sont d'origine génétique, mais ils ne considèrent pas que leur approche ait un caractère raciste; ils croient plutôt aborder un sujet important par des moyens scientifiques. (Jensen, 1969, 1981; Rushton, 1993). D'après Stephen Jay Gould (1981), ces recherches ont trop souvent été récupérées à des fins idéologiques pour maintenir la subordination de certains groupes à d'autres. Par exemple, des recherches montrent que les enfants afro-américains obtiennent des résultats aux tests de Q.I. inférieurs en moyenne de 10 à 15 points à ceux des enfants blancs, ce qui fait dire à certains tenants de la thèse de l'héritabilité de l'intelligence que ces variations sont déterminées génétiquement; ils en concluent que les sommes dépensées dans les programmes d'éducation pour venir en aide à ces enfants ne servent à rien et devraient plutôt être investies auprès d'enfants plus doués (Herrnstein et Murray, 1994). Ce type de propos est systématiquement repris par les racistes de tous ordres qui y voient la justification scientifique de la haine qu'ils vouent aux autres groupes.

Comme nous l'avons mentionné plus haut, la faiblesse majeure des études sur les variations entre les groupes est qu'elles utilisent les estimations d'héritabilité, obtenues en grande partie auprès d'échantillons de sujets blancs appartenant aux classes moyennes, pour décrire le rôle que joue l'hérédité dans les différences *entre les groupes*. Ce problème semble plutôt technique, mais ne vous découragez pas... il n'est pas si complexe que cela!

Prenons comme exemple des tomates plutôt que des personnes (cette expérimentation illustrée à la figure 3.16 a été effectuée par Lewontin, 1970.) Supposons que vous possédez un sachet de graines aux caractéristiques génétiques variées, certaines produisant de petites tomates sans goût et d'autres de grosses et savoureuses tomates. Vous prenez une poignée de ces graines dans votre main gauche et une autre dans votre main droite. Même si les graines diffèrent génétiquement, il n'existe aucune différence en *moyenne* entre les graines que vous tenez dans votre main gauche et celles que vous tenez dans votre main droite. Vous semez les graines de votre main gauche dans le pot A contenant de la terre fertilisée et celles de votre main droite dans le pot B dont la terre ne contient pas d'éléments nutritifs. Lorsque les plants pousseront, vous pourrez observer des variations de taille entre les plants *à l'intérieur* de chacun des pots qui ne seront provoquées que par les différences génétiques. De même, vous noterez des différences moyennes *entre* les plants des pots A et B qui ne seront dues qu'aux variations du terreau. À partir de deux groupes similaires sur le plan génétique, il est possible de créer entre ces groupes des différences importantes dues uniquement au milieu dans lequel les graines se sont développées.

Le même principe peut s'appliquer aux individus. Si les variations *à l'intérieur* des différents groupes d'individus appartenant à un même milieu sont en partie déterminées par l'hérédité, cela ne signifie pas nécessairement que les variations *entre* les groupes appartenant à différents milieux peuvent être imputables elles aussi à l'hérédité. En général, les Afro-Américains et les Américains blancs ne grandissent pas dans le même environnement. Par conséquent, les stimulations du milieu, en termes de soutien, de stimulations intellectuelles et même d'alimentation, ne sont pas aussi favorables pour les Afro-Américains (ni pour les Latinos ni pour les enfants d'autres groupes ethniques) que pour les enfants blancs, ce qui peut rendre compte des différences observées entre ces groupes (Gould, 1994; Holt, 1994; Lane, 1994; Steele, 1994). L'importance du milieu dans le développement des habiletés intellectuelles a également été soulignée par des recherches où l'on a constaté que des interventions poussées et précoces auprès d'enfants ont accru de 30 p. cent les résultats aux tests de Q.I. (Campbell et Ramey, 1995). En conclusion, il est souhaitable de conserver un esprit critique face aux interprétations rapides liées aux différences de Q.I. existant entre les différents groupes humains, qui privilégient le facteur héréditaire au détriment du facteur environnemental.

(a)
Terreau sans engrais

(b)
Terreau avec engrais

FIGURE 3.16 — Expérimentation sur la notion d'héritabilité

L'expérience sur les plants de tomates décrite dans le texte illustre bien les pièges associés à la comparaison des différences individuelles génétiquement déterminées qui ne tiennent pas compte de l'influence de l'environnement.

Qu'avez-vous appris ?

RÉPONSES, p. 96

1. L'unité de base de l'hérédité est: a) le chromosome; b) le gène; c) la molécule d'ADN.

2. Tout comme plusieurs membres de sa famille, André est menuisier. Pourquoi ne peut-il en conclure qu'il a hérité d'un gène qui le prédispose à ce métier?

LA PLUS VIEILLE QUESTION DU MONDE

Quand on pense à cette remarquable masse de tissus logée dans le crâne, qui nous permet de nous souvenir, de rêver et de penser ou de nous rendre la vie impossible si elle est endommagée, on ne peut éviter de se poser la plus vieille question du monde: où l'esprit est-il situé exactement?

Lorsqu'une personne dit : « Je me sens heureuse », les récepteurs de la sérotonine et ceux des endorphines, le corps amygdaloïde comme bien d'autres régions de son cerveau associées à de nombreux processus entrent en action ; mais qui est exactement ce « je » qui ressent du bonheur ? Quand une personne dit : « Je vais prendre une pomme plutôt qu'une poire », qui est le « je » qui fait ce choix ? Quand elle dit : « Mon esprit me joue des tours », qui observe l'esprit en train de jouer des tours et qui est ce « me » dont l'esprit se joue ? Comment le soi peut-il s'observer lui-même ? Cela ne ressemble-t-il pas un peu à un doigt se montrant lui-même du doigt ?

La majorité des spécialistes du cerveau considèrent que l'esprit n'est qu'affaire de matière. Même les personnes qui entretiennent des convictions religieuses à propos de l'âme supposent qu'on peut expliquer l'esprit et la conscience en fonction de phénomènes physiques et en tant que produit de l'activité du cortex cérébral. Sur le plan philosophique, il s'agit d'un point de vue moniste qui s'oppose au point de vue dualiste voulant qu'il y ait deux réalités fondamentalement différentes, l'esprit et la matière. Les premiers considèrent le cerveau comme une machine fabuleuse, extrêmement complexe, qu'on arrivera un jour à comprendre en fonction de ses structures, sans faire référence à un « opérateur » invisible manipulant des leviers. Le philosophe britannique Gilbert Ryle (1949) a écrit que « la machine ne recèle aucun fantôme ». S'il en est ainsi, cela n'a aucun sens de dire « J'ai un cerveau » ou « Nous nous servons de notre tête » parce que nous *sommes* notre cerveau ! Personne d'autre n'y loge.

Des scientifiques ont suggéré que la conscience de soi est simplement une sorte de sous-produit de l'activité du cerveau. Le neurologue Richard Restak (1983, 1994) a fait observer que nombre de nos actions et de nos choix ne semblent pas dirigés par un soi conscient. Il en conclut : « Il n'y a pas dans le cerveau de centre qui soit responsable de l'exercice de la volonté, pas plus qu'il n'existe dans le cerveau du cygne un centre responsable de la beauté de son vol. Le cerveau de n'importe quelle créature est probablement organisé en réalité en plusieurs centres comportant divers niveaux. » Le neuropsychologue Michael Gazzaniga (1985) va dans le même sens lorsqu'il suggère que l'organisation du cerveau ressemble à une fédération de « modules », ou de systèmes mentaux, relativement indépendants travaillant tous en parallèle. Le sentiment d'un soi unifié ou de la conscience est une illusion, attribuable au fait que le module verbal agit comme un « interprète » et élabore continuellement des théories pour expliquer les actions, les humeurs et les pensées de tous les membres de la fédération.

Ces conceptions se rapprochent de la tradition spirituelle orientale. On enseigne par exemple dans le bouddhisme que le « soi » n'est pas une « chose » unifiée mais un assemblage de pensées, de perceptions, de concepts et de sentiments variant dans le temps. De ce point de vue, l'unité et la permanence du soi sont un mirage. Ces notions sont évidemment en contradiction avec ce que la plupart des Occidentaux, y compris les psychologues, ont toujours tenu pour acquis à propos du soi.

Les humains s'interrogent sur la nature de la conscience depuis des millénaires. Nous n'allons tout de même pas avoir la prétention de fournir la réponse à cette question dans le présent ouvrage ! Mais on ne peut observer le cerveau sans réfléchir et se demander comment il arrive à réfléchir à son propre sujet. Que pensez-vous vous-même de l'existence et de la localisation de votre « soi »... et, à propos, qui donc est en train d'y réfléchir ?

Réponses

Page 68

A Recueillir et traiter l'information ainsi que donner les réponses aux stimuli et coordonner l'activité des cellules nerveuses.

B Lorsque Jean s'est allongé sur le divan pour faire la sieste, le système nerveux central a ordonné à la partie somatique du système nerveux périphérique d'effectuer les mouvements nécessaires pour s'allonger. Lorsqu'il est sur le point de s'endormir, c'est la partie parasympathique du système nerveux autonome qui est surtout active. Le bruit suspect éveille le système nerveux central qui analyse continuellement la situation durant l'incident, tout en ordonnant au système nerveux somatique de régir les comportements nécessaires pour se rapprocher du lieu d'où provient le bruit. Le mouvement soudain du chat active la partie sympathique du système nerveux autonome de Jean, même si son cerveau (une partie du système nerveux central) a déjà trouvé une explication pour cet incident.

Page 76

1. Neurones. **2.** Dendrite. **3.** Synapse. **4.** Endorphine. **5.** Neurotransmetteurs. **6.** Adrénaline.

Page 83

1. a. **2.** c. **3.** f. **4.** b. **5.** d. **6.** e.

Page 86

Hémisphère droit : a, b, e ; hémisphère gauche : c et d.

Page 91

A 1. d. **2.** c. **3.** a. **4.** b.
B La protubérance annulaire, cortex cérébral.

Page 95

1. b. **2.** Les membres d'une famille ont en commun aussi bien l'environnement que les gènes.

RÉSUMÉ

1 Le cerveau est le siège de la conscience, de la perception, de la mémoire, des émotions et du raisonnement. On ne s'entend pas sur le vocabulaire à utiliser pour décrire l'opération par laquelle un cerveau est aussi un « je », ni sur la localisation de ce « je ».

2 La fonction d'un système nerveux est de recueillir et de traiter l'information, de produire des réponses aux stimuli et de coordonner l'activité des cellules et des organes. Les scientifiques le divisent en *système nerveux central* (SNC) et en *système nerveux périphérique* (SNP). Le SNC, formé du cerveau et de la moelle épinière, reçoit, traite, interprète et emmagasine l'information sensorielle, et envoie des messages aux muscles, aux glandes et aux organes. Le SNP reçoit de l'information du système nerveux central et lui en transmet au moyen des nerfs sensitifs et des nerfs moteurs.

3 Les scientifiques subdivisent le système nerveux périphérique en *système nerveux somatique* et en *système nerveux autonome.* Le système nerveux somatique est constitué des nerfs connectés aux récepteurs sensoriels et aux muscles squelettiques, responsables du mouvement volontaire. Le système nerveux autonome règle le fonctionnement des vaisseaux sanguins, des glandes et des organes internes.

4 Le système nerveux autonome est lui-même divisé en *système nerveux sympathique* et en *système nerveux parasympathique.* Le premier mobilise le corps en vue de l'action, le second maintient l'énergie.

5 Le *neurone* constitue l'unité de base du système nerveux. Chaque neurone comprend des *dendrites,* un *corps cellulaire* et un *axone.* Dans le système nerveux périphérique, les axones, et parfois les dendrites, se rassemblent en faisceaux appelés *nerfs.*

6 La *synapse* est l'endroit où les neurones se rencontrent et communiquent entre eux. Quand l'influx nerveux, ou potentiel d'action, atteint l'extrémité de l'axone d'un neurone émetteur, des molécules appelées neurotransmetteurs sont libérées dans la fente synaptique. Si ces molécules se lient à des récepteurs membranaires du neurone récepteur, les chances que ce dernier « émette » augmentent ou diminuent.

7 Les axones et les dendrites continuent de croître tout le long de la vie, en raison à la fois de la maturation physique et de l'expérience vécue. Les « réseaux » nerveux du cerveau ne sont ni fixes ni immuables, ils changent constamment pour contrecarrer l'information issue de l'environnement.

8 Les messagers chimiques que sont les neurotransmetteurs, les endorphines et les hormones sont indispensables au fonctionnement du système nerveux. Par leurs effets sur les réseaux neuronaux, les *neurotransmetteurs* jouent un rôle essentiel dans l'humeur, la mémoire et le bien-être psychologique. Des déficits en neurotransmetteurs sont associés à plusieurs affections, dont la maladie d'Alzheimer et la maladie de Parkinson. Les *endorphines,* qui agissent avant tout comme *neuromodulateurs,* réduisent la douleur et accroissent le plaisir. Les psychologues portent un intérêt particulier aux *hormones des glandes surrénales,* qui jouent un rôle dans les émotions et le stress, à la *mélatonine,* qui règle apparemment divers rythmes biologiques, dont le cycle veille-sommeil, et aux *hormones sexuelles,* en partie responsables des changements physiques survenant à la puberté, du cycle menstruel et de l'excitation sexuelle.

9 Pour étudier le cerveau, les chercheurs ont recours à l'observation de patients atteints de lésions cérébrales, à la méthode de la lésion, appliquée aux animaux, et à des techniques telles que l'*électroencéphalographie* (EEG), la scanographie et l'*imagerie par résonance magnétique* (IRM).

▶▶

10 Le *tronc cérébral* régit diverses fonctions automatiques, comme les battements du cœur et la respiration ; la *formation réticulée* filtre l'information entrante et contribue à la fonction de la vigilance ; le *cervelet* joue un rôle dans l'équilibre et la coordination des muscles ; le *thalamus* dirige les messages sensoriels vers les centres appropriés ; l'*hypothalamus* intervient dans l'émotion et les pulsions essentielles à la survie, il régit le fonctionnement complexe du système nerveux autonome et envoie à l'*hypophyse* des substances chimiques lui indiquant à quel moment elle doit donner des consignes aux autres *glandes endocrines.*

11 Le *système limbique* joue un rôle dans les émotions qui se manifestent à la fois chez les humains et les animaux ; il comporte des voies nerveuses intervenant dans le plaisir. Ce serait la fonction du *corps amygdaloïde,* qui fait partie de ce système, d'évaluer l'information sensorielle et d'en déterminer rapidement l'importance sur le plan émotionnel, de même que de prendre initialement la décision de rechercher ou d'éviter le contact avec une personne ou une situation. On qualifie parfois l'*hippocampe* de « portail de la mémoire » parce qu'il joue un rôle primordial dans le stockage des souvenirs durables.

12 La plus grande partie des réseaux neuronaux du cerveau, au sens large, s'entassent dans les deux *hémisphères cérébraux* qui sont eux-mêmes recouverts de plusieurs couches minces et denses de cellules formant le *cortex cérébral.* Les lobes occipitaux, pariétaux, temporaux et frontaux du cortex sont spécialisés dans certaines fonctions, mais ces dernières se recoupent partiellement. Les aires associatives du cortex semblent responsables des processus mentaux supérieurs.

13 L'étude de patients au cerveau divisé, dont le *corps calleux* a été sectionné, montre que les deux hémisphères cérébraux se spécialisent dans certaines tâches. Chez la majorité des individus, le traitement du langage se fait principalement dans l'hémisphère gauche, qui semble également spécialisé dans les tâches à caractère logique, symbolique et séquentiel. L'hémisphère droit est responsable des tâches spatio-visuelles, de la reconnaissance des visages et de l'appréciation des arts et de la musique. Dans la plupart des activités mentales, toutefois, les deux hémisphères travaillent de concert, chacun fournissant une contribution importante.

14 La recherche en biologie contribue à la compréhension du sommeil et du rêve. Le sommeil semble essentiel non seulement à la récupération physique, mais aussi au bon fonctionnement du cerveau. Durant le sommeil, des périodes de *sommeil paradoxal* alternent avec des périodes de sommeil lent ; celui-ci comprend lui-même quatre stades distincts, associés chacun à un type donné d'ondes cérébrales. C'est durant le sommeil paradoxal que la majorité des rêves ont lieu.

15 D'après la *théorie de l'activation-synthèse,* les rêves sont dus au fait que le cortex tente d'attribuer un sens à des émissions spontanées de neurones déclenchées dans le tronc cérébral. Selon ce point de vue, les rêves ne sont pas une manifestation déguisée de désirs inconscients, mais ils sont susceptibles de révéler les conflits et les préoccupations de l'individu.

16 L'unité de base de l'hérédité est le *gène,* formé de longues chaînes d'ADN responsables des codes régissant la structure des protéines. Ces protéines influent à leur tour directement ou indirectement sur presque toutes les caractéristiques structurales et biochimiques de l'organisme.

17 Les psychologues ont étudié les différences entre les humains qui pourraient avoir une origine génétique. La notion d'*héritabilité* rend compte de la proportion de la variation d'une caractéristique qui est attribuable aux variations génétiques entre les individus d'un groupe donné. Il convient d'être très prudent dans l'interprétation des études sur l'héritabilité, car elles comportent plusieurs pièges.

18 À l'heure actuelle, la majorité des spécialistes du cerveau tiennent pour acquis que l'on peut expliquer l'«esprit», ou la «conscience de soi», en fonction de phénomènes physiques et en tant que produit de l'activité du cortex cérébral. Ils pensent que le cerveau ressemble à une fédération de «modules» relativement indépendants, travaillant en parallèle, et que le sentiment d'un soi unifié n'est qu'une illusion.

Chapitre 4

Les sensations et la perception

La condition humaine (1933) de René Magritte dépeint la fragilité de la frontière entre la réalité et l'illusion et, par le fait même, les limites de la perception.

À l'âge de 10 mois, S. B. fut atteint d'une infection de la cornée qui le rendit aveugle. S. B. connut malgré tout un développement normal et devint un adulte comme les autres. Il se maria et mena une vie active tout en rêvant de recouvrer un jour la vue.

Lorsque S. B. eut atteint l'âge de 52 ans, un chirurgien réussit à lui transplanter de nouvelles cornées. Très rapidement, S. B. devint capable de reconnaître des objets familiers ainsi que des lettres de l'alphabet. En quelques jours, il put se déplacer seul dans les corridors de l'hôpital sans avoir à s'appuyer sur les murs. Il pouvait aussi lire l'heure qu'indiquait une grosse horloge. Mais il y avait d'étranges vides dans son monde visuel car, même s'il avait recouvré complètement la vue, il n'arrivait pas à voir des objets ni des parties d'objets s'il ne les avait pas touchés auparavant. Par exemple, un croquis dessiné par S. B. (voir ci-contre) montre un autobus sans sa partie avant, qu'il n'avait

jamais touchée de ses mains. De même, il n'interprétait pas bien les expressions faciales et il ne reconnaissait pas les photographies représentant des paysages. D'une certaine façon, S. B. a continué à vivre partiellement en aveugle jusqu'à sa mort, survenue trois ans après l'opération (Gregory et Wallace, 1963).

L'histoire de S. B. sort bien sûr du commun, mais elle n'en comporte pas moins des leçons qui s'appliquent à chacun d'entre nous. Tout comme S. B., nous avons besoin à tout moment de nos sens pour comprendre la réalité physique. Même si nous avons une vision et une audition normales, nous sommes aveugles à la plus grande partie des ondes électromagnétiques qui nous entourent et sourds à la plupart des ondes sonores. En outre, nos attentes, fondées sur nos expériences antérieures, font en sorte que, même si nos sens fonctionnent normalement, il est possible que nous regardions sans voir et écoutions sans entendre.

Malgré ces limites, nos capacités sensorielles et perceptuelles sont étonnamment complexes et sensibles aux variations environnementales. Dans ce chapitre, nous allons examiner la façon dont les sens reçoivent l'information du milieu et la façon dont le cerveau interprète et organise cette information pour en tirer une représentation cohérente du monde qui nous entoure. La frontière entre ces deux phénomènes n'est pas facile à tracer. En effet ces phénomènes surviennent très rapidement, et une organisation minimale de l'information sensorielle se produit avant même que les signaux atteignent le cerveau. Malgré cela, les psychologues désignent le premier phénomène par le terme *sensation* et le second par le terme *perception*.

La **sensation** est l'ensemble des processus permettant aussi bien la détection des changements physiques survenant dans l'environnement ou dans l'organisme que la transmission de cette information au système nerveux central. Les cellules qui détectent ces changements sont appelées récepteurs sensoriels; elles sont localisées dans les yeux, les oreilles, la langue, le nez, la peau et

> **Sensation**
>
> Détection par les récepteurs sensoriels des changements physiques survenant dans l'environnement ou dans l'organisme et transmission de cette information au SNC.

les tissus des organes internes. Les mécanismes sensoriels de ces récepteurs nous procurent une connaissance immédiate du son, de la douleur, des formes et des autres composantes de base traduites par la conscience. Ils nous indiquent ce qui arrive, tant à l'intérieur de notre corps que dans l'univers qui s'étend au-delà de la surface de notre peau. En l'absence de sensation, nous perdrions littéralement « contact » avec la réalité.

Cependant, la sensation ne suffit pas à rendre compte de la complexité des stimulations qui atteignent les récepteurs sensoriels. C'est la **perception,** soit l'ensemble des processus organisant et interprétant les stimulations sensorielles, qui rend possible l'assemblage des informations sensorielles en unités significatives. La perception nous permet de situer où

> **Perception**
>
> L'ensemble des processus par lesquels le cerveau organise et interprète l'information sensorielle.

un objet commence et où un autre se termine, et de *percevoir* une image en trois dimensions là où les récepteurs visuels ne transmettent qu'une information bidimensionnelle au cerveau. Observez le croquis du cube. Si vous le fixez assez longtemps, son orientation se modifiera. La surface ombragée correspondra un instant à l'avant du cube puis un autre instant, à l'arrière. Les récepteurs visuels situés en arrière de l'œil captent des

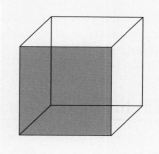

lignes noires sur un fond jaune, mais comme vous êtes capable d'interpréter l'information sensorielle grâce à votre cerveau, vous *percevez* deux cubes différents. L'ambiguïté ne réside pas dans l'image mais dans l'œil (le cerveau) de l'observateur.

Les psychologues étudient la sensation et la perception parce que ces deux phénomènes constituent les fondements de l'apprentissage, de la pensée et du comportement. La plupart des recherches dans ce domaine sont de type fondamental, même si certaines donnent lieu à des applications concrètes qui vont de la conception des téléviseurs couleur aux prothèses auditives en passant par l'entraînement des contrôleurs aériens et des astronautes (bref, toutes les personnes qui doivent prendre des décisions importantes en se fiant à leurs perceptions).

LA SENSATION : CONCEPTS FONDAMENTAUX

Vous avez probablement déjà appris que les humains possèdent cinq sens: la vue, l'ouïe, le goût, le toucher et l'odorat. Cette typologie remonte à l'Antiquité, à l'époque d'Aristote. De nos jours, les scientifiques considèrent qu'il existe plus de cinq sens, mais ils ne sont pas parvenus à un consensus sur le nombre exact. Ainsi, la peau, qui est à l'origine du toucher et de la sensation de pression, réagit également à la chaleur, au froid, à la douleur ainsi qu'aux démangeaisons et aux chatouillements. L'oreille, qui capte les sons, contient des récepteurs qui rendent compte de l'équilibre. Les muscles comportent des récepteurs qui informent l'organisme des mouvements du corps.

Bien qu'ils aient évolué de façon à favoriser la survie, les sens contribuent aussi fortement à l'appréciation de la qualité de vie par la diversité des sensations et des perceptions auxquelles ils nous permettent d'accéder. Ainsi la douleur, associée à tant de misère humaine, est-elle une composante indispensable de l'évolution biologique de notre espèce, car elle prévient l'organisme des dangers qui peuvent occasionner des blessures ou des maladies. Le cas suivant illustre les dangers reliés à l'absence de perception de la douleur: une jeune femme atteinte d'une maladie rare, qui la rendait insensible à la douleur, mourut à l'âge de 29 ans des suites d'infections graves provoquées en partie par des blessures à la peau et aux os qu'elle s'infligeait sans s'en rendre compte (Ronald Melzack, 1973).

La différenciation des sensations

Le trajet de toute sensation commence au niveau des récepteurs sensoriels ; en effet, ceux-ci convertissent l'énergie provenant de la lumière, de la pression mécanique ou de molécules chimiques en impulsions électriques qui se propagent le long des nerfs sensitifs jusqu'au cerveau. Les récepteurs sensoriels fonctionnent un peu à la façon d'éclaireurs qui scrutent le terrain à la recherche d'ennemis et qui, lorsqu'ils en ont détecté un, donnent l'alerte. Les récepteurs doivent acheminer cette information aux neurones sensitifs du système nerveux périphérique, qui agissent un peu à la manière d'officiers de terrain. Ces officiers doivent à leur tour faire leur rapport aux généraux du quartier général logé dans le cerveau. Ces généraux sont responsables de l'analyse de l'information provenant des éclaireurs et des officiers afin de lui donner un sens.

Tous les neurones sensitifs utilisent la même forme de communication, c'est-à-dire l'influx nerveux. C'est un peu comme s'ils devaient tous transmettre leur message à l'aide d'un tambour qui ne produit qu'un son. Comment se fait-il alors que nous puissions ressentir divers types de sensations ? La réponse réside dans le fait que le système nerveux *encode* les messages grâce à deux codes distincts (Schneider et Tarshis, 1986). Le premier code, découvert par le physiologiste allemand Johannes Müller en 1826, stipule que les signaux reçus par les différents sens empruntent des voies nerveuses particulières qui aboutissent dans des régions différentes du cerveau. Ainsi, les ondes lumineuses captées par les récepteurs visuels se propagent le long du nerf optique jusqu'au cortex visuel, où elles sont analysées ; les ondes sonores captées par les récepteurs auditifs se propagent le long du nerf auditif jusqu'au cortex auditif, où elles sont décodées. Chaque sens achemine l'information par des voies qui lui sont propres. L'explication de Müller est toutefois incomplète puisqu'elle ne rend pas compte des variations de sensation propres à un sens : comment distingue-t-on entre le rose et le rouge ou encore entre un léger pincement et une caresse ? Il est donc nécessaire d'envisager la présence d'un second code.

Le second code est fonctionnel : il est basé sur le principe que, à tout moment à l'intérieur des voies nerveuses réservées à un sens, des récepteurs et des neurones sensitifs trans-

mettent un influx, alors que d'autres sont inhibés en présence de certains stimuli (Schneider et Tarshis, 1986). Ainsi, un stimulus donné produira une activation neuronale particulière permettant la transmission de l'information sensorielle jusqu'au cortex. Le code fonctionnel est donc constitué par l'information provenant des neurones qui transmettent l'influx nerveux : quels sont-ils, quel est leur nombre, quel est leur rythme de transmission, activent-ils ou inhibent-ils les neurones adjacents ? Ce type d'encodage peut survenir tout le long du trajet emprunté par l'information sensorielle, des récepteurs sensoriels jusqu'au cerveau. Comme nous le verrons plus loin, il existe encore plusieurs éléments inconnus sur la façon par laquelle l'encodage fonctionnel permet à l'individu de se former une perception globale d'un objet.

Pour mesurer les sens

Comment évaluer la sensibilité des sens ? La réponse nous est donnée par la **psychophysique,** branche de la psychologie qui étudie le lien quantitatif entre les propriétés physiques des stimuli et la perception que nous en avons. Pour étudier ce phénomène, les spécialistes de la psychophysique s'appuient sur des principes empruntés tant à la physique qu'à la psychologie. Ils ont proposé un certain nombre de concepts qui permettent de mieux comprendre le lien entre le monde physique et la perception que nous en avons.

> **Psychophysique**
> Domaine de la psychologie qui étudie les relations entre les propriétés physiques des stimuli et les perceptions que nous en avons.

LE SEUIL ABSOLU

Il s'agit de la plus petite quantité d'énergie qu'une personne peut détecter de façon fiable. Pour déterminer ce seuil, on présente à un sujet des signaux de faible intensité que l'on accroît jusqu'au moment où il détecte la présence du signal. Le **seuil absolu** d'une personne est alors fixé à un taux de réussite aux présentations de 50 p. cent. Ces études montrent que nos sens sont très aiguisés. Si vous ne souffrez d'aucun handicap visuel, vous êtes capable de voir la flamme d'une chandelle la nuit par beau temps jusqu'à une distance de 48 kilomètres, de déceler la présence d'une goutte de parfum diffusée dans un appartement de trois pièces ou encore de sentir l'aile d'une abeille tomber sur votre joue d'une hauteur de 1 centimètre (Galanter, 1962).

> **Seuil absolu**
> La plus petite quantité d'énergie physique qu'une personne peut détecter de façon fiable.

LE SEUIL DIFFÉRENTIEL

Le **seuil différentiel** est défini comme la plus petite différence qui permet de distinguer de façon fiable deux stimulations (50 p. cent des essais). Selon la **loi de Weber**, lorsqu'une personne compare deux stimuli, les variations nécessaires pour créer une différence à peine perceptible sont fonction d'une *proportion constante* du stimulus original. Par exemple, supposons que vous cherchiez à savoir lequel de deux cailloux est le plus lourd. Supposons encore que l'un des deux cailloux pèse 100 grammes, mais que vous n'arriviez à faire la différence entre les deux

> **Seuil différentiel**
>
> La plus petite différence qui permet de différencier deux stimulations de façon fiable.
>
> **Loi de Weber**
>
> Loi de la psychophysique qui stipule que le changement nécessaire pour produire une différence tout juste perceptible entre deux stimuli est une proportion constante du stimulus original.

que lorsque le second pèse 2 grammes de plus, soit une différence d'un cinquantième. Supposons maintenant que vous ayez deux rochers et que le poids du premier soit de 10 kilogrammes; pour percevoir une différence, quel devra être le poids du second rocher? La réponse est 10,2 kilogrammes, soit un ajout d'un cinquantième du poids du stimulus original. Dans les deux cas, la *constante* à l'origine du seuil différentiel est la même. La loi de Weber stipule que la variation de proportion, ou constante, diffère pour chacune des modalités sensorielles. Par exemple, pour distinguer une variation entre deux stimulations sonores, la proportion constante du stimulus original qui devra être modifiée est de l'ordre d'un dixième.

Dans la vie de tous les jours, on n'est pas toujours en mesure de distinguer une différence entre deux stimuli, alors que, en fait, cela n'est pas possible. Il y a plusieurs années, des étudiants d'un campus universitaire américain ont testé la capacité de faire une distinction entre deux sortes de boissons gazeuses très populaires. Leur recherche a montré que la plupart des sujets avaient de la difficulté à distinguer entre les deux boissons (Solomon, 1979). Les étudiants en ont tiré la conclusion que la différence entre ces boissons gazeuses était moindre que le seuil différentiel des sujets.

L'habituation sensorielle

Nos sens sont conçus pour répondre aux contrastes de l'environnement, c'est pourquoi la variété des stimulations est essentielle pour le maintien de la sensation. Lorsque la stimulation demeure inchangée ou répétitive, la sensation diminue ou disparaît — soit les récepteurs sensoriels s'épuisent, soit les neurones spécialisés dans le cerveau cessent de répondre. Ce déclin de la réponse des sens est appelé **habituation sensorielle**. C'est ce qui se produit lorsque nous ne sentons plus notre montre sur notre poignet ou lorsque nous ne distinguons plus l'odeur de gaz qui nous avait intrigués en entrant chez nous.

> **Habituation sensorielle**
>
> Diminution ou disparition de la réponse sensorielle qui survient lorsque la stimulation est inchangée ou répétitive.

Nous ne nous habituons jamais complètement aux stimulations intenses: pensez à un mal de dent lancinant, à l'odeur de l'ammoniaque ou aux −20 °C du mois de janvier. Qu'arriverait-il en fait si nous nous adaptions complètement à la plupart des stimuli ambiants? C'est sur cette question que s'est penché Heron (1957) dans sa recherche sur la **privation sensorielle** menée à l'Université McGill. Les volontaires participant à cette recherche devaient demeurer immobiles, allongés dans une pièce insonorisée. Ils ne pouvaient se lever

> **Privation sensorielle**
>
> Absence de stimulations sensorielles minimales.

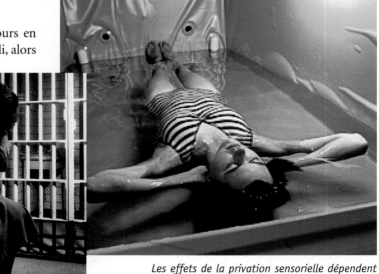

Les effets de la privation sensorielle dépendent des circonstances dans lesquelles elle se produit. Choisir de se détendre pendant une heure dans un caisson de flottaison isolé est une chose, être emprisonné contre son gré en est une autre.

Le Ritalin
et le traitement
du trouble de l'attention
avec hyperactivité

Tout enseignant du primaire comptant quelques années d'expérience a certainement déjà eu l'occasion de noter dans son carnet les observations suivantes à propos d'un élève : «agite souvent les pieds et les mains, se tortille sur sa chaise, parle souvent et beaucoup, se laisse facilement distraire par des stimuli anodins, ne semble pas écouter ce que les autres lui disent», etc. Ces comportements fréquemment observés sont répertoriés dans le *Manuel diagnostique des troubles mentaux* (DSM-IV, 1996) ; en effet, ils sont parfois associés à un trouble psychologique, le trouble de l'attention avec hyperactivité (TAAH). Cette appellation désigne une grande variété de comportements dont les trois principales caractéristiques sont l'inattention, l'impulsivité et l'hyperactivité. Les enfants qui présentent un TAAH sont agités et distraits, ils ne respectent pas les règles en classe, ils dérangent les autres élèves et connaissent des difficultés d'apprentissage.

La proportion exacte d'enfants d'âge scolaire aux prises avec le TAAH n'a pas été établie ; néanmoins, les chercheurs nord-américains la situent entre 3 et 5 %, dont une nette majorité de garçons (Barkley, 1990). Plusieurs causes de ce trouble ont été décelées, entre autres : dommages cérébraux dus à une lésion, retard de maturation du système nerveux, carence en dopamine (un neurotransmetteur), facteurs génétiques.

Jusqu'à présent, les recherches sur les causes du TAAH ont surtout mis en évidence la concomitance de plusieurs de ces éléments (Dubé, 1992).

Dans les faits, le diagnostic de TAAH n'est pas facile à poser : les critères qui définissent ce trouble ont évolué au fil des ans, et il n'existe pas de test spécifique, psychologique ou médical, permettant à lui seul d'établir le diagnostic. Idéalement, l'enfant agité et distrait devrait être suivi par un psychologue qui, pendant quelques mois, évaluerait ses capacités cognitives, ses stratégies d'apprentissage, ses relations avec les adultes, etc., avant d'envisager le recours à un traitement médicamenteux. Malheureusement, une telle évaluation est rarement effectuée. Les parents alertés par l'enseignant ou la direction de l'école sont invités à consulter un médecin qui, à partir des critères répertoriés dans le DSM-IV, portera ou non le diagnostic de TAAH et, s'il y a lieu, conseillera un médicament.

Le médicament le plus souvent prescrit par les médecins pour traiter le TAAH est le méthylphénidate (Ritalin) ; contrairement à la croyance populaire, il ne s'agit pas d'un calmant mais d'un stimulant. On observe une amélioration comportementale à court terme chez 70 à 80 % des enfants qui en prennent (Kavale, 1982). Plus précisément, ce médicament améliore l'attention, la concentration et la mémoire à court terme (Solanto et Wender, 1989). Le méthylphénidate n'entraîne pas de dépendance physique, et ses effets secondaires sont habituellement mineurs lorsqu'une surveillance médicale régulière est assurée.

Malgré son efficacité apparente, l'usage du Ritalin chez les enfants d'âge scolaire fait l'objet d'une controverse (Raymond, 1998 ; Cohen, 1998). Certains dénoncent le recours abusif à ce médicament, d'autres vantent son utilité. En fait, c'est l'importance même du Ritalin dans le traitement du TAAH qui devrait être évaluée par l'ensemble des intervenants. Il ne s'agit pas d'un médicament miracle : le Ritalin n'est pas efficace chez tous les enfants et il ne peut compenser les carences cognitives et comportementales. De plus, la majorité des élèves en traitement continuent à présenter des comportements inadaptés (Desrosiers et Royer, 1995). Le Ritalin s'avère toutefois indispensable pour certains enfants chez qui il améliore l'attention et la concentration, ce qui autorise la mise en place d'autres types d'intervention visant à renforcer les capacités cognitives et l'apprentissage de comportements adaptés. On peut donc considérer le Ritalin comme un traitement temporaire d'appoint, qui aide l'enfant à développer les capacités et habiletés qui lui permettront de s'adapter à son milieu scolaire.

que pour aller manger ou aller aux toilettes. Ils étaient privés de la plupart des stimulations normales, les yeux cachés par une visière translucide, le toucher réduit par le port de gants et par des cylindres de carton entourant les bras, et l'audition limitée par un oreiller en forme de U et le bruit constant d'un climatiseur. La plupart des sujets ont signalé des pertes d'équilibre, de la désorientation, de la confusion et même des

hallucinations. Ces résultats ont évidemment fait les gros titres des journaux: beaucoup en ont déduit que la privation sensorielle était dangereuse. Pour Suedfeld cependant (1975), une telle conclusion est erronée. En effet plusieurs recherches subséquentes ont montré que non seulement la privation sensorielle ne mène pas nécessairement à des hallucinations, mais qu'elle peut améliorer les performances perceptuelles et

La persuasion subliminale

En 1957, James Vicary, cadre dans une entreprise de relations publiques, causa tout un émoi en affirmant avoir mis au point une nouvelle technique de vente qui lui permettait d'influer sur les comportements des consommateurs à leur insu. Sa technique consistait à présenter des messages publicitaires intercalés entre les images d'un film. Les messages «Buvez Coca-Cola» et «Mangez du maïs soufflé» étaient présentés si rapidement à l'écran que les spectateurs n'en prenaient pas conscience. Selon Vicary, qui ne fournit jamais de chiffres pour étayer ses affirmations, les spectateurs se ruèrent vers les comptoirs de restauration. Les critiques fusèrent de toute part pour condamner cette odieuse mainmise sur les esprits et pour formuler les craintes les plus folles à l'égard du contrôle des masses par les chefs d'État et les entreprises. Le tollé prit fin lorsqu'on révéla qu'il s'agissait d'un canular, aucune étude scientifique n'ayant été effectuée par Vicary (Rogers, 1992-1993).

La croyance en l'influence des communications subliminales persiste néanmoins. Ainsi, certains affirment que des images, souvent à connotation sexuelle, seraient cachées dans des messages publicitaires afin d'inciter les consommateurs à acheter un produit donné. Ces images existent peut-être, mais aucune preuve de leur effet sur les ventes du produit n'a été apportée. De même, les parents d'un adolescent ont intenté un procès au groupe rock Judas Priest parce que leur fils se serait suicidé après avoir écouté une de ses chansons comportant le message subliminal «Fais-le». Les psychologues appelés à témoigner par la défense ont montré que ce type de message n'était pas traité comme un élément du discours et que, dès lors, il ne pouvait influer sur les attitudes et le comportement (Begg, *et al.*, 1993; Vokey et Read, 1985). Plus récemment, on a vu apparaître sur le marché des enregistrements subliminaux censés nous aider à cesser

de fumer, à perdre du poids, à apprendre une langue étrangère durant notre sommeil, etc. Ces enregistrements sont-ils efficaces? Les conclusions de plusieurs recherches mettent en doute les promesses des producteurs; les gens ne peuvent distinguer entre un enregistrement contenant supposément un message subliminal et un placebo (Eich et Hyman, 1992; Merikle et Skanes, 1992; Moore, 1995). Par exemple, Greenwald et ses collaborateurs (1991) ont formé deux groupes qui devaient chacun écouter des enregistrements subliminaux susceptibles d'améliorer la mémoire pour le premier groupe ou l'estime de soi pour le second groupe. Au préalable, les chercheurs avaient pris soin d'intervertir une partie des étiquettes permettant d'identifier les cassettes. Ainsi, les sujets qui croyaient écouter une cassette susceptible d'améliorer leur mémoire écoutaient soit la véritable cassette sur la mémoire, soit celle qui devait améliorer l'estime de soi — de même pour l'autre groupe. Au bout d'un mois, la moitié des sujets ont fait part d'une amélioration de leurs habiletés dans le domaine indiqué par l'étiquette de la cassette, *même si le contenu réel de la cassette n'y était pour rien*. Il s'agit là d'un bon exemple d'effet placebo!

En conclusion, la *perception subliminale*, que l'on peut définir comme la capacité de détecter un signal au-dessous du seuil de perception avec une acuité plus grande que ce qui peut être attribué au hasard, est un phénomène connu et étudié depuis plusieurs années. Les études sérieuses effectuées dans des conditions qui respectent les principes de la recherche scientifique montrent que ce type de perception n'a pas d'influence, ou fort peu, sur l'individu (Moore, 1992). C'est pourquoi les agences de publicité devraient concevoir des messages que les consommateurs peuvent percevoir, si elles veulent leur vendre leur produit.

intellectuelles. Les conséquences de la privation sensorielle sont probablement associées aux attentes et à l'interprétation du sujet. Cette privation peut être atroce pour une personne enfermée indéfiniment ou agréable pour une autre qui a versé de l'argent afin d'être isolée dans un tel environnement. Il semble clair toutefois que, dans la vie de tous les jours, le cerveau humain a besoin d'un minimum de stimulations pour fonctionner normalement.

La surcharge d'information

Si la privation d'information peut être nuisible, une trop grande quantité d'informations l'est tout autant. Une stimulation excessive peut mener à la fatigue ou à la confusion mentale. Si vous vous êtes déjà senti épuisé et nerveux à la fin d'une journée où vous aviez l'impression de ne pas arriver à accomplir toutes vos tâches dans le temps qui vous était imparti, vous avez une bonne idée de ce que représente la surcharge d'information. Lorsqu'une personne se retrouve dans un environnement où les stimulations sont trop nombreuses, elle réagit souvent en concentrant son attention sur ce qui est réellement important ou utile pour elle: il s'agit de l'**attention sélective.** En fait, le cerveau n'interprète pas toutes les informations captées par les récepteurs sensoriels; il accorde en quelque sorte la priorité à

> **Attention sélective**
> Focalisation de l'attention sur certains aspects de l'information et blocage des autres informations.

certaines informations. Les psychologues désignent souvent ce phénomène par l'expression «effet cocktail party»: dans une pièce bondée, une personne se concentre sur une seule conversation, en faisant abstraction des rires, de la musique tonitruante, de la fumée de tabac, etc. Toutes ces stimulations sont effectivement captées par les récepteurs sensoriels, mais la plupart ne sont traitées que superficiellement par le cerveau; par contre, toute information importante, par exemple votre nom que vous entendez prononcer par une personne à quelques mètres de vous, attire rapidement votre attention. Cette capacité d'attention sélective nous protège contre le flot d'information qui assaille nos sens.

Comment les agents de change pourraient-ils travailler de manière efficace à la bourse sans la capacité d'attention sélective?

L'étude des principaux concepts liés aux sensations montre à quel point les sens sont bien adaptés aux exigences environnementales. Les informations retenues par les sens passent par une série de processus qui mènent à la percep-

RÉPONSES, p. 122

Qu'avez-vous appris ?

Essayez de répondre à ces questions (nous espérons que vous n'êtes pas surchargé d'informations).

1. Même par beau temps, certaines étoiles ne peuvent être observées à l'œil nu parce qu'elles sont au-dessous du _____ de l'observateur.

2. Si vous plongez dans l'eau froide d'un lac et que, quelques minutes plus tard, vous ne trouvez plus cette eau froide, il est probable que _____ est survenue.

3. Si vous êtes cloué sur un lit d'hôpital sans compagnon de chambre, sans télévision ni radio et que vous vous sentez tendu et désorienté, vous souffrez peut-être de _____.

4. Vous travaillez comme serveur dans un restaurant et, lors de votre pause de 20 minutes, vous êtes tellement absorbé par le livre que vous lisez que vous n'entendez pas le tintement des assiettes ni les ordres lancés par les cuisiniers. Il s'agit d'un exemple de _____.

5. Catherine doit juger si deux barres sont de la même longueur. Elle arrive à détecter une différence entre les deux barres seulement lorsque, la première barre étant de 10 millimètres, la seconde est de 11 millimètres. On lui demande ensuite de comparer deux autres barres dont la première mesure 20 millimètres. Selon la loi de Weber, quelle devrait être la longueur de la seconde barre pour que Catherine arrive à les différencier?

tion. Pour décrire ces processus, nous allons maintenant analyser en détail le sens de la vision, car c'est celui par lequel circule la plus grande partie des informations extérieures. Nous ferons ensuite une brève description des principales caractéristiques des autres sens.

LA VISION

La vision est particulièrement importante pour l'espèce humaine. En effet, la plupart des humains sont plus actifs le jour, ils sont donc habitués à tirer avantage de la lumière naturelle provenant du soleil. Par contre, les autres espèces sont plus actives la nuit, elles ont donc plutôt tendance à tirer parti de leurs capacités auditives.

Nous voyons grâce à la lumière visible qui provient soit du soleil, soit des autres astres, soit de sources artificielles comme les néons ou les ampoules. La lumière voyage sous forme d'ondes et les caractéristiques de celles-ci sont associées à différentes dimensions psychologiques qui rendent compte de notre perception visuelle (voir la figure 4.1, qui illustre le spectre électromagnétique). Ainsi, les variations de longueurs d'ondes sont associées à la perception des couleurs et de leurs diverses tonalités, alors que la quantité de lumière émise ou réfléchie par un objet détermine la clarté des cou-

leurs perçues. Notons que les longueurs d'ondes constituent les *propriétés physiques* de la lumière, tandis que leur couleur et leur intensité constituent les *dimensions psychologiques* de l'expérience visuelle.

La lumière pénètre dans le système visuel par l'œil, structure extrêmement complexe et fragile qui est souvent comparée, à tort, à un appareil photographique. Pour mieux comprendre cette section, examinez la figure 4.2. La partie antérieure de l'œil est recouverte par la *cornée*, qui protège le globe oculaire des poussières et autres substances irritantes, et qui permet aussi d'orienter les rayons de lumière vers le *cristallin*, situé tout juste derrière. Le cristallin fonctionne un peu comme une lentille mais, contrairement à la lentille d'un appareil photo qui se rapproche ou s'éloigne de la source lumineuse, le cristallin modifie plutôt sa courbure pour focaliser, sur la rétine, les objets qui sont plus ou moins proches. La **rétine** tapisse le fond de l'œil; elle est le site des récepteurs visuels qui transmettront les stimulations au cerveau par l'entremise du nerf optique. (Notez que l'image projetée sur la rétine est inversée, mais que le cerveau la perçoit dans le bon sens.) La quantité de lumière qui pénètre dans l'œil est régie par l'*iris*, une membrane qui

> **Rétine**
> Mince couche de cellules qui tapisse le fond de l'œil et qui contient les récepteurs de la vision.

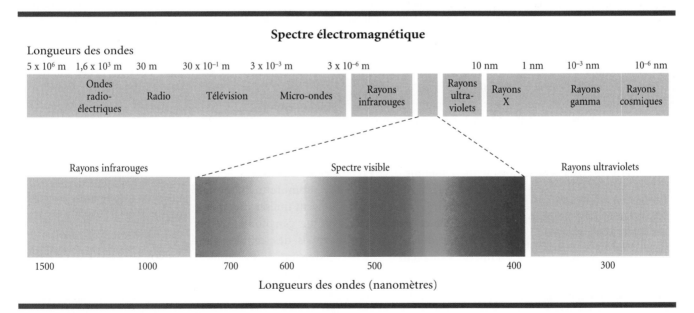

Spectre électromagnétique

Longueurs des ondes

| 5 x 10⁶ m | 1,6 x 10³ m | 30 m | 30 x 10⁻¹ m | 3 x 10⁻³ m | 3 x 10⁻⁶ m | 10 nm | 1 nm | 10⁻³ nm | 10⁻⁶ nm |

| Ondes radio-électriques | Radio | Télévision | Micro-ondes | Rayons infrarouges | Rayons ultra-violets | Rayons X | Rayons gamma | Rayons cosmiques |

Rayons infrarouges — Spectre visible — Rayons ultraviolets

| 1500 | 1000 | 700 | 600 | 500 | 400 | 300 |

Longueurs des ondes (nanomètres)

FIGURE 4.1 — Les composantes visibles du spectre électromagnétique

Notre système visuel ne distingue qu'une petite partie de l'énergie électromagnétique qui nous entoure.

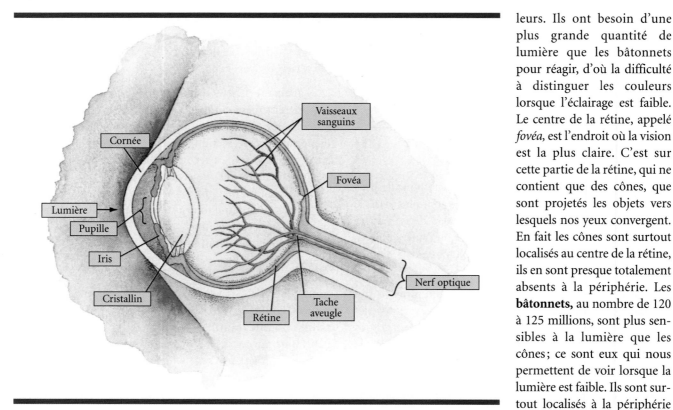

FIGURE **4.2** Les principales structures de l'œil

La lumière passe par la pupille pour être infléchie par le cristallin qui la projette sur la rétine, au fond de l'œil. La vision la plus nette se situe sur la fovéa.

leurs. Ils ont besoin d'une plus grande quantité de lumière que les bâtonnets pour réagir, d'où la difficulté à distinguer les couleurs lorsque l'éclairage est faible. Le centre de la rétine, appelé *fovéa*, est l'endroit où la vision est la plus claire. C'est sur cette partie de la rétine, qui ne contient que des cônes, que sont projetés les objets vers lesquels nos yeux convergent. En fait les cônes sont surtout localisés au centre de la rétine, ils en sont presque totalement absents à la périphérie. Les **bâtonnets**, au nombre de 120 à 125 millions, sont plus sensibles à la lumière que les cônes; ce sont eux qui nous permettent de voir lorsque la lumière est faible. Ils sont surtout localisés à la périphérie de la rétine et sont ainsi responsables de la vision latérale. C'est pourquoi vous pouvez apercevoir une étoile du coin de l'œil, puis la perdre de vue lorsque vous focalisez sur elle.

confère à l'œil sa coloration — brun, bleu, vert, gris. L'iris recouvre l'ouverture par laquelle entre la lumière, la *pupille*, et modifie la dilatation de celle-ci. Ainsi, lorsqu'on éteint la lumière avant la présentation d'un film, l'iris se relâche pour permettre à la pupille de se dilater et de faire entrer plus de lumière. À l'inverse, lorsqu'on la rallume à la fin du film, l'iris se contracte pour réduire l'ouverture de la pupille et la quantité de lumière qui pénètre à l'intérieur de l'œil.

La rétine comporte deux principaux types de récepteurs visuels, les cônes et les bâtonnets. Les **cônes**, au nombre de sept à huit millions, sont sensibles aux variations des longueurs d'ondes et permettent de percevoir les cou-

Cônes

Récepteurs visuels qui réagissent aux différentes longueurs d'ondes et qui nous permettent de percevoir la couleur.

Bâtonnets

Récepteurs visuels qui réagissent aux variations d'intensité lumineuse.

Les cônes et les bâtonnets sont reliés par des synapses à des cellules bipolaires qui à leur tour communiquent avec des **cellules ganglionnaires** (voir la figure 4.3). Chaque cône communique habituellement avec une cellule ganglionnaire par l'intermédiaire d'une cellule bipolaire, alors que de nombreux bâtonnets doivent utiliser une même cellule ganglionnaire. Les axones des cellules ganglionnaires se rassemblent pour former le *nerf optique* qui relaiera l'information au cerveau. Ni cônes ni bâtonnets ne se trouvent à la sortie du nerf optique: cette zone est appelée **tache aveugle**. L'exercice présenté à la figure 4.4 vous aidera à localiser votre tache aveugle.

Cellules ganglionnaires

Neurones de la rétine qui reçoivent les informations des récepteurs visuels par l'intermédiaire des cellules bipolaires, et dont les axones forment le nerf optique.

Tache aveugle

Zone de la rétine dénuée de récepteurs sensoriels; endroit où le nerf optique quitte l'œil en direction du cerveau.

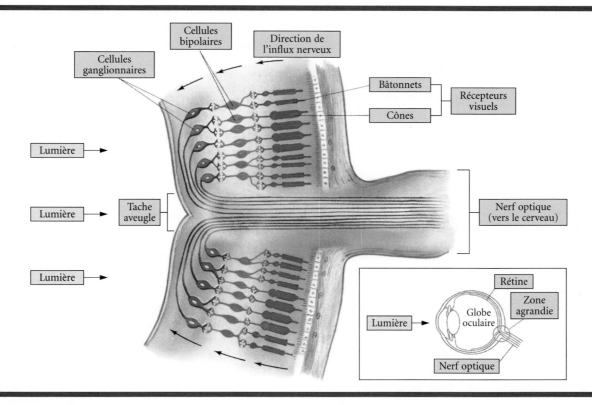

FIGURE 4.3 Les structures de la rétine

Pour fins de présentation, la taille des cellules de ce croquis a été largement agrandie.
Notez que, pour atteindre les cônes et les bâtonnets, la lumière doit passer par des cellules bipolaires
et des cellules ganglionnaires ainsi que par des vaisseaux sanguins.

FIGURE 4.4 Localisez votre tache aveugle

Afin de localiser la tache aveugle de votre œil gauche, fermez l'œil droit et regardez le magicien.
Puis rapprochez ou éloignez le manuel de vos yeux. Le lapin devrait disparaître lorsque le manuel
se trouve de 20 à 30 centimètres de vous.

Pourquoi le système visuel n'est pas un appareil photo

Parce que l'œil est souvent comparé à un appareil photo, il est facile de croire que le monde visuel est composé d'une mosaïque de points comme dans une photographie. Mais contrairement à un appareil photo, le système visuel n'est pas un procédé passif d'enregistrement de l'information visuelle. En effet, plutôt que de consigner les variations d'ombres et de lumière, les cellules nerveuses du système visuel *construisent* une image de l'environnement en détectant ses unités significatives.

Les caractéristiques simples de l'environnement telles que les points d'ombre ou de lumière sont traitées dans les cellules ganglionnaires et dans une région du thalamus. Chez les mammifères, les composantes visuelles plus complexes sont traitées par des **cellules détectrices** du cortex visuel sensibles à certaines caractéristiques de l'environnement. Hubel et Wiesel, les deux chercheurs qui ont fait cette découverte (1962, 1968), ont reçu le prix Nobel pour leurs travaux en 1981. Ils ont observé que la plupart des neurones réagissent à une configuration particulière, par exemple à des lignes fixes ou à des lignes en mouvement lorsque ces dernières sont orientées dans une certaine direction et situées dans une partie spécifique du champ visuel. Pour Hubel et Wiesel, les neurones du cortex visuel sont surtout sensibles à des lignes qui correspondent aux contours des objets. Par la suite, d'autres chercheurs ont identifié des spécialisations cellulaires encore plus complexes (Tanaka, *et al.*, 1991). Par exemple, ils ont remarqué que certaines cellules du cortex visuel réagissent plus fortement à des spirales ou à des cercles concentriques (Gallant, *et al.*, 1993). D'autres encore ont observé que certaines cellules nerveuses du lobe temporal réagissent surtout à des visages (Desimone, 1991 ; Young et Yamane, 1992).

> **Cellules détectrices**
> Cellules du cortex visuel qui sont sensibles à des caractéristiques spécifiques de l'environnement.

La tâche du cerveau consiste à regrouper l'information fragmentaire provenant des lignes, des angles, des formes, du mouvement, de la luminosité, etc., et à en constituer un tout unifié et signifiant. Comment y parvient-il ? La plupart des chercheurs croient que la perception des stimuli visuels dépend de l'activation simultanée de plusieurs cellules nerveuses dans différentes régions du cerveau ainsi que de la configuration générale de l'activation de ces groupes de cellules. Certains chercheurs font appel à des modèles mathématiques qu'ils testent au moyen d'ordinateurs afin de définir la façon dont ce processus complexe se produit, mais, pour l'instant, le mystère reste entier. Une chose est sûre cependant, le système visuel ne se contente pas de reproduire l'environnement, il en construit activement une représentation.

La perception de la couleur

Depuis des décennies, les scientifiques cherchent à comprendre comment le cerveau perçoit les couleurs. Deux théories dominent, la théorie trichromatique et la théorie des processus antagonistes. Chacune s'appuie sur des travaux de recherche et permet d'expliquer en partie le traitement de l'information visuelle qui aboutit à la perception des couleurs.

La **théorie trichromatique** rend compte du premier niveau de traitement, qui se produit sur la rétine. Cette théorie postule que chacun des trois types de cônes est sensible à un éventail de longueurs d'ondes qui correspondent respectivement au bleu, au rouge et au vert. Les centaines de couleurs que nous percevons résultent de la combinaison de l'activité de ces trois types de cônes.

La **théorie des processus antagonistes** s'applique à la seconde étape du traitement de l'information visuelle, qui se produit dans les cellules bipolaires et ganglionnaires de la rétine ainsi que dans certains neurones du thalamus. Ces cellules réagissent à certaines longueurs d'ondes et sont inhibées par d'autres (DeValois, 1960 ; DeValois et DeValois, 1975 ; Hurvich et Jameson, 1974). Certaines cellules réagissent de façon opposée au rouge et au vert : elles s'activent en réponse à l'une de ces couleurs et sont inhibées par l'autre. De la même façon, des cellules réagissent de façon opposée au bleu et au jaune, et d'autres encore, au noir et au blanc. Il en résulte un code de couleur, composé de variations d'influx nerveux, qui est transmis aux centres supérieurs de traitement de l'information visuelle. Cette théorie permet d'expliquer un phénomène surprenant — l'image consécutive — qui se produit lorsqu'on fixe un objet d'une couleur donnée pendant un certain temps ; si on pose le regard ailleurs, on continue à voir cet objet, mais dans sa couleur complémentaire (voir la figure 4.5). Ce phénomène s'expliquerait par le fait que les cellules inhibées par une

> **Théorie trichromatique**
> Théorie de la perception de la couleur qui postule l'existence de trois types de cônes, sensibles à différentes longueurs d'ondes, et dont l'interaction serait à l'origine des variations de couleur.
>
> **Théorie des processus antagonistes**
> Théorie de la perception de la couleur qui postule que le système visuel réagit de façon opposée à certaines paires de couleur et à la présence du noir et du blanc.

FIGURE **4.5** Cœur changeant

Pour obtenir une image consécutive, fixez le point noir au centre du cœur pendant au moins vingt secondes. Déplacez alors votre regard vers une feuille ou un mur blanc.
Vous devriez «voir» l'image d'un cœur rouge bordé de bleu.

couleur donnée disposeraient d'un surcroît d'énergie lorsque cette couleur disparaît, ce qui provoquerait leur activation même si la couleur qui les déclenche habituellement est absente du champ visuel. Ainsi, le retrait du vert et du jaune lorsque vous détournez le regard de la figure 4.5 provoque l'activation des cellules sensibles à la présence du rouge et du bleu.

Malheureusement, ces deux théories ne fournissent pas une explication complète de la vision des couleurs. Edwin Land (1959), l'inventeur de l'appareil photo Polaroïd, a montré que la couleur perçue de tout objet dépend de la réflexion de la lumière sur l'ensemble des objets qui l'entourent. La couleur rouge intense ne peut être vue qu'entourée d'objets qui réfléchissent les longueurs d'ondes correspondant au vert et au bleu. Land a élaboré des règles précises qui permettent de prédire exactement comment un objet apparaîtra en fonction des ondes réfléchies par les objets qui l'entourent. Jusqu'à présent, les chercheurs ne sont pas parvenus à expliquer exactement comment le cerveau applique ces règles.

Notons enfin que le trouble de la vision des couleurs le plus répandu est le daltonisme, du nom du médecin qui le premier l'a décrit. Les individus atteints de daltonisme sont incapables de distinguer le rouge du vert, et le monde leur apparaît en variations de teintes de bleu, jaune, brun et gris. La transmission de cette anomalie héréditaire est liée au sexe, et ce sont presque toujours les hommes qui en sont atteints (Sekuler et Blake, 1985). La cécité totale aux couleurs est habituellement le résultat d'une anomalie génétique, fort rare, qui empêche le développement des cônes ou qui limite leur fonctionnement. Le monde visuel se limite alors au blanc, au noir et à des nuances de gris.

La perception visuelle

Nous ne voyons pas l'image qui est projetée sur la rétine; elle ne constitue en fait qu'une matière première que le cerveau utilise pour construire une représentation de l'environnement. Le processus de la perception consiste à combiner, à tout moment, l'ensemble des signaux provenant des sens de façon à produire une représentation cohérente du monde qui nous entoure (voir la figure 4.6).

FIGURE **4.6** La perception donne du sens

La perception consiste à donner un sens aux stimulations. Par exemple, vous percevez probablement autre chose qu'un ensemble de taches noires et blanches dispersées sur cette image. Sinon, éloignez le manuel de vous.

LA PERCEPTION DE LA FORME

Les psychologues d'orientation gestaltiste* ont été parmi les premiers à étudier la façon dont les individus divisent le monde en unités significatives. Le mot allemand *gestalt* signifie «forme» ou «configuration», d'où le terme théorie de la forme, synonyme d'école gestaltiste. Le principe général de cette théorie est que «le tout est plus que la somme de ses parties», ce qui signifie que, lorsqu'on observe quelque chose, des propriétés émergent de la configuration dans son ensemble, qui n'appartiennent à aucune des composantes individuelles. Par exemple, lorsque vous regardez un film, le mouvement que vous percevez n'est pas dans le film lui-même, qui consiste en une série d'images statiques habituellement projetées à une vitesse de 24 images par seconde.

Les gestaltistes ont énoncé un certain nombre de principes, parfois appelés lois de la gestalt, qui sont utiles pour mieux comprendre l'organisation perceptive. Par exemple, lorsque nous percevons une forme (ou figure) qui émerge d'un ensemble d'éléments, constituant alors un arrière-plan diffus, nous effectuons une première organisation de l'information sensorielle appelée *distinction figure/fond* (voir la figure 4.7). Ainsi, quand vous entrez dans une salle de classe où des élèves étudient, vous voyez des personnes qui se détachent sur un fond composé de pupitres et de murs. Toutefois, votre perception serait sûrement différente si vous étiez mandaté pour inspecter les murs de cette pièce. Certains stimuli sont plus susceptibles d'être perçus comme des figures, que ce soit en raison de leur intensité (tel le flash d'un appareil photo), de leur taille (tel un géant au beau milieu de la foule), de leur particularité (telle une personne vêtue de blanc dans un groupe de personnes vêtues de rouge) ou encore de leur mouvement (telle une étoile filante dans le ciel). En fait, il est difficile de ne pas noter un changement soudain ou un contraste dans l'environnement, parce que notre cerveau est conçu pour y réagir. Heureusement, notre capacité d'attention sélective nous permet de distinguer ce que nous percevons comme la figure ou le fond.

D'autres lois de la gestalt expliquent notre façon de regrouper certains éléments perceptuels en unités significatives.

---

* Compte tenu de leurs travaux sur l'organisation perceptive, les gestaltistes sont souvent présentés comme des pionniers de la perspective cognitive. Nous intégrons leurs travaux dans cette section parce qu'ils constituent un complément essentiel à la présentation des notions de base sur la vision.

FIGURE 4.7 — Distinction figure/fond

La photographie a deux interprétations possibles qui peuvent alterner selon le choix de la figure et du fond. Voyez-vous un vase ou deux visages se faisant face?

1 PROXIMITÉ. Les éléments les plus rapprochés ont tendance à être perçus comme regroupés ensemble. Ainsi, vous percevez ci-dessous trois groupes de quatre points et non douze points indépendants. De même, lorsque vous observez les élèves dans le corridor pendant la pause, ceux qui sont plus rapprochés les uns des autres vous semblent former des sous-groupes distincts.

● ● ● ●   ● ● ● ●   ● ● ● ●

2 FERMETURE. Le cerveau a tendance à combler les vides dans l'information afin de percevoir des formes ou des séquences d'actions complètes, ce qui est très utile pour décoder des images imparfaites ou une suite incomplète d'événements. Ainsi, vous percevez facilement dans le schéma ci-dessous un triangle, un visage et la lettre «e», quand bien même chacune de ces formes est incomplète. De même, le réalisateur d'un film n'a pas besoin de montrer à l'écran des séquences particulièrement violentes pour faire comprendre au spectateur que ce qu'il observe correspond à un meurtre.

3 SIMILARITÉ. Les éléments qui ont des caractéristiques communes, que ce soit la couleur, la forme, la taille, etc., ont tendance à être perçus comme regroupés. Ci-dessous, à gauche, vous voyez un « X » formé par les cercles et à droite, des lignes horizontales plutôt que verticales. De même, si vous notez la présence de quelques adolescents dans une gare remplie de personnes âgées, vous en conclurez qu'ils appartiennent au même groupe.

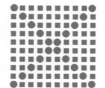 

4 CONTINUITÉ. Les lignes et les formes ont tendance à être perçues comme prolongées dans le temps et dans l'espace. Ci-dessous, vous percevez la figure de gauche comme une ligne droite couverte en partie par un cercle plutôt que comme deux lignes indépendantes touchant un cercle. À droite, vous voyez deux lignes, une courbe et une droite, plutôt que deux lignes droites et deux lignes courbes. De même, la veste de camouflage portée par un ornithologue qui cherche à se rapprocher le plus possible d'un oiseau lui permet de s'insérer dans la continuité du paysage, le rendant ainsi pratiquement invisible.

Ces principes d'organisation perceptive censés nous faciliter la vie ne sont pas toujours mis en pratique par les fabricants d'objets de la vie courante, d'où les difficultés que nous éprouvons parfois à faire fonctionner un nouveau four à micro-ondes ou un magnétoscope. En fait, de nombreux produits manufacturés d'utilisation courante sont conçus sans qu'il soit tenu compte des principes d'organisation perceptive (Norman, 1988). Cela peut créer beaucoup de problèmes lorsqu'on sait qu'un individu adulte est amené à distinguer près de 30 000 objets différents (Biederman, 1987). Tout objet bien conçu devrait comporter une série d'indices visuels permettant à l'usager de reconnaître rapidement ses différentes fonctions. Par exemple, les commandes d'un magnétoscope devraient varier en terme de couleur, de forme ou de texture pour se distinguer en tant que « figure ». Mais bien souvent, il n'y a guère de différence entre la commande d'avance rapide et celle du rembobinage. Certains usagers font preuve d'imagination, tels ces employés de la salle de commande d'une centrale nucléaire qui, ne s'y retrouvant plus dans tous les boutons et commutateurs de leur console,

en ont recouvert deux de poignées étiquetées respectivement Heineken et Michelob (Norman, 1988).

LA PERCEPTION DE LA PROFONDEUR

Puisque la distance des objets ne nous est pas donnée directement par l'information visuelle, nous devons utiliser certains indices pour estimer leur profondeur. Pour y parvenir, nous devons compter en partie sur les **indices binoculaires,** qui requièrent la participation des deux yeux. Le premier de ces indices est la **convergence binoculaire**. Les yeux sont situés à environ six centimètres l'un de l'autre et, lorsqu'ils fixent un objet, l'angle de convergence change en fonction de la distance de l'objet. Ils sont quasiment parallèles lorsque l'objet est éloigné, mais convergent au fur et à mesure que l'objet se rapproche. L'information musculaire sur le mouvement des yeux prévient ici le sujet des variations de profondeur. La **disparité rétinienne** est un autre indice binoculaire de profondeur : les deux yeux reçoivent une image légèrement différente de l'objet qu'ils fixent ; cette disparité croît en fonction de la distance. Le cerveau utilise spontanément cette information, sans que nous en soyons conscients, pour déduire la profondeur et calculer la distance. Le cinéma en trois dimensions utilise ce procédé pour intensifier la perception de la profondeur. On filme tout d'abord à l'aide de deux caméras légèrement décalées, afin de simuler la vision binoculaire. Les deux enregistrements du film sont ensuite projetés sur l'écran, et les spectateurs, qui portent des lunettes leur permettant de capter ces deux versions légèrement différentes, ont alors une illusion de profondeur très nette.

Plusieurs autres indices nous permettent de percevoir la profondeur sans avoir nécessairement recours aux deux yeux : ce sont les **indices monoculaires.** Ils sont très utiles pour les artistes œuvrant dans le domaine des médias visuels qui les utilisent afin de simuler la profondeur (voir la figure 4.8).

> **Indices binoculaires**
> Indices visuels de profondeur qui requièrent l'utilisation des deux yeux.

> **Convergence binoculaire**
> Indice de profondeur provenant de l'information musculaire des muscles qui contrôlent le mouvement des yeux.

> **Disparité rétinienne**
> Indice de profondeur produit par une légère différence entre la perception d'un même objet par l'œil gauche et l'œil droit.

> **Indices monoculaires**
> Indices visuels de profondeur qui sont accessibles par l'utilisation d'un seul œil.

(a) (b)

(c) (d) (e)

(f) (g)

FIGURE 4.8 Indices monoculaires

(a) Le recouvrement ; (b) la parallaxe de mouvement ; (c) l'ombre et la lumière ; (d) la grandeur relative ;
(e) les contrastes de luminosité ; (f) le gradient de texture ; (g) la perspective linéaire.

1 **RECOUVREMENT.** Un objet qui masque un autre objet se trouve forcément devant ce dernier et est alors perçu par un observateur comme étant plus proche de lui que l'objet recouvert. Par exemple, une montgolfière qui cache en partie une autre montgolfière est perçue comme étant plus proche de l'observateur.

2 **PARALLAXE DE MOUVEMENT.** Lorsqu'un observateur se déplace, les objets les plus éloignés de lui semblent se déplacer moins rapidement que les objets les plus proches de lui. Par exemple, si vous balayez lentement de votre regard la salle de cours, vous constaterez que les objets sur votre pupitre et les personnes situées près de vous semblent se déplacer plus rapidement dans le sens inverse de votre regard que les objets et les personnes situés à l'autre extrémité de la pièce.

3 **OMBRE ET LUMIÈRE.** Plus un objet est éclairé, plus il semble rapproché. Par ailleurs, l'ombre qui recouvre une surface donnée indique que l'objet qui la provoque est situé à une certaine distance, et ce en fonction de la source de lumière.

4 **GRANDEUR RELATIVE.** En règle générale, plus la projection d'un objet sur la rétine est petite, plus l'objet semble éloigné. Dans un film d'animation, on réduit la taille des objets pour simuler leur éloignement et, inversement, on les agrandit pour simuler leur rapprochement. Par ailleurs, la familiarité de l'objet ou de la personne observée nous informe aussi sur la distance approximative à laquelle ils se trouvent. La vue d'un ami tout petit à l'horizon nous indique qu'il est très loin, alors que s'il occupe tout le champ visuel il est nécessairement très proche.

5 **CONTRASTES DE LUMINOSITÉ.** Lorsqu'il y a du brouillard, de la fumée ou des particules en suspension dans l'air, les objets semblent plus éloignés qu'ils ne le sont en réalité. Par exemple, lorsque vous circulez sur une autoroute par temps brumeux, les feux de la voiture qui vous précède vous semblent plus éloignés qu'ils ne le sont en fait, d'où les nombreux accidents.

6 **GRADIENT DE TEXTURE.** Plus un objet s'éloigne, plus sa surface apparaît uniforme et dense. À l'opposé, plus un objet se rapproche, plus les détails de sa surface apparaissent. En faisant varier le gradient de texture des différentes parties d'un même objet, un artiste peut donner une très grande impression de profondeur.

7 **PERSPECTIVE LINÉAIRE.** Des lignes parallèles qui convergent vers un point de fuite sont l'un des indices de profondeur les plus utilisés par les artistes. Plus la convergence est forte, plus grande est l'impression de profondeur.

LES CONSTANCES VISUELLES

Lorsque nous nous déplaçons, la distance entre nous et les objets immobiles se modifie. Il en va de même de l'angle d'observation et des conditions d'éclairage. Pourtant notre perception des objets demeure stable. Par exemple, lorsqu'un ami penche la tête vers vous, cette partie de son corps occupe alors une plus grande partie de votre rétine, sans que vous ayez une perception déformée de son visage. Cette capacité à percevoir les caractéristiques physiques des objets comme stables malgré les modifications de l'information sensorielle est appelée **constance perceptuelle.** Cette aptitude est essentielle à notre survie; en effet, sans elle, l'environnement serait terrifiant, car il changerait constamment au gré des stimulations sensorielles.

> **Constance perceptuelle**
> Perception stable des objets en dépit de changements dans les configurations sensorielles qui y sont associées.

Ce sont surtout les constances visuelles qui ont été étudiées, soit la constance de la forme, de la localisation, de la luminosité, de la couleur et de la taille. Par exemple, si vous tenez un frisbee devant vous, sa projection sur la rétine aura une forme arrondie. Si vous le déposez sur une table, sa forme, en se projetant sur votre rétine, deviendra elliptique, cependant vous continuerez à percevoir votre frisbee comme rond. Il s'agit de la constance de la forme. De même, il est possible qu'un objet noir placé en plein soleil puisse refléter plus de lumière qu'un objet blanc à l'ombre. Notre cerveau n'est pourtant pas dupe puisqu'il enregistre l'ensemble des variations de luminosité des différentes parties du champ visuel et qu'il tient automatiquement compte de cette information dans sa perception de la luminosité de chacun des objets qui composent la scène. Ainsi la perception de la luminosité de l'objet situé à l'ombre sera automatiquement ajustée pour tenir compte de ce facteur.

LES ILLUSIONS VISUELLES

Les constances perceptuelles nous permettent de vivre dans un environnement stable et sécurisant. Toutefois, il peut arriver que notre cerveau soit trompé par des indices environnementaux qui le mènent à des **illusions perceptuelles.** Les illusions perceptuelles sont des erreurs *systématiques* qui permettent aux psychologues d'étudier les stratégies déployées par le cerveau pour donner un sens à son environnement visuel. Les illusions perceptuelles peuvent toucher tous les sens, mais ce sont surtout les illusions

> **Illusion perceptuelle**
> Perception erronée ou trompeuse de la réalité.

visuelles qui ont été étudiées. L'exemple le plus connu d'illusion visuelle est sûrement celle de Müller-Lyer, du nom du chercheur qui l'a décrite en 1889. Comparez la longueur des deux lignes présentées ci-dessous. Si vous êtes comme la majorité des gens, vous percevrez la ligne de droite comme étant légèrement plus longue que celle de gauche. Mais si vous les mesurez, vous noterez qu'elles sont exactement de la même longueur.

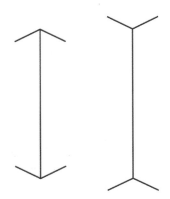

Certaines illusions sont propres aux lois de la physique. Ainsi, un bâtonnet plongé dans un verre d'eau à moitié rempli semble plié parce que l'eau et l'air propagent la lumière différemment. Mais la plupart des illusions visuelles sont dues soit au phénomène de l'adaptation sensorielle (voir plus haut), soit à l'utilisation par le cerveau d'indices ou de règles perceptuelles là où ils ne devraient pas s'appliquer. La figure 4.9 illustre plusieurs types d'illusions perceptuelles.

Dans la vie courante, la plupart des illusions sont sans danger et même amusantes,

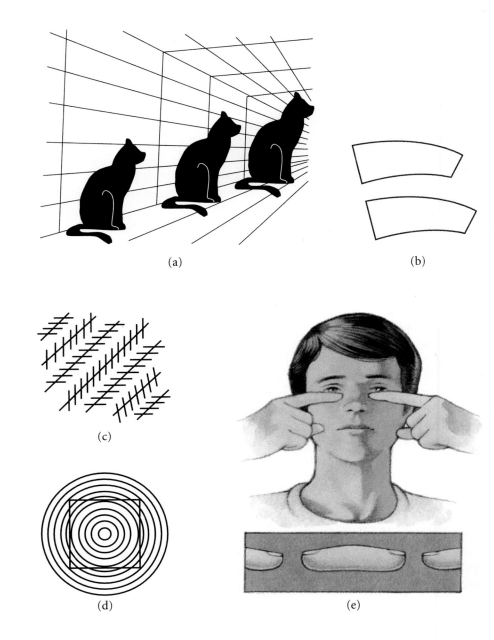

(a) (b) (c) (d) (e)

FIGURE 4.9 | **Quelques illusions visuelles**

(a) Les chats sont tous de la même taille. (b) Les deux figures sont de la même taille. (c) Toutes les lignes diagonales sont parallèles. (d) Les côtés du carré sont tous bien droits. (e) Pour observer cette illusion, placez vos index de 10 à 25 centimètres de vos yeux et regardez droit devant vous. Voyez-vous une forme flotter entre vos deux doigts? Pouvez-vous la faire diminuer ou croître? Comment expliquez-vous cette illusion?

comme dans le cas des **illusions de mouvement.** Par exemple, certaines enseignes lumineuses sont composées de milliers

d'ampoules qui s'allument et s'éteignent selon une configuration donnée pour créer une illusion de mouvement. Le *phénomène phi* est une illusion de mouvement qui se produit lorsque, dans un ensemble d'ampoules très proches les unes des autres, une première ampoule est éteinte et l'ampoule adjacente immédiatement allumée, et ainsi de suite pour toutes les ampoules, ce qui crée l'illusion que la lumière suit un mouvement continu d'une ampoule à l'autre. Le *mouvement stroboscopique*, dont dépend la perception du mouvement au cinéma, représente une autre illusion de mouvement bien connue. Il consiste en une série d'images fixes qui défilent à la vitesse d'au moins 16 images par seconde, ce qui produit chez le spectateur l'illusion d'un mouvement continu. Malheureusement, certaines illusions visuelles peuvent avoir des conséquences dramatiques. Ainsi, un automobiliste peut être amené à croire, par un effet de perspective linéaire, que la personne qui traverse la rue est un adulte, alors qu'il s'agit d'un enfant. Le phénomène de la constance de la taille lui fera penser à tort que l'enfant est plus éloigné qu'il ne l'est en réalité, si bien qu'il n'arrivera peut-être pas à freiner à temps pour l'éviter (Stewart, *et al.,* 1993).

Qu'avez-vous appris ?

RÉPONSES, p. 122

Ces questions ne sont pas une illusion. À vous d'y répondre... en utilisant le bon sens.

1. Par une nuit claire, vous arrivez à reconnaître plusieurs groupes d'étoiles. Comment les principes de la gestalt peuvent-ils rendre compte de votre performance ?

2. Vrai ou faux ? Le système visuel construit une représentation de l'environnement en regroupant l'ensemble des points lumineux ou des points sombres du champ visuel.

3. Placez une main à environ 30 centimètres de votre visage et l'autre, à environ 15 centimètres. a) Quelle main produira la plus petite projection rétinienne ? b) Pourquoi cette main ne vous paraît-elle pas plus petite ?

LES AUTRES SENS

Outre la vision, notre perception du monde s'appuie sur plusieurs autres sens. Ce sont l'audition, le goût, l'odorat, les sens cutanés et les sens proprioceptifs (kinesthésie et sens vestibulaire).

L'audition

Le système auditif fournit un lien vital avec le monde qui nous entoure. Lorsqu'il subit des dommages, les conséquences vont bien au-delà de la perte d'information auditive. Une diminution sévère des capacités auditives en bas âge nuit au développement normal du langage. Les personnes qui perdent l'ouïe ont souvent tendance à se sentir isolées, car les relations sociales sont fortement tributaires de la communication verbale. C'est pourquoi de nombreuses personnes souffrant de carences auditives décident d'apprendre le langage des signes, qui leur permet d'établir et de maintenir des relations sociales plus satisfaisantes.

Le stimulus à la base de l'audition est l'onde qui est créée par les changements de pression provoqués par un objet qui vibre ou qui relâche de l'air sous pression (comme dans un orgue à tuyaux). La vibration a pour effet de déplacer les molécules de la substance chargée de la transmission, habituellement l'air, ce qui provoque des variations de pression qui se dispersent dans toutes les directions. Les ondes sonores peuvent aussi se propager dans l'eau et les solides. C'est pourquoi, dans les westerns de notre enfance, les Indiens posaient l'oreille au sol afin de déceler une approche. Tout comme dans le cas de la vision, les principales caractéristiques physiques des ondes sonores se traduiront par des perceptions ou expériences psychologiques particulières. Ces caractéristiques physiques sont l'intensité, la hauteur tonale et le timbre. L'**intensité** est la dimension qui correspond à l'amplitude ou énergie contenue dans l'onde sonore, elle est mesurée en décibels. Un doux soupir correspond à environ 30 décibels, alors qu'un marteau pneumatique atteint 100 décibels. La **hauteur tonale** est associée à la fréquence de l'onde sonore, elle se mesure en

nombre de cycles par seconde ou hertz (Hz). Une personne à la voix grave a une hauteur tonale plus basse qu'une personne à la voix aiguë. Le **timbre** est la dimension qui rend compte de la complexité des variations des fréquences. Cette dimension est associée, du point de vue psychologique, à la qualité du son perçu. Une combinaison particulière de fréquences résulte en une perception particulière d'un timbre, aussi appelée harmonie. Lorsqu'une note est jouée sur une flûte, elle produit un son relativement pur, soit des ondes peu variées, alors que la même note jouée sur un hautbois produit des fréquences plus nombreuses, donc des sons plus complexes. La combinaison de toutes les fréquences du spectre sonore donne un son strident et désagréable appelé *bruit blanc*.

> **Timbre**
> Dimension du son qui correspond à la diversité des fréquences.

L'oreille est l'organe qui capte les sons. Comme vous pouvez le voir à la figure 4.10, elle comprend trois parties : la partie externe, la partie moyenne et la partie interne. L'onde sonore, d'abord recueillie par le pavillon de l'oreille externe, chemine le long du conduit auditif, d'environ 2,5 cm de long, pour aller frapper une membrane de forme ovale, le tympan. Celui-ci se met alors à vibrer à la même fréquence et à la même amplitude que l'onde sonore. Cette vibration est ensuite amplifiée par trois petits os, le marteau, l'enclume et l'étrier, avant de passer dans une structure en forme de coquille d'escargot, la cochlée. L'endroit où se produit véritablement l'audition est l'**organe de Corti,** petite cavité située à l'intérieur de la cochlée. Cette cavité abrite les **cellules ciliées,** des récepteurs sensoriels semblables à de courtes soies. Les cellules ciliées reposent sur la membrane basilaire, qui s'étend à l'intérieur de la cochlée. Lorsqu'une onde sonore entre dans la cochlée, elle fait vibrer la membrane basilaire, qui entraîne à son tour les cellules ciliées, qui se soulèvent ou se plient en fonction des vibrations. Différents signaux sont alors transmis par les cellules ciliées au nerf auditif.

> **Organe de Corti**
> Cavité à l'intérieur de la cochlée qui contient les cellules ciliées.
>
> **Cellules ciliées**
> Récepteurs d'ondes sonores situés dans l'organe de Corti et qui ont la forme de courtes soies.

Le rôle du cerveau est d'organiser ces signaux afin d'en construire une signification. Tout comme on ne voit pas l'image reçue sur la rétine, on n'entend pas le bruissement des cellules ciliées. Plusieurs principes empruntés à la théorie de la gestalt (présentée plus en détail dans la section consacrée à la vision) peuvent être utiles pour démêler la cacophonie de ces signaux. Prenons l'exemple d'une mélodie musicale pour illustrer ces principes. Nous distinguons les sons qui appartiennent à la *figure —*

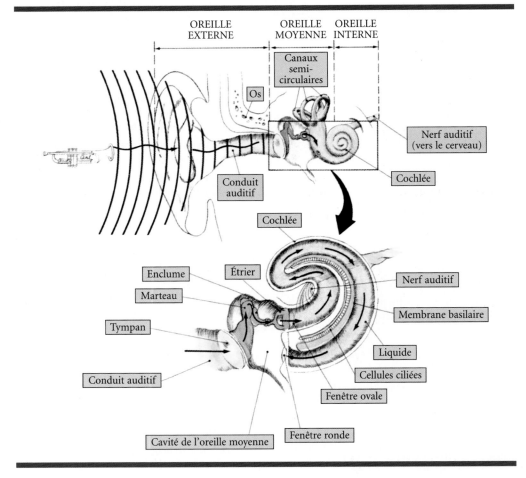

FIGURE 4.10 Les principales structures de l'oreille

la mélodie à laquelle nous sommes attentifs — de ceux qui ne constituent que le *fond* sonore. De plus, la *proximité* de certains sons cause des regroupements, la *continuité* suscite un prolongement espéré des sons qui devraient suivre ceux qui ont déjà été entendus, et la *fermeture* permet de comprendre la mélodie même en l'absence de certains sons. Il ne suffit pas d'organiser les sons, il faut aussi les localiser. Nous y parvenons grâce à l'utilisation de nos deux oreilles. Si un son provient de la droite, il atteint l'oreille droite en premier, ce qui nous indique sa direction. Lorsque le son provient d'une source située devant ou au-dessus de nous, nous avons tendance à bouger la tête : le léger décalage dans la réception des ondes qui s'ensuit nous permet alors de mieux localiser l'origine du son.

Le goût

Les différents composés chimiques stimulent des milliers de récepteurs sensoriels situés dans la bouche, essentiellement sur la langue, ce qui permet sur le plan psychologique d'apprécier le goût des aliments. Si vous regardez votre langue dans le miroir, vous noterez que sa surface est rugueuse. Elle est en fait composée de milliers de petites bosses appelées papilles gustatives. Chaque papille contient plusieurs **bourgeons du goût** à sa périphérie (voir la figure 4.11). Les récep-

> **Bourgeon du goût**
> Petite poche nichant dans les papilles gustatives et contenant de 15 à 50 récepteurs gustatifs.

teurs sensoriels sont situés à l'intérieur de ces bourgeons, à raison de 15 à 50 par bourgeon. Ils projettent de petites fibres nerveuses à l'extérieur, sur la surface de la langue, par un orifice situé au sommet du bourgeon du goût appelé pore gustatif. Les récepteurs sensoriels sont remplacés tous les dix jours environ, mais leur nombre décline avec l'âge, ce qui peut expliquer la diminution du goût observée chez les personnes âgées.

Il existe, semble-t-il, quatre saveurs de base : le salé, l'acide, l'amer et le sucré. Chaque aliment aurait une saveur particulière résultant d'une combinaison de ces quatre saveurs. Contrairement à ce que l'on peut lire dans la plupart des manuels d'introduction à la psychologie, qui présentent une illustration de la langue montrant les zones plus sensibles à certaines saveurs, les saveurs peuvent être perçues sur n'importe quelle zone de la langue où se trouvent des récepteurs. Selon Linda Bartoshuk (1993), psychophysiologiste, la méprise viendrait d'une illustration publiée dans un livre de psychologie en 1942, qui était erronée mais qui a été reprise sans vérification par la suite.

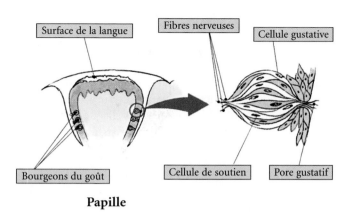

Papille

F I G U R E **4.11** ┤ **Les récepteurs responsables du goût**

L'illustration de gauche représente une papille, celle de droite représente un agrandissement d'un bourgeon du goût.

L'espèce humaine a une préférence marquée pour le sucre (Bartoshuk et Beauchamp, 1994), ce qui peut s'expliquer par le fait que le sucre a la propriété d'activer la libération des endorphines (Smith, *et al.,* 1990). Par exemple, quelques gouttes d'eau sucrée calment rapidement les pleurs des nouveau-nés. Nous avons aussi tendance à ne pas apprécier les substances amères, probablement parce que plusieurs substances toxiques ont un goût amer. Mais le goût est aussi affaire de culture. De nombreux Nord-Américains qui se délectent d'huîtres et de saumon fumé peuvent éprouver du dégoût en voyant des Asiatiques déguster de la pieuvre crue.

Il existe aussi un lien important entre le goût et l'odorat. Nous n'apprécierions pas le goût de saveurs délicates telles que le chocolat et la vanille si nous ne pouvions les sentir (Mozell, *et al.,* 1969). C'est pourquoi il nous est difficile de trouver du goût à quoi que ce soit lorsque nous avons le nez bouché. Certaines personnes qui ont de la difficulté à apprécier certains aliments souffrent parfois d'un problème olfactif plutôt que d'un problème gustatif.

L'odorat

L'odorat peut sembler être un sens quelque peu grossier si on le compare à la vision et à l'audition, mais il est très efficace et beaucoup plus utile que ce que l'on croit généralement.

L'odorat est vital pour certains animaux. Il l'est moins pour les humains bien qu'il permette de détecter les dangers reliés au feu, à la détérioration des aliments et à certains produits chimiques potentiellement dangereux.

Les récepteurs sensoriels des odeurs sont logés dans les muqueuses situées dans la partie supérieure des fosses nasales, tout juste sous les yeux (voir la figure 4.12). Ces neurones, au nombre de cinq millions dans chaque fosse nasale, réagissent aux molécules chimiques en suspension dans l'air. Certaines molécules semblent avoir des récepteurs qui leur sont propres. Des recherches montrent qu'il pourrait y avoir jusqu'à mille types de récepteurs différents, chacun n'étant sensible qu'à quelques composés moléculaires (Buck et Axel, 1991). Cette caractéristique du système olfactif contraste fortement avec la vision et le goût, qui ne possèdent que quelques types de récepteurs. Par ailleurs, l'ensemble des stimulations olfactives sont transmises au bulbe olfactif, région

située juste en dessous des lobes frontaux, et par la suite au cortex olfactif. C'est là que le cerveau procède à la détection de milliers d'odeurs différentes.

Les préférences pour les odeurs varient énormément tant sur le plan culturel que sur le plan individuel. Dans certaines sociétés, les gens s'enduisent les cheveux d'un corps gras ranci dégageant une forte odeur. Quiconque dans notre société occidentale s'adonnerait à pareil rituel se retrouverait rapidement confronté à des problèmes interpersonnels. On a aussi observé que plusieurs espèces animales produisent des phéromones, des substances chimiques odorantes qui influent parfois sur le comportement sexuel des autres membres de l'espèce. Certaines recherches montrent que l'être humain fabrique lui aussi des phéromones, ce qui a incité une parfumerie américaine à lancer sur le marché un parfum à base de phéromones qui provoquerait une forte attirance chez les membres de l'autre sexe. Mais avant de vous ruer dans une parfumerie, sachez que, selon les recherches effectuées, « l'eau de phéromone » n'a pas ce type d'effet chez les humains. En fait, en ce qui a trait aux comportements sexuels, les êtres humains sont habituellement plus influencés par ce que le cerveau apprend et par ce que l'œil voit que par ce que le nez transmet (Wade et Cirese, 1991).

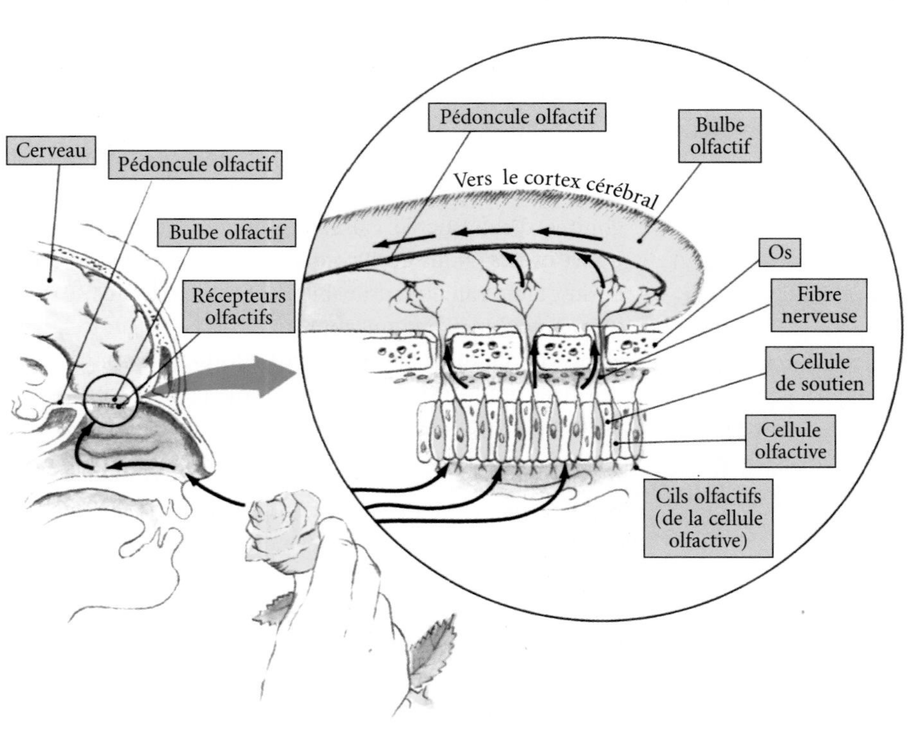

Les sens cutanés

L'utilité de la peau va bien au-delà de la protection qu'elle offre contre les agents extérieurs. Elle rend possible quatre types de sens : le toucher, la pression, la température et la douleur. Pendant longtemps, on a cru que chacun de ces quatre sens était associé à un type de récepteur donné, mais cette théorie est remise en question. Même s'il existe sur la peau des zones particulièrement sensibles au froid, à la chaleur, à la pression et à la douleur, la corrélation entre les récepteurs sensoriels de ces zones et les sensations ressenties est complexe. Les recherches les plus

FIGURE 4.12 Les récepteurs olfactifs

Les molécules contenues dans l'air circulent dans les fosses nasales où sont localisés les récepteurs olfactifs. Le reniflement accélère le processus en faisant circuler plus rapidement les molécules dans les fosses nasales.

récentes se concentrent sur les réseaux de la transmission nerveuse des récepteurs plutôt que sur leurs caractéristiques propres.

Les récepteurs à l'origine des sensations cutanées sont situés à différentes profondeurs sous la peau et répartis inégalement sur le corps. Ainsi, les récepteurs qui réagissent davantage à la pression sont plus nombreux au bout des doigts, sur le visage et sur les organes génitaux, et les récepteurs plutôt sensibles à la température semblent répartis assez uniformément sur le corps. Ces récepteurs sont essentiels à notre survie, ils nous préviennent des dangers éventuels associés à notre environnement immédiat, comme une chaleur ou une pression excessives qui peuvent causer des dommages importants à l'organisme.

La douleur a fait l'objet de nombreuses recherches. Elle diffère des autres sens en ce que le retrait du stimulus qui l'a provoquée n'y met pas nécessairement fin. Par exemple, des douleurs chroniques peuvent bouleverser la vie d'une personne et mener à la dépression et au désespoir. De même, une personne amputée d'un membre peut continuer à ressentir des douleurs dans ce membre — d'où l'expression «douleur du membre fantôme». L'élimination des récepteurs sensoriels lors de l'amputation n'élimine pas la sensation de douleur qui était présente *avant* la disparition de ces récepteurs (Katz et Melzack, 1990).

Selon la **théorie des portillons,** l'expérience de la douleur dépend en partie du fait que l'influx nerveux réussit ou non à franchir des contrôles d'entrée (les «portillons»), situés à différents niveaux de la moelle épinière, pour atteindre le cerveau (Melzack et Wall, 1965). Les portillons sont formés de neurones qui vont soit transmettre, soit bloquer les messages nociceptifs (signaux informant de la douleur) en provenance des muscles, de la peau ou des organes internes. C'est la raison pour laquelle se pincer légèrement la peau d'un bras peut éliminer temporairement la douleur d'un pied endolori : les stimulations venant du bras bloquent le passage des stimulations venant du pied. Les phénomènes de la douleur chronique et de la douleur du membre fantôme s'expliqueraient quant à eux par la destruction des neurones qui bloquent normalement le passage de la douleur.

> **Théorie des portillons**
> Théorie qui postule que le mécanisme par lequel les influx nerveux transmettent la douleur peut être bloqué au niveau de la moelle épinière.

Au cours des trois dernières décennies, les chercheurs ont découvert que plusieurs composés chimiques étaient libérés à l'endroit où survenait la douleur et qu'ils contribuaient à accroître l'inflammation des tissus et l'activation des récepteurs. Parmi ces substances, un important neurotransmetteur, appelé substance P, serait associé à l'accroissement de la perception de la douleur. D'un autre côté, les chercheurs ont aussi découvert que la suppression de la douleur avait pour effet de libérer des endorphines dans le cerveau (voir le chapitre 3) ; or, l'un des effets connus des endorphines est précisément d'empêcher les fibres nerveuses de libérer la substance P (Jessel et Iversen, 1979 ; Ruda, 1982). Ces observations montrent que la douleur est un phénomène encore plus complexe que les scientifiques ne le pensaient lorsque la théorie des portillons a été proposée. Les chercheurs s'efforcent maintenant de percer le code qui régit la transmission de l'information provenant des récepteurs cutanés, et, pour la plupart d'entre eux, c'est là que se situe la clé de l'énigme de la douleur.

Les sens proprioceptifs

Deux sens nous informent des mouvements de notre propre corps : la kinesthésie et le sens de l'équilibre. La **kinesthésie** nous indique où sont situées les différentes parties de notre corps et nous fait part de leurs déplacements. Elle fait appel aux récepteurs de la douleur et de la pression, situés dans les muscles, les articulations et les tendons, qui signalent ces mouvements au cerveau. Sans la kinesthésie, il serait difficile de régir et de coordonner les mouvements volontaires du corps tels que marcher ou mâcher un bonbon. Rappelez-vous combien il vous est difficile de mâcher un aliment après que le dentiste vous a anesthésié la mâchoire.

> **Kinesthésie**
> Sens qui nous permet de connaître la position et les mouvements des différentes parties du corps.

Le **sens de l'équilibre** nous informe de la position du corps tout entier. Tout comme la vision, il nous indique si nous sommes debout ou sur la tête, ou sur le point de tomber. Ce sont les cellules ciliées des canaux semi-circulaires de l'oreille interne (voir la figure 4.10) qui, en réagissant aux mouvements des liquides contenus dans ces canaux, nous permettent de déterminer notre orientation globale dans l'espace.

> **Sens de l'équilibre**
> Sens qui nous informe sur la position du corps tout entier.

Normalement, la kinesthésie et le sens de l'équilibre travaillent de concert pour nous transmettre une représentation de notre propre réalité physique. Nous tenons ces sens pour acquis et nous ne leur accordons que peu d'attention ; pourtant, s'ils venaient à manquer, ce serait pour nous un grand handicap. Rappelez-vous le cas de Christina, évoqué dans l'introduction de cette troisième partie. La jeune femme avait

subi des dommages irréparables aux fibres nerveuses responsables de la kinesthésie. Immédiatement après son accident, elle était aussi molle qu'une poupée de chiffon, elle ne pouvait se lever, marcher ou se tenir debout. Peu à peu, à force de volonté, elle a réussi à refaire ces mouvements à l'aide d'indices visuels, mais de façon très maladroite. Par exemple, pour prendre une fourchette, elle devait la saisir de toutes ses forces, sinon elle la laissait tomber. Cependant, même si elle avait conservé la sensibilité de la peau au toucher, elle ne percevait plus les différentes parties de son corps comme formant une entité physique unie (Sacks, 1985).

Au-delà des régularités dans les sensations et les perceptions examinées ci-dessus, et que nous devons à notre « bagage » sensoriel commun, il est clair que nous ne percevons pas tous notre environnement de la même façon. Un appareil photo-graphique ne se soucie pas de ce qu'il « voit », pas plus qu'un robot dans une usine d'assemblage ne se soucie de ce qu'il « touche ». Mais parce que nous, humains, accordons de l'importance à ce que nous voyons, entendons, goûtons, humons ou ressentons, notre perception sera influencée par de nombreux facteurs psychologiques. Parmi ces facteurs, on compte les besoins ponctuels, les croyances en des règles qui régissent les relations entre les objets et les personnes, les émotions passagères et les attentes que nous avons au sujet de ce qui devrait se produire ou pas. Ces facteurs seront étudiés plus en détail dans la partie consacrée à la perspective cognitive.

Qu'avez-vous appris ?

RÉPONSES CI-DESSOUS

Pouvez-vous organiser votre perception de façon à répondre aux questions suivantes ?

1. Quelles sont les dimensions psychologiques de l'audition correspondant à l'amplitude, à la fréquence et à la diversité des ondes sonores ?

2. Claire souffre d'une douleur chronique à l'épaule. Comment la théorie des portillons pourrait-elle l'expliquer ?

3. Daniel a toujours de la difficulté à apprécier le goût des aliments. Quelle est l'explication la plus plausible ?

Réponses

Page 106

1. Seuil absolu 2. L'habituation sensorielle 3. Privation sensorielle 4. Attention sélective 5. Vingt-deux millimètres puisque la constante est de 1/10 pour le premier groupe.

Page 117

1. Le principe de proximité incite à regrouper certaines étoiles plus rapprochées ; le principe de fermeture permet de combler les vides et de percevoir des formes complètes même si les étoiles ne sont pas reliées entre elles. 2. Faux, la représentation est surtout produite à partir de la détection des lignes qui forment les contours. 3. a) La main la plus éloignée produira la plus petite image sur la rétine. b) Votre cerveau tient compte des différences de distance dans l'évaluation de la taille ; de plus vous connaissez la taille de vos mains (constance de la taille).

Page 122

1. L'intensité, la hauteur tonale et le timbre. 2. Les fibres nerveuses qui devraient normalement bloquer la transmission de la douleur ont peut-être été endommagées. 3. Son sens de l'odorat peut être affaibli soit par la maladie, soit par l'usage du tabac qui a détruit certains récepteurs sensoriels.

RÉSUMÉ

1 La *sensation* est la détection par les récepteurs sensoriels des changements physiques survenant dans l'environnement ou dans l'organisme et la transmission de cette information au système nerveux central. La *perception* est l'ensemble des processus qui organisent et interprètent les stimulations sensorielles.

2 Le trajet de toute sensation commence au niveau des récepteurs sensoriels qui convertissent l'énergie — provenant de la lumière, de la pression mécanique ou de molécules chimiques — en influx électriques acheminés le long des nerfs sensitifs jusqu'au cerveau. Le caractère distinct d'une sensation est assuré par les voies spécifiques réservées à chacun des sens et par le mode particulier d'activation et d'inhibition des neurones provoqué par la stimulation sensorielle.

3 Les psychologues spécialisés en *psychophysique* étudient les capacités sensorielles. La mesure du *seuil absolu* indique la plus petite quantité d'énergie qui peut être détectée pour un sens donné. Le *seuil différentiel* est la plus petite différence qui permet de différencier deux stimulations de façon fiable pour un sens donné.

4 Nos sens réagissent aux changements de stimulations et aux contrastes dans l'environnement. Une quasi-absence de stimulations peut causer une *privation sensorielle.* Une surabondance de stimulations peut produire une surcharge d'information: l'individu doit alors faire appel à l'*attention sélective* en concentrant son attention sur ce qui est réellement important ou utile pour lui. Lorsque la stimulation est répétitive, l'*habituation sensorielle* survient.

5 La *perception subliminale* est la capacité de détecter un signal au-dessous du seuil de perception sans en prendre conscience et avec une acuité plus grande que ce qui peut être attribué au hasard: ce phénomène est connu et étudié depuis de nombreuses années. Des recherches sérieuses montrent que les messages utilisant ce procédé ne peuvent influer sur les comportements complexes tels que «perdre du poids» ou «améliorer son estime de soi».

6 La vision est affectée par la lumière visible qui provient soit du soleil, soit des autres astres, soit de sources artificielles comme les néons ou les ampoules. Les récepteurs visuels, les *bâtonnets* et les *cônes,* sont situés sur la *rétine* de l'œil. Les bâtonnets sont sensibles aux variations de luminosité, alors que les cônes permettent la vision de la couleur. L'œil n'est pas un appareil photo; le cerveau reçoit des informations fragmentaires sur des lignes, des angles, des teintes, des textures, etc., et il les réorganise pour en former une représentation unifiée.

7 La *théorie trichromatique* et la *théorie des processus antagonistes* permettent de rendre compte des différentes étapes du processus qui mène à la vision des couleurs. Dans un premier temps, les trois types de cônes réagissent de façon sélective à différentes longueurs d'ondes. Dans un second temps, certaines cellules nerveuses du système visuel répondent de façon opposée aux différentes longueurs d'ondes de lumière.

8 La perception met en œuvre la construction continue d'une représentation du monde. Les gestaltistes ont énoncé un certain nombre de principes, appelés *lois de la gestalt,* qui permettent de comprendre l'organisation perceptive. Ces principes peuvent être appliqués pour améliorer le design des produits manufacturés d'utilisation courante.

9 Les *indices binoculaires* et les *indices monoculaires* permettent de percevoir la profondeur; c'est à ces derniers que les artistes ont recours lorsqu'ils veulent simuler la profondeur sur une surface à deux dimensions. Grâce à la *constance perceptuelle,* il est possible de maintenir une représentation stable d'un objet en dépit de changements dans les stimulations

▶▶

sensorielles qui lui sont associées. Les ***illusions perceptuelles*** surviennent lorsque notre cerveau est trompé par des indices environnementaux, ces illusions sont très utiles pour étudier les processus par lesquels le cerveau parvient à donner un sens à son environnement.

10 Les caractéristiques physiques des ondes sonores se traduisent par des perceptions ou expériences psychologiques particulières, soit l'***intensité,*** la ***hauteur tonale*** et le ***timbre.*** L'audition se produit dans l'***organe de Corti,*** petite cavité localisée à l'intérieur de la cochlée. C'est là que se trouvent les ***cellules ciliées,*** des récepteurs semblables à de courtes soies.

11 Les milliers de papilles qui recouvrent la langue et lui confèrent son caractère rugueux contiennent des ***bourgeons du goût.*** Ces derniers comportent des récepteurs sensibles à la composition chimique des aliments. Chaque aliment aurait une saveur particulière résultant d'une combinaison des quatre saveurs de base : le salé, l'acide, l'amer et le sucré. Il existe un lien important entre le goût et l'odorat.

12 Les récepteurs des odeurs sont logés dans les muqueuses situées au sommet des fosses nasales. Ces neurones, au nombre de cinq millions environ dans chacune des deux fosses nasales, réagissent aux molécules chimiques en suspension dans l'air. Selon certaines recherches, il pourrait y avoir jusqu'à mille types de récepteurs différents, chacun n'étant sensible qu'à quelques composés moléculaires seulement.

13 La peau rend possibles quatre types de sens : le toucher, la pression, la température et la douleur. La douleur a été particulièrement étudiée. D'après la ***théorie des portillons,*** l'expérience de la douleur varie selon que l'influx nerveux parvient à franchir des passages (les « portillons ») dans la moelle épinière et réussit ainsi à atteindre le cerveau.

14 Deux sens nous tiennent informés des mouvements de notre propre corps : la kinesthésie et le sens de l'équilibre. La ***kinesthésie*** nous indique où se situent les différentes parties de notre corps et comment elles se déplacent ; le ***sens de l'équilibre*** nous donne la position de notre corps tout entier.

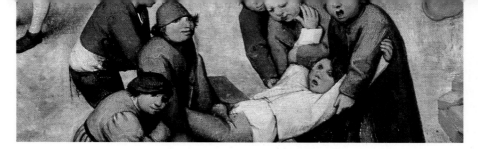

évaluation de la perspective
biologique

Il y a trente ans, la perspective biologique en était encore à ses débuts. On ne connaissait pas les endorphines et on venait tout juste de découvrir les neurotransmetteurs. Les scientifiques ne disposaient ni de la scanographie ni de l'imagerie par résonance magnétique pour scruter le cerveau. La démence sénile représentait une énigme et des troubles psychologiques étaient souvent diagnostiqués chez des personnes atteintes en réalité d'anomalies du cerveau. L'idée d'identifier chacun des gènes humains aurait été considérée comme relevant de la science-fiction.

Il n'en va plus de même aujourd'hui. La compréhension du système nerveux et de la chimie du cerveau a fait un bond prodigieux. Nous en avons probablement appris davantage sur le cerveau au cours des vingt dernières années qu'au cours des deux derniers siècles. La perspective biologique permet maintenant aux psychologues de mieux évaluer l'influence de la physiologie sur le tempérament, les aptitudes, les troubles mentaux, les émotions et bien d'autres aspects de la psychologie humaine. Dans certains cas, comme celui de l'autisme, les théories biologiques ont rendu totalement désuètes les théories purement psychologiques. Chaque mois, les généticiens font de nouvelles découvertes. Des chercheurs de plusieurs pays unissent leurs efforts pour dresser une cartographie complète du génome humain, c'est-à-dire de ses 3 milliards d'unités d'ADN. Certains scientifiques optimistes croient que cette tâche sera accomplie d'ici quelques années.

APPORT DE LA PERSPECTIVE BIOLOGIQUE

La psychologie s'est rapprochée de la biologie et des neurosciences au fur et à mesure que s'accumulaient les découvertes sur le fonctionnement biologique du comportement humain. Voici quelques-unes des principales contributions de la perspective biologique à la psychologie dans son ensemble.

1 Rejet de la thèse environnementaliste

En psychologie, les trois décennies qui ont suivi la fin de la Seconde Guerre mondiale ont été dominées par la doctrine selon laquelle la culture et l'environnement étaient les déterminants principaux, sinon les seuls, de la personnalité, de l'intelligence et du comportement. Cet extrémisme environnementaliste était probablement dû à l'interaction de trois facteurs : la popularité du béhaviorisme, la croyance occidentale dans l'égalité et la perfectibilité de l'être humain, et l'association entre explication biologique et racisme. Il faut rappeler que, durant les années 1930 et 1940, les nazis ont eu recours à des thèses vantant la supériorité génétique de leur « race » pour justifier l'extermination de millions d'individus. Cet épisode tragique de l'histoire de l'humanité explique l'aversion qu'éprouvent encore certains psychologues à l'égard des explications biologiques des aptitudes et des comportements humains.

Mais les découvertes des spécialistes des neurosciences ont imprimé un retour du balancier en montrant que l'on ne peut espérer parvenir à comprendre la personnalité et les comportements si l'on ne tient pas compte du cerveau, de la physiologie et des gènes. La perspective biologique nous rappelle aussi que, en dépit de la complexité de notre système nerveux et des grandes réalisations de l'être humain, nous avons plusieurs caractéristiques en commun avec les autres espèces animales. Comme toutes les espèces, nous subissons l'influence de caractéristiques héritées au cours de l'évolution. Par exemple, il nous est plus facile d'acquérir la phobie des araignées ou celle des hauteurs que la phobie des distributeurs automatiques ou celle des grille-pain, puisque les premières ont représenté un danger durant l'évolution de l'espèce humaine.

2 Reconnaissance de la contribution de la santé physique au bon fonctionnement du cerveau

La perspective biologique nous enseigne que le manque d'exercice, les troubles du sommeil et les mauvaises habitudes alimentaires sont susceptibles de perturber nos activités cognitives et émotionnelles. Des recherches montrent que l'exercice physique régulier contribue à diminuer les réactions physiologiques au stress (Brown, 1991), à accroître l'estime de soi d'enfants d'âge préscolaire (Alpert, *et al.,* 1990) et même à améliorer le fonctionnement cognitif (Taylor, 1995). L'alimentation de tous les jours peut aussi influer sur l'humeur, car des éléments nutritifs donnés sont essentiels à la production de certains neurotransmetteurs (Wurtman, 1982). Les tenants de la perspective biologique nous mettent donc en garde contre les régimes alimentaires à la mode qui font constamment la promotion d'un nouveau produit vedette — aliment ou vitamine — et qui prônent la suppression complète d'autres types d'aliments. Le meilleur régime pour le cerveau et l'humeur est une alimentation équilibrée qui comprend une variété d'aliments, des protéines et des glucides entre autres. Malheureusement, la pauvreté et la négligence ne permettent pas à tous et à toutes de bien s'alimenter.

Les toxines présentes dans l'environnement peuvent aussi nuire au développement des habiletés cognitives. Selon une recherche longitudinale effectuée par Needleman et ses collaborateurs (1990), l'exposition à de fortes concentrations de plomb durant l'enfance est associée, à l'adolescence, à un vocabulaire restreint, des temps de réaction plus lents, une faible coordination œil-main et de faibles capacités de lecture, et ce même si l'on tient compte d'un grand nombre d'autres facteurs explicatifs. De même, une autre étude menée sous la direction de Needleman (1996) a montré que certains garçons dont les os comportaient de fortes concentrations de plomb présentaient plus de problèmes d'attention, de comportements agressifs et de délinquance. Ces résultats sont désolants, car ils indiquent que, malgré l'établissement de réglementations visant à diminuer la présence du plomb, notamment dans l'essence et la peinture, de nombreux enfants vivent encore dans des taudis où la peinture, à base de plomb, date d'une époque antérieure à ces réglementations. Ces observations illustrent un problème social important, à savoir les répercussions de la pauvreté sur les capacités cognitives et les comportements d'une couche importante de la population.

3 Meilleure compréhension des fondements biologiques des troubles mentaux

On sait désormais que plusieurs troubles mentaux longtemps considérés comme étant d'ordre purement psychologique ou comme résultant du vieillissement normal, telle la sénilité, comportent en fait des anomalies génétiques, neurologiques ou biochimiques. Par exemple, les scientifiques pensent maintenant que la sénilité peut résulter de plusieurs maladies, dont la maladie d'Alzheimer. Le cerveau des patients atteints de la maladie d'Alzheimer contient des dépôts inhabituels de bêta-amyloïde, une protéine dont certaines formes seraient toxiques pour les neurones ou activeraient d'autres substances toxiques. Selon certains scientifiques, ces dépôts causeraient la dégénérescence du cerveau chez les personnes souffrant de la maladie d'Alzheimer (bien que diverses autres protéines soient également susceptibles de jouer un rôle, peut-être même prépondérant ; voir Pennisi, 1994).

Plusieurs gènes ont été incriminés dans la maladie d'Alzheimer. La mutation d'un de ces gènes, situé sur le chromosome 14, pourrait être responsable jusqu'à 80 p. cent des nouveaux cas de maladie d'Alzheimer de type précoce, c'est-à-dire qui se déclarent tôt dans la vie, soit à partir de 40 ans (Sherrington, *et al.,* 1995). La version normale de ce même gène produit une protéine qui pourrait jouer un rôle dans la production de la bêta-amyloïde. On a récemment découvert un gène, sur le chromosome 1, qui pourrait être responsable des autres cas de la forme précoce de la maladie d'Alzheimer (Levy-Lahad, *et al.,* 1995a, 1995b). Un autre gène, sur le chromosome 19, semble accroître le risque de déclenchement tardif de la maladie (Corder, *et al.,* 1993). Ces recherches et d'autres en cours vont aider à mieux comprendre cette terrible maladie et à découvrir un traitement approprié.

Les progrès réalisés par la perspective biologique sont si extraordinaires que l'on peut en perdre tout sens critique. Ainsi, pour certains chercheurs, il sera bientôt possible de savoir quel gène est responsable de chaque tendance de la personnalité, depuis l'attrait pour la télévision jusqu'au génie mathématique ! Cependant, la majorité des chercheurs est d'avis que ces attentes envers la perspective biologique sont largement exagérées, voire farfelues. Avant de s'engager à grande vitesse sur l'autoroute biologique, nous devons prendre en considération les limites qui sont de mise lorsque vient le temps d'analyser et d'interpréter les découvertes propres à cette perspective.

LIMITES DE LA PERSPECTIVE BIOLOGIQUE

La plupart des psychologues tiennent compte de l'influence de l'environnement dans leur explication des comportements. Cependant certains, possiblement grisés par les réussites de la perspective biologique, font parfois preuve de *réductionnisme biologique*. Il s'agit d'une tendance à expliquer des problèmes personnels et sociaux complexes uniquement en fonction de quelques mécanismes physiologiques de base.

Tout réductionnisme fausse et limite la compréhension du comportement humain, tel est le cas du réductionnisme biologique, qui exerce un attrait bien particulier sur nombre de personnes à l'heure actuelle. Cet attrait est dû en partie à la croyance que, grâce à la biologie — injection d'hormone, prise de médicament ou greffe de tissu nerveux — , on peut obtenir des guérisons rapides. Dans ces conditions, l'excès ou l'absence d'une sécrétion suffirait à justifier le comportement déviant de certains individus et à les disculper. En Angleterre, une femme accusée du meurtre de son compagnon — qu'elle a écrasé contre un poteau avec sa voiture — a été acquittée parce qu'elle souffrait du « syndrome prémenstruel ». À San Antonio, au Texas, un violeur a tenté, en vain, de faire admettre qu'il n'était pas responsable de ses actes parce que son taux de testostérone était élevé. L'idée que les hormones seraient en elles-mêmes la *cause* directe d'un meurtre ou d'un viol — « Cette personne n'est pas coupable, elle est en fait victime de ses gènes » — est une forme extrême de réductionnisme biologique. Les deux cas mentionnés ci-dessus soulèvent évidemment des questions juridiques primordiales.

Le réductionnisme biologique donne naissance à trois types d'erreurs fréquentes dans l'interprétation des découvertes de la biologie.

1 Établissement de conclusions trop hâtives

Le processus scientifique est de nature lent et ardu ; par ailleurs, les découvertes soudaines et spectaculaires font de très bonnes manchettes de journaux. Il en résulte que les médias exagèrent souvent les résultats des recherches en biologie ou encore qu'ils tirent des conclusions en s'appuyant uniquement sur une ou deux études. Le public, avide de réponses rapides, ne demande souvent pas mieux que de les croire.

Il y a quelques années, par exemple, les journalistes ont immédiatement réagi avec enthousiasme à certaines études qui ont fait entrevoir la possibilité de l'existence d'un lien entre un gène donné et les **troubles bipolaires** (anciennement appelés troubles maniacodépressifs), troubles de l'humeur caractérisés par l'alternance de périodes de dépression extrême et de périodes d'euphorie exagérée. Les auteurs de ces études incriminaient un gène situé tantôt sur le chromosome X, tantôt sur le chromosome 6 ou le chromosome 11 (Baron, *et al.*, 1987 ; Egeland, *et al.*, 1987). Cependant, des recherches ultérieures n'ont pas confirmé la présence d'anomalies chromosomiques chez les personnes atteintes de troubles bipolaires (Faraone, *et al.*, 1990 ; Kelsoe, *et al.*, 1989). Il semble que les différences observées au cours des premières études n'aient été que pure coïncidence ou qu'elles aient été propres aux sujets examinés. Plusieurs centres de recherche tentent encore de déterminer la localisation des gènes susceptibles de jouer un rôle dans les troubles bipolaires mais, jusqu'à présent, leurs efforts sont restés vains. Nick Martin, un généticien australien, a fait l'observation suivante : « Tous ces chercheurs commencent à être eux-mêmes déprimés » (cité dans Aldhouse, 1992).

> **Trouble bipolaire**
> Trouble de l'humeur caractérisé par l'alternance de périodes de dépression et de périodes d'euphorie.

Il est parfois difficile d'attendre la réalisation de telles études supplémentaires, surtout lorsque la recherche porte sur un sujet brûlant et que les résultats semblent confirmer des croyances répandues. En 1982, après avoir disséqué 14 cerveaux humains, deux anthropologues ont affirmé avoir observé une différence notable entre les sexes quant à la taille et à la forme de la partie postérieure du corps calleux, soit le faisceau de fibres reliant les deux hémisphères (de Lacoste-Utamsing et Holloway, 1982). Ils en ont déduit que « la latéralisation du cerveau, c'est-à-dire la spécialisation des hémisphères, est moins prononcée chez les femmes que chez les hommes » en ce qui a trait à diverses fonctions, dont les aptitudes spatio-visuelles. Cette nouvelle a été accueillie par certains groupes avec autant d'enthousiasme que s'il s'était agi de la découverte d'un autre manuscrit de la mer Morte, et elle a rapidement été transmise par les journaux, les revues et même certains manuels scolaires, qui l'ont présentée comme une différence vérifiée entre les sexes.

Après une décennie de recherches, la réalité paraît tout autre. William Byne (1993), un spécialiste des neurosciences, a constaté que, parmi toutes les études portant sur ce sujet, seule l'étude de 1982 avait conduit les chercheurs à relever que la partie postérieure du corps calleux est plus grosse chez les femmes. Dans deux études antérieures, effectuées en 1906 et en 1909, les auteurs avaient conclu qu'elle était plus grosse chez les hommes et, dans 21 études réalisées plus tard, ils n'avaient observé aucune différence liée au sexe. Les recherches portant sur la forme de la partie postérieure du corps calleux ont également donné des résultats contradictoires : dans quatre études, les auteurs ont constaté qu'elle est plus sphérique chez les femmes ; dans une autre étude, qu'elle est plus sphérique chez les hommes ; selon six autres études, il n'existe pas de différence liée au sexe. Mais personne ne sait ce que peut signifier la taille ou la forme de cette partie du corps calleux ! Les spéculations fourmillent, bien sûr, mais pour le moment ce ne sont que des spéculations. Par conséquent, s'il faut être attentif aux nouvelles découvertes, il importe tout autant d'adopter une attitude empreinte de prudence afin que la portée des résultats ne soit pas mal interprétée ou carrément exagérée.

2 Conclusions non fondées à propos des relations de cause à effet

Il est vrai que le cerveau influe sur la manière dont l'individu perçoit l'univers, mais il ne faut jamais oublier que l'expérience de l'individu modèle également le cerveau (Byne et Parsons, 1993). Chaque fois que l'on évalue des données, surtout s'il s'agit d'études corrélationnelles, il faut se poser la question suivante : des facteurs biologiques influent-ils sur le comportement, ou est-ce l'inverse qui se produit ? Ou encore les deux à la fois ?

Il arrive souvent que l'expérience exerce une influence déterminante sur les caractéristiques biologiques. Par exemple, chez les singes, et probablement aussi chez les humains, la privation de contact social en bas âge ou un traumatisme peuvent entraîner des anomalies touchant des neurotransmetteurs (Kraemer, *et al.*, 1984 ; Kramer, 1993). De même, des dizaines d'études effectuées sur des animaux ont montré qu'un environnement stimulant peut être à l'origine de modifications structurales bénéfiques pour le cerveau. Les rats qui apprennent à effectuer des tâches complexes, ou qui ont l'occasion de s'amuser avec de nombreux jouets au cours de leur développement, présentent un cortex plus épais et plus lourd, et certaines régions de leur cerveau contiennent des réseaux de connexions synaptiques plus riches, par comparaison avec des rats vivant dans un environnement peu stimulant (Diamond, 1993 ; Greenough et Anderson, 1991 ; Greenough et Black, 1992 ; Rosenzweig, 1984).

La stimulation des capacités intellectuelles favorise également le développement du cerveau chez les humains, enfants et adultes. Au cours d'une étude longitudinale, des chercheurs ont constaté que des enfants vivant en milieu urbain qui s'étaient adonnés à des activités mentalement enrichissantes dès leur plus jeune âge et tout le long de leur enfance avaient un quotient intellectuel (Q.I.) plus élevé à l'âge de 12 ans que les enfants d'un groupe témoin (Campbell et Ramey, 1994, 1995). Il a également été prouvé que la pratique de certaines tâches est susceptible de stimuler davantage le cerveau. Des études, réalisées au moyen de la scanographie, ont montré que, chez les personnes qui réussissent bien à certains tests, le cerveau est moins actif durant l'exécution de certaines tâches intellectuelles ; celui-ci transforme le glucose à un rythme plus lent que chez les personnes qui réussissent moins bien (Haier, *et al.*, 1988 ; Parks, *et al.*, 1988). Mais le fait que le cerveau est efficace sur le plan neurologique représente-t-il la *cause* ou le *résultat* d'une performance supérieure à la moyenne ? La seconde interprétation est étayée par les données d'une étude au cours de laquelle les sujets ont eu l'occasion de s'adonner à un jeu électronique pendant plusieurs semaines. D'une séance à l'autre, le rythme du métabolisme du glucose des sujets a ralenti graduellement (Haier, *et al.*, 1992) au fur et à mesure que les résultats des sujets s'amélioraient.

Ces recherches sont fascinantes et soulignent une contribution intéressante et inattendue de la perspective biologique : alors que bien des gens tiennent pour acquis que des facteurs biologiques déterminent l'intelligence, les auteurs de ces études laissent entendre que l'expérience vécue et l'environnement influent sur le cerveau, que ce soit au détriment ou à l'avantage de l'individu.

3 Exagération de l'importance des gènes

À la lecture de comptes rendus portant sur l'influence des gènes sur le comportement ou les troubles psychologiques, les gens ont tendance à supposer que les gènes sont *seuls* en cause. Le langage employé par certains chercheurs est en partie responsable de cette erreur. La biologiste Ruth Hubbard et l'écrivain Elijah Wald (1993) ont fait observer que, lorsque les scientifiques et les journalistes disent que les gènes «régissent», «programment» ou «déterminent» le comportement ou qu'ils parlent des gènes «de» tel ou tel trait distinctif, leur discours contribue à masquer la complexité réelle des processus biologiques et sociaux. En fait, la plupart des chercheurs de la perspective biologique sont les premiers à reconnaître que tout comportement complexe dépend de nombreux facteurs.

Prenons l'exemple de l'orientation sexuelle. De nombreux chercheurs sont persuadés que l'orientation sexuelle est déterminée génétiquement et que les homosexuels et les hétérosexuels, hommes et femmes, diffèrent sur le plan des processus hormonaux et neuroendocriniens (Gladue, 1994). Il y a quelques années, Simon LeVay (1991) a fait la une des journaux après avoir publié des données étayant l'existence d'une différence anatomique entre certaines structures cérébrales chez des hommes homosexuels et des hommes hétérosexuels (voir aussi Allen et Gorski, 1992). D'autres chercheurs ont pu prouver que l'orientation sexuelle est, en partie du moins, de nature héréditaire tant chez les hommes que chez les femmes (Bailey et Pillard, 1991; Bailey et Benishay, 1993; Bailey, *et al.*, 1993; Hershberger, *et al.*, 1995; Whitam, *et al.*, 1993). Enfin, en 1993, Dean Hamer et ses collaborateurs ont causé tout un émoi en publiant les résultats d'une étude génétique au cours de laquelle les auteurs avaient constaté qu'une même séquence d'ADN se retrouvait sur le chromosome X chez 33 paires de frères homosexuels, sur les 40 examinées, ce qui représente un taux sensiblement plus élevé que celui que l'on s'attendrait à observer chez des frères choisis au hasard. Cette étude fut confirmée deux ans plus tard auprès du même groupe de sujets (Hu, *et al.*, 1995).

Ces résultats contredisent les interprétations avancées par les autres perspectives de la psychologie pour expliquer les «origines» de l'homosexualité ou de l'hétérosexualité*. Ces recherches laissent entendre que l'orientation homosexuelle ne serait pas liée à des soins maternels déficients, à l'absence du père ou à une psychopathologie individuelle, comme l'ont affirmé des psychanalystes (Bell, *et al.*, 1981; Garnets et Kimmel, 1993). Elle ne serait pas non plus liée à des pratiques de socialisation ou à des modèles parentaux, comme l'ont avancé des théoriciens béhavioristes. En effet, en tant que parents, les gais et les lesbiennes n'ont pas plus de chances

que les parents hétérosexuels des deux sexes d'avoir des enfants homosexuels (Bailey, *et al.*, 1995; Patterson, 1992). L'orientation sexuelle ne serait pas davantage associée à des facteurs sociaux ou culturels, comme l'ont soutenu des psychologues d'orientation socioculturelle. Par exemple, des chercheurs du Kinsey Institute ont réalisé une vaste enquête et analysé des études déjà publiées; ils en sont venus à la conclusion qu'il n'existe aucune base scientifique solide sur laquelle on puisse appuyer une explication quelconque de nature psychologique ou sociale (Bell, *et al.*, 1981). Il ne faut donc pas s'étonner que les chercheurs, et nombre de lesbiennes et de gais, se tournent vers la biologie pour trouver une réponse à leurs questions.

Ce sujet épineux et complexe nous donne l'occasion de mettre à l'épreuve notre sens critique. Premièrement, les études selon lesquelles il existe des différences au niveau du cerveau et sur le plan de l'hérédité présentent des limites importantes. Ainsi, tous les hommes homosexuels faisant partie de l'échantillon étudié par Simon LeVay sont décédés à la suite de complications du SIDA. Cette maladie elle-même et certains des traitements chimiques utilisés pour la combattre causent des anomalies endocriniennes susceptibles d'affecter les structures cérébrales. Il est donc possible que les différences observées par LeVay soient dues au SIDA et qu'elles ne constituent pas des déterminants de l'orientation sexuelle (Byne, 1993). De même, l'étude génétique de Dean Hamer a porté sur un échantillon de frères homosexuels, alors que la majorité des gais et des lesbiennes n'ont *aucun* parent proche qui soit homosexuel.

Deuxièmement, l'homosexualité et l'hétérosexualité ne correspondent pas à deux états radicalement opposés. L'orientation sexuelle est en fait plus complexe et elle peut varier au cours de la vie. Même si certaines personnes sont exclusivement hétérosexuelles ou homosexuelles durant toute leur vie, nombre d'hommes et de femmes ne suivent pas ce modèle. Il semble donc que l'identité sexuelle mette en œuvre une interaction complexe entre biologie, culture, expériences et occasions, et que le chemin qui mène à l'identification sexuelle d'une personne ne sera peut-être pas le même pour une autre (Gladue, 1994; Patterson, 1995). Comme l'a indiqué à un reporter du *New York Times* (16 juillet 1993) Dean Hamer, qui a dirigé l'étude portant sur les chromosomes de frères homosexuels: «L'orientation sexuelle est trop complexe pour être déterminée par un seul gène. Le principal mérite de mon travail est qu'il apporte un maillon supplémentaire à la compréhension de l'interaction entre les gènes, le cerveau et l'environnement dans le modelage du comportement humain.»

---

* Bien qu'il semble que l'attraction entre personnes du même sexe ait existé partout et de tout temps, elle n'était pas considérée comme une entité médicale ou psychologique ni comme un problème «à expliquer» avant le milieu du XIXe siècle. Le terme *homosexualité* serait apparu pour la première fois, dans un texte écrit, à la même époque (Katz, 1995).

L'une des raisons pour lesquelles il est si important de reconnaître les abus qu'entraîne le réductionnisme biologique, c'est que les découvertes en biologie sont fréquemment récupérées à des fins politiques. Aucune étude n'est et ne peut être réalisée dans un vide social et moral, et les intentions d'une société déterminent l'utilisation qu'elle fera des résultats de la recherche en biologie. Ainsi, la recherche concluant que l'homosexualité posséderait une composante héréditaire peut-elle servir à réduire les craintes qu'inspire l'homosexualité et à rendre illégale la discrimination à l'égard des gais et des lesbiennes, ou à étayer la conviction que l'homosexualité est une « déficience » qu'il faut corriger. On peut utiliser les données montrant que certains criminels extrêmement violents sont atteints de lésions cérébrales (à la suite par exemple de coups que leurs parents leur ont donnés à la tête, de la consommation de drogues ou même d'une mutation génétique) pour prévenir la criminalité ou traiter ces criminels, ou bien on peut s'en servir pour reconnaître et stigmatiser les enfants qui ne sont que « potentiellement » agressifs.

Il est clair que la perspective biologique fait naître de nombreuses inquiétudes de nature éthique, sociale et pratique (Fausto-Sterling, 1985 ; Gould, 1981 ; Hubbard et Wald,

1993). Mais les chercheurs en biologie sont convaincus que ces craintes ne devraient pas freiner l'effort de recherche. Pour eux en effet, la connaissance a une valeur intrinsèque, et il ne faut accepter ni l'ignorance ni la censure sous prétexte qu'il est possible d'utiliser le savoir à des fins condamnables. Si Hitler a choisi le « langage répugnant de l'eugénisme » pour rationaliser l'holocauste, fait observer Michael Bailey (1993), Joseph Staline n'a pas choisi d'invoquer des théories biologiques pour massacrer des millions d'individus ; il a fait appel au langage vertueux de la révolution.

Nous allons maintenant aborder deux sujets controversés qui illustrent l'attrait exercé par la perspective biologique ainsi que les pièges du réductionnisme biologique : le syndrome prémenstruel et l'utilisation des médicaments pour traiter les troubles psychologiques.

PREMIER THÈME
LE CYCLE MENSTRUEL, L'HUMEUR ET LE COMPORTEMENT

Aucun rythme biologique n'a fait l'objet d'autant de controverses que le cycle menstruel chez la femme, caractérisé par le flux et le reflux des œstrogènes et de la progestérone pendant environ 28 jours. Pour les psychologues, il est important de savoir si ces variations physiologiques peuvent être associées à des changements émotionnels, cognitifs et comportementaux comme le laisse entendre la croyance populaire.

Depuis les années 1970, l'intervalle de quelques jours précédant la menstruation est défini comme une « maladie », connue sous le nom de syndrome prémenstruel, dont les symptômes comprennent notamment la fatigue, les maux de dos, les maux de tête, l'irritabilité et la dépression. Les auteurs d'ouvrages populaires parlent de millions de « malades » et soutiennent que la majorité des femmes souffrent de ce syndrome, même si cette affirmation de leur part ne repose sur aucune étude statistique. Le syndrome prémenstruel s'expliquerait d'après eux par une carence en progestérone, un déséquilibre entre les taux d'œstrogènes et de progestérone, la rétention d'eau, un taux élevé de sodium et une chute de la concentration d'endorphines, les opiacés naturels du cerveau. Pourtant, plus de dix années de recherche biomédicale n'ont fourni *aucune* base solide sur laquelle on puisse appuyer l'une ou l'autre de ces hypothèses ; au contraire, il existerait plutôt des preuves à l'encontre de certaines d'entre elles. Au cours de l'une de leurs études, les chercheurs ont administré

Qu'avez-vous appris ?

RÉPONSES, p. 136

A

Citez trois contributions majeures de la perspective biologique.

B

Le réductionnisme biologique est :

1. la tendance à minimiser l'apport de la biologie dans le fonctionnement du corps humain ;
2. la réduction des découvertes biologiques complexes à quelques principes psychologiques ;
3. la réduction de problèmes sociaux et personnels complexes à quelques mécanismes biologiques ;
4. l'explication de découvertes psychologiques à l'aide de processus biologiques.

C

Le docteur Folamour définit la tendresse comme l'influence de la protéine « XKHJGT78498 » sur certaines régions du système limbique.

1. Comment peut-on qualifier son point de vue ?
2. Citez les trois conséquences qui y sont associées.

à des patientes souffrant du syndrome prémenstruel un médicament qui empêche les changements hormonaux, normalement associés à cette phase du cycle, de se produire. Les participantes ont malgré tout signalé qu'elles souffraient des mêmes symptômes, ce qui indique que les variations hormonales n'en sont pas responsables (Schmidt, *et al.*, 1991). En outre, aucun des traitements prescrits pour le syndrome prémenstruel, y compris le plus répandu, soit l'administration de progestérone, n'a plus d'effet qu'un placebo (Freeman, *et al.*, 1990; Parlee, 1989).

Lorsqu'on aborde la question du syndrome prémenstruel, on omet souvent de faire une distinction entre les symptômes physiques et les symptômes émotionnels. Personne ne nie que des symptômes physiques sont associés à la menstruation, y compris les crampes abdominales, une sensibilité accrue des seins et la rétention d'eau. Ces symptômes varient énormément chez les femmes, certaines en présentant plusieurs et d'autres aucun. Mais il y a lieu de mettre en doute l'affirmation selon laquelle des symptômes *émotionnels* sont associés de façon fiable et universelle au cycle menstruel.

Il est vrai que de nombreuses femmes disent souffrir du syndrome prémenstruel, il ne faut pas perdre de vue cependant que, de manière générale, les témoignages des sujets interrogés ne sont pas toujours un reflet exact de la réalité même si ces derniers croient faire preuve d'une honnêteté scrupuleuse. Ainsi, une femme pourrait attribuer à un moment donné son cafard au fait qu'elle est sur le point d'être menstruée, alors qu'à un autre moment elle l'attribuerait à une journée stressante. Ses perceptions peuvent aussi être influencées par ses attentes et ses attitudes envers la menstruation ou encore par les attitudes dominantes de son milieu. La mesure des perceptions peut même être influencée par la façon de poser le problème. Une recherche a mis en évidence ce phénomène en obtenant des résultats divergents strictement attribuables au titre du questionnaire employé : « Questionnaire sur la détresse liée à la menstruation » et « Questionnaire sur la joie liée à la menstruation » (Chrisler, *et al.*, 1994)! Pour éviter ces problèmes, des psychologues ont effectué des enquêtes portant sur le bien-être physique et psychologique de femmes auxquelles *ils n'ont pas révélé le véritable objet de l'étude* (Alagna et Hamilton, 1986; Burke, *et al.*, 1978; Englander-Golden, *et al.*, 1978; Parlee, 1982; Slade, 1984; Vila et Beech, 1980). Dans un protocole utilisant une procédure en double aveugle, on demandait aux participantes soit de citer les symptômes qu'elles avaient notés au cours d'une journée précise, soit de tenir un journal pendant un certain temps. Les expérimentateurs vérifiaient ensuite à quelle phase du cycle correspondait chacune des données obtenues. D'autres chercheurs ont fait appel à un groupe témoin formé de sujets généralement exclus des études portant sur les hormones et l'humeur, à savoir des hommes! Voici les principaux résultats de ces recherches.

- Dans l'ensemble, il n'existe *pas de différence* importante entre les femmes et les hommes quant aux symptômes émotionnels dont ils font état ou quant au nombre de fluctuations d'humeur qu'ils connaissent à l'intérieur d'une période de un mois (McFarlane, *et al.*, 1988). (Voir la figure É.1.)

- Certaines femmes sont effectivement plus irritables ou plus déprimées juste avant leur menstruation; d'autres par contre sont plus énergiques et plus heureuses durant cette phase de leur cycle. Toutefois, chez la majorité des femmes, la relation entre la phase du cycle et les symptômes prémenstruels est faible ou inexistante. Il arrive que des femmes *se rappellent* avoir été d'une humeur particulièrement exécrable juste avant ou pendant leur menstruation, mais leurs propres notes quotidiennes ne corroborent pas ces « souvenirs » (voir la figure É.1).

- Même lorsque les femmes savent que l'étude porte sur la menstruation, la plupart ne font pas état de changements

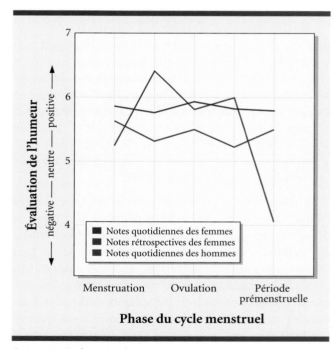

Source: McFarlane, *et al.*, 1988.

FIGURE É.1 | Variations de l'humeur

Autoévaluation de l'humeur en fonction du sexe et du cycle menstruel chez des étudiants et des étudiantes du niveau collégial, quotidiennement pendant 70 jours.

constants, négatifs ou positifs, d'un cycle à l'autre. Leur humeur et leurs symptômes émotionnels sont beaucoup trop variables pour être attribuables à des variations hormonales (Walker, 1994).

■ On n'a pas établi de relation fiable entre la phase du cycle menstruel et l'efficacité au travail, la résolution de problèmes, la performance physique, les résultats obtenus à des examens de niveau collégial, la créativité ou quelque autre comportement ayant une certaine importance dans la vie courante (Golub, 1992).

Ces résultats vous surprennent-ils? La plupart des gens ne connaissent pas les données que nous venons de décrire ni les résultats similaires de diverses études menées au cours des 15 dernières années, et de nombreux médecins et thérapeutes n'en tiennent pas davantage compte que les médias (Tavris, 1992). Pourtant, un grand nombre de femmes continuent de soutenir qu'elles souffrent du syndrome prémenstruel. Que se passe-t-il donc? On peut avancer plusieurs hypothèses, par exemple que les symptômes associés au syndrome prémenstruel sont liés aux interprétations que les femmes formulent pour expliquer certaines réactions physiques. Il est démontré que certains états hormonaux sont susceptibles de provoquer des symptômes psychologiques, à l'instar d'une tumeur au cerveau ou d'un trouble de la thyroïde; de plus, un malaise ou une douleur chroniques peuvent rendre n'importe qui triste, déprimé et grincheux. Le corps fournit simplement l'argile dont sont faits les symptômes; l'apprentissage et la culture modèlent cette argile en indiquant quels symptômes sont importants ou inquiétants et lesquels ne le sont pas (Pennebaker, 1982). Ainsi, un accroissement de l'excitation ou de la sensibilité peut augmenter la nervosité et l'agitation ou bien constituer une source d'énergie créatrice et de vitalité.

L'histoire du syndrome prémenstruel illustre également l'importance du contexte social et politique dans lequel se déroule la recherche. Lorsque le syndrome prémenstruel a été identifié comme tel, de nombreuses femmes se sont réjouies que l'on reconnaisse l'existence des changements physiques normaux associés au cycle menstruel et que l'on prenne enfin au sérieux leurs préoccupations de santé. Mais dans les années 1980, les plus hautes autorités médicales et psychiatriques ont présenté le syndrome prémenstruel comme un trouble qu'il fallait soigner. Un certain nombre de critiques ont alors fusé pour dénoncer une terminologie qui, au lieu de valider la normalité des changements hormonaux chez les femmes, confirmait les croyances selon lesquelles les hormones les rendaient instables émotionnellement (Caplan, 1995; Gise, 1988; Koeske, 1987). Frances Conley, une neurochirurgienne réputée, rattachée à l'université

Stanford, a raconté que, lorsqu'elle se plaignait de ses conditions de travail et du harcèlement sexuel dont elle faisait l'objet, ses collègues se moquaient d'elle en lui disant qu'elle devait être dans sa période prémenstruelle.

Le lecteur critique est également en droit de se demander pourquoi seules les sautes d'humeur chez les femmes semblent intéresser les chercheurs. Sharon Golub (1992) souligne que de nombreuses études ont tenté d'établir un lien entre la menstruation et la performance intellectuelle, mais que personne ne s'est jamais demandé quel effet le taux de testostérone, qui atteint un maximum le matin et un minimum le soir, peut avoir sur les habiletés mentales ou les résultats aux tests chez les *hommes*. Dans une étude portant sur 4 462 hommes, James Dabbs et Robin Morris (1990) ont effectivement constaté qu'un taux anormalement élevé de testostérone est associé à la délinquance, à la consommation abusive de drogues, au fait d'avoir de nombreux partenaires sexuels et à la violence, tandis qu'il n'est associé à aucun comportement positif. Pourquoi alors consacre-t-on autant d'attention

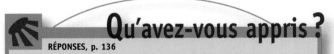

Qu'avez-vous appris ?

RÉPONSES, p. 136

Il n'y a aucune excuse hormonale pour éviter de répondre à ces questions !

A

Pour la plupart des femmes, les jours qui précèdent la menstruation sont associés à:

1. la dépression
2. l'irritabilité
3. l'euphorie
4. la créativité
5. aucun des symptômes précédents
6. a et b

B

Un chercheur étudiant les effets du taux de testostérone chez l'homme dit à ses sujets que le taux maximal de l'hormone est observé le matin et qu'il est probablement associé à l'hostilité. Il leur demande ensuite de remplir le « Questionnaire sur le syndrome de l'hyper-testostérone », une fois le matin et une fois le soir.

1. Selon vous, quels résultats le chercheur devrait-il obtenir ?
2. Comment pourrait-il améliorer sa recherche ?

et de ressources au syndrome prémenstruel et si peu à ce que l'on pourrait appeler le «syndrome de l'hyper-testostérone»?

Ni les femmes, ni les hommes ne sont victimes de leurs hormones. Les fondements du comportement antisocial sont trop complexes pour qu'on les ramène au taux de testostérone. De plus, les résultats obtenus par Dabbs et Morris sont de simples corrélations. Il est tout de même intéressant de se demander pourquoi l'excuse hormonale est considérée comme valable pour la femme, mais pas pour l'homme. Pourquoi en est-il ainsi selon vous?

DEUXIÈME THÈME
LES MÉDICAMENTS DE L'ESPRIT

Raphael Osheroff, un médecin, avait une clientèle florissante jusqu'au jour où il devint profondément déprimé et incapable de travailler. Il ne s'agissait pas d'un petit coup de cafard, mais d'une **dépression majeure,** c'est-à-dire une maladie grave entraînant une tristesse chronique, une baisse de l'estime de soi, de l'apathie et un sentiment d'impuissance constant. Osherhoff décida de se faire hospitaliser dans une clinique psy-

> **Dépression majeure**
> Trouble de l'humeur comportant des problèmes émotionnels (tristesse excessive), des troubles du comportement (apathie et perte d'intérêt de l'individu pour ses activités habituelles), des troubles cognitifs (sentiment non fondé de désespoir et faible estime de soi) et le dérèglement de fonctions physiologiques (fatigue et perte d'appétit).

chiatrique privée, où il devait participer quotidiennement à des séances intensives de psychothérapie. Sept mois plus tard, le traitement s'étant avéré inefficace, il se fit soigner dans un autre hôpital, où un médecin lui fit prendre des antidépresseurs. Au bout de quelques mois, il était complètement guéri (Shuchman et Wilkes, 1990).

Le cas de Raphael Osheroff illustre la contribution de la perspective biologique à l'amélioration du traitement de divers troubles émotionnels. Le traitement médicamenteux de la dépression, de l'angoisse, de troubles psychotiques tels que la schizophrénie et d'autres affections est devenu populaire d'une part à la suite des découvertes récentes sur le cerveau, les médicaments et les gènes et d'autre part parce que les psychothérapies traditionnelles n'ont pas réussi à venir en aide à des patients souffrant de divers troubles chroniques. Les médicaments qui influent sur la conscience, l'humeur et le comportement, et qui sont utilisés dans le traitement de différents troubles psychologiques, sont appelés **psycho-**

tropes. Nous allons étudier ces médicaments, leurs effets et les raisons pour lesquelles ils ne donnent pas toujours les résultats escomptés!

Les neuroleptiques, ou *tranquillisants majeurs,* comprennent la chlorpromazine (Largactil) et l'halopéridol (Haldol). Ces médicaments ont transformé le traitement de la schizophrénie et de diverses autres **psychoses.** Avant que les médecins les adoptent, le personnel infirmier des hôpitaux maîtrisait les patients psychotiques en leur imposant des contraintes physiques, comme la camisole de force, ou en les enfermant dans des cellules matelassées, sans aucun meuble, afin de les empêcher de se blesser eux-mêmes ou de blesser les autres quand ils étaient extrêmement agités ou en proie au délire. Si on administre un neuroleptique à une personne atteinte d'une grave crise de schizophrénie, ce médicament est susceptible de réduire l'agi-

> **Psychotropes**
> Ensemble des médicaments qui ont un effet sur la conscience, l'humeur et le comportement et qui sont utilisés dans le traitement de différents troubles mentaux.
>
> **Psychose**
> Trouble mental sévère accompagné d'hallucinations et de comportements irrationnels; ses causes sont soit physiologiques, soit psychologiques.

tation et la panique de cette personne et d'écourter l'épisode schizophrénique (Kane, 1987). Malheureusement, les neuroleptiques ne guérissent personne. Chez certains patients, ils éliminent ou atténuent les symptômes les plus impressionnants, comme les «salades de mots» et les hallucinations, mais ils ne rétablissent généralement pas les modes de pensée normaux. Grâce à eux, de nombreuses personnes peuvent quitter l'hôpital, mais elles sont souvent incapables de s'occuper convenablement d'elles-mêmes et elles cessent fréquemment de prendre les médicaments qu'on leur a prescrits à cause de leurs effets secondaires désagréables. L'effet global des neuroleptiques est modéré, et des individus chez qui on avait diagnostiqué une schizophrénie ont vu leur état se détériorer lorsqu'ils ont absorbé ces médicaments (Breggin, 1991; Karon, 1994).

On emploie les *antidépresseurs* principalement pour traiter les troubles de l'humeur tels que la dépression, l'angoisse, les phobies et les **troubles obsessionnels-compulsifs,** comme le fait de se laver continuellement les mains ou de s'arracher les cheveux (Swedo et Rapoport, 1991). Il existe trois types d'antidépresseurs, dont le plus récent est la fluoxétine

> **Trouble obsessionnel-compulsif**
> Trouble anxieux dans lequel une personne est aux prises avec des pensées persistantes et répétitives (obsession), et des comportements rituels et répétitifs (compulsion) visant à réduire l'anxiété.

(Prozac). Ils agissent sur l'humeur en contribuant à accroître la disponibilité de certains neurotransmetteurs, dont la nor-adrénaline et la sérotonine. Les antidépresseurs ne causent pas d'accoutumance, mais ils ont des effets secondaires physiques désagréables. Ils peuvent rendre la bouche sèche, causer des maux de tête, de la constipation, des nausées, une prise de poids et des troubles de la vue. La fluoxétine a moins d'effets désagréables, mais elle provoque des maux de tête, des nau-sées et de l'agitation chez certaines personnes.

Les *tranquillisants « mineurs »*, comme le diazepam (Valium) et l'alprazolam (Xanax), sont les médicaments le plus souvent prescrits par les médecins généralistes à des patients qui disent se sentir tristes et angoissés. Malheureu-sement, ce sont les médicaments les moins efficaces pour le traitement des troubles émotionnels que l'on aurait souvent avantage à traiter à l'aide d'une psychothérapie. Un petit pourcentage significatif des personnes qui consomment des tranquillisants en font un usage abusif et finissent par avoir un problème de *tolérance* — elles ont besoin de doses de plus en plus fortes — et de *dépendance* — elles ne peuvent plus s'en passer (Lader, 1989 ; Lader et Morton, 1991).

Un médicament particulier, un sel appelé *carbonate de lithium,* permet souvent de soulager les personnes souffrant de troubles bipolaires. Ce médicament doit être pris à dose appropriée car, en trop petite quantité, il ne fait aucun effet alors que, en trop grande quantité, il est toxique. Il faut donc surveiller minutieusement le taux de lithium dans le sang des patients.

Les médicaments ont aidé beaucoup de personnes. Ils ont sauvé sans aucun doute de nombreuses personnes de l'insti-tutionnalisation, du suicide ou d'une vie de souffrance et d'incapacité. Même si les médicaments ne peuvent éliminer les problèmes auxquels les personnes déprimées font face dans la vie courante, ils représentent une phase préliminaire utile du traitement. En améliorant le sommeil, l'appétit et le mieux-être, ils favorisent la concentration dont ces patients ont besoin pour résoudre leurs problèmes. Cependant, tout en reconnaissant les bienfaits que procurent les médicaments, nous devons en faire usage avec prudence. Des scientifiques mettent en garde contre la prescription *routinière* de ces sub-stances à des personnes qui ne suivent pas en même temps une thérapie pour régler leurs problèmes personnels (Breggin, 1991 ; Robitscher, 1980). Certains médecins ont tendance à prescrire des médicaments sans chercher à savoir ce qui est à la source de la colère, de la dépression ou de l'angoisse de leur patient. De plus, de nombreux psychiatres et compagnies pharmaceutiques vantent les bienfaits de la médication en omettant d'informer le public de ses limites (Fisher et

Greenberg, 1989). Voici donc quelques-unes des limites des médicaments qu'il convient de connaître avant d'y recourir.

1 Effet placebo

Il arrive souvent que de nouveaux médicaments semblent constituer un traitement rapide et efficace, comme cela a été le cas pour le Xanax et le Prozac. Mais à cause de l'effet pla-cebo de ces médicaments, certaines personnes réagissent de façon positive à ces substances uniquement parce que celles-ci suscitent l'enthousiasme de leur entourage, dont les méde-cins traitants (Carroll, *et al.,* 1994). Au fur et à mesure que l'effet placebo diminue, on se rend souvent compte que le médicament en question n'est pas aussi efficace qu'on l'avait cru et que ses applications sont plus limitées qu'on ne le pen-sait (Fisher et Greenberg, 1993).

2 Taux de rechute et d'abandon en cours de traitement

Les neuroleptiques et les antidépresseurs sont susceptibles de procurer un soulagement à court terme. Cependant, le pourcentage des patients mettant fin abruptement à un traitement est très élevé, soit de 50 à 67 p. cent, peut-être parce que ces médicaments ont des effets secondaires désa-gréables (McGrath, *et al.,* 1990 ; Torrey, 1988). Les personnes qui absorbent des antidépresseurs mais refusent de faire face à leurs problèmes courent plus de risques de faire une rechute, c'est-à-dire de souffrir à nouveau de dépression.

3 Problèmes de dosage

Plusieurs questions demeurent sans réponse à propos du choix du meilleur médicament pour un problème donné, du meilleur dosage, de la durée du traitement, etc. (Gutheil, 1993). Une dose donnée ne convient pas nécessairement aux hommes et aux femmes, ni à tous les groupes d'âge ni à tous les groupes humains (« races »).

4 Risques à long terme : le connu et l'inconnu

Les neuroleptiques comptent parmi les médicaments les plus sûrs, mais leur consommation pendant plusieurs années présente néanmoins des risques. L'un des effets nocifs possi-bles est l'apparition d'un trouble neurologique appelé *dyski-*

nésie tardive, caractérisé par des mouvements musculaires involontaires. Ce trouble se manifeste chez environ le quart de tous les adultes qui consomment des neuroleptiques et chez au moins le tiers des personnes âgées (Saltz, *et al.,* 1991). Dans un petit pourcentage de cas, ces médicaments causent le *syndrome malin des neuroleptiques,* soit de la fièvre, le délire, le coma et parfois la mort (Pope, *et al.,* 1986).

On prétend généralement que les antidépresseurs sont sans danger, mais jusqu'ici peu d'études longitudinales ont été effectuées à ce sujet. Par exemple, personne ne connaît les effets à long terme du Prozac même s'il est fréquemment prescrit, en particulier à des femmes en âge d'avoir des enfants (Kramer, 1993). La sagesse est donc de mise, d'autant que diverses psychothérapies donnent des résultats aussi bons, sinon meilleurs, que les médicaments dans le traitement de troubles de l'humeur, dont les crises de panique, les phobies, l'angoisse et les états dépressifs (Chambless, 1995).

Dans son ouvrage intitulé *Listening to Prozac* (1993), le psychiatre Peter Kramer soulève des questions essentielles à propos de l'utilisation de médicaments dans le traitement des problèmes psychologiques. Il est lui-même un fervent adepte de la psychopharmacologie et en particulier de l'emploi du Prozac. C'est après avoir observé les effets bénéfiques de ce médicament sur ses patients qu'il est devenu partisan de cette médication et a révisé sa conception des causes du comportement humain. Kramer a noté les effets apparemment spectaculaires du Prozac sur les symptômes de troubles émotionnels graves et chez des personnes souffrant de problèmes plus ordinaires mais également dérangeants, comme le perfectionnisme, une faible estime de soi, la timidité, etc. Kramer croit qu'on disposera un jour de médicaments permettant de «modifier les prédispositions innées» et de «réparer les dommages causés à la personnalité par des traumatismes».

Néanmoins, Kramer admet que l'emploi du Prozac et d'autres médicaments pose un dilemme. Les professionnels de la santé mentale devraient-ils prescrire des médicaments uniquement pour le traitement des troubles psychologiques ou devraient-ils aussi le faire dans une optique de «psycho-pharmacologie cosmétique», c'est-à-dire uniquement dans le but d'aider des individus à avoir plus d'entrain, une pensée plus incisive ou une meilleure humeur au travail? Kramer reconnaît que la possibilité d'agir sur la personnalité en modifiant certaines caractéristiques, par exemple en augmentant l'estime de soi, a des implications troublantes tant sur le plan du pouvoir des médecins que sur le plan des conventions sociales. Q'arriverait-il si des milliers de personnes décidaient de prendre des drogues pour vivre dans un monde sans tristesse et sans problèmes? Comme le sou-

Dessin par Lorenz; © 1993 The New Yorker Collection/Cartoonbank.com

«*Avant le Prozac, elle <u>avait horreur</u> de recevoir!*»

ligne lui-même Kramer: «C'est à l'insatisfaction, à la culpabilité et à l'œil critique des gens malheureux que l'humanité doit une grande partie de sa perspicacité et de sa créativité.»

Ce qui sous-tend ces inquiétudes, c'est ce que l'on appelle le «phénomène parc jurassique»: le simple fait que nous soyons *capables* de faire une chose (cloner un fragment d'ADN ou traiter l'esprit au moyen de médicaments) signifie-t-il que nous *devons* faire cette chose? Kramer estime que la méfiance ressentie par les individus à l'égard des drogues les empêchera d'exposer leur personnalité à un usage abusif de médicaments. Mais a-t-il raison de se montrer aussi optimiste? À l'heure actuelle, bien des gens ont recours aux amphétamines pour perdre du poids, même si ces substances sont inefficaces à long terme; bien des athlètes prennent des stéroïdes pour améliorer leur performance, tout en sachant que ces derniers peuvent avoir des effets nocifs à long terme. Quelle raison empêcherait un grand nombre de personnes d'employer des «cosmétiques psychiques» dans le but de se

Qu'avez-vous appris ?

RÉPONSES CI-DESSOUS

A

Donnez quatre raisons justifiant la prudence du public à l'égard de l'utilisation des médicaments pour guérir les troubles psychologiques.

B

Supposons que la scanographie révèle que l'activité cérébrale d'un patient souffrant d'un trouble obsessionnel-compulsif subit d'importants changements à la suite d'un traitement au Prozac. Devrions-nous en conclure qu'il s'agit du meilleur traitement ?

défaire de leur tristesse et d'accroître leur motivation, même si ces drogues leur font courir des risques à long terme ?

Des considérations économiques influent déjà sur les décisions individuelles. Aux États-Unis, dans plusieurs programmes de santé, on rembourse plus volontiers les honoraires des professionnels qui soignent leurs patients au moyen de médicaments plutôt que par la psychothérapie, car cette dernière demande plus de temps et est donc plus coûteuse. Les compagnies pharmaceutiques ont bien sûr intérêt à convaincre les professionnels de la santé et le public que les médicaments constituent le meilleur traitement qui soit pour les

problèmes émotionnels et les troubles de la personnalité. Il serait prudent de tenir compte de tous ces éléments avant de confier notre recherche du bonheur au Prozac ou à tout autre psychotrope.

Il ne fait aucun doute que la perspective biologique a contribué à une meilleure compréhension des troubles mentaux. On ne peut nier que, plus on connaît le corps humain, plus on comprend la psychologie de la personne. La difficulté consiste à tirer des leçons de la biologie sans tomber dans le piège de la simplification à outrance. Dans l'évaluation de la perspective biologique, il faut se montrer prudent à l'égard des campagnes menées par les médias, éviter de tirer des conclusions non fondées, examiner les implications politiques des résultats et résister à la tentation d'accorder une importance exagérée aux facteurs biologiques.

Analyser l'être humain simplement à l'aide de la physiologie, c'est un peu comme étudier le Taj Mahal uniquement en fonction des matériaux dont il est construit. La contribution des connaissances dans le domaine de la physiologie est particulièrement utile à la compréhension de l'être humain lorsque ces connaissances sont intégrées à celles relatives au développement personnel et au contexte culturel. Même si nous pouvons mesurer l'activité de toutes les cellules et de tous les réseaux neuronaux, nous devrions encore comprendre les caractéristiques situationnelles, les pensées et les règles sociales qui font en sorte que les humains se sentent parfois envahis par la haine, consumés de chagrin, brûlants d'amour ou transportés de joie.

Réponses

Page 130

A Rejet de l'extrémisme environnementaliste, reconnaissance de la contribution de la santé au bon fonctionnement du cerveau et meilleure compréhension des fondements biologiques des troubles mentaux.

B 3.

C 1. réductionnisme biologique ; 2. conclusions trop hâtives, conclusions non fondées à propos de relations de cause à effet, exagération de l'importance des gènes.

Page 132

A 5.

B 1. Une tendance à noter la présence d'hostilité le matin, due aux attentes suscitées par les explications données par le chercheur. 2. Ne pas présenter les hypothèses de sa recherche, utiliser un titre plus neutre pour le questionnaire comme « Questionnaire sur l'humeur », mesurer le taux d'hormones le matin et le soir pour pallier les variations individuelles, et ajouter un groupe témoin composé strictement de femmes afin de vérifier si leur niveau d'hostilité varie de façon similaire à celui des hommes.

Page 136

A L'effet placebo est fréquent, le taux d'abandon est élevé, les dosages appropriés sont difficiles à déterminer et l'usage de certains médicaments entraîne des risques à long terme.

B Les changements ne sont peut-être pas reliés à l'amélioration de l'état de santé du patient. Ils auraient pu survenir également à la suite d'une psychothérapie.

RÉSUMÉ

1 Quelques-unes des plus importantes contributions de la perspective biologique : le rejet de la thèse environnementaliste, la reconnaissance de la contribution de la santé physique au bon fonctionnement du cerveau et une meilleure compréhension des fondements biologiques des troubles mentaux.

2 Le réductionnisme biologique, soit la tendance à expliquer des problèmes personnels et sociaux complexes en fonction de quelques mécanismes physiologiques de base, conduit à trois erreurs fréquentes dans l'interprétation des découvertes de la recherche en biologie : l'établissement de conclusions hâtives, l'établissement de conclusions non fondées à propos de relations de cause à effet et l'exagération du rôle des gènes.

3 Les découvertes de la biologie se prêtent facilement à des interprétations erronées et à des usages abusifs. Les buts recherchés par une société déterminent dans une large mesure la façon dont elle emploiera les résultats des recherches, par exemple en ce qui concerne l'orientation sexuelle.

4 La question du « syndrome prémenstruel » (SPM) illustre bien le piège que représente le réductionnisme biologique. Personne ne nie que des symptômes physiques soient associés à la menstruation, c'est l'apparition de symptômes émotionnels qui est contestée. Des études strictement contrôlées ont montré que chez la majorité des femmes la relation entre la phase du cycle menstruel et les symptômes émotionnels est faible ou nulle. Il y a donc lieu de mettre en doute l'affirmation selon laquelle des symptômes émotionnels sont associés de façon fiable et universelle au cycle menstruel.

5 Les *psychotropes* sont des médicaments qui influent sur la conscience, l'humeur et le comportement. Utilisés dans le traitement de divers troubles psychologiques, ils ont grandement amélioré la vie de nombreuses personnes qui en étaient affectées. Cependant, le recours à ces médicaments — qui comprennent les tranquillisants majeurs et mineurs, les antidépresseurs et le carbonate de lithium — est controversé. En effet, ils peuvent avoir des effets secondaires indésirables, et leur utilisation prolongée présente des risques à long terme. L'emploi du Prozac et d'autres médicaments soulève de nombreuses questions ayant trait à la surmédication et à ses conséquences néfastes possibles pour les individus et la société.

Troisième partie

La perspective psychodynamique

Imaginez la scène suivante : trois à quatre cents personnes ne se connaissant pas sont réunies dans la même salle ; on leur demande de se grouper deux par deux, chacune devant ensuite poser sans relâche une seule et même question à son partenaire : «Que désirez-vous ?» Chaque fois qu'il tente l'expérience, le psychiatre Irvin Yalom (1989) constate que cet exercice déclenche des réactions d'une force extraordinaire.

> «Souvent, en quelques minutes, l'émotion submerge la salle entière. Hommes et femmes [...] sont ébranlés au plus profond d'eux-mêmes. Ils lancent un appel à ceux qu'ils ont à jamais perdus — parents, conjoints, enfants, amis, morts ou absents : «Je veux te revoir.» «Je veux ton amour.» «Je veux savoir que tu es fier de moi.» «Je veux que tu saches que je t'aime et combien je regrette de ne te l'avoir jamais dit.» «Je veux que tu reviennes, je me sens si seul.» «Je veux l'enfance que je n'ai jamais eue.» «Je veux être en bonne santé, je veux retrouver ma jeunesse. Je veux être aimé, être respecté. Je veux que ma vie ait un sens. Je veux accomplir quelque chose. Je veux compter, être reconnu, que l'on se souvienne de moi.»

> «Tant de désir, écrit Yalom. Tant d'attente. Et tant de peine. Si proches de la surface, prêts à jaillir.»

Les adeptes de la perspective psychodynamique soutiennent que les autres perspectives ne fournissent pas d'explication adéquate de la souffrance émotionnelle et des tensions intérieures qui sommeillent au fond de nous. Pour saisir dans son ensemble le mystère du comportement humain, disent-ils, il est indispensable de comprendre la vie intérieure : les conflits inconscients qui gouvernent les actions, même s'ils échappent à la conscience ; l'angoisse liée à la mort et à la perte, qu'on cherche à réprimer ; l'insécurité et les peurs ayant leur source dans l'enfance et qu'on revit à l'âge adulte ; enfin, les symboles et les thèmes qui envahissent l'imagination.

Vous verrez bientôt pourquoi, au chapitre 1, nous avons écrit que la perspective psychodynamique occupe en psychologie une place analogue à celle que le pouce occupe dans la main : relié aux autres doigts, mais en même temps séparé d'eux.

Freud et l'inconscient

Pour Freud et les psychodynamiciens, la source des comportements se situe dans les méandres de l'inconscient.

obert Hobson (1985), thérapeute d'orientation psychodynamique, essayait depuis plusieurs semaines d'établir un contact avec Stephen, un garçon de quinze ans souffrant d'un trouble psychique, qui refusait de lui parler et de le regarder. Un jour, au bord de la frustration, Hobson a dessiné une ligne sinueuse sur une enveloppe, puis il a invité le jeune garçon à ajouter quelque chose au dessin. Stephen a tracé un bateau, transformant ainsi en une énorme vague la ligne sans signification de Hobson.

Hobson s'est alors demandé si Stephen ne craignait pas d'être « submergé » sur le plan émotionnel. Il a donc dessiné un quai, symbole de sécurité ; mais ce n'est pas ce que le jeune garçon recherchait, car il a ajouté, sur le bateau, une personne agitant la main en signe d'adieu.

Hobson, pressentant que les difficultés de Stephen venaient du manque de relation affective avec sa mère, a dessiné une femme se tenant sur le quai et disant au revoir de la main. Sans prêter attention à la femme, Stephen a ajouté une créature prisonnière de la vague et, parlant pour la première fois, a prononcé: «Un poisson volant.» Hobson a alors tracé une pieuvre dans l'eau.

Stephen a incliné la tête en signe de tristesse. Il a couvert le dessin de lignes, puis a dit: «Il pleut.» Hobson, dans l'espoir de lui communiquer son optimisme, a ajouté un soleil dont les rayons traversaient le rideau de pluie.

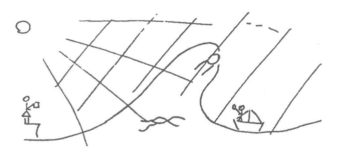

Stephen s'est arrêté un instant et a regardé Hobson très attentivement pour la première fois. Il a ensuite tracé de grands arcs entourant le dessin tout entier. «Un arc-en-ciel», a-t-il dit, et il a souri.

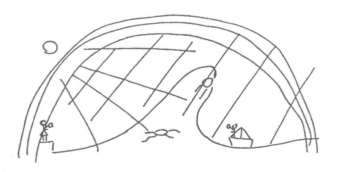

Les psychologues d'orientation biologique, béhavioriste, humaniste ou cognitive auraient du mal à expliquer cet entretien chargé de sens et d'émotions profondes entre Stephen et son thérapeute. Pour un psychologue d'orientation psychodynamique, ces informations permettent d'aller sous la surface afin de comprendre la vie intérieure d'une personne.

Plus que la plupart des autres perspectives de la psychologie, l'approche psychodynamique du comportement humain est intégrée à la culture populaire. Elle peut être observée dans la façon d'expliquer les problèmes et les comportements de la vie quotidienne. Un homme s'excuse de «déplacer» sur sa famille des frustrations qu'il vit à son travail. Une femme se demande si elle ne «refoule» pas un traumatisme qu'elle a vécu dans son enfance. Un alcoolique affirme avoir franchi le stade du «déni» de sa dépendance à l'alcool. Une femme s'interroge sur les «raisons inconscientes» qui auraient pu amener son mari à s'enfoncer dans la dépression. Une enseignante explique à un couple en instance de divorce que leur enfant de huit ans, qui avait jusque-là connu un développement normal, est en train de «régresser» et a adopté un comportement infantile dans la cour de récréation. Un homme dit à sa femme que les maux de tête et les allergies dont elle souffre sont «psychosomatiques». Enfin, chacun médite sur le sens caché de ses rêves.

Tous ces termes utilisés à propos du déplacement, du refoulement, du déni, de la régression, de l'inconscient et de la signification des rêves sont tirés de la première théorie psychodynamique de la personnalité, soit la **psychanalyse** de Sigmund Freud. Il existe aujourd'hui bien d'autres théories de ce type, qui diffèrent entre elles et de la psychanalyse classique sur divers points. Mais elles ont en général les cinq éléments suivants en commun:

> **Psychanalyse**
> Théorie de la personnalité et méthode de psychothérapie élaborées par Sigmund Freud, mettant l'accent sur les motifs et les conflits inconscients.
>
> **Intrapsychique**
> À l'intérieur de l'esprit (psyché) ou de soi.

1. L'importance accordée à la dynamique **intrapsychique** inconsciente, soit à l'action des forces psychiques dont l'individu n'a pas connaissance.

2. La supposition que le comportement et les difficultés de l'adulte sont essentiellement déterminés par les expériences vécues dans la petite enfance.

3. La croyance que le développement psychologique se fait en plusieurs stades bien définis, au cours desquels des événements mentaux prévisibles ont lieu et des problèmes inconscients, ou crises, doivent être résolus.

4. L'attention accordée à l'imaginaire et à la signification symbolique des événements tels qu'ils sont perçus par l'inconscient — soit la *réalité psychique* d'une personne —, en tant que sources principales de motivation du comportement.

5. Le recours à des méthodes subjectives, plutôt qu'objectives, pour accéder à la réalité intérieure d'une personne : par exemple, l'analyse des rêves, des mythes, du folklore, des symboles et, avant tout, de ce que la personne révèle en cours de thérapie.

Dans ce chapitre, nous aborderons la théorie freudienne classique, les variations qui ont été élaborées du vivant de Freud par ses collègues dissidents et les approches psychodynamiques contemporaines qui ont ajouté de nouvelles pièces et de nouveaux étages à l'édifice initialement construit par Freud. Et enfin, dans l'évaluation de la perspective psychodynamique, nous examinerons les raisons pour lesquelles cette perspective s'est, dans une large mesure, trouvée en conflit avec les autres approches de la psychologie, et nous tenterons de voir s'il existe des points communs entre ces différentes perspectives.

LA PSYCHANALYSE FREUDIENNE

Personne ne met en doute l'influence universelle des travaux de Sigmund Freud (1856-1939), mais leur pertinence prête à controverse à l'heure actuelle. En fait, trois attitudes principales à l'égard de Freud et de ses idées se dégagent présentement. La première, partagée par Freud lui-même et, encore aujourd'hui, par ses disciples les plus fidèles, fait de Freud un homme de génie, un intellectuel aussi révolutionnaire que Copernic, Darwin et Newton ; sa théorie, à quelques détails près, est exacte, universelle et éternelle. Selon le deuxième point de vue, probablement celui de la majorité des psychiatres et des psychologues cliniciens contemporains, Freud est un grand penseur, et plusieurs de ses idées sont encore valables. Mais — comme chez tous les grands penseurs — d'autres sont surannées et certaines, carrément erronées. Enfin, de nombreux scientifiques et psychologues, d'orientation autre que psychodynamique, ont un troisième point de vue : selon eux, Freud est un imposteur — un piètre scientifique et un thérapeute à l'éthique douteuse (Crews, 1995). Le biologiste anglais et lauréat d'un prix Nobel Peter Medawar (1982) qualifie la psychanalyse de dinosaure de l'histoire des idées, voué à l'extinction.

Essayons maintenant de comprendre cette théorie qui suscite des réactions aussi diverses et passionnées. Selon Freud, les motifs qui guident notre comportement sont dérivés de pulsions fondamentales, sexuelles ou agressives. Dans leur forme primitive, ces pulsions représentent pour nous une menace. Nous les chassons donc de notre conscience pour les reléguer au plus profond de notre inconscient. Malgré tout, elles refont surface sous maintes formes, dans les rêves, dans ce qui semble être des événements fortuits, dans les plaisanteries, les mythes, l'art et l'imagination.

> **Lapsus**
> Le fait d'employer par erreur un mot à la place d'un autre.

Freud (1954) écrit : « Celui qui a des yeux pour voir et des oreilles pour entendre constate que les mortels ne peuvent cacher aucun secret. Celui dont les lèvres se taisent bavarde avec le bout des doigts ; il se trahit par tous les pores. » Selon Freud (1920/1960), un **lapsus** n'est pas une erreur fortuite. Ainsi, raconte-t-il, le parlementaire britannique qui a fait référence à « l'honorable député de Hell », alors qu'il voulait dire « Hull », a révélé par là ce qu'il pensait vraiment, de façon inconsciente, de son collègue (« hell » veut dire « enfer » en anglais).

« Bonjour, ma bien-décapitée...euh, je veux dire ma bien-aimée. »

Dessin par Dana Fradon ; © 1979 The New Yorker Collection/Cartoonbank.com

Afin de dresser la carte des chemins sinueux de l'inconscient, Freud a élaboré la théorie et la méthode de la psychanalyse. En s'appuyant sur les confidences de ses patients, il a proposé une vaste théorie de la personnalité.

La structure de la personnalité

D'après Freud, la personnalité est constituée de trois systèmes principaux : le *ça*, le *moi* et le *surmoi*. Bien que chacun ait ses propres fonctions et propriétés, le comportement humain résulte presque toujours de l'interaction de ces trois composantes (Freud, 1905b, 1920/1960, 1923/1962).

Le **ça,** qui existe déjà à la naissance, est le réservoir de toutes les énergies psychiques et des tendances héréditaires. Il est imperméable à la réalité objec-

> **Ça**
> Terme psychanalytique (traduction du mot allemand *Es*) désignant la partie du psychisme où résident les pulsions sexuelles et agressives.

tive; il ne subit pas l'influence du milieu ni de la culture et n'est modifié par aucun apprentissage. Ce système fonctionne selon le **principe de plaisir**: il cherche à diminuer la tension, à éviter la douleur et à procurer du plaisir. Selon Freud, la tension est ressentie comme quelque chose de désagréable et le relâchement de la tension, comme un plaisir. Par exemple, si une lumière violente frappe vos yeux, vous ressentirez une tension désagréable. Vous aurez sans doute le réflexe de fermer les paupières, ce qui aura pour effet de faire disparaître la tension, et vous ressentirez alors un soulagement, du plaisir.

C'est dans le ça que réside ce que Freud considère comme deux groupes de **pulsions** antagonistes, soit les pulsions de vie, ou pulsions sexuelles alimentées par l'énergie psychique appelée **libido,** soit les pulsions de mort, ou pulsions agressives. Pour élaborer sa théorie, Freud s'est inspiré de l'idée de la conservation de l'énergie qui prévalait au XIXe siècle, à savoir qu'à l'intérieur d'un système, la quantité totale d'énergie ne varie pas, elle peut seulement être transformée ou transférée d'un corps à un autre. Freud pense que ce principe vaut également pour le psychisme humain. Lorsque la quantité d'énergie pulsionnelle augmente dans le ça, comme la vapeur dans une bouilloire, il en résulte un état de tension désagréable. Le ça peut alors décharger cette tension sous forme d'actions réflexes et de symptômes physiques, ou d'images mentales non censurées et de pensées spontanées.

Une des caractéristiques importantes du ça est d'ailleurs qu'il est incapable de faire la distinction entre les images mentales ou les pensées et les objets réels que ces images et ces pensées représentent. Ce phénomène peut se manifester entre autres par des hallucinations : une personne dont le ça prend le dessus peut se mettre à voir des choses qui ne sont pas réellement là, mais qui correspondent à ses désirs. Le ça recherche aussi la satisfaction *immédiate*. Il ne réfléchit pas aux conséquences à long terme d'un geste. Il peut inciter la personne à se gaver de bonbons, et l'indigestion qui en résultera probablement un peu plus tard ne fait tout simplement pas partie de ses préoccupations.

> **Principe de plaisir**
> Principe qui régit le fonctionnement du ça en cherchant à diminuer la tension, à éviter la douleur et à procurer du plaisir.
>
> **Pulsion**
> Poussée qui prend sa source dans une excitation corporelle (tension) et qui fait tendre l'organisme vers un but, par exemple la pulsion sexuelle.
>
> **Libido**
> Terme psychanalytique désignant l'énergie psychique qui alimente les pulsions sexuelles du ça.

> **Moi**
> Terme psychanalytique désignant la partie du psychisme qui représente la raison, la sagesse et la maîtrise rationnelle de soi; le moi joue le rôle de médiateur entre le ça et le surmoi.

Le **moi** est le deuxième système à se former. Contrairement au ça, le moi est capable de pensée rationnelle et réaliste. Il peut distinguer très nettement le fantasme de la réalité. Il est régi par le **principe de réalité** et met un frein aux pulsions du ça — qui exigent le plaisir immédiat — jusqu'à ce qu'un objet réellement approprié se présente. Il joue ainsi le rôle d'arbitre entre les demandes des pulsions et les exigences du monde réel. «Le *moi*, écrit Freud (1923/1962), représente ce qu'on appelle la raison et la sagesse [...] Dans ses rapports avec le *ça*, on peut le comparer au cavalier chargé de maîtriser la force supérieure du cheval [...] Si le cavalier ne veut pas se séparer du cheval, il ne lui reste souvent qu'à se laisser conduire là où le cheval veut aller; de même le *moi* traduit généralement en action la volonté du *ça* comme si elle était sa propre volonté. » Mais si le moi est ainsi souvent réduit à n'être qu'un simple exécutant des demandes du ça, l'idéal thérapeutique de Freud est justement de le consolider. Selon lui, une personne mature et en bonne santé psychique devrait posséder un moi assez solide pour maîtriser ses pulsions, trouver des moyens réalistes de les satisfaire et renoncer aux illusions qui lui font prendre ses désirs pour des réalités.

> **Principe de réalité**
> Principe qui régit le fonctionnement du moi en cherchant des exutoires pour les énergies pulsionnelles tout en tenant compte des contraintes du monde réel.

Le **surmoi,** qui est le dernier système de la personnalité à se développer, représente la voix de la moralité, les règles émises par les parents et la société, et le pouvoir de l'autorité. Il est constitué de deux sous-systèmes, l'idéal du moi et la conscience morale. L'*idéal du moi* comprend des normes morales et sociales qu'on en vient à faire siennes. Il correspond à notre conception de ce qui est bien. La *conscience morale*, quant à elle, représente la voix intérieure qui avertit qu'on a fait quelque chose de répréhensible. En d'autres termes, elle est notre conception de ce qui est mal.

> **Surmoi**
> Terme psychanalytique désignant la partie du psychisme qui représente la conscience, la moralité et les normes sociales.

Le surmoi juge les activités du moi, suscitant chez une personne des sentiments agréables (fierté, satisfaction) lorsqu'elle a bien agi et des sentiments désagréables (culpabilité, honte) lorsqu'elle a enfreint les règles. Il peut également récompenser ou punir le moi par des gestes concrets. La personne fière d'elle-même parce qu'elle vient d'agir conformément aux règles de son surmoi peut s'offrir des petites gâteries dont elle se serait privée autrement: un repas dans un bon restaurant, de nouveaux vêtements, etc. Inversement, la personne écrasée par la culpabilité peut se punir elle-même en se privant de ses plaisirs habituels ou en s'infligeant des sévices corporels (comme autrefois les religieux qui se flagellaient).

Une plaisanterie bien connue résume ainsi les rôles respectifs du ça, du moi et du surmoi. Le ça dit: «Je veux cela et je le veux tout de suite»; le surmoi dit: «Tu ne peux pas l'avoir parce que c'est mauvais pour toi»; et le moi, ce médiateur rationnel, dit: «Voyons! Tu pourras l'avoir en partie, mais plus tard.» Selon Freud, dans une personnalité normale, il existe un équilibre relatif entre les trois systèmes, et les conflits qui les opposent sont d'une intensité modérée. Par contre, dans une personnalité perturbée, on trouve des déséquilibres marqués ou des conflits particulièrement aigus. Par exemple, si le ça est trop fort, la personne est gouvernée par ses impulsions et ses désirs égoïstes; si le surmoi est prédominant, la personne est rigide, moralisatrice et tyrannique; si le moi est trop faible, la personne est incapable de faire la juste part entre, d'un côté, ses besoins personnels et ses désirs et, de l'autre, les exigences sociales et les limites imposées par la réalité. De même, si un surmoi très rigide s'oppose à un ça dont les pulsions sont particulièrement fortes, le conflit risque d'être trop intense pour le moi, qui ne sera plus capable de concilier les tendances opposées qui le tiraillent. Freud explique de nombreux phénomènes par l'intensité particulière de tels **conflits intrapsychiques**: actes manqués, symptômes névrotiques, angoisse, etc.

> **Conflit intrapsychique**
> Opposition entre des exigences contraires à l'intérieur même de la personnalité, entre ses structures (ça, moi et surmoi).

Qu'avez-vous appris ?

RÉPONSES, p. 161

Selon Freud, la structure de la personnalité est composée de trois systèmes: le ça, le moi et le surmoi. Le texte ci-dessous décrit le comportement de trois personnages. Identifiez le système qui semble prédominer chez chacun d'eux et justifiez vos réponses.

Vous vous rendez à une petite fête pour le jour de l'An dans la famille de votre nouvel ami. Vous rencontrez trois de ses cousins.

Le premier s'appelle Eugène. Après vous avoir été présentée, il vous demande des renseignements sur les programmes offerts dans votre cégep, parce qu'il projette de reprendre bientôt ses études. Il vous raconte que, parfois, il a le fantasme de devenir le nouveau Mahatma Gandhi du XXIᵉ siècle: celui qui, à la lumière du flambeau de la Raison, mènerait les masses opprimées de la Terre vers une Ère Nouvelle de Justice et de Liberté. Mais il vous explique aussitôt que son véritable objectif, plus modeste, est de devenir travailleur social, ce qui représente pour lui une sorte de compromis entre son idéal social et la nécessité de gagner sa vie. Puis quelqu'un lui offre des hors-d'œuvre, mais il les refuse en disant qu'il veut garder un peu d'appétit pour le dessert.

Le deuxième se prénomme Octave. Il se présente à vous en se tenant très raide, la bouche pincée, le regard froid. Il commence par vous dire — en fixant votre verre de bière d'un œil sévère — qu'il regrette d'être venu, qu'il ne devrait pas participer à des soirées où les gens s'enivrent comme des barbares. Il ne danse pas, ne chante pas, ne rit pas. Durant toute la réception, il ne mange qu'un morceau de pain sec et un bout de céleri. À la fin de la soirée, quelqu'un a réussi à le convaincre de boire la moitié d'un verre de vin. Il sourit même furtivement, lorsque le vieil oncle Euzèbe raconte une de ses traditionnelles plaisanteries salaces. Mais tout de suite après, vous le voyez prendre brusquement son manteau et partir en catastrophe. Par la suite, quelqu'un vous raconte qu'il l'a vu tomber dans l'escalier et se relever en s'apostrophant lui-même: «Espèce de brute! Ça t'apprendra!»

Le troisième s'appelle Albert. Vous ne l'avez pas vu approcher, il se plante soudain devant vous. Tout en mangeant et buvant, il vous explique que ce n'est pas toujours drôle d'être une grande vedette de cinéma comme lui. Pourtant, vous êtes bien certaine de n'avoir jamais entendu parler de lui. Puis, aussi brusquement qu'il vous a abordée, il vous quitte et se précipite vers une de ses charmantes cousines qu'il vient d'apercevoir. Un peu plus tard, vous le croisez dans le couloir menant à la salle de bain. Il est seul, mais il s'adresse à une interlocutrice imaginaire, et tout laisse présager qu'ils finiront la soirée ensemble. Finalement, vous apprenez plus tard que son frère a dû le ramener chez lui de force lorsqu'il a voulu se battre avec quelqu'un qui avait eu un morceau de gâteau plus gros que le sien.

Les mécanismes de défense

Lorsque les désirs du ça se heurtent aux exigences de la conscience morale ou aux règles sociales, la personne peut se sentir menacée et ressentir de l'**angoisse**. L'inquiétude et l'appréhension associées à l'angoisse provoquent alors une tension que le moi cherchera à atténuer en recourant aux **mécanismes de défense**. Ceux-ci présentent deux caractéristiques : ils servent à nier ou à déformer la réalité, et ils fonctionnent de façon inconsciente. Freud affirme que les mécanismes de défense du moi sont nécessaires pour échapper à des conflits désagréables et à l'angoisse ; ils ne deviennent nuisibles que lorsqu'ils causent des troubles émotionnels ou des comportements autodestructeurs. Freud décrit dix-sept mécanismes de défense ; d'autres psychanalystes ont par la suite élargi et modifié cette liste. Voici quelques-uns des principaux mécanismes de défense reconnus par la plupart des psychologues contemporains d'orientation psychodynamique (Horowitz, 1988 ; Vaillant, 1992) et par la fille de Freud, Anna (1946), elle-même éminente psychanalyste.

> **Angoisse**
>
> Malaise causé par un conflit entre les désirs du ça et les exigences de la conscience morale ou des règles sociales et qui se caractérise par l'inquiétude et l'appréhension.
>
> **Mécanisme de défense**
>
> Stratégie employée par le moi pour empêcher l'angoisse inconsciente d'atteindre la conscience.

1 LE REFOULEMENT consiste à empêcher une idée, une émotion ou un souvenir menaçants d'atteindre la conscience. On dit par exemple d'une personne qui ne peut se rappeler une expérience terrifiante vécue durant son enfance qu'elle en refoule le souvenir. Le terme « refoulement » n'a rien à voir avec le fait de se mordre consciemment la langue pour ne pas révéler un secret coupable. Il désigne l'effort du moi pour garder cachés des pensées et des sentiments honteux résidant dans l'inconscient, de sorte que la personne elle-même n'en soit pas consciente. Du point de vue psychodynamique, ceux qui disent ne jamais se souvenir de leurs rêves ou n'avoir jamais de fantasmes sexuels ont probablement recours au refoulement.

2 LA PROJECTION consiste à refouler les pulsions que le surmoi considère comme honteuses ou menaçantes et à les attribuer ensuite à quelqu'un d'autre. Ainsi, un garçon qui déteste son père (pulsion agressive) peut se sentir angoissé de ne pas aimer une personne dont il dépend (conscience morale). Il projettera alors (défense du moi) ses propres sentiments sur son père et affirmera : « Il ne m'aime pas. » De même, une personne se sentant mal à l'aise d'éprouver de l'attirance sexuelle envers des membres d'une ethnie autre que la sienne est susceptible de projeter son embarras sur eux, en disant par exemple : « Ces gens ont l'esprit mal tourné ; ils ne pensent qu'au sexe. »

La projection prend souvent pour cible un *bouc émissaire*, soit une personne ou un groupe impuissants que des individus souffrant d'insécurité ou se sentant menacés rendent responsables d'un problème. Anciennement, dans la religion hébraïque, c'était un vrai bouc qui jouait le rôle de bouc émissaire. En début d'année, le jour de la fête de l'Expiation (Yom Kippour), un chef religieux plaçait ses mains sur la tête d'un bouc tout en déclinant les péchés de la communauté. Il le laissait ensuite s'évader dans la nature, emportant symboliquement avec lui les péchés des humains. On trouve des exemples de boucs émissaires dans les contextes les plus divers. Ainsi, tous les membres d'une même famille s'en prendront à un enfant faible, en projetant sur lui leurs conflits émotionnels. Dans certains États, on attribue le rôle de bouc émissaire à une minorité qu'on tient responsable des difficultés économiques ; ce fut le cas des Romains dans l'Antiquité envers les chrétiens et, plus récemment, des nazis envers les juifs, ou encore des Serbes et des Croates envers les Bosniaques musulmans.

3 LA FORMATION RÉACTIONNELLE consiste à transformer un sentiment suscitant inconsciemment de l'angoisse en son contraire au niveau conscient. Par exemple, une

« Désolé, je ne parle à personne ce soir. Mes mécanismes de défense ne fonctionnent pas bien. »

Dessin par Joe Mirachi ;
© 1985 The New Yorker Collection/Cartoonbank.com

personne excitée par des images érotiques (manifestation du ça) affirmera sur un ton courroucé que la pornographie est dégoûtante (réaction du moi et du surmoi). De même, une femme ayant peur d'admettre qu'elle n'aime pas son mari se raccrochera au niveau conscient à la croyance qu'elle l'aime vraiment. Comment peut-on alors savoir si une émotion est authentique ou non ? La plupart du temps, quand il y a formation réactionnelle, le sentiment conscient est excessif : la personne « en fait trop » ; elle ne peut s'empêcher de manifester de façon exagérée ce qu'elle prétend ressentir. (« Est-ce que je l'aime ? Mais *bien sûr* que je l'aime ! Je n'ai *jamais* eu la moindre pensée malveillante à son égard ! Il est parfait ! »)

4 LA RÉGRESSION survient lorsqu'une personne revient à un stade antérieur de son développement psychique. Selon Freud la personnalité s'élabore en divers stades, s'échelonnant de la naissance à la maturité. Notons toutefois que chaque nouvelle étape s'accompagne d'une certaine quantité de frustration et d'anxiété. Dans le cas où ces sentiments sont trop intenses, le développement normal est interrompu, et l'enfant reste *fixé* au stade en cours ; par exemple, il continuera indéfiniment à dépendre étroitement des autres. Il arrive également qu'une personne régresse à un stade antérieur si elle vit une expérience traumatisante à une phase quelconque de son développement. Ainsi, un garçon de huit ans, que le divorce de ses parents rend anxieux, recommencera à sucer son pouce ou à se cramponner aux autres. Les adultes font parfois preuve de « fixations partielles » qu'ils n'ont jamais dépassées, comme se ronger les ongles, et certains régressent quand ils sont soumis à de fortes tensions, adoptant alors un comportement immature, comme piquer une colère si les choses ne se passent pas comme ils le souhaitent.

5 LE DÉNI consiste à refuser de reconnaître qu'une chose désagréable est en train de se produire ou qu'on éprouve une émotion « interdite ». Par exemple, des personnes nient qu'elles sont en colère ou des alcooliques nient leur dépendance à l'alcool. Du point de vue psychodynamique, ceux qui affirment ne *jamais* éprouver de sentiments négatifs, ou ne jamais ressentir de dégoût pour quoi que ce soit, révèlent par là même qu'ils ont recours au déni, car chacun de nous éprouve de telles émotions. Le déni sert à entretenir l'illusion d'invulnérabilité — « Cela ne m'arrivera jamais » — et il explique bien des comportements autodestructeurs ou dangereux. Une femme qui fait semblant de ne pas savoir qu'elle a une tumeur à un sein, un homme qui se dit « Ce n'est qu'une indigestion », alors qu'il vient d'avoir une crise cardiaque, une personne diabétique qui ne prend pas les médicaments dont elle a besoin, voilà autant d'exemples de déni.

6 L'INTELLECTUALISATION consiste à transformer un problème concret auquel on ne veut pas faire face en un problème théorique très abstrait, plus lointain et moins menaçant. Par exemple, au moment de la puberté, un adolescent peut éprouver de la culpabilité à se masturber (surmoi, conscience morale), tout en ayant l'impression d'être incapable de s'en abstenir (ça, pulsion sexuelle). Une fois intellectualisé, le problème pourrait être devenu une interrogation philosophique sur le rôle du plaisir sensuel dans la vie humaine : s'agit-il d'un penchant naturel bénéfique ou d'un enchaînement avilissant au monde limité de la matière et des sens ? Ce qui était à l'origine un problème personnel et concret est devenu un problème théorique hautement abstrait. Cela ne veut pas dire que cette interrogation philosophique ou morale n'a pas de valeur en elle-même. Cela signifie que les réflexions de cette personne sont teintées d'une dynamique affective très personnelle.

7 LE DÉPLACEMENT ET LA SUBLIMATION constituent un changement dans l'orientation des émotions (le plus souvent la colère ou des pulsions sexuelles) vers des choses, des animaux ou des personnes qui ne sont pas l'objet réel des sentiments éprouvés. On parle de déplacement lorsque l'objet réel paraît trop menaçant pour y faire face directement. Par exemple, un jeune garçon à qui on a interdit de se mettre en colère contre son père « se déchargera » sur ses jouets ou sur sa sœur cadette. On peut, lors d'un conflit, déplacer ses pulsions agressives vers les sports de compétition plutôt que de les exprimer directement. Le déplacement des pulsions sexuelles peut mener à la rédaction de poèmes ou d'autres textes littéraires où s'exprime la passion. Dans le cas où le déplacement sert un but supérieur utile, de nature culturelle ou sociale, comme la création artistique ou l'invention scientifique, on lui donne le nom de *sublimation*. Pour Freud, la sauvegarde de la civilisation et de la vie elle-même exige le déplacement d'une bonne part des énergies sexuelles et agressives, et leur sublimation en des formes constructives et convenant à la vie en société.

8 LA RATIONALISATION consiste à donner une explication cohérente du point de vue logique ou acceptable du point de vue moral à une action dont les véritables motifs sont refoulés. Imaginons par exemple un père de famille qui déteste le petit ami de sa fille par jalousie, parce qu'il éprouve lui-même des désirs sexuels envers sa fille. S'il exprime son hostilité à l'égard du jeune homme, il n'en dévoilera cependant pas les véritables motifs, ni aux autres ni à lui-même. Il s'inventera donc une raison parfaitement « logique » et « raisonnable » de ne pas l'aimer : il dira que ce n'est pas un garçon convenable, qu'il est insolent ou bon à rien.

TABLEAU **5.1** RÉSUMÉ DU PSYCHISME SELON LE MODÈLE FREUDIEN

ÇA	MOI	SURMOI
Est régi par le principe de plaisir: comprend les pulsions sexuelles et agressives	Est régi par le principe de réalité: cherche à équilibrer les désirs du ça et les exigences du surmoi	Comprend la conscience morale et l'idéal du moi
	Emploie des mécanismes de défense pour se protéger contre l'angoisse inconsciente, notamment: le refoulement le déni la projection l'intellectualisation la formation le déplacement réactionnelle et la sublimation la régression la rationalisation	

Selon Freud, les mécanismes de défense, énumérés dans le tableau 5.1 en fonction des trois composantes de la structure de la personnalité, protègent le moi contre l'angoisse et lui permettent donc de remplir ses tâches sans trop d'inconfort. Mais ils entraînent aussi une perception faussée de soi-même ou du monde extérieur. Des personnalités diverses naissent du fait que tous les individus n'emploient pas les mêmes défenses avec le même degré de rigidité, et que celles-ci permettent à certains individus de fonctionner adéquatement, alors qu'elles causent des troubles chez d'autres (Bernstein et Warner, 1993; Vaillant, 1992). Des efforts inappropriés pour se protéger de l'angoisse peuvent engendrer une *névrose*, dont les caractéristiques sont le comportement autopunitif (par exemple une surconsommation d'alcool), des symptômes d'ordre émotionnel (par exemple une forte angoisse) ou physique (par exemple des maux d'estomac). Freud met donc de l'avant l'idée que bien des problèmes de nature physique ont une cause psychologique, ou « névrotique ».

Somme toute, la théorie psychanalytique repose sur l'idée que tout être humain est perpétuellement en état de conflit, cherchant à équilibrer intérieurement les demandes du ça et celles du surmoi et, extérieurement, ses propres désirs et les exigences du milieu. Freud était tout à fait conscient de ce que la culture, les coutumes et les lois modèlent le comportement humain et les désirs. Il parle en effet avec compassion et de façon poignante des conséquences psychologiques pour les femmes de la sublimation sexuelle que la société exige d'elles (Freud, 1908) et des tensions inévitables entre les pulsions des humains et les besoins de la société (Freud, 1930). Freud croit

également que l'inconscient existe de tout temps, chez tous les êtres humains. Certes les cultures naissent et meurent, les sociétés, y compris leurs lois, diffèrent les unes des autres et se modifient avec le temps, mais l'inconscient subsiste. La civilisation émerge, dit Freud, du conflit intérieur entre les forces de l'ordre et celles de l'anarchie. « Le moi doit déloger le ça. C'est là une tâche qui incombe à la civilisation. » (Freud, 1933)

L'angoisse dans la théorie freudienne

L'angoisse joue un rôle important dans la théorie freudienne. C'est l'angoisse qui force le moi à recourir aux mécanismes de défense. C'est elle qui, parfois, submerge complètement le moi et lui fait vivre une expérience traumatisante. C'est elle, enfin, qui constitue souvent le principal symptôme du problème qui amène un patient à consulter un psychanalyste.

Nous connaissons tous plus ou moins l'angoisse. Chacun de nous peut la ressentir comme une expérience émotionnelle désagréable, voire pénible. En ce sens, elle ressemble à d'autres états déplaisants tels que la douleur ou la tristesse, mais elle s'en distingue tout de même assez nettement. Pour Freud, l'angoisse est, par définition, une expérience subjective consciente, il n'y a pas d'angoisse inconsciente. On peut ne pas être conscient des causes et des sources de son angoisse, mais on est conscient de l'angoisse elle-même. Si on n'en ressent pas, c'est qu'il n'y en a pas. Freud distingue trois sortes d'angoisse en fonction de leurs sources : l'angoisse devant un danger réel, l'angoisse névrotique et l'angoisse morale.

La source de l'*angoisse devant un danger réel* est dans le monde extérieur, qui présente une menace réelle pour l'individu. En d'autres termes, il existe quelque chose dans le monde extérieur qui risque de créer beaucoup de douleur et de déplaisir à l'individu. C'est exactement ce qui se passe si vous rencontrez un ours affamé au cours d'une promenade en forêt, si vous êtes à bord d'un avion qui pique du nez ou si vous vous retrouvez devant quelqu'un qui brandit un couteau pointu. Face à des situations réellement angoissantes, nous apprenons tous à réagir soit par la fuite, soit par le combat. Ainsi, l'angoisse éprouvée devant un danger réel ne se limite pas à un sentiment désagréable, elle a aussi une utilité. Elle sert de signal d'alarme au moi pour qu'il puisse prendre les mesures qui s'imposent afin d'échapper au danger.

Si le moi ne peut éviter le danger, la personne peut être submergée par l'angoisse. C'est ce que Freud appelle une expérience traumatisante. Le petit enfant est particulièrement exposé aux expériences traumatisantes, car il dispose de bien peu de moyens pour affronter l'angoisse. Son moi est trop faible : sa musculature et sa coordination musculaire ne sont pas assez développées, et il n'a pas une connaissance suffisante du monde pour comprendre ce qui lui arrive.

Dans l'*angoisse névrotique*, la menace ne provient pas d'une chose extérieure réelle, mais de l'intérieur de la personne, de son propre ça. La personne a peur de ce qui se produirait si son moi perdait la maîtrise des pulsions du ça et se montrait incapable de réprimer ses envies de commettre des actes interdits ou d'avoir des pensées immorales. Par exemple, un patient obsessif-compulsif va craindre de retourner dans un parc parce que, la dernière fois qu'il s'y est promené, il a vu une grosse branche d'arbre qui traînait par terre, près du chemin. Il a peur si la branche est encore là d'être saisi d'un désir incontrôlable de s'en emparer pour assommer les passants.

Une personne peut ressentir une angoisse névrotique mais ne pas être consciente de la cause de cette angoisse. Elle croit que l'angoisse provient d'un danger extérieur, alors que, en réalité, sa peur est disproportionnée par rapport à la menace réelle. Par exemple, une personne a la phobie des couteaux au point de refuser de s'en servir, ne serait-ce que pour couper des légumes. Bien sûr, le propre d'un couteau étant de couper, il présente un danger réel. Mais il est évident que l'angoisse éprouvée par la personne dépasse de loin le risque de se couper. Pour Freud, il pourrait s'agir en réalité de la peur de ses propres pulsions agressives, de la peur de perdre le contrôle de ses actes et de tenter de poignarder quelqu'un si jamais elle avait un couteau en main.

Cette peur de perdre la maîtrise des pulsions du ça a d'abord été une angoisse éprouvée devant un danger réel avant de devenir une angoisse névrotique. C'est parce que certains désirs sont frappés d'interdit durant l'enfance, parce que leurs manifestations sont sévèrement punies par des sanctions très réelles et très humiliantes qu'on finit par avoir peur de ses propres pulsions. Si on n'était jamais puni pour ses actes impulsifs, si on ne se forgeait pas de surmoi, il n'y aurait aucune raison d'avoir peur de ses propres pulsions. L'angoisse névrotique est beaucoup plus difficile à soigner que l'angoisse devant un danger réel, principalement parce que la personne ne peut pas éviter le danger aussi facilement. Le danger se trouve en quelque sorte en elle, il est impossible de le fuir en changeant de place ou en luttant.

L'*angoisse morale* est perçue généralement comme un sentiment de culpabilité ou de honte. La source du danger n'est pas la réalité extérieure ni les pulsions du ça, mais plutôt le surmoi, plus spécifiquement la conscience morale. Calvin Hall (1957) illustre cette notion par l'exemple suivant. Un patient avait peur des hauteurs, qu'il s'agisse

Il est normal de ressentir de l'angoisse lors d'un premier saut en parachute. Cependant, une personne aux prises avec une angoisse névrotique peut ressentir de tels symptômes face à des situations qui ne semblent pas comporter de menaces réelles.

de tours, de montagnes ou de falaises, il craignait de tomber et de se tuer. Il y avait bel et bien danger pour ce patient, mais seulement s'il se montrait inattentif ou maladroit. Son angoisse était clairement disproportionnée. D'un point de vue freudien, il est possible qu'un tel patient ait peur de son propre surmoi. S'il a commis des actes que ce dernier réprouve, il peut avoir peur que son surmoi, pour le punir de ses fautes, le pousse à se suicider en sautant du haut d'une tour ou d'une falaise.

Afin de soulager leur angoisse morale, certaines personnes vont chercher à expier leurs fautes. Pour ce faire, elles vont agir de façon à attirer sur elles-mêmes une punition extérieure. Par exemple, un homme se sent coupable d'avoir détourné à son profit une somme d'argent qui revenait de droit à son frère. Quelques semaines plus tard, bourrelé de remords, il commet un geste totalement inhabituel : il vole un objet dans un magasin. Non seulement il vole, mais il procède de manière tellement maladroite qu'il se fait immédiatement repérer. On peut supposer que c'était exactement le résultat qu'il recherchait : en se faisant arrêter pour vol à l'étalage, il s'attire une punition réelle qui lui permet d'expier psychologiquement l'acte dont il s'est rendu coupable au détriment de son frère, ce qui va soulager son angoisse morale.

Dans ces études de cas, Freud a voulu montrer combien les êtres humains peuvent faire preuve d'une prodigieuse imagination pour mettre en œuvre de tels moyens symboliques et « magiques » de conjurer l'angoisse névrotique ou morale. C'est ainsi qu'il a élaboré sa conception des mécanismes de défense, à laquelle de nombreux psychologues font toujours référence.

Qu'avez-vous appris ?

RÉPONSES, p. 161

Pour chacun des exemples suivants, identifiez le mécanisme de défense qui, selon la théorie freudienne, est probablement à l'œuvre.

1. Quand on lui a présenté Robert, un nouveau collègue de travail, Arthémise a soudain éprouvé une sensation de chaleur intense. Quand Robert est venu lui demander un renseignement, elle a senti ses jambes flageoler et n'a pu retenir un sourire radieux. Plus tard, voyant une collègue aider Robert à s'installer dans son nouveau bureau, elle lui a reproché d'avoir avec lui des manières aguichantes et de flirter pendant les heures de travail.

2. Gontran fait partie d'une troupe de théâtre. Même si dans la vie réelle, il se comporte généralement de façon aimable et réservée, au théâtre il aime surtout jouer des rôles de personnages puissants et cruels. Le plaisir qu'il en tire rend son jeu tout à fait remarquable et rehausse de beaucoup la qualité du spectacle.

3. Votre voisin est un homme irritable dont le caractère semble empirer d'année en année. Il administre régulièrement à ses enfants des corrections et les brutalise à tout propos. Pour se justifier, il dit qu'il agit de la sorte pour le bien de ses enfants, qu'ils ont besoin qu'on leur enseigne la discipline pour réussir dans la vie.

4. Jean-Guy s'est réveillé tout en sueur la nuit dernière. Il a rêvé qu'il se trouvait dans un bar gai et se sentait vaguement flatté des regards admiratifs et séducteurs des hommes qui l'entouraient. Ce rêve l'a particulièrement troublé, lui qui ne cesse de se moquer des homosexuels, qui brûle les feux rouges parce que cela fait viril et qui refuse de s'excuser quand il a bousculé quelqu'un par mégarde, sous prétexte qu'il ne veut pas avoir l'air efféminé.

5. Antoine, sept ans, ne mouillait plus son lit depuis l'âge de trois ans. Ses parents ont déménagé récemment dans une autre ville et, les premières nuits passées dans sa nouvelle maison, Antoine a de nouveau mouillé ses draps.

6. M. Hector se rend d'urgence à l'hôpital. Son fils a été victime d'un accident de la circulation, et les médecins tentent désespérément de le sauver. Après plusieurs heures d'attente anxieuse, M. Hector voit venir un médecin qui lui annonce avec regret la mort de son fils. M. Hector s'assied pour mieux encaisser le choc mais, au bout de quelques minutes, il retourne voir le médecin et lui demande dans combien de temps son fils sera suffisamment rétabli pour rentrer à la maison.

Pour Freud, le rêve représente une sorte de satisfaction symbolique et déguisée des désirs refoulés du rêveur, une «voie royale» par laquelle l'inconscient arrive à s'exprimer. Le caractère souvent «bizarre» et «illogique» du rêve s'expliquerait par le fait qu'une certaine censure est tout de même présente: c'est elle qui vient semer la confusion pour empêcher le rêveur d'exprimer trop directement ses désirs refoulés. Le *rêve manifeste*, ce dont le rêveur se souvient, constitue en quelque sorte une façade où se glissent les désirs refoulés correspondant aux *idées latentes* du rêve. Pour illustrer l'interprétation psychanalytique du rêve, examinons un cas rapporté par le psychanalyste Franz Alexander (1968).

Un jeune homme d'affaires ambitieux apporte en analyse le rêve suivant: il apprend qu'un de ses oncles s'est enrhumé et a succombé à une pneumonie. Le rêve est donc décomposé en ses éléments: L'ONCLE, le RHUME, la PNEUMONIE, la MORT. À partir de chacun de ces éléments, le rêveur doit faire des *associations libres*: il doit exprimer toutes les idées qui lui viennent à l'esprit.

Sur le thème de L'ONCLE, les associations sont les suivantes. Plusieurs années auparavant, le rêveur et sa mère avaient dû faire face à de graves difficultés financières à la suite du décès du père. Le jeune homme avait alors demandé du travail à son oncle, un riche entrepreneur, mais ce dernier avait refusé de l'engager dans son entreprise. Le patient avait trouvé du travail ailleurs et obtenu de réels succès, si bien que son patron lui avait offert plusieurs promotions. Le jeune homme est resté en très mauvais termes avec cet oncle, il lui en veut de ne pas l'avoir aidé lorsqu'il en avait besoin. L'idée que son oncle puisse mourir ne lui cause aucun chagrin, au contraire. Par contre, le patient ne comprend pas pourquoi il a rêvé de son oncle puisqu'il n'y a plus de contact entre eux depuis longtemps.

Sur le thème du RHUME et de la PNEUMONIE, le patient se souvient que, la veille du jour où il a fait le rêve, son patron lui a téléphoné pour l'avertir qu'il était enrhumé et qu'il ne viendrait pas travailler. Le patient a alors, pendant un bref moment, pensé que la maladie de son chef pourrait se compliquer et mener à la MORT. Le thème

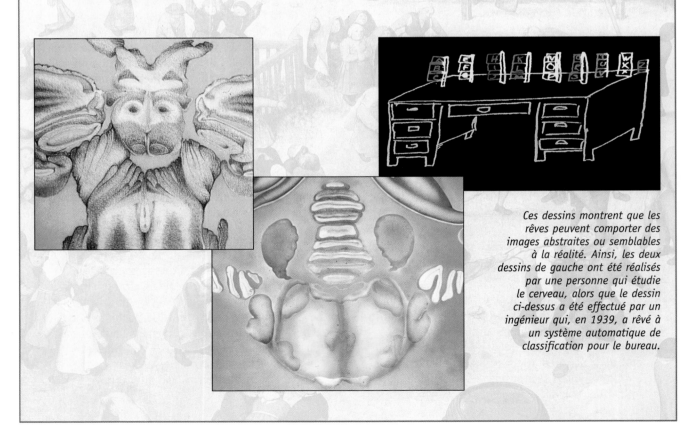

Ces dessins montrent que les rêves peuvent comporter des images abstraites ou semblables à la réalité. Ainsi, les deux dessins de gauche ont été réalisés par une personne qui étudie le cerveau, alors que le dessin ci-dessus a été effectué par un ingénieur qui, en 1939, a rêvé à un système automatique de classification pour le bureau.

du patron amène le patient à faire encore d'autres associations. Au moment d'entrer en analyse, il venait d'être promu au poste de directeur de l'entreprise, poste qu'il briguait et qui faisait de lui la seconde personne la plus importante de la firme après le patron. Il a alors commencé à montrer des symptômes de dépression avec des idées suicidaires. Il est devenu compulsivement soumis à son patron, il rougissait en sa présence, n'arrivait plus à le regarder en face et se croyait obligé de lui offrir ses services dès qu'il le rencontrait. Il a refusé l'augmentation de salaire liée à cette promotion et s'est soudainement senti incapable d'assumer ses nouvelles responsabilités.

Sur la base de ces associations, le psychanalyste fit l'interprétation suivante. Le patient avait atteint le poste le plus élevé auquel il pouvait aspirer sous l'égide de son patron. Dès lors, la seule promotion possible était de prendre la place de ce dernier, qui devenait ainsi un rival, tout en demeurant son bienfaiteur et son modèle. Les désirs hostiles du patient envers son patron le remplissaient de culpabilité. Cela se manifesta entre autres par le fait qu'il devint dépressif après avoir reçu une promotion et qu'il fit preuve de toutes sortes de comportements exagérément soumis envers son patron, comme pour se faire pardonner les désirs hostiles dont il n'avait même pas conscience. Dans le rêve, ses désirs de mort étaient *déplacés* sur l'oncle, parce que le patient n'éprouvait aucune culpabilité à souhaiter la mort de ce dernier. Par contre, l'idée de la mort du patron était pour lui effrayante et angoissante. Elle devait être *refoulée,* car elle exprimait trop directement un désir coupable.

Les éléments de ce rêve semblent au départ sans rapport: l'oncle, le rhume et la mort n'apparaissent pas au rêveur comme étant reliés. Ce que soutiennent les psychanalystes, c'est que les idées latentes derrière le rêve forment en réalité un tout cohérent qui signifie quelque chose. Si le rêve manifeste semble être un assemblage d'éléments disparates, c'est qu'un mécanisme de *censure,* de *refoulement,* a brouillé les cartes. On pourrait illustrer cela par le schéma suivant.

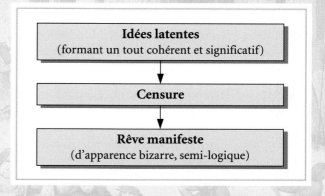

Idées latentes (formant un tout cohérent et significatif)
↓
Censure
↓
Rêve manifeste (d'apparence bizarre, semi-logique)

Le développement de la personnalité

Freud soutient que la personnalité s'élabore durant l'enfance en cinq stades successifs bien définis. Il qualifie ces stades de *psychosexuels* parce que, pour lui, le développement psychologique dépend du fait que l'énergie sexuelle se manifeste dans différentes parties du corps au fur et à mesure que l'enfant grandit.

1 **LE STADE ORAL** s'étend entre les douze et dix-huit premiers mois de la vie. Les bébés abordent le monde et ingèrent la nourriture par la bouche; cet organe est donc, selon Freud, le centre des sensations de plaisir durant cette phase. Les personnes qui souffrent d'une fixation au stade oral rechercheront, à l'âge adulte,

Cette femme a-t-elle une fixation au stade oral?

une satisfaction orale constante, par exemple en fumant, en buvant ou en mangeant de façon excessive. Leurs relations avec leur entourage seront aussi centrées sur ce qu'elles peuvent «absorber» et «recevoir», qu'il s'agisse d'aide, d'affection ou d'idées.

2 **LE STADE ANAL,** qui correspond à peu près à la deuxième année de la vie, marque le début de l'élaboration du moi: l'enfant commence à prendre conscience du soi et des exigences de la réalité. Le principal enjeu de cette phase est la maîtrise des excréments, l'entraînement à la propreté constituant pour l'enfant une leçon de maîtrise de soi. La fixation à ce stade, dit Freud, se révèle chez les adultes par une attitude de «rétention anale» qui consiste à tout garder pour soi et à avoir un sens obsessionnel de l'ordre et de la propreté, ou alors par une attitude d'«expulsion anale», caractérisée par la malpropreté et le caractère brouillon.

3 LE STADE PHALLIQUE (OU ŒDIPIEN) s'étend approximativement de trois à six ans. La zone érogène prépondérante est alors le pénis chez les garçons et le clitoris chez les filles. Durant cette phase, dit Freud, l'enfant désire avoir pour lui seul le parent de sexe opposé et écarter le parent de même sexe. Il arrive souvent qu'il fasse part avec fierté de son intention d'épouser sa mère, ou son père, lorsqu'il sera grand et qu'il rejette le « rival » de même sexe que lui. Freud (1924a, 1924b) a donné à ce phénomène le nom de **complexe d'Œdipe,** d'après la légende grecque du roi Œdipe, qui sans le savoir tua son père et épousa sa mère. Certains psychanalystes utilisent l'expression « complexe d'Électre » pour désigner ce conflit chez la petite fille (Électre étant la fille d'Agamemnon dans une autre légende grecque), mais Freud lui-même et la plupart des psychanalystes contemporains emploient les termes « complexe d'Œdipe » et « stade œdipien », quel que soit le sexe de l'enfant.

D'après Freud, le stade phallique se déroule différemment pour les garçons et les filles. Les garçons font la découverte du plaisir et de la fierté d'avoir un pénis. La première fois qu'ils voient une petite fille ou une femme nue, ils sont horrifiés. Leur inconscient se dit : « Quelqu'un a coupé son pénis ! Qui a bien pu lui faire une chose pareille ? Ce ne peut être que son père, qui est très fort. Et s'il lui a fait cela, mon père peut me faire la même chose ! » L'**angoisse de castration,** dit Freud, conduit le jeune garçon à refouler le désir qu'il ressent pour sa mère, à accepter l'autorité de son père et à s'identifier à lui. L'identification est le processus par lequel le garçon s'approprie la conscience morale du père. C'est ainsi que le surmoi prend naissance. (Notons que Freud donne au mot « castration » le sens de « perte du pénis », alors qu'en médecine moderne ce terme désigne l'ablation des testicules.)

Freud admet qu'il ne sait pas très bien comment les choses se passent pour les filles ; celles-ci n'ayant pas de pénis, les diverses phases de leur évolution ne sont évidemment pas identiques à celles des garçons. Il suppose que, la première fois qu'elle voit des organes génitaux mâles, la petite fille est prise de panique à l'idée de n'avoir qu'un petit clitoris plutôt qu'un imposant pénis ; elle en conclut qu'elle a déjà *été* castrée : « L'enfant faisant la comparaison avec un camarade de jeux masculin [...] perçoit [son clitoris] comme un peu court et ressent ce fait comme un préjudice et une cause d'infériorité. » (Freud, 1924b) Il s'ensuit que, chez la fille, l'angoisse de castration ne peut servir de motif à l'abandon des sentiments œdipiens. L'« envie du pénis », soit le désir d'obtenir un pénis,

> ### Complexe d'Œdipe
> Terme psychanalytique désignant le conflit qui consiste pour l'enfant à désirer avoir pour lui seul le parent de sexe opposé et à considérer le parent de même sexe comme un rival ; c'est le problème central du stade phallique du développement.
>
> ### Angoisse de castration
> Terme psychanalytique désignant la peur inconsciente du jeune garçon d'être castré par le père tout-puissant, peur qui mène à la résolution du complexe d'Œdipe.

subsisterait donc en elle jusqu'à ce qu'elle devienne adulte et ait un enfant : « Son complexe d'Œdipe culmine dans le désir longtemps retenu de recevoir en cadeau du père un enfant, de mettre au monde un enfant pour lui. [...] Les deux désirs visant à la possession et d'un pénis et d'un enfant demeurent fortement investis dans l'inconscient et aident à préparer l'être féminin pour son futur rôle sexuel. » (Freud, 1924b) Par contre, prétend Freud, l'envie du pénis conduit la femme névrosée à chercher à se comporter comme un homme, par exemple en poursuivant une carrière. Dans tous les cas, dit Freud, le surmoi de la femme ne sera jamais aussi fort ni d'un niveau moral aussi élevé que celui de l'homme.

Vers l'âge de cinq à six ans, lorsque le complexe d'Œdipe disparaît sous l'effet du refoulement, les structures de la personnalité de l'enfant sont en place. Les conflits inconscients avec les parents, les fixations et les sentiments de culpabilité, ainsi que les attitudes à l'égard des personnes de l'un et l'autre sexe qui sont alors installées se reproduiront durant toute la vie.

4 LA PÉRIODE DE LATENCE va de la fin du stade phallique jusqu'à la puberté. L'enfant s'assagit, il va à l'école, se fait des amis, prend de l'assurance et apprend les règles sociales de bonne conduite. Les expériences mentales et les excitations qu'il a vécues pendant les phases préœdipiennes et œdipiennes, dit Freud (1924), sont maintenant refoulées, ce qui explique le phénomène de l'*amnésie infantile*, à savoir qu'il ne reste plus à l'enfant que quelques fragments de souvenirs des cinq premières années de sa vie. (Le point de vue cognitif sur l'amnésie de l'enfance est présenté au chapitre 10.)

5 LE STADE GÉNITAL, qui commence à la puberté, marque le début de ce que Freud considère comme la sexualité adulte. L'énergie sexuelle est alors localisée dans les organes génitaux et elle sera finalement orientée vers les rapports sexuels. Les désirs sexuels reviennent donc en force, rompant les barrières érigées durant la période de latence. Ces désirs sont toutefois différents de ceux de la période phallique, car ils sont désormais dirigés vers l'extérieur de la famille, l'inceste demeurant tabou : les relations sexuelles avec de proches parents sont interdites, et le seul fait d'y penser suscite un sentiment d'horreur et d'indignation. Les désirs incestueux liés au complexe d'Œdipe sont donc toujours refoulés. Selon Freud, tous les individus n'atteignent pas nécessairement ce stade final. Les mécanismes de défense du moi et le déplacement de l'énergie sexuelle empêchent certaines personnes de parvenir à une sexualité génitale adulte.

Freud et l'éducation :
du refoulement des
pulsions sexuelles
au plaisir d'apprendre

La scène se passe en 1890, juste avant que Freud ne commence à présenter ses théories au grand public. Le petit Gontran, âgé de 7 ans, vient d'entrer à l'école, et son comportement suscite beaucoup d'inquiétude à son institutrice et à ses parents, qui se réunissent pour décider des mesures à adopter à son égard. L'enfant manifeste en effet une grande curiosité envers la sexualité, et les adultes considèrent que cet intérêt est anormal chez un si jeune enfant. Gontran leur pose, parfois avec insistance, des questions inconvenantes sur la reproduction des animaux et des êtres humains. Il demande à certains de ses petits camarades, garçons et filles, de lui montrer leurs parties génitales. Enfin, comble de la dépravation aux yeux de ses parents qui l'ont pris sur le fait, il lui arrive de caresser avec plaisir ses organes génitaux ! Les adultes pensent que le petit garçon doit être soigné ou puni (ou peut-être les deux) afin de le débarrasser de ces penchants pervers.

Après plus d'un siècle, il semble évident que la société victorienne était imprégnée d'une morale sexuelle aussi prude qu'hypocrite, qui lui faisait nier certaines réalités jugées inconvenantes. Ainsi, une croyance répandue à l'époque voulait que les enfants n'éprouvent aucune espèce de désir, d'intérêt ou de préoccupation de nature sexuelle avant la puberté. Il fallait donc les maintenir dans l'ignorance de la sexualité de

manière à préserver leur innocence. Si par malheur un enfant manifestait de l'intérêt envers des questions d'ordre sexuel, cette attitude jugée anormale devait être réprimée sévèrement. Même si les adolescents devaient, par nécessité, acquérir un certain nombre de connaissances en matière de sexualité, il ne fallait en aucun cas laisser ces préoccupations déborder de la théorie à la pratique. Ce n'est que chez les hommes adultes, dans un cadre précis et selon des formes bien définies, qu'une certaine satisfaction sexuelle pouvait devenir possible. Chez les femmes, les rapports sexuels étaient un devoir et non une source de plaisir.

C'est dans ce contexte que Freud élabore ses théories concernant l'influence des pulsions sexuelles et du refoulement sur les troubles psychologiques. Il ne tarde d'ailleurs pas à trouver des implications pédagogiques à ses théories.

Freud considère que les enfants doivent acquérir une certaine maîtrise de leurs pulsions, qu'ils doivent intégrer les valeurs morales de la société et finir par *sublimer* leurs tendances antisociales. Il serait malsain, par exemple, qu'un petit garçon satisfasse pleinement ses désirs œdipiens, qu'il ait des attouchements sexuels avec sa mère ou qu'il manifeste sans entrave aucune son hostilité envers son père. Au contraire, il doit parvenir à sublimer ses pulsions. Ainsi, sa curiosité sexuelle

pourrait être sublimée dans le désir de savoir et d'apprendre en général. De même, il pourrait transformer son sentiment œdipien de rivalité envers le père en un désir de compétition scolaire ou sportive avec ses camarades. Freud (1969, 1971) va encore plus loin dans cette voie. Pour lui, la sublimation de certaines pulsions serait nécessaire au maintien de la civilisation. Cette dernière s'écroulerait si les individus donnaient libre cours à leurs pulsions.

Mais Freud souligne aussi qu'il existe des limites aux exigences morales de la société envers l'individu en général et l'enfant en particulier. En effet, la capacité de sublimation de l'être humain n'est pas infinie ; elle peut varier d'un individu à l'autre, mais elle est assez restreinte. Si le degré de sublimation exigé dépasse les capacités de l'individu, ce dernier court le risque de succomber à la névrose plutôt que de se transformer en individu adapté qui sublime ses pulsions antisociales. Ainsi, il n'aurait pas du tout été surprenant pour Freud de voir le petit Gontran manifester certains troubles émotionnels après avoir été « débarrassé » de sa « propension au vice » par ses parents et ses instituteurs à force d'énergiques réprimandes et punitions — par exemple, souffrir d'une phobie de l'école, ou encore de tremblements nerveux l'empêchant d'apprendre à écrire. Pour Freud, de tels troubles émotionnels sont susceptibles de se produire si la société s'efforce de réprimer trop sévèrement les pulsions sexuelles d'un individu. Freud a fortement critiqué les normes éducatives et morales de la société victorienne, dont la rigueur en matière de sexualité lui semblait excessive par rapport à la capacité de sublimation de la plupart des individus. Freud (1969) s'est opposé en particulier à ce que l'on cherche à empêcher les enfants de connaître les faits fondamentaux de la reproduction et de la vie sexuelle sous prétexte de préserver leur «pureté». Selon lui, il faut aborder de manière directe la question de la sexualité avec les enfants et surtout avec les adolescents, car les maintenir dans l'ignorance va leur causer plus de tort que de bien.

Cependant, Freud ne préconise pas une éducation libertaire qui autoriserait l'enfant à satisfaire ses pulsions sans entrave. Il prône plutôt une philosophie du juste milieu. On doit, selon lui, favoriser chez l'enfant l'intégration de valeurs et de normes qui lui permettront plus tard, en tant qu'adulte, de sublimer ou de maîtriser consciemment la plupart de ses pulsions plutôt que de les refouler dans l'inconscient. Pour ce faire, il est nécessaire d'imposer des restrictions, mais toujours en respectant les limites de la capacité de subli-

mation ou de maîtrise consciente propre à chaque individu. Dépasser ces limites, exiger l'impossible, conduirait l'individu à la névrose.

Les valeurs morales et les conceptions de l'éducation ont considérablement évolué depuis l'époque de Freud. De nos jours, le petit Gontran ne serait sans doute pas considéré comme un enfant anormal ni pervers. Tout le long du XXe siècle, d'importants changements économiques, sociaux et culturels se sont produits. La théorie psychanalytique s'est inscrite dans cette vague de changements, elle s'en est nourrie tout en y apportant sa contribution.

La « cure verbale »

L'influence de la théorie psychanalytique s'est surtout fait sentir dans la pratique de la psychothérapie, qu'une patiente de Josef Breuer, un ami et collègue de Freud, a baptisée *my talking cure* — littéralement, «cure par la parole» (Sulloway, 1992). Selon Freud, l'examen approfondi du passé et du psychisme provoque une soudaine *prise de conscience*: pour le patient, c'est l'instant de vérité où il découvre la cause de ses symptômes et de son angoisse. La compréhension et le déblocage émotionnel qui en résulte amènent alors la disparition des symptômes. La méthode novatrice de Freud a évolué pour donner naissance à de nombreuses variantes ayant toutes en commun la recherche de la prise de conscience des pulsions et des sentiments refoulés.

> **Association libre**
>
> Méthode d'exploration psychanalytique visant à faire resurgir les conflits inconscients et qui consiste pour le patient à dire spontanément tout ce qui lui vient à l'esprit.

En psychanalyse traditionnelle, le client est allongé sur un divan et regarde dans la direction opposée à l'analyste. Celui-ci demande au patient de dire tout ce qui lui vient à l'esprit en faisant appel à l'**association libre.** Par exemple, en appliquant la technique de la libre association à ses rêves, ses fantasmes à propos du travail et ses souvenirs d'enfance, un étudiant du collégial pourrait se rendre compte que sa paresse est un moyen d'exprimer sa colère contre ses parents, qui l'exhortent à une carrière qui ne l'intéresse pas. Idéalement, il en arrivera à cette conclusion par lui-même. Si l'analyste évoque une telle possibilité, le patient pourrait se sentir trop soucieux de ne pas déplaire à ses parents pour être capable de l'admettre.

Le deuxième élément fondamental de la thérapie psychanalytique est le **transfert,** c'est-à-dire que le patient déplace sur l'analyste des éléments émotionnels de sa vie intérieure, soit la plupart du temps des sentiments à l'égard de ses parents. Ne vous est-il jamais arrivé de ressentir immédiatement de l'affection ou de l'aversion pour quelqu'un dont vous venez tout juste de faire la connaissance et de vous rendre compte par la suite que cette personne vous rappelle un de vos proches que vous aimez ou que vous détestez? Ce phénomène est une variante du transfert. En psychanalyse, le transfert fait intervenir des images de personnes ayant joué un rôle important dans le passé du patient, ou des images de divers aspects de la personnalité du patient lui-même, que celui-ci refuse d'accepter. Ainsi, une femme n'ayant pas cessé d'aimer son père sur le mode œdipien aura l'impression de devenir amoureuse de

> **Transfert**
>
> Phase critique de la thérapie psychanalytique durant laquelle le patient transfère sur le thérapeute des émotions et des réactions inconscientes, comme ses réactions émotionnelles vis-à-vis de ses parents.

son analyste. Un homme éprouvant inconsciemment de la colère contre sa mère qui, selon lui, l'a rejeté, se sentira furieux contre son analyste qui part en vacances. D'après Freud, l'analyse du transfert permet au patient de résoudre ses problèmes émotionnels. En prenant conscience des émotions qu'il éprouve envers le thérapeute et du fait qu'elles concernent en réalité d'autres personnes, le patient parvient peu à peu à lever le refoulement qui étouffait ses sentiments.

Freud a élaboré la plus grande partie de son œuvre à partir de quelques analyses qu'il a menées lui-même et qui constituent des études de cas que les psychanalystes contemporains, et leurs critiques, tentent encore aujourd'hui de réinterpréter (Lakoff et Coyne, 1993). Examinons la façon dont Freud a découvert un des éléments les plus importants de la théorie psychanalytique, à savoir le complexe d'Œdipe. Dès le début de sa pratique, quelques patientes (et patients) lui ont confié avoir été sexuellement violentées pendant leur enfance, généralement par leur père, un oncle ou un ami de la famille. Freud en a d'abord conclu que ces expériences précoces d'agressions sexuelles expliquaient que ses patientes soient devenues malheureuses ou malades, mais il a par la suite changé radicalement de point de vue. Tout en reconnaissant que certains enfants sont réellement victimes de sévices sexuels et que ces expériences sont susceptibles d'avoir des conséquences néfastes sur leur développement, il en est venu à la conclusion que *la plupart* de ses patients décrivaient leurs fantasmes, et non des événements réels, et que les enfants (tous les enfants et pas seulement ses patients) fantasment sur des relations sexuelles avec le parent de sexe opposé. Cela est tellement tabou, dit Freud, qu'ils en ressentent de la culpabilité. C'est donc la culpabilité inconsciente liée au désir d'avoir des rapports sexuels avec le père ou la mère, plutôt que des sévices sexuels réels, qui est la cause de la plupart des maladies et des troubles émotionnels des adultes. La psychanalyse est née en partie de ce tournant dans la pensée de Freud.

De nos jours, de nombreux historiens et spécialistes des sciences humaines pensent que les patients de Freud disaient probablement la vérité lorsqu'ils racontaient avoir subi des sévices sexuels (Finkelhor, 1984; Masson, 1984; Rush, 1980). Frank J. Sulloway (1992), historien des sciences, a découvert que de nombreux cas de «séduction traumatisante» rapportés par Freud ont été confirmés par l'agresseur lui-même ou par d'autres témoins crédibles. Bien des psychanalystes sont maintenant sensibilisés au fait que des parents infligent des sévices réels, de nature émotionnelle et physique, à leurs enfants (A. Miller, 1984). Ils affirment par ailleurs que l'existence d'agressions sexuelles n'infirme pas la conception de Freud, à savoir que le complexe d'Œdipe, soit le fantasme de rapports sexuels avec le parent de sexe opposé, fait partie du développement de tous et chacun (Robinson, 1993).

La psychanalyse freudienne a établi deux principes qui servent encore aujourd'hui de guide aux thérapeutes d'orientation psychodynamique. Premièrement, les souvenirs et les perceptions conscientes ont moins d'influence sur le comportement que la dynamique de l'inconscient, et notamment les mécanismes de défense. Deuxièmement, les événements réels appartenant au passé d'une personne sont moins importants que la réalité psychique de celle-ci, c'est-à-dire l'interprétation de ses expériences par l'inconscient. Le thérapeute qui adopte l'approche psychodynamique présuppose donc que la personne peut fort bien ignorer en quoi consiste son problème. Elle vient le consulter pour diverses raisons: elle se sent malheureuse, elle vit des conflits familiaux, elle a contracté des habitudes autodestructrices, etc.; mais l'analyste tente toujours de mettre en évidence les processus inconscients sous-jacents à ces symptômes. Comme le fait remarquer Robert Fancher (1995), thérapeute d'orientation psychodynamique: «Le legs principal de la psychanalyse est cet art, hautement développé, d'écouter le non-dit, d'être attentif à l'aveuglement dont on est témoin, aux désirs et aux terreurs que le patient ne peut pas avouer franchement.»

RÉPONSES, p. 161

Qu'avez-vous appris ?

Vérifiez si la terminologie psychanalytique est accessible dans la partie consciente de votre réalité psychique. Pour ce faire, trouvez le terme psychanalytique qui décrit le mieux chacune des situations suivantes.

1. Un nourrisson porte tous ses nouveaux jouets à sa bouche.

2. Une fillette de quatre ans veut s'asseoir sur les genoux de son père mais refuse d'embrasser sa mère.

3. Un homme en thérapie raconte tout ce qui lui passe par l'esprit à propos d'un rêve récent.

4. Une femme croit qu'elle aime profondément son analyste.

Vous êtes peut-être maintenant en mesure de deviner les raisons pour lesquelles les idées exposées précédemment ont provoqué autre chose que des bâillements lorsqu'elles ont été énoncées publiquement pour la première fois. Les enfants, et même les nourrissons, éprouvent des émotions de nature sexuelle! Les adultes les plus respectables cachent des désirs refoulés! Les rêves ont une signification inconsciente! La femme a envie du pénis! L'art et la science sont en grande partie motivés par la sublimation sexuelle! Voilà bien un mélange explosif. Il n'est donc pas étonnant que la psychanalyse ait rapidement captivé l'imagination du public, tant en Europe qu'en Amérique (Hornstein, 1992). Qu'on le vénère ou qu'on le rejette en bloc, Freud a exercé une influence indéniable, sur le grand public comme sur les penseurs qui lui ont succédé.

LA MAISON JACQUES-FERRON

La Maison Jacques-Ferron est une ressource parallèle en santé mentale financée par le ministère de la Santé et des Services sociaux du Québec. Fondée en 1990, elle fait partie du principal mouvement québécois (près de 120 lieux de soins et d'accueil divers) qui offre aux personnes souffrant de difficultés sévères de santé mentale une alternative au réseau biopsychiatrique public. Cet «ailleurs et autrement» présente les caractéristiques suivantes: respect du droit des personnes de décider pour elles-mêmes du type de soins souhaitable; méfiance à l'égard des diagnostics et des interventions biopsychiatriques (qui souvent stigmatisent l'individu sur le plan social, limitent l'accès aux démarches psychothérapeutiques et privilégient l'usage de médicaments antipsychotiques); reconnaissance réelle de l'influence de l'histoire psychologique et sociale des patients sur les difficultés de santé mentale. Les ressources parallèles se définissent donc selon les points forts suivants: lieux d'entraide, organismes d'aide et d'accompagnement en défense des droits de la personne, services de psychothérapie, lieux de réinsertion professionnelle, services de suivi et de soutien dans la communauté.

La Maison Jacques-Ferron s'inspire de la psychanalyse — et c'est ce qui fait son originalité — pour offrir des services internes et externes de psychothérapie à une clientèle présentant des problèmes sévères et récurrents de santé mentale. Depuis les années 1950, à travers le monde, la psychanalyse s'est intéressée de près aux troubles psychologiques graves pour lesquels elle a proposé des pistes d'intervention psychothérapeutique. En présence de malades en délire et très dépendants sur le plan affectif et social, les cliniciens qui ont suivi une formation en psychanalyse évitent de se replier sur des positions visant à l'enseignement superficiel d'habiletés dans le quotidien et de contrôle comportemental ou médicamenteux; ils s'intéressent plutôt de façon active à ce qui, dans l'histoire intime et sociale de ces personnes, a mené aux symptômes observables. Cet intérêt peut permettre, dans des dispositifs adaptés de thérapie individuelle, de groupe ou de thérapie de milieu, qu'une élaboration par le sujet de ses modalités psychotiques ait lieu et que ce dernier puisse progressivement y avoir moins recours pour affronter les épreuves inhérentes à l'existence humaine, passées ou présentes.

Concrètement, il s'agit d'aider le résidant à comprendre ses modalités relationnelles telles qu'il les vit au jour le jour, de même qu'à prendre progressivement conscience des répercussions de son histoire affective sur sa vie présente et sur ses symptômes psychologiques. Cette réflexion est amorcée sur le fait, c'est-à-dire lors des divers échanges entre un résidant et les membres du personnel qui ont lieu spontanément au quotidien, ou lors des rencontres régulières visant à organiser le fonctionnement de la maison, puis parfois dans le cadre plus formel d'entretiens psychothérapeutiques.

La Maison Jacques-Ferron est une grande maison de deux étages située dans un quartier résidentiel, que rien ne distingue des habitations environnantes afin de favoriser le maintien du statut de citoyen normal pour ses résidants. Elle comprend neuf chambres individuelles, une cuisine, une salle à manger, diverses salles de séjour, des salles de consultation et de psychothérapie de même que des salles d'activités. Il incombe aux résidants, en fonction de leurs capacités individuelles, d'y organiser une vie en commun dans le respect de chacun. Le personnel soignant, présent vingt-quatre heures sur vingt-quatre et sept jours sur sept, assiste les résidants, tant dans l'organisation du quotidien que dans la compréhension de leurs états affectifs.

Source: François Picotte, directeur de la Maison Jacques-Ferron.

APRÈS FREUD

«Peu de théories scientifiques, fait observer Sulloway (1992), ont eu une postérité comparable à celle du mouvement psychanalytique.» À partir de l'œuvre de Freud, le mouvement psychanalytique va s'étendre et se diversifier considérablement. De nombreux psychanalystes proposeront des théories en partie inspirées par celle du fondateur, mais s'éloignant aussi très souvent de la stricte orthodoxie freudienne. Parmi ceux qui remirent en question les raisonnements de Freud, quelques-uns furent considérés comme des hérétiques et «excommuniés» du mouvement psychanalytique. Ce fut le cas par exemple d'Alfred Adler, de Carl Gustav Jung ou de Wilhelm Reich. D'autres, comme Karen Horney, Erich Fromm, Erik Erikson ou John Bowlby, restèrent associés à la psychanalyse tout en la faisant évoluer dans de nouvelles directions. Ces théories sont souvent au cœur des débats actuels de la psychanalyse. Nous nous limiterons ici à ne présenter qu'une de ces approches psychodynamiques contemporaines, l'école de la relation d'objet.

L'école de la relation d'objet

La plupart des psychologues contemporains d'orientation psychodynamique considèrent la théorie de Freud comme un modèle de base de la personnalité, mais un modèle qu'ils peuvent remanier; ils discutent de certains détails et de l'importance relative des divers éléments, ils éliminent des caractéristiques et en ajoutent d'autres. Certains psychologues ont élargi la conception freudienne de manière à inclure le développement psychologique se poursuivant tout le long de la vie. D'autres ont remplacé le «modèle pulsionnel» de la personnalité établi par Freud (conception selon laquelle l'individu est essentiellement motivé par ses pulsions sexuelles et agressives) par un modèle relationnel (conception selon laquelle l'individu est influencé par les autres). Enfin, certains ont élaboré des modèles de la personnalité centrés sur les dilemmes faisant partie intégrante de l'existence.

À la fin des années 1950, le psychanalyste anglais John Bowlby (1958) a contesté la vision freudienne selon laquelle l'attachement du nourrisson à sa mère s'explique entièrement par la capacité de celle-ci à satisfaire les besoins oraux de son enfant. Il avait en effet constaté que le fait de priver un nourrisson de contacts normaux avec ses parents et d'autres adultes avait des conséquences désastreuses. Il soutient donc que les besoins liés à l'attachement (besoins de stimulation sociale, de chaleur et d'échange affectif) sont au moins aussi importants que les besoins oraux. Ses écrits ont amené d'autres psychanalystes à reconnaître que l'aspect *social* du développement humain est fondamental (Benjamin, 1988). Le besoin de contact social semble maintenant évident mais, à l'époque, le fait de lui accorder autant d'importance constituait un écart substantiel par rapport à la conception freudienne classique, car Freud considérait le nourrisson comme un petit organisme indépendant gouverné par ses propres désirs pulsionnels.

Selon l'école de la relation d'objet, l'enfant construit une représentation inconsciente de ses parents lors de ses deux premières années, représentation qui influera considérablement sur ses relations sociales.

Dans cette optique, le principal courant psychodynamique contemporain est celui de l'**école de la relation d'objet,** créée en Grande-Bretagne par Mélanie Klein, W. Ronald Fairbairn et D. W. Winnicott (Hughes, 1989). La théorie de la relation d'objet (ou théorie objectale) attribue aux relations avec les autres un rôle central dans le développement psychologique et, contrairement à la théorie freudienne qui accorde une importance primordiale à la phase œdipienne, elle soutient que les deux premières années de la vie constituent la période critique pour le développement du «noyau» de la personnalité. Tandis que Freud met l'accent sur la peur que l'enfant éprouve envers son père, les adeptes de la théorie objectale

> **École de la relation d'objet**
>
> Approche psychodynamique qui met l'accent sur l'importance des deux premières années de la vie d'un individu et sur les relations formatrices du jeune enfant.

soulignent le besoin de la mère chez l'enfant, celle-ci étant habituellement la principale personne à lui donner des soins au cours des premières années de sa vie. La théorie freudienne est fondée sur la dynamique des pulsions et des désirs intérieurs; la théorie objectale affirme que la motivation fondamentale des humains n'est pas la satisfaction des désirs mais le besoin d'être en relation avec les autres (Horner, 1991; Hughes, 1989; Kernberg, 1976).

Si on a opté pour l'expression «théorie de la relation objectale» (le mot *objectale* étant si peu évocateur, on aurait pu choisir relation *humaine*, ou même *parentale*), c'est que, selon cette conception, l'attachement du nourrisson ne se rapporte pas uniquement à une personne réelle, mais aussi à la *perception* qu'il a de la personne. L'enfant «intègre» ou *introjecte* une représentation de la mère — soit une personne bonne ou cruelle, qui le protège ou le rejette — qui n'est pas tout à fait identique à la femme elle-même. Une «représentation» est un schème cognitif complexe construit par l'enfant. Les relations d'objet reflètent la nature du monde intérieur des représentations, à savoir l'ensemble des nombreuses représentations de soi et des autres, et les interactions psychodynamiques et émotionnelles entre celles-ci (Horner, 1991).

Chez Freud, la tension dynamique centrale est le déplacement de l'énergie psychique, et en particulier des pulsions sexuelles et agressives, sur autrui. Les autres n'ont de l'importance que dans la mesure où ils satisfont ces pulsions ou qu'ils les freinent. Pour les adeptes de la théorie objectale, les autres ont de l'importance en tant que *sources d'attachement*. La tension dynamique centrale, c'est-à-dire le problème essentiel de la vie, est l'équilibre, en perpétuel changement, entre l'indépendance et le lien avec autrui. Cet équilibre requiert une adaptation constante aux séparations et aux pertes qui surviennent, que ce soit les plus banales, résultant de disputes ou de prises de bec, ou celles plus importantes, comme le fait de se séparer de sa famille pour la première fois, ou encore les plus marquantes, comme le divorce et la mort. Selon la théorie objectale, la manière dont un adulte réagit à ces diverses séparations dépend en grande partie des expériences qu'il a vécues au cours des deux premières années de sa vie (on pourrait même dire au cours des premiers mois de l'avis de certains analystes). La relation avec la première personne qui s'est occupée de lui, habituellement la mère, sert de modèle pour toutes les relations subséquentes.

Clivage

Dans la théorie de la relation objectale, division des attributs en deux opposés, par exemple la «bonne mère» par opposition à la «mauvaise mère»; le clivage reflète l'incapacité de comprendre que les personnes présentent à la fois des qualités et des défauts.

Bien sûr, les relations avec autrui ne peuvent jamais être parfaites. Il peut arriver même à la mère la plus aimante et la plus attentive de ne pas être totalement à l'écoute de son jeune enfant. Le nourrisson apprend donc presque immédiatement que sa mère peut à l'occasion lui faire défaut. Voici comment deux thérapeutes adeptes de la théorie objectale voient les choses (Eichenbaum et Orbach, 1983).

> Au cours de ce processus des débuts du développement, le jeune enfant intériorise l'expérience pénible, et non reconnue par son entourage, et il tente de la modifier. Malheureusement, il n'y arrive pas. Le monde intérieur interagit continuellement avec le monde extérieur, constitué de personnes réelles. Ainsi, ces expériences réelles modifient la construction interne des relations d'objet. Les expériences insatisfaisantes vécues par rapport à la mère s'expriment alors sous la forme d'un reflet de celle-ci dans le monde intérieur de l'enfant. La mère devient une personne décevante qu'il doit diviser en deux : celle qu'il reconnaît comme la mère généreuse et tant désirée, et celle qu'il reconnaît comme la mère profondément décevante.

Le concept de **clivage** joue un rôle important dans la théorie de la relation objectale (Kernberg, 1976; Ogden, 1989). Il consiste en une séparation des contraires: bon et mauvais, bien et mal, faible et fort, plaisir et douleur. Le bébé est incapable de comprendre que tous ces opposés peuvent se retrouver chez une seule et même personne; il scinde donc «maman» en deux versions, soit la mère aimante et la mère terrible. Plus tard, entre un an et demi et trois ans environ, l'enfant commence à accepter d'éprouver des sentiments ambivalents envers lui-même et les autres (Young-Eisendrath, 1993). Il comprend que la «bonne» mère, celle qui le réconforte, est la même personne que la «mauvaise» mère, celle qui a passé une fin de semaine loin de lui. L'adulte normal est capable de reconnaître et d'accepter l'ambivalence, alors que l'individu qui a éprouvé une douleur et des sentiments de rejet accablants au cours de son développement n'arrive apparemment pas à comprendre que toute relation est un mélange de bon et de mauvais, de plaisir et de chagrin. Il a recours au mécanisme de défense infantile qu'est le clivage: dès qu'il décèle chez son partenaire un défaut humain normal, celui-ci devient à ses yeux une personne tout à fait redoutable, qu'il se doit de rejeter. Même les adultes équilibrés sur le plan émotionnel se laissent aller au clivage lorsqu'ils se sentent menacés ou accablés. Les adeptes de la théorie objectale pourraient considérer que les stéréotypes du genre «nous — eux», qu'on voit apparaître lors de conflits entre deux groupes ou durant la guerre, constituent un bon exemple de clivage. Bien peu de gens sont capables de reconnaître les qualités de leurs pires ennemis.

L'école de la théorie de la relation objectale s'écarte également de la théorie freudienne classique en ce qui a trait à la nature du développement psychologique des hommes et des femmes. Dans la théorie freudienne, c'est le développement de la femme qui est problématique, alors que, pour de nombreux adeptes de la théorie de la relation objectale, c'est le développement de l'homme qui l'est (Chodorow, 1978; Dinnerstein, 1976; Sagan, 1988; Winnicott, 1957/1990). Selon la théorie de la relation objectale, les enfants des deux sexes s'identifient d'abord à la mère. La fille, étant du même sexe qu'elle, n'a pas à s'en séparer; la mère perçoit sa fille comme la continuité d'elle-même. En revanche, le garçon n'arrivera pas à se former une identité masculine s'il ne s'éloigne pas de sa mère; celle-ci encourage donc son fils à être indépendant et à se séparer d'elle. Certains théoriciens de l'approche objectale considèrent que ces processus sont inévitables parce que la femme est biologiquement constituée pour être la nourrice et l'éducatrice. D'autres par contre pensent, comme Nancy Chodorow (1978), qu'il s'agit plutôt de processus déterminés par la culture et que la différence entre les sexes, relativement au besoin de séparation de la mère, s'atténuerait si les hommes assumaient une plus grande part des soins que requièrent les nourrissons et les jeunes enfants.

Selon la théorie de la relation objectale, l'identité masculine est plus précaire et suscite plus d'insécurité que l'identité féminine, car elle est fondée sur le fait de ne *pas* être comme les femmes. Les hommes élaborent des *frontières* rigides entre leur *moi* et les autres; les frontières établies par les femmes sont plus perméables. À l'âge adulte, la difficulté psychologique typique vécue par les femmes est d'accroître leur autonomie et leur indépendance de manière à être capables de faire valoir leurs propres habiletés et à ne pas se laisser mener par le bout du nez dans leurs relations intimes. Par contre, la difficulté typique des hommes est d'arriver à éprouver des sentiments d'attachement (Gilligan, 1982). D'après la théorie de la relation objectale, si les hommes craignent l'intimité et méprisent les «qualités féminines», telles que la douceur et la sollicitude, c'est qu'ils ont peur de perdre leur masculinité. D. W. Winnicott (1957/1990) écrit: «En cherchant ses racines dans l'histoire de chaque individu, on découvre que cette peur des *femmes* est en fait la peur de reconnaître la réalité de la dépendance.»

Les adultes normaux comprennent que dans chaque individu coexistent de bonnes et de mauvaises qualités, ainsi que l'illustre cette représentation du paradis et de l'enfer sous forme d'illusion d'optique, par M. C. Escher. (Pouvez-vous trouver tous les anges et démons?) Mais selon les théoriciens de l'école de la relation d'objet, certains individus ont recours au mécanisme de défense du «clivage»: ils voient les gens comme étant soit totalement angéliques, soit totalement maléfiques.

Dans la théorie de la relation objectale, la distanciation et la peur des femmes vécues par les hommes influent même sur leur développement moral. Vous vous souvenez probablement que, dans la théorie freudienne, le surmoi et la conscience morale du garçon se forment après la phase œdipienne et que son développement est lié à l'identification à l'autorité du père; mais, chez les filles, une résolution aussi nette du conflit œdipien n'a pas lieu, c'est pourquoi elles n'auraient qu'une capacité morale limitée. Cependant, certains analystes adeptes de la théorie objectale pensent que la véritable origine des valeurs morales se situe dans la relation du jeune enfant avec sa mère, bien avant l'apparition du surmoi; il s'ensuit que les *hommes* auraient donc des capacités morales limitées. De ce point de vue, étant donné que ces derniers doivent opposer d'énormes défenses contre le souvenir de la mère nourricière préœdipienne et qu'ils apprennent à voir dans les femmes une menace à leur masculinité, ils se sentent tenus, de manière émotionnelle, de déprécier les vertus morales dites féminines: la sollicitude, la pitié, la compassion, l'amour et la conscience (Sagan, 1988).

Qu'avez-vous appris ?

RÉPONSES, p. 161

Quelles sont les principales différences entre la théorie freudienne classique et la théorie de l'école de la relation d'objet ?

LE PARADOXE PSYCHODYNAMIQUE

Examinons succinctement quelques différences entre les principales conceptions regroupées sous l'étiquette «psychodynamique».

■ Freud pense que, parce qu'elles sont privées du pénis tellement convoité, les femmes craignent et envient les hommes, et en viennent à accepter leur condition d'infériorité. Par contre, des psychanalystes de l'école culturaliste*, comme Karen Horney, croient que, parce qu'ils sont privés de la merveilleuse matrice (utérus), les hommes craignent et envient les femmes, et maintiennent ces dernières dans une condition d'infériorité.

■ Freud affirme que la phase la plus importante du développement est le stade œdipien; les théoriciens de l'approche objectale déclarent plutôt que cette phase correspond aux deux premières années de la vie. D'autres psychanalystes, comme Adler et Erikson, croient que le développement se poursuit la vie durant.

■ Freud soutient que les pulsions sexuelles et agressives sont les forces agissantes du développement humain; Horney suggère que l'angoisse en est le moteur principal.

■ Freud pense que les femmes vivent plus de problèmes dans leur développement psychique et qu'elles aboutissent à une moralité déficiente; les partisans de la relation d'objet pensent que les hommes font face à plus de problèmes dans leur développement psychique, ce qui les mène à une moralité déficiente.

■ Observant ses patients et le déroulement des événements historiques, Freud ne voit que conflits, pulsions destructrices, égoïsme, luxure et terreur. Leurs propres observations amènent d'autres analystes à y voir de la coopération, de la créativité, de l'altruisme, de l'amour et de l'espoir.

Quelle que soit la perspective à laquelle ils se rattachent, les psychologues ne sont évidemment pas d'accord avec tous les concepts et toutes les hypothèses de cette approche; ce genre de désaccord ne pose pas de problème. La différence entre les théoriciens d'orientation psychodynamique et ceux des autres perspectives réside dans le fait que les premiers ont recours presque uniquement à la déduction et à l'interprétation subjective pour tirer des conclusions, à propos de questions comme: Quels sont les «sentiments» et les «désirs» d'un bébé? Les hommes et les femmes s'envient-ils et se craignent-ils mutuellement de façon inconsciente? Quelle est la motivation fondamentale du comportement humain? La plupart des hypothèses psychodynamiques sont invérifiables à l'aide des méthodes usuelles de la recherche en psychologie. Et c'est là en fin de compte l'aspect le plus intéressant et le plus exaspérant des interprétations psychodynamiques: comment peut-on les évaluer et déterminer laquelle est la plus valable? Doit-on suivre un théoricien plutôt qu'un autre en s'appuyant sur l'intuition que c'est lui qui «a raison» ou en se fondant sur d'autres critères?

La perspective psychodynamique est malgré tout la seule qui tente de décrire la personnalité et le comportement à l'intérieur d'une structure cohérente. La recherche en biologie explique une à une certaines qualités et limites des humains; les principes de l'apprentissage expliquent élément par élément certaines habitudes acquises et certaines attentes; l'humanisme identifie les éléments qui distinguent l'expérience de chacun en se référant à la subjectivité propre à chaque individu; enfin, la recherche en psychologie cognitive prend comme centre d'intérêt les pensées et les croyances. Les psychologues de tendance psychodynamique sont les seuls à essayer de rassembler toutes ces composantes à l'intérieur d'un cadre théorique où l'évolution de chaque individu est étudiée à partir de principes généraux s'appliquant à tous. Il ne suffit pas de dire qu'on a ou non de l'estime de soi; les théories psychodynamiques essaient d'expliquer le rôle des parents dans le développement de l'estime de soi. De même, il ne suffit pas de dire que l'esprit a besoin de cohérence cognitive; la perspective psychodynamique se propose d'expliquer pourquoi les gens défendent leurs croyances avec

---

* Groupe de penseurs qui, au sein du mouvement psychanalytique, proposa de renoncer à certains aspects «biologisants» de la théorie freudienne, comme la pulsion de mort et l'universalité du complexe d'Œdipe, et de reconnaître l'importance des facteurs sociaux et culturels. À partir des années 1940, les psychanalystes Karen Horney et Erich Fromm se rapprochèrent de cette école.

autant de chaleur et de passion — pourquoi par exemple ils sont sur la *défensive* pour protéger leurs croyances.

Ainsi, la perspective psychodynamique est la seule à scruter le dégoût et la panique qui vont souvent de pair avec les préjugés, comme c'est le cas dans les débats publics au sujet des droits des homosexuels. Selon Freud (1961), il ne faut pas voir l'homosexualité comme un vice ou une dégradation, mais comme une variante de la fonction sexuelle. En fait, chacun éprouve au moins inconsciemment de l'attirance pour les personnes de son sexe, même si la prise de conscience de cette «homosexualité latente» représente une menace pour la plupart des gens. Freud n'aurait donc pas été étonné par la lettre suivante, publiée récemment dans une revue et écrite en réaction à un article traitant de l'homosexualité sur les campus.

[L'homosexualité] compte parmi les crimes sexuels odieux, au même titre que la bestialité, le viol et l'inceste. Ce comportement constitue une perversion de la nature et représente un péché qui répugne aux humains et à la société. On doit tenir cet acte responsable de la dégradation et de la mutilation de vies humaines et de personnes merveilleuses. En publiant des articles dont les auteurs ne se contentent pas de manifester de l'indulgence envers une telle aberration, mais en font audacieusement la promotion avec impudence et sans la moindre honte, vous [...] minez les fondations et l'ossature mêmes de cette grande institution d'enseignement. Ne vous étonnez donc pas si un jour elle s'écroule et tombe en ruines.

Pourquoi l'auteur de cette lettre est-il si émotif et tellement excédé? Les théoriciens d'orientation psychodynamique diraient qu'il se passe quelque chose dans son inconscient qui n'a rien à voir avec une simple évaluation objective de l'homosexualité, quelque chose qui l'empêche de raisonner de façon objective sur la question. Ils feraient remarquer que certains hétérosexuels se sentent mal à l'aise vis-à-vis de l'homosexualité sans pour autant condamner en bloc tous les homosexuels, comme le fait l'auteur de la lettre, et sans partager la *férocité* et l'irrationalité que celui-ci manifeste dans ses propos. Dans leur analyse, les théoriciens de tendance psychodynamique feraient appel à diverses métaphores: par exemple, un freudien serait d'avis que cet homme refoule ses propres pulsions homosexuelles; un adepte de la théorie objectale suggérerait qu'il a éprouvé de la difficulté à se séparer de sa mère et à se définir en tant qu'homme. Mais tous ces analystes se rejoignent en ce qu'ils examinent les

peurs, l'hostilité et les besoins inconscients susceptibles de motiver l'attitude de l'auteur de la lettre.

La perspective psychodynamique nous place donc devant un paradoxe: plusieurs de ses idées et analyses semblent justes sur le plan intuitif, mais l'intuition n'est pas une fondation très solide, comme l'ont montré à maintes reprises les scientifiques œuvrant en psychologie et dans d'autres domaines. Lorsqu'elles ont été soumises à un examen objectif, certaines intuitions de la perspective psychodynamique, comme celles des autres perspectives, se sont révélées fausses ou non fondées. C'est peut-être le chercheur en sexologie Havelock Ellis qui a le mieux exprimé cet état de choses. En 1910, on lui a demandé de rédiger un article sur l'un des premiers ouvrages de Freud. Dans sa conclusion, il écrit: «Même lorsque Freud choisit un fil extrêmement mince [pour relier ses théories], il arrive presque toujours à y enfiler des perles, et celles-ci conservent leur valeur, que le fil se brise ou non.» Dans la prochaine section, nous examinerons les points faibles du fil psychodynamique et la beauté des perles.

Réponses

Page 144

Eugène: le moi; Octave: le surmoi; Albert: le ça.

Page 149

1. Projection. **2.** Sublimation. **3.** Rationalisation.
4. Formation réactionnelle. **5.** Régression.
6. Déni de la réalité.

Page 155

1. Stade oral. **2.** Complexe d'Œdipe. **3.** Association libre.
4. Transfert.

Page 160

La théorie freudienne met l'accent sur la dynamique des pulsions qui mène à la réalisation des désirs intérieurs ainsi que sur la période œdipienne comme catalyseur du développement du noyau de la personnalité. La théorie de l'école de la relation d'objet souligne le besoin central pour chaque individu d'être en relation avec les autres ainsi que l'importance des deux premières années de la vie dans le développement de la personnalité.

RÉSUMÉ

1 Les adeptes de la perspective psychodynamique soutiennent que la clef de la compréhension du comportement humain réside dans la vie intérieure inconsciente. La première théorie psychodynamique de la personnalité à avoir été élaborée est la **théorie psychanalytique** de Sigmund Freud. Il existe aujourd'hui plusieurs théories psychodynamiques distinctes, qui diffèrent de la théorie psychanalytique classique, mais qui ont presque toutes en commun avec elle les cinq éléments suivants : l'importance attribuée à la dynamique **intrapsychique** inconsciente ; la supposition que le comportement de l'adulte et ses difficultés sont essentiellement déterminés par les expériences de la petite enfance ; la croyance que le développement psychologique comporte des stades bien définis ; l'attention accordée à l'imaginaire et à la signification symbolique des événements en tant que sources principales de motivation du comportement ; et enfin le recours à des méthodes subjectives, plutôt qu'objectives, pour accéder à la vie intérieure d'une personne.

2 Freud pense que les principaux facteurs influant sur le comportement sont les **pulsions** de nature sexuelle et agressive. Il affirme que la personnalité est formée du **ça** (le siège des pulsions inconscientes), qui fonctionne selon le **principe de plaisir**, du **moi** (le siège de la raison), qui obéit au **principe de réalité**, et du **surmoi** (le siège de la conscience et du moi idéal). Une personnalité normale doit maintenir un équilibre entre ces trois systèmes.

3 D'après la conception freudienne, le moi a recours à des **mécanismes de défense** inconscients pour échapper à l'angoisse et à la tension qui apparaissent lorsque les désirs du ça se heurtent aux exigences de la conscience morale ou aux règles sociales. L'angoisse, que chacun peut ressentir comme une expérience émotionnelle désagréable, force le moi à recourir aux mécanismes de défense. Les principaux mécanismes de défense sont le refoulement, la projection, la réaction formationnelle, la régression, le déni, l'intellectualisation, le déplacement et la sublimation ainsi que la rationalisation. Des personnalités diverses naissent du fait que tous les individus n'emploient pas les mêmes défenses avec le même degré de rigidité, et que celles-ci permettent à certains de fonctionner adéquatement, alors qu'elles causent des troubles chez d'autres.

4 Freud soutient que la personnalité s'élabore durant l'enfance en cinq stades psychosexuels bien définis : les stades oral, anal, phallique (ou œdipien), la période de latence et le stade génital. C'est au cours du stade phallique que se produit le **complexe d'Œdipe,** qui consiste pour l'enfant à désirer le parent du sexe opposé et à se considérer comme le rival du parent de même sexe. Lorsque le complexe est résolu, l'enfant s'identifie au parent du même sexe que lui.

5 C'est dans la pratique de la psychothérapie que l'influence de la théorie freudienne s'est le plus fait sentir. La technique de l'**association libre**, où le client est invité à dire tout ce qui lui passe par l'esprit, et le **transfert,** où le client déplace sur son analyste des éléments de sa vie intérieure, sont les deux composantes centrales de la thérapie psychanalytique.

6 L'analyse de quelques patients a servi de base à Freud pour établir ses conclusions et mettre au point ses techniques. La pierre angulaire de la théorie psychanalytique, soit le complexe d'Œdipe, repose sur le jugement de Freud, selon lequel les propos de la plupart de ses patients étaient constitués de fantasmes et ne se rapportaient donc pas à des événements réels, et sur l'hypothèse que la culpabilité inconsciente persistante liée au désir de relations sexuelles avec le parent de sexe opposé provoque des troubles émotionnels.

7 La psychanalyse freudienne a établi deux principes qui servent encore aujourd'hui de guide aux thérapeutes d'orientation psychodynamique. Premièrement, les souvenirs et les perceptions conscientes ont moins d'influence sur le comportement que la dynamique de l'inconscient. Deuxièmement, les événements réels appartenant au passé d'une personne sont moins importants que la réalité psychique de celle-ci, c'est-à-dire l'interprétation de ces expériences par l'inconscient.

8 À partir de l'œuvre de Freud, le mouvement psychanalytique va s'étendre et se diversifier considérablement. De nombreux psychanalystes proposeront des théories en partie inspirées de celle du fondateur, mais s'éloignant aussi très souvent de l'orthodoxie freudienne. La plupart des psychologues contemporains d'orientation psychodynamique considèrent la théorie de Freud comme un modèle de base de la personnalité, mais un modèle qu'ils peuvent modifier.

9 Une approche contemporaine majeure, l'*école de la relation d'objet,* attribue un rôle central aux relations interpersonnelles dans le développement psychologique. Par rapport à la théorie freudienne classique, elle accorde plus d'importance aux deux premières années de la vie qu'à la phase œdipienne, ainsi qu'aux relations du nourrisson avec des personnes clés, en particulier la mère. La théorie freudienne est fondée sur la dynamique des pulsions et des désirs intérieurs, alors que, dans la théorie objectale, la motivation fondamentale des humains n'est pas la satisfaction des désirs mais le besoin d'être en relation avec les autres. De ce point de vue, la tension dynamique fondamentale est un équilibre toujours changeant entre l'indépendance et le lien avec autrui, le besoin caractéristique des hommes étant le développement de l'attachement et celui des femmes, l'accroissement de l'autonomie.

10 La plupart des psychologues chercheurs qui n'appliquent pas la théorie psychodynamique estiment que cette théorie n'est pas scientifique. Ceux qui ont opté pour l'approche psychodynamique répliquent que ce n'est que de ce point de vue que l'on peut saisir la réalité de la vie intérieure, qui échappe aux questionnaires et à l'observation des comportements, et que l'on peut décrire la personne dans toute sa complexité émotionnelle.

évaluation de la perspective
psychodynamique

Depuis le début du siècle, de vives controverses opposent les tenants de la perspective psychodynamique et ceux d'autres perspectives décrites dans cet ouvrage. Ainsi, on a assisté à des affrontements serrés portant sur le sens à donner au mot « science ». Quel est l'objet d'étude de la psychologie ? Comment déterminer ce qui est vrai ? Quel genre de faits peuvent servir à confirmer une théorie ?

Pour les premiers psychanalystes, la « science » n'avait rien à voir avec ce que l'on en connaît maintenant, à savoir les expériences planifiées, les entrevues, la statistique ou le calcul de la fréquence d'un comportement donné. « Construire une science de l'esprit ne pouvait signifier qu'une chose, dit Gail Hornstein (1992) : trouver un moyen de scruter la réalité profonde par-delà l'onde obscure de la conscience. Les efforts des psychologues [chercheurs], s'encombrant d'un équipement élaboré et d'une masse de diagrammes et de graphiques, paraissaient superficiels et nullement adaptés au but visé. » Les psychanalystes ont rejeté d'emblée tout cet attirail pour s'en remettre uniquement à leurs propres interprétations des études de cas de leurs patients, des mythes et de la littérature, ainsi que du comportement des individus dans la vie quotidienne.

L'idée qu'on puisse se passer des règles propres à la méthode scientifique (voir le chapitre 2) a irrité de nombreux chercheurs. Lorsque la psychanalyse a acquis une certaine popularité aux États-Unis, au cours des années 1920, bien des psychologues scientifiques ont vu dans cet engouement du public un phénomène passager comparable à la télépathie ou à la phrénologie. John Watson l'a même qualifiée de « culte vaudou », tandis qu'un critique de l'époque écrivait : « La psychanalyse tente de s'introduire subrepticement au sein de la science, après en avoir revêtu les habits, avec l'intention de l'étrangler de l'intérieur » (cité dans Hornstein, 1992).

Ces discussions quant au statut scientifique de la psychologie ont donné lieu à des affrontements entre les tenants de la perspective psychodynamique et ceux de la psychologie scientifique, affrontements qui persistent encore aujourd'hui. Jugez-en par vous-même : « La psychanalyse est une pseudo-science avec laquelle on nous a trop longtemps associés », se plaint Eysenck (1993), exprimant ainsi le point de vue de nombreux chercheurs. « La vision freudienne est insatisfaisante sous tous les rapports, et particulièrement en ce qui a trait à son efficacité et au bien-fondé de sa théorie. Si nous n'arrivons pas à faire comprendre que la psychologie scientifique moderne n'a rien à voir avec la psychanalyse de Freud, on continuera à mettre tous les psychologues dans le même sac. » À l'opposé, un certain nombre de ceux qui se réclament de la perspective psychodynamique affirment que leur point de vue est le seul à saisir toute la complexité et la richesse de la vie intérieure, et que cette « réalité intérieure », par sa nature même, échappera toujours aux observations et aux méthodes expérimentales des chercheurs. Nancy Chodorow (1992) explique ainsi les raisons pour lesquelles elle a été « intellectuellement séduite » par la psychanalyse : « La psychanalyse m'a appris qu'on ne peut pas considérer la vie humaine uniquement en fonction de déterminismes sociaux. Les éléments susceptibles d'aider les humains à donner plus de sens à leur vie incluent l'unification du conscient et de l'inconscient, la qualité des principales relations affectives interpersonnelles, aussi bien que l'organisation sociale et la politique. »

APPORT DE LA PERSPECTIVE PSYCHODYNAMIQUE

Les psychodynamiciens soutiennent que la compréhension globale de l'être humain passe par l'étude des mécanismes inconscients et que, à vouloir les éluder ou les réduire à de simples données objectives ou quantifiables, on passe à côté de l'essentiel de la vie mentale. Quant aux méthodes, ils font observer qu'il n'en existe aucune qui mette ses utilisateurs à l'abri des préjugés et de la subjectivité. De plus, le fait de ne pas utiliser les méthodes de recherche traditionnelles ne signifie pas qu'ils n'en utilisent aucune. Regardons maintenant de plus près leurs principales contributions.

1 Étude de thèmes complexes

Pour de nombreux historiens des sciences, la perspective psychodynamique a le mérite de s'être attaquée à des questions complexes, souvent difficiles à étudier à l'aide des méthodes de recherche habituelles. Par exemple, les psychodynamiciens ont été parmi les premiers à s'intéresser à l'inconscient, aux pulsions et aux mécanismes de défense, phénomènes qui ne se laissent pas facilement observer ou mesurer, du moins selon les critères de la psychologie dite scientifique. Ils ont étudié l'universalité des symboles, des images, des contes et des mythes. Ils ont élaboré des théories où chaque personne a conscience de l'éventualité de sa propre mort et du besoin qu'elle a de trouver un sens à sa vie. Ils ont aussi tenté d'expliquer les motivations irrationnelles qui accompagnent si souvent le désir sexuel : pourquoi tant de femmes et d'hommes perçoivent-ils l'« autre », l'objet de leur désir, comme une créature exotique et mystérieuse ?

2 Recours ingénieux à des informations qualitatives

Les théoriciens de tendance psychodynamique ne rejettent *a priori* aucune source d'information ; ils s'intéressent aussi bien à la littérature (des romans aux contes de fées) qu'aux jeux de mots et aux lapsus. Cette approche leur permet, disent-ils, d'explorer des questions qu'il serait difficile, voire impossible, d'étudier autrement. Prenons le cas de la fascination apparemment universelle pour les histoires de fantômes et de sorcières. Il existe diverses explications psychodynamiques de ce phénomène, mais toutes s'accordent à dire que les histoires de ce genre reflètent et aident à exor-

ciser l'angoisse inconsciente reliée au danger et à la mort. Ces explications soulèvent l'intérêt parce qu'elles permettent d'expliquer un comportement qui à première vue paraît irrationnel.

Par exemple, pourquoi tant de gens aiment-ils voir des films d'horreur qui les font trembler de peur ? Pour David Skal (1993), qui a étudié les aspects culturels et historiques des films d'horreur modernes, ceux-ci reflètent l'angoisse inconsciente et universelle des individus causée par leurs conditions économiques et sociales. L'intérêt fondamental de tous les monstres, dit-il, réside dans ce qu'ils permettent aux spectateurs de déplacer leur angoisse concernant le chômage, les étrangers ou la mort, et de la surmonter du moins en partie. Les premiers films d'horreur, comme *Le Cabinet du docteur Caligari* et *Nosferatu le vampire,* sont réalisés après le massacre sans précédent de soldats et de civils lors de la Première Guerre mondiale. Au cours des années 1920, le nombre élevé de vétérans mutilés ou estropiés provoque la sortie d'une avalanche de films dont les héros sont défigurés, notamment *Le Fantôme de l'opéra* et *Notre-Dame de Paris.* Durant les années qui suivent la crise de 1929, des films comme *Frankenstein* et *Dracula* traduisent l'angoisse et le désespoir de millions d'Américains. Après la Deuxième Guerre mondiale, Hollywood exploite la peur de la bombe atomique et du nouvel ennemi : les communistes. Des films populaires de cette époque mettent en scène des monstres géants (*Godzilla*) ou racontent l'invasion de la planète par des extraterrestres (*L'Invasion des profanateurs de sépultures*). Dans les années 1960 et 1970, le cinéma s'intéresse aux bébés monstrueux ou difformes, ce qui, d'après Skal, révèle l'insécurité grandissante des Américains face à la révolution sexuelle et aux changements des rôles sexuels. (Et que nous réserve l'an 2000 ? Des ordinateurs sanguinaires, le contrôle et la destruction des sociétés par Internet ? Ce qui permettrait, peut-être, de rendre compte de l'anxiété que cette nouvelle technologie suscite chez de nombreux individus.)

Il est intéressant de noter la différence entre l'analyse de Skal et celle de l'approche du béhaviorisme social et cognitif. En effet, cette dernière dirait probablement qu'il faut s'inquiéter de la popularité des films où règne la violence parce qu'ils présentent des modèles de comportement que les enfants seront tentés d'imiter et que, par ailleurs, ils créent chez le téléspectateur une désensibilisation à la violence et à la cruauté. Ce à quoi les psychodynamiciens répliqueraient sans doute que la probabilité qu'on en vienne à éliminer ces films est à peu près nulle, car ils répondent à des pulsions fondamentales comme l'agressivité qui, si elles n'étaient pas investies dans le cinéma et la télévision, le seraient ailleurs et autrement (dans les arts, le sport, la guerre etc.).

3 Importance accordée à l'influence de l'inconscient sur la conduite

Sur le plan individuel, la contribution la plus importante de la perspective psychodynamique est peut-être d'avoir montré qu'en raison de la dynamique de l'inconscient la personne est souvent incapable d'expliquer ses propres comportements. Les explications fondées sur la dynamique de l'inconscient essaient de rendre compte de l'imprévisibilité des réactions dans les relations interpersonnelles, des humeurs négatives indésirables qui à première vue semblent injustifiées et des réactions émotionnelles exagérées provoquées par des remarques dénuées de malice. Le psychanalyste Mardi Horowitz (1988) cite en exemple les réactions d'un homme qu'il a traité et qu'il appelle Tom. Un jour où ce dernier était débordé de travail, il a reçu un appel de son père lui annonçant la mort subite de sa mère. Tom s'est alors brusquement mis à rire et, d'un ton amer, il a dit « Merde ! » Son père, surpris et blessé, a alors raccroché. Tom est rentré chez lui se préparer. Il devait prendre l'avion pour assister aux funérailles de sa mère, à l'autre bout du pays. Il se sentait déprimé et, pendant qu'il faisait ses bagages, sa fille de cinq ans a voulu jouer avec lui. Il s'est soudainement mis en colère contre elle. Lorsqu'elle est sortie en pleurs de la pièce, il a été submergé de remords et a commencé à pleurer.

« Il n'est pas surprenant que Tom ait pleuré, dit Horowitz. Ce qui est étonnant, c'est qu'il l'ait fait *à ce moment-là*, et aussi qu'il ait ri et se soit brusquement mis en colère en apprenant la mort subite de sa mère, et qu'il ait explosé de rage contre sa fille bien-aimée. Ces réactions étaient inappropriées, elles ont été pénibles pour les autres, et il en a lui-même éprouvé du remords. » Pour un psychodynamicien, plusieurs mécanismes inconscients expliquent ces réactions : le déni de la réalité de la mort de sa mère, le déplacement sur son père de sa colère contre le destin alors qu'il n'a fait que lui transmettre la mauvaise nouvelle, et la régression qui l'a amené à se sentir lui-même comme un « enfant insatisfait » et l'a empêché de réagir en adulte envers sa fille qui réclamait son attention.

Une contribution importante de l'école de la relation d'objet est d'avoir montré comment les attentes inconscientes acquises dans les premières relations nouées durant la petite enfance auprès des membres de la famille subsistent à l'âge adulte. Barry Dym et Michael Glenn (1993) écrivent : « Les expériences avec la mère, le père, les sœurs, les frères et d'autres personnes de la famille produisent de fortes impressions, comparables à des messages gravés sur les murs intérieurs de la psyché, impressions qui servent de cadre d'interprétation à toutes les autres relations interpersonnelles. » Les auteurs font observer qu'un jeune garçon, qui a appris qu'il peut confier ses secrets et ses préoccupations à sa mère en toute confiance, continuera une fois adulte à faire confiance aux femmes. Par contre, si la mère d'un garçon change de sujet chaque fois que son fils essaie de lui parler de ses difficultés, ou si elle lui dit qu'un « vrai garçon » n'a pas de préoccupations aussi stupides, ce dernier se sentira trahi et hésitera plus tard à se confier aux femmes.

Les perspectives cognitive et béhavioriste reconnaissent aussi bien sûr que les modèles appris peuvent influer sur le comportement de l'adulte, mais la perspective psychodynamique met l'accent sur les aspects *inconscients* de ce phénomène. Prenons le cas d'une femme qui sabote continuellement les relations intimes qu'elle crée avec autrui. Un psychodynamicien de l'école de la relation d'objet soupçonnerait qu'elle a perdu l'un de ses parents, ou les deux, ou bien qu'elle a été séparée d'eux à plusieurs reprises. Cette femme, qui a peut-être vécu ces expériences comme un rejet personnel, a pu grandir avec l'idée qu'on la rejettera de nouveau, un peu comme si les traumatismes du passé étaient garants de son avenir. De ce point de vue, on dira qu'elle sabote ses relations parce qu'elle projette l'image du parent qui l'a rejetée sur ses amis et ses amants, incitant ceux-ci à agir conformément à ses attentes. Dym et Glenn (1993) expliquent cet état de choses comme suit : « Si je projette sur vous l'image d'une personne qui me rejette et que j'agis ensuite comme si vous me rejetiez réellement, il est possible que vous vous éloigniez de moi, que vous me fassiez des reproches ou que vous me manifestiez du rejet d'une façon ou d'une autre. Plus vos actions reflètent ma projection, plus elles confirment les idées que je me fais de vous. » Et ce processus est lui aussi en grande partie inconscient.

LIMITES DE LA PERSPECTIVE PSYCHODYNAMIQUE

Les théoriciens de la perspective psychodynamique ont apporté d'importantes contributions à l'étude de la psychologie. De nombreux critiques croient toutefois que ces contributions s'accompagnent aussi de plusieurs limites inhérentes à cette perspective.

1 Risques de réductionnisme

Toutes les perspectives de la psychologie présentées dans ce livre peuvent succomber aux risques du réductionnisme, et la perspective psychodynamique n'y fait pas exception. Les psychodynamiciens accordent beaucoup plus d'importance à la réalité psychique d'une personne qu'à ses conditions de vie. Cependant, la réalité psychique n'est pas tout; c'est une erreur de réduire le comportement à des processus inconscients et de nier ainsi la part qui revient à la biologie, aux pensées conscientes, à l'expérience et à l'environnement social et physique. Malgré tout, de nombreux thérapeutes psychodynamiciens évaluent les conflits que le patient vit au travail ou avec les membres de sa famille uniquement comme étant le *résultat d'une dynamique inconsciente*, plutôt que de les considérer comme des *sources potentielles* à l'origine de la détresse du patient.

Le caractère réducteur de l'approche psychodynamique est manifeste dans plusieurs psychobiographies, où l'auteur (psychologue ou non) fait appel aux notions psychodynamiques pour expliquer le comportement d'un personnage célèbre de l'Histoire. Ces ouvrages contiennent des raisonnements du genre: « Adolf Hitler détestait sa mère et éprouvait beaucoup d'insécurité sur le plan sexuel; c'est ce qui l'a amené à déclencher la Deuxième Guerre mondiale »; ainsi, on n'a pas à tenir compte des événements de nature historique, culturelle ou économique qui ont créé le personnage et lui ont permis de prendre le pouvoir. Il est vrai qu'une biographie ne fait de mal à personne, sauf à l'individu qui en est l'objet, mais il existe d'autres cas où le caractère réducteur de l'approche psychodynamique a eu des conséquences désastreuses sinon fatales; par exemple, des praticiens se sont appuyés uniquement sur la dynamique de l'inconscient pour poser un diagnostic à propos de personnes souffrant d'une tumeur au cerveau ou d'une autre maladie neurologique, de sorte que la cause réelle de leurs problèmes de santé n'a pas été traitée (Thornton, 1984).

2 Non-vérification des faits

L'idée qu'une personne puisse inconsciemment désirer quelque chose est un concept d'une très grande richesse, mais cette notion d'inconscient présente aussi des pièges. Prenons le cas d'un psychologue qui soutient que son patient éprouve de la haine envers son père. Si cet homme montre par ses gestes et ses paroles des signes évidents d'agressivité envers son père, nous pouvons conclure que l'affirmation du psychologue est confirmée par des faits. Mais si l'homme en question demeure calme et ne prononce aucune parole hostile envers son père, que devrons-nous conclure? Pour les psychodynamiciens, l'absence de colère ou de symptôme n'est pas une preuve irréfutable de l'inexistence du sentiment de haine. En effet, selon eux, il est possible que la colère du patient ait été inhibée par un mécanisme de défense que Freud appelle le refoulement. Ce mécanisme est inconscient et il agit à l'insu du patient. L'homme déteste son père, mais il ne ressent aucune colère envers lui. Alors comment distinguer l'homme qui ressent une véritable haine de celui qui n'éprouve *aucun* sentiment de cette nature? La réponse à cette question n'est pas simple. Bien sûr, certains indices, comme les rêves, les lapsus et les actes manqués, peuvent toujours servir à distinguer ces deux individus. Mais ces indices sont difficiles à observer et surtout sujets à de nombreuses interprétations que la plupart des autres psychologues rejettent d'emblée. C'est pour cette raison que la notion d'inconscient et de refoulement est si difficile à concilier avec le principe de vérification empirique; si le patient manifeste de la colère, il confirme l'explication du psychodynamicien, s'il demeure calme, il la confirme tout autant. Dans les deux cas, quels que soient les faits, le psychodynamicien aura toujours raison. Nous avons souligné au chapitre 2 qu'une théorie dont on ne peut dire si elle correspond ou non aux faits n'est pas une théorie acceptable aux yeux des scientifiques. C'est d'ailleurs en s'appuyant sur ce principe que des psychologues et des historiens des sciences soutiennent que la théorie freudienne n'est pas scientifique.

Quelques propositions émanant de la psychanalyse peuvent être vérifiées expérimentalement. Pour les freudiens, par exemple, les sports tels que le football et le hockey permettent le déplacement de l'agressivité dans une activité socialement acceptée. Par contre, de nombreuses recherches montrent que les sports ont plutôt tendance à stimuler l'hostilité et la violence entre les joueurs et les spectateurs.

3 Emploi abusif du concept de « résistance »

Une autre notion parfois utilisée à tort et à travers dans la perspective psychodynamique est celle de « résistance ». Freud a d'abord proposé ce concept pour rendre compte du comportement de ses patients. Il a observé que plusieurs d'entre eux adoptaient une attitude défensive envers ses explications et « résistaient » en quelque sorte à la thérapie. Il ne s'agissait pas de mauvaise volonté consciente de leur part, mais plutôt d'une réaction de protection contre la mise à nu de certains aspects de l'inconscient : il y a des choses dont on n'aime pas parler, souvent parce qu'elles font mal ou pourraient déplaire à autrui. Cela peut se manifester de différentes façons : le patient se détourne du point sensible et parle d'autre chose, il ressent une fatigue qui l'empêche de poursuivre la séance, il se trouve un prétexte pour mettre fin à la thérapie, etc. Une autre manifestation classique de résistance est la colère que peut ressentir un patient qui refuse d'admettre l'interprétation de son psychologue. Imaginons par exemple un père de famille qui se plaint de l'inquiétude que lui causent les fréquentations de sa fille. Il déclare que son petit ami est un bon à rien, sans principes et sans volonté. Mais voilà que son thérapeute lui suggère que cette hostilité envers le jeune homme est en fait motivée par la jalousie et par les désirs sexuels qu'il nourrit inconsciemment envers sa fille. Comment réagira notre patient ? En examinant calmement ses sentiments envers sa fille pour confirmer ou infirmer l'hypothèse du thérapeute ? Probablement pas. Même si l'interprétation était tout à fait juste, il ne serait pas du tout étonnant qu'il se mette en colère et rejette le bien-fondé de cette interprétation.

La résistance est une notion fondamentale en psychanalyse, et on pourrait même dire qu'elle constitue un des concepts importants de la psychologie moderne. Mais il s'agit également d'un concept dont l'usage peut donner lieu à toutes sortes d'abus. L'un d'eux est le rejet des critiques faites à l'endroit de la psychanalyse en recourant à la notion de résistance, dont feraient preuve ses détracteurs. En effet, si *certaines* objections contre la psychanalyse peuvent *parfois* s'expliquer par la « résistance », il ne s'ensuit pas que *toute* critique de la psychanalyse soit *nécessairement* une manifestation de résistance. Entre ces deux affirmations, il y a un fossé que certains psychanalystes ont malheureusement franchi ; Freud lui-même n'est pas à cet égard exempt de tout reproche. En effet, les psychodynamiciens ont parfois abusé de cette notion pour balayer du revers de la main toutes les critiques, même très rationnelles, qui leur étaient adressées. Les psychologues d'autres approches sont souvent exaspérés par la relative facilité avec laquelle les psychodynamiciens rejettent les objections formulées envers leurs théories, objections qu'ils attribuent à la résistance des chercheurs vis-à-vis de l'irrationnalité de leur propre inconscient.

4 Généralisations hâtives et à outrance

Freud et la plupart de ses disciples ont généralisé à tous les êtres humains ce qu'ils ont découvert à propos d'un très petit nombre d'individus, le plus souvent des patients. Bien sûr, ce problème n'est pas propre à la perspective psychodynamique, et il est certainement possible de comprendre certains aspects du comportement humain en observant un nombre limité d'individus. Par exemple, Jean Piaget a élaboré sa théorie du développement cognitif en décrivant minutieusement les conduites d'un très petit nombre d'enfants (voir le chapitre 9). Skinner a construit sa théorie à partir de l'observation de quelques pigeons dans un cadre expérimental par ailleurs très rigoureux sur le plan méthodologique (voir le chapitre 6). Mais dans les deux cas, des recherches menées à plus grande échelle ou reproduites à maintes reprises sont venues confirmer ou infirmer les différentes hypothèses de leur théorie. C'est grâce à ces recherches que les idées de Piaget et de Skinner ont pu accéder au rang de théorie scientifique. Il est toutefois dangereux de vouloir généraliser des principes explicatifs dégagés dans un cadre d'observation peu rigoureux, comme une thérapie, et sur la base d'échantillons non représentatifs, comme un groupe de patients reçus en thérapie.

Par exemple, un thérapeute traitant un homosexuel qui souffre de troubles émotionnels ne peut pas logiquement en conclure que tous les homosexuels présentent ce genre de problème ; il faudrait d'abord qu'il examine des homosexuels n'ayant jamais fait appel à un thérapeute. En fait, lorsqu'on a finalement mené une recherche de ce type, on a constaté que les résultats vont à l'encontre de la croyance largement répandue à une certaine époque, et selon laquelle l'homosexualité est une « maladie mentale » ou que les gais et les lesbiennes sont psychiquement moins équilibrés que les hétérosexuels (Hooker, 1957 ; Kurdek, 1987). Ainsi, Freud n'a pas cherché à confirmer ses idées à propos de l'envie du pénis en observant réellement de jeunes enfants ou en les interrogeant. Cependant, lorsque des chercheurs ont interviewé des filles et des garçons d'âge préscolaire, ils ont constaté que plusieurs enfants des *deux* sexes enviaient les enfants du sexe opposé. Au cours d'une étude menée auprès de 65 garçons et filles d'âge préscolaire, Linday (1994) a observé que 45 %

des filles avaient déjà rêvé d'avoir un pénis ou d'être un garçon, et que 44 % des garçons avaient eu des fantasmes concernant la grossesse.

De nombreux psychodynamiciens, comme leurs collègues d'autres perspectives, commencent à prendre conscience de la nécessité de tenir compte des facteurs culturels dans leurs théories; ils reconnaissent que c'est une erreur de généraliser aux humains de tous les pays et de toutes les époques ce qu'ils ont découvert au sujet de quelques personnes vivant à un moment précis dans une culture donnée. Par contre, certains psychodynamiciens ont encore tendance à négliger l'influence de la culture. Comme le fait remarquer le psychanalyste Stephen Mitchell (1993), les membres de sa profession « croient s'intéresser aux dimensions universelles et éternelles de l'expérience humaine, aux courants circulant en profondeur, sous les ondulations superficielles que sont les changements culturels et les modes intellectuelles et sociales ».

5 Influence indue du thérapeute

Dans tout échange thérapeutique, le client est influencé par le thérapeute. C'est d'ailleurs pour comprendre ses problèmes, trouver des solutions et changer sa vie sous la supervision d'un psychologue qu'il décide de suivre une thérapie. L'influence du thérapeute ne devient problématique que lorsqu'il encourage, consciemment ou non, son client à manifester les symptômes qu'il s'attend à voir apparaître (Holmes, 1994; McHugh, 1993b; Spanos, DuBreuil et Gabora, 1991). Se pourrait-il que Freud ait ainsi influencé ses patients et qu'il les ait subtilement encouragés à lui confier plus de souvenirs ou de fantasmes allant dans le sens d'une confirmation de ses théories? C'est très certainement un doute que de nombreux psychologues partagent quant à la validité des études de cas sur lesquelles Freud a construit sa théorie.

6 Problèmes liés à l'analyse des souvenirs de l'enfance

La majorité des théoriciens de la perspective psychodynamique ont élaboré leur théorie du développement sans avoir jamais observé d'échantillons aléatoires formés d'enfants de divers âges, ce que font actuellement les spécialistes de la psychologie de l'enfant. Ils ont plutôt travaillé à rebours en élaborant une théorie fondée sur leurs souvenirs d'adultes. Depuis Freud, ces théoriciens en sont presque tous venus à la conclusion que le développement des enfants traverse une série de stades psychologiques bien définis, chacun étant associé à une « question » ou à une « crise » fondamentales.

Selon eux, les pathologies rencontrées chez les adultes seraient le résultat d'expériences traumatisantes vécues durant l'enfance. Cette croyance a comme corollaire que s'il veut guérir ou améliorer sa condition, l'adulte doit revenir sur son enfance pour découvrir les origines de ses problèmes émotionnels.

L'analyse des souvenirs est une méthode qui permet de mettre en lumière différents aspects de la vie intérieure d'une personne; c'est en fait l'unique moyen dont on dispose pour réfléchir sur sa propre vie. Mais il existe une difficulté inhérente à l'analyse rétrospective : elle peut créer l'illusion d'une relation de cause à effet entre des événements. On suppose que si *A* s'est produit avant *B*, alors *A* est nécessairement la *cause* de *B*. Par exemple, si la mère d'un enfant de cinq ans a passé trois mois à l'hôpital et que cet enfant a par la suite des difficultés à l'école, on peut établir une relation entre ces deux faits. Il se peut, en effet, que les deux événements soient reliés, mais bien d'autres éléments de la situation du moment peuvent également être responsables des problèmes scolaires de l'enfant. Freud avait conscience de cette possibilité. Pourtant, lui-même et plusieurs de ses disciples ont bel et bien commis l'erreur de « remonter » dans le temps pour établir leurs théories du développement sexuel.

Étant donné que l'examen du passé crée ce que Freud (1920/1963) appelle « l'impression d'un enchaînement nécessaire », on trouve souvent au cours d'une étude rétrospective, où des individus racontent leur vie à un interviewer ou à un thérapeute, ce qui semble être un modèle cohérent du développement. Mais il est beaucoup plus rare qu'une étude *prospective*, où on observe un groupe d'individus depuis l'enfance jusqu'à l'âge adulte, mette en évidence un tel modèle. Les recherches prospectives montrent au contraire que le développement psychologique est bien plus graduel et variable que ne le prédisent les théories psychanalytiques traditionnelles. Daniel Stern (1985), qui a testé certaines hypothèses des théories psychodynamiques dans un cadre expérimental, considère les thèmes tels que la dépendance, l'autonomie et la confiance comme « des étapes concernant toute la vie, et non pas comme des phases de la vie ». Ces étapes ne surgissent pas à une seule époque de la vie; elles sont présentes à divers moments, sous différentes formes et à divers âges. De même, on peut douter de l'existence d'une période de latence où les sensations sexuelles de l'enfant seraient considérablement diminuées. Il semble plutôt que certains enfants découvrent le plaisir de l'autostimulation génitale alors qu'ils sont encore nourrissons ou au moment où ils commencent à marcher et que le pourcentage d'enfants qui se masturbent augmente de façon constante durant les années précédant la puberté (Wade et Cirese, 1991).

7 Recours à des méthodes non validées

Les psychodynamiciens ne rejettent pas toutes les méthodes et outils de la science. Certains psychologues se sont en fait inspirés de concepts psychodynamiques pour concevoir des tests afin d'évaluer la personnalité et les motivations inconscientes. Bon nombre de cliniciens recourent fréquemment aux **tests projectifs**, qui sont fondés sur l'hypothèse que l'inconscient du sujet peut se révéler à travers son imaginaire et ses fantasmes. Par exemple, lorsqu'on demande à une personne d'imaginer une histoire à partir d'une image neutre ou d'un énoncé, elle a tendance à y projeter ses propres croyances et sentiments inconscients.

> **Test projectif**
>
> Test psychologique utilisé pour inférer les motivations, les conflits et la dynamique inconsciente de la personne sur la base de l'interprétation que celle-ci fait de stimuli ambigus ou non structurés.
>
> **Test d'aperception thématique (TAT)**
>
> Test projectif de personnalité dans lequel on demande au répondant d'interpréter une série d'illustrations ambiguës mettant en scène des personnes.

L'un des tests projectifs les plus connus et les plus couramment employés est le **test d'aperception thématique** (TAT), élaboré en 1930 par Henry Murray et Christiana Morgan. Il consiste à montrer au sujet un ensemble d'illustrations ambiguës mettant en scène des personnes et à lui demander d'imaginer une histoire : À quoi les personnages pensent-ils ? Que ressentent-ils ? Ce test a déjà fait l'objet de procédures de validation empiriques dans un contexte de recherche sur la motivation à la réussite où il s'est révélé fort utile (McClelland, 1961). Cependant, comme la majorité des tests projectifs, il sert la plupart du temps à diagnostiquer les problèmes de personnalité et les troubles émotionnels. Le test est alors administré individuellement à un patient par un psychologue qui est seul à interpréter les réponses. Lorsque les tests projectifs sont utilisés de cette façon, leur fiabilité est fréquemment remise en question parce que différents cliniciens interprètent souvent le même test différemment. Les cliniciens eux-mêmes peuvent avoir tendance à *projeter* leurs propres préoccupations lorsqu'ils interprètent les réponses (Dawes, 1994).

Ces problèmes d'interprétation sont particulièrement criants pour un autre test projectif bien connu, le **test de Rorschach,** créé en 1921 par le psychiatre suisse Hermann Rorschach. Ce test est constitué de 10 cartes pré-

> **Test de Rorschach**
>
> Test projectif de personnalité dans lequel on demande au répondant d'interpréter des taches d'encre abstraites et symétriques.

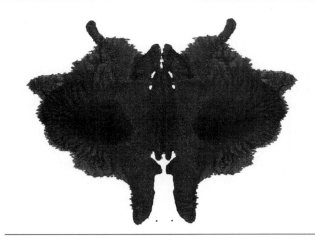

Une tache d'encre inspirée de celles qui sont utilisées dans le test de Rorschach. Qu'y voyez-vous ?

sentant des taches d'encre abstraites et symétriques. Le sujet doit décrire ce qu'il perçoit dans ces taches, et les cliniciens interprètent les réponses en fonction de la signification symbolique que les théories psychodynamiques attribuent aux éléments perçus par le sujet. On s'attend en fait à ce que le sujet y projette ses propres préoccupations et fantasmes. Bien que le Rorschach soit extrêmement populaire parmi les psychologues cliniciens, les tentatives pour confirmer sa fidélité et sa validité ont constamment échoué. Dès 1959, Lee Cronbach, un des plus grands experts en tests, faisait observer que « Le test a constamment failli à prédire des résultats critériés » ; et un autre expert, Raymond McCall, conclut que « Bien que des dizaines de milliers de tests de Rorschach aient été administrés... et que plusieurs hypothèses sur la dynamique de la personnalité et du comportement en aient été tirées, la vaste majorité de ces relations n'ont pas été validées empiriquement, malgré la présence de plus de 2000 publications à propos de ce test. » (cité par Dawes, 1994) Ces dernières années, une nouvelle méthode de cotation des résultats du Rorschach est devenue très en vogue (Exner, 1993). Pourtant, une évaluation récente montre que cette méthode comporte aussi des problèmes importants : les cliniciens continuent à diverger sur la signification à assigner aux réponses, et plusieurs des scores montrent des problèmes de validité, c'est-à-dire qu'ils ne mesurent pas ce qu'ils sont censés mesurer (Wood, Nezworski et Stejskal, 1996).

Malgré tout, de nombreux cliniciens continuent à faire confiance au Rorschach pour leur permettre de comprendre leurs patients. Plusieurs affirment que les tests projectifs peuvent les aider à construire leur relation avec leur client et encourager ce dernier à faire part de son anxiété, de ses conflits et de ses problèmes. Grâce aux tests projectifs, le clinicien parvient parfois à déceler si un patient tente de cacher des préoccupations ou des problèmes psychologiques (Shedler, Mayman et Manis, 1993). En fait, le principal problème avec les tests projectifs survient lorsque le clinicien ne se fie qu'aux résultats des tests ou qu'il a une confiance excessive en l'interprétation qu'il en tire.

La perspective psychodynamique a contribué à la compréhension de l'importance des conflits survenus durant l'enfance sur le développement des troubles psychologiques et des modèles inconscients de l'adulte. Mais les limites soulevées précédemment nous ramènent à la principale source de dissensions entre les psychodynamiciens et les psychologues dits scientifiques. Leurs attitudes divergentes à l'égard de la pertinence et de l'importance des méthodes scientifiques et des résultats de recherche ont en effet contribué à créer le conflit entre scientifiques et praticiens. De nombreux psychodynamiciens (des thérapeutes et d'autres spécialistes œuvrant dans le domaine de la santé mentale) croient que la psychothérapie est un art, et non une science, et qu'à ce titre la recherche n'a simplement rien à voir avec ce qu'ils font. Pour la plupart, l'expérience clinique sera toujours plus précieuse et exacte que les méthodes de la recherche traditionnelle. Les études en laboratoire, disent-ils, ne renvoient qu'une image partielle de la réalité, claire peut-être mais incomplète. Ils souhaitent que les psychologues travaillant en milieu universitaire prêtent davantage attention, dans leurs études, aux données et aux observations *cliniques* (Edelson, 1994).

Dans la suite de ce chapitre, nous étudierons la contribution des chercheurs scientifiques à l'évaluation des *psychothérapies,* dont la thérapie psychodynamique, ainsi que le cas particulier et controversé des personnalités multiples. En conclusion, nous examinerons brièvement les efforts actuels des membres des deux camps pour réduire le fossé qui les sépare.

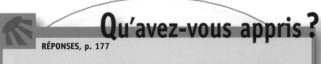

Qu'avez-vous appris ?

RÉPONSES, p. 177

Nommez trois contributions et quatre limites de la perspective psychodynamique.

PREMIER THÈME
L'ÉVALUATION DE LA PSYCHOTHÉRAPIE

Lorsqu'il est question de psychothérapie, ce sont les différentes approches psychodynamiques, mais pas nécessairement la psychanalyse classique de Freud, qui sont toujours les plus populaires. Il existe aujourd'hui de nombreuses variantes de la méthode freudienne mais, quels que soient leurs principes, elles insistent toutes sur l'importance des processus psychodynamiques, comme les défenses et le transfert, et le fait de revivre, sous la supervision d'un professionnel, les conflits émotionnels de la petite enfance. Au cours des dernières années, on a assisté à des discussions de plus en plus orageuses entre les diverses écoles de pensée sur l'efficacité des thérapies psychodynamiques. Fonctionnent-elles ? Sont-elles plus efficaces que les thérapies issues des autres perspectives ? Pour répondre à ces questions, les chercheurs ne peuvent malheureusement pas se contenter de demander aux personnes qui ont suivi ces thérapies de nous dire dans quelle mesure leur état s'est amélioré. Ils doivent en effet faire face à plusieurs difficultés inhérentes à l'évaluation de toute forme de thérapie, qu'elle soit d'orientation psychodynamique ou non. Examinons quelques-unes de ces difficultés.

Le succès d'une thérapie dépend bien sûr de la façon dont il est défini, tant par les thérapeutes que par leurs clients. Pour les psychologues chercheurs et la majorité des psychologues cliniciens, le succès d'une thérapie se traduit par l'élimination des symptômes ou des souffrances qui ont amené la personne à suivre une thérapie. Mais de nombreux thérapeutes psychodynamiques croient que le fait que la personne se « sente mieux » constitue une mesure suffisante du succès d'une psychothérapie. Certains affirment qu'ils ne cherchent pas à guérir, que leur but n'est pas de changer le client mais d'amener celui-ci à mieux se comprendre. Le point de vue du client sur l'efficacité de la thérapie pose aussi un problème. Souvent, des patients affirment que la psychothérapie qu'ils ont suivie a été une réussite, même si le problème initial et les symptômes associés n'ont pas été éliminés. Cette apparente contradiction peut s'expliquer par la tendance à justifier l'effort investi. Ainsi, le client est motivé à justifier le temps, les efforts et l'argent investis dans la psychothérapie et à interpréter toute amélioration survenue dans sa vie comme étant due à la thérapie.

Quoi qu'il en soit, *prétendre* qu'une psychothérapie est efficace ne peut se substituer à la *démonstration* de son efficacité, d'autant qu'une psychothérapie peut être coûteuse et s'étaler sur une longue période. Les pressions économiques jumelées à la progression des programmes de soins à grande échelle forcent d'ailleurs les psychothérapeutes de toutes les écoles de pensée à préciser pour quelle population leurs thérapies sont plus efficaces, quelles thérapies sont les plus efficaces pour un problème donné, et quelles thérapies sont inefficaces ou potentiellement dangereuses (Barlow, 1994 ; Chambless, 1995 ; Orlinsky, 1994). Pour obtenir ces informations, les chercheurs cliniciens conduisent des recherches cliniques contrôlées où des patients aux prises avec un problème psychologique donné sont assignés au hasard à un ou plusieurs types de thérapie ou à un groupe de contrôle. Jusqu'à maintenant, des centaines d'études ont été effectuées pour évaluer l'efficacité de différents types de thérapie, d'interventions de type counseling et de groupes d'entraide. Bien qu'il reste encore beaucoup à apprendre sur cette question, voici leurs principales conclusions qui comportent de bonnes mais aussi de mauvaises nouvelles pour les thérapeutes :

1 La psychothérapie est préférable à l'absence d'intervention

Les personnes qui reçoivent un traitement professionnel, quel qu'il soit, améliorent davantage leur état que celles qui ne reçoivent pas d'aide (Lambert et Bergin, 1994 ; Lipsey et Wilson, 1993 ; Maling et Howard, 1994 ; Robinson, Berman et Neimeyer, 1990 ; Smith, Glass et Miller, 1980 ; Weisz, *et al.*, 1995).

2 La psychothérapie profite surtout aux personnes qui ont des problèmes curables et qui désirent améliorer leur état

Les psychothérapies axées sur les troubles émotionnels, les conduites qui mènent à l'échec et les difficultés à faire face aux situations de crise obtiennent un plus grand taux de succès que celles visant les problèmes de personnalité durables et les troubles psychotiques. Les personnes qui gagnent le plus à suivre une psychothérapie sont celles qui possèdent déjà de bonnes capacités d'adaptation, qui sont bien préparées à suivre le traitement et qui sont prêtes à changer (Orlinsky et Howard, 1994 ; Strupp, 1982).

3 Pour les troubles bénins et les problèmes de tous les jours, les non-professionnels peuvent être aussi efficaces que des thérapeutes professionnels

Plusieurs métaanalyses portant sur l'efficacité des thérapeutes n'observent aucune différence entre le taux de réussite global des thérapeutes professionnels et celui des non-professionnels, c'est-à-dire des personnes sans forma-tion universitaire en santé mentale (Christensen et Jacobson, 1994 ; Dawes, 1994 ; Smith, Glass et Miller, 1980 ; Strupp, 1982 ; Weisz, *et al.*, 1987, 1995). Par exemple, une méta-analyse regroupant 150 études sur des psychothérapies auprès d'enfants et d'adolescents ne montre aucune différence globale quant aux taux de réussite entre des thérapeutes professionnels, des étudiants diplômés en formation de thérapeute et des thérapeutes non professionnels (Weiss, *et al.*, 1995).

4 La psychothérapie est rarement nuisible au patient et, le cas échéant, c'est l'incompétence du thérapeute, ses préjugés envers le client ou son comportement non éthique qui sont en cause

(Brodsky, 1982 ; Garnets, *et al.*, 1991 ; Lambert et Bergin, 1994 ; López, 1989 ; McHugh, 1993b ; Pope et Bouhoutsos, 1986). Certains thérapeutes peuvent causer de grands torts à leurs patients lorsqu'ils manquent à l'éthique professionnelle ou lorsqu'ils se laissent influencer par leurs préjugés. Un certain nombre de psychologues craignent que les mauvais traitements à l'endroit des patients ne soient en hausse, compte tenu de l'accroissement récent du nombre de thérapeutes dont la formation est insuffisante et qui utilisent des méthodes thérapeutiques non validées telles que la communication assistée que nous avons abordée au début du chapitre 2.

Qu'en est-il de la psychanalyse et des autres formes de la thérapie psychodynamique ? Ces thérapies « en profondeur » sont tout aussi efficaces que les autres pour aider les gens à faire face à des problèmes habituels. Cependant, des recherches montrent qu'elles seraient beaucoup moins efficaces que les thérapies cognitives et béhavioristes pour un ensemble de problèmes psychologiques tels que : la dépression grave ; l'anxiété, les peurs et la panique ; les troubles du comportement alimentaire ; les problèmes de santé ; les problèmes liés à des comportements particuliers comme une mauvaise planification de ses activités ; et les conflits familiaux (Chambless, 1995). Les thérapies psychodynamiques semblent surtout convenir aux personnes qui possèdent des habiletés verbales et sont portées à l'introspection, à celles qui ne présentent pas de troubles graves, ainsi qu'à celles désireuses d'explorer leur passé et attirées sur le plan intellectuel par les métaphores riches et complexes de la perspective psychodynamique.

Du point de vue de la thérapie analytique classique, ou freudienne, plus la thérapie se prolonge et plus elle aurait de chances d'être couronnée de succès. Ce phénomène, disent les psychanalystes, s'explique par le fait qu'il faut du temps au patient pour découvrir toutes ses sources de résistance, effectuer son transfert sur le thérapeute et venir à bout de ses défenses inconscientes. Dans une psychanalyse traditionnelle, le client rencontre habituellement le thérapeute trois à cinq fois par semaine, souvent pendant plusieurs années. Cependant, une méta-analyse regroupant des études à long terme montre que la moitié environ des individus tire le maximum de bénéfices d'une psychothérapie après 8 à 11 séances seulement et qu'un quart tire avantage d'une psychothérapie qui dure jusqu'à un an (Kopta, *et al.,* 1994).

Il est évident que les personnes souffrant de troubles mentaux graves et chroniques comme la schizophrénie et l'autisme requièrent souvent des soins thérapeutiques continus, parfois durant toute leur vie. Mais ceux qui font face à des problèmes émotionnels courants n'ont la plupart du temps besoin que d'un traitement de courte durée (Dawes, 1994; Strupp et Binder, 1984). Pour tenir compte de ces données et du fait que les psychothérapies de longue durée sont de plus en plus onéreuses, de nombreux psychanalystes ont modifié leur approche et offrent maintenant à leurs patients des analyses de courte durée, soit 15 à 25 entretiens, ce qui correspond au nombre moyen de séances pour la plupart des autres psychothérapies (Sifneos, 1992; Strupp et Binder, 1984).

Dans leur pratique quotidienne, de nombreux psychothérapeutes sont en fait éclectiques: ils empruntent des idées et des techniques aux différentes perspectives tout en évitant de se lier de trop près à une théorie en particulier (Lambert et Bergin, 1994). Cette flexibilité leur permet d'employer la méthode ou la combinaison de méthodes qui semble la plus appropriée ou efficace pour les besoins particuliers de chacun de leurs clients. Lors d'une enquête effectuée auprès de 800 thérapeutes dont la formation se répartissait entre la psychologie clinique, la thérapie familiale, le travail social et la psychiatrie, 68 % ont affirmé qu'ils avaient une orientation éclectique (Jensen, Bergin et Greaves, 1990). Du côté des patients, certains réagissent positivement à une combinaison de méthodes. C'est le cas des personnes qui ont continuellement des problèmes de santé à surmonter, comme le fait de ressentir une douleur chronique; c'est aussi le cas des personnes qui veillent sur la santé physique ou psychologique d'un membre de leur famille.

Le succès de la thérapie dépend aussi en grande partie de la qualité du lien qui unit le thérapeute et son client. Par exemple, la coopération et les sentiments positifs du patient durant les sessions thérapeutiques sont habituellement associés à un plus grand taux de succès. Les patients hostiles et faisant preuve d'une attitude négative ont tendance à résister au traitement et à moins en bénéficier (Orlinsky et Howard, 1994). La personnalité du thérapeute est tout aussi importante. Ce sont les qualités prônées par le psychologue humaniste Carl Rogers (voir le chapitre 10) telles que la chaleur humaine, l'empathie, l'authenticité et l'imagination qui sont le plus associées au succès de la thérapie. Les thérapeutes qui réussissent le mieux ont tendance à être empathiques et à interagir activement avec leur client, ce qui est à l'opposé de l'«impartialité» et du détachement du thérapeute «observateur» (Orlinsky et Howard, 1994). Ces qualités ne sont pas l'apanage des psychologues professionnels, ce qui peut expliquer en partie pourquoi les non-professionnels sont

« J'utilise le meilleur de Freud, le meilleur de Jung et le meilleur d'oncle Marty, un type très brillant. »

Les thérapeutes à succès font preuve d'éclectisme dans leurs méthodes.

souvent tout aussi efficaces que les psychologues professionnels dans le traitement des problèmes quotidiens.

La recherche a mis en évidence les limites de la thérapie, qu'elle soit ou non d'inspiration psychodynamique. En effet, la thérapie ne peut transformer une personne en ce qu'elle n'est pas; elle ne peut la guérir du jour au lendemain; et elle ne peut lui procurer une vie exempte de problèmes. De plus, la recherche montre que, dans la plupart des cas, les thérapies de courte durée sont suffisantes et que les psychanalyses de longue durée n'offrent pas plus d'avantages.

Néanmoins, les psychodynamiciens ont sans doute raison lorsqu'ils affirment que certains aspects de la thérapie ne sont pas mesurables et que les méthodes expérimentales ne réussiront jamais à saisir «l'âme» ou l'essentiel de la psychothérapie. Et comme le soulignent les humanistes, les psychothérapies ont cette fonction commune, et insaisissable, qui consiste à aider le client à explorer les grandes questions de la vie — comme la liberté, le libre arbitre, l'aliénation par rapport à soi et aux autres, la solitude et la mort — et à trouver le courage, la force et l'espoir nécessaires pour les affronter (Frank, 1985; Yalom, 1989). La psychothérapie peut aider des personnes à échapper à des modèles autodestructeurs et à prendre des décisions constructives. Elle leur permet parfois de traverser des périodes difficiles, alors même qu'elles se sentent seules au monde ou incomprises. Elle les aide à découvrir l'origine de leur peine et de leur souffrance, et à aller de l'avant avec plus d'assurance. Tous ces bénéfices qu'une personne tire souvent d'une psychothérapie peuvent difficilement être évalués à l'aide de statistiques.

Qu'avez-vous appris ?

RÉPONSES, p. 177

1. Présentez brièvement les quatre conclusions majeures des études sur l'efficacité des psychothérapies.

2. Le professeur Blitznik présente à la télévision son fabuleux traitement: la thérapie par l'immersion au chocolat (T.I.C.). Le professeur Blitznik affirme: «Une personne qui consacre une journée par semaine à ne rien faire sinon manger du chocolat est rapidement guérie des troubles liés à l'alimentation, à la dépression, à la toxicomanie et aux mauvaises habitudes.» Que devriez-vous vous demander avant d'entreprendre ce type de thérapie?

Un stress intense ou un événement traumatisant peuvent provoquer chez chacun de nous un état temporaire de *dissociation*, c'est-à-dire une sensation étrange et irréelle où l'on se sent coupé de soi-même. Du point de vue psychodynamique, si le choc est trop sévère, la personne peut y faire face en recourant à deux processus inconscients. Elle peut *réprimer*, c'est-à-dire enfouir dans l'inconscient, le souvenir de l'expérience traumatisante. Elle peut aussi *dissocier* les différentes composantes de l'expérience, c'est-à-dire réagir comme si sa conscience, son comportement et son identité n'étaient plus intégrés normalement. Par exemple, un enfant ayant subi des violences sexuelles pourra réprimer, ou «oublier», ce souvenir pendant des années ou encore connaître une dissociation qui se traduit par l'impression qu'il vit un rêve sans se sentir personnellement concerné par cet événement.

Pour certains psychiatres et psychologues cliniciens, la forme la plus sévère de dissociation est le trouble de la personnalité multiple qui implique la présence chez une même personne d'au moins deux identités, ou personnalités, distinctes. (Dans le manuel diagnostique de l'American Psychiatric Association [1994], le trouble de la personnalité multiple est maintenant désigné par le terme **trouble dissociatif de l'identité (TDI)**, quoique de nombreux cliniciens emploient toujours l'ancienne appellation.) Chaque identité semble avoir ses propres souvenirs, préférences, écriture et même ses problèmes médicaux. Les cas de TDI sont très spectaculaires. Ceux présentés dans des films tels que *Les trois visages d'Ève* et *Sybil* ont littéralement fasciné le public, tout comme certains cas qui ont fait la une des journaux à cause de leurs implications juridiques: une femme accuse un homme de viol en prétextant qu'une seule de ses personnalités a consenti à avoir des relations sexuelles, alors qu'une autre s'y refusait, ou encore un homme accusé de meurtre affirme que c'est son autre personnalité qui est coupable.

> **Trouble dissociatif de l'identité (TDI)**
> Trouble psychologique caractérisé par la présence chez une même personne d'au moins deux personnalités distinctes, chacune ayant son propre nom et ses traits caractéristiques.

Le TDI constitue un exemple classique du fossé qui sépare les scientifiques des thérapeutes: chacune des parties défend un point de vue totalement incompatible avec l'autre sur ce qu'est ce trouble et ce qui le cause. De nombreux thérapeutes, en particulier les adeptes de l'approche psychodynamique, sont convaincus qu'il s'agit d'un trouble réel, assez répandu, mais qui passe souvent inaperçu. De nombreux scientifiques et chercheurs cliniciens de même que la majorité des psychiatres sont sceptiques. Ils pensent que la plupart des cas résultent d'une collusion involontaire entre des thérapeutes qui croient au TDI et des patients vulnérables et suggestibles, et que, s'il existe des cas réels, ils sont très rares. Avant 1980, moins de 200 cas de TDI avaient été diagnostiqués dans le monde; depuis, plus de 30 000 cas ont été diagnostiqués, dont la quasi-totalité se retrouvent aux États-Unis et au Canada (Nathan, 1994).

Les cliniciens qui reconnaissent l'existence du TDI estiment qu'il se met en place durant l'enfance et qu'il constitue en quelque sorte une façon de s'adapter à des traumatismes insoutenables et auxquels l'enfant ne peut mettre fin, tels que la torture (Herman, 1992; Kluft, 1993). De ce point de vue, le traumatisme produit une division mentale, ou dissociation; une personnalité émerge pour s'occuper du quotidien, une autre apparaît pour faire face aux expériences pénibles de la vie. Pour les cliniciens qui croient en l'existence du TDI, le diagnostic de ce trouble est maintenant plus sûr puisque les changements physiologiques associés à chacune des personnalités ne peuvent être simulés. Selon eux également, il est fréquent que des patients aux prises avec le TDI vivent pendant des années avec différentes personnalités sans en être conscients, jusqu'au moment où l'hypnose ou d'autres techniques thérapeutiques les révèlent.

Ceux qui sont sceptiques à l'égard de l'existence du TDI croient que l'apparition des personnalités multiples ne serait qu'une forme extrême d'un processus naturel, soit l'habileté que chaque personne a de présenter différents aspects de sa personnalité aux autres (Piper, 1994; Spanos, 1996). Ils ont aussi souligné que la plupart des recherches sur lesquelles s'appuie le diagnostic de TDI comportent d'importantes lacunes méthodologiques. Ainsi, la plupart des recherches montrant des variations physiologiques entre les différentes personnalités ne comportent pas de groupes de contrôle et n'ont pas été confirmées par d'autres recherches (Brown, 1994). Lorsque ces lacunes sont corrigées, les différences s'évanouissent. Par exemple, lors d'une recherche comparant l'activité cérébrale de deux patients souffrant de TDI avec

celle d'une personne normale jouant différentes personnalités, on a observé une plus grande différence entre les «personnalités» de la personne normale (Coons, Milstein et Marley, 1982). D'autres recherches comparant des patients souffrant de TDI avec des sujets de contrôle qui simulaient différentes personnalités n'ont pas noté de différences notables entre eux (Miller et Triggiano, 1992). Puisque des personnes normales peuvent créer des changements de leur activité cérébrale en modifiant leur humeur ou leur concentration, cette mesure ne peut être retenue comme critère fiable pour attester l'existence du TDI.

Les trois visages d'Ève. *Le livre aussi bien que le film, mettant en vedette Joanne Woodward représentée ici sur une affiche publicitaire, ont éveillé l'intérêt du public pour le phénomène de la personnalité multiple.*

Les chercheurs et les cliniciens qui doutent de l'existence du TDI font observer que les seuls cas diagnostiqués le sont par des thérapeutes qui y croient et qui en recherchent la présence (McHugh, 1993a; Merskey, 1992, 1994; Piper, 1994; Spanos, 1996). Ils pensent que, dans plusieurs cas, les suggestions plus ou moins involontaires du thérapeute ont orienté les réponses du patient de façon à confirmer la présence du TDI. L'interrogatoire de Kenneth Bianchi, un homme reconnu coupable du meurtre de plus de douze jeunes femmes, en est un bon exemple. Voici un extrait des propos tenus par le psychologue responsable de l'interrogatoire: «J'ai surtout parlé à Ken, mais je pense qu'il pourrait bien y avoir une autre partie de Ken à qui je n'ai pas encore parlé, une autre partie qui se sent assez différente de celle à qui j'ai parlé... Et je voudrais que cette autre partie me parle... Partie, pourriez-vous communiquer avec moi ? » (Cité dans Holmes, 1994). Notez que le psychologue a demandé à plusieurs reprises à Bianchi de produire une autre « partie » et qu'il s'est même adressé directement à celle-ci. Peu de temps après, Bianchi soutenait que les meurtres avaient en fait été commis par une autre personnalité nommée « Steve Walker ». Dans ce cas précis, est-ce que le psychologue a *permis* à la personnalité cachée de se révéler, ou a-t-il *créé* cette personnalité en suggérant son existence ?

Le psychiatre canadien Harold Merskey (1992) a étudié plusieurs cas célèbres de TDI, y compris ceux d'Ève et de Sybil, mais a été incapable de trouver un seul cas où le patient n'avait pas été influencé par les suggestions du thérapeute ou les reportages réalisés sur ce trouble par les médias. Par exemple, la psychiatre de Sybil, Cornelia Wilbur, avait tout d'abord posé un diagnostic de schizophrénie, mais elle a ensuite encouragé Sybil à produire différentes personnalités et à se remémorer des sévices sexuels subis durant l'enfance, faits qui n'ont jamais été corroborés. (Des enquêteurs croient que ce changement de diagnostic faisait partie d'une stratégie de marketing pour le livre publié par la psychiatre [Nathan, 1994].) Herbert Siegel, un autre psychiatre qui s'est penché sur le cas de Sybil, a affirmé ceci : « Elle disait : Lorsque je suis avec le docteur Wilbur, elle veut que je sois cette autre personne [une personnalité appelée Flora]. Je lui répondais : Bien, si vous le désirez vous pouvez l'être mais ce n'est pas nécessaire si vous ne le voulez pas. Avec moi, elle n'avait pas à être ces personnalités. » (Cité dans Merskey, 1994.) Et Sybil ne manifestait pas ces personnalités en sa présence.

Bien que le diagnostic de TDI soit controversé et bénéficie de peu de soutien empirique, cela ne veut pas nécessairement dire qu'il n'existe pas de cas authentiques (Holmes, 1994). Cela signifie qu'il faut faire preuve de prudence avant de poser un diagnostic, surtout quand la responsabilité d'actes criminels est en jeu. Dans le cas de Bianchi, un procureur de la Couronne, sceptique, a découvert que Bianchi avait lu de nombreux livres de psychologie sur le TDI et qu'il avait modelé « Steve » à l'image d'un étudiant qu'il connaissait. Un autre psychologue a alors fait croire à Bianchi que les vrais cas de personnalités multiples comportent toujours au moins trois personnalités, et soudainement Bianchi a produit une troisième personnalité. Il a finalement été reconnu coupable et condamné à la prison à vie. Par contre, Paul Miskamen, qui a battu sa femme à mort, a réussi à convaincre les psychiatres et le jury que le coupable était une autre personnalité nommée Jack Kelly. Jugé inapte à subir son procès pour cause d'aliénation mentale, Miskamen a été confié à un hôpital psychiatrique et libéré au bout de 14 mois.

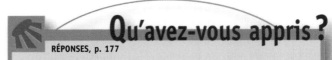

RÉPONSES, p. 177

Qu'avez-vous appris ?

Selon son psychiatre, Francis souffre d'un trouble dissociatif de l'identité avec 38 personnalités distinctes. Le psychiatre a publié de nombreux articles sur ce cas, puis ouvert un cabinet pour traiter les cas de trouble dissociatif de l'identité ; il a aussi témoigné à plusieurs reprises en cour en tant qu'expert sur le TDI. Quelles questions le cas de Francis soulève-t-il selon vous ? Quelles autres analyses pourrait-on faire de son cas ?

La recherche sur l'efficacité des psychothérapies et sur le trouble dissociatif de l'identité montre à quel point il est important de réduire l'écart séparant la psychologie psychodynamique de la phychologie scientifique ; de nombreux psychologues s'efforcent actuellement de les rapprocher. Les psychodynamiciens font de plus en plus souvent appel à des méthodes expérimentales et aux résultats de recherches menées par les psychologues des autres perspectives pour élaborer leurs théories et les raffiner. Ils se servent des découvertes des cognitivistes sur les schèmes, la conscience et les habiletés mentales des nourrissons (Horowitz, 1988 ; Schafer, 1992 ; Stern, 1985), des découvertes faites dans le cadre des théories de l'apprentissage social sur les rôles sexuels et l'influence de la culture (Young-Eisendrath, 1993), des découvertes sur les processus inconscients liés aux émotions (Murphy, Monahan et Zajonc, 1995), et des découvertes de la perspective biologique sur l'aspect héréditaire des traits de personnalité et sur la physiologie des émotions (Plutchik, 1988).

De leur côté, des chercheurs d'orientations diverses étudient plusieurs idées mises de l'avant par les théories psychodynamiques (Hornstein, 1992). Nous avons souligné que certains examinent les processus inconscients (Greenwald, 1992 ; Kihlstrom, Barnhardt et Tataryn, 1992). D'autres intègrent à la psychologie cognitive les notions psychodynamiques de transfert et de relation d'objet (Westen, 1991). D'autres encore ont élaboré des procédures afin de tester expérimentalement des mécanismes de défense permettant d'examiner comment ceux-ci contribuent à sauvegarder l'estime de soi et à réduire l'angoisse (Plutchik, *et al.*, 1988), alors que d'autres enfin préfèrent mettre en évidence les aspects positifs des défenses qu'ils désignent plutôt comme des « stratégies d'adaptation » (Taylor, 1995). Par ailleurs, des recherches expérimentales portent sur les concepts psychodynamiques de moi idéal, des fantasmes du monde intérieur et de soi idéal (Markus et Nurius, 1986 ; Ogilvie, 1987). Jerome Singer (1984) qualifie la vie intérieure de « sens de la continuité qu'on porte en soi », de *personnalité privée*. Il intègre dans ce concept l'idée psychodynamique que l'essence de la personnalité est plus que la somme de l'aspect biologique d'une personne, de ses comportements acquis et de ses perceptions immédiates.

En dernière analyse, il n'existe peut-être pas de solution miracle à plusieurs des tensions fondamentales qui opposent les perspectives scientifique et psychodynamique de la psychologie. Ceux qui travaillent dans le cadre de cette dernière le font parce qu'elle leur fournit une structure à la compréhension de la vie intérieure, même s'ils reconnaissent que certains de ses principes ne seront jamais confirmés par des méthodes scientifiques. Il sera intéressant de voir, au cours des prochaines années, ce qu'il adviendra de la perspective psychodynamique. Poursuivra-t-elle en solitaire sa trajectoire parallèle ? Se séparera-t-elle complètement de la psychologie pour s'allier à la littérature et aux sciences humaines ? Deviendra-t-elle un dinosaure de l'histoire des idées, comme le prédit Peter Medawar (1982) ? Ou ses concepts les plus intéressants seront-ils intégrés à la psychologie scientifique pour donner naissance à une vision nouvelle du comportement humain ?

Réponses

Page 171

Les contributions incluent l'étude de thèmes complexes et difficiles à appréhender à l'aide des méthodes traditionnelles de recherche ; le recours ingénieux à des informations qualitatives ; l'importance accordée à l'influence des mécanismes inconscients sur le comportement. Les principales limites sont les risques du réductionnisme ; la non-vérification des faits ; le concept de résistance employé abusivement ; les généralisations hâtives ; l'influence indue du thérapeute ; les problèmes liés à l'étude des souvenirs de l'enfance et le recours à des méthodes non validées.

Page 174

1. De façon générale, toute forme de psychothérapie est préférable à l'absence d'aide psychologique ; les gens qui obtiennent le plus de succès en thérapie sont ceux qui ont des problèmes curables et qui veulent s'améliorer ; les non-professionnels sont tout aussi efficaces que les thérapeutes professionnels pour les problèmes quotidiens ; dans certains cas, la thérapie peut nuire au patient à cause de l'incompétence du thérapeute ou de son comportement non éthique. **2.** Quelques questions à poser : Le professeur Blitznik a-t-il démontré que les patients qui ont suivi le T.I.C. obtiennent de meilleurs résultats que des patients n'ayant suivi aucun traitement ou ayant suivi une autre thérapie ? Comment les sujets ont-ils été sélectionnés ? Comment le succès de la thérapie est-il défini ? Les mêmes résultats ont-ils été obtenus par d'autres thérapeutes ? Est-ce que la thérapie par l'immersion au brocoli serait aussi efficace ?

Page 176

Vous pourriez vous demander quand et où sont apparues les diverses personnalités de Francis, avant ou après le début du traitement ? Pour quelle raison le psychiatre a-t-il été amené à intervenir en premier lieu ? Francis a-t-il déjà été aux prises avec d'autres troubles psychologiques ? Quant aux autres analyses possibles, un psychologue béhavioriste soulignerait que, si le comportement de Francis est renforcé par l'attention qu'il reçoit, celui de son thérapeute l'est tout autant du fait du prestige qu'il retire de cette étude de cas. Francis réagit peut-être aussi aux pressions directes ou indirectes du psychiatre de façon à confirmer le diagnostic. Un psychologue cognitiviste pourrait pour sa part observer que le diagnostic plaît à Francis, car il explique judicieusement ses troubles psychologiques.

RÉSUMÉ

1 Les principales contributions de la perspective psychodynamique incluent le mérite d'étudier des thèmes complexes, le recours ingénieux à des informations qualitatives comme les *lapsus*, les jeux de mots, les contes, etc., et l'importance accordée à l'influence de l'inconscient sur la conduite. Sur ce dernier point, l'école de la relation d'objet a montré comment les attentes inconscientes établies dans les premières relations nouées durant la petite enfance auprès des membres de la famille subsistent à l'âge adulte.

2 Les principales limites de la perspective psychodynamique incluent les tendances au réductionnisme, la difficulté à vérifier empiriquement les concepts psychodynamiques, l'utilisation à outrance du concept de résistance pour rejeter les critiques de cette perspective, des généralisations hâtives à partir de quelques cas exceptionnels dans une culture spécifique, l'influence indue du thérapeute, les problèmes liés à l'étude des souvenirs de l'enfance et le recours à des méthodes non validées comme les *tests projectifs.*

3 De nombreux psychologues d'orientation psychodynamique croient que la recherche empirique n'est pas compatible avec la pratique de la psychothérapie. Cette prise de position est l'un des éléments qui alimentent le conflit entre scientifiques et praticiens, d'où le débat sur l'efficacité de la thérapie psychodynamique. L'étude de recherches cliniques contrôlées portant sur les psychothérapies montre globalement que suivre une psychothérapie, quelle qu'elle soit, est préférable à l'absence d'intervention ; que les personnes qui bénéficient le plus d'une psychothérapie sont celles qui sont aux prises avec des problèmes moins graves et ont le désir d'améliorer leur état ; que pour plusieurs problèmes légers, les non-professionnels peuvent être tout aussi efficaces que les thérapeutes professionnels ; et que, dans certaines circonstances, la thérapie peut être nuisible au patient.

4 Par comparaison avec les autres psychothérapies, les thérapies psychodynamiques se révèlent tout aussi efficaces pour traiter les problèmes habituels mais beaucoup moins efficaces pour en traiter d'autres. Elles conviennent particulièrement bien aux personnes introspectives et désireuses de se comprendre plutôt que de se transformer. Les traitements de courte durée sont généralement suffisants pour traiter la plupart des problèmes ; dans certains cas, il vaut mieux utiliser une combinaison de méthodes thérapeutiques, ce que font la majorité des thérapeutes qui se disent *éclectiques.* Les recherches empiriques montrent que les thérapies cognitives et béhavioristes semblent les plus efficaces pour les problèmes de courte durée. Cependant, les psychothérapeutes d'orientation psychodynamique ont probablement raison de dire que certains aspects de la thérapie ne sont pas mesurables.

5 Le débat sur l'existence du trouble de la personnalité multiple ou *trouble dissociatif de l'identité* (TDI) est un exemple classique du fossé entre chercheurs et praticiens. Le TDI est caractérisé par la coexistence d'au moins deux personnalités distinctes chez la même personne. Cependant, la validité de ce diagnostic fait l'objet de vives controverses. D'un côté, certains cliniciens pensent que ce trouble apparaît en réaction à des traumatismes subis lors de la petite enfance, qu'il est fort répandu mais qu'il passe souvent inaperçu. De l'autre côté, d'autres cliniciens et de nombreux chercheurs affirment que la plupart des cas de TDI résultent de la collusion entre des thérapeutes qui croient à ce diagnostic et des patients suggestibles qui y trouvent une explication attrayante à leurs problèmes.

6 Les psychologues de tendance psychodynamique font de plus en plus souvent appel à des méthodes de recherche expérimentales et à des résultats obtenus dans le cadre des autres perspectives pour formuler leurs théories. Par ailleurs, des psychologues chercheurs étudient des questions mises de l'avant par les théories psychodynamiques, comme les mécanismes de défense et la nature des processus inconscients. Malgré cela, les relations entre la perspective psychodynamique et les autres branches de la psychologie demeurent tendues, et on ne peut prévoir ce qu'elles seront dans l'avenir.

La perspective béhavioriste

P ar une chaude journée d'été, James Peters tua d'un coup de fusil son voisin, Ralph Galluccio. Les deux hommes se querellaient avec âpreté depuis dix ans à propos de la ligne de démarcation entre leurs propriétés respectives. Leurs amis, bouleversés, affirmèrent que rien dans les personnalités des deux hommes ne permettait de prévoir une telle issue à leur conflit. Selon son employeur, Galluccio était «une personne aimable et d'humeur égale»; quant à Peters, il était, également selon son propre employeur, un homme «coopératif et doux, foncièrement bon».

Comment deux hommes «bien», comme James Peters et Ralph Galluccio, avaient-ils pu s'enferrer dans une dispute aussi irrationnelle, qui devait aboutir à une telle tragédie? Là où un psychophysiologiste chercherait des indices du côté de la testostérone ou du tempérament inné des deux protagonistes, et où un psychanalyste pencherait pour un conflit inconscient et non résolu, un psychologue béhavioriste analyserait les apprentissages antérieurs des deux hommes ainsi que les caractéristiques de leur environnement au moment du drame. Du point de vue béhavioriste, ce que nous définissons comme la «personnalité» se compose de l'ensemble des apprentissages faits par une personne. Ainsi, on devient libéral ou conservateur, passionné de rock ou de Bach, cuisinier gastronome ou adepte de la restauration rapide, optimiste ou pessimiste à la suite, en grande partie, des expériences vécues et de ce qu'on en a retiré comme apprentissage. Un théoricien de l'apprentissage chercherait donc à déterminer les circonstances précises de la querelle entre Peters et Galluccio, et il se pencherait également sur leur passé pour tenter d'expliquer pourquoi la seule solution offerte aux deux hommes, lorsqu'ils se rendirent compte que les insultes échangées ne résolvaient rien, fut de faire preuve d'encore plus de violence.

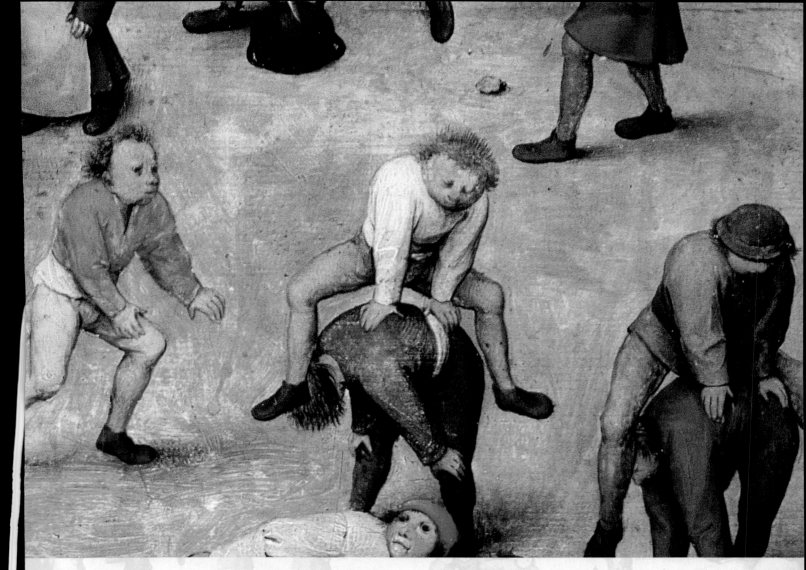

Le béhaviorisme, également désigné comme la perspective de l'apprentissage, est une école de pensée en psychologie qui vise à expliquer le comportement en fonction d'événements observables, sans faire appel à des entités mentales hypothétiques comme l'«esprit» ou la «volonté». De fait, le béhaviorisme a constitué la principale approche à l'apprentissage jusqu'aux années 1960. Présentement, d'autres approches, regroupées sous l'appellation de béhaviorisme social et cognitif, insistent également sur l'influence prépondérante du milieu. Toutefois, elles incluent les processus mentaux dans l'étude de l'apprentissage humain; en effet, dans cette perspective, ne pas en tenir compte serait analogue à parler de la sexualité sans mentionner la passion: on donne une bonne idée de la forme, mais on ne dit rien du fond.

Nous examinerons tout d'abord, dans le chapitre 6, les plus importants principes d'apprentissage mis en évidence par les études béhavioristes et, notamment, les travaux de deux éminents scientifiques, Ivan Pavlov et B. F. Skinner. Nous verrons ensuite, dans le chapitre 7, comment les théoriciens du béhaviorisme social et cognitif ainsi que d'autres chercheurs ont élargi le champ de vision béhavioriste en ajoutant des variables sociales et cognitives dans l'équation de l'apprentissage.

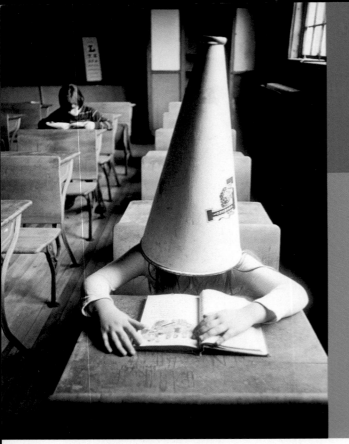

L'apprentissage par conditionnements

*La récompense et la punition... ce sont l'éperon
et la bride par lesquels toute l'humanité est formée
au travail et dirigée.*
John Locke

Un dentiste avait décidé d'apaiser l'anxiété de ses jeunes patients en leur projetant des dessins animés pendant qu'il leur soignait les dents. Il pensait sans doute que cette diversion détendrait les enfants et ferait disparaître leur peur. Cependant, des dizaines d'années plus tard, un de ses anciens patients raconta, dans une lettre ouverte dans un quotidien, un effet insoupçonné de cette méthode employée par le dentiste : « Après toutes ces années, il m'est encore insupportable de regarder des dessins animés. »

Un monsieur était excédé de constater chaque soir en rentrant chez lui que son chien avait fait ses besoins sur le tapis, et il voulut lui donner une leçon. Tout en criant « Mauvais chien ! » d'un ton sévère, il força son chien à garder le nez juste au-dessus de l'un des tas d'immondices jonchant le plancher. Il lui donna ensuite à manger et nettoya le tapis. Il répéta le même scénario plusieurs jours de suite, puis, un soir, il eut la surprise de trouver l'empreinte nette du nez du chien dans les tas malodorants habituels.

Une jeune mère était très en colère parce que ses deux filles ne cessaient de se plaindre et de se chamailler. La situation était devenue de plus en plus intolérable chaque matin. « Lorsque j'allais réveiller les filles », raconta plus tard la mère, Catherine réagissait d'un ton hargneux : « Tu m'as réveillée trop tard ! » Elle réclamait ensuite, sur le même ton emporté : « Qu'est-ce qu'il y a pour le déjeuner ? Où sont mes souliers ? » Enfin, elle lançait des remarques rageuses à sa sœur de six ans : « Sonia, sors de ma chambre ! » La mère réagissait parfois en se mettant elle-même à crier. Ou encore, elle essayait de réprimer sa colère et d'aider ses filles à résoudre leurs conflits. Leur mauvaise conduite ne fit qu'empirer (Seif, 1979).

> **Béhaviorisme**
>
> Approche qui met l'accent sur l'étude du comportement observable et du rôle de l'environnement en tant que déterminant du comportement.

Dans chacun des cas mentionnés ci-dessus, la leçon avait manqué son but. Un partisan du **béhaviorisme** expliquerait qu'aucune des personnes n'avait tenu compte de certains principes élémentaires de l'apprentissage, ou qu'elle les avait mal appliqués. C'est sur ces principes et sur ces règles que nous allons nous pencher dans ce chapitre.

Dans le langage courant, le mot apprentissage, pris au sens large, fait souvent référence à la maîtrise d'activités scolaires, comme l'analyse grammaticale d'une phrase et la mémorisation de données géographiques, ou à l'acquisition d'habiletés pratiques ou sportives. En psychologie, le terme a un sens plus précis: l'**apprentissage** correspond à *tout* changement de comportement, relativement permanent, qui découle de l'expérience (à l'exception des changements dus à la maturation, à la fatigue, à une blessure ou à une maladie). Pour les psychologues béhavioristes, c'est l'expérience qui fournit le lien essentiel entre les différentes périodes de développement d'une personne en lui permettant de s'adapter aux changements des conditions environnementales, de façon à survivre et à connaître un développement harmonieux. L'apprentissage revêt peut-être un caractère plus impressionnant chez les êtres humains que chez les représentants de toute autre espèce, mais il s'agit également d'un processus fondamental dans la vie de tous les animaux, du plus humble insecte au plus éminent savant.

> **Apprentissage**
> Tout changement relativement permanent du comportement qui résulte de l'expérience.
>
> **Conditionnement**
> Forme élémentaire d'apprentissage qui met en œuvre des associations entre des stimuli de l'environnement et les réactions d'un organisme.

Dans ce chapitre, nous allons étudier une forme d'apprentissage fondamentale, appelée **conditionnement,** qui se caractérise par des associations entre les stimuli de l'environnement et les comportements d'un organisme. Les béhavioristes ont montré que deux types de conditionnement, le conditionnement répondant et le conditionnement opérant, peuvent expliquer en grande partie les comportements humains.

LE CONDITIONNEMENT RÉPONDANT

Au tout début du XXᵉ siècle, le physiologiste russe Ivan Pavlov (1849-1936) étudiait la salivation chez les chiens dans le cadre d'un programme de recherches sur la digestion.

Ses travaux devaient peu de temps après lui valoir le prix Nobel de physiologie et de médecine. L'une des méthodes employées par Pavlov consistait à pratiquer une petite incision dans la joue d'un chien afin d'y insérer un tube permettant de recueillir et de mesurer la salive produite par la glande salivaire de l'animal. Pour stimuler la production de salive, Pavlov introduisait de la viande en poudre dans la gueule du chien. La figure 6.1 illustre une procédure dérivée de celle de Pavlov, où le mouvement d'une aiguille sur un tambour rotatif permet de mesurer la quantité de salive recueillie.

Procédure de conditionnement dérivée de celle utilisée par Pavlov au début du siècle

FIGURE **6.1**

Pavlov était un observateur scientifique très consciencieux (sur son lit de mort, il dictait encore précisément les sensations qu'il éprouvait). Au cours de ses études sur la salivation, il observa un fait qui avait échappé à tous ses assistants. Un chien qu'on avait amené plusieurs fois au laboratoire commençait à saliver *avant* qu'on lui introduise de la nourriture dans la gueule. L'odeur ou la vue de la nourriture, la vue du plat dans lequel on la mettait, la vue de la personne chargée de distribuer la nourriture, ou encore le bruit de ses pas suffisaient à faire saliver le chien. Cette nouvelle réaction salivaire n'était évidemment pas innée ; elle résultait de l'expérience.

Pavlov ne vit d'abord dans la réponse de salivation du chien qu'une ennuyeuse « sécrétion d'origine psychologique ». Mais après avoir relu la littérature sur les réflexes, il se rendit compte qu'il était tombé par hasard sur un phénomène majeur, qu'il finit par considérer comme la base de tout apprentissage chez les êtres humains et les animaux. Il donna à ce phénomène le nom de réflexe « conditionnel », l'adjectif « conditionnel » soulignant le fait qu'il s'agit d'un réflexe dépendant des conditions du milieu (on trouve également le terme *réflexe conditionné*).

Peu de temps après cette découverte, Pavlov abandonna ses autres travaux afin de se pencher sur l'étude des réflexes conditionnels, à laquelle il devait consacrer les trente dernières années de sa vie. Pourquoi les chiens salivaient-ils sous l'effet d'éléments de l'environnement autres que la nourriture ? Pavlov jugea qu'il serait vain de spéculer sur les pensées d'un chien, ses désirs ou ses souvenirs. Il se mit donc à analyser le milieu dans lequel le réflexe conditionnel avait pris naissance. Le réflexe salivaire initial consiste, selon Pavlov, en un **stimulus inconditionnel** (SI), la nourriture, et en une **réponse inconditionnelle** (RI), la salivation. Pavlov

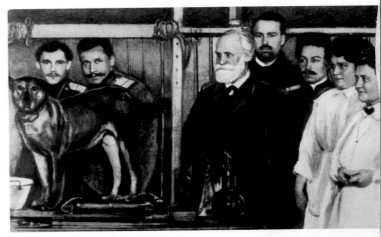

Ivan Pavlov avec ses étudiants, devant un sujet canin.

entend par stimulus inconditionnel un événement ou une condition de l'environnement qui déclenche une réponse, sans apprentissage préalable. Par réponse inconditionnelle, il entend une réponse produite automatiquement par la présence d'un stimulus inconditionnel.

L'apprentissage a lieu lorsqu'un stimulus neutre (SN), c'est-à-dire qui ne déclenche pas la réponse qu'on veut voir apparaître, est associé à plusieurs reprises à un stimulus inconditionnel. Le stimulus neutre devient alors un **stimulus conditionnel** (SC), lorsqu'il provoque l'apparition d'une réponse habituellement semblable à la réponse inconditionnelle initiale : cette nouvelle réponse est appelée **réponse conditionnelle** (RC). Par exemple, la vue du plat à nourriture (SN), qui ne déclenchait pas de salivation (RI), a été régulièrement associée à la présence de nourriture (SI) : elle est alors devenue un stimulus conditionnel (SC) qui a entraîné à son tour la salivation (RC) lorsqu'elle était présentée seule. Au cours d'une série d'expériences, Pavlov a montré qu'un large éventail de stimuli sont susceptibles de devenir des stimuli conditionnels entraînant la salivation : le tic-tac d'un métronome, le son émis par un diapason, la vibration sonore d'un sifflet, une lumière clignotante, un triangle tracé sur un grand carton et même un choc électrique. Aucun de ces stimuli ne déclenche spontanément

> **Stimulus inconditionnel (SI)**
>
> Dans le conditionnement répondant, terme désignant un stimulus qui déclenche une réponse de manière réflexe, sans apprentissage préalable.
>
> **Réponse inconditionnelle (RI)**
>
> Dans le conditionnement répondant, terme désignant une réponse déclenchée de manière réflexe par un stimulus, sans apprentissage préalable.

> **Stimulus conditionnel (SC)**
>
> Dans le conditionnement répondant, terme désignant un stimulus initialement neutre qui finit par déclencher une réponse conditionnelle après avoir été associé à un stimulus inconditionnel.
>
> **Réponse conditionnelle (RC)**
>
> Dans le conditionnement répondant, terme désignant une réponse déclenchée par un stimulus conditionnel et qui se produit lorsqu'un stimulus conditionnel a été associé à un stimulus inconditionnel.

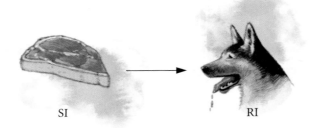

SI   RI

le réflexe de salivation mais, s'ils sont associés à la nourriture, ils auront tous cet effet, bien que certaines associations soient plus faciles à établir que d'autres. Le processus par lequel un stimulus neutre se transforme en stimulus conditionnel est connu sous le nom

Conditionnement répondant
Forme d'apprentissage où un stimulus neutre à l'origine, associé à un autre stimulus, finit par produire la réponse habituellement associée à ce dernier.

de **conditionnement répondant,** mais on l'appelle aussi *conditionnement classique* ou *pavlovien*. Étudiez bien la figure 6.2 : elle va vous permettre de mieux assimiler les différentes étapes menant au conditionnement répondant.

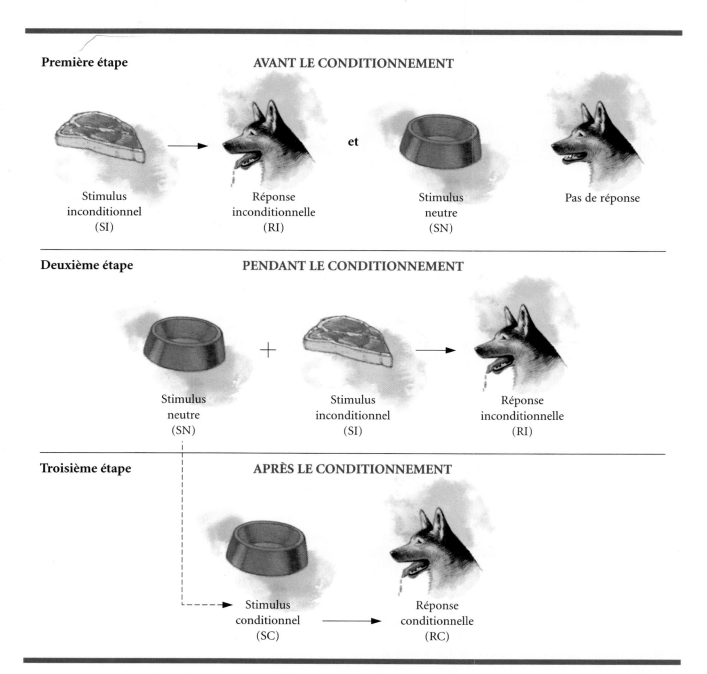

Première étape

AVANT LE CONDITIONNEMENT

Stimulus inconditionnel (SI)

Réponse inconditionnelle (RI)

et

Stimulus neutre (SN)

Pas de réponse

Deuxième étape

PENDANT LE CONDITIONNEMENT

Stimulus neutre (SN)

+

Stimulus inconditionnel (SI)

Réponse inconditionnelle (RI)

Troisième étape

APRÈS LE CONDITIONNEMENT

Stimulus conditionnel (SC)

Réponse conditionnelle (RC)

FIGURE **6.2** **Les différentes étapes menant au conditionnement répondant**

Qu'avez-vous appris ?

Déterminez les quatre composantes du conditionnement répondant dans chacune des deux situations suivantes.

1. Samuel, âgé de 5 ans, observe un orage de sa fenêtre. Soudain, un éclair suivi d'un puissant coup de tonnerre le fait sursauter. Quelques secondes s'écoulent et un autre éclair apparaît, ce qui fait sursauter Samuel de nouveau.

2. Anna adore le citron, elle a l'eau à la bouche chaque fois qu'elle mange quelque chose qui en contient. Un jour, alors qu'elle regarde une publicité montrant un grand verre de limonade, elle se rend compte qu'elle a la bouche pleine de salive.

Les principes du conditionnement répondant

Les principes élémentaires qui régissent l'apprentissage des réponses acquises par le conditionnement répondant sont les mêmes pour toutes les espèces, que ce soit le ver de terre ou l'*Homo sapiens*. Parmi les plus importants, notons l'extinction, la récupération spontanée, la généralisation et la discrimination du stimulus ainsi que le conditionnement d'ordre supérieur.

L'extinction. Les réponses conditionnelles peuvent n'être que temporaires. Si, à la suite d'un conditionnement, on présente à plusieurs reprises le stimulus conditionnel sans le faire suivre du stimulus inconditionnel, la réponse conditionnelle finit par disparaître : c'est ce qu'on appelle l'**extinction.** Par exemple, Marc a reçu un ballon en pleine figure (SI) à sa première journée à la garderie, et il a ainsi appris à craindre (RC) l'enfant (SC) qui l'a lancé. Marc en viendra progressivement à ne plus craindre son compagnon de jeu si, en le voyant, il ne l'associe plus au SI (le ballon). La réaction de crainte (RC) aura alors été éteinte.

> **Extinction**
>
> Diminution puis disparition d'une réponse apprise ; dans le conditionnement répondant, se produit lorsque le stimulus conditionnel cesse d'être associé au stimulus inconditionnel.

La récupération spontanée. La réapparition de la réponse conditionnelle après la mise en place d'une procédure d'extinction réussie est appelée **récupération spontanée.** Par exemple, si Marc devait s'absenter de la garderie quelques jours, il est possible qu'à son retour il réagisse de nouveau par une réponse de peur en voyant son compagnon de jeu. C'est pourquoi il faut habituellement plusieurs séances d'extinction pour supprimer une réponse conditionnelle.

> **Récupération spontanée**
>
> Réapparition d'une réponse apprise après son extinction apparente.

La généralisation et la discrimination du stimulus. Lorsqu'un stimulus est devenu un stimulus conditionnel, entraînant une réponse conditionnelle donnée, on observe que des stimuli du même type sont susceptibles de déclencher eux aussi la même réponse conditionnelle ; on donne à ce processus le nom de **généralisation du stimulus.** Par exemple, Marc pourra déployer la même réponse conditionnelle de peur en présence d'autres enfants qui ressemblent physiquement à son compagnon de jeu. Le proverbe « Chat échaudé craint l'eau froide » décrit bien le processus de généralisation du stimulus.

> **Généralisation du stimulus**
>
> Tendance à réagir à un stimulus semblable au stimulus qui était intervenu dans le conditionnement initial ; dans le conditionnement répondant, se produit lorsqu'un stimulus similaire au stimulus conditionnel déclenche la réponse conditionnelle.

> **Discrimination du stimulus**
>
> Tendance à réagir différemment à deux ou plusieurs stimuli semblables ; dans le conditionnement répondant, se produit lorsqu'un stimulus similaire au stimulus conditionnel ne déclenche pas la réponse conditionnelle.

L'image inversée de la généralisation du stimulus est la **discrimination du stimulus,** qui consiste à réagir de façon *différente* à des stimuli ressemblant par certains aspects au stimulus conditionnel. La discrimination du stimulus survient lorsque des stimuli qui s'apparentent au stimulus conditionnel ne sont pas associés au stimulus inconditionnel à l'origine de la réponse conditionnelle. Ainsi, si Marc apprend à ne déployer la réponse conditionnelle de peur qu'en présence de l'enfant qui lui a lancé le ballon en plein visage, c'est qu'il a appris à discriminer le stimulus.

> **Conditionnement d'ordre supérieur**
>
> Dans le conditionnement répondant, opération par laquelle un stimulus neutre devient un stimulus conditionnel lorsqu'on l'associe à un stimulus conditionnel déjà bien établi.

Le conditionnement d'ordre supérieur. Il arrive qu'un stimulus neutre devienne un stimulus conditionnel lorsqu'on l'associe à un stimulus conditionnel déjà établi ; ce phénomène est connu sous le nom de **conditionnement d'ordre supérieur.** Reprenons l'exemple de Marc. Si le compagnon de jeu à l'origine de sa réponse conditionnelle de peur est fréquemment accompagné d'un autre enfant, il est possible que ce dernier produise également une réponse conditionnelle de peur chez Marc, quoique de moindre intensité. Ce processus est illustré à la figure 6.3.

Il arrive que les mots acquièrent leur connotation émotionnelle par un processus de conditionnement d'ordre supérieur. Lorsque des mots «neutres» sont associés à des objets ou à d'autres mots qui déclenchent déjà une réaction émotionnelle, ils peuvent à leur tour déclencher la même réaction (Chance, 1994; Staats et Staats, 1957). Ainsi, un enfant apprendra à réagir de façon positive au mot *anniversaire* parce que ce dernier est associé à des cadeaux et à des marques d'attention de son entourage. Inversement, l'enfant apprendra à réagir de façon négative à des mots désignant une nationalité, comme *Suédois, Turc* ou *Tamoul*, si ces mots sont associés à des mots à connotation désagréable, comme *idiot* ou *malpropre*. Autrement dit, il est possible que le conditionnement d'ordre supérieur contribue à la création de préjugés.

Le conditionnement répondant dans la vie de tous les jours

Si un chien peut apprendre à saliver en entendant une clochette, vous le pouvez aussi. D'ailleurs, vous avez sans doute appris à saliver en entendant une cloche annonçant l'heure du dîner, sans parler de la vue du réfrigérateur, des photos de plats appétissants dans des revues, de la vue d'un serveur dans un restaurant ou de l'exclamation: «À table!» Mais le rôle du conditionnement répondant va bien au-delà de l'apprentissage de simples réflexes observables; il exerce sur chacun de nous une influence quotidienne insoupçonnée.

Une explication des goûts. Le fait d'apprendre à aimer ou à détester un certain nombre de choses, en particulier des aliments, résulte probablement d'un processus de conditionnement répondant. Martin Seligman, qui a étudié l'apprentissage en laboratoire pendant de nombreuses années, décrit comment il a lui-même été conditionné à détester la sauce béarnaise. Un jour, alors qu'il se trouvait au restaurant avec sa femme, il commanda un filet mignon

CONDITIONNEMENT D'ORDRE SUPÉRIEUR

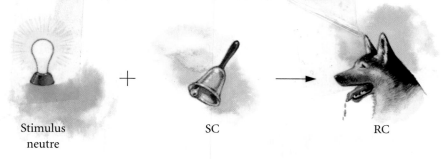

Stimulus neutre   +   SC   →   RC

APRÈS LE CONDITIONNEMENT

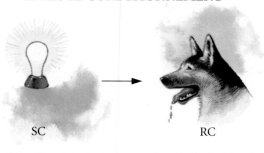

SC   →   RC

FIGURE 6.3 Exemple de conditionnement d'ordre supérieur

béarnaise. Peu après, il attrapa une grippe qui le laissa fort mal en point. Bien que sa maladie n'ait évidemment eu aucun rapport avec la sauce béarnaise, il se rendit compte qu'il en détestait désormais le goût le jour où il voulut en manger de nouveau (Seligman et Hager, 1972). On a aussi observé des aversions alimentaires conditionnées chez certaines personnes atteintes d'un cancer qui avaient subi une chimiothérapie après un repas. Les nausées dont elles souffraient étaient dues en fait au traitement (Bernstein, 1985).

Votre goût pour certains aliments, ou votre dégoût, dépend peut-être d'une expérience passée qui a mis en œuvre le conditionnement répondant.

Certaines personnes adorent le chocolat, mais font de l'urticaire chaque fois qu'elles en mangent. Il s'agit d'une réaction allergique : ces personnes aiment le chocolat mais leur organisme ne peut le tolérer. Pourtant, certaines réactions allergiques peuvent aussi relever du conditionnement répondant : il suffit d'associer une substance « neutre » à une substance allergène. Au siècle dernier, un médecin affirmait avoir utilisé une rose *artificielle* pour provoquer les symptômes de l'asthme chez un patient allergique. Depuis lors, de nombreuses études portant sur des animaux et des êtres humains ont confirmé que des substances anallergiques sont susceptibles de déclencher les symptômes de l'asthme chez certaines personnes si ces substances ont été préalablement associées à des allergènes (Ader et Cohen, 1993).

De la même façon, mais en laboratoire, des chercheurs ont appris à des animaux à détester divers aliments et odeurs en associant ces derniers à des substances provoquant la nausée ou d'autres symptômes désagréables. Un chercheur a notamment entraîné des limaces à associer la senteur des carottes, qui leur plaît habituellement, à une substance chimique au goût amer, qu'elles détestent. Les limaces ont vite appris à éviter l'odeur des carottes. Le chercheur a ensuite démontré l'existence du conditionnement d'ordre supérieur en associant cette senteur à celle des pommes de terre. Les limaces se sont, bien entendu, mises à éviter l'odeur de cet autre légume (Sahley, *et al.*, 1981).

APPRENDRE À AIMER

Bon nombre des réponses physiologiques involontaires intervenant dans le conditionnement répondant font partie intégrante des émotions humaines. Dès lors, ce type d'apprentissage permet peut-être d'expliquer comment on apprend à associer une réaction émotionnelle à un objet, une personne ou une situation. Un des premiers psychologues à avoir reconnu cette répercussion de la théorie de Pavlov fut John B. Watson, fondateur du béhaviorisme américain et ardent défenseur des idées pavloviennes. Watson croyait que les émotions ne sont qu'un ensemble de réponses instinctives, de nature musculaire ou glandulaire, aux stimulations externes ; ses détracteurs ont plus tard ridiculisé cette vision en la taxant de « psychologie de la contraction musculaire » (Hunt, 1993).

Pour Watson, il n'existe aucune différence entre apprendre à aimer son père ou sa mère (ou n'importe qui d'autre) et apprendre à saliver en entendant tinter une clochette. Dans son analyse, l'« amour » inclut les sourires et les gazouillis émis par un nourrisson lorsqu'il est caressé ou bercé par ses parents. Ces comportements des parents sont des *stimuli inconditionnels*, alors que les sourires et les gazouillis de l'enfant constituent des *réponses inconditionnelles*. Selon Watson, un nourrisson apprend à «aimer» ses parents, qui, au début, n'étaient que des *stimuli neutres*, lorsqu'il les associe aux caresses et au bercement. Les parents deviennent alors des *stimuli conditionnels* puisque leur présence produit des sourires et des gazouillis chez l'enfant, deux *réponses conditionnelles*.

L'apparition de l'«amour filial» illustre bien les principes du conditionnement répondant. Ainsi, on peut observer une *généralisation du stimulus* lorsque les enfants sourient et gazouillent dans les bras d'un inconnu. Vers la fin de leur première année, toutefois, la plupart des enfants apprennent à ne sourire qu'à leurs proches : il y a alors *discrimination du stimulus*. Une *extinction* de la réponse conditionnelle pourrait survenir si les parents cessaient de caresser et de bercer l'enfant, ce qui n'est évidemment pas souhaitable. Enfin, on constate un *conditionnement d'ordre supérieur* lorsque la présence des parents rend plus agréable le goût de certains aliments nutritifs mais pas nécessairement succulents au premier abord (qui n'a pas avalé une cuillerée de gruau «pour maman»?).

Le conditionnement répondant fournit également des éléments d'explication à diverses réactions positives à des images et à des objets inanimés. Par exemple, des spécialistes de la psychologie de la consommation ont montré que plusieurs des techniques employées par les publicitaires pour amener les gens à préférer certains produits s'appuient sur les principes pavloviens, que les dirigeants d'agences en soient conscients ou non. Au cours d'une étude, on a montré à des étudiants de niveau collégial des diapositives d'un stylo beige ou d'un stylo bleu. Pendant la projection, on a fait entendre à la moitié des participants une chanson tirée d'une comédie musicale récente et à l'autre moitié une musique indienne traditionnelle. L'hypothèse de la recherche était que la majorité des jeunes Américains préféreraient la musique tirée de la comédie musicale *et* le stylo qui lui était associé. On a ensuite invité les participants à choisir l'un des deux stylos. Les trois quarts, ou presque, des personnes qui avaient écouté la chanson populaire ont choisi un stylo de la même couleur que celui qui se trouvait sur les diapositives; la même proportion des personnes à qui on avait fait entendre la musique indienne ont choisi un stylo n'ayant pas la même couleur que celui qui apparaissait sur les diapositives (Gorn, 1982). Du point de vue du conditionnement répondant, la musique a joué le rôle de *stimulus conditionnel d'ordre supérieur* (les étudiants ont appris à apprécier le type de musique) entraînant des *réponses conditionnelles* de plaisir ou de déplaisir, et les stylos sont devenus des *stimuli conditionnels* déclenchant les mêmes *réponses conditionnelles* de plaisir ou de déplaisir. On comprend donc pourquoi, dans les publicités télévisées, on associe souvent un produit à une musique, à une personne séduisante ou à d'autres sons ou images attrayants.

L'apprentissage de la peur. Les aversions et les émotions négatives telles que la peur peuvent aussi résulter d'un processus de conditionnement répondant. Selon les béhavioristes, la plupart des peurs constituent des réactions conditionnelles à des stimuli initialement neutres. Il n'est même pas nécessaire que la personne se souvienne de l'incident responsable du conditionnement pour que la peur persiste.

La peur irrationnelle d'un objet ou d'une situation ayant pour effet de perturber les activités normales d'une personne est appelée *phobie*. Les phobies courantes comprennent la peur des hauteurs (acrophobie), la peur des endroits clos (claustrophobie), la peur de certains animaux tels que les serpents, les chiens, les insectes et les souris (zoophobie), la peur de parler en public, d'utiliser des toilettes publiques ou de manger dans un endroit public (phobies sociales) et la peur causée par l'éloignement d'un endroit ou d'une personne procurant un sentiment de sécurité (agoraphobie). Il existe aussi des peurs plus spécifiques, comme la peur de la couleur pourpre (porphyrophobie), la peur du tonnerre (brontophobie) et la peur du chiffre 13 (triskaidékaphobie).

John B. Watson et Rosalie Rayner (1920) ont volontairement suscité la phobie des rats chez un garçonnet de 11 mois, prénommé Albert, afin de prouver qu'on peut acquérir une phobie à la suite d'un processus de conditionnement répondant. On a depuis contesté la moralité de cette étude, de même que les méthodes employées et les résultats obtenus (Harris, 1979). Aucun béhavioriste n'effectuerait aujourd'hui une expérimentation semblable. Cette expérience demeure néanmoins un classique du genre, et la principale conclusion à laquelle sont arrivés les chercheurs, à savoir que les peurs sont susceptibles d'être conditionnées, est encore largement acceptée.

Le «petit Albert» était un enfant plutôt calme, qui pleurait rarement. Lorsque Watson et Rayner lui ont donné comme jouet un rat blanc vivant, il n'a manifesté aucune crainte; en fait, il semblait ravi. Après s'être ainsi assurés qu'Albert aimait les rats, Watson et Rayner ont décidé de lui apprendre à les craindre. Ils lui ont de nouveau présenté un rat mais, au moment où l'enfant allait le prendre, l'un des chercheurs a donné un violent coup de marteau sur une barre

Cette photographie, tirée d'un film tourné en 1919, montre Rosalie Raynor et John Watson (qui porte un masque) en train de vérifier la procédure de généralisation du stimulus chez le petit Albert.

d'acier, ce qui a produit un bruit très fort. Surpris, Albert est tombé à la renverse sur le matelas sur lequel il était assis. Les chercheurs ont répété le même procédé plusieurs fois. Albert a alors commencé à pleurer et à trembler à la vue du rat. Les expérimentateurs lui ont finalement tendu un rat sans émettre de bruit. Albert est tombé, s'est mis à pleurer, puis il s'est enfui à quatre pattes aussi vite qu'il le pouvait: le rat, qui avait été un stimulus neutre puisqu'il ne suscitait pas de réaction de peur, était devenu un stimulus conditionnel déclenchant la peur. Des expériences ultérieures ont montré que la peur qu'éprouvait Albert pour le rat s'était généralisée à d'autres objets poilus ou velus, y compris les lapins blancs, la ouate, un masque de père Noël et même les cheveux de John Watson.

Watson et Rayner n'ont malheureusement pas eu l'occasion d'inverser le conditionnement du petit Albert. Cependant, Watson et Mary Cover Jones y sont parvenus plus tard auprès d'un enfant de trois ans, prénommé Peter (Jones, 1924). Ce dernier avait la phobie des lapins. Les deux chercheurs ont éliminé cette peur au moyen de la technique dite du **contre-conditionnement,** en associant un lapin à un

stimulus déclenchant des sensations agréables (un peu de lait et des biscuits) incompatibles avec la réaction conditionnelle de peur. Au début de l'expérience, les chercheurs plaçaient le lapin à une certaine distance de Peter afin de maintenir sa peur à un faible degré. Autrement, l'enfant aurait pu apprendre (toujours par conditionnement répondant) à avoir peur du lait et des biscuits. Mais peu à peu, en quelques jours, les expérimentateurs ont rapproché le lapin de Peter, qui a fini par être capable de s'asseoir en tenant le lapin sur ses genoux; il jouait avec l'animal d'une main et mangeait de l'autre. Peter a donc appris à associer le lapin à une réponse agréable. On a ultérieurement conçu une variante de cette technique, appelée *désensibilisation systématique,* pour traiter les phobies chez les adultes, comme nous le verrons au chapitre 7 dans la section consacrée à l'évaluation de la perspective de l'apprentissage.

Considérations générales sur le conditionnement répondant

Le conditionnement répondant a été démontré maintes et maintes fois, mais quelles en sont les causes? Selon les béhavioristes traditionnels, l'association créée entre le stimulus inconditionnel et le stimulus conditionnel dépend du fait qu'ils se produisent tous deux dans un même lieu et à l'intérieur d'un court intervalle de temps; on parle alors de contiguïté dans l'espace et le temps. Dans la plupart des cas, cette association doit s'effectuer à plusieurs reprises afin qu'il y ait apprentissage. Les chercheurs ont aussi observé que le stimulus conditionnel doit précéder le stimulus inconditionnel pour obtenir un conditionnement optimal. Cette procédure est connue sous le nom de *conditionnement proactif.* Les autres formes de conditionnement où le stimulus conditionnel est présenté soit simultanément avec le stimulus inconditionnel (conditionnement simultané), soit après le stimulus inconditionnel (conditionnement rétroactif) ne donnent pas d'aussi bons résultats. L'intervalle temporel optimal entre la présentation des stimuli conditionnel et inconditionnel dépend de la nature de la réaction qu'on cherche à conditionner. En laboratoire, l'intervalle optimal est souvent de moins d'une seconde.

> **Contre-conditionnement**
>
> Dans le conditionnement répondant, processus consistant à associer un stimulus conditionnel déclenchant une réponse conditionnelle non désirée à un autre stimulus déclenchant une réponse incompatible avec la première.

De nos jours, de nombreux béhavioristes ayant adopté certains concepts issus du cognitivisme affirment que l'on peut expliquer le conditionnement répondant d'une tout autre façon que ne le faisaient Pavlov ou Watson. Selon ces béhavioristes, ce qu'un animal ou une personne apprend réellement lors d'un processus de conditionnement répondant ne consiste pas en une simple association entre deux stimuli présentés de façon contiguë: il s'agit plutôt de l'*information* qu'un stimulus véhicule à propos d'un autre. Au cours de recherches dont les résultats viennent étayer ce point de vue, Robert Rescorla a montré que la simple association d'un stimulus inconditionnel et d'un stimulus neutre ne suffit pas à assurer l'apprentissage; le stimulus neutre doit *annoncer* ou *prédire* l'apparition du stimulus inconditionnel (Rescorla, 1968, 1988; Rescorla et Wagner, 1972).

L'exemple suivant illustre le point de vue de Rescorla. Supposons que vous soyez un béhavioriste en herbe et que vous vouliez apprendre à un rat à avoir peur d'un son. Vous appliqueriez la procédure courante consistant à présenter au rat, à plusieurs reprises, le son immédiatement suivi d'un stimulus inconditionnel provoquant la peur, comme un choc électrique de faible intensité: son, choc, son, choc, son, choc... Après vingt répétitions de cette séquence, le rat manifesterait sans doute de la peur en entendant le son. Supposons maintenant que vous repreniez l'expérience, soit vingt essais où le son précède le choc, mais que cette fois vous insériez au hasard vingt essais additionnels où le choc n'est *pas* précédé du son. Selon cette deuxième procédure, le son est associé au choc autant de fois que lors de l'expérience originale, mais il ne le précède que dans la moitié des cas. Autrement dit, le choc peut être administré aussi bien en l'absence qu'en présence du signal sonore. Dans ces conditions, le son ne fournit aucune information sur l'administration de chocs, et l'expérience ne produit qu'un faible conditionnement.

En s'appuyant sur ce résultat et d'autres résultats similaires, Rescorla (1988) conclut: «Le conditionnement pavlovien n'est pas un processus stupide par lequel un organisme établit bon gré mal gré une association entre deux stimuli quelconques se produisant par hasard à peu près simultanément. Il est plus juste de dire que chaque organisme est à la recherche d'information et qu'il utilise des relations logiques et perceptives entre les événements, de même que ses propres préconceptions, pour élaborer une représentation complexe de son univers.» Les théoriciens béhavioristes n'approuvent pas tous cette conclusion ni les résultats de recherches sur lesquels elle repose (Papini et Bitterman, 1990). Un béhavioriste orthodoxe soutiendrait qu'il est insensé de parler des préconceptions d'un rat et qu'il n'est pas utile d'aborder le conditionnement répondant à l'aide de notions empruntées à la perspective cognitive.

LE CONDITIONNEMENT OPÉRANT

Si vous êtes un adepte du tennis, vous savez certainement que John McEnroe était célèbre pour ses manies et ses spectaculaires crises de rage sur le court; c'était le mauvais garçon du tournoi. Un jour, après avoir remarqué un petit microphone près du filet, il alla frapper dessus avec sa raquette, brisant ainsi une corde. D'un pas nonchalant, il s'en fut alors chercher une autre raquette en bordure du court. Aucune pénalité ne lui fut imposée pour cette incartade. En fait, l'incident sembla réussir à McEnroe: il était plein d'énergie pour poursuivre le match. Cette interruption par contre avait perturbé son adversaire. De façon générale, McEnroe recevait beaucoup d'attention de ses admirateurs et des journalistes, qui l'adulaient ou adoraient le détester.

Bjorn Borg, un autre champion de tennis, était au contraire courtois et parfaitement maître de lui-même sur le terrain. «Autrefois, j'étais comme John [McEnroe], a-t-il raconté à un journaliste. En fait, j'étais pire que lui. Je jurais constamment et je jetais ma raquette. J'avais vraiment mauvais caractère. Demandez à tous ceux qui me connaissaient à l'époque en Suède. À l'âge de treize ans, le club auquel j'appartenais m'a suspendu six mois et, durant cette période, mes parents ont rangé ma raquette dans une armoire fermée à clef. Je suis resté six mois sans pouvoir jouer. Ce fut terrible pour moi, mais ce fut une bonne leçon. Je n'ai plus jamais ouvert la bouche sur un court. Il m'arrive encore de me sentir très en colère, mais je maîtrise mes émotions » (cité dans Collins, 1981).

Certaines personnes pourraient attribuer à leur tempérament inné les attitudes opposées des deux athlètes sur le plan émotionnel. Mais un théoricien de l'apprentissage dirait plutôt que l'emportement de McEnroe et le calme de Borg illustrent l'une des lois fondamentales de l'apprentissage, à savoir que *la probabilité qu'un comportement se produise dépend des conséquences qui y sont associées*. Les colères de McEnroe lui procuraient ce qu'il désirait; il a donc continué à en manifester. Les colères de Borg l'ont empêché de pratiquer le sport qu'il adorait; il y a donc mis fin.

L'importance accordée aux conséquences des comportements est au cœur du second type de conditionnement étudié par les béhavioristes, le **conditionnement opérant** (aussi appelé *conditionnement instrumental*). Dans le conditionnement opérant, la conduite de l'animal ou de l'individu, comme les crises de colère de John McEnroe, « opère » ou produit des effets sur l'environnement. Ces effets détermineront

> **Conditionnement opérant**
>
> Processus par lequel un comportement devient plus ou moins probable, selon les conséquences qui y sont associées.

si une telle conduite se reproduira ou non. Dans le conditionnement répondant par contre, les comportements des êtres humains ou des animaux ne sont pas suivis de conséquences environnementales particulières. Par exemple, dans l'expérience de Pavlov, le chien recevait de la nourriture, qu'il y ait salivation ou non. Les conditionnements répondant et opérant diffèrent également en ce qui a trait aux comportements en jeu. Dans le conditionnement répondant, les comportements sont de nature réflexe: il s'agit d'une réaction automatique à une stimulation environnementale, comme la présence de nourriture ou le son d'une clochette. Dans le conditionnement opérant en général, les comportements ne sont pas de nature réflexe; ils sont plus complexes, et l'organisme tout entier y participe — c'est le cas lorsqu'on fait du vélo, écrit une lettre, escalade une montagne... ou lorsqu'on se met en colère.

Le conditionnement opérant fait l'objet d'études depuis la fin du siècle dernier (mais il n'était pas encore qualifié d'« opérant »). Edward Thorndike (1898), qui préparait alors un doctorat, en a décrit les principes en observant des chats

qui essayaient de sortir d'une « cage expérimentale » pour aller saisir un morceau de poisson placé tout près. Au début, le chat procédait par tâtonnements: il griffait, mordait et frappait à différents endroits de la cage. Au bout de quelques minutes, il trouvait par hasard la méthode appropriée (tirer sur la boucle que forme une ficelle ou enfoncer un bouton) et sortait à toute vitesse de la cage pour atteindre la récompense. Lorsqu'on le plaçait de nouveau dans la cage, il mettait moins de temps à s'en échapper et, si on répétait le procédé plusieurs fois, il finissait par avoir immédiatement le comportement approprié. Selon la *loi de l'effet* de Thorndike, la réponse avait été « gravée » du fait qu'elle avait été suivie d'une conséquence satisfaisante, l'obtention de la nourriture. Pour Thorndike, le comportement est régi par les effets qu'il procure.

Il revient à Burrhus Frederic Skinner (1904-1990) d'avoir développé ce principe général d'apprentissage et de l'avoir appliqué à des formes complexes de comportement. Il a qualifié son approche de « béhaviorisme radical » afin de la distinguer du béhaviorisme de John Watson. En effet, contrairement à celle de ce dernier, sa conception de l'apprentissage ne fait pas appel à la physiologie pour décrire le comportement. En vue d'analyser le comportement, dit Skinner, il suffit de décrire les conditions externes à l'origine de ce comportement et les conséquences qui lui sont associées. Skinner évitait soigneusement d'utiliser certains termes employés par Thorndike, comme « satisfaisant » ou « fâcheux », qui sous-entendent des hypothèses relatives aux sentiments et aux désirs d'un organisme. Pour Skinner en effet, toute spéculation sur les intentions, les valeurs ou l'état d'esprit d'un organisme était « préscientifique » et constituait une perte de temps. Il a maintenu jusqu'à sa mort, en 1990, qu'il fallait chercher l'explication du comportement à l'extérieur et non à l'intérieur de l'individu.

Le conditionnement opérant revêt la forme suivante où (R) correspond au comportement émis par un organisme et (C) correspond aux conséquences environnementales qui ont suivi ce comportement.

$$\text{Réponse (R)} \longrightarrow \text{Conséquences (C)}$$

Dans le conditionnement opérant, le comportement est régi par ses conséquences. Ainsi, certaines conséquences auront pour effet d'augmenter ou de diminuer la probabilité d'apparition du comportement dans des circonstances similaires. Skinner a appelé **contingence** cette relation entre le comportement et ses conséquences.

> **Contingence**
>
> Dans la terminologie de Skinner, relation de dépendance entre le comportement et ses conséquences.

Ce concept renvoie à la relation séquentielle de dépendance entre deux événements (Malcuit et Pomerleau, 1995). Ainsi, une conséquence surviendra si et seulement si un comportement est émis. Par exemple, le professeur vous donnera des explications supplémentaires *si et seulement si* vous lui en demandez. Si les explications vous permettent d'améliorer votre compréhension, vous aurez tendance par la suite à interroger plus souvent le professeur dans des conditions similaires. L'apprentissage d'un comportement peut être gouverné par les contingences ou par les règles. Nous allons d'abord nous pencher sur l'apprentissage par les contingences.

Le renforcement et la punition.

Dans la théorie de Skinner, un comportement opérant peut être appris par l'un ou l'autre des trois types de contingences suivants.

Les contingences du premier type sont neutres en ce qui a trait au comportement futur : elles n'augmentent ni ne diminuent la probabilité que le comportement se reproduise. Si une poignée de porte grince chaque fois qu'on la tourne, mais que le bruit n'a aucun effet sur le comportement de la personne qui tourne la poignée, alors le bruit est une conséquence neutre.

Les contingences du deuxième type font intervenir le **renforcement,** c'est-à-dire le processus par lequel un stimulus ou un événement qui suit un comportement *accroît la probabilité que le comportement se produise de nouveau dans les mêmes conditions.* La conséquence

> **Renforcement**
> Processus par lequel un stimulus ou un événement rend plus probable l'émission du comportement qu'il suit.

est alors appelée *agent de renforcement* ou *renforçateur.* Par exemple, si on entraîne un chien à répondre à l'ordre «Au pied!» et qu'on lui donne un biscuit ou lui caresse la tête lorsqu'il réagit correctement, on utilise le renforcement, car on augmente la probabilité que le chien obéisse de nouveau la prochaine fois qu'on lui donnera cet ordre. Dans cet exemple, la caresse sur la tête et le biscuit constituent des agents de renforcement.

Dans le langage courant, une récompense est une chose qu'on a méritée et qui procure de la joie ou de la satisfaction, c'est pourquoi elle est souvent présentée comme synonyme d'agent de renforcement. Cependant, les béhavioristes évitent d'utiliser le terme *récompense* parce que l'agent de renforcement peut être en principe tout stimulus qui accroît la probabilité d'apparition du comportement qui le précède, que l'organisme éprouve ou non du plaisir ou de la satisfaction. Par conséquent, même si un stimulus est agréable, il ne constitue pas un agent de renforcement s'il n'augmente pas

la probabilité qu'un comportement ait lieu de nouveau. Par exemple, un adolescent qui reçoit de l'argent de poche chaque semaine, quelles que soient ses manières d'agir, n'adoptera pas nécessairement envers ses parents la conduite qu'ils attendent de lui. Dans ces conditions, l'argent ne constitue pas un agent de renforcement de la conduite souhaitée par les parents.

Les contingences du troisième type mettent en jeu la **punition.** Elles s'observent lorsque le stimulus ou l'événement qui suit un comportement *diminue la probabilité que ce comportement se produise de nouveau dans les mêmes conditions.* La conséquence est alors appelée *agent de punition.* Par exemple, un enfant qui a failli se faire écraser par une voiture en traversant la rue en courant aura moins tendance à l'avenir à recommencer. Dans ce cas également, le langage courant introduit une certaine confusion en associant automatiquement la punition à un stimulus désagréable. Il faut plutôt se rappeler que l'agent de punition est toute conséquence dont la présence a pour effet de réduire la probabilité d'apparition du comportement qui le précède. L'exemple suivant illustre une punition où l'agent de punition peut apparaître comme une récompense: «Depuis qu'il a été félicité pour la propreté de son bureau par son patron qu'il déteste, Jean y laisse tout traîner.» L'utilisation de la punition est assez répandue, notamment dans l'éducation des enfants, mais nous verrons un peu plus loin dans ce chapitre que la modification du comportement par la punition comporte de nombreux problèmes.

> **Punition**
> Processus par lequel un stimulus ou un événement rend moins probable l'émission subséquente du comportement qu'il suit.

Le conditionnement opérant est en quelque sorte un processus de sélection naturelle par rapport au comportement sans cesse changeant des individus. À l'instar de la théorie de la sélection naturelle de Darwin, l'environnement favorise certaines caractéristiques héréditaires, qui avec le temps deviennent plus fréquentes dans une population donnée. De façon analogue, dans le conditionnement opérant, certains comportements d'un individu sont «sélectionnés» par leurs conséquences sur l'environnement et ils deviennent ainsi plus fréquents dans le répertoire de cet individu.

Des précisions sur le renforcement et la punition

Le renforcement et la punition ne sont pas des concepts aussi simples qu'on pourrait le croire à première vue. Il existe en fait deux types d'agents de renforcement et deux types d'agents de punition: les agents de renforcement positifs et négatifs, et les agents de punition positifs et négatifs. La distinction entre ces différents types d'agents de renforcement et de punition a représenté une source de confusion et de frustration pour plusieurs générations d'étudiants. Vous acquerrez plus rapidement la maîtrise de ces termes si vous comprenez tout d'abord que les qualificatifs «positif» et «négatif» ne sont en rien synonymes de «bon» et de «mauvais». Ils se rapportent uniquement à des *processus* ayant pour effet d'ajouter (+) ou de supprimer (–) un stimulus comme conséquence à une réponse.

Le tableau 6.1 présente une procédure simple mais efficace pour identifier les agents de renforcement ou de punition. La procédure comporte deux questions qui guident la réflexion. La première est: «Qu'arrive-t-il après le comportement?» Si la réponse est la présentation d'un stimulus, il s'agit nécessairement d'un agent de renforcement ou d'un agent de punition *positifs*; si la réponse est la suppression d'un stimulus, il s'agit nécessairement d'un agent de renforcement ou d'un agent de punition *négatifs*. La deuxième question est: «Quel est l'effet de la conséquence sur le comportement?» Si le comportement devient plus probable, il s'agit nécessairement d'un *renforcement*; si le comportement devient moins probable, il s'agit nécessairement d'une *punition*. La combinaison des deux réponses indique à quel type de renforcement ou de punition, positif ou négatif, on a affaire. Nous allons maintenant examiner des applications pour chacune de ces combinaisons.

En ce qui a trait au renforcement, on parle de **renforcement positif** lorsqu'on obtient quelque chose et de **renforcement négatif** lorsque quelque chose est retiré de l'environnement; dans les deux cas, les renforcements font en sorte que le comportement devient plus probable. Si on félicite Louis d'avoir fait ses devoirs et qu'il se met à étudier davantage, les félicitations agissent comme un agent de renforcement positif du comportement d'étude de Louis. Si vous demandez poliment à votre colocataire d'arrêter une musique que vous ne pouvez supporter et qu'elle accède immédiatement à votre demande, la probabilité que vous soyez poli à l'avenir lors de demandes similaires est susceptible d'augmenter. Votre politesse a été renforcée par la suppression de la musique désagréable, soit un agent de renforcement négatif.

> **Renforcement positif**
>
> Procédure par laquelle un comportement est suivi de l'ajout d'un stimulus, ou de l'augmentation de son intensité, ce qui a pour effet d'accroître la probabilité d'apparition du comportement dans des conditions similaires.
>
> **Renforcement négatif**
>
> Procédure par laquelle un comportement est suivi du retrait d'un stimulus, ou de la diminution de son intensité, ce qui a pour effet d'accroître la probabilité d'apparition du comportement dans des conditions similaires.

En ce qui concerne la punition, on parle de punition positive lorsqu'on obtient quelque chose de l'environnement et de punition négative lorsque quelque chose est retiré de l'environnement; dans les deux cas, les conséquences sont associées à une diminution de la probabilité d'apparition du

TABLEAU 6.1 — TYPES DE RENFORCEMENTS ET DE PUNITIONS

		QU'ARRIVE-T-IL APRÈS LE COMPORTEMENT?	
		Stimulus présenté	**Stimulus supprimé**
QUEL EST L'EFFET DE LA CONSÉQUENCE SUR LE COMPORTEMENT?	Le comportement augmente.	**Renforcement positif** L'enfant prendra d'autant mieux l'habitude de faire ses devoirs qu'on le félicitera chaque fois qu'il les aura faits.	**Renforcement négatif** Arriver à l'heure à son cours diminue les regards réprobateurs du professeur.
	Le comportement diminue.	**Punition positive** L'habitude de se ronger les ongles diminue lorsque cette action est suivie de l'absorption d'une substance amère recouvrant les ongles.	**Punition négative** Les mauvaises plaisanteries sont moins fréquentes lorsqu'elles sont suivies de la perte de l'attention des autres.

comportement. Un conducteur qui dépasse la vitesse limite et attrape une contravention aura moins tendance à « oublier » la vitesse limite par la suite. Dans ce cas, la pénalité agit comme un agent punitif positif parce qu'elle constitue une conséquence qui diminue les « oublis » du conducteur. Un professeur qui arrive en retard à son cours risque de trouver moins d'étudiants dans la classe le cours suivant, ce qui devrait l'inciter à ne plus arriver en retard à l'avenir. Dans cet exemple, la diminution du nombre d'étudiants agit comme un agent de punition négatif qui a pour effet de diminuer les retards du professeur.

On confond fréquemment renforcement négatif et punition positive, parce qu'un stimulus habituellement désagréable intervient dans ces deux processus. Afin d'éviter cette erreur, rappelez-vous que la punition *diminue* la probabilité que le comportement qu'elle suit se reproduise, alors que le renforcement, qu'il soit positif ou négatif, *accroît* la fréquence du comportement qui l'a précédé. Les conduites dites d'*échappement* et d'*évitement,* qui sont toutes deux renforcées négativement, illustrent bien ces nuances. Notons qu'un comportement d'échappement consiste pour un organisme à fuir une situation aversive, alors que le comportement d'évitement lui permet de ne pas être mis en présence d'un stimulus aversif. En voici un exemple : Xavier a 11 ans et éprouve une peur irraisonnée à l'idée de passer tout l'été dans une colonie de vacances. Chaque fois que sa mère aborde la question, il change de sujet ou prétexte une activité quelconque pour quitter la pièce. Il s'agit d'un comportement d'*échappement* qui est renforcé négativement chez Xavier par l'éloignement de la situation aversive. La mère de Xavier s'aperçoit également que son fils mange de plus en plus rapidement et n'écoute plus la télévision avec elle. Il peut s'agir ici d'un comportement d'*évitement* car, en se soustrayant à la présence de sa mère, Xavier est renforcé négativement par le fait qu'il évite la situation aversive. Pour éliminer ce comportement, sa mère pourrait décider de punir positivement les comportements de Xavier en exigeant qu'il reste à table plus longtemps ou qu'il ne puisse sortir de la pièce avant d'avoir répondu à la question posée ; de cette façon, elle devrait permettre de réduire les comportements d'échappement et d'évitement.

> **Agent de renforcement primaire (renforçateur primaire)**
>
> Stimulus constituant en soi un renforcement ; satisfait habituellement un besoin physiologique (exemple : la nourriture).
>
> **Agent de renforcement secondaire (renforçateur secondaire)**
>
> Stimulus ayant acquis des caractéristiques renforçantes grâce à son association avec un renforçateur primaire.

AGENTS DE RENFORCEMENT PRIMAIRES ET SECONDAIRES

Certains stimuli ont pour effet de renforcer le comportement parce qu'ils satisfont les besoins physiologiques de l'organisme : on les appelle **agents de renforcement primaires,** ou **renforçateurs primaires.** L'eau, la nourriture, une température ambiante agréable, etc., en sont des exemples. Ces stimuli sont peu nombreux et biologiquement déterminés ; ils influent sur les comportements en l'absence de tout apprentissage antérieur. Les agents de renforcement primaires sont des moyens puissants de modification du comportement, mais ils présentent aussi certaines limites. La plus importante étant souvent qu'un organisme doit être dans un état de privation pour qu'un agent de renforcement primaire agisse : un gobelet d'eau ne constitue pas un agent de renforcement efficace pour une personne qui vient d'en boire trois grands verres. Une autre limitation concerne l'aspect pratique de l'utilisation de ces agents de renforcement qui, de façon évidente, ne suffisent pas à rendre compte de la complexité des apprentissages humains.

On peut heureusement gouverner le comportement de façon tout aussi efficace en faisant appel à des **agents de renforcement secondaires,** ou **renforçateurs secondaires,** dont les propriétés renforçantes résultent de l'apprentissage de l'organisme. L'argent, les compliments, une salutation amicale, les applaudissements, une bonne note ou un trophée sont des agents de renforcement secondaires couramment utilisés. Les agents de renforcement secondaires acquièrent leur capacité à influer sur le comportement par association avec des agents de renforcement primaires. Par exemple, le pouvoir de renforcer et de punir des parents, qui sont des agents de renforcement ou de punition secondaires, provient du fait qu'ils ont été fréquemment associés à des agents de renforcement primaires comme étancher la soif, caresser ou nourrir les enfants, etc. Si cela vous rappelle le conditionnement répondant, alors renforcez cette excellente réflexion en vous félicitant sur-le-champ !

Lorsqu'il est associé à plusieurs types de renforçateurs primaires, l'agent de renforcement secondaire devient un *agent de renforcement généralisé.* L'argent en constitue un excellent exemple, car il peut être échangé contre des renforçateurs primaires tels que la nourriture et le gîte, mais aussi contre des renforçateurs secondaires comme les louanges et le respect. Le fait qu'un renforçateur soit secondaire ne signifie pas qu'il soit moins puissant qu'un renforçateur primaire. Néanmoins, comme tout stimulus conditionnel, les renforçateurs secondaires, y compris l'argent, finissent par perdre leur capacité à influer sur le comportement s'ils ne sont pas de nouveau associés, au moins occasionnellement, à l'un des stimuli auxquels ils ont été initialement associés.

Le stimulus discriminatif.

Pour Skinner, le comportement complexe d'une personne est bien sûr régi par ses conséquences mais aussi par certains stimuli qui, par apprentissage, finissent par acquérir le pouvoir d'annoncer les contingences qui ont cours dans une situation donnée: il s'agit des **stimuli discriminatifs**. Ces derniers signalent en quelque sorte qu'un comportement donné sera probablement suivi d'un renforcement ou d'une punition. L'apprentissage de la réaction appropriée en présence de ces stimuli fait partie intégrante du développement d'un individu capable de fonctionner en société. Par exemple, quand on veut utiliser des toilettes dans un lieu public, on ne se

> **Stimulus discriminatif**
>
> Stimulus qui indique si un comportement donné est susceptible d'être suivi d'une conséquence donnée.

contente pas de pousser la première porte donnant accès aux toilettes. Les symboles qui représentent respectivement une femme et un homme figurant sur les portes jouent le rôle de stimuli discriminatifs: l'un indique que, si on entre dans la pièce, on obtiendra un renforcement en ayant la possibilité de se soulager; l'autre indique que l'on s'expose à une réprobation des personnes du sexe auquel on n'appartient pas.

L'apprentissage par les règles.

Une autre forme d'apprentissage par conditionnement opérant proposée par Skinner est appelée **apprentissage par les règles**. Selon Skinner, une règle est une consigne verbale ou écrite qui

> **Apprentissage par les règles**
>
> Dans le conditionnement opérant, forme d'apprentissage où une règle verbale joue le rôle d'un stimulus discriminatif en indiquant au sujet les conséquences associées à un comportement donné.

décrit les contingences attendues, souhaitées ou en vigueur dans une situation donnée. La règle décrit les trois éléments de la contingence, soit le stimulus discriminatif (SD) qui a acquis, par association, le pouvoir d'augmenter la probabilité d'apparition d'un comportement donné en signalant la conséquence probable qui y est associée dans une situation donnée, le comportement ou réponse (R) et ses conséquences renforçantes ou punitives (C). Par exemple, lorsqu'on dit à un ami: «Va Chez Tony, c'est là qu'on mange les meilleures pizzas», on lui indique le stimulus discriminatif (SD) «Chez Tony», le comportement (R) «aller Chez Tony» et, implicitement, «commander une pizza» ainsi que le renforcement positif (R+) «meilleure pizza» qu'il obtiendra s'il obéit à la règle.

Les règles guident le comportement du sujet vers ses conséquences. Elles ont parfois l'avantage de faciliter les apprentissages: monter un meuble ou programmer une cassette vidéo en suivant les explications du manuel d'instructions donne habituellement de meilleurs résultats, essayez! Elles sont parfois confuses et inutiles. Un exemple: «Pour aller chez Sophie, tourne à gauche, tu passeras devant un magasin bleu avec un écriteau rouge, va plus loin encore puis, avant d'arriver au stop, reviens un peu sur tes pas, prends la ruelle qui longe le mur de briques...» Par ailleurs, les règles ne décrivent pas toujours des contingences réelles. Le comportement du père qui dit à sa fille: «Si tu es gentille chez grand-maman, tu auras un gros morceau de gâteau», et qui ne donne pas le gâteau promis ou qui sait pertinemment qu'il ne reste plus de gâteau, reflète une règle qui ne correspond pas à la réalité. Il en va de même pour les superstitions, les mensonges, les croyances, etc., par exemple «Pour obtenir deux six, souffle sur les dés». Ces règles font toujours partie du répertoire parce qu'elles ont été renforcées au hasard, à quelques reprises, par exemple lorsqu'un joueur, après avoir soufflé sur les dés, obtient effectivement deux six.

Pourquoi tant de gens ne font-ils guère attention à des règles qui les préviennent d'une punition éventuelle?

De nombreux comportements sont acquis et maintenus à l'aide de règles, comme l'apprentissage de la conduite automobile. Lorsque le moniteur d'auto-école énonce la règle suivante: «Regarde dans le rétroviseur avant de freiner, sinon tu vas te faire tamponner», le candidat au permis de conduire apprend que, avant de s'arrêter (SD), il doit regarder dans le rétroviseur (R) afin d'éviter que l'arrière de sa voiture ne soit embouti (C). Durant les premiers jours, le candidat répète la règle à voix haute avant de s'arrêter ; il reçoit alors l'approbation du moniteur (R+) et, lorsque le moniteur n'est plus là, il bénéficie du renforcement négatif qui consiste à éviter un accident de voiture. En réalité, le simple fait de freiner (SD) rend plus probable le comportement de regarder dans le rétroviseur avant de freiner : le comportement est maintenant gouverné par les contingences qui vont le suivre. Il peut s'avérer nécessaire de maintenir la règle plus longtemps si la chaîne de comportements à émettre est complexe, par exemple lorsqu'il faut apprendre à coordonner la pédale d'embrayage et le levier de vitesse en conduite manuelle. Par ailleurs, il est parfois nécessaire de rappeler la règle lorsqu'elle n'a plus été renforcée depuis un certain temps : « Lorsque les feux d'autobus scolaire clignotent, il faut s'arrêter. » Les policiers se chargent souvent de ce type de rappel ! La figure 6.4 illustre les étapes de l'apprentissage par les règles.

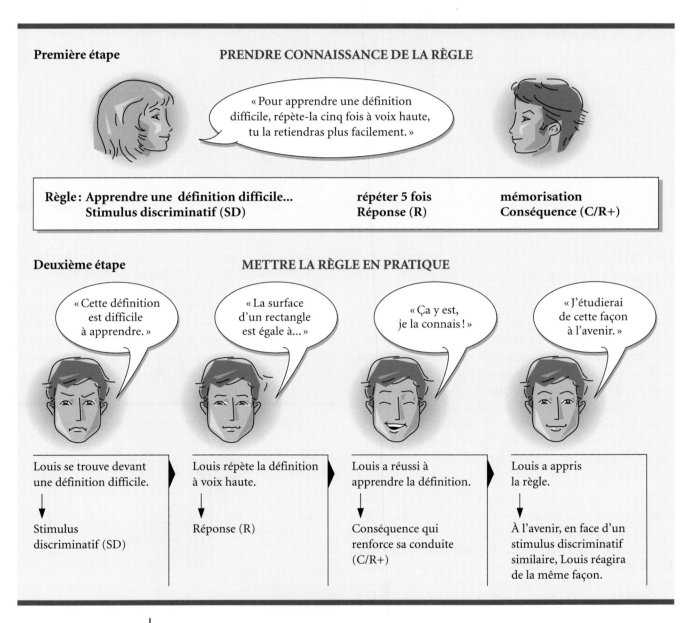

Première étape   **PRENDRE CONNAISSANCE DE LA RÈGLE**

« Pour apprendre une définition difficile, répète-la cinq fois à voix haute, tu la retiendras plus facilement. »

| **Règle : Apprendre une définition difficile...** | **répéter 5 fois** | **mémorisation** |
| **Stimulus discriminatif (SD)** | **Réponse (R)** | **Conséquence (C/R+)** |

Deuxième étape   **METTRE LA RÈGLE EN PRATIQUE**

« Cette définition est difficile à apprendre. »

« La surface d'un rectangle est égale à... »

« Ça y est, je la connais ! »

« J'étudierai de cette façon à l'avenir. »

Louis se trouve devant une définition difficile.

Louis répète la définition à voix haute.

Louis a réussi à apprendre la définition.

Louis a appris la règle.

Stimulus discriminatif (SD)

Réponse (R)

Conséquence qui renforce sa conduite (C/R+)

À l'avenir, en face d'un stimulus discriminatif similaire, Louis réagira de la même façon.

FIGURE 6.4 Étapes de l'apprentissage par les règles

A Identifiez les concepts manquants dans chacune des descriptions suivantes. (Nous vous suggérons d'utiliser le tableau 6.1 pour les trois premiers éléments.)

1. Un enfant talonne son père pour obtenir un biscuit qu'il refuse de lui donner. L'enfant continue de quémander le biscuit jusqu'à ce que son père cède et finisse par le lui donner. Pour le père, la fin des demandes de l'enfant représente un _____. Pour l'enfant, le biscuit constitue un _____.

2. Une femme souhaite que son fils aîné participe davantage aux tâches ménagères. Un soir, elle lui glisse affectueusement la main dans les cheveux après qu'il a lavé la vaisselle. Le lendemain, il lave la vaisselle de nouveau. La caresse dans les cheveux a probablement agi comme un _____.

3. Un jeune enfant mange goulûment ses céréales avec ses doigts malgré l'interdiction de sa mère. Celle-ci lui enlève alors son bol de céréales. Le retrait des céréales est un _____.

B Quels sont les agents de renforcement secondaires parmi les éléments suivants : les pièces de monnaie déversées par une machine à sous, le cordon-bleu du lauréat d'un concours de cuisine, un bonbon, un A à un test ?

C Certaines campagnes publicitaires visent la réduction de la consommation d'alcool chez les conducteurs en montrant les conséquences néfastes d'un tel comportement sur des panneaux-réclames le long des autoroutes. Énoncez la règle décrivant la contingence et dites à quoi correspond le panneau-réclame.

Les principes du conditionnement opérant

Le conditionnement opérant a fait l'objet de milliers de recherches, dont la plupart ont été effectuées sur des animaux. L'un des instruments de laboratoire les plus fréquemment employés porte le nom de son inventeur, soit la *boîte de Skinner*. Il s'agit d'une cage munie d'un dispositif, appelé magasin, qui déverse automatiquement de la nourriture ou de l'eau dans un plat lorsqu'un animal réagit de la façon souhaitée. Un *dispositif d'enregistrement cumulatif*, branché à la cage, inscrit automatiquement chaque comportement et fournit un graphique indiquant le nombre total de comportements en fonction du temps.

Au début de sa carrière, Skinner (1938) a utilisé cette boîte pour effectuer une démonstration classique du conditionnement opérant. Il y a enfermé un rat auquel il avait auparavant appris à prendre de la nourriture directement dans le magasin. Comme il n'y avait pas de nourriture dans la cage, le rat a adopté des comportements typiques de son espèce : il courait, reniflait ici et là et touchait au hasard le plancher et les murs en divers endroits. Il a ainsi par inadvertance appuyé sur un levier fixé à l'un des murs. Une boulette de nourriture est immédiatement tombée dans le plat.

L'animal a recommencé à exécuter les mêmes mouvements et il a de nouveau appuyé par hasard sur le levier, ce qui a eu pour résultat de faire tomber une autre boulette dans le plat. Après avoir pressé sur le levier et fait tomber de la nourriture à quelques reprises, l'animal a commencé à agir de façon plus méthodique et à appuyer sur le levier plus régulièrement. Il en est venu à répéter ce geste dès que le levier avait repris sa position initiale (figure 6.5).

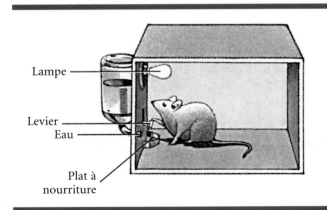

Lampe

Levier

Eau

Plat à nourriture

FIGURE 6.5 Une boîte de Skinner

Une plaisanterie bien connue des béhavioristes met en scène deux rats enfermés dans une boîte de Skinner. Le premier dit au second : « On a vraiment réussi à conditionner cet homme ! Chaque fois que j'appuie sur le levier, il laisse tomber une boulette dans le plat ! » Mais, pour Skinner, il ne s'agissait pas d'une plaisanterie. Selon lui, les organismes vivant dans un même milieu se renforcent et se punissent *mutuellement*. Il avait bien conditionné le rat, mais le rat l'avait également conditionné (Bjork, 1993).

Les animaux peuvent apprendre à faire des choses surprenantes avec l'aide de leurs amis humains et l'application des principes du conditionnement opérant.

Nous allons présenter maintenant certains principes associés au conditionnement opérant, qui permettent d'en préciser les modalités d'application. Notons que la plupart de ces principes ont été démontrés par l'utilisation de la boîte de Skinner ou d'autres dispositifs du même type.

Le délai entre le comportement et les conséquences.

En général, un agent de renforcement ou une punition sont d'autant plus efficaces qu'ils suivent de près un comportement. Ce principe élémentaire du conditionnement opérant s'applique tant aux animaux qu'aux êtres humains. Lorsque le renforcement est différé, d'autres comportements sont émis par l'organisme durant ce délai, et il est possible que la relation entre le comportement et ses conséquences ne soit pas perçue. Rappelez-vous l'exemple du chiot qui déféquait sur le tapis de son maître, mentionné au tout début de ce chapitre. Étant donné que le maître découvrait les

The neighborhood par Jerry Van Amerongen. Reproduit avec la permission de King Features Syndicate, inc.

Une expérience d'apprentissage instantanée.

besoins de l'animal longtemps après, la punition n'avait pas d'effets ; l'animal était incapable d'associer la punition à son comportement.

Voici un autre exemple. Nous sommes prêts à parier que vous connaissez les règles élémentaires d'hygiène de vie : dormir suffisamment, pratiquer régulièrement de l'exercice, avoir une alimentation saine, boire de l'alcool avec modération, ne pas se gaver, ne pas suivre de régime draconien et ne pas fumer. Pourquoi alors ne respectez-vous pas ces règles ? L'une des raisons est que fumer, manger des aliments riches et ne pas pratiquer d'exercice procurent des renforcements immédiats, tandis que les effets négatifs mettent souvent des années à se faire sentir. Il en découle que bien des gens se sentent invulnérables et persistent donc dans leurs habitudes néfastes. Vous pourriez peut-être imaginer des façons de vous renforcer — immédiatement ! — lorsque vous adoptez des habitudes d'hygiène de vie saines.

L'extinction.

Dans le conditionnement opérant, comme dans le conditionnement répondant, l'**extinction** est le processus responsable de la disparition d'une réponse acquise. Dans le conditionnement opérant, l'extinction se produit lorsque l'agent de renforcement qui maintenait la réponse acquise cesse d'être présenté après l'émission du comportement. Supposons que vous insériez une pièce de monnaie dans un distributeur automatique, mais que vous n'obteniez rien en retour. Vous déposez peut-être une deuxième pièce, et même une troisième, mais vous cessez rapidement d'en ajouter : votre réponse s'est éteinte. Il est possible que vous insériez encore une pièce dans la machine un mois plus tard — ce qui représenterait un bel exemple de *récupération spontanée* — cependant, vous finirez par renoncer totalement à le faire.

> **Extinction**
>
> Diminution puis disparition d'un comportement appris ; dans le conditionnement opérant, se produit lorsqu'un comportement cesse d'être suivi d'un agent de renforcement.

La généralisation et la discrimination du stimulus.

Dans le conditionnement opérant, comme dans le conditionnement répondant, un comportement est parfois émis en réponse à la présentation de stimuli qui ressemblent sous certains aspects au stimulus initial : il s'agit de la

généralisation du stimulus. Par exemple, un pigeon entraîné à donner des coups de bec sur l'image d'un cercle picorera peut-être aussi une figure légèrement ovale. Par contre, si on présente différentes figures au pigeon mais qu'il persiste à ne picorer que le cercle, il y a eu **discrimination du stimulus.** Pour entraîner cet oiseau à faire cette discrimination, on lui présentera à la fois le cercle et l'ellipse et on lui offrira un agent de renforcement lorsqu'il donnera des coups de bec sur le cercle, mais on s'abstiendra de le faire lorsqu'il picorera l'ellipse. De la même façon, un homme qui achète tous les disques d'un genre musical donné (généralisation du stimulus) aura tendance à la longue à restreindre ses achats à un sous-ensemble de ce genre musical (discrimination du stimulus).

Les programmes de renforcement. Le renforcement des conduites varie grandement selon les situations ou les comportements ciblés. Les agents de renforcement peuvent être accordés en fonction du nombre de réponses manifestées par l'organisme ou du temps écoulé entre chaque réponse. L'apprentissage d'un nouveau comportement est habituellement plus rapide si la réponse est renforcée chaque fois. On appelle ce processus **renforcement continu.** Les parents qui témoignent de l'affection ou de l'intérêt à leur enfant chaque fois que ce dernier s'intéresse au fonctionnement de l'ordinateur font preuve de ce type de renforcement. Toutefois il peut être difficile, voire impossible, pour des raisons d'économie et de disponibilité, de renforcer toutes les réponses. Un programme de renforcement qui consiste à ne renforcer qu'une partie des réponses est appelé programme de **renforcement intermittent.** Lorsqu'un comportement est appris, il est moins susceptible de disparaître s'il est maintenu par ce type de programme. On a demandé un jour à Skinner comment il pouvait supporter d'être aussi souvent mal compris : il répondit qu'il lui suffisait d'être compris trois ou quatre fois par année — c'était là son propre programme de renforcement intermittent !

Les diverses modalités par lesquelles les agents de renforcement intermittents sont accordés ont des effets

> **Généralisation du stimulus**
>
> Dans le conditionnement opérant, le fait qu'un comportement renforcé (ou puni) en présence d'un stimulus a tendance à apparaître (ou à disparaître) en présence de stimuli semblables.
>
> **Discrimination du stimulus**
>
> Dans le conditionnement opérant, le fait qu'un comportement a tendance à apparaître en présence d'un stimulus donné, mais non en présence de stimuli apparentés.

> **Renforcement continu**
>
> Programme de renforcement dans lequel un comportement donné est renforcé chaque fois qu'il se produit.
>
> **Renforcement intermittent**
>
> Programme de renforcement dans lequel un comportement donné est parfois récompensé, mais pas toutes les fois qu'il se produit.

considérables sur la fréquence, la forme et le rythme du comportement, ce dont la plupart des gens ne sont pas conscients. Il y a quatre types de programmes de renforcement intermittent. (Voir l'encadré ci-contre pour une présentation plus approfondie de ces programmes.) Dans les *programmes à proportion*, un agent de renforcement est accordé après qu'un certain nombre de comportements ont été émis. Dans les *programmes à intervalle*, un agent de renforcement est accordé si un comportement survient après qu'une période de temps donnée s'est écoulée depuis que le sujet a reçu son dernier renforçateur. Les programmes à proportion et à intervalle peuvent être *fixes*, c'est-à-dire qu'un nombre de réponses donné ou une durée constante déterminent l'application des renforçateurs, ou bien *variables*, c'est-à-dire que le nombre de réponses ou leur durée varient.

Chacun des programmes de renforcement intermittent produit des *courbes d'apprentissage* caractéristiques ; elles sont reproduites à la figure 6.6. On obtient ces courbes à l'aide

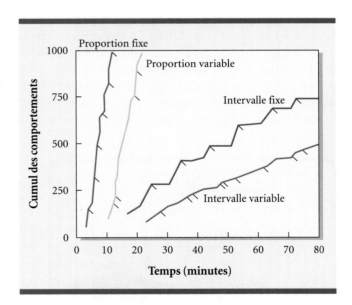

Programmes de renforcement et apprentissage

Les différents programmes de renforcement intermittent produisent des courbes d'apprentissage différentes.
Par exemple, dans un programme à intervalle fixe, les réponses cessent immédiatement après le renforcement, ce qui donne une courbe en dents de scie. (Adapté de Skinner, 1961.)

1 **Programme à proportion fixe (PF).** *Dans ce type de programme, le renforcement a lieu après qu'un nombre déterminé de comportements a été observé.* Par exemple, dans un programme de type PF-2, on donne un agent de renforcement au sujet après l'obtention de deux réponses; dans un programme de type PF-3, on lui donne un agent de renforcement après trois réponses, et ainsi de suite. Les programmes à proportion fixe engendrent un taux de réponses très élevé. En laboratoire, il arrive qu'un rat appuie rapidement sur un levier plusieurs centaines de fois avant d'obtenir une récompense. Un vendeur qui doit vendre un nombre donné d'articles afin de toucher une commission et un ouvrier qui doit produire un nombre donné d'unités afin de gagner une certaine somme d'argent (ce qu'on appelle le travail «à la pièce») sont soumis à des programmes à proportion fixe. Lorsque la proportion est élevée, on observe fréquemment que la performance diminue immédiatement après que le renforcement a eu lieu. Ainsi, un écrivain qui doit rédiger quatre chapitres avant de recevoir un chèque verra son rendement diminuer immédiatement après avoir été payé.

2 **Programme à proportion variable (PV).** *Dans ce type de programme, le renforcement a lieu après qu'un nombre moyen de comportements a été émis,* ce nombre variant d'un renforcement à l'autre. Par exemple, dans un programme PV-5, on donne en moyenne un agent de renforcement après l'obtention de cinq réponses, mais on peut l'offrir après la première, la deuxième, la sixième, la septième ou la énième réponse, pourvu que la moyenne soit toujours de cinq réponses entre deux agents de renforcement. Les programmes de ce type engendrent un taux extrêmement élevé et stable de réactions, et celles-ci sont plus résistantes à l'extinction que dans un programme à proportion fixe. La télévente est un bon exemple de programme à proportion variable dans la vie courante. Le vendeur qui vous sollicite au téléphone pour vous vendre un produit quelconque ne réussit certes pas toujours à vous le vendre mais, en moyenne, il peut réussir ou, plus précisément, être renforcé tous les vingt, trente ou quarante appels.

3 **Programme à intervalle fixe (IF).** *Dans ce type de programme, le renforcement d'une réponse a lieu seulement lorsqu'un laps de temps déterminé s'est écoulé depuis la présentation du dernier agent de renforcement.* Par exemple, un rat soumis à un programme IF-10 secondes reçoit sa première boulette de nourriture la première fois qu'il appuie sur le levier après un laps de temps de 10 secondes. Le fait d'appuyer sur le levier plus tôt ne lui donne pas droit à une récompense plus rapidement. Les animaux soumis à un programme de ce type semblent acquérir un sens très aigu du temps. Souvent, ils cessent complètement de réagir après avoir reçu un renforçateur, puis, lorsque le délai touche à sa fin, ils recommencent à réagir, et le taux maximal de réponses est atteint juste avant que le renforcement ait lieu. Les programmes à intervalle fixe sont peu répandus dans la vie courante. En voici un exemple: supposons que votre amoureux, qui passe un mois loin de vous, vous écrive quotidiennement une lettre d'amour. Si le facteur passe régulièrement autour de midi, vous n'irez vraisemblablement pas voir dans la boîte aux lettres à huit heures du matin, mais vers midi. Après avoir reçu la lettre, vous ne retournerez pas voir si vous avez du courrier avant le lendemain (Houston, 1981).

4 **Programme à intervalle variable (IV).** *Dans ce type de programme, le renforcement d'une réponse a lieu seulement si un intervalle de temps, de longueur variable, s'est écoulé depuis que le dernier agent de renforcement a été offert.* Par exemple, dans un programme IV-10 secondes, la longueur de l'intervalle est en moyenne de 10 secondes, mais elle varie d'un renforcement à l'autre. Étant donné que l'animal ou l'individu ne peut prévoir à quel moment il recevra un renforcement, le taux de réponse est relativement bas, mais stable. Un pêcheur ne sait pas si un poisson mordra à sa ligne dans 5 secondes ou 30 minutes, ou même si un poisson mordra. Dans ces conditions, il vérifiera probablement sa ligne à des intervalles de quelques minutes (Houston, 1981).

d'un appareillage permettant l'enregistrement cumulatif des réponses. Chaque fois qu'une réponse survient, une plume monte d'un cran sur une feuille de papier en mouvement. Plus le taux de réponse est élevé, plus la courbe a une pente abrupte. Notons enfin que chaque changement de direction correspond à la présentation d'un renforçateur.

Un des principes fondamentaux du conditionnement opérant, démontré par la recherche en laboratoire, stipule que, si l'on veut qu'une réponse acquise persiste, il faut la renforcer de façon intermittente, et non pas continue. Dans le cas d'un animal ayant reçu un renforcement continu pour une réponse donnée, l'interruption soudaine du renforcement entraînera rapidement l'extinction du comportement. Par contre, si le renforcement est intermittent, le changement sera moins spectaculaire, et l'animal continuera à répondre au renforcement pendant un certain temps. Il découle de ce principe qu'il faut veiller à ne pas renforcer de façon intermittente un comportement que l'on veut supprimer. Ainsi, si vous décidez de décourager les appels téléphoniques qu'un ami vous donne en pleine nuit en n'y prêtant pas attention, vous devez cesser *complètement* d'appliquer le renforcement que constitue l'attention. Si vous ne répondez qu'une fois sur vingt ou tous les deux mois, vous ne ferez qu'aggraver la situation : la personne aura appris que, si elle continue de téléphoner assez souvent, vous finirez bien par lui répondre un jour.

En laboratoire, des pigeons, des rats et des êtres humains soumis à des programmes de renforcement intermittent ont émis des milliers de réponses sans recevoir de renforcement avant d'abandonner la partie, surtout dans les cas de renforcement variable. Certains animaux travaillent parfois tellement dur afin d'obtenir un peu de nourriture, dont la distribution est imprévisible et peu fréquente, qu'ils dépensent plus d'énergie pour gagner cette nourriture que celle-ci ne leur en fournit ; en théorie, ils pourraient littéralement se tuer à la tâche (Hill, 1990).

Le façonnement.
Supposons qu'on veuille apprendre à un rat à ramasser une bille ou à un enfant à utiliser correctement un couteau et une fourchette. La probabilité que ces comportements complexes se produisent spontanément est à peu près nulle. La solution opérante à ce problème que constitue l'apprentissage des comportements complexes est une procédure appelée **façonnement.**

Façonnement
Dans le conditionnement opérant, procédure au cours de laquelle on renforce des approximations successives du comportement souhaité ; s'emploie lorsque la probabilité que ce dernier survienne spontanément est faible.

Dans le façonnement, on commence par renforcer de façon continue un comportement allant dans le sens désiré, puis on renforce tous ceux qui se rapprochent graduellement du résultat final souhaité. Les réponses sélectionnées, qui sont renforcées au cours du processus menant au comportement souhaité, sont appelées **approximations successives.** Dans l'exemple du rat auquel on veut apprendre à ramasser une bille, on peut dans une première étape donner à l'animal une boulette de nourriture chaque fois qu'il se tourne vers la bille. Lorsque cette réponse est bien ancrée, on peut alors récompenser le rat s'il adopte une conduite qui le rapproche davantage du comportement final désiré, comme celle qui consiste à se rapprocher de la bille. Puis, on renforcera successivement les comportements de toucher la bille, d'y poser ses deux pattes et enfin de la soulever entre ses pattes. Par la suite, on espacera les renforcements de façon intermittente afin de rendre l'apprentissage plus résistant à l'extinction.

Approximations successives
Dans la procédure de conditionnement opérant appelée façonnement, comportements ordonnés selon leur capacité à se rapprocher graduellement de la réponse finale souhaitée.

En faisant appel au façonnement et à d'autres techniques, Skinner a réussi à enseigner à des pigeons à jouer au ping-pong avec leur bec puis à jouer aux quilles dans une allée minuscule. Les parents font fréquemment usage de cette procédure pour apprendre à leurs enfants à parler ou à être propres. Des entraîneurs utilisent le façonnement pour apprendre aux chiens d'aveugles à « être les yeux » de leur maître et à accomplir des choses aussi étonnantes qu'ouvrir le réfrigérateur et saisir des boîtes de conserve sur les étalages

Les principes du béhaviorisme ont de multiples applications. On a appris à ce capucin à aider sa maîtresse handicapée en ramassant des objets, en ouvrant des portes, en lui donnant à manger, etc.

des supermarchés. On raconte aussi (il s'agit probablement d'un récit fictif) que des étudiants auraient utilisé le renforçateur que constitue le regard pour façonner le comportement d'un de leurs professeurs de psychologie spécialisé en conditionnement opérant. Leur objectif était d'arriver à ce que le professeur donne son cours à un endroit bien précis de la pièce. Chaque fois qu'il se déplaçait dans cette direction, les étudiants le regardaient ; sinon, ils détournaient leur regard. Après quelques semaines de cours, le professeur se retrouva confiné à l'endroit désigné de la salle de classe sans se douter le moins du monde que son comportement avait été façonné.

Qu'avez-vous appris ?

RÉPONSES, p. 210

Êtes-vous prêt à appliquer les principes du conditionnement opérant ? Choisissez le comportement approprié pour chacune des situations suivantes et justifiez votre choix.

1. Vous voulez que votre petit neveu prononce correctement le mot bonbon plutôt que d'émettre un grognement pour l'obtenir. Devriez-vous lui donner le bonbon lorsqu'il dit « wan wan » ou attendre que sa prononciation s'améliore ?

2. Votre colocataire vous interrompt constamment quand vous étudiez, alors que vous lui avez demandé de ne pas le faire. Devriez-vous ne lui prêter aucune attention ou lui répondre de temps à autre afin d'être poli ?

3. Vous avez reçu une lettre de votre père qui vous écrit très rarement. Devriez-vous lui répondre rapidement ou le faire attendre afin qu'il comprenne ce que c'est que de se sentir délaissé ?

Le conditionnement opérant dans la vie de tous les jours

Au cours des ans, les béhavioristes ont appliqué les principes du conditionnement opérant un peu partout, que ce soit dans la salle de classe, sur le terrain de jeux, au centre de détention, à l'hôpital psychiatrique, au centre d'accueil, au centre de réhabilitation, à la garderie, à l'usine et au bureau. L'utilisation de techniques de conditionnement, aussi bien opérant que répondant, dans un contexte naturel s'appelle **modification du comportement.**

La modification du comportement a donné d'excellents résultats. Des béhavioristes ont appris à des parents comment enseigner à leurs enfants la propreté (Azrin et Foxx, 1974) et à des enseignants comment devenir des « agents de changement comportemental » (Besalel-Azrin, *et al.,* 1977). Ils ont appris à des enfants autistes qui n'avaient encore jamais parlé à employer un vocabulaire de quelques centaines de mots (Lovaas, 1977). Ils ont appris à des déficients intellectuels adultes, perturbés et à peu près incapables de fonctionner, à communiquer avec leur entourage, à se vêtir eux-mêmes, à avoir des contacts sociaux et à occuper un emploi (Lent, 1968 ; McLeod, 1985). Ils ont aussi appris à des personnes ayant subi des lésions cérébrales à se défaire de comportements socialement inappropriés, à se concentrer et à améliorer leurs habiletés verbales (McGlynn, 1990). Ils ont également aidé des gens ordinaires à se débarrasser d'habitudes indésirables, comme fumer ou se ronger les ongles, ou à acquérir de nouvelles habiletés, comme jouer du piano et mieux structurer leur travail scolaire.

Plusieurs programmes de modification du comportement font appel à la technique dite de l'**économie de jetons.** Les jetons sont des agents de renforcement secondaires généralisés, par exemple de la fausse monnaie échangeable contre des agents de renforcement primaires, comme des friandises, ou d'autres agents de renforcement secondaires, comme des sorties au cinéma. Les sujets reçoivent les jetons lorsqu'ils émettent les comportements attendus, ils peuvent donc les accumuler et obtenir ainsi certains privilèges. Lorsqu'une réaction donnée est ancrée, on peut espacer la distribution des jetons ou les remplacer par des agents de renforcement intermittents naturels, comme les compliments. Ce type de programme est souvent utilisé auprès de sujets aux prises avec des difficultés d'apprentissage graves tels que les déficients intellectuels et les patients chroniques des unités psychiatriques (Kazdin, 1977).

Néanmoins, l'application des principes du conditionnement à des problèmes répandus ne porte pas toujours ses fruits. Nous allons voir quelles sont les principales difficultés associées à l'utilisation de la punition.

> **Économie de jetons**
> Technique de modification comportementale dans laquelle on utilise des renforçateurs secondaires, appelés jetons, que le sujet peut accumuler et échanger contre des renforçateurs primaires ou d'autres renforçateurs secondaires.

> **Modification du comportement**
> Application de techniques de conditionnement dans le but d'enseigner de nouveaux comportements mieux adaptés, ou de supprimer des comportements inappropriés ou problématiques.

Les Scientifines : à bas les stéréotypes sexistes !

Les jeunes filles en général s'intéressent peu aux sciences de la nature. À l'école secondaire comme au cégep, nombre d'entre elles choisissent des profils de formation qui n'exigent pas l'apprentissage des mathématiques, de la physique ou de la chimie. Ce choix de cours et, par ricochet, de carrière, a souvent pour conséquence de cantonner les femmes dans des ghettos d'emplois précaires, peu valorisants et sous-payés. C'est de ce constat que sont nées les Scientifines, un groupe d'intervention féministe et béhavioriste dont le but premier est de combattre le processus d'appauvrissement et d'impuissance sociale dans lequel trop de jeunes filles s'engagent.

Les Scientifines ont vu le jour en 1988 ; ce groupe offre à des filles de 9 à 12 ans, issues de milieux défavorisés, un programme visant à susciter chez elles la curiosité, l'intérêt, la patience et la persévérance à l'égard d'activités qui attirent plus souvent les garçons comme le calcul, l'utilisation d'un microordinateur, le bricolage, la réalisation d'expériences scientifiques, le sport, etc. Toutes ces activités ont lieu après l'école au local des Scientifines, situé à proximité du lieu de résidence des participantes. Pour atteindre leurs objectifs, les intervenantes ont recours à diverses stratégies visant à augmenter la fréquence de comportements non stéréotypés chez ces jeunes filles :

L'aménagement de l'environnement physique. Les pièces du local des Scientifines sont aménagées de manière à susciter les comportements désirés (par exemple, disposition particulière des tables, des chaises et des ordinateurs).

L'apprentissage par les contingences (renforcement positif). Au cours des activités scientifiques et sportives, les intervenantes encouragent fréquemment et ouvertement ces jeunes filles lorsqu'elles ont émis les comportements souhaités (résoudre un problème, mesurer une quantité de liquide, utiliser un logiciel de traitement de textes, etc.).

Le façonnement. On ne fabrique pas un meuble en criant « ciseaux » ou « marteau ». Ce travail exige patience et précision. C'est pour cette raison que les intervenantes renforcent d'abord les toutes premières approximations des comportements souhaités (se servir d'une scie, même de façon maladroite). Dès que ces premières approximations augmentent en fréquence, les intervenantes relèvent le degré des exigences : elles cessent de renforcer les comportements maladroits (extinction) et encouragent ceux qui se rapprochent des comportements souhaités (scier une planche en suivant les mesures) et ainsi de suite, jusqu'à ce que la séquence de comportements nécessaires à la fabrication d'un meuble soit apprise et maîtrisée.

L'apprentissage par les règles. Les règles qui favorisent l'accomplissement d'une tâche complexe avec précision et rapidité sont énoncées clairement et répétées à plusieurs reprises (par exemple, consignes avant de réaliser une expérience en chimie ou de réparer une lampe). Ces règles permettent aux jeunes filles d'émettre rapidement les « bons » comportements, surtout dans les situations où il est difficile d'apprendre par les contingences.

Le modelage. Chez les Scientifines, on prêche par l'exemple. Toutes les intervenantes sont des femmes. Le but de cette stratégie est évidemment d'offrir aux participantes des modèles non stéréotypés, souvent différents de celui de leur mère ou de leurs amies (une femme qui aime le hockey ou excelle en mathématiques, par exemple). Les jeunes filles apprennent donc en observant les comportements des intervenantes.

C'est par un aménagement planifié de l'environnement physique et humain et par une application judicieuse des principes béhavioristes que les intervenantes parviennent à influer sur le développement des jeunes filles. En cela, les intervenantes répondent au vœu maintes fois exprimé par Skinner d'utiliser les connaissances scientifiques sur le comportement en vue d'améliorer la condition humaine.

Les inconvénients de la punition.

Dans un monde parfait, disent les béhavioristes, on utiliserait les agents de renforcement de façon tellement ingénieuse que les comportements indésirables ne se produiraient que rarement. On ne vit malheureusement pas dans un monde idéal, et les mauvaises habitudes ainsi que les conduites antisociales sont fréquentes. Dès lors, comment faire pour les supprimer? On pense évidemment d'emblée à la punition. Dans la vie de tous les jours, certaines personnes en punissent fréquemment d'autres par des cris ou des réprimandes ou même en boudant. Certaines personnes continuent d'agir ainsi parce qu'elles sont renforcées par un sentiment temporaire de maîtrise et de puissance. Mais est-ce que la punition a véritablement l'effet recherché?

Des parents excédés recourent parfois à la punition physique sans connaître les conséquences négatives qu'elle entraîne, tant chez eux que chez leurs enfants.

Il ne fait aucun doute que la punition est parfois efficace. Certains enfants grandement perturbés se rongent les ongles jusqu'à l'os, s'enfoncent des objets dans les yeux ou s'arrachent littéralement les cheveux. On ne peut faire semblant d'ignorer les comportements de ce type parce que ces enfants s'infligent des blessures graves. Il est également contre-indiqué de réagir en leur manifestant de l'attention et de l'affection parce qu'on pourrait ainsi récompenser involontairement leur comportement. Pour ce type de cas, la punition est efficace. Des recherches cliniques ont en effet montré qu'on peut éliminer les comportements d'automutilation en les punissant sur-le-champ (Lovaas, 1977; Lovaas, *et al.,* 1974). Des punitions légères, comme dire «Non!» d'un ton ferme ou le fait d'asperger d'eau la tempe, sont souvent aussi efficaces, sinon plus, que des châtiments sévères comme l'administration de chocs électriques (rappelons-nous qu'il s'agit de punitions positives!).

Dans d'autres cas, les effets de la punition sont plus difficiles à prévoir. Prenons le cas de la violence conjugale où les autorités font face à un dilemme d'ordre moral: faut-il choisir de répondre au besoin immédiat et à court terme de protection de la victime en emprisonnant l'agresseur, ou intervenir plutôt auprès de ce dernier afin de diminuer les risques de récidive à long terme? Le sociologue Lawrence Sherman et ses collaborateurs (Sherman, 1992; Sherman, *et al.,* 1991) ont constaté que les répercussions de la détention diffèrent selon les personnes et la durée infligée. Ils ont observé que de brèves incarcérations de deux ou trois heures

sont généralement plus efficaces qu'un simple avertissement pour prévenir à court terme la répétition d'actes de violence conjugale, mais que l'effet se dissipe en quelques semaines. Cependant, chez les chômeurs de quartiers défavorisés, les arrestations de courte et de longue durée *accroissent* en fait le risque à long terme d'une nouvelle agression. Les chercheurs émettent l'hypothèse que chez ces hommes la peur initiale d'une autre arrestation disparaît rapidement et qu'elle est remplacée par de la colère dirigée contre la femme «responsable» de l'arrestation ou les femmes en général. Cet exemple nous apprend qu'il faut avoir recours avec une extrême prudence aux procédures punitives, car les conséquences peuvent s'avérer dramatiques.

Les recherches menées en laboratoire et sur le terrain ont permis de relever un certain nombre de désavantages liés à l'utilisation de la punition en tant que méthode de modification du comportement. En voici les principaux:

- **Bien des personnes administrent la punition de façon inappropriée ou quand elles sont aveuglées par la colère.** Les personnes colériques donnent des coups aveuglément ou crient à tue-tête, de sorte que la punition a une portée générale et se rapporte à tout un ensemble de comportements n'ayant rien à voir avec la faute commise. Les personnes de tempérament calme connaissent souvent mal la façon adéquate d'administrer une punition. Un étudiant nous a raconté que ses parents avaient l'habitude de punir leurs enfants avant de quitter la maison pour la soirée parce qu'ils étaient persuadés que ces derniers allaient faire toutes sortes de bêtises. Bien évidemment, les enfants ne s'efforçaient pas d'être des anges après le départ de leurs parents. L'administration de la punition doit être planifiée et évaluée tout le long de la procédure visant à éliminer un comportement donné afin de contrer ce type de problème.

- **La personne punie réagit souvent par de l'anxiété, de la peur ou de la rage.** Il est possible que la personne associe, par un processus de conditionnement répondant, ses réactions de peur ou de rage à l'ensemble de la situation dans laquelle la punition a lieu: l'endroit, la personne qui a infligé la punition et les circonstances. Un enfant pourra ainsi être conditionné à avoir peur de ses parents qui le maltraitent. Dans bien des cas, les réactions émotionnelles négatives associées à la punition créent plus de problèmes qu'elles n'en résolvent.

■ **Les effets d'une punition sont parfois temporaires et dépendent grandement de la présence de la personne qui a administré la punition.** Nous nous rappelons tous probablement que, enfants, nous n'aurions jamais osé enfreindre certaines interdictions lorsque nos parents se trouvaient à proximité, mais que l'audace nous revenait dès qu'ils n'étaient plus là. La seule chose que nous en avons retirée, c'est d'apprendre à ne pas se faire prendre ou, en termes plus scientifiques, à discriminer les contingences punitives.

■ **Il est difficile de punir sur-le-champ la plupart des écarts de conduite.** Il ne faut jamais oublier que la punition, comme le renforcement, est plus efficace si elle suit immédiatement un comportement, surtout dans le cas des animaux et des jeunes enfants. Dans la vie courante, il est souvent difficile d'administrer sans délai une punition. Il importe donc d'énoncer une règle claire et de faire suivre toute infraction de la punition prévue.

■ **La punition n'indique pas la «bonne conduite» à adopter.** Si la punition suit immédiatement un comportement répréhensible, elle peut sans doute faire comprendre au sujet puni ce qu'il ne doit pas faire, mais elle ne lui apprend rien sur ce qu'il devrait faire. Par exemple, le fait de donner une fessée à un jeune enfant parce qu'il a souillé son pantalon ne lui montre pas comment utiliser le pot.

■ **En ayant recours à la punition, on peut parfois renforcer le comportement puisqu'on prête attention à la personne.** Parfois, l'attention d'une personne, même

en colère, est précisément ce que recherche le coupable. Si une mère crie parce que son enfant pique une colère, le fait même de crier procure à ce dernier ce qu'il recherchait, soit une réaction de la part de sa mère. De même, l'enseignant qui réprimande un élève en présence de toute la classe le met ainsi en vedette et renforce de la sorte le comportement qu'il essayait de supprimer.

En raison des inconvénients que nous venons d'énumérer, la plupart des psychologues croient que la punition, surtout si elle est sévère, ne s'avère guère efficace pour éliminer les comportements indésirables et que, en général, on doit la considérer comme une solution de dernier recours. Si elle est employée, la punition ne doit pas comporter de sévices corporels ; de plus, on doit fournir à la personne punie des informations quant au comportement jugé approprié dans les circonstances, c'est-à-dire une règle claire. Il faut aussi mettre en place des conditions pour renforcer l'apparition du comportement souhaité.

Dans la plupart des cas, une procédure d'extinction des réactions qu'on souhaite voir disparaître constitue une excellente solution de rechange à la punition. Il arrive évidemment que l'extinction soit difficile à réaliser. Par exemple, il n'est pas facile de ne pas tenir compte d'un enfant qui réclame sans arrêt un biscuit juste avant le dîner ou d'un camarade d'étude qui empêche continuellement les autres de se concentrer. De plus, il n'est pas toujours approprié de faire semblant d'ignorer l'existence d'un comportement. Ainsi, un enseignant ne peut pas feindre de ne pas voir un élève en train de frapper un camarade. Pour remédier à ce type de problèmes, on peut combiner l'extinction des actions indésirables avec le renforcement des conduites appropriées. Par exemple, si un enfant passe trop de temps devant la télévi-

Qu'avez-vous appris ?

RÉPONSES, p. 210

A Expliquez les conduites suivantes à l'aide des principes du conditionnement.

1. Un adolescent qui, depuis son enfance, est corrigé physiquement pour des fautes mineures s'enfuit de la maison.

2. Une jeune femme qui recevait de l'argent pour nettoyer sa chambre lorsqu'elle était petite n'entretient pas son logement une fois adulte.

B Dans certains pays, les médecins sont payés à l'acte : ils reçoivent une rémunération fixe pour chaque visite. Cette rémunération augmente si la durée de la visite excède un certain seuil. Dans d'autres pays, les médecins reçoivent une rémunération fixe par patient, pour une durée d'un an. Si le médecin n'utilise pas toute l'allocation perçue, il reçoit une prime à la fin de l'année, mais, s'il la dépasse, il est pénalisé. À partir de vos connaissances sur le conditionnement opérant, relevez les avantages et les désavantages de chaque système.

sion, ses parents peuvent ne pas répondre à des demandes du genre «juste une autre émission», tout en encourageant des activités totalement différentes, comme le fait de jouer à l'extérieur.

LE MONDE SELON LES BÉHAVIORISTES

L'article de John Watson publié en 1913, «Psychology as the Behaviorist Views It», (auquel on fait parfois référence comme étant le «manifeste du béhaviorisme») a transformé la psychologie aux États-Unis en faisant accéder le béhaviorisme au statut de théorie majeure dans cette discipline. Le béhaviorisme a immédiatement gagné la faveur des Américains grâce à ses aspects pragmatiques; par contre, il a rebuté les Européens à cause de ses aspects mécanistes et réducteurs. Le béhavioriste le plus connu et le plus influent est B. F. Skinner, le plus grand psychologue américain selon certains. Mais, en dépit de sa célébrité, la vision de Skinner a souvent été déformée par le grand public et même par d'autres psychologues. Ainsi, bien des gens pensent que Skinner a nié l'existence de la conscience humaine et qu'il s'est opposé à l'étude de la pensée. Son prédécesseur, John Watson, pensait effectivement que les psychologues devraient s'intéresser uniquement aux événements publics (ou extérieurs), à l'exclusion des événements privés (ou intérieurs). Skinner par contre a toujours soutenu qu'il nous est *possible* d'étudier les événements privés en examinant nos propres réponses sensorielles ainsi que les rapports verbaux fournis par d'autres personnes et en analysant les caractéristiques de la situation dans laquelle ces événements se produisent. Selon Skinner, les événements privés qu'on «voit» en examinant sa propre «conscience» sont en fait les premiers stades du comportement, avant que ce dernier commence à exercer véritablement une action sur l'environnement. Pour Skinner, ces événements sont tout aussi réels, ou matériels, que les événements publics, même s'ils sont plus difficiles à observer et à décrire (Skinner, 1972, 1990). Selon une autre fausse croyance fort répandue, Skinner niait l'influence des gènes et de la biologie. Pourtant il savait aussi bien que quiconque que les caractéristiques d'un organisme limitent ses apprentissages; on ne peut apprendre à un poisson à grimper à la corde. Si Skinner a peu traité des influences biologiques, ses successeurs y ont prêté une plus grande attention en intégrant ces notions à leurs théories.

Une des prises de position les plus controversées de Skinner vise la notion de *libre arbitre,* théorie selon laquelle les individus décident librement de leur conduite. Tandis que certains psychologues, notamment les psychologues humanistes, soutiennent que le libre arbitre existe, Skinner pensait que le libre arbitre est une illusion et il s'était fermement prononcé en faveur du *déterminisme.* Selon cette dernière position, même si elles ne «gravent» pas automatiquement le comportement opérant, les influences de l'environnement déterminent néanmoins la probabilité qu'une conduite soit émise. Logique dans sa pensée, Skinner a refusé d'attribuer de quelque façon que ce soit les réalisations des êtres humains — y compris les siennes — à des traits de personnalité tels que la curiosité ou à des processus mentaux tels que les buts, les pensées ou les motivations. Ainsi, il ne se voyait pas lui-même comme un «soi» mais comme un «répertoire comportemental» produit par un environnement qui encourageait l'observation, la recherche et l'étude (Bjork, 1993). «Autant que je sache, écrit Skinner dans le troisième tome de son autobiographie (1983), mon comportement n'a été, à chaque instant, rien de plus que le résultat de mon bagage génétique, de mon histoire personnelle et des conditions environnementales. »

Les théories béhavioristes continuent encore aujourd'hui d'offrir des explications objectives sur des événements qui sembleraient bien plus complexes vus sous un autre angle théorique. Pour illustrer le point de vue béhavioriste, nous allons examiner deux phénomènes rarement expliqués dans l'optique du conditionnement, soit la superstition et l'insight.

LA SUPERSTITION

Vous munissez-vous d'un stylo porte-bonheur pour vous présenter à un examen? Vous est-il déjà arrivé d'éviter de passer sous une échelle parce que cela porte malheur? Même si vous n'avez jamais agi de la sorte, vous avez probablement déjà observé des comportements de ce type. Pourquoi les gens entretiennent-ils de telles superstitions?

Selon les béhavioristes, la réponse à cette question réside dans le fait que le renforcement est susceptible d'être efficace même s'il découle d'une pure coïncidence entre un comportement et une conséquence. Skinner (1948) a été le premier à démontrer expérimentalement ce fait. Il a mis huit pigeons dans des cages séparées et a ajusté le mécanisme de distribution de la nourriture de façon que les oiseaux reçoivent de la nourriture toutes les quinze secondes, même s'ils ne bougeaient pas une plume. Comme les pigeons sont des oiseaux très actifs, ils étaient souvent en train de faire quelque chose au moment où la nourriture arrivait, et ce quelque chose se trouvait ainsi renforcé tout à fait par hasard. En peu de temps, les pigeons se sont mis à pratiquer différents rituels comme suivre une trajectoire circulaire dans le sens contraire des aiguilles d'une montre, faire des mouvements de la tête de haut en bas, ou de gauche à droite, ou balayer le sol avec leurs ailes. Aucun de ces comportements n'avait un quelconque effet sur la distribution de l'agent de renforcement; les pigeons étaient tout simplement devenus «superstitieux». Ils répétaient ces gestes parce que cela leur avait déjà procuré de la nourriture.

Cette expérience permet d'expliquer comment un renforcement appliqué au hasard peut créer des superstitions chez les êtres humains. Qu'un joueur de baseball se gratte par hasard l'oreille gauche avant de lancer la balle et qu'il réussisse à éliminer un frappeur étoile de l'équipe adverse, il se grattera désormais l'oreille gauche avant chaque lancer. On peut quand même se demander pourquoi ces superstitions ne finissent pas par disparaître. Après tout, le lanceur ne réussira pas à éliminer tous les frappeurs de l'équipe adverse. La réponse réside dans le fait qu'un renforcement intermittent peut rendre le comportement très résistant à l'extinction. Si un renforcement peut se produire par hasard, le comportement superstitieux peut se répéter indéfiniment (Schwartz et Reilly, 1985).

> **Insight**
>
> Forme d'apprentissage qui intervient dans la résolution de problèmes et qui semble faire appel à la compréhension soudaine des relations entre les éléments d'une situation et à la façon dont on peut les réorganiser afin d'arriver à une solution.

Les superstitions peuvent aussi se perpétuer parce qu'elles font partie de la culture de l'individu et sont par conséquent renforcées par l'accord et l'approbation des autres. En voici un exemple fourni par Paul Chance (1988). Si un enfant cueille un trèfle à quatre feuilles et que, quelques jours plus tard, il trouve une pièce de un dollar, un adulte lui expliquera peut-être les pouvoirs du trèfle à quatre feuilles (il s'agit d'une règle décrivant la contingence). Mais si la fortune ne sourit pas particulièrement à l'enfant jusqu'à son adolescence, souligne Chance (1988), personne ne lui fera remarquer que le trèfle à quatre feuilles n'a pas eu beaucoup d'effets. Pour ce qui est des porte-bonheur et autres objets du même genre, aussi longtemps que rien de vraiment fâcheux ne se produit lorsqu'on en porte un, on aura tendance à lui attribuer des vertus de protection; mais si un événement malheureux survient, on pourra toujours dire que l'objet a perdu son pouvoir. Chance raconte qu'il n'est pas pour sa part superstitieux. «Un chat noir n'a pas de signification particulière pour moi, pas plus qu'un miroir brisé. Je n'ai pas installé de petites icônes en plastique sur le tableau de bord de ma voiture et je ne traîne pas une patte de lapin dans le fond de ma poche. Je ne crois pas à toutes ces sornettes et je suis content de dire que je ne m'en porte pas plus mal. Je touche du bois!»

L'INSIGHT

On entend par **insight** un apprentissage qui se produirait apparemment en un clin d'œil: on «voit» tout à coup comment résoudre une équation, réparer le carburateur ou terminer un casse-tête. Ce type de conduite n'est pas attribué uniquement aux êtres humains. Dans les années 1920, Wolfgang Köhler (1925) a créé des situations expérimentales afin d'observer les comportements des chimpanzés. Ceux-ci étaient placés individuellement dans une cage où ils pouvaient apercevoir d'appétissantes bananes situées à peine hors de leur portée. La plupart ne firent rien du tout, mais quelques-uns se montrèrent très ingénieux. Si les bananes se trouvaient à l'extérieur de leur espace grillagé, les chimpanzés se servaient d'un bâton pour les attirer vers eux; si les bananes étaient suspendues au-dessus de leur tête et qu'il y avait des caisses dans la cage, ils empilaient celles-ci l'une sur l'autre et grimpaient dessus pour attraper les fruits. Les animaux trouvaient souvent la solution après être restés tranquillement assis pendant un moment, sans essayer d'atteindre les bananes. Pour Köhler, ils agissaient tout comme s'ils avaient réfléchi au problème et que la solution leur avait soudainement traversé l'esprit.

De nombreux psychologues voient dans l'insight un phénomène purement cognitif — une nouvelle façon de percevoir les relations logiques ou de cause à effet — consistant, pour une personne ou un animal, à résoudre un problème, et non à réagir simplement à un stimulus. Les béhavioristes affirment au contraire qu'on peut expliquer l'insight en se penchant simplement sur les divers renforcements subis par un organisme, sans faire appel à des facteurs cognitifs (Windholz et Lamal, 1985). Selon eux, la notion d'insight n'est qu'un terme décrivant un type de changement de comportement; il ne *permet pas d'expliquer* ce changement.

À l'appui de leur théorie, les béhavioristes soulignent que même les espèces chez lesquelles on n'a jamais observé de processus mentaux supérieurs semblent capables de conduites similaires à l'insight. Au cours d'une étude audacieuse, Robert Epstein et ses collaborateurs (1984) ont appris, séparément, à quatre pigeons à pousser des boîtes dans une direction donnée, à monter sur une boîte et à donner des coups de bec sur une fausse banane afin d'obtenir des graines. Les pigeons ont également appris à ne pas voler ni sauter pour atteindre la banane; ces comportements ont été supprimés par extinction. Les chercheurs ont ensuite laissé les pigeons seuls avec la banane suspendue au-dessus de leur tête, tout

FIGURE 6.7 L'insight chez les pigeons

Un pigeon regarde une fausse banane suspendue (a), pousse une petite boîte sous la banane (b), puis grimpe sur la boîte afin de picorer la banane. Le pigeon avait déjà appris les différents éléments de cette séquence au moyen d'une procédure de conditionnement opérant. Les béhavioristes pensent que cet «exploit» remet en cause l'explication cognitive de l'insight. Qu'en pensez-vous?

juste hors de leur portée, la boîte étant placée dans un coin de la cage. Comme l'indique la figure 6.7, ces oiseaux se sont mis rapidement à pousser la boîte sous la banane et sont montés dessus, comme l'avaient fait les chimpanzés de Köhler. Les pigeons avaient «résolu le problème», mais peu de chercheurs seraient prêts à admettre qu'ils sont capables de processus complexes de pensée. Epstein (1990) a depuis lors conçu, en se servant uniquement de concepts béhavioristes, un modèle informatique permettant de prédire de façon étonnamment précise le comportement de pigeons dans la situation «banane et boîte». Pour les béhavioristes, l'insight représente une nouvelle association entre des conduites *déjà* acquises par apprentissage, il ne s'agit pas pour eux d'une manière particulière d'apprendre.

Selon la perspective béhavioriste, maints comportements que nous croyons dictés par la nature ou impossibles à modifier ne sont en fait que le résultat de différents programmes de renforcement qui, une fois déterminés, peuvent être modifiés en vue d'améliorer nos vies. (Nous présenterons certaines de ces interventions au chapitre 7.) Les béhavioristes font valoir que tout le monde manipule constamment l'environnement, de façon planifiée ou non, et le plus souvent sans s'en rendre compte. La question essentielle est de savoir si la société veut utiliser avec sagesse les principes d'apprentissage pour atteindre des buts humanitaires. Mais les béhavioristes ont souvent été mal compris et taxés d'insensibilité, et le plus connu d'entre eux, Skinner, a été la cible des critiques les plus virulentes. Au cours des années 1970, après que la parution

de son livre *Par-delà la liberté et la dignité* lui eut valu de faire la couverture du *Time Magazine*, des érudits, des théologiens et même des politiciens se sont empressés de l'attaquer. Le poète Stephen Spender a proposé de sous-titrer l'ouvrage «Le fascisme sans douleur». Le *Chicago Tribune* a publié le portrait d'un rat ayant les traits de Skinner.

En réalité, Skinner était un homme calme et doux qui s'intéressait passionnément aux applications judicieuses des principes béhavioristes. Il était fermement opposé à l'usage de la coercition et du châtiment, et se préoccupait beaucoup des questions de justice sociale (Dinsmoor, 1992). Bien avant l'avènement du féminisme moderne, il a fait la promotion d'un monde fondé sur l'égalité des sexes, où l'assignation des tâches n'aurait rien à voir avec le genre. Skinner était un humaniste au sens large du terme, ce qui explique que l'American Humanist Association lui ait décerné le titre d'«humaniste de l'année». Vers la fin de sa vie, dans un livre intitulé *Bonjour sagesse*, il a transmis de nombreux conseils et astuces susceptibles de faciliter la vie aux personnes âgées (Skinner et Vaughan, 1984). Enfin, en 1990, une semaine seulement avant sa mort, alors qu'il était souffrant et affaibli, il prononça un discours devant une salle bondée, dans le cadre du congrès annuel de l'American Psychological Association, afin de mettre encore une fois de l'avant l'approche qui, il en était convaincu, permettrait la création d'un monde meilleur.

Lorsqu'on considère le monde du point de vue béhavioriste, dit alors Skinner, on voit certes la folie du comportement humain, mais aussi la possibilité de l'améliorer.

Page 186

1. SI: le bruit du tonnerre; RI: le sursaut causé par le bruit du tonnerre; SC: la vue de l'éclair; RC: le sursaut causé par l'éclair. **2.** SI: le goût du citron; RI: la salivation provoquée par le goût du citron; SC: la vue du verre de limonade; RC: la salivation provoquée par la vue de la limonade.

Page 191

1. Généralisation du stimulus.
2. Contre-conditionnement. **3.** Extinction.

Page 198

A 1. Agent de renforcement négatif; agent de renforcement positif. **2.** Agent de renforcement positif. **3.** Agent de punition négatif.

B Seul le bonbon n'est pas un agent de renforcement secondaire.

C La règle est: «La conduite automobile» (SD) lorsqu'on a «consommé de l'alcool» (R) peut «provoquer des accidents graves» (C); le panneau-réclame correspond à un SD.

Page 203

1. Vous devriez renforcer la prononciation approximative de bonbon, «wan wan», qui représente la première étape du façonnement du comportement complexe qu'est le langage. **2.** Vous devriez ne lui prêter aucune attention, car le renforcement intermittent que constitue votre attention pourrait contribuer à maintenir ce comportement. **3.** Vous devriez lui répondre rapidement si vous voulez qu'il écrive de nouveau, car le renforcement immédiat est plus efficace que le renforcement différé.

Page 206

A 1. Par un processus de conditionnement répondant, la situation ou la punition qui survenait fut associée à la douleur. Le garçon s'est enfui, car ce comportement d'échappement est renforcé négativement par l'éloignement de la situation déplaisante. **2.** Les agents de renforcement extrinsèques pour nettoyer ayant disparu, le comportement a subi une extinction.

B Dans la rémunération à l'acte, le médecin est renforcé pour ses interventions nécessaires mais aussi pour des tests et des visites inutiles, ce qui contribue à accroître le coût des soins de santé. La rémunération fixe peut limiter les coûts des soins de santé parce que les médecins sont récompensés s'ils réduisent les coûts et punis s'ils les augmentent, mais il est possible que certains patients ne reçoivent pas tous les soins dont ils ont besoin.

RÉSUMÉ

1 Pendant près d'un demi-siècle, jusqu'aux années 1960, le *béhaviorisme* a été l'approche dominante pour l'étude de l'*apprentissage* — défini comme tout changement du comportement, relativement permanent, qui résulte de l'expérience. Les béhavioristes ont montré qu'on peut expliquer une bonne partie du comportement humain à l'aide de deux types de conditionnement: le conditionnement répondant et le conditionnement opérant.

2 Le physiologiste russe Ivan Pavlov a été le premier à étudier le *conditionnement répondant.* Dans ce mode d'apprentissage, l'association répétée d'un stimulus neutre et d'un *stimulus inconditionnel* (SI), déclenchant une *réponse inconditionnelle* (RI), a pour effet que le stimulus neutre en vient à provoquer une réponse identique ou similaire. On dit alors que le stimulus neutre est devenu un *stimulus conditionnel* (SC), et la réponse qu'il déclenche est appelée *réponse conditionnelle* (RC).

3 La procédure d'*extinction* consiste à présenter à plusieurs reprises un stimulus conditionnel sans le faire suivre du stimulus inconditionnel auquel il est associé, ce qui finit par entraîner la disparition de la réponse conditionnelle. On appelle *généralisation du stimulus* le fait que, à la suite d'un conditionnement, des stimuli semblables au stimulus conditionnel déclenchent eux aussi la réponse conditionnelle. On appelle *discrimination du stimulus* le fait que des stimuli semblables sous certains aspects au stimulus conditionnel ne déclenchent pas la réponse conditionnelle. Dans le

conditionnement d'ordre supérieur, un stimulus neutre se transforme en stimulus conditionnel par association avec un stimulus conditionnel déjà établi.

4 Le conditionnement répondant permet d'expliquer comment on acquiert des préférences et des aversions gustatives, des réactions émotionnelles à des objets ou à des événements donnés, des préférences en tant que consommateur, des peurs et des phobies. John Watson a montré comment on peut apprendre à avoir peur de certaines choses, puis désapprendre à en avoir peur par une procédure de **contre-conditionnement.**

5 Selon l'explication traditionnelle du conditionnement répondant, il se forme une association entre le stimulus inconditionnel et le stimulus conditionnel simplement parce qu'ils se produisent tous les deux à l'intérieur d'un très court intervalle de temps. Mais, pour certains théoriciens béhavioristes, ce qu'une personne ou un animal apprend en réalité, c'est l'information qu'un stimulus communique sur un autre stimulus.

6 Le principe fondamental du **conditionnement opérant** s'énonce comme suit: un comportement a plus ou moins de chances de se produire selon les conséquences qui lui ont été associées. Dans le conditionnement opérant, les réponses ne sont généralement pas de nature réflexe et elles sont plus complexes que dans le conditionnement répondant. La recherche sur le conditionnement opérant est étroitement liée au nom de B. F. Skinner.

7 Selon Skinner, les conséquences d'un comportement (ou conditionnement opérant) peuvent être de trois types: neutres, renforçantes ou punitives. On appelle **renforcement** le fait qu'un stimulus, ou un événement, augmente l'intensité ou la fréquence du comportement qu'il suit. On appelle **punition** le fait qu'un stimulus, ou un événement, diminue l'intensité ou la fréquence du comportement qu'il suit. Le renforcement et la punition peuvent être positifs ou négatifs. Il se produit un **renforcement positif** lorsqu'une conséquence **ajoutée** à la suite d'un comportement a pour effet d'augmenter la probabilité d'apparition de ce

comportement. Il se produit un **renforcement négatif** lorsque la suppression d'un élément, à la suite de l'émission d'un comportement, a pour effet d'accroître la probabilité d'apparition de ce comportement. La même distinction prévaut pour la punition positive ou pour la punition négative, mais les conséquences ont alors pour effet de diminuer l'apparition du comportement.

8 Dans la vie quotidienne, nos apprentissages sont facilités par la présence de **stimuli discriminatifs,** qui signalent en quelque sorte qu'un comportement donné sera probablement suivi d'un renforcement ou d'une punition. Pour Skinner, les comportements complexes peuvent aussi être appris et maintenus par l'entremise de l'**apprentissage par les règles.** Celles-ci sont des consignes verbales ou écrites qui décrivent les contingences attendues, souhaitées ou en vigueur dans une situation donnée.

9 Les béhavioristes ont montré que les conséquences immédiates d'un comportement ont des effets bien plus importants que les conséquences tardives. Ils ont également montré comment l'**extinction** de même que la **généralisation** et la **discrimination du stimulus** surviennent dans le conditionnement opérant. Le programme de renforcement influe aussi sur les caractéristiques du comportement: l'apprentissage est plus rapide si on applique une procédure de **renforcement continu,** mais le **renforcement intermittent** rend le comportement plus résistant à l'extinction.

10 On emploie le **façonnement** pour entraîner des comportements ayant peu de chances de se produire spontanément. Le façonnement consiste à renforcer les **approximations successives** de la réponse souhaitée jusqu'à ce que celle-ci se maintienne.

11 Les techniques de **modification du comportement** consistent à appliquer les principes du conditionnement opérant dans divers contextes. Une des applications les plus connues est l'**économie de jetons,** un programme souvent utilisé auprès des personnes aux prises avec des difficultés d'apprentissage sévères.

▶▶

12 La punition présente de nombreux inconvénients et elle est souvent administrée de façon inappropriée à cause des émotions vécues alors. En général, il est préférable de remplacer la punition par l'extinction du comportement répréhensible, associée au renforcement du comportement souhaité.

13 Les béhavioristes expliquent les superstitions par le renforcement accidentel d'une réponse qui découle d'une pure coïncidence entre un comportement et une conséquence. De ce point de vue, si une superstition persiste, c'est qu'elle est renforcée de façon intermittente. Par ailleurs, les béhavioristes croient que l'*insight* s'explique fort bien par les expériences de renforcement qu'une personne ou un animal a vécues, et qu'il ne faut donc pas le considérer comme un mode d'apprentissage particulier.

14 Étant donné que les béhavioristes estiment que l'on peut, et que l'on doit, manipuler l'environnement pour modifier le comportement, certains critiques les ont dépeints comme des personnages insensibles, voire dangereux. Ce à quoi les béhavioristes répondent que, quoi qu'on fasse, on manipule constamment l'environnement, de façon planifiée ou non. À leurs yeux, la société devrait donc appliquer plus judicieusement les principes de l'apprentissage afin d'améliorer les conditions de vie des citoyens.

L'apprentissage social et cognitif

*Tel père, tel fils.
Les parents peuvent constituer
de puissants modèles pour leurs enfants.*

En 1903, le journaliste irlandais Frank Skeffington épousait Hanna Sheehy. Pour témoigner son soutien à la défense des droits des femmes, il ajouta le nom de sa femme à son propre nom, et se fit désormais appeler Frank Sheehy-Skeffington. Il portait un grand badge sur lequel était inscrit le slogan «Le droit de vote pour les femmes!» Il démissionna de son poste de secrétaire au University College de Dublin lorsque cet établissement refusa d'accorder aux femmes le même statut qu'aux hommes. Frank et Hanna Sheehy-Skeffington ne faillirent jamais à leur engagement au service des causes qui ne faisaient pas l'unanimité — les droits des femmes, l'indépendance de l'Irlande et la non-violence — malgré les railleries, le harcèlement et même l'emprisonnement qu'ils durent subir.

Pourquoi certains individus, comme les Sheehy-Skeffington, remettent-ils en cause les conventions marquant les distinctions de statuts entre hommes et femmes ? Quelles raisons peuvent inciter des personnes à poursuivre sans relâche des objectifs qui ne se réaliseront peut-être pas de leur vivant ? Comment un comportement en vient-il à procurer en soi assez de satisfaction pour ne plus dépendre de renforçateurs sociaux immédiats ? Après tout, bien peu des actions de ce couple ont été renforcées ; les conséquences de la plupart d'entre elles leur ont au contraire été préjudiciables. Pourquoi n'ont-ils malgré tout jamais abandonné des causes qui ne faisaient pas consensus ?

La plupart des psychologues pensent que les principes du conditionnement répondant ou du conditionnement opérant ne fournissent pas de réponses satisfaisantes à ces questions. Même durant les premières années de gloire du béhaviorisme, un certain nombre d'adeptes de ce mouvement se sont insurgés contre la tendance à vouloir tout expliquer en fonction des seuls principes du conditionnement. Au cours des années 1940, deux spécialistes en sciences humaines ont proposé une alternative, appelée *théorie de l'apprentissage social* (Dollard et Miller, 1950). Pour ces chercheurs, l'apprentissage chez les humains est en grande partie de nature sociale : on apprend en observant les autres (ce qui répond à la question que se posent souvent les parents : « Mais où a-t-il appris ça ? »). Selon cette théorie, certains apprentissages complexes peuvent se produire en l'absence de renforcements. Par exemple, une personne qui a toujours été encouragée à étudier le piano en viendra à choisir la guitare électrique même si son entourage ne l'appuie nullement dans sa démarche.

À la fin des années 1960, la théorie de l'apprentissage social avait atteint son plein épanouissement et il s'y était greffé un nouvel élément essentiel, l'étude des processus cognitifs supérieurs dont font preuve les humains. Les partisans de cette théorie considèrent, tout comme les béhavioristes, que l'être humain est soumis aux principes du conditionnement opérant et du conditionnement répondant, à l'instar du rat et du pigeon, mais que, à l'encontre de ces derniers, il manifeste des attitudes, des croyances et des attentes, et que celles-ci influent sur la façon dont il acquiert l'information, prend des décisions, raisonne et résout des problèmes. Chacun de ces processus mentaux joue à tout instant un rôle dans le comportement d'un individu et, de façon plus générale, dans son développement.

On parle *des* théories de l'apprentissage social, au pluriel, parce que ces théories ne constituent pas une approche unifiée du comportement. Les chercheurs œuvrant dans ce domaine n'accordent pas tous la même place aux processus cognitifs. Certains continuent de se présenter comme des « théoriciens de l'apprentissage social » même si deux des plus importants penseurs de cette perspective, Walter Mischel et Albert Bandura, appellent respectivement leur théorie *apprentissage social cognitif* (Mischel, 1973) et *théorie sociale cognitive* (Bandura, 1986), ce qui souligne l'importance grandissante que revêt pour eux l'aspect cognitif de l'apprentissage. Dans ce livre, nous utiliserons les termes béhaviorisme social et cognitif ou apprentissage social et cognitif pour désigner l'ensemble de ces théories.

Les théories de l'apprentissage social, tout comme les théories béhavioristes sur les conditionnements, accordent une place prépondérante à l'influence de l'environnement immédiat sur les conduites d'une personne. Étant donné que les renforcements et les punitions varient en fonction des circonstances, les deux approches prédisent avec justesse que le

comportement d'une personne n'est pas nécessairement constant dans toutes les situations (Mischel, 1984, 1990). Par exemple, les renforçateurs situationnels sont responsables du fait qu'un employé puisse être honnête au travail, mais triche en remplissant sa déclaration de revenus, ou qu'un adolescent puisse se montrer respectueux et affectueux à l'égard de ses parents, mais commette des vols et s'adonne au vandalisme lorsqu'il est avec ses amis.

Toutefois, le béhaviorisme social et cognitif diffère principalement du béhaviorisme par le rôle majeur qu'il accorde à l'*interaction* entre l'individu et son environnement. Pour les béhavioristes en effet, la relation entre l'environnement et le comportement est essentiellement de nature linéaire, comme l'indique le schéma ci-dessous.

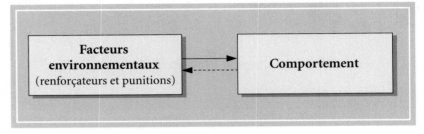

En revanche, les théoriciens de l'apprentissage social et cognitif considèrent que l'environnement, les caractéristiques d'une personne et son comportement forment une boucle dynamique où tous ces éléments influent les uns sur les autres. Par conséquent, ils envisagent la personne par l'entremise de ses croyances, de ses perceptions, de ses attentes, de ses valeurs, de ses objectifs et de ses émotions, soit comme un *agent actif* de son propre développement. Le schéma ci-dessous illustre cette forme d'interaction entre l'individu et son environnement, appelée *déterminisme réciproque* (Bandura, 1986).

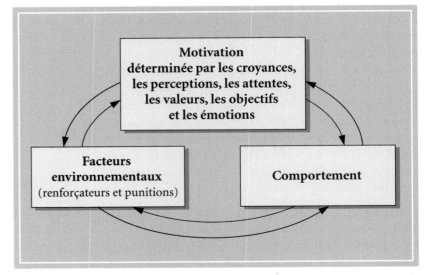

Les théories de l'apprentissage social et cognitif que nous allons présenter ci-dessous se situent sur un continuum qui souligne le caractère essentiel de l'environnement dans l'acquisition et le maintien du comportement. À une extrémité, certains chercheurs pensent que les théories de l'apprentissage social et cognitif visent l'étude de la structure de l'environnement, lequel exerce une influence sur les processus cognitifs et émotionnels et, par conséquent, sur le comportement; à l'autre extrémité, certains chercheurs croient que ces théories visent plutôt l'étude des processus cognitifs et émotionnels, lesquels subissent l'influence des variations de l'environnement. Il est clair que ces chercheurs ont cependant un intérêt commun pour l'analyse des processus cognitifs et émotionnels mis en œuvre dans l'interaction entre l'individu et son environnement, et qu'ils considèrent également la personne comme un agent actif capable d'orienter ses conduites.

Dans la première partie de ce chapitre, nous examinerons les caractéristiques principales du béhaviorisme social et cognitif. Dans la seconde partie, nous procéderons à l'évaluation critique du béhaviorisme en psychologie et nous étudierons deux thèmes importants: les thérapies comportementales et les interventions béhavioristes en éducation.

AU-DELÀ DU BÉHAVIORISME

Les **théories** modernes **de l'apprentissage social et cognitif** mettent l'accent sur trois courants de recherche qui les distinguent du béhaviorisme traditionnel: (1) l'apprentissage par observation et l'influence des modèles, (2) les processus cognitifs, telles les perceptions et l'interprétation des événements et (3) l'effet motivationnel des croyances, comme les attentes liées au succès ou à l'échec, et le degré de confiance d'un individu en sa capacité d'atteindre un but. Rappelons toutefois que les théoriciens de l'apprentissage social et cognitif n'accordent pas tous la même importance à chacun de ces trois facteurs.

> **Théories de l'apprentissage social et cognitif**
>
> Théories de l'apprentissage qui, de façon générale, étudient l'interaction d'une personne avec son environnement et qui mettent l'accent sur l'apprentissage par observation, les processus cognitifs et les croyances.

L'apprentissage par observation

Une amie qui habite à la campagne fut réveillée une nuit par un bruit d'enfer. Elle se précipita dehors avec toute sa famille pour identifier la source du vacarme. Un raton laveur avait renversé une poubelle « à l'épreuve des ratons » et il sem-blait montrer à un groupe de congénères assemblés là que pour faire sauter le couvercle de la poubelle il suffisait de sautiller tout autour. D'après notre amie, les ratons qui l'avaient observé apprirent ainsi à ouvrir les poubelles récalcitrantes, et les personnes qui avaient observé les ratons se rendirent compte de la grande habileté dont peuvent faire preuve ces animaux.

Au-delà de l'anecdote, cet exemple nous rappelle que l'on peut apprendre des comportements en observant les autres. On parle alors d'apprentissage par observation ou, selon la terminologie béhavioriste, d'apprentissage vicariant. L'apprentissage par observation se distingue de l'apprentissage par simple imitation qui se limite pour un organisme à reproduire le comportement observé, quels que soient le contexte de l'apprentissage et les conséquences associées. Par exemple, un enfant qui voit son père sauter en l'air après s'être frappé le pouce avec un marteau sautera en l'air à son tour dans un contexte complètement différent et sans être renforcé pour le faire. Il y a **apprentissage par observation** lorsque, après avoir observé un *modèle* (un autre animal ou une autre personne) émettre un comportement dans un contexte donné et recevoir des conséquences, un organisme reproduit le comportement observé dans des circonstances similaires. Par exemple, après avoir noté les regards admiratifs et entendu les compliments qui soulignaient les prouesses culinaires de son père, un enfant pourra demander à ses parents l'autorisation de préparer à son tour des petits plats.

> **Apprentissage par observation**
>
> Processus d'apprentissage au cours duquel un individu acquiert de nouveaux comportements en observant le comportement d'un autre individu (le modèle) plutôt qu'en faisant directement une expérience.

Il arrive que l'apprenant reproduise peu de temps après les conduites qu'il a observées. Parfois, l'apprentissage demeure à l'état latent jusqu'à ce que les circonstances permettent ou exigent sa mise en pratique. Par exemple, un enfant regarde ses parents mettre la table, enfiler une aiguille ou serrer une vis, sans toutefois émettre lui-même ces comportements avant des années. Un jour, il se rend compte qu'il sait faire ces choses même s'il les exécute pour la première fois. Il ne les a pas apprises par la pratique, mais par l'observation.

Il est difficile d'imaginer comment une personne pourrait survivre sans l'apprentissage par observation. Il lui faudrait apprendre à nager en sautant dans la partie profonde

Par leurs comportements, les parents transmettent toutes sortes de leçons à leurs enfants en ce qui a trait à la distribution des rôles en fonction du sexe. Cette famille qui s'active à préparer le repas enseigne à ses enfants que :
1) les deux sexes ont droit de cité en cuisine ;
2) quand on fait la cuisine, on sème du désordre mais on récolte du plaisir ;
3) celui qui glace le gâteau lèche la cuiller.

de la piscine et en battant des pieds et des mains jusqu'au moment où elle arriverait à surnager. Les parents et les enseignants s'échineraient vingt-quatre heures sur vingt-quatre à façonner le comportement des enfants. Les chefs d'entreprise seraient obligés de talonner leurs employés de bureau pour renforcer chaque minuscule maillon de la chaîne complexe de comportements que constitue le fait de taper à la machine, de rédiger un rapport ou de tenir la comptabilité. L'apprentissage serait alors non seulement dangereux, mais également inefficace.

Il y a trois décennies, Albert Bandura et ses collaborateurs ont mis en évidence le caractère essentiel de l'apprentissage par observation, surtout chez les enfants qui apprennent les règles du comportement social (Bandura, *et al.*, 1963). Au cours d'une étude, ils ont projeté à des enfants d'une maternelle un court métrage mettant en scène deux hommes, Rocky et Johnny, qui s'amusaient avec des jouets. Dans le film, Johnny refuse de prêter ses jouets, et Rocky réagit en le frappant. Ce comportement est renforcé puisque Rocky obtient ainsi tous les jouets. Le pauvre Johnny, abattu, reste assis dans son coin pendant que Rocky sort de la pièce en emportant un sac plein de jouets. Après la projection, chaque enfant fut laissé seul pendant 20 minutes dans une salle de jeux remplie de jouets, dont certains étaient identiques à ceux qu'ils avaient vus dans le film. Les chercheurs

ont observé les enfants à travers un miroir sans tain, et ils ont constaté qu'ils jouaient de façon beaucoup plus agressive que les membres d'un groupe témoin qui n'avaient pas assisté à la projection. Les comportements des premiers imitaient parfois de très près celui de Rocky. À la fin de la séance, une petite fille demanda même un sac à l'expérimentateur ! Cette observation peut expliquer pourquoi les parents qui frappent leurs enfants ont tendance à en faire des personnes qui vont également se montrer physiquement agressives. Les enfants font ce que leurs parents font, non ce qu'ils leur disent de faire (Grusec, *et al.*, 1978).

Fort heureusement, enfants et adultes reproduisent aussi des comportements mieux adaptés à la vie en société. Lorsque Matt Groening, le créateur de l'émission télévisée «Les Simpson», décida que Lisa, la fille cadette des Simpson, jouerait du saxophone, il ne se doutait pas qu'il allait susciter un tel engouement pour cet instrument chez les jeunes spectatrices. De nombreux professeurs de musique durent faire face à un afflux de jeunes filles qui voulaient jouer du saxophone comme Lisa. Le même phénomène s'était déjà produit à la suite des performances remarquables d'Olga Korbut aux Jeux olympiques de Munich en 1972 et de Nadia Comaneci aux Jeux olympiques de Montréal en 1976, comme l'avait indiqué l'augmentation prodigieuse des inscriptions aux clubs de gymnastique pour les jeunes filles un peu partout dans le monde. Les garçons ne sont pas en reste puisque les cours d'école, les arénas et les parcs publics regorgent d'émules de Michael Jordan et de Wayne Gretzky.

L'apprentissage par observation commence très tôt. Des études ont montré que, avant même d'être capables de parler, les enfants sont des imitateurs nés ; ils apprennent en observant et en reproduisant le comportement d'autrui (Bandura, 1977). Elizabeth Hanna et Andrew Meltzoff (1993) ont noté que, à l'âge de un an, les enfants imitent non seulement les adultes, mais aussi d'autres enfants. Ces chercheurs avaient conçu cinq jouets simples qu'un enfant de un an ne pouvait avoir vu nulle part ailleurs. Par exemple, dans le cas d'un de ces jouets, le bébé devait apprendre à enfoncer un doigt à travers un trou percé dans une boîte afin d'actionner une sonnerie. Au cours d'une de ces expériences, plusieurs enfants âgés de 14 mois sont devenus des «experts» en observant, assis sur les genoux de leur mère, l'expérimentateur faire une démonstration des jouets. Les enfants se sont ensuite amusés eux-mêmes avec les jouets et on les félicitait (renforçait !) lorsqu'ils savaient s'en servir. Une fois devenu «expert», chaque enfant devait jouer le rôle de *modèle* pour illustrer le fonctionnement des jouets auprès de trois enfants «observateurs». Pendant quelques séances, les «observateurs» ont regardé les «experts» maîtriser les jouets ; puis ils ont pu à leur tour s'amuser avec les jouets. Ils les ont alors utilisés correctement deux fois sur trois, en moins de 20 secondes. Cette performance était nettement supérieure à celle des enfants d'un groupe témoin qui n'avaient pas assisté à la performance de l'«expert» et aussi à celle d'enfants d'un autre groupe témoin, qui avaient observé un enfant s'amusant avec les jouets sans réussir à en percer le secret. Au cours de recherches subséquentes, les chercheurs ont noté que les apprentissages des enfants regardant les «experts» sont à ce point ancrés dans leur esprit qu'ils persistent pendant un certain temps et dans diverses situations.

Les béhavioristes ont toujours reconnu l'importance du rôle de l'apprentissage par observation, mais ils pensent qu'on peut l'expliquer à l'aide de la formule stimulus-réponse. Par contre, les théoriciens de l'apprentissage social et cognitif croient qu'on ne peut comprendre tout à fait l'apprentissage par observation chez les humains si l'on ne tient pas compte des processus cognitifs de l'apprenant (Meltzoff et Gopnik, 1993).

Les processus cognitifs

Les béhavioristes étudient bien entendu les stimuli externes qui déclenchent chez un animal ou une personne des conduites données. Ils n'accordent pas beaucoup d'importance aux processus de pensée du sujet entre le moment où le stimulus se produit et celui où le comportement est émis. Les premiers béhavioristes comparaient le cerveau à la «boîte noire» hypothétique de l'ingénieur, soit un dispositif dont il faut déduire le fonctionnement puisqu'il est impossible de l'observer directement. Comme l'explique le béhavioriste William Baum (1994), «Je peux vous parler de mon esprit de même que de ma bonne fée. Dans les deux cas, en parler ne les rend pas moins fictifs. Personne n'a jamais vu ni l'un ni l'autre... en parler ne fait pas progresser la science.»

Cependant, dès 1930, un certain nombre de béhavioristes n'ont pu résister à la tentation de jeter un coup d'œil dans la boîte noire. Edward Tolman (1938) s'est rendu coupable de ce qui était presque une hérésie à l'époque en notant que ses rats, lorsqu'ils s'immobilisaient à un croisement dans un labyrinthe, semblaient *décider* quel chemin prendre. Durant ses recherches, Tolman a constaté que le comportement des animaux n'était pas toujours conforme aux prédictions fondées sur les principes du conditionnement. Il arrivait que les rats fassent de toute évidence des apprentissages sans que

Apprentissage latent
Forme d'apprentissage qui ne s'exprime pas immédiatement par une réponse explicite et qui se produit en l'absence apparente d'agents de renforcement.

leur comportement en soit sensiblement modifié. Tolman s'est donc demandé ce qui pouvait bien se passer dans le cerveau des rongeurs et ce qui rendrait compte de cette énigme.

Au cours d'une expérience classique, Tolman et Honzik (1930) ont placé trois groupes de rats dans des labyrinthes, puis ils ont observé leur comportement chaque jour, pendant plus de deux semaines. Les rats du premier groupe obtenaient toujours de la nourriture à la sortie du labyrinthe, alors que ceux du deuxième groupe n'en obtenaient jamais. Ceux du troisième groupe ne reçurent aucune nourriture les dix premiers jours, mais ils en obtinrent à partir du onzième jour. Les rats du premier groupe, auxquels on avait donné un renforcement sous forme de nourriture, ont rapidement appris à se rendre directement à la sortie du labyrinthe, en évitant de s'engager dans des culs-de-sac, tandis que les rats du deuxième groupe n'y sont jamais parvenus. Les rats du troisième groupe se sont comportés différemment: durant les dix premiers jours, ils n'ont semblé suivre aucun itinéraire particulier, puis, le onzième jour, lorsqu'on leur a donné de la nourriture, ils ont rapidement appris à courir vers la sortie du labyrinthe. Le douzième jour, leur performance égalait celle des rats du premier groupe.

Les rats du troisième groupe avaient donc appris «quelque chose» dans le labyrinthe entre le premier et le onzième jour, ce qui leur permit d'atteindre le degré de performance des rats renforcés dès le premier jour. Tolman (1948) soutient que ce «quelque chose» est une **carte cognitive,** c'est-à-dire une représentation mentale de l'agencement spatial du labyrinthe. Chacun a en soi une carte cognitive de son voisinage, qui lui permet de se rendre à l'intersection de deux rues données même s'il n'y est jamais allé auparavant, de même qu'une carte cognitive de la ville où il demeure, grâce à laquelle il peut suivre trois itinéraires différents, qui ne lui sont pas familiers, pour parvenir à un cinéma, et ne pas se perdre en route.

Carte cognitive
Représentation mentale de l'environnement.

En fait, pour Tolman, les rats du troisième groupe avaient fait la démonstration de l'**apprentissage latent,** soit un apprentissage qui ne s'exprime pas immédiatement sous forme de comportement. De façon plus générale, ce qu'on acquiert au moyen de l'apprentissage par observation ou de l'apprentissage latent, ce n'est pas une conduite mais un *savoir* à propos des comportements et de leurs conséquences. On apprend de quelle façon le monde est organisé, quels sentiers mènent à tel ou tel endroit et quelles actions procurent tel ou tel avantage. Une grande partie de l'apprentissage humain demeure latent tant que les circonstances ne permettent pas ou ne requièrent pas qu'il se manifeste dans le comportement. Par ailleurs, l'apprentissage latent pose certains problèmes du point de vue des béhavioristes. Non seulement il se produit en l'absence de tout agent de renforcement apparent, mais il amène aussi à se demander ce que l'on apprend au juste lorsqu'on apprend.

Le béhaviorisme social et cognitif met également l'accent sur l'importance des perceptions d'une personne relativement à ce qu'elle apprend (nous approfondirons le thème de la perception dans les chapitres portant sur la perspective cognitive). Deux individus abordent un même événement avec des attentes et des savoirs différents, et ils remarquent des aspects différents dans une même situation. Imaginez par exemple deux personnes en train d'apprendre à exécuter dans le moindre détail la série de pas d'une danse folklorique : la première concentre son attention sur le professeur en train de faire une démonstration de l'enchaînement complexe des pas, alors que l'autre se laisse distraire par un beau danseur. En outre, les deux élèves n'ont pas nécessairement le même désir d'apprendre cette nouvelle danse. À ce propos, Bandura (1986) affirme que tout individu fait des milliers d'observations chaque jour et que, en théorie, il peut apprendre quelque chose de chacune d'elles ; mais si une personne ne veut *pas* apprendre ce qu'on lui présente comme un modèle, elle pourra observer ce que lui présentent une centaine de professeurs sans en retirer quoi que ce soit.

Les différences individuelles dans les perceptions et les interprétations contribuent à expliquer le fait que l'apprentissage par observation ne donne pas les mêmes résultats chez tous les observateurs. Prenons le cas du débat actuel sur les répercussions de la violence dans les médias sur les enfants. Leonard Eron (1995), qui a mené des recherches longitudinales sur ce thème pendant plusieurs années, croit que la violence à la télévision enseigne aux enfants des attitudes, des normes comportementales et des façons de régler les problèmes. Parmi les solutions offertes par la télévision, il note les comportements suivants : crier, injurier, frapper et tenter de détruire l'ennemi de multiples façons. Certains enfants, comme ceux dont nous avons parlé plus haut, qui ont regardé le film mettant en scène Rocky et Johnny, deviennent effectivement plus agressifs en cherchant à imiter les conduites agressives qu'ils observent à la télévision ou au cinéma (Comstock, *et al.*, 1978 ; Eron, 1980, 1995 ; Singer et Singer, 1988). De fait, une commission d'enquête mise en place par l'American Psychological Association afin d'étudier la question en est venue à la conclusion suivante : « Il existe sans aucun doute une corrélation entre un taux élevé de visionnement de scènes de violence à la télévision et l'accroissement de la tolérance tant envers les attitudes violentes qu'envers les comportements agressifs. » (APA Commission on Violence and Youth, 1993).

Néanmoins, il est également prouvé que les images de violence présentées par les médias n'exercent pas la même influence sur tous les individus. C'est pourquoi la majorité des études ne mettent en évidence qu'une faible relation entre la violence dans les médias et la violence dans la vie réelle (Freedman, 1988 ; Milavsky, 1988). Les théories de l'apprentissage social et cognitif fournissent une explication à cette constatation. Les enfants regardent toutes sortes d'émissions et de films comportant des scènes de violence, mais de nombreux autres modèles s'offrent à leur observation en dehors de ceux que présentent les médias. Leurs parents et leurs amis exercent eux aussi une influence, et cette dernière peut contrecarrer l'effet des modèles violents de la télévision. De plus, tous les individus ne tirent pas les mêmes leçons de la violence dont ils sont témoins. Un spectateur regardant Arnold Schwarzenegger régler leur sort aux méchants pourra le considérer comme le plus grand héros de tous les temps, alors qu'un autre pourra ne voir en lui qu'un haltérophile surpayé qui aurait avantage à s'inscrire à des cours d'art dramatique. Un individu pourra apprendre, en voyant des personnes se faire « descendre » dans un film, que la violence est une preuve de virilité, alors qu'un autre en conclura que la violence est autodestructrice et qu'elle ne mène nulle part, sinon à la mort.

Des travaux de recherche récents montrent que les personnes au tempérament plutôt agressif rechercheraient davantage la violence dans les médias et y seraient plus réceptives que les personnes au tempérament plus doux. Bushman (1995) a observé le modèle de comportement suivant chez les personnes agressives. Si elles ont le choix d'une émission, elles choisissent une émission violente. Lorsqu'elles visionnent ce type d'émission, elles ressentent plus de colère que les personnes moins agressives. Enfin, si elles ont l'occasion de se comporter de façon agressive envers autrui après le visionnement, il est plus probable qu'elles le fassent que les personnes moins agressives. Il serait peut-être indiqué d'interdire le visionnement de films violents non pas en fonction de l'âge, mais en fonction du score à un test évaluant le degré d'agressivité d'une personne.

Du point de vue du béhaviorisme social et cognitif, les processus cognitifs que sont la perception et l'interprétation jouent donc un rôle crucial dans ce qu'une personne observe et dans la conduite subséquente qu'elle adopte.

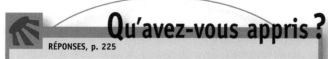
Évaluez jusqu'à quel point votre apprentissage est latent !

1. Le point de vue selon lequel l'environnement d'une personne, son comportement et ses propres caractéristiques influent les uns sur les autres est connu sous le nom de _____.

2. Une petite fille se met du rouge à lèvres juste après avoir vu sa grande sœur le faire. Elle a acquis ce comportement par un processus _____.

3. Votre amie vous donne rendez-vous dans un nouveau restaurant à l'autre bout de la ville où vous n'avez jamais mis les pieds. Vous trouvez votre chemin parce que vous avez une bonne _____ de votre ville.

4. Pour un théoricien de l'apprentissage social et cognitif, le phénomène de l'apprentissage latent montre que l'on n'apprend pas des conduites spécifiques mais bien des _____.

5. Même si le visionnement intensif de la violence à la télévision est associé à des comportements agressifs ultérieurs, la violence dans les médias ne touche pas les individus de la même façon. Citez trois facteurs qui peuvent expliquer ces différences.

La motivation liée aux croyances

Les béhavioristes diraient que ce que l'on appelle la « personnalité » d'un individu est un ensemble d'habitudes et de croyances ayant été renforcées tout au cours de sa vie. Par contre, les théoriciens de l'apprentissage social et cognitif soutiennent que ces habitudes et ces croyances acquises finissent par avoir une existence propre et à exercer elles-mêmes une influence sur le comportement. Elles supplanteraient même les renforçateurs extérieurs et les punitions.

Afin d'illustrer ce propos, envisageons une question simple : pourquoi les gens travaillent-ils ? La réponse qui vient immédiatement à l'esprit est qu'ils le font pour survivre : le travail leur procure de la nourriture et un abri. Néanmoins, les besoins reliés à la survie ne fournissent pas d'explication quant aux motifs qui poussent Francine à travailler pour avoir du caviar sur sa table et Manuel, du beurre d'arachides

sur la sienne. Ils n'expliquent pas pourquoi certaines personnes tiennent à accomplir leur travail correctement, alors que d'autres cherchent à s'en débarrasser le plus rapidement possible. D'après les théories de l'apprentissage social et cognitif, si l'on veut comprendre les raisons qui incitent certaines personnes à travailler d'arrache-pied, à persister dans leurs efforts même après avoir essuyé des échecs répétés, il faut connaître les croyances qui les motivent et les buts qu'elles poursuivent.

En psychologie, le terme **motivation** désigne un processus interne, que l'on ne peut directement observer, chez une personne ou un animal, et qui l'amène à poursuivre un but. La plupart des béhavioristes font appel à la notion d'*incitateur* afin de rendre compte du concept de motivation. Un incitateur est un stimulus externe qui a pour effet de favoriser la mise en œuvre de comportements d'approche ou d'échappement. De ce point de vue, la motivation est considérée comme un besoin interne susceptible d'être comblé par un incitateur déjà associé à des conséquences agréables pour l'organisme (Hull, 1943). Par exemple, une personne assoiffée a appris dans le passé à associer le comportement de boire de l'eau à une réduction de la tension interne provoquée par la privation ; on peut dire que la vue de l'eau est un incitateur qui la pousse à boire. Selon les béhavioristes radicaux (Skinner, 1953), il n'est même pas nécessaire de parler de besoin ou de variable intermédiaire entre un stimulus et une réponse : l'incitateur est une condition qui favorise l'apparition de comportements déjà appris.

> **Motivation**
> Processus interne que l'on ne peut directement observer et qui amène une personne à poursuivre un but.

L'ensemble des béhavioristes partagent l'idée que personne ne naît avec l'ambition d'être le meilleur dans un domaine donné, ils diraient plutôt que l'ambition résulte d'expériences de renforcement vécues par un individu. Par la phrase « Francine a l'ambition de devenir célèbre », ce que l'on veut réellement dire, c'est que la célébrité est un renforçateur positif, ou un incitateur, pour Francine, et c'est pourquoi elle continue de s'évertuer à l'atteindre. Dans la perspective de l'apprentissage social et cognitif, on dirait plutôt que Francine finira par intérioriser cette motivation, qui exercera alors son influence propre sur la conduite de Francine à la façon d'un processus d'autorégulation du comportement. Comme l'affirme Bandura (1994), les personnes se motivent elles-mêmes en se fixant des buts, en anticipant les résultats de leurs actions et en se définissant une ligne de conduite, puis elles évaluent leurs actions en fonction de ces critères. Ce seraient donc les croyances ou les attentes à l'égard de l'obtention de renforçateurs, plutôt que les renforçateurs eux-mêmes, qui provoqueraient l'émission des comportements. Les principales croyances étudiées par les théoriciens de l'apprentissage social et cognitif sont les suivantes: le sentiment de maîtriser sa propre vie, le degré d'optimisme ou de pessimisme face à la vie et le degré de confiance en ses propres capacités. Nous allons les aborder brièvement ci-dessous.

LE LIEU DE CONTRÔLE INTERNE OU EXTERNE

Le psychologue Julian Rotter (1966, 1982, 1990) a montré, pendant sa longue carrière, les avantages de l'intégration de plusieurs perspectives en psychologie. Lorsqu'il a commencé à étudier la personnalité du point de vue de la théorie de l'apprentissage social, au cours des années 1950, Rotter faisait à la fois de la consultation en psychothérapie et de la recherche expérimentale. Au laboratoire, il était béhavioriste mais, comme praticien, il traitait des personnes qui ne se conduisaient pas toujours conformément aux principes du béhaviorisme. Ces patients éprouvaient souvent des émotions troublantes et entretenaient des croyances irrationnelles (Hunt, 1993). Rotter en a conclu que l'expérience de toute une vie les avaient amenés à adopter des attitudes bien arrêtées, qui exerçaient une profonde influence sur leurs décisions et leurs comportements.

Selon Rotter, avec le temps un individu apprend que certains de ses comportements sont renforcés, et d'autres

punis; l'individu met alors en place des *attentes généralisées* quant aux situations et aux conduites qui lui procureront un renforcement. Un enfant qui étudie bien à l'école et obtient de bonnes notes, qui attire l'attention des enseignants, l'admiration de ses amis et des compliments chaleureux de ses parents en viendra à penser que le fait de bien travailler sera également renforcé dans d'autres situations. Tant dans sa pratique privée que lors d'expériences en laboratoire, Rotter a aussi noté que, chez certaines personnes, les attentes de succès n'augmentaient pas *même si elles réussissaient* les tâches qui leur étaient assignées. Ces personnes affirmaient: «Oh! c'était seulement dû au hasard» ou «J'ai eu de la chance; cela ne se reproduira plus.»

Après avoir observé ce type de phénomène, Rotter a émis l'hypothèse que certaines personnes croient que ce qui leur arrive est régi de façon générale par des forces extérieures comme le hasard, la chance ou l'intervention d'autres personnes, alors que d'autres croient plutôt que ce qui leur arrive dépend en grande partie de leurs habiletés et des efforts qu'elles fournissent. Rotter a élaboré le concept de **lieu de contrôle interne ou externe** pour désigner la croyance générale qu'une personne a de maîtriser ou non les résultats — renforcement ou punition — de ses propres actions. Les personnes pour qui le contrôle est *interne* ont tendance à penser qu'elles sont responsables de ce qui leur arrive et qu'elles orientent leur propre destinée. Les personnes pour qui le contrôle est *externe* ont tendance à croire qu'elles sont victimes, ou parfois bénéficiaires, du hasard, du destin ou d'autres personnes toutes puissantes.

> **Lieu de contrôle interne ou externe**
> Croyance générale d'une personne quant au fait qu'elle exerce elle-même une maîtrise (*contrôle interne*) sur le résultat de ses propres actions ou qu'elle n'en exerce pas (*contrôle externe*).

Rotter (1966) a conçu une échelle pour mesurer les différences individuelles de perception du contrôle. Le sujet doit choisir l'énoncé de chaque paire avec lequel il est le plus en accord. Voici deux exemples d'éléments composant ce test.

1. a) Parmi les événements malheureux survenant dans la vie d'une personne, nombreux sont ceux qui sont dus en partie à la malchance.

b) Les malheurs que connaît une personne résultent des erreurs qu'elle a commises.

Cet homme postule pour un emploi.
Ses comportements sont peut-être dictés par un lieu de contrôle interne,
soit la croyance qu'il est responsable de ce qui lui arrive en général.

2. a) Pour réussir, il faut travailler fort; la chance y contribue fort peu.

b) Pour obtenir un bon emploi, il faut principalement se trouver au bon endroit au bon moment.

La recherche sur l'échelle de mesure du lieu de contrôle a démarré en flèche et, au fil des ans, plus de 2 000 études ont été publiées sur ce sujet (Hunt, 1993). Elles indiquent que l'internalité du contrôle présente des avantages importants, tant sur le plan psychologique que sur le plan physique. Par exemple, l'internalité du contrôle contribue à réduire la douleur chronique et à accélérer l'adaptation ou le rétablissement qui suit une opération chirurgicale ou une maladie (Marshall, 1991; Taylor, 1995). Dans une étude menée auprès de patients se rétablissant d'une crise cardiaque, on a constaté que les sujets qui pensaient que leur maladie était due à la malchance ou au destin — des facteurs sur lesquels ils ne pouvaient pas agir — avaient moins tendance à acquérir et à mettre en pratique des moyens qui leur permettraient de se rétablir, mais reprenaient plutôt leurs habitudes nocives. Par contre, les sujets qui pensaient avoir eu une crise cardiaque parce qu'ils fumaient, ne pratiquaient pas d'exercice ou avaient un travail stressant — des facteurs sur lesquels ils pouvaient agir — avaient davantage tendance à mettre de côté leurs mauvaises habitudes et à se rétablir plus rapidement (Affleck, *et al.,* 1987).

Jusqu'à ce jour, des centaines d'études, effectuées auprès de personnes de tous âges, appartenant à différentes cultures et à divers groupes ethniques, indiquent que le contrôle interne est étroitement lié à la réussite, surtout dans le domaine scolaire. Plus de 700 études utilisant une version de l'échelle de Rotter adaptée aux enfants ont montré que le contrôle interne et ses effets bénéfiques apparaissent tôt dans le développement de l'enfant (Strickland, 1989).

Même si la croyance dans le contrôle interne présente des avantages, elle n'est cependant pas bénéfique pour tous ni applicable à toutes les situations. La raison en devient évidente dès que l'on pose la question suivante: « Le contrôle de quoi? » Certains objectifs ne peuvent être atteints, et ce quels que soient les efforts déployés, de sorte qu'une personne faisant preuve d'une assurance non fondée sur la réalité peut être terrassée par l'échec (Fleming, *et al.,* 1984). Des psychologues croient que la glorification du « contrôle interne » reflète en fait un préjugé culturel occidental, notamment l'expérience des classes moyennes auxquelles le travail acharné a généralement procuré des renforcements (Markus et Kitayama, 1991). Pour de nombreuses personnes appartenant à un milieu défavorisé ou à un groupe ethnique minoritaire, la croyance dans un contrôle externe peut constituer

une façon de sauvegarder leur estime de soi et de faire face aux difficultés. Elles se disent en fait: « Je suis une bonne personne, digne de respect; ma situation actuelle est causée par des préjugés, le destin ou le système » (Crocker et Major, 1989).

Ces observations suggèrent que le contrôle interne ou externe d'une personne dépend de son statut social et de ses expériences, mais qu'il est aussi susceptible d'inciter des individus à vouloir changer la société. Au moment où Rotter élaborait ses idées sur la notion de contrôle, au cours des années 1960, les mouvements de défense des droits civiques accentuaient leurs pressions. À l'époque, les militants engagés dans ces mouvements et les dirigeants étudiants noirs avaient davantage tendance à se situer dans la zone « interne » de l'échelle de Rotter que les membres des groupes témoins, qui n'étaient pas engagés dans de tels mouvements (Gore et Rotter, 1963; Strickland, 1965). Cependant, durant les années 1970, après les assassinats de Martin Luther King, de Malcolm X et de John et Robert Kennedy, après les émeutes qui ont fait rage dans plusieurs communautés noires et au moment où les États-Unis s'étaient englués dans la guerre du Vietnam, la confiance des Américains en leur capacité à engendrer le progrès social s'est trouvée fortement ébranlée. On a pu observer que les notes sur l'échelle de Rotter avaient aussi changé à cette époque. Les dirigeants des mouvements de défense des droits civiques et les étudiants avaient désormais moins tendance à se situer dans la zone interne, c'est-à-dire qu'ils semblaient croire moins en leur capacité à améliorer leurs conditions sociales (Phares, 1976; Sank et Strickland, 1973; Strickland, 1989). En ce qui vous concerne, le contrôle est-il plutôt externe ou plutôt interne? En quoi cela reflète-t-il votre expérience? Cela exerce-t-il une influence sur vos croyances en la possibilité de changements personnels et sociaux?

Les attentes généralisées à l'égard du contrôle peuvent aussi donner naissance au phénomène de l'**autoréalisation de la prophétie,** c'est-à-dire qu'une personne qui a des

> **Autoréalisation de la prophétie**
>
> Attente qui se réalise, car la personne a tendance à agir de manière que sa prédiction s'accomplisse.

attentes précises face à un résultat agit souvent de façon que sa prédiction se réalise (R. Jones, 1977). Si vous vous attendez à réussir, vous étudierez bien et vous accroîtrez ainsi vos chances de réussir; si vous vous attendez à échouer, vous ne travaillerez pas beaucoup et vous accroîtrez vos chances d'obtenir des résultats médiocres. Dans les deux cas, ce que vous aurez accompli sera conforme à vos propres attentes. Dans l'une des premières expériences menées sur ce sujet, on a demandé à des jeunes femmes de faire quinze anagrammes et d'évaluer, avant de s'attaquer à chaque problème, les chances qu'elles avaient de le résoudre. La moitié des participantes ont d'abord eu à faire cinq anagrammes très simples, tandis que l'autre moitié devait d'abord en faire cinq qui étaient en fait irréalisables. Comme on pouvait s'y attendre, celles qui ont eu d'abord à résoudre les cinq problèmes faciles ont estimé qu'elles avaient plus de chances de réussir les dix derniers anagrammes, alors que celles qui ont commencé par les cinq problèmes insolubles en ont conclu qu'ils étaient *tous* insolubles. Ces attentes ont à leur tour influé sur la capacité des jeunes femmes à faire les dix derniers anagrammes, qui étaient les mêmes pour toutes. Plus une participante s'attendait à réussir, plus elle a effectivement résolu de problèmes (Feather, 1966).

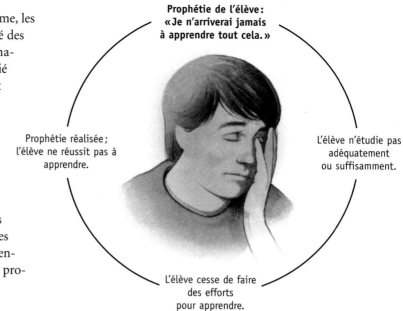

Prophétie de l'élève : « Je n'arriverai jamais à apprendre tout cela. »

L'élève n'étudie pas adéquatement ou suffisamment.

L'élève cesse de faire des efforts pour apprendre.

Prophétie réalisée ; l'élève ne réussit pas à apprendre.

LA MOTIVATION À PLAT : LA RÉSIGNATION ACQUISE ET LE STYLE D'EXPLICATION

Les données relatives au contrôle interne ou externe suggèrent que la majorité des individus trouvent un équilibre entre les explications d'ordre interne et externe ; ils se disent essentiellement : « Je suis responsable de ce qui m'arrive de bon, mais ce qui m'arrive de mauvais est dû à la malchance » (Beck, 1991 ; Taylor, 1989). Cependant, les personnes déprimées soutiennent habituellement l'inverse : selon elles, ce qui leur arrive de bon est le fruit du hasard, et elles s'estiment par contre responsables des mauvaises choses qui leur arrivent. Des professeurs remarquent parfois des étudiants qui ne font aucun effort pour améliorer leurs résultats car ils s'en croient incapables, alors que les professeurs pour leur part pensent qu'ils disposent de tous les atouts pour réussir. D'où leur viennent donc ces idées ?

Martin Seligman (1975) — qui préparait son doctorat au moment où Rotter présentait sa recherche sur le concept de lieu de contrôle interne ou externe — a émis l'hypothèse que l'explication résidait dans la notion de « résignation *acquise* ». Au cours d'une série d'expériences, Seligman et ses collaborateurs ont administré des chocs électriques à des animaux qui n'avaient aucun moyen de s'y soustraire et ils ont soumis des personnes à des bruits insupportables qu'elles ne pouvaient pas éviter. Lorsque ces animaux et ces individus se sont par la suite retrouvés dans des situations où ils auraient pu échapper aux chocs ou aux bruits, ils étaient tellement apathiques qu'ils n'essayèrent même pas. Ils avaient appris qu'ils étaient incapables de se soustraire à la douleur, ils avaient acquis la conviction qu'il fallait se résigner. Pour Seligman, on peut ainsi expliquer l'épuisement extrême et l'apathie des gens déprimés qui croient que les efforts qu'ils déploient pour maîtriser leur environnement sont vains.

Les fondements de la première version du modèle de Seligman étaient béhavioristes : les gens apprennent qu'ils n'ont pas d'influence sur ce qui leur arrive. Mais il se posait un problème : toutes les personnes déprimées ne considèrent pas leur vie comme un échec et, inversement, bien des personnes connaissent des expériences pénibles sur lesquelles elles n'ont aucun contrôle et ne deviennent pas déprimées malgré tout. Ce n'est donc pas ce que les gens vivent qui importe mais bien l'explication qu'ils en donnent. C'est pourquoi Seligman a ajouté à son modèle le concept de *style d'explication*, afin de désigner les modes habituels d'explication auxquels les gens recourent pour rendre compte des dures épreuves qu'ils subissent. Le style d'explication se mettrait peu à peu en place selon les principes d'apprentissage béhavioristes, mais exercerait par la suite une influence plus globale sur la conduite. Les personnes qui ont acquis un mode d'explication pessimiste ont tendance à expliquer les événements malheureux qui leur arrivent par des causes internes (« C'est entièrement ma faute si j'ai échoué à l'examen »), stables dans le temps (« Je crois que je ne pourrai pas faire mieux pour le prochain examen ») et globales (« C'est comme ça pour tous les examens »). Par contre, les personnes qui ont acquis un mode d'explication optimiste considèrent que les mêmes événements sont provoqués par des causes externes (« Les questions n'ont pas porté sur ce que j'ai étudié »), instables ou changeantes (« Tout ira mieux au prochain examen ») et que leurs effets sont limités (« Je réussis bien dans les autres matières »).

L'optimisme est souvent un gage de réussite. Par exemple, des études ont montré que les courtiers d'assurances vie qui sont optimistes font signer plus de contrats que ceux qui sont pessimistes; les nageurs olympiques optimistes se remettent mieux d'une défaite et nagent encore plus vite par la suite, alors que les nageurs pessimistes sont moins rapides après une défaite (Seligman, 1991). L'une des raisons de cette différence de comportement tient à ce que, face à un échec ou à toute autre difficulté, les optimistes ont tendance à se concentrer sur ce qu'ils peuvent *faire* plutôt que sur ce qu'ils *ressentent*. Ils conservent leur sens de l'humour, font des projets et analysent la situation d'un point de vue positif (Carver, *et al.*, 1989; Peterson et Barrett, 1987). Par définition, les optimistes s'attendent à réussir ce qu'ils entreprennent; ils travaillent donc beaucoup plus fort pour atteindre leur but que les pessimistes. Vous êtes-vous reconnu dans cette description?

LA CROYANCE DANS L'EFFICACITÉ PERSONNELLE

La croyance qui a les plus fortes répercussions sur la motivation est probablement celle selon laquelle une personne se croit fondamentalement compétente ou non (Sternberg et Kolligian, 1990; White, 1959). Pour Albert Bandura (1990, 1994), la croyance dans ce qu'il appelle l'**efficacité personnelle** désigne la conviction d'une personne de posséder les capacités nécessaires pour accomplir avec succès ce qu'elle se propose de faire. Des dizaines d'études ont montré que l'efficacité personnelle influe sur la manière dont une personne accomplit une tâche, sur son engagement pour atteindre un but et sur sa ténacité à le poursuivre, sur son choix de carrière, sur son habileté à résoudre des problèmes complexes au travail, sur ses habitudes de vie et même sur sa façon de réagir au stress (Bandura, 1992; Hackett, *et al.*, 1992; Kamin, *et al.*, 1995; Sadri et Robertson, 1993).

> **Efficacité personnelle**
>
> Conviction d'une personne de posséder les capacités nécessaires pour produire par ses propres efforts les résultats qu'elle souhaite obtenir, tels que la maîtrise de nouvelles habiletés et l'atteinte des buts qu'elle s'est fixés.

Selon Bandura (1994), la croyance dans l'efficacité personnelle provient de l'une ou l'autre des quatre sources d'informations suivantes.

1 LES EXPÉRIENCES RELATIVES À LA MAÎTRISE DE NOUVELLES HABILETÉS ET À LA CAPACITÉ DE SURMONTER DES OBSTACLES. Les échecs occasionnels sont nécessaires à l'acquisition d'un fort sentiment d'efficacité personnelle. En effet, l'individu qui ne connaît que des succès apprend à compter rapidement sur des résultats et a tendance à se décourager facilement lorsqu'il rencontre des difficultés normales.

Même s'il ne bénéficie pas des meilleures conditions d'étude, cet enfant ne ménage pas ses efforts pour réussir. Sa croyance dans son efficacité personnelle est peut-être ce qui motive son comportement.

2 **L'OBSERVATION DE PERSONNES QUI SONT COMPÉTENTES, QUI RÉUSSISSENT DANS LEURS ENTREPRISES ET QUI LEUR RESSEMBLENT (MODÈLES).** En observant une personne qui lui ressemble accomplir une tâche de façon compétente, un individu apprend à la fois que cette tâche est réalisable et comment l'exécuter. Par contre, si des personnes de son entourage essuient échec après échec, un individu en viendra peut-être à douter de sa capacité à réussir.

3 **L'ENCOURAGEMENT ET LA PERSUASION D'AUTRUI.** Un individu acquiert un sentiment de croyance dans sa propre efficacité lorsque les personnes de son entourage agissent de façon à le convaincre qu'il a tout ce qu'il faut pour «y arriver», qu'elles renforcent ses réalisations, lui permettent de réussir et ne le placent pas dans des situations où il subira des échecs répétés.

4 **LES JUGEMENTS QU'UN INDIVIDU PORTE SUR SON ÉTAT PHYSIOLOGIQUE.** Un individu se sent plus compétent s'il est calme et détendu que s'il est tendu ou soumis à un stress élevé. Les personnes qui ont une forte croyance dans leur efficacité personnelle sont capables d'utiliser de façon productive leurs moments d'excitation ou de tension. Par exemple, au lieu d'interpréter le trac ressenti avant de donner une conférence comme le signe infaillible qu'elles vont échouer, elles considèrent cette tension comme une source de motivation supplémentaire susceptible de les aider à mieux réussir.

Le premier élément de la liste de Bandura englobe non seulement les expériences de succès, mais également les expériences d'échec. Ainsi, contrairement aux béhavioristes, qui prédiraient que des expériences répétées d'échecs auraient pour effet de diminuer les comportements orientés vers la réussite d'une tâche, les théoriciens de l'apprentissage social croient que tout dépend de la façon dont une personne interprète ses échecs. Imaginez que deux personnes font face à un problème difficile et qu'elles s'en sortent toutes les deux plutôt mal. Celle qui a une faible croyance dans son efficacité personnelle aura tendance à abandonner, alors que celle qui a un fort sentiment d'efficacité personnelle continuera d'essayer à résoudre le problème. Ce qui les distingue n'a rien à voir avec leurs capacités; bien des individus doués n'ont pas un degré de croyance suffisant dans leur efficacité personnelle pour persister dans leurs efforts après un échec. Ces croyances se mettent tôt en place. Dans une étude menée auprès d'enfants de première, de troisième et de cinquième année, Cain et Dweck (1995) ont observé qu'un pourcentage élevé d'élèves montraient des signes d'impuissance lorsqu'ils ne parvenaient pas à résoudre des casse-tête. Ces élèves considéraient déjà que l'intelligence est une faculté déterminée et que leurs résultats ne relevaient pas, ou peu, de leurs efforts et de leurs habiletés.

Vous aurez sûrement noté que les concepts de contrôle interne ou externe, d'optimisme et de pessimisme ainsi que d'efficacité personnelle sont fortement interreliés; c'est ce que confirme une recherche effectuée par Marshall et ses collaborateurs (1994). Pour sa part, Bandura (1994) fait observer que, étant donné que la vie courante est «remplie d'obstacles, d'événements malheureux, de contretemps, de frustrations et d'injustices», il est indispensable d'avoir une «conception optimiste de sa propre efficacité» pour être en mesure de persister dans ses efforts pour réussir. Une telle perception se situe quelque part entre l'illusion que tout est possible et la conviction cynique qu'on ne peut rien à rien.

Qu'avez-vous appris?

RÉPONSES, p. 225

Vous pouvez accroître votre maîtrise du contenu de cette section en répondant aux questions suivantes.

1. De façon générale, la réussite est associée au contrôle (interne/externe).

2. «Je n'aimerai plus jamais personne parce que je suis laid; cette aventure n'était qu'un coup de chance» illustre un style d'explication _____.

3. Croire que l'on échouera à un cours et ne faire aucun effort pour réussir peut aboutir à _____.

4. En tant que professeur, vous désirez augmenter chez vos élèves le degré de croyance en leur efficacité personnelle. Vous devriez: a) vous assurer qu'ils n'échouent jamais; b) agir de façon à leur présenter des modèles compétents sur lesquels ils peuvent s'appuyer; c) éviter de les féliciter afin qu'ils ne deviennent vaniteux; d) ne jamais les critiquer.

Les principes de l'apprentissage social et cognitif permettent de mieux comprendre les comportements de Frank et Hanna Sheehy-Skeffington, dont nous avons parlé au début du chapitre. Leurs parents étaient très exigeants envers tous leurs enfants et ils ne leur demandaient pas de se conformer aux stéréotypes sexuels. Le père de Frank désirait inculquer à son fils des habitudes «d'ordre, de vertu et de moralité, de même que des sentiments de bienveillance envers les autres» (cité dans Levenson, 1983). Hanna avait grandi dans une famille où l'on s'intéressait de près à la politique, où toutes les filles étaient instruites et encouragées à faire des choix en fonction de leurs propres intérêts. Au moment où ils ont atteint l'âge adulte, Frank et Hanna avaient acquis un sentiment d'engagement envers les moins favorisés et un ensemble de croyances qui leur ont permis d'agir en fonction de cet engagement. Comme la plupart de ceux qui ont milité pour la défense des droits de la personne, ils possédaient un fort sentiment de contrôle interne et d'efficacité personnelle et faisaient preuve de beaucoup d'optimisme ; ils avaient l'assurance de pouvoir modifier le cours de l'histoire. Mais ils avaient également été influencés par l'époque et la situation sociale dans lesquelles ils vivaient, en particulier le mouvement d'indépendance de l'Irlande face à l'Angleterre et la lutte en faveur du droit de vote des femmes.

Réponses

Page 219

1. Le déterminisme réciproque. **2.** D'apprentissage par observation. **3.** Carte cognitive. **4.** Des connaissances à propos des comportements et des conséquences qui sont associées à ces derniers. **5.** ■ Les perceptions et les interprétations individuelles ; ■ les facteurs liés à la personnalité ; ■ la présence d'autres modèles.

Page 224

1. Interne. **2.** Pessimiste. **3.** L'autoréalisation de la prophétie. **4.** b.

RÉSUMÉ

1 Même durant l'âge d'or du béhaviorisme, un certain nombre d'adeptes de cette approche se sont insurgés contre le fait que les explications soient fondées uniquement sur les principes du conditionnement. Cette insatisfaction a donné naissance à plusieurs théories, entre autres aux *théories de l'apprentissage social et cognitif,* dont les partisans ont étudié non seulement l'influence de l'environnement sur le comportement, mais aussi les effets des processus cognitifs supérieurs, la signification psychologique d'un comportement pour l'individu et l'interaction entre les individus et leur milieu (déterminisme réciproque).

2 Le béhaviorisme social et cognitif insiste généralement sur le rôle de l'apprentissage par observation, de l'influence des modèles, des processus cognitifs (comme la perception) et des croyances stables dans le succès ou l'échec qui influent sur la motivation. Les théoriciens de l'apprentissage social et cognitif ne s'entendent pas toujours sur la prépondérance à accorder aux caractéristiques de l'environnement ou aux processus cognitifs dans l'explication du comportement.

3 L'*apprentissage par observation* consiste à apprendre en observant ce que font les autres et les conséquences de leurs actions. L'apprenant imite parfois les comportements d'autrui peu de temps après

les avoir observés, mais il arrive aussi que l'apprentissage demeure à l'état de latence jusqu'à ce que les circonstances permettent ou exigent sa mise en application. L'apprentissage par observation commence dès la petite enfance.

4 Le béhavioriste Edward Tolman a démontré l'existence de l'*apprentissage latent* en étudiant le comportement de rats dans des labyrinthes ; il en est venu à la conclusion que le contenu de l'apprentissage n'est pas une conduite mais une *carte cognitive.* D'après les théories de l'apprentissage social et cognitif, ce que l'on acquiert au moyen de l'apprentissage par observation ou de l'apprentissage latent, ce n'est pas une conduite mais un savoir sur des comportements et sur leurs conséquences. Les différences individuelles dans les perceptions et les interprétations contribuent à expliquer pourquoi l'apprentissage par observation ne produit pas les mêmes résultats chez tous les observateurs.

5 Contrairement aux béhavioristes traditionnels, les partisans du béhaviorisme social et cognitif soutiennent que les habitudes et les croyances acquises peuvent finir par avoir elles-mêmes des conséquences sur le comportement et qu'elles peuvent même en venir à supplanter les effets des renforçateurs et des punitions extrinsèques. Dans cette optique, la *motivation* dépend non seulement des expériences de

▶▶

renforcement d'un individu, mais aussi des croyances qu'il a intériorisées et qui exercent une influence propre sur le comportement.

6 Le concept de *lieu de contrôle interne ou externe* désigne la croyance générale qu'une personne a de maîtriser ou non les résultats — renforcement ou punition — de ses propres actions. Les personnes chez qui le contrôle est interne ont tendance à croire qu'elles sont responsables de ce qui leur arrive; celles chez qui le contrôle est externe ont tendance à croire qu'elles sont victimes du hasard, du destin ou d'autrui. Le contrôle interne ou externe d'une personne dépend de son statut social et de ses expériences, et il est susceptible de motiver des individus à changer la société. Les attentes généralisées à l'égard du contrôle peuvent aussi donner naissance au phénomène de l'*autoréalisation de la prophétie,* c'est-à-dire qu'une personne qui a des attentes précises face à un résultat agit souvent de façon à ce que sa prédiction se réalise.

7 Une personne qui a appris qu'elle ne pouvait influer sur les conséquences associées à une situation donnée peut souffrir de *résignation acquise.* Le style d'explication, optimiste ou pessimiste, serait déterminant dans le développement de cet état d'apathie.

8 L'*efficacité personnelle* désigne la conviction qu'une personne a d'avoir les capacités nécessaires pour accomplir avec succès ce qu'elle se propose de faire. Selon Albert Bandura, la croyance dans l'efficacité personnelle provient des expériences personnelles faites de réussites et d'échecs, de l'observation de modèles compétents, de l'encouragement et de la persuasion prodigués par autrui, ainsi que des jugements à propos de son propre état physiologique. Face à l'échec, une personne qui a un fort sentiment d'efficacité personnelle cherche à tirer une leçon de ses erreurs, alors qu'une personne ayant un faible sentiment d'efficacité personnelle interprète l'échec comme un désastre.

évaluation de la perspective
béhavioriste

B. F. Skinner avait le don de susciter la controverse. L'un des célèbres débats dont il fut à l'origine concerne un milieu clos qu'il avait conçu pour sa fille cadette, Deborah, alors bébé. Il avait noté que c'est souvent parce qu'ils sont mouillés, qu'ils ont chaud ou froid, ou que leurs couvertures ou leurs vêtements restreignent leurs mouvements que les nourrissons pleurent. Comme sa femme et lui ne pouvaient s'occuper constamment de leur enfant, le chercheur a inventé le «berceau climatisé» (que le grand public a appelé «boîte à bébé») qui se substituerait à eux. La paroi avant de ce berceau était un panneau de verre de sécurité et le fond, une toile tendue; des appareils réglant automatiquement la température et le taux d'humidité y maintenaient une atmosphère douillette, de sorte que Deborah portait seulement une couche et n'était aucunement gênée dans ses mouvements. En tournant une manivelle, les Skinner pouvaient en quelques secondes amener à l'endroit voulu une section propre d'une longue bande de tissu se déroulant sur le fond de toile. La «boîte à bébé» est un exemple d'application des principes de l'apprentissage: pour modifier le comportement, il faut changer l'environnement.

Après avoir décrit son invention dans un article publié dans le *Ladies' Home Journal*, Skinner a essayé de la faire accepter par d'autres parents. On ne peut pas dire que ces derniers aient manifesté un enthousiasme débordant. Même si quelques personnes ont commandé le berceau climatisé et que d'autres en ont construit un d'après le plan fourni par Skinner, l'entreprise s'est soldée malgré tout par un échec. De nombreuses personnes considéraient qu'il s'agissait d'une cage, d'une énorme boîte où le chercheur soumettait sa propre fille au même type d'expériences qu'il effectuait avec des rats ou des pigeons (Skinner, 1978). Le grand public s'est imaginé à tort que les Skinner laissaient leur enfant dans le berceau jour et nuit, la privant de caresses et du réconfort que procure le contact physique, indispensables à un développement harmonieux. Pendant des années, on a fait courir la rumeur que Deborah était devenue folle ou qu'elle s'était suicidée. En réalité, les filles des Skinner sont toutes deux parfaitement normales. Deborah a connu un certain succès

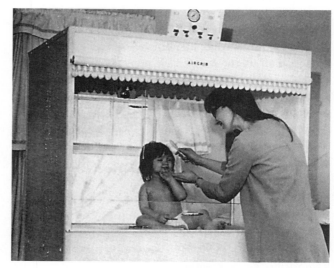

Le berceau climatisé conçu par Skinner est occupé ici par sa petite-fille, Lisa, qui se trouve en compagnie de sa mère Julie.

en tant qu'artiste et écrivaine; quant à Julie, elle est devenue béhavioriste et elle a élevé ses deux filles dans un berceau climatisé.

APPORT DE LA PERSPECTIVE BÉHAVIORISTE

L'anecdote du berceau climatisé illustre bien la méfiance que de nombreuses personnes entretiennent à l'égard du béhaviorisme. Certains critiques s'insurgent contre le vocabulaire mécaniste des béhavioristes et interprètent la modification planifiée du comportement comme de la manipulation ou de l'insensibilité. Ces propos irritent les béhavioristes. Leurs recherches comptent parmi les plus fiables en psychologie, et les principes d'apprentissage, lorsqu'ils sont bien employés, ont de nombreuses applications fort utiles. Nous présentons ci-dessous les principaux apports de la perspective béhavioriste.

1 Reconnaître que chaque individu influence les autres et est en retour influencé par eux, et ce chaque jour de sa vie, qu'il en soit conscient ou non

La dernière fois que vous avez cherché à séduire quelqu'un, discuté de politique avec quelqu'un ou demandé à quelqu'un de faire quelque chose, vous avez en fait essayé de modifier le comportement d'une personne. Même les gens les plus conciliants exercent inévitablement une influence sur les autres par leurs conduites, leurs réponses, l'expression de leur visage et leurs silences. En fait, nous sommes tous appelés à réagir aux renforcements ou aux punitions des autres, à en produire nous-mêmes, à observer et à imiter d'autres personnes et à devenir nous-mêmes un modèle pour d'autres individus. Selon les psychologues adeptes du béhaviorisme, nous ne pouvons éviter les lois de l'apprentissage et, puisque les gens modifient constamment l'environnement, de façon planifiée ou non, la question importante réside dans l'application planifiée et réfléchie de ces principes, de manière à améliorer notre propre vie et celle des autres. Comme l'observait Skinner, cité dans Bjork (1993), à propos des critiques à l'encontre de sa société idéale « Walden Two » planifiée selon les principes de l'apprentissage : « Laisser le hasard modeler un milieu de vie, c'est acceptable. Laisser une personne le modeler, c'est nocif. »

2 Comprendre que le simple fait de nommer un comportement ne l'explique pas

Par l'analyse détaillée des mécanismes qui assurent la constance et le changement dans le comportement, les béhavioristes ont amené de nombreux psychologues à préciser de façon scientifique leur explication du comportement. Qu'apprend-on en disant qu'un homme est incapable de s'empêcher de boire parce qu'il est alcoolique ? On pourrait tout aussi bien dire que cet homme boit parce qu'il boit ! De même, affirmer qu'un garçon refuse de faire le ménage dans sa chambre en raison d'une disposition interne appelée « paresse » (il est paresseux à cause de sa paresse) n'explique rien et n'indique sûrement pas comment réagir à ce comportement. Un béhavioriste chercherait plutôt à déterminer ce qui renforce la « paresse » du garçon : l'occasion de faire quelque chose de plus intéressant, comme s'allonger et regarder la télévision ? Un théoricien de l'apprentissage social et cognitif chercherait à en savoir davantage sur les modèles de ce garçon (ses parents sont-ils également paresseux ?), sur ses attitudes (peut-être ne voit-il aucune raison de mettre de l'ordre dans sa chambre), sur sa socialisation sexuelle (peut-être a-t-il appris qu'un « vrai » garçon ne passe pas l'aspirateur).

3 Rendre possible un grand nombre d'applications pratiques

Le béhaviorisme est surtout connu pour son côté pragmatique, terre-à-terre si l'on peut dire. Là où d'autres psychologues chercheraient à analyser vos motivations ou à vous convaincre d'accepter votre tempérament inné, les béhavioristes vous indiqueraient quoi *faire*. On a parfois accusé les théoriciens de cette perspective de considérer les gens comme des pantins à la merci de l'environnement, mais ce reproche est injustifié. L'ensemble des béhavioristes considèrent que les individus peuvent et doivent jouer un rôle actif dans la création de milieux mieux adaptés, pour eux-mêmes et pour autrui. Si nous voulons que les enfants soient équilibrés sur le plan émotionnel, il faut apprendre à les éduquer de manière à favoriser cet équilibre émotionnel. Si nous voulons vivre dans un monde paisible, il vaut mieux ne pas attendre que les gens et les choses changent tout seuls ; on doit plutôt intervenir pour modifier l'environnement de façon à ce que la coopération soit citée en exemple et renforcée, que les gens malhonnêtes ne puissent triompher ni se maintenir au pouvoir.

Les théories de l'apprentissage social et cognitif sont facilement applicables à la résolution de problèmes personnels et sociaux, parce qu'elles mettent l'accent sur l'interaction de l'individu et du milieu et, plus particulièrement, sur les attitudes et les attentes que doit développer une personne pour acquérir la motivation de changer son environnement. Voici quelques-uns des apports de recherches issus de cette approche.

■ **ACCROÎTRE LE SENTIMENT D'EFFICACITÉ PERSONNELLE.** L'acquisition et l'accroissement du sentiment d'efficacité personnelle peut résulter de programmes enseignant certaines habiletés, fournissant des modèles et procurant des renforcements appropriés (Ozer et Bandura, 1990). Par exemple, au cours d'une étude menée auprès de 24 étudiants de deuxième cycle en études commerciales, les chercheurs ont incité certains étudiants à percevoir la capacité à prendre des décisions de gestion comme une habileté qui s'acquiert et s'améliore par la pratique, et ils ont amené les autres à croire au contraire que les habiletés de gestion découlent de «processus cognitifs fondamentaux» présents chez certains individus seulement (Wood et Bandura, 1989). Les chercheurs ont constaté que le fait d'apprendre à concevoir les habiletés de gestion comme des *habiletés acquises* «a entretenu chez les étudiants un sentiment très persistant de leur propre efficacité», si bien qu'ils se sont évertués à atteindre des objectifs organisationnels très difficiles, ce qui leur a permis d'améliorer leur performance, et les a convaincus par conséquent de leur efficacité personnelle.

■ **SE FIXER DES OBJECTIFS.** Un individu réalisera plus de projets s'il se fixe des objectifs élevés mais réalistes. Si deux personnes ont les mêmes habiletés, celle qui se fixe des buts précis, de difficulté moyenne, travaillera plus longtemps et accomplira plus de choses que celle qui se fixe des buts vagues et faciles à atteindre, ou qui ne se fixe aucun but (Locke et Latham, 1990). Lorsque l'objectif visé est imprécis, comme «Je vais travailler plus fort», l'individu ne sait ni quelle ligne de conduite suivre pour l'atteindre ni quels critères appliquer pour décider s'il l'a atteint (que signifie «plus fort»?). La personne qui se fixe un but bien déterminé, comme «Je vais étudier deux heures chaque soir, plutôt qu'une, et je vais lire 25 pages, plutôt que 15», définit en même temps une ligne de conduite et des critères d'évaluation. De plus, comme on l'a vu précédemment, les personnes qui déterminent leurs buts en fonction de l'apprentissage plutôt que de la performance ont tendance à persister davantage dans leurs efforts même si elles essuient des échecs.

■ **AMÉLIORER SES HABITUDES DE VIE.** Comment peut-on amener des individus à modifier leurs habitudes de vie et à mieux prendre soin d'eux-mêmes, surtout s'ils ont déjà un problème de santé, comme le diabète ou une maladie cardiaque, ou s'ils sont particulièrement susceptibles de contracter certaines maladies? Une solution fréquemment employée consiste à leur faire peur et à les submerger d'informations. À l'opposé, les adeptes du béhaviorisme social et cognitif ont remporté beaucoup plus de succès en visant à accroître le sentiment d'efficacité personnelle de ces personnes (Lau, 1982), en leur procurant des modèles sachant faire face à un échec ou à une défaillance, ou encore en leur enseignant à examiner leurs symptômes physiques sous un autre angle et à les surmonter (Bandura, 1992; Meyerowitz et Chaiken, 1987; Taylor, 1995).

Les stratégies de vente dont le but premier est la modification des comportements des consommateurs fournissent peut-être l'exemple le plus éloquent de l'utilisation des principes de l'apprentissage dans la vie courante. Les efforts des publicitaires peuvent être observés partout: les programmes de vols gratuits alloués aux grands voyageurs, les soldes offerts par les manufacturiers d'automobiles ou les rabais consentis par les assureurs aux non-fumeurs et aux bons conducteurs. Néanmoins, comme toutes les autres approches, le béhaviorisme a des limites, tant sur le plan théorique que sur le plan pratique.

LIMITES DE LA PERSPECTIVE BÉHAVIORISTE

Les nombreux succès du béhaviorisme n'occultent pas une de ses limites inhérentes. Les béhavioristes traditionnels et les partisans du béhaviorisme social et cognitif ont tendance à étudier une influence de l'environnement à la fois: un modèle parental, les réactions d'un professeur, les formes de renforcement dans une situation donnée, la croyance d'efficacité personnelle, etc. Pourtant, dans la vie de tous les jours, chaque personne est susceptible d'être influencée par une multitude d'éléments. Il s'agit d'un problème difficile à résoudre pour les chercheurs de cette perspective. Lorsque presque tout *peut* avoir une influence sur un comportement donné, il peut s'avérer très ardu de démontrer qu'un aspect particulier de l'environnement *a* une influence précise sur le comportement visé. C'est comme essayer de prendre avec sa main un peu de brouillard: on sait qu'il est là mais on n'arrive pas à le saisir. C'est pourquoi les explications que les chercheurs adeptes du béhaviorisme apportent à des phénomènes complexes comme les traits de personnalité, les préférences liées au genre, l'agression, etc., semblent ne pas décrire l'ensemble du phénomène en question. Leurs réponses prennent souvent la forme suivante: «Bien, vos parents jouent un rôle dans votre vie, ainsi que vos attitudes et les expériences particulières que vous avez connues, de même que les coutumes issues de votre culture, et ce que votre religion enseigne, et...» Il faut donc faire preuve de prudence dans l'analyse de certaines conduites, et tâcher notamment d'éviter les écueils suivants.

1 La réduction aux influences environnementales

Il est entièrement faux de penser que le béhaviorisme considère les individus comme des êtres aussi malléables que de la pâte à modeler, ou que l'on peut transformer tout individu à notre guise si on le place dans l'environnement approprié. Essayer de réduire le comportement humain aux facteurs environnementaux correspond à la même erreur que de vouloir tout réduire aux facteurs biologiques. Ce qu'il importe de savoir, c'est que les caractéristiques génétiques et les attributs biologiques imposent des limites bien définies à ce qu'un individu ou une espèce peut apprendre, et ce quel que soit l'environnement où ils sont appelés à évoluer.

Les théoriciens modernes de l'apprentissage, béhavioristes ou autres, ont inclus ce fait dans leurs théories. Ils reconnaissent que tout organisme semble avoir des prédispositions biologiques qui lui permettent d'apprendre certaines choses plus facilement que d'autres, et que les procédures de conditionnement donnent de meilleurs résultats lorsque l'on tire parti de ces tendances innées. L'exemple de Keller et Marian Breland (1961), deux psychologues devenus dresseurs, illustre bien ce qui peut arriver lorsque l'on ne tient pas compte des contraintes biologiques. Ils ont constaté que les animaux avaient souvent de la difficulté à apprendre des tâches qui semblaient faciles. Par exemple, un cochon qu'on avait entraîné à transporter un gros jeton en bois et à le mettre dans une tirelire, laissait tomber celui-ci par terre, le poussait du groin, le lançait en l'air, puis fouillait le sol pour le reprendre. Ce comportement bizarre retardait l'administration de l'agent de renforcement, de sorte qu'il s'expliquait difficilement à l'aide des principes du conditionnement opérant. Ce comportement instinctif propre au cochon, soit la tendance à utiliser son groin pour déterrer des racines comestibles, l'empêchait d'effectuer la tâche à

laquelle il avait été entraîné. Les Breland ont appelé **tendance instinctive** ce retour à un comportement instinctif.

Les tendances innées des êtres humains sont également susceptibles d'influer sur la rapidité de l'apprentissage, ou même sur le fait que celui-ci se produise ou non. Rappelez-vous ce psychologue, dont nous avons parlé au chapitre 6, qui, à la suite d'une procédure de conditionnement répondant, a fini par détester la sauce béarnaise. En laboratoire, le conditionnement exige habituellement plusieurs essais et il a plus de chances de se produire si le stimulus inconditionnel suit immédiatement le stimulus conditionnel. Pourtant, dans le cas de la sauce béarnaise, l'apprentissage a eu lieu au moyen d'une unique association de la sauce avec la maladie, même si un long intervalle temporel a séparé les stimuli inconditionnel et conditionnel. De plus, ni la femme du psychologue ni l'assiette dans laquelle il avait mangé ne sont devenues des stimuli conditionnels provoquant la nausée, même si ces deux éléments ont été eux aussi associés à la maladie. Des recherches suggèrent que les êtres humains, de même que certains animaux, sont biologiquement prédisposés à associer la maladie à une saveur plutôt qu'à une lumière ou à un son par exemple (Garcia et Koelling, 1966; Seligman et Hager, 1972). Cette tendance favorise la survie des espèces: le fait de manger un aliment avarié risque davantage d'entraîner une maladie que le fait d'être exposé à une lumière ou d'entendre un son. C'est probablement la raison pour laquelle le conditionnement qui s'est produit à l'égard de la sauce béarnaise a été si rapide en dépit du délai entre les deux stimuli. Inversement, lorsque l'on s'efforce de modifier le comportement humain sans tenir compte des données biologiques, on aboutit souvent à un échec.

> **Tendance instinctive**
> Tendance chez un organisme à revenir à des comportements instinctifs qui peuvent nuire à l'apprentissage de nouvelles conduites.

2 L'erreur de croire que, si un comportement est appris, il peut facilement être modifié

Certains théoriciens ont tort de penser que toutes les influences biologiques sont nécessairement permanentes, et d'autres que tous les apprentissages acquis dans le passé peuvent être modifiés. Ainsi, les études effectuées par des chercheurs dans le domaine de la perspective biologique ont montré que les comportements fortement influencés par la génétique peuvent changer jusqu'à un certain point, en fonction des attitudes, des attentes de la culture et des expériences personnelles. À l'opposé, on observe que des conduites et des croyances apprises au fil des ans, telles les convictions religieuses, peuvent devenir quasiment impossibles à changer.

Tout au long de l'histoire, comme nous l'avons souligné dans la partie consacrée à la perspective biologique, des individus ont eu recours à des arguments biologiques pour justifier la subordination des femmes, légitimer les iniquités raciales et maintenir le *statu quo* social et politique (Fausto-Sterling, 1985 ; Gould, 1981 ; Hubbard, 1990). Il n'est donc pas surprenant que la perspective béhavioriste attire les personnes prônant l'égalitarisme et le changement social, et que toutes celles qui souhaitent vivre dans un monde où les préjugés et les stéréotypes sexuels occuperaient une place moins importante trouvent un certain réconfort dans l'idée que la nature humaine est malléable et que l'on peut désapprendre ce que l'on a appris.

Revenons à la question complexe de la socialisation sexuelle abordée au début de ce chapitre, c'est-à-dire le processus par lequel les garçons et les filles apprennent les traits, les attitudes et les comportements que la société dans laquelle ils grandissent juge appropriés aux personnes de leur sexe. Les psychologues féministes et les adeptes de la perspective biologique s'affrontent souvent sur ce sujet. Pour leur part, les psychologues féministes pensent que la quasi-totalité des différences entre les sexes, qu'il s'agisse de la préférence pour certains jouets, des comportements agressifs ou de l'intérêt envers les mathématiques, sont en fait apprises. Ces psychologues affirment qu'il n'existe pas de gène déterminant que telle personne deviendra médecin (en Russie, un plus grand nombre de femmes que d'hommes choisissent cette profession) ou portera une jupe (en Écosse,

les hommes en portent à l'occasion de certaines cérémonies). Il semble également que, même si les parents et les professeurs croient agir de la même façon envers les enfants des deux sexes, ils ont tendance à renforcer et à punir, sans en être conscients, certaines conduites qu'ils associent soit aux garçons, soit aux filles. L'hypothèse des psychologues féministes est que la plupart des différences entre les sexes s'atténueront et finiront par disparaître si on élimine les images sexistes des livres, de la télévision et de la musique populaire, si on montre aux parents et aux enseignants comment reconnaître les pratiques favorisant les stéréotypes sexuels et comment y mettre fin, et si on inculque aux enfants des valeurs égalitaires.

Les adeptes de la perspective biologique pensent au contraire que certaines différences entre les sexes sont dues aux hormones, aux gènes et à la latéralisation du cerveau. Selon ces psychologues, les parents et les adultes ne font que refléter les différences liées au sexe, ils ne les causent pas. Ils citent des études montrant que les filles ayant reçu des androgènes (hormones mâles) au stade fœtal ont par la suite témoigné plus que les autres filles une préférence pour les jouets de garçons, comme les automobiles, les voitures de pompiers et les jeux de construction (Berenbaum et Hines, 1992). Ces résultats, conjugués à l'observation que les parents ne traitent pas leurs enfants différemment suivant leur sexe, amènent les psychologues adeptes de la perspective biologique à affirmer qu'un « substrat biologique détermine les préférences pour des jouets et des jeux » (Lytton et Romney, 1991). C'est ainsi que le débat sur l'origine des différences sexuelles se poursuit, les uns favorisant les forces de l'apprentissage et les autres, les forces biologiques.

Il est sans doute possible d'échapper à la pensée dichotomique qui caractérise ce

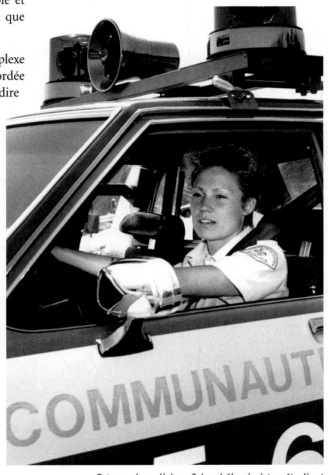

Est-ce « le policier » ? Les béhavioristes étudient les éléments qui influent parfois de façon subtile sur l'apprentissage des rôles sexuels. Ils ont découvert par exemple que l'utilisation de titres uniquement masculins faisait croire que certaines professions ne pouvaient être exercées que par des hommes.

débat depuis si longtemps. Supposons qu'il y ait réellement un « substrat biologique » aux préférences des enfants pour des jouets. Qu'apprendrait-on alors de plus sur les intérêts professionnels d'un adulte ou sur sa conception des genres ? La réponse est la suivante : fort peu de choses. En effet, en grandissant, les enfants acquièrent des intérêts professionnels d'adultes qui n'ont pour ainsi dire rien à voir avec la biologie mais bien plus avec, par exemple, les emplois qui leur paraissent accessibles (Kanter, 1977/1993). Supposons maintenant que des facteurs biologiques contribuent à des différences sur le plan de certaines habiletés entre garçons et filles : quelles en seraient les conséquences à l'âge adulte ? Par exemple, s'il s'avérait que les filles ont *en moyenne* des résultats inférieurs à ceux des garçons dans certains types de raisonnements mettant en œuvre la visualisation spatiale, cela signifierait-il que *chaque* fille devrait abandonner une carrière en mathématiques ou en sciences comme nombre d'entre elles en mènent actuellement ? D'un autre côté, les garçons éprouvent en moyenne plus de difficultés de lecture que les filles. Devrait-on tous les écarter des emplois qui exigent cette habileté ? La réponse à ces deux questions est simple : il vaudrait mieux mettre au point des programmes qui permettraient tant aux filles qu'aux garçons d'améliorer leurs habiletés là où ils semblent accuser un retard.

Certains théoriciens croient qu'accepter l'existence de différences entre les genres renvoie nécessairement à une cause biologique, ce qui à leurs yeux signifie l'impossibilité de changer cet état de choses. En fait, c'est plutôt en reconnaissant les différences entre les genres, et en faisant preuve d'ouverture d'esprit quant aux multiples causes possibles, que l'on trouvera sans doute les meilleures façons de réduire ou d'éliminer leurs répercussions négatives.

3 La simplification à outrance dans l'application des techniques de l'apprentissage

En insistant sur la complexité des facteurs qui influent sur l'individu tout au long de sa vie, les théories de l'apprentissage social et cognitif nous mettent en garde contre une tendance à trop simplifier, tant dans l'analyse du comportement que dans l'intervention. Il peut être tentant d'appliquer les principes de l'apprentissage aux problèmes qui surgissent dans la salle de classe, au travail ou à la maison en s'en remettant à une sorte de béhaviorisme populaire et simpliste. Dans ce cas, Alfie Kohn (1993) fait observer que le chantage et les menaces sont la règle : « Si tu fais ceci, je te donnerai cela. » Il déplore que, aux États-Unis, les lieux de travail soient devenus « d'énormes boîtes de Skinner munies de terrains de stationnement », des endroits où des programmes d'incitation au travail simplistes et fondés sur la compétition ont remplacé les principes de gestion responsables. On y suppose implicitement que la carotte et le bâton sont les seuls moyens de motiver un individu.

Cette attitude, selon Kohn, peut avoir des répercussions néfastes. Les enfants apprennent à craindre les enseignants ou à dépendre d'eux, et les travailleurs éprouvent des sentiments analogues envers leur employeur. Lorsqu'une personne se préoccupe de savoir *comment elle s'en tire*, elle ne peut pas se concentrer entièrement sur *ce qu'elle fait*. Chacun a tellement peur d'échouer qu'il refuse de prendre des risques. Lorsque le nombre d'élèves susceptibles d'obtenir un A, ou le nombre de travailleurs susceptibles d'être élus « employé du mois » est limité, les individus commencent à se méfier les uns des autres, à se décourager lorsqu'ils « perdent » et à refuser de faire preuve de coopération. Personne ne prend le temps d'analyser la situation pour déterminer la ou les causes de la performance médiocre et personne ne s'interroge sur le bien-fondé de renforcer tel ou tel comportement.

Skinner s'opposait au béhaviorisme populaire tout autant que Kohn. Il n'a jamais prôné l'utilisation de renforçateurs extrinsèques, qui ne constituent en fait qu'une forme de chantage déguisé. Skinner (1987) a déploré au contraire que tant de personnes s'ennuient et se sentent déprimées parce que leur vie est surtout fondée sur le plaisir de consommer des renforçateurs extrinsèques au détriment d'une vie plus active davantage tournée vers la satisfaction intrinsèque. « Les gens ont de belles choses sous les yeux, ils écoutent une belle musique et assistent à des spectacles captivants, dit Skinner, mais les seuls comportements renforcés consistent à regarder, écouter et prêter attention. » Il arrive trop peu souvent, ajoute-t-il, que des personnes soient renforcées pour leur créativité, leur empressement à prendre des risques, leur participation ou le fait d'avoir tenu un pari. Il arrive aussi trop peu souvent qu'elles aient l'occasion d'être fières du travail qu'elles ont accompli ou de faire preuve d'initiative quant au choix des activités auxquelles elles s'adonnent. Skinner était tout à fait conscient de l'importance des renforcements intrinsèques.

En dépit des problèmes énumérés ci-dessus, les béhavioristes croient que, si la société tirait davantage parti des principes de l'apprentissage, elle s'en porterait beaucoup mieux. On peut particulièrement bien saisir les espoirs que font naître cette perspective et les principaux problèmes auxquels elle fait face en examinant la portée des principes de l'apprentissage dans deux champs d'application importants : la modification du comportement et l'intervention en éducation.

1. Joanna est découragée, son fils Manuel ne participe plus aux activités de la famille. Elle l'a pourtant renforcé à plusieurs reprises, elle l'a félicité pour sa participation, elle lui a montré combien cela lui faisait plaisir, etc., mais rien n'y a fait. Manuel se met à l'écart lors de ces activités et semble s'ennuyer ferme. Pourquoi les techniques béhaviorales prônant l'utilisation de renforçateurs ne fonctionnent-elles pas dans ce cas ?

2. Une publicité promettait de transformer tout freluquet de moins de 50 kilos en un matamore courageux et musclé. Quelle utilisation inappropriée des principes de l'apprentissage cet exemple illustre-t-il ?

PREMIER THÈME
LA MODIFICATION DU COMPORTEMENT

Lorsqu'une personne désire modifier son comportement, elle s'adresse souvent à un thérapeute ; il n'est donc pas surprenant que la psychothérapie compte parmi les domaines ayant le plus bénéficié des découvertes béhavioristes. Les psychologues qui recourent aux techniques de modification du comportement ne s'efforcent pas de sonder les profondeurs de la psyché d'une personne. Ils tentent plutôt de l'aider à modifier les attitudes ou les comportements qui la font souffrir, au moyen de diverses méthodes issues des principes béhavioristes.

1 L'OBSERVATION COMPORTEMENTALE ET LE CONTRAT sont employés pour aider le sujet à identifier les renforçateurs qui maintiennent une habitude indésirable et à s'engager à adopter un meilleur comportement. Un homme qui désire réfréner ses excès de table n'est pas nécessairement conscient de la quantité de nourriture qu'il absorbe à divers moments de la journée ; l'observation systématique de ses comportements peut mettre en évidence que, en fin d'après-midi, il mange plus d'aliments sans valeur nutritive qu'il ne le croit. Une étudiante qui a l'habitude de la procrastination ne sait pas nécessairement comment elle occupe son temps lorsqu'elle n'étudie pas. Parce qu'elle a peur de ne pas avoir le temps de tout faire, elle ne fait rien. En tenant un journal comportemental, elle apprendra exactement de quelle manière elle utilise son temps et combien d'heures elle peut, de façon réaliste, consacrer à un projet.

Après avoir déterminé un comportement indésirable, ainsi que les renforçateurs qui le maintiennent, on peut établir un programme d'intervention comprenant un nouvel ensemble de renforçateurs. Le thérapeute aide alors son client à se fixer des *objectifs comportementaux* réalistes, dont chacun constitue un petit pas dans la bonne direction. Plutôt que de poursuivre un but vague et extrêmement général, comme « Je vais réorganiser ma vie », un étudiant qui a l'habitude de la procrastination se fixera de petits objectifs précis, par exemple terminer la lecture des deux livres qu'il doit lire pour rédiger un essai et écrire un certain nombre de pages chaque jour. L'étudiant ne doit alors s'attribuer ses renforçateurs préférés, comme regarder la télévision ou téléphoner à un ami, que lorsqu'il a atteint l'objectif désiré. De même, on peut inviter des conjoints qui ne sont pas d'accord sur la répartition des tâches ménagères à établir un véritable contrat spécifiant qui fait quoi et quels renforçateurs sont attachés au fait de s'acquitter de ses responsabilités. S'ils rédigent un contrat de ce type, il leur devient impossible de s'adresser mutuellement des reproches du genre « Tu ne fais jamais rien dans la maison ! »

2 LA DÉSENSIBILISATION SYSTÉMATIQUE est un processus visant à faire disparaître progressivement une réponse de peur exagérée à un objet ou à une situation. Elle combine l'entraînement à la relaxation avec la présentation systématique, soit en imagination, soit dans le réel, de stimuli provoquant la peur. Ces stimuli sont présentés en allant toujours du stimulus le moins phobique à celui qui l'est le plus. La progression des stimuli ne se fait qu'à condition que le sujet se sente à l'aise. On pourrait par exemple procéder de la manière suivante pour traiter un cas de phobie de l'avion : faire des lectures sur la sécurité des avions ; visiter un aéroport ; s'asseoir dans un avion au sol ; effectuer un court trajet en avion ; effectuer un long trajet en avion. Cette technique repose sur les principes du conditionnement répondant dont John Watson et Mary Cover Jones se sont inspirés pour le contre-conditionnement du jeune Peter, qui avait peur des lapins (voir le chapitre 6). Le stimulus conditionnel (l'avion) est progressivement associé à un état de relaxation incompatible avec la réponse de peur, jusqu'à la disparition de la réponse conditionnelle de peur par un processus d'extinction.

3 LE CONDITIONNEMENT AVERSIF s'inspire du conditionnement opérant et consiste à substituer une punition aux renforçateurs positifs maintenant une mauvaise habitude.

Supposons qu'une femme se rongeant les ongles est renforcée chaque fois qu'elle fait ce geste parce que son anxiété s'en trouve diminuée et qu'elle éprouve pendant un court moment un sentiment de bien-être. Un thérapeute béhavioriste pourrait lui demander de porter au bras un élastique qu'elle fera claquer (fort!) chaque fois qu'elle se rongera les ongles ou qu'elle aura envie de le faire. L'objectif est de s'assurer que le comportement indésirable ne puisse être renforcé.

4 LE TRAITEMENT PAR IMMERSION OU PAR EXPOSITION consiste à faire affronter la situation redoutée par le sujet, le thérapeute accompagnant le client de façon à le convaincre qu'ils ne mettent ni l'un ni l'autre leur vie en danger. Cette technique s'appuie elle aussi sur le principe de l'extinction dans le conditionnement répondant. Le client doit constamment affronter le stimulus conditionnel, mais la réponse conditionnelle de peur finit par disparaître en l'absence de tout stimulus inconditionnel susceptible de générer cette réponse de peur. Par exemple, une personne souffrant d'**agoraphobie** (soit la peur de quitter un endroit familier et sûr pour un milieu inconnu et insécurisant) serait amenée dans un endroit nouveau et y demeurerait avec le thérapeute jusqu'à ce que l'anxiété ou l'état de panique diminue.

Un thérapeute béhavioriste vient en aide à une femme souffrant d'une phobie des escaliers. Dans le traitement par exposition, le thérapeute place le client au cœur de la situation qui provoque la peur.

5 L'APPRENTISSAGE DE NOUVELLES HABILETÉS met de l'avant les principes du conditionnement opérant de façon à fournir à l'individu l'occasion d'acquérir les comportements qui lui sont nécessaires pour atteindre les objectifs qu'il s'est fixés. L'individu est renforcé au fur et à mesure qu'il acquiert les comportements souhaités. Il ne sert à rien de dire à une personne « Ne sois pas timide » si elle ne sait pas tenir une conversation amicale lorsqu'elle rencontre des gens. Une grande variété de programmes d'entraînement ont été mis au point à l'intention des parents ne sachant comment discipliner leurs enfants, des personnes souffrant d'anxiété sociale, des enfants et des adultes ne sachant s'exprimer, etc.

> **Agoraphobie**
> Ensemble de phobies mettant en jeu la peur fondamentale de s'éloigner d'une personne ou d'un lieu sécurisants.

Les thérapies comportementales se sont avérées particulièrement efficaces pour aider des personnes à supporter une douleur chronique ou à se défaire d'habitudes indésirables ainsi que pour le traitement de troubles comportementaux chez les enfants et les adolescents. Des centaines d'études contrôlées ont établi l'efficacité des thérapies comportementales comparativement aux thérapies « verbales » au cours desquelles on analyse les causes profondes des problèmes, ou encore à l'absence totale d'intervention (Chambless, 1995 ; Lazarus, 1990 ; Weisz, *et al.,* 1995). Une méta-analyse effectuée sur 88 travaux de recherches a montré que les techniques d'exposition pour réduire la peur étaient plus efficaces que tout autre traitement (Kaplan, *et al.,* 1991). Une autre méta-analyse portant sur 108 travaux de recherches menés auprès d'enfants et d'adolescents a démontré que les interventions béhaviorales étaient plus efficaces que les autres interventions, quels que soient l'âge du sujet, l'expérience du thérapeute ou le problème traité (Weisz, *et al.,* 1987). (Nous étudions les thérapies cognitives, qui utilisent fréquemment des techniques béhaviorales, au chapitre 10, et nous évaluons l'efficacité des thérapies psychodynamiques au chapitre 5).

Certaines études de cas sont fascinantes, notamment celle de Jim, un garçon de 10 ans, tout à fait normal, qui avait pris l'habitude de se gratter au moment où il souffrait d'une urticaire causée par une allergie à l'herbe à puce. Il avait continué de se gratter même après la disparition de l'éruption, à tel point qu'il était couvert de cicatrices et de plaies. L'analyse comportementale a mis en évidence que Jim se grattait presque uniquement lorsqu'il était chez lui et que cette conduite était renforcée par l'attention que lui accordaient ses parents. Étant donné que ces derniers ne pouvaient pas rester longtemps inattentifs à l'irrésistible envie de se gratter de leur enfant, le traitement a consisté à isoler Jim dans une pièce pendant 20 minutes chaque fois qu'il se grattait et à le renforcer une fois par semaine en lui donnant l'occasion de pratiquer une de ses activités préférées, comme le patin à roulettes, lorsque ses plaies avaient diminué. Neuf mois après la fin du traitement, Jim ne présentait plus que deux plaies, presque complètement guéries (Carr et McDowell, 1980).

Les thérapies et les interventions fondées sur les principes béhavioristes ont également connu des échecs (Foa et Emmelkamp, 1983). Elles ne sont pas très efficaces pour traiter certains problèmes comme le rétablissement à la suite d'un traumatisme ou d'une dépression profonde. Elles ne donnent pas non plus beaucoup de résultats dans le cas des personnes qui ne désirent pas vraiment changer et qui n'ont pas la motivation nécessaire pour mener à bien un programme comportemental (Woolfolk et Richardson, 1984). En outre, leurs effets ne sont pas nécessairement durables lorsque la pression venant des pairs et d'autres incitations de l'environnement contrecarrent fortement tous les efforts que fournit une personne afin de changer. Ainsi, un programme d'intervention béhavioral-cognitif a réussi de façon étonnante à diminuer le taux de consommation de drogues et d'alcool, à accroître l'estime de soi et à améliorer les habiletés sociales chez des garçons extrêmement agressifs. Mais cette intervention n'exerçait plus aucun effet trois ans plus tard quant à la délinquance ou aux comportements perturbateurs en classe, sauf chez un groupe de garçons qui avaient régulièrement participé à des séances « de rappel » (Lochman, 1992).

Il semble aussi que certains comportements sont à ce point enracinés biologiquement ou psychologiquement qu'ils résistent à l'arsenal impressionnant de techniques de modification du comportement dont disposent les thérapeutes béhavioristes. Parmi ces comportements, notons les crimes à caractère sexuel qui incluent l'exhibitionnisme, l'attentat à la pudeur contre des enfants, le viol et l'inceste. Des thérapeutes béhavioristes ont essayé d'utiliser des techniques aversives dans le traitement de pédophiles en associant un stimulus désagréable, par exemple un choc électrique ou un vomitif, à des images d'enfants nus. Ils ont également essayé de réduire, à l'aide de techniques de désensibilisation, l'anxiété qu'éprouvent souvent les agresseurs sexuels lors de rapports sexuels normaux. Il apparaît que, en général, ces approches béhavioristes ne sont couronnées de succès que si elles font partie d'un programme incluant d'autres interventions. Les traitements les plus efficaces, semble-t-il, combinent une thérapie cognitive, un conditionnement aversif, des séances d'éducation sexuelle, une thérapie de groupe, le reconditionnement des fantasmes sexuels et l'apprentissage d'habiletés sociales ; de plus, leur efficacité n'est prouvée que lorsque les agresseurs veulent véritablement modifier leur comportement et ne cherchent pas seulement à réduire leur sentence d'emprisonnement (Abel, *et al.*, 1988 ; Kaplan, *et al.*, 1993).

Les individus qui présentent une **personnalité antisociale** résistent aussi à toute forme de traitement, y compris les thérapies béhaviorales. Ces individus, appelés « psychopathes » ou « sociopathes », semblent dénués de conscience sociale. Ils sont incapables de ressentir de l'empathie, de la culpabilité ou de l'anxiété en situation de stress, ils ne craignent pas la punition ni la désapprobation d'autrui. Ils peuvent charmer, séduire et manipuler des personnes et soudainement les laisser tomber sans ressentir le moindre malaise. Certains d'entre eux ont une feuille de route remplie de crimes en tout genre, parfois cruels ou sadiques, et débutant tôt dans leur enfance. Ils peuvent tuer n'importe qui, un enfant, un passant, une victime qu'ils ont repérée, sans éprouver le moindre regret. D'autres font porter leurs efforts sur des activités frauduleuses ou sur la progression de leur carrière en maltraitant leurs victimes émotionnellement plutôt que physiquement. D'autres enfin peuvent se montrer très sociables et charmer leur entourage, mais sans créer de liens affectifs et sans ressentir de culpabilité pour leurs mauvaises actions.

On ne sait pourquoi, mais ce trouble est beaucoup plus répandu chez les hommes que chez les femmes. Selon diverses enquêtes, il toucherait entre trois et cinq p. cent des hommes et moins de un p. cent des femmes (Robins, *et al.*, 1991). Quoique ces pourcentages soient faibles, on estime que les personnes antisociales pourraient être responsables de plus de la moitié des crimes majeurs commis aux États-Unis (Hare, 1993).

L'incapacité de ces sujets à ressentir une tension émotionnelle quelconque amène de nombreux chercheurs à penser qu'il s'agit d'un état où interviennent des anormalités au niveau du système nerveux central. Certains chercheurs croient que les personnes étiquetées comme antisociales, hyperactives ou exagérément extraverties ont en commun des caractéristiques héréditaires (Newman, *et al.*, 1985 ; Luengo, *et al.*, 1994). Elles présenteraient toutes des problèmes d'*inhibition comportementale*, soit la capacité de maîtriser ses réactions à la frustration ou de s'interdire d'accomplir une action agréable susceptible de se solder par des conséquences désagréables. Cette hypothèse expliquerait pourquoi les personnes à la personnalité antisociale n'arrivent pas à apprendre que leurs comportements auront des conséquences déplaisantes (Hare, 1993). Ainsi, lorsqu'une personne pressent un danger, craint d'éprouver une douleur ou de subir un choc, la conduction électrique de sa peau devrait normalement changer ; en conditionnement répondant, il s'agit d'une réaction indiquant que le sujet ressent de l'anxiété ou de la peur. Mais au cours de plusieurs expériences, les psychopathes ont mis beaucoup de temps à présenter de telles

> **Personnalité antisociale**
>
> Trouble caractérisé par un comportement antisocial (comme l'habitude de mentir, de voler et, parfois, de se montrer violent), par l'absence de sentiments sociaux (comme l'empathie, la honte et la culpabilité) ainsi que par l'impulsivité.

réactions (Hare, 1993). Comme vous pouvez le voir à la figure É.1, les sujets réagissent comme s'il leur manquait les « circuits » permettant d'éprouver l'anxiété nécessaire à l'apprentissage de l'évitement.

Certains facteurs environnementaux, sur lesquels il est possible d'intervenir, semblent contribuer au développement de la personnalité antisociale. Parmi ceux-ci, notons la négligence parentale, l'imitation de certains modèles et les expériences personnelles associées à la violence. Par ailleurs, il est possible que des anormalités biologiques expliquent le fait que les individus présentant une personnalité antisociale n'apprennent pas, comme la majorité des gens, à maîtriser leurs comportements impulsifs, n'acquièrent pas les valeurs sociales courantes et semblent réfractaires à l'apprentissage social normal et aux thérapies comportementales.

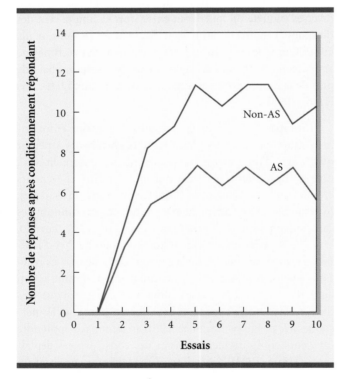

FIGURE É.1 La personnalité antisociale

Au cours de plusieurs expériences sur le conditionnement répondant, des personnes chez lesquelles on a diagnostiqué une personnalité antisociale (AS) ont mis beaucoup de temps à acquérir une réponse conditionnée face à l'anticipation d'un danger, d'une douleur ou d'un choc — ces réponses normales indiquent l'anxiété (Hare, 1965). Cette lenteur est peut-être liée à la capacité de ces personnes d'adopter un comportement destructeur sans qu'elles n'éprouvent de remords ni de souci pour les conséquences (Hare, 1993).

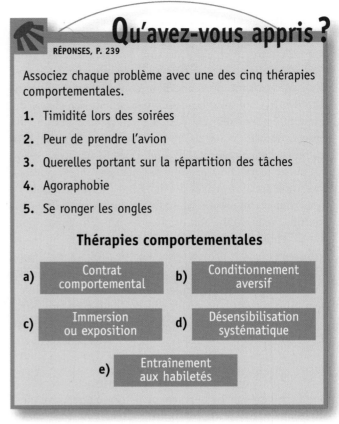

Qu'avez-vous appris ?

RÉPONSES, P. 239

Associez chaque problème avec une des cinq thérapies comportementales.

1. Timidité lors des soirées
2. Peur de prendre l'avion
3. Querelles portant sur la répartition des tâches
4. Agoraphobie
5. Se ronger les ongles

Thérapies comportementales

a) Contrat comportemental
b) Conditionnement aversif
c) Immersion ou exposition
d) Désensibilisation systématique
e) Entraînement aux habiletés

DEUXIÈME THÈME
L'INTERVENTION EN ÉDUCATION

L'école est bien sûr le lieu par excellence pour la mise en pratique des principes béhavioristes, puisque l'apprentissage est en fin de compte l'objectif premier de cette institution. En fait, l'apprentissage scolaire était l'un des principaux centres d'intérêt de B. F. Skinner. En 1943, lors d'une visite dans la salle de classe de sa fille, alors en quatrième année, il remarqua que l'enseignante était incapable de fournir immédiatement une rétroaction sur le travail des élèves et que ceux-ci étaient contraints d'étudier tous au même rythme, indépendamment de leurs antécédents scolaires ou de leurs habiletés. Il apparut alors à Skinner que l'on pourrait employer les techniques du conditionnement opérant, notamment le façonnement, pour mettre au point de meilleures méthodes d'enseignement. Il se mit donc à la tâche et inventa la première machine à enseigner, soit un dispositif mécanique qui a inspiré la technique éducative appelée *enseignement programmé*.

Selon cette technique, la matière à apprendre est découpée en petites unités, ou «blocs», dont chacun constitue un mini-test pour l'élève, et tout nouvel apprentissage repose sur les connaissances acquises antérieurement. Une réponse exacte est immédiatement suivie d'un renforçateur, soit la rétroaction («C'est ça!»), puis on présente à l'élève des éléments plus difficiles. Une réponse inexacte est suivie d'une révision de la matière ou de la présentation d'un problème plus facile. L'enseignement programmé est l'ancêtre des exercices et des programmes d'entraînement informatisés employés actuellement dans de nombreuses écoles nord-américaines.

Malheureusement, disent les béhavioristes, les différents systèmes d'éducation nord-américains ne sont pas parvenus en général à mettre en pratique les principes béhavioristes de manière correcte et efficace. Skinner lui-même a avoué que l'une de ses plus grandes déceptions était de ne pas avoir réussi à améliorer l'enseignement ni à accroître le plaisir que les enfants tirent de l'apprentissage (Bjork, 1993). L'un des obstacles est le travail supplémentaire exigé de l'enseignant pour l'emploi fréquent de renforçateurs dans la salle de classe traditionnelle. L'enseignant planifie souvent des périodes de travail individuel pendant lesquelles il corrige des copies; s'il doit observer le comportement des enfants afin de déterminer le moment approprié pour administrer un renforçateur, il aura avantage à se déplacer dans la classe et donc à quitter son bureau. Il s'ensuit, évidemment, qu'il devra attendre la fin de la journée pour corriger les copies. Cela explique peut-être que, au cours de certaines recherches, des enseignants qui avaient appris à utiliser avec succès des renforçateurs n'en sont pas moins revenus à leur pratique habituelle dès la fin de l'expérience (Hopkins, 1987). Leur utilisation du renforcement n'avait pas été renforcée!

Un autre obstacle à la mise en application des principes béhavioristes est le rôle important que l'on accorde aux notes à l'école. Comme n'importe quel renforçateur extrinsèque, les notes encouragent l'adoption temporaire du comportement souhaité, mais elles ne favorisent pas nécessairement l'acquisition de bonnes dispositions durables face à l'apprentissage. Harter et Jackson (1992) ont remarqué que, en grandissant, les enfants deviennent de plus en plus dépendants des notes et de l'approbation de l'enseignant et qu'ils s'efforcent moins de satisfaire leur propre curiosité. Ainsi, des études ont montré que les enfants qui recherchent avant tout les renforcements dispensés par l'enseignant emploient en fait des stratégies

« C'est la bonne réponse, Jeannot! Mais tu n'auras pas de récompense. »

Dessin par Lorenz; ©1986 The New Yorker Collection/Cartoonbank.com

d'apprentissage moins avancées et obtiennent de moins bonnes notes aux tests de performance que ceux qui apprennent pour le plaisir d'apprendre (Boggiano, *et al.*, 1992). Un théoricien de l'apprentissage social ferait observer que ces résultats étaient prévisibles puisqu'il a déjà été prouvé que le fait d'avoir comme objectif l'*apprentissage*, plutôt que la *performance*, favorise la persévérance et la réussite.

Certains enseignants ont tenté d'accroître l'estime de soi chez leurs élèves en leur attribuant des notes élevées et en étant prodigues de compliments dans l'espoir que, si les enfants apprenaient à être fiers d'eux-mêmes, leurs résultats scolaires s'amélioreraient. Le problème que cette façon de procéder pose, du point de vue béhavioriste, c'est que les renforcements ne sont efficaces que lorsqu'ils sont associés au comportement que l'on veut susciter. Les renforcements distribués sans discrimination perdent leur signification et ils ne favorisent plus l'apparition des conduites souhaitées. En outre, lorsque les enseignants complimentent les élèves pour un travail médiocre, ils risquent fort d'obtenir un rendement médiocre car c'est ce qu'ils auront renforcé. Cette façon de faire entraîne un autre problème. Si un enseignant se répand en louanges lors de l'accomplissement d'une tâche facile, il peut transmettre à l'enfant le message implicite qu'il n'est pas très intelligent («Oh! Martine, tu as vraiment fait un travail *fantastique*... en additionnant deux et deux»). Même dans le cas d'une tâche difficile, les compliments exprimés sur un ton trop emphatique peuvent transmettre le message non intentionnel que l'enseignant est surpris que l'élève ait réussi («Oh! Robert, tu as *vraiment* fait un *très bon* travail dans cet essai — [et qui aurait pu croire que tu en étais capable?] »). Le résultat le plus probable associé à de tels propos serait une baisse et non un accroissement de l'estime de soi, de même qu'une diminution des attentes de réussite.

Il est vrai que beaucoup d'éducateurs croient que l'estime de soi représente le facteur crucial de la réussite et de l'accomplissement, et son absence l'une des raisons premières de l'échec chez les enfants, mais aucune donnée ne vient étayer cette idée, malgré le nombre important de recherches consacrées à ce sujet (Dawes, 1994; Smelser, *et al.*, 1989). Lilian Katz (1993), enseignante à la maternelle, soutient que les programmes scolaires visant à amener les enfants à «être fiers d'eux-mêmes», même s'ils partent de bonnes intentions, ont tendance à confondre estime de soi et nombrilisme. On apprend aux enfants à diriger leur attention vers eux-mêmes et à se concentrer sur la satisfaction personnelle et l'autocongratulation. Dans maints programmes, on leur demande de rédiger des textes sur des sujets aussi superficiels que les qualités physiques et les préférences de consommation («Mes émissions de télé préférées» ou «Ce que j'aime manger»). On leur demande moins souvent d'assumer le rôle d'enquêteur, d'explorateur ou de producteur par des compositions portant sur des thèmes comme «Ce que j'aimerais savoir» ou «Si je tournais un film…». La véritable estime de soi, selon Katz, ne vient pas de «l'accomplissement sans effort d'une série de tâches banales», de flatteries sur commande de la part des enseignants, ou d'étoiles et de visages souriants. Elle découle plutôt de l'effort, de la persévérance et de l'acquisition graduelle d'habiletés, et elle se nourrit de la juste appréciation par l'enseignant du travail de l'enfant.

Ce que Katz prône en fait, c'est l'acquisition d'un sentiment d'efficacité personnelle; pour un théoricien de l'apprentissage social et cognitif, on ne parviendra pas à ce but en utilisant des compliments sans discrimination ni en punissant tous les échecs à l'école, ce qui a plutôt pour effet de réduire le sentiment d'efficacité personnelle des élèves. Comme l'a souligné Bandura (1994), les échecs occasionnels sont nécessaires aux élèves. Ils leur apprennent la valeur de la persévérance et de l'effort.

Fait intéressant, la croyance dans sa propre efficacité personnelle semble tout aussi importante pour les élèves que pour les professeurs. Au cours d'une recherche menée dans 4 écoles secondaires auprès de 48 enseignants, les chercheurs ont mesuré le sentiment d'efficacité personnelle de ces derniers en tant qu'enseignants, ils ont fait des observations portant sur «le climat et l'atmosphère» dans les classes et ils ont évalué la réussite des élèves. Ils ont constaté que «les enseignants ayant un fort sentiment d'efficacité personnelle avaient tendance à maintenir une atmosphère positive dans leurs classes et évitaient d'avoir recours à des méthodes sévères de modification du comportement, qui semblaient plutôt être l'apanage des enseignants ayant un faible sentiment d'efficacité personnelle». En outre, les élèves des enseignants ayant un fort sentiment d'efficacité personnelle ont obtenu de meilleures notes aux tests normalisés de mathématiques que les élèves des enseignants moins convaincus de leur propre efficacité (Ashton et Webb, 1986).

Au cours des dernières années, maintes études ont mis en évidence un taux inquiétant d'analphabétisme aux États-Unis et au Canada. Certains diplômés des écoles secondaires ne savent pas suffisamment lire pour déchiffrer un horaire d'autobus ou les mises en garde inscrites sur l'emballage des médicaments en vente libre. Des millions de personnes sont tellement faibles en mathématiques qu'elles sont incapables de calculer le solde d'un compte chèques ou de vérifier la monnaie que leur remet un caissier. De nombreux élèves ignorent même que leurs connaissances en mathématiques et en français sont déficientes. Comment pourraient-ils le savoir si les professeurs leur attribuent de bonnes notes? Il semble vraiment que le temps soit venu de repenser les méthodes d'enseignement et l'organisation des écoles, et la perspective béhavioriste peut s'avérer un guide précieux pour orienter cette réflexion.

Qu'avez-vous appris?

RÉPONSES, P. 239

1. Patrice et Patricia apprennent à skier. Chaque fois qu'elle tombe, Patricia s'exclame: «Je n'ai jamais été aussi humiliée, tout le monde me voit agir comme une empotée.» Patrice s'emporte: «&*!!¥@&$@! Je vais montrer à ces skis qui est le chef ici!» Pourquoi Patricia est-elle plus susceptible d'abandonner? a) Elle est empotée; b) elle a moins d'habiletés pour le ski; c) elle met l'accent sur la performance; (d) elle met l'accent sur l'apprentissage.

2. Maintenant que vous vous êtes familiarisé avec les principes du béhaviorisme, que feriez-vous si vous étiez professeur pour favoriser la réussite, la compétence, l'efficacité personnelle et l'intérêt intrinsèque de vos élèves vis-à-vis de l'apprentissage?

La perspective béhavioriste n'a pas seulement des leçons précises à offrir, elle soutient également que l'on n'est jamais trop âgé pour les assimiler. À cet égard, cette approche est, par sa nature même, à caractère optimiste. Nous pouvons changer pour le mieux à la condition de centrer notre attention sur les manières de façonner un meilleur environnement pour nous-mêmes, nos enfants et nos semblables. C'est dans cet esprit que Skinner fait dire à Frazier, le personnage principal de *Walden Two* : «Voilà la seule chose que je crierais sur tous les toits: une vie heureuse nous attend, ici et maintenant! Nous possédons les techniques nécessaires, tant matérielles que psychologiques, pour créer une vie riche et satisfaisante pour chacun d'entre nous.» Frazier exagère bien sûr lorsqu'il réduit tous les changements souhaités à des manipulations environnementales, mais cela ne nous empêche pas de retenir son ultime message: en faisant preuve de patience, d'attention et de prévoyance, nous pouvons améliorer notre propre vie en appliquant les principes de la perspective béhavioriste.

Réponses

Page 233

1. Les agents de renforcement secondaires que sont les félicitations, l'attention, etc., sont uniquement sous contrôle extérieur. Quelqu'un se préoccupe-t-il des agents de renforcement que Manuel pourrait retirer de certaines des activités familiales ? **2.** La réduction aux influences environnementales, car la publicité ne tient pas compte des limites génétiques et des contraintes anatomiques sur le tempérament de même que sur la taille et le poids.

Page 236

1. e. **2.** d. **3.** a. **4.** c. **5.** b.

Page 238

1. c. **2.** Plusieurs réponses sont possibles. Vous pourriez éliminer les notes pour certains travaux, demander aux élèves d'évaluer leurs intérêts, forces et faiblesses, renforcer le comportement des élèves qui améliorent leurs habiletés les plus faibles, accorder des périodes libres pour que les élèves réalisent des projets individuels, agir comme modèle en montrant votre enthousiasme pour apprendre, etc. Surtout, vous feriez en sorte que votre employeur renforce votre propre comportement afin que vous agissiez de cette façon !

RÉSUMÉ

1 Les recherches effectuées par les béhavioristes comptent parmi les plus fiables en psychologie, et les principes de l'apprentissage, lorsqu'ils sont bien utilisés, ont de nombreuses applications fort utiles. Les principales contributions de la perspective béhavioriste sont les suivantes : décrire comment les gens s'influencent mutuellement, montrer que nommer un comportement ne revient pas à l'expliquer, et permettre différentes applications visant à améliorer les problèmes de la vie quotidienne. Les théories de l'apprentissage social et cognitif sont particulièrement susceptibles d'être appliquées à la résolution de problèmes personnels et sociaux ; elles visent par exemple l'accroissement du sentiment d'efficacité personnelle, par l'importance qu'elles accordent à l'interaction entre l'individu et l'environnement.

2 Les renforcements, les punitions, l'apprentissage par observation, les valeurs, les attentes et la croyance dans l'efficacité personnelle sont des facteurs qui exercent une influence considérable sur le comportement. La perspective béhavioriste a néanmoins des faiblesses, tant sur le plan théorique que sur le plan pratique, dont les principales sont : la réduction aux influences environnementales ; l'erreur de croire que, si un comportement est appris, il peut être facilement modifié ; la simplification à outrance dans la mise en application des techniques et des principes de l'apprentissage.

3 La modification du comportement est l'un des domaines qui a le plus bénéficié des découvertes béhavioristes. Les thérapeutes béhavioristes font appel dans leurs interventions auprès de clients à l'observation comportementale et au contrat, à la désensibilisation systématique, au conditionnement aversif, aux traitements par immersion ou par exposition et à l'apprentissage de nouvelles habiletés. Ces thérapies se sont avérées particulièrement efficaces dans le traitement des peurs et des phobies, le soulagement de la douleur chronique, l'élimination d'habitudes indésirables et le traitement de troubles du comportement chez les enfants et les adolescents. Néanmoins, les thérapies et les programmes d'intervention fondés sur les principes de l'apprentissage ne sont pas toujours efficaces pour le traitement de tous les types de problèmes et ils ne s'appliquent pas à tous les individus. Certains types de comportements sont à ce point enracinés biologiquement et psychologiquement que l'arsenal des techniques de modification du comportement des thérapeutes béhavioristes ne peut en venir à bout.

4 De nombreux critiques considèrent que les différents systèmes d'éducation n'ont pas su appliquer correctement ni efficacement les principes béhavioristes. L'importance accordée aux notes dans les écoles représente un obstacle majeur à la mise en pratique des principes de l'apprentissage. De plus, les nombreux programmes visant à accroître l'estime de soi chez les élèves ne tiennent pas compte en général ni des principes béhavioristes (les compliments n'étant pas toujours associés à la réussite) ni des principes de l'apprentissage social et cognitif (les enseignants et les administrateurs ne reconnaissant pas l'importance d'inculquer la notion d'efficacité personnelle).

Cinquième partie

La perspective humaniste

Votre voisin est psychologue et il travaille à domicile. Un jour vous constatez que, lorsque sa fenêtre et la vôtre sont ouvertes, vous entendez distinctement les confidences de ses clients. Il y a quelques minutes, une femme parlait de son père. Maintenant, un homme sanglote en se remémorant sa « première blonde ».

Le client : ... ses parents dépendaient de l'assistance sociale... Alors moi, vous comprenez...

Le psychologue : Mais pas les vôtres...

Le client : Non, absolument pas. Mon père est médecin et ma mère, infirmière. Remarquez, ce n'était pas toujours rose chez moi. Pour vous dire, réussir sa vie dans ma famille, ça voulait dire réussir sa carrière, être reconnu, sinon... Vous voyez le problème ?

Le psychologue : Alors, Maude n'était pas une fille pour vous ?

Le client : Oui, c'est ça... Enfin, pas tout à fait... Je veux dire, elle était plus vieille que moi... Ça, c'était un véritable obstacle... Mais moi, je l'aimais vraiment... J'étais bien avec elle... En même temps, je me sentais mal à l'aise parce que je n'étais pas comme elle. Mais je refusais de l'admettre, vous comprenez ?

Le psychologue : Pourquoi ressentiez-vous un malaise ?

Le client : Je ne sais pas, c'est difficile à dire... Au début, j'ai cru que c'était à cause de mes parents. J'étais convaincu que mon père serait déçu de moi. Ma mère aussi. Moi, je voulais qu'ils soient fiers...

Le psychologue : Et maintenant, Harold, qu'en pensez-vous ?

Le client: Maintenant, j'ai changé. Quand j'étais jeune, je rêvais de sortir avec des filles de milieux aisés, en tout cas pas comme Maude, parce que moi j'avais fait des études, je méritais de rencontrer une fille comme moi si on peut dire...

Le psychologue: Mais, comme vous l'avez dit, vous avez changé... Ça n'a pas dû être facile avec vos parents... Je me mets à votre place...

Le client: C'est vrai, mais je ne me vois plus du tout comme ça. Je veux dire, pour moi, ce n'est pas nécessairement les études ou l'argent qui rendent une personne plus intéressante. Mon père pense peut-être encore comme ça, mais moi j'ai changé, je n'ai plus besoin de ça...

Le psychologue: Et si, aujourd'hui, vous aviez à nouveau la chance de rencontrer Maude...

Le client: Je pense que je ne me sentirais plus mal à l'aise avec elle... C'est triste à dire, parce que maintenant c'est trop tard...

Le lendemain, une amie à qui vous rapportez ces propos s'exclame: «Ce psy est un humaniste, j'en suis certaine.» Un quoi? «Un humaniste, dit-elle, un psychologue qui s'intéresse au vécu de ses patients.» Qu'est-ce que qu'un humaniste? En quoi se distingue-t-il de ses confrères neuropsychologues, psychanalystes ou béhavioristes? Nous allons traiter de ces questions dans ce chapitre.

Les psychologues de la perspective humaniste s'intéressent à l'expérience subjective de la personne et à sa tendance naturelle à s'épanouir.

Le soi et la motivation à l'autoactualisation

Dans une thérapie humaniste, le thérapeute s'efforce de bien comprendre le vécu de son client.

Il n'est pas simple de définir ce qu'est l'humanisme* en psychologie. Contrairement à la psychanalyse ou à la psychologie cognitive européenne, qui se sont développées autour des idées d'un grand penseur comme Freud ou Piaget, l'humanisme ne repose sur aucune grande théorie, aucune vision globale et unifiée de l'être humain (Lundin, 1985). L'humanisme ne possède pas non plus de méthodes ou de techniques thérapeutiques aussi spécifiques et systématiques que le béhaviorisme ou la psychanalyse (Schultz et Schultz, 1992). Alors, qu'est-ce que l'humanisme?

Bien qu'il ne soit apparu que dans la seconde moitié du XIXᵉ siècle (Margolin, 1996), le terme «humanisme» désigne de nos jours aussi bien les philosophes grecs de l'Antiquité, tels Socrate et Platon, que les libres penseurs du siècle des

---

* Phénoménologie et existentialisme sont parfois utilisés comme synonymes d'humanisme. Notons toutefois l'existence d'une école de pensée strictement phénoménologique en psychologie (Giorgi, 1971; Thinès, 1980) qui, bien qu'elle ait en commun avec l'humanisme une préoccupation pour l'expérience individuelle, se distingue de ce dernier par une approche méthodologique plus unifiée et rigoureuse (Bachelor et Joshi, 1986).

Lumières, tel Rousseau (Brennan, 1982). Il qualifie également les idées de certains scientifiques ou écrivains modernes — Jean Rostand, Albert Jacquard, Bertrand Russell et Albert Camus, pour ne citer que ceux-là. Le terme humanisme fait aussi référence à des doctrines philosophiques comme l'existentialisme de Sartre et la phénoménologie de Merleau-Ponty, avec lesquelles on le confond d'ailleurs parfois (Mounier, 1962). Enfin, ce terme indique une perspective en psychologie qui compte dans ses rangs des psychologues de grande renommée, tels Abraham Maslow, Carl Rogers et Rollo May.

La perspective humaniste regroupe donc des penseurs venus de divers horizons autour de l'idée centrale que l'être humain constitue la valeur suprême de toute chose (Huber, 1977; Leahey, 1987). Pour les humanistes, la condition humaine doit être placée au-dessus de tout, car «[...] il n'est rien qui soit plus important que la liberté de disposer de sa propre vie, de se réaliser pleinement» (Rogers, 1971). La promotion de cette liberté est au cœur de la doctrine humaniste; c'est pourquoi, chez plusieurs de ses adeptes, le discours philosophique se double d'un projet politique dont le but ultime est de libérer l'individu des nombreuses servitudes qui, au fil de l'histoire, l'ont aliéné ou fait souffrir — l'esclavage, l'ignorance, la religion, le grand capital, etc. (Margolin, 1996).

Ce n'est pas un hasard si cette notion de liberté et d'épanouissement a particulièrement séduit des psychologues au cours des années 1950 et 1960. Nombre d'entre eux s'opposaient alors ouvertement à la conception déterministe défendue par les deux grandes perspectives dominantes de l'époque, la psychanalyse et le béhaviorisme (Lundin, 1985). Pour les humanistes, en effet, l'être humain n'est pas un animal mû par de simples pulsions ou par des stimuli, mais un être libre et conscient de ses choix (Maslow, 1972). C'est donc contre la vision d'un être programmé et sans maîtrise de son destin que se sont élevés les premiers humanistes en psychologie (May, 1971).

Dans ce chapitre, nous utilisons le terme humaniste pour qualifier les psychologues qui ont marqué leur dissidence envers le déterminisme en cherchant une voie nouvelle entre le béhaviorisme et la psychanalyse. Cette troisième voie a depuis lors donné lieu à diverses théories, des plus saugrenues aux plus sérieuses, si bien qu'aujourd'hui certains psychologues se demandent si ce mot peut encore désigner «tous ceux qui cherchent à mieux comprendre l'expérience humaine» (May, 1971).

Dans la section suivante, nous allons examiner le sens de cette «troisième voie». Puis nous nous pencherons sur les théories des deux principaux chefs de file de cette perspective, soit Abraham Maslow et Carl Rogers. Enfin, nous évaluerons l'apport de la perspective humaniste en psychologie et nous présenterons quelques-unes des critiques qu'elle suscite.

LES PRINCIPES DE BASE DE LA PERSPECTIVE HUMANISTE

À l'instar de la perspective psychodynamique, la perspective humaniste propose une conception de l'être humain basée davantage sur l'expérience et les observations cliniques que sur la recherche scientifique proprement dite. Pour May (1971), l'humanisme constitue plutôt un point de vue destiné à aborder et à traiter les problèmes humains qu'un système théorique élaboré autour d'un concept central tel que l'inconscient des psychanalystes ou le comportement des

béhavioristes. Cependant, ce point de vue se caractérise par un certain nombre de propositions qui, sans faire l'unanimité des humanistes, semblent partagées par leurs chefs de file les plus importants, soit Abraham Maslow, Carl Rogers et Rollo May. Nous allons maintenant examiner ces propositions (notre présentation s'inspire de la méthode mise au point par Jean Bélanger [1978] pour analyser la perspective béhavioriste).

1 L'OBJET D'ÉTUDE. L'objet d'étude de l'humanisme est l'expérience subjective humaine.

2 LES MÉTHODES. Pour les psychologues humanistes, les méthodes scientifiques dites objectives ou expérimentales ne peuvent saisir toute la profondeur et la complexité de l'expérience humaine. Seules les méthodes subjectives comme l'introspection et l'empathie sont en mesure d'y parvenir.

3 LE BUT. Le but des psychologues humanistes est plus thérapeutique que scientifique, puisqu'il consiste à comprendre l'expérience humaine afin de favoriser l'estime de soi et la réalisation de soi des patients.

4 LES GRANDES IDÉES. L'humanisme repose essentiellement sur deux grandes idées. D'une part, les humanistes pensent que l'individu n'est pas entièrement soumis au déterminisme de l'inconscient ou de l'environnement social et physique; il dispose d'une volonté, c'est-à-dire de la possibilité de faire des choix et d'agir en toute liberté. D'autre part, les humanistes ont une vision optimiste de la nature humaine; en tant qu'espèce, l'être humain a une propension naturelle à se réaliser pleinement.

La plupart des psychologues qui se réclament de l'humanisme approuveraient certainement l'ensemble de ces propositions, qui distinguent l'humanisme des autres grandes perspectives en psychologie. Nous allons maintenant nous pencher de plus près sur ces propositions.

L'objet d'étude

Comme nous l'avons vu dans les chapitres précédents, les différentes perspectives en psychologie s'appuient chacune sur leur propre définition de l'objet d'étude de la psychologie (c'est également le cas de la perspective cognitive, que nous abordons dans les deux chapitres suivants). Ainsi, pour les neuropsychologues, l'objet d'étude porte sur les composantes et les fonctions du système nerveux. Pour les psychanalystes, la psychologie vise à saisir les forces inconscientes qui régissent le développement de la personne. Pour les béhavioristes, la psychologie étudie le comportement et ses divers

Ce qui importe aux humanistes, ce n'est pas ce que fait objectivement cette personne, mais ce qu'elle pense ou ressent, c'est-à-dire sa réalité subjective.

mécanismes de conditionnement. Pour les humanistes, la psychologie se doit avant tout de comprendre l'**expérience** de l'être humain.

Qu'est-ce que l'expérience? Si le terme possède plusieurs acceptions, un grand nombre d'auteurs l'utilisent pour désigner l'aspect *subjectif* d'un événement. En effet, ce qui importe aux yeux des humanistes, ce n'est pas tant ce que fait l'individu (réalité objective, vue de l'extérieur) que ce qu'il pense ou ressent au

> **Expérience**
>
> Tout ce que l'individu ressent ou pense face à un événement; pour Rogers, il s'agit de ce qui se passe à l'intérieur de l'organisme et peut devenir conscient.

moment d'agir ou après (réalité subjective, vue de l'intérieur). Prenons l'exemple d'un parachutiste. Les humanistes vont s'intéresser non pas à ses comportements ou à ses apprentissages — plier le parachute, prendre l'avion, sauter et atterrir sain et sauf —, mais plutôt à son «vécu» — ce qu'il a ressenti et pensé au moment d'accomplir toutes ces choses. Ce «vécu» est composé d'émotions (peur ou plaisir intense devant le vide) ou de pensées plus ou moins claires («Je vole, c'est génial! J'aurais pu me tuer»). Selon le cas, l'expérience sera donc simplement ressentie (niveau de conscience nulle, ou faible — expérience brute) ou saisie dans toute sa complexité (niveau de conscience élevé — expérience réfléchie, ou conscience). Donner une signification plus claire à cette expérience constitue l'un des principaux objectifs de la thérapie humaniste (Maslow, 1987).

Outre son caractère subjectif, l'expérience est aussi *unique,* ce qui la différencie du comportement selon les

humanistes. En effet, s'il est possible d'exécuter plusieurs fois le même geste (sauter en parachute), l'expérience qui en découle ne sera jamais vécue deux fois de la même manière. Par ailleurs, l'expérience est *inobservable*; certes, il est possible d'observer un individu qui se lance dans le vide, mais il est impossible de décrire son «vécu». Le caractère inobservable de l'expérience n'est pas ici de nature technique. Ce n'est pas une étoile lointaine ni un minuscule atome que l'on pourra un jour découvrir grâce à de nouveaux outils techniques. Aucun microscope, aucune grille d'observation ne pourra jamais saisir l'expérience humaine car celle-ci, par sa nature même, est un phénomène *mental* et non un phénomène physique comme une pierre, un comportement, un cerveau ou une galaxie. Et même si l'on peut affirmer qu'elle se situe quelque part dans le cerveau, l'expérience humaine ne peut être réduite à un réseau de neurones ni à un répertoire de comportements plus ou moins complexes.

D'autre part, pour les humanistes, l'expérience n'est accessible qu'à l'individu: ce dernier a un *accès privilégié* au contenu de sa conscience. «Lui seul peut nous dire ce qui s'y passe et tout ce qu'il nous en dira est authentique» (Maslow, 1971). Cette capacité à scruter son expérience varie bien sûr d'une personne à l'autre et peut se raffiner avec le temps et l'exercice; parvenir à mieux décrire les multiples facettes de l'expérience constitue d'ailleurs un autre objectif de la thérapie humaniste (Maslow, 1987).

Enfin, l'expérience est directement accessible à l'individu: ce dernier a un *accès direct* au contenu de son expérience, il n'a pas besoin de ses sens ou d'un outil quelconque pour y accéder. C'est pour cette raison qu'on dit des humanistes qu'ils proposent une vision phénoménologique de l'être humain. Le terme **phéno-ménologie** est emprunté à la philosophie et peut être défini comme l'étude des données immédiates à la conscience, de ce qui est directement accessible à

> **Phénoménologie**
>
> Étude des données immédiates de la conscience; terme parfois utilisé comme synonyme d'humanisme et d'existentialisme.

l'individu (Thinès et Lempereur, 1985). Précisons toutefois que l'individu n'a pas un accès direct à toutes les parties de son corps. En effet, il doit s'en remettre à un appareil électronique pour décrire une tumeur au cerveau, et il a besoin de ses yeux ou de ses mains (sens) pour décrire l'état de ses cheveux.

En résumé, l'expérience possède six propriétés, ou caractéristiques :

1. Elle est subjective.
2. Elle est unique.
3. Elle est inobservable.
4. Elle est mentale — elle ne peut être réduite à des comportements, à un réseau de neurones ou à tout autre substrat biologique.
5. Elle n'est accessible qu'à l'individu (accès privilégié).
6. Elle est directement accessible à l'individu, grâce à sa conscience (accès direct).

Les humanistes considèrent donc que ce qui est fondamentalement important et intéressant chez l'humain, c'est son monde subjectif, phénoménologique, dont dépendent essentiellement ses perceptions et son comportement.

Les méthodes

De même qu'elles se distinguent par les objets d'étude qu'elles privilégient, les diverses perspectives en psychologie se distinguent par les méthodes qu'elles adoptent. Les neuropsychologues ont recours à des tests où à des appareils sophistiqués qui permettent de mesurer l'activité du système nerveux et son influence sur le comportement. Les psychanalystes cherchent à connaître la personne en interprétant ses gestes et paroles de façon à découvrir leur signification inconsciente et cachée. Les béhavioristes visent à mettre en évidence

les facteurs qui régissent le comportement en manipulant expérimentalement certaines variables de l'environnement physique et social. Quant aux humanistes, ils mettent l'accent sur des méthodes qui leur permettent d'abord et avant tout de mieux comprendre l'être humain.

Les méthodes créées par les humanistes se démarquent des méthodes traditionnelles de la science qui, selon eux, ne peuvent rendre compte de la nature de leur objet d'étude. En effet, les humanistes s'intéressent à l'expérience subjective qui est par définition un phénomène mental, donc immaté-

riel et inobservable ; dès lors, les méthodes objectives traditionnelles — observation, expérimentation (voir le chapitre 2) — s'avèrent inadéquates pour la décrire. Les humanistes reprochent également aux méthodes scientifiques leur caractère réducteur. D'après eux, en décomposant l'humain en divers éléments (pulsion, comportement, systèmes biologiques), la plupart des psychologues perdent de vue la richesse et la profondeur de l'expérience humaine. Les humanistes ne contestent pas l'existence de ces éléments ; l'être humain a effectivement des pulsions et une capacité d'apprentissage, mais il ne se réduit pas à cela : il a aussi des désirs, des sentiments, des idées, des ambitions et des doutes, et il faut considérer l'interaction de tous ces facteurs si l'on veut comprendre l'expérience humaine. En fait, les humanistes préfèrent une approche holistique qui consiste à étudier l'être humain de façon globale, comme un tout intégré. C'est dans cet esprit qu'ils ont repris à leur compte les méthodes subjectives et holistiques élaborées avant eux par les philosophes, les structuralistes et les psychanalystes pour étudier l'inconscient et l'expérience consciente, soit l'introspection et l'empathie.

Il faut distinguer l'introspection de l'empathie. L'introspection est une méthode descriptive que le sujet s'applique à lui-même (voir le chapitre 1). Elle consiste à décrire le contenu de la conscience et de la mémoire, et elle peut être utilisée aussi bien en thérapie qu'en recherche. Ainsi, vous avez recours à l'introspection lorsque vous fouillez dans vos souvenirs pour décrire ce que vous avez ressenti la toute première fois que vous avez pris l'avion (appréhension, peur, plaisir, etc.). Wundt fut le premier psychologue à mettre cette

Pour les humanistes, certaines dimensions de l'expérience subjective vécue par cette jeune mère ne peuvent être étudiées adéquatement par les méthodes objectives traditionnelles de la science.

Les thérapeutes ne sont pas les seuls à pouvoir faire preuve d'empathie. Par exemple, cette jeune femme tente de comprendre ce que vit son ami en prenant en considération son cadre de référence.

méthode à contribution dans un cadre expérimental. Freud l'utilisait de pair avec l'association libre pour faire accéder ses patients à leur inconscient. L'**empathie,** quant à elle, est une méthode thérapeutique employée par le psychologue pour comprendre le point de vue de son client; peu de chercheurs s'en servent. Elle a été popularisée par les humanistes, mais c'est à un philosophe, Theodor Lipps, que l'on doit la création de ce concept (Thinès

> **Empathie**
> Méthode thérapeutique par laquelle le thérapeute tente de comprendre les pensées, les sentiments et les comportements de son client à l'aide du cadre de référence de ce dernier.

et Lempereur, 1984). Rogers a raffiné cette méthode en un mode original de connaissance qu'il a désigné sous l'appellation de *connaissance phénoménologique-interpersonnelle,* c'est-à-dire la compréhension de la réalité subjective d'une autre personne au moyen de l'empathie (Rogers, 1963). Voyons en quoi consiste cette méthode.

En thérapie, faire preuve d'empathie ne signifie pas être gentil envers une personne, mais plutôt tenter de comprendre ses sentiments, son point de vue, autrement dit voir le monde à travers ses yeux. C'est pourquoi cette méthode est subjective. Pour connaître une personne au moyen de l'empathie, il faut donc se mettre à sa place afin de partager, au moins partiellement et momentanément, ses expériences, ce que Rogers appellerait son *cadre de référence interne.* Imaginons le cas suivant: un thérapeute reçoit les confidences d'une patiente très croyante qui attache une grande importance à la pratique religieuse. La séance va bon train. Depuis quelques minutes, la cliente décrit le conflit qui l'oppose à son mari qui, bien que croyant, n'assiste pas régulièrement aux services religieux. Dans le cadre de référence interne de la cliente, il s'agit d'un problème grave: son mari fait preuve de négligence à l'égard d'une chose fondamentale. Si le thérapeute n'est lui-même pas croyant, il est possible que cette question soit pour lui dénuée d'intérêt. S'il adopte un point de vue uniquement basé sur son propre cadre de référence

— soit un cadre de référence externe par rapport à celui de la cliente — il sera peut-être tenté de minimiser ou de contourner le problème. Ainsi, il déclarera à sa cliente que la conduite de son mari n'est pas grave, que de plus en plus de gens se détournent de la religion et qu'elle devrait tout bonnement cesser de s'en préoccuper. Or, selon les humanistes, pour vraiment comprendre le problème de sa cliente et être en mesure de l'aider, il faut que le thérapeute adopte son cadre de référence interne, qu'il tente de voir les choses à travers son regard de femme mariée, croyante et pratiquante. Pour ce faire, il peut imaginer comment il se sentirait ou réagirait si sa conjointe faisait preuve de négligence à l'égard d'une chose qui lui tient particulièrement à cœur. C'est dans ce contexte que la connaissance phénoménologique-interpersonnelle d'un problème se développe. L'empathie est donc une méthode thérapeutique privilégiée pour comprendre ou étudier de manière subjective l'expérience du client.

Le but

L'humanisme en psychologie est indissociable de la pratique, c'est-à-dire de la thérapie. En effet, avant d'être chercheurs ou scientifiques, la plupart des humanistes sont cliniciens ou intervenants. À ce titre, ils recourent à l'introspection, à l'empathie et à bien d'autres méthodes thérapeutiques afin d'améliorer l'état de santé de leurs clients et de les aider à mieux vivre (May, 1971). C'est la personne qui intéresse l'humaniste, et non la description ainsi que l'explication objectives et scientifiques de son mal. Si ces méthodes contribuent par ailleurs au développement des connaissances scientifiques, à une meilleure compréhension de l'humain en tant que groupe ou espèce, ils ne refusent pas un tel bienfait, mais ce n'est pas le but premier des humanistes en psychologie.

Les humanistes ne sont cependant pas les seuls psychologues à se soucier du bien-être de leurs clients. En quoi se distinguent-ils des autres cliniciens? Pour Reid (1987), la thérapie humaniste présente plusieurs particularités. Premièrement, les humanistes ont des objectifs thérapeutiques bien différents de ceux de leurs confrères béhavioristes et psychanalystes. Ainsi, plutôt que de tenter de modifier les comportements ou de dénouer les conflits intrapsychiques de leurs clients, les humanistes cherchent à favoriser leur autoactualisation et leur estime de soi. Ils ne nient pas l'intérêt des objectifs de leurs confrères, mais ils croient que pour « guérir », le client doit prendre conscience de son potentiel et de sa véritable nature. Nous aborderons ces deux objectifs plus en détail un peu plus loin. Deuxièmement, les méthodes étant pour eux subordonnées aux objectifs, les humanistes ont systématiquement recours à l'empathie, ce qui n'est pas

Les thérapies non directives sont aussi utilisées en groupe. Ici, Carl Rogers (en haut, à droite) anime la discussion du groupe.

le cas des béhavioristes ou des psychanalystes. Troisièmement, les humanistes se distinguent de leurs confrères par la nature des relations qu'ils entretiennent avec leurs clients. Pour un béhavioriste ou un psychanalyste, c'est au thérapeute que revient la responsabilité de chercher les solutions aux problèmes du patient, c'est donc lui qui dirige la thérapie. Pour un humaniste au contraire, le client n'est pas véritablement un patient car il possède des solutions personnelles aux problèmes qu'il vit. Le travail du thérapeute consiste alors à créer les conditions thérapeutiques (empathie, écoute, chaleur, etc.) propices à l'émergence de ces solutions. Par opposition aux méthodes

> **Techniques thérapeutiques non directives**
>
> Ensemble des techniques thérapeutiques utilisées par les humanistes; dites non directives parce qu'elles ne mènent pas à la solution du thérapeute mais bien à celle du client; incluent l'empathie, la clarification, la reformulation et le reflet.

Qu'avez-vous appris ?

RÉPONSES, p. 259

1. Pour les humanistes, quelles sont les six propriétés de l'expérience humaine ?

2. Quels sont les reproches adressés par les humanistes aux méthodes objectives ?

3. Quel est le but des psychologues humanistes ?

4. En quoi les thérapeutes humanistes se distinguent-ils de leurs confrères béhavioristes et psychanalystes ?

directives des psychanalystes et des béhavioristes, ces conditions sont appelées **techniques thérapeutiques non directives.** Le thérapeute humaniste agit donc plus comme une personne-ressource que comme un expert (Hergenhahn, 1990).

Pour résumer, on peut dire que le but premier des humanistes en psychologie est thérapeutique. Leur travail consiste à utiliser l'empathie et l'introspection de manière à établir une relation ou un climat favorables au développement de l'autoactualisation et de l'estime de soi de leurs clients.

Les grandes idées

Comme nous l'avons vu plus haut, la perspective humaniste regroupe des penseurs d'horizons divers. Ils ont en commun deux idées essentielles : le libre arbitre et une conception optimiste de la nature humaine.

LE LIBRE ARBITRE

Depuis des siècles, les philosophes s'interrogent sur les causes du comportement de l'être humain. Notre façon d'agir est-elle entièrement déterminée par un réseau de causes, ou bien dépend-elle, au moins en partie, de notre volonté ? Les humanistes soutiennent que l'humain dispose d'une liberté intérieure — le libre arbitre — qui l'affranchit de certaines contraintes intérieures et extérieures. À l'opposé, les autres grandes perspectives en psychologie reposent

> **Déterminisme**
>
> Doctrine selon laquelle notre façon d'agir est entièrement déterminée par un réseau de causes préalables.

sur le principe du déterminisme. Le **déterminisme** postule que, premièrement, il n'y a pas d'effet sans cause et que, deuxièmement, les mêmes causes produisent toujours les mêmes effets. Examinons les deux volets de ce principe plus en détail.

1 IL N'Y A PAS D'EFFET SANS CAUSE. Selon ce principe, tout événement est causé par un autre événement, lui-même causé par un autre, et ainsi de suite à l'infini. Par exemple, une épaisse fumée envahit la maison de votre voisin. Allez-vous penser qu'elle est apparue par hasard, sans raison aucune ? Probablement pas. Vous penserez plutôt qu'un objet a pris feu et que sa combustion a provoqué la fumée. La fumée est l'effet, le feu est la cause. On peut supposer que tous les événements de l'univers sont régis par ce principe. L'univers est ainsi conçu comme un vaste réseau de causes et d'effets, où chaque événement dépend de ceux qui l'ont précédé et influe sur ceux qui le suivront. Pour les tenants du déterminisme, ce principe ne souffre d'aucune exception. Il n'y a donc jamais d'effet sans cause.

2 LES MÊMES CAUSES PRODUISENT TOUJOURS LES MÊMES EFFETS.

Selon ce principe, les relations de cause à effet sont constantes : si on réussit à reproduire exactement la même combinaison de causes, on obtiendra toujours les mêmes effets. Par exemple, vous mettez de l'eau à bouillir dans une casserole ; au bout de dix minutes, vous observez de la vapeur. La combinaison d'un certain nombre de causes — eau, chaleur supérieure à 100^0 C, métal conducteur, etc. — a produit un effet précis : de la vapeur. Vous décidez de répéter exactement l'expérience : obtiendrez-vous nécessairement le même effet, ou un effet différent ? La même combinaison de causes donnera-t-elle tantôt de la vapeur, tantôt de la glace, ou autre chose encore ? La plupart des gens soutiendraient qu'il s'agira toujours de vapeur. On peut également supposer que tous les événements de l'univers sont régis par ce principe : les mêmes causes produisent toujours les mêmes effets. Pour les tenants du déterminisme, ce raisonnement s'applique aussi bien aux objets inanimés (eau, chute des corps, mouvement des astres) qu'aux êtres vivants (votre poisson rouge, votre oncle, vous !). Si on obtient des effets différents, c'est que l'on n'a pas réussi à recréer exactement la même combinaison de causes, et qu'un facteur au moins parmi les causes est différent ou absent de la situation initiale.

Si on applique le principe du déterminisme aux comportements humains, cela signifie entre autres que chacun de nos gestes est causé par quelque chose, que chacun de nos choix est déterminé par un ensemble de causes. Ces causes seraient à leur tour les effets d'autres causes, et ainsi de suite à l'infini. Par exemple, le fait que, ce matin, vous ayez choisi de boire du jus de pomme plutôt que du jus d'orange pour accompagner votre petit déjeuner, serait le produit de certaines causes, tout comme le fait que vous ayez décidé de poursuivre vos études au cégep, en sciences humaines. Pour les psychologues, ces causes résident soit à l'intérieur de l'individu (théorie de l'internalisme), dans son inconscient ou ses connaissances, soit à l'extérieur

En 1989 sur la place Tiananmen, un Chinois fait face à une puissante force militaire lors du mouvement de protestation étudiant. Obéit-il à des forces inconscientes ou à certaines influences environnementales ? Pour les humanistes, cet homme illustre plutôt la quête de liberté et l'expression de la volonté qui caractérisent l'espèce humaine.

de l'individu (théorie de l'externalisme), dans son environnement physique et social. Mais quelle que soit la nature exacte de ces causes, elles agissent sur nous, que nous en soyons conscients ou pas.

Les humanistes ne s'opposent pas totalement au principe du déterminisme. Ils acceptent généralement qu'on l'applique aux phénomènes naturels — comme dans les exemples ci-dessus — et même à des dimensions élémentaires du fonctionnement biologique humain telles que les réflexes ou les réponses purement physiologiques (digestion, transpiration, etc.). La plupart d'entre eux admettent également l'influence sur nos comportements de l'inconscient, de l'hérédité ou même de l'environnement. Cependant, les humanistes considèrent que ces facteurs ne permettent pas d'expliquer ni de comprendre toutes les facettes de notre expérience (St-Arnaud, 1987). Pour eux, grâce à sa volonté et à sa conscience, l'être humain échappe en partie au déterminisme.

En effet, les humanistes soutiennent que l'humain est doué d'un **libre arbitre.** (L'espèce humaine est d'ailleurs la seule à posséder cette aptitude.) Cela signifie que certains des comportements humains résultent d'un choix, mais que ce choix n'est lui-même causé ou déterminé par aucune

> **Libre arbitre**
> Faculté propre à l'humain de se soustraire volontairement aux déterminismes de nature interne (hérédité, inconscient) et externe (environnement).

chose. Puisque ce choix (cet effet) est sans cause, on dit qu'il est libre et arbitraire ou encore, par opposition au déterminisme, autodéterminé. Ainsi, le choix d'un jus de fruits comme le choix d'un collège peut être un choix libre et arbitraire. En d'autres termes, placé ultérieurement dans la même situation, un individu pourra fort bien effectuer un choix différent — ce qui est contraire au principe du déterminisme.

L'existence d'un libre arbitre ne signifie cependant pas que l'individu puisse effectuer n'importe quel choix ou agir à sa guise. « Si tu veux, tu peux » est une maxime qui caricature bien plus qu'elle ne décrit la position des humanistes. En fait, les humanistes pensent qu'il existe de nombreuses contraintes ou limites à notre volonté. Par exemple, au moment de vous inscrire au cégep, vous pouvez hésiter entre les sciences humaines et les sciences de la nature car vous savez déjà que ces deux orientations vous sont offertes, mais il est évidemment

Ce détenu qui a décidé de se prendre en main et de chercher de l'aide pour redevenir un homme libre et un citoyen à part entière se distingue de nombreux autres prisonniers. Pour les humanistes, il exerce ainsi sa volonté par un choix libre qui peut lui permettre d'échapper aux déterminismes qui l'ont mené en prison.

exclu que vous choisissiez une orientation dont vous ne connaissez pas l'existence ou que vous détestez. Par conséquent, si les connaissances ou les préférences délimitent un certain nombre de possibilités, c'est l'individu qui, en fin de compte, choisit parmi elles. Il fait usage de sa *volonté*, la faculté qui lui permet d'effectuer des choix en tenant compte d'une série de contraintes biologiques, cognitives, inconscientes ou même environnementales. Ainsi, en parlant d'un client sous médication, auparavant amorphe et désormais capable de faire à nouveau preuve de volonté, un thérapeute humaniste pourrait dire qu'il a recouvré sa capacité de choisir grâce à un judicieux dosage de lithium (contrainte biologique), capacité qui avait été inhibée par ses mécanismes de défense (contrainte inconsciente) ou d'évitement (contrainte environnementale) (St-Arnaud, 1987).

En pratique, cela signifie que, quelle que soit sa portée, le principe du libre arbitre implique le principe de responsabilité morale. Si vous êtes libre de faire certains choix, vous êtes également

Le calife Haroun El Poussah est-il vraiment bon ? Les amateurs des aventures du Grand Vizir Iznogoud savent à quel point la conception de la bonté est variable.

Tabary, *L'enfance d'Iznogoud*, Éditions Glénat, 1981.

ment responsable de leurs conséquences, bonnes ou mauvaises. Vous êtes donc dans une certaine mesure responsable de votre vie car ce sont en partie vos choix qui ont fait de vous ce que vous êtes. Dans l'exemple que nous avons cité en début de chapitre, Harold a choisi de rompre avec Maude quand il était jeune. Il a certes subi l'influence de ses parents (contrainte environnementale), mais c'est lui-même qui a pris la décision, dira un thérapeute humaniste, et il doit apprendre à vivre avec les conséquences douloureuses de ce choix. Dans le cadre d'une thérapie, l'un des objectifs des humanistes est justement d'aider la personne à prendre conscience de sa liberté de choisir, des possibilités qui s'offrent à elle et de la responsabilité qu'elle doit assumer quant à son bonheur ou à son malheur, présents et futurs (Rogers, 1972).

UNE CONCEPTION OPTIMISTE DE LA NATURE HUMAINE

Les humanistes ont une vision de la nature humaine nettement plus positive et optimiste que celle de Freud. Freud considère en effet que les deux pulsions fondamentales de l'être humain sont la pulsion de vie (ou pulsion sexuelle) et la pulsion de mort (ou pulsion agressive). Ce sont donc des pulsions qui, à l'origine, sont asociales, sinon antisociales. La thèse de la pulsion de mort, en particulier, laisse entendre que l'être humain a un penchant inné à la destruction des autres et de soi. En réaction à cette conception, les humanistes proposent une vision plus optimiste de la nature humaine centrée sur l'idée que l'humain est fondamentalement bon et qu'il a une tendance innée à croître et à se réaliser.

Selon Rogers, si des tendances destructrices sont présentes chez beaucoup d'individus, c'est d'abord et avant tout parce qu'un environnement social inadéquat a inhibé l'harmonie de leur croissance psychologique. Les crimes, la violence, les guerres n'ont pas leur source dans la nature profonde de l'humain, mais plutôt dans de mauvaises conditions sociales (Rogers, 1972). Maslow abonde dans le même sens. Pour lui, les individus ne sont pas naturellement agressifs ou frustrés ; ils le deviennent par la force des choses, lorsqu'ils sont incapables de satisfaire adéquatement leurs besoins (Maslow, 1971). Selon Maslow, le pessimisme de Freud est attribuable à ses recherches cliniques, fondées essentiellement sur l'étude de patients hystériques ou névrosés. Maslow a d'ailleurs élaboré la plupart de ses idées en étudiant des individus productifs et en bonne santé (Schultz et Schultz, 1992).

Les humanistes se situent donc dans la lignée de philosophes comme Jean-Jacques Rousseau, qui postulent que « l'Homme naît bon, c'est la société qui le corrompt ». Cette conception se traduit chez l'humain par une tendance innée à se réaliser pleinement, ce que les humanistes, avec Maslow, appellent l'autoactualisation. Dans la section suivante, nous abordons la contribution d'Abraham Maslow à la perspective humaniste.

Qu'avez-vous appris ?

RÉPONSES, p. 259

1. Nommez et expliquez brièvement les deux postulats du déterminisme.

2. Donnez deux synonymes de libre arbitre.

3. Qu'est-ce que la responsabilité morale ?

4. Selon Rogers, pourquoi existe-t-il des pulsions destructrices ?

ABRAHAM MASLOW

Abraham Maslow est né à Brooklyn, aux États-Unis, en 1908. Premier de sept enfants, il connaît une enfance malheureuse : son père boit, sa mère s'occupe peu de lui. Néanmoins, ses parents l'encouragent à poursuivre ses études. Après avoir étudié le droit, il s'inscrit en psychologie à l'université du Wisconsin. D'abord enthousiasmé par les écrits d'un béhavioriste, Watson, il rédige en 1934 une thèse de doctorat portant sur une analyse comportementale. Cependant, dès la naissance de son premier enfant,

> **Besoin**
> État déficitaire de l'organisme, d'ordre biologique ou psychologique.

Maslow mesure les limites du béhaviorisme : « Quiconque a un enfant, et comprend la complexité de ses conduites, ne peut être béhavioriste très longtemps. » (Maslow, 1972)

Quelques années plus tard, Maslow fait la connaissance de Ruth Benedict et de Max Wertheimer, deux professeurs qu'il estime au plus haut point et qui seront pour lui une source d'inspiration, comme il le confiera plus tard :

> Je n'ai jamais planifié mes recherches sur l'autoactualisation. Elles ont commencé quand, jeune étudiant, j'ai cherché à mieux connaître [Max Wertheimer et Ruth Benedict] que j'aimais et admirais profondément. [...] Mais je ne pouvais me contenter de cette affection, il fallait que je comprenne comment ils étaient devenus des êtres aussi merveilleux et exceptionnels. [...] Je les ai observés attentivement et je me suis rendu compte que leur façon de penser et d'agir pouvait être généralisée ; que chez ces deux personnes se dégageait peu à peu le prototype même de la personnalité actualisée (traduit de Hergenhahn, 1990).

C'est cette quête visant à comprendre ce qu'il y a d'exceptionnel chez certains êtres humains qui a conduit Maslow à développer sa théorie des besoins et de l'autoactualisation.

La théorie des besoins

L'un des principaux concepts de la théorie de Maslow est le **besoin**. Pour Maslow, le développement de la personnalité est intimement lié à la satisfaction des besoins : les individus qui les comblent aisément et avec régularité sont habituellement heureux et en bonne santé, tant sur le plan physique que sur le plan psychologique, alors que les individus qui n'y parviennent pas connaissent souvent frustration, désespoir et maladie (Maslow, 1971).

De façon générale, le besoin correspond à un état déficitaire de l'organisme : manque de nourriture, de chaleur, d'eau, d'air. Maslow a élargi

Abraham Maslow, un des chefs de file de la perspective humaniste.

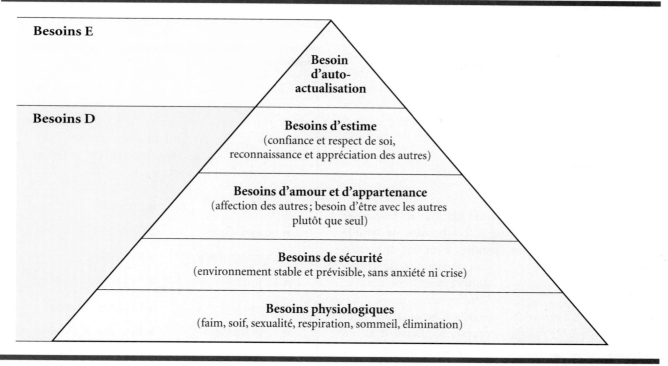

Besoins E

Besoins D

Besoin d'auto-actualisation

Besoins d'estime
(confiance et respect de soi,
reconnaissance et appréciation des autres)

Besoins d'amour et d'appartenance
(affection des autres ; besoin d'être avec les autres
plutôt que seul)

Besoins de sécurité
(environnement stable et prévisible, sans anxiété ni crise)

Besoins physiologiques
(faim, soif, sexualité, respiration, sommeil, élimination)

Source : adapté de Bee, *Les âges de la vie*, ERPI, 1997, p. 43.

FIGURE 8.1 La hiérarchie des besoins de Maslow

On représente souvent par une pyramide la théorie de la hiérarchie des besoins proposée par Maslow.
À la base se trouvent les besoins biologiques tels que la nourriture, le sommeil, la respiration ; au centre,
les besoins de sécurité, d'amour et d'appartenance, et d'estime ; au sommet, le besoin d'autoactualisation
qui, selon Maslow, transforme en êtres exceptionnels les individus qui cherchent à le combler.

cette définition pour y inclure les besoins de nature psychologique comme les besoins d'amour et d'estime (voir la figure 8.1). Ces besoins se manifestent selon une hiérarchie ou un ordre ascendant qui va du plus pressant au moins pressant (Maddi et Costa, 1972). Par exemple, si votre estomac crie famine au moment précis où vous lisez ces lignes, il vous sera très difficile de terminer la lecture du chapitre. La faim, qui est un besoin essentiel à la survie, doit être satisfaite avant que le besoin d'estime surgisse. De même, le besoin d'auto-actualisation n'apparaît que si les besoins des niveaux inférieurs de la hiérarchie ont d'abord été satisfaits.

Suivant cette hiérarchie, si deux besoins se manifestent simultanément, l'organisme cherchera à combler le plus pressant. Comment expliquer alors que des individus ayant des difficultés à combler leur besoin alimentaire, tels les itinérants, cherchent tout de même à se faire des amis (besoin

d'appartenance) ? Maslow suggère que le passage d'un niveau de besoin à un autre se fait progressivement, et non par bond comme certains psychologues l'ont prétendu. Il n'est donc pas nécessaire que les besoins d'un niveau soient totalement satisfaits pour que d'autres besoins se manifestent et soient à leur tour comblés (Hergenhahn, 1990). C'est pourquoi un itinérant qui a satisfait en partie ses besoins biologiques et ses besoins de sécurité cherchera à se lier d'amitié, tandis que celui qui n'a rien à manger, consacrera tous ses efforts et son temps à trouver de la nourriture.

La force d'un besoin détermine aussi le moment de son apparition : plus un besoin est pressant, plus il se manifeste tôt dans le développement de l'individu. Un nouveau-né ressent d'abord le besoin de respirer, puis celui de boire, ensuite vient le besoin de sécurité et d'amour, etc. Ce n'est qu'à l'âge adulte, et seulement chez une infime partie de la population, que le besoin d'autoactualisation se manifestera. Cette hiérarchie des besoins montre que, même s'ils sont ordonnés, les besoins humains n'obéissent pas à de simples automatismes. Il ne s'agit pas d'instincts ni de phénomènes strictement déterminés par le patrimoine génétique. Au contraire, selon Maslow (1972), nos besoins peuvent être partiellement ou totalement inhibés par les apprentissages, la culture, la désapprobation parentale, la peur. Leur apparition dépend donc de l'environnement social dans lequel l'individu se développe.

LES TYPES DE BESOINS

Il existe deux types de besoins selon Maslow: les besoins de type D et les besoins de type E. Les **besoins de type D** (D pour «Déficience») correspondent à un état de tension ou de manque que l'organisme cherche à réduire. Par exemple, notre organisme a besoin d'eau pour survivre. Quand il en est privé un certain temps, le débit sanguin dans les reins diminue. En réaction à cette baisse, les reins sécrètent une substance chimique qui signale le déséquilibre à l'hypothalamus lequel, à son tour, en informe le cortex cérébral. C'est à ce moment que nous ressentons la soif et que naît en nous la motivation nécessaire pour trouver l'objet susceptible d'éliminer cette carence. Pour Maslow, la sécurité et l'amour obéissent au même principe régulateur que la faim ou la soif (Hergenhahn, 1990). Les **besoins de type E** (E pour «Être»), ou besoins de croissance, se présentent chez des individus ayant déjà satisfait leurs besoins de type D. Ce groupe de besoins joue un rôle fondamental dans le développement de la personnalité (voir le tableau 8.1), même s'il n'a pas le caractère vital des besoins de type D. En effet, les besoins de croissance découlent de la tendance naturelle à se réaliser pleinement, que Maslow désigne sous le nom d'autoactualisation.

La **tendance à l'autoactualisation** s'exprime chez l'enfant sous forme de jeu et d'exploration. Chez l'adulte, elle se manifeste de multiples façons: être une bonne musicienne, un bon père de famille, un bon plombier; aider son voisin, vaincre la maladie ou un handicap, travailler pour une bonne cause ou simplement se donner à fond dans ses études ou

---

Besoins de type D

Catégorie de besoins qui poussent ou motivent la personne à rétablir l'équilibre; incluent les besoins physiologiques, les besoins de sécurité, d'amour, d'affection et d'estime de soi.

Besoins de type E

Catégorie de besoins qui, sans être nécessaires à la survie, participent néanmoins de façon fondamentale au développement psychologique de la personne; aussi appelés besoins de croissance.

TABLEAU 8.1 — **LES BESOINS DE CROISSANCE**

Pour Maslow (1971), la satisfaction des besoins de croissance, ou besoins de type E, est une quête perpétuelle qui permet aux individus de croître et de se réaliser. Les besoins de croissance ne sont pas ordonnés du plus pressant au moins pressant. Ces 14 besoins, ou valeurs, qui caractérisent la tendance à l'autoactualisation sont:

- L'intégrité
- La perfection
- L'accomplissement
- La justice
- La vivacité
- La profondeur
- La transparence
- La bonté
- La beauté
- L'unicité
- L'aisance
- Le jeu et l'humour
- La vérité et l'honnêteté
- L'autonomie

---

son sport préféré. Chez les individus motivés par cette tendance, la vie ne se limite pas à un perpétuel effort pour réduire les besoins et rétablir l'équilibre. Au contraire, la satisfaction ou l'atteinte des objectifs personnels augmente constamment leur motivation d'avancer. Croître devient alors une gratification en soi (Maslow, 1972).

Par exemple, les bénévoles qui apportent leur aide aux itinérants des grandes villes comme Bruxelles, Montréal ou Paris veulent vivre dans un monde plus juste et équitable (besoin de croissance). La plupart d'entre eux travaillent dans l'ombre, à l'écart du battage médiatique qui entoure les croisades contre la faim et la marginalisation. De même, certains sportifs sont motivés par le besoin d'être reconnus et admirés par la foule (besoin de type D), d'autres par le besoin de se dépasser (besoin de croissance). Wayne Gretzky (hockey) et Myriam Bédard (biathlon) offrent des exemples de la quête sans fin qu'est l'autoactualisation. Les personnes qui cherchent à s'actualiser sont actives, dynamiques et créatives. Elles ont constamment des projets et veulent les réaliser.

Tendance à l'autoactualisation

Pour Maslow et Rogers, motivation fondamentale de tout être humain qui pousse la personne à s'accomplir, à réaliser son plein potentiel (voir besoins de type E).

Les besoins de type D et les besoins de croissance diffèrent également par le type de dépendance qu'ils entraînent. En effet, pour Maslow, les besoins de sécurité, d'amour et d'estime — trois besoins de type D — ne peuvent être satisfaits que par autrui. L'individu qui manque d'attention ou d'amour ne possède pas la totale maîtrise de son destin puisqu'il doit constamment s'en remettre aux autres pour combler ces besoins. Dans notre exemple en début de chapitre, Harold avait tellement besoin de l'approbation de ses parents à une certaine période de sa vie qu'il a renoncé à fréquenter Maude de peur de les décevoir.

La personne motivée par les besoins de croissance et qui, par définition, a déjà satisfait ses besoins de type D, est plus libre et autonome. Sa conduite n'est pas déterminée par ses parents, ses amis ou la société dans laquelle elle vit, mais par des motifs internes et personnels. Étant plus près de son soi, de sa véritable nature, cette personne apprend peu à peu à mieux se connaître, elle devient plus authentique. Elle entre alors plus facilement en relation avec les autres. Telle serait sans doute la constatation du thérapeute humaniste auquel Harold confie que, ce qui l'intéresse désormais, c'est la personnalité globale des autres.

LA MOTIVATION, LA SATISFACTION DES BESOINS ET LE BONHEUR

Selon Maslow, la motivation naît du besoin, quel qu'il soit. Un individu dont le travail quotidien n'est pas reconnu par ses pairs mettra tout en œuvre pour combler cette carence : il se portera candidat à la mairie, rédigera un pamphlet, cherchera à s'attirer l'estime des autres par ses prouesses intellectuelles ou physiques. La motivation est donc le processus qui pousse l'individu à agir, à trouver la personne, l'objet ou l'activité susceptible de satisfaire son besoin (Maslow, 1971).

La motivation s'accompagne d'un second processus, la perception. Si la motivation fournit l'énergie nécessaire pour agir, la perception permet de donner une signification à l'expérience. Selon Maslow, la perception est généralement influencée ou colorée par nos besoins. Par exemple, un homme ayant besoin d'attention cherchera une femme qui l'écoute ou l'admire, et une femme ayant besoin de sécurité jettera son dévolu sur un homme capable de la protéger. Dans de tels cas, l'autre n'est pas perçu comme une personne unique, à part entière, mais comme la «chose» qui nourrit, protège, aime — les individus sont donc considérés comme interchangeables puisque seule la gratification rapide et complète du besoin est visée. Maslow explique ainsi pourquoi certains clients sont incapables d'avoir des relations amicales ou amoureuses stables. Ils ne s'intéressent pas en fait à la personnalité de l'autre, mais à ce que cette personne est susceptible de leur apporter — sécurité, attention, affection ; s'ils peuvent obtenir plus ailleurs, ils changent de partenaire. Cependant, Maslow pense que l'individu est capable d'atteindre une perception neutre et désintéressée lorsqu'il n'a plus besoin de l'autre pour combler les besoins de type D. Comme nous l'avons vu plus haut, l'individu est alors moins centré sur lui-même et se trouve en mesure d'apprécier véritablement la personnalité de l'autre dans sa globalité.

Maslow s'est également penché sur les conséquences de la satisfaction et de la non-satisfaction d'un besoin, qu'il s'agisse des besoins de type D ou des besoins de type E. Dans le cas des besoins de type D, le retour à l'homéostasie s'accompagne d'un plaisir ou d'un mieux-être immédiat et momentané, tandis que la privation peut engendrer de la frustration, voire de la douleur. Par exemple, si la privation de nourriture dure très longtemps chez un individu ou, plus grave encore, si elle s'étend à d'autres besoins, elle peut se solder par des troubles physiques, parfois la mort, ou, sur le plan psychologique, par une névrose. Cependant, la seule satisfaction des besoins de type D, même lorsqu'elle est totale, n'est pas un gage de santé car l'individu qui se contente d'être aimé et estimé finit, selon Maslow, par vivre dans un «état de décadence». Il ressent alors un sentiment de désespoir, d'apathie, de vide qui explique peut-être pourquoi des individus apparemment heureux finissent par se suicider (Maslow, 1987).

En revanche, la satisfaction des besoins de croissance, ou du moins les tentatives répétées pour y parvenir, entraîne un sentiment de bonheur profond et durable, et parfois même des expériences extatiques. Maslow (1972) cite le cas d'un peintre qui comparait certains de ses tableaux à de véritables orgasmes et celui d'un écrivain qui, seul devant sa machine à écrire, éprouvait des moments de joie d'une rare intensité. Maslow nous met cependant en garde : les individus actualisés ne sont pas des êtres parfaits, dénués de défaut. Il s'agit plutôt de personnes heureuses et lucides, qui comprennent et acceptent courageusement leur nature, avec ses limites et ses insuffisances, tant physiques que psychologiques, ce qui en fait des êtres exceptionnels.

L'INDIVIDU ACTUALISÉ OU EN VOIE D'AUTOACTUALISATION

Selon Maslow, moins de 1 % de la population parvient à s'actualiser totalement. Bien qu'ayant atteint le sommet de la pyramide des besoins, ces individus demeurent actifs, dynamiques et créatifs. En effet, très peu d'entre eux ont conscience de ce qu'ils ont réellement accompli, et même alors,

Pour Maslow, l'autoactualisation est un processus qui concerne toute la vie et que l'on peut entreprendre à tout âge. Hulda Crooks, que l'on voit ici faire l'ascension du mont Fuji au Japon, a commencé à s'adonner à la randonnée pédestre dans la soixantaine.

la vaste majorité ne considère pas qu'elle est parvenue «à la fin de quelque chose». D'ailleurs, Maslow insiste sur le fait que l'auto-actualisation n'est pas un état, mais la dernière étape d'un long processus de développement de la personnalité (Maslow, 1971). Pour Maslow, la différence entre un individu actualisé, ou en voie de le devenir, et un individu dont la principale préoccupation consiste à combler ses besoins de type D n'est qu'affaire de degré. Il existe cependant trois caractéristiques qui permettent de les distinguer (Pelletier et Vallerand, 1993).

Premièrement, les individus actualisés ou en voie de l'être s'intéressent davantage aux problèmes de l'humanité — la faim, l'ignorance, la guerre, la marginalisation, l'injustice. Trouver une solution à ces problèmes représente pour eux une véritable mission à accomplir, et ils ne se soucient guère du salaire ou des honneurs qui récompensent leurs efforts. Ils n'hésitent pas à renoncer à un statut social élevé afin de venir en aide aux victimes des famines, des épidémies et des guerres.

Deuxièmement, les individus actualisés ou en voie de le devenir connaissent plus souvent des **expériences extatiques** ou mystiques. Ces expériences sont de véritables moments d'extase où la personne a le sentiment d'être à la fois toute-puissante et fragile. Certains en viennent même à perdre le contact avec le temps et l'espace. Pour Maslow, ces expériences sont bénéfiques à plus d'un égard. Elles permettent à l'individu de se rapprocher de son vrai soi et donc d'avoir une meilleure connaissance de sa

> **Expérience extatique**
> Selon Maslow, moment d'extase et de bonheur que connaissent les individus actualisés ou en voie de l'être; s'accompagne souvent d'une perte de contact avec le temps et l'espace.

personnalité. Elles favorisent également sa créativité et sa spontanéité. Les individus qui vivent fréquemment ce type d'expériences seraient plus aptes à percevoir la valeur de l'existence. Ainsi, ils auraient moins la tentation du suicide et de la mort. Enfin, ces expériences auraient une fonction thérapeutique et pourraient faire disparaître certains symptômes névrotiques, comme le doute maladif, l'anxiété et certaines compulsions (Maslow, 1971). Réussir à sauver la vie d'une personne sur le point de mourir ou faire une découverte scientifique est une expérience de nature à produire ces effets.

Troisièmement, pour les individus actualisés ou en voie de l'être, s'ingénier à trouver une solution est aussi satisfaisant que la solution elle-même. Fin et moyens ont à leurs yeux autant de valeur. Ainsi, les efforts déployés pour venir en aide à des sinistrés peuvent leur procurer autant de satisfaction que la réussite même de l'opération.

Qu'avez-vous appris ?

RÉPONSES, p. 259

1. Identifiez les deux types de besoins selon Maslow et décrivez-les brièvement.

2. Quels sont les besoins qui ne peuvent être satisfaits que par autrui ?

3. Nommez les trois caractéristiques qui permettent de distinguer un individu actualisé ou en voie de l'être, d'un individu qui se contente de satisfaire ses besoins de type D.

CARL ROGERS

Carl Rogers (1902-1987) est l'un des principaux chefs de file de la perspective humaniste. Né aux États-Unis, Rogers est issu d'une famille protestante très conservatrice qui valorise le travail et la religion. Après avoir étudié l'agriculture, la chimie, la biologie, la théologie et la philosophie, il se décide à choisir la psychologie clinique, à la fin des années 1920. Cette époque voit l'émergence de l'affrontement entre freudiens et béhavioristes. C'est donc en partie en réaction à la psychanalyse et au béhaviorisme que Rogers va développer son propre point de vue (Hall et Lindzay, 1978). Partant de considérations pratiques, il met d'abord au point une thérapie centrée sur les besoins et les expériences du client. Ce n'est que plus tard qu'il élaborera une théorie de la personnalité pour donner un cadre théorique à sa méthode thérapeutique. Sa conception de la psychologie porte ainsi la marque de sa pratique clinique et reste très proche de la relation qui s'établit entre un thérapeute et son client.

La structure de la personnalité

Dans sa théorie de la personnalité, Rogers distingue trois structures fondamentales : l'organisme, le soi et le soi idéal (Rogers et Kinget, 1976). Une grande part du développement de la personne dépend des relations qui s'établissent entre ces trois structures.

Dans la théorie rogérienne, l'**organisme** est la personne considérée dans sa globalité. C'est le lieu de toute expérience, de tout ce qui est ressenti par l'individu, de manière consciente ou non (Rogers, 1972). En effet, il faut distinguer l'expérience de la conscience. La **conscience** est la compréhension d'une partie de notre expérience, la capacité de se représenter une expérience au moyen de symboles (Rogers, 1972). Ainsi, à la suite d'un différend avec votre meilleur ami, vous pourriez déclarer : « Je suis en colère contre lui ! », ou vous imaginer en train de le réprimander vertement. Ces mots et ces images sont des symboles qui témoignent que vous êtes bien conscient des sentiments qui vous animent. Dans ce cas, votre expérience est consciente.

> **Organisme**
>
> La personne considérée dans sa globalité ; lieu de toute expérience, c'est-à-dire de tout ce qui est ressenti, consciemment ou non, par la personne.
>
> **Conscience**
>
> Capacité pour une personne de se représenter son expérience au moyen de symboles, comme des mots ou des images, de manière conforme à la réalité.

Mais il existe une autre partie de l'expérience qui n'est pas consciente, qui n'est pas symbolisée ou qui ne l'est pas de manière conforme à la réalité. Ainsi, l'organisme réagit parfois à ses expériences par l'intermédiaire d'un processus appelé *subception*. Il s'agit d'une perception non consciente de l'expérience qui s'apparente à l'inconscient de Freud. Dans l'exemple ci-dessus, vous éprouvez de la colère contre votre

Carl Rogers, un des chefs de file de la perspective humaniste et concepteur de l'approche non directive en psychothérapie.

meilleur ami. Vous décidez d'écouter de la musique et cela vous apaise quelque peu. Cependant, votre colère est toujours là, même si elle n'est plus présente à votre esprit, et elle continue d'agir sur vous par subception. Elle peut même vous rendre anxieux ou irritable toute la journée. Votre expérience est alors inconsciente.

De la même façon, une expérience peut être consciente ou symbolisée selon les termes de Rogers, mais de manière partielle ou incorrecte. Dans ce cas, la symbolisation ne correspond pas forcément à la réalité. Par exemple, vous grelottez parce que vous avez la fièvre, et vous êtes convaincu qu'il fait réellement froid. Ou encore, vous pensez qu'un de vos amis, inhabituellement peu loquace, vous en veut, alors qu'il est peut-être simplement soucieux. Vous ressentez confusément quelque chose, mais vous ne parvenez pas à en donner une représentation claire et nette.

Au fur et à mesure que la personnalité se développe, une partie de l'expérience de l'individu se différencie du reste. C'est ce que Rogers appelle le **soi**, ou concept de soi (Rogers et Kinget, 1976). Cette structure mentale regroupe toutes les perceptions qu'une personne a d'elle-même. On distingue trois composantes du soi.

> **Soi**
>
> Somme des perceptions qu'une personne a d'elle-même, de ses caractéristiques, de ses relations avec les autres, et des valeurs qu'elle attache à ces différentes perceptions.

Premièrement, le soi comprend les perceptions que la personne a d'elle-même et de ses caractéristiques personnelles. Par exemple, un homme peut se voir comme « très intelligent », « plutôt gros » et « passablement colérique ». Ces expressions font partie de son soi, car elles illustrent sa façon de se représenter. Deuxièmement, le soi comprend les perceptions qu'une personne a de ses relations avec les autres et avec différents aspects de sa vie. Ainsi, le même homme peut se voir comme « un mari attentif », « le meilleur ami de Pierre » et « un admirateur de Kurt Cobain ». Ces expressions décrivent des relations particulières avec d'autres personnes ou avec divers aspects du monde qui l'entoure. Troisièmement, le soi comprend les valeurs qu'une personne attache à ses différentes perceptions. Le même homme peut dire de lui-même : « Je suis un honnête homme, c'est bien » ou « Je suis un type méprisable, c'est horrible ». Il ne se contente pas de se décrire, il s'évalue et porte sur lui-même un jugement de valeur.

Le concept de soi englobe la perception que la personne a d'elle-même et de ses caractéristiques personnelles, la perception de ses relations avec son environnement social et physique et la valeur qu'elle accorde à ses différentes perceptions.

Pour Rogers, les jugements de valeur du soi créent chez l'individu le désir de se surpasser ou d'être autrement, ce que Rogers appelle le **soi idéal** (Rogers et Hinget, 1976). Ce concept représente ce que la personne souhaiterait être. Ainsi, la personne qui déclare: «Je voudrais être un virtuose de la guitare» ou encore «Je voudrais être moins timide» montre certains aspects de son soi idéal.

CONGRUENCE ET INCONGRUENCE

Les trois structures de la personnalité interagissent de plusieurs façons. Pour Rogers, ces interactions produisent soit un état de **congruence,** soit un état d'**incongruence,** c'est-à-dire que la personne est soit «en accord», soit «en désaccord» avec elle-même. Rogers définit trois sortes de congruence: entre le soi et l'organisme, entre le soi et le soi idéal, entre la réalité subjective et la réalité objective (Rogers et Kinget, 1976).

1 **CONGRUENCE ENTRE LE SOI ET L'ORGANISME.** Il y a congruence entre le soi et l'organisme lorsque la personne a une image d'elle-même qui correspond à l'ensemble des expériences qu'elle vit. Aucune de ces expériences n'est niée, mise de côté ou négligée. La personne est réceptive, ouverte à l'expérience. Elle peut reconnaître qu'elle hait son père ou qu'elle éprouve des désirs homosexuels. Au lieu de dire: «Non, je ne dois pas penser ça, c'est affreux!» ou «Non, ce n'est vraiment pas mon genre», la personne admet ce qu'elle ressent: «Tiens, je n'avais jamais remarqué que je me sentais ainsi!» Elle accepte pleinement ses sentiments et ses expériences.

À l'inverse, il y a incongruence si la personne refuse d'admettre que certaines de ses expériences ne concordent pas avec l'image qu'elle se fait d'elle-même. C'est le cas de Harold qui, dans notre exemple en début de chapitre, confiait: «Mais moi, je l'aimais vraiment [expérience consciente]... J'étais bien avec elle... En même temps, je me sentais mal à l'aise parce que je n'étais pas comme elle [image d'un jeune homme de bonne famille]. Mais je refusais de l'admettre [incongruence...], vous comprenez?»

2 **CONGRUENCE ENTRE LE SOI ET LE SOI IDÉAL.** Il y a congruence entre le soi et le soi idéal si la personne est relativement satisfaite d'elle-même, qu'elle s'accepte telle qu'elle est et que son idéal correspond à ce qu'elle est ou à ce qu'elle peut réellement espérer devenir, compte tenu de son potentiel. Par exemple, un musicien ressentira une plus grande congruence s'il se donne comme idéal non pas de devenir le prochain Kurt Cobain, mais de composer quelques bonnes pièces appréciées par lui et ses amis.

> **Soi idéal**
> Perception de ce qu'une personne souhaiterait être.
>
> **Congruence**
> État qui caractérise l'individu en accord avec lui-même.
>
> **Incongruence**
> État qui caractérise l'individu en désaccord avec lui-même.

À l'inverse encore, il y a incongruence entre le soi et le soi idéal si la personne ne s'accepte pas telle qu'elle est, si elle est systématiquement insatisfaite d'elle-même et si elle se fixe un idéal qu'elle ne pourra sans doute jamais atteindre. Dans l'exemple ci-dessus, si le musicien a comme but de devenir le prochain Kurt Cobain, ce n'est que le jour où il écrira une chanson qui soutient avantageusement la comparaison avec celles de Nirvana qu'il considérera avoir composé une bonne pièce. D'ici là, il restera frustré et mécontent de lui-même.

3 **CONGRUENCE ENTRE LA RÉALITÉ SUBJECTIVE ET LA RÉALITÉ OBJECTIVE.** Il y a congruence entre l'expérience d'une personne et la réalité extérieure si cette personne prend soin de confronter ses perceptions au monde objectif. Par exemple, vous vous demandez pourquoi votre beau-frère est d'humeur si exécrable. Vous avez l'impression qu'il vous en veut, parce que vous avez annulé à la dernière minute une sortie avec lui en ville. Pour vérifier cette perception, vous lui posez la question: vous en veut-il et, si oui, pourquoi? Peut-être vous expliquera-t-il alors que, effectivement, il a été déçu que vous annuliez la sortie, mais qu'il est surtout préoccupé par la santé de son père. Vous pouvez alors attribuer sa mauvaise humeur à la cause véritable. C'est ce que Rogers appelle une *vérification de perception*. En vérifiant ses perceptions, l'individu se construit une image qui correspond bien à ce que le monde est réellement, autrement dit, une image congruente avec la réalité extérieure.

Malheureusement, nous prenons rarement la peine de vérifier nos perceptions. Nous présumons souvent qu'elles sont justes et nous agissons sur cette base. Il y a alors incongruence entre l'expérience subjective et la réalité objective. Or, un des principaux buts de la thérapie rogérienne est justement de rendre la personne plus congruente et donc plus ouverte non seulement à son expérience interne, mais aussi aux données du monde extérieur.

Quelles sont les conséquences de ces trois types d'incongruence? Le fait de vivre longtemps et souvent en état d'incongruence prononcée peut nuire au bien-être de la personne. Pour Rogers, l'angoisse est une réaction de l'organisme à un état d'incongruence dont la personne n'est pas clairement consciente. Elle est une réponse à la subception (plutôt qu'à la prise de conscience pleine et entière) de l'incongruence. La personne angoissée se sent continuellement menacée ou inefficace, elle adopte un comportement défensif et rigide ou elle agit de façon déplacée. Elle peut aussi faire preuve d'hostilité envers les autres si leur comportement lui rappelle les sentiments dont elle-même veut se débarrasser (Rogers et Kinget, 1976).

Qui était Marilyn Monroe? Le passage du statut de jeune femme insouciante à celui de star a certainement provoqué plusieurs épisodes d'incongruence en ce qui a trait au concept de soi de la jeune femme.

Pour Rogers (1972), ce type de personne se trouve en *état de défense* face à l'angoisse. Le but du comportement défensif est de maintenir la structure du soi, c'est-à-dire l'image que la personne a d'elle-même. La défense procède par une sorte de déformation perceptuelle. Les individus en état d'incongruence ont souvent une image d'eux-mêmes complètement coupée de la réalité, et ils s'attachent à déformer toute expérience qui contredit cette image. Par exemple, un étudiant qui a une faible estime de soi, et qui se définit comme peu intelligent, peut déformer son expérience s'il obtient une très bonne note à un examen. Au lieu de se dire: «Je maîtrise vraiment cette matière, je suis plus intelligent que je ne croyais» (ce qui semble bien être le cas), il peut conclure: «J'ai eu de la chance» ou encore: «Le professeur a dû avoir pitié de moi, c'est pourquoi il m'a donné une bonne note». Par conséquent, il peut se contenter de sa «bonne fortune» et se refuser à travailler ses aptitudes dans cette matière. Un état d'incongruence implique une distorsion de la réalité, une perception fausse que l'on entretient à propos de soi-même ou du monde extérieur.

Comment l'incongruence se met-elle en place? Comment peut-on retrouver la congruence? Ces questions sont au cœur de la démarche de Rogers, sur laquelle nous nous penchons ci-dessous.

Le développement des besoins fondamentaux

Pour comprendre comment une personne se retrouve en état d'incongruence avec elle-même ou avec la réalité objective, il faut comprendre comment ses besoins se développent

et quelles répercussions les influences réciproques entre ces besoins et son environnement social peuvent avoir sur sa personnalité.

Comme nous l'avons vu plus haut, Rogers considère qu'il existe une motivation fondamentale à l'origine de tous les besoins et désirs humains. C'est la tendance à l'autoactualisation, qui pousse chaque organisme à se maintenir, à se développer et à s'actualiser. Se maintenir suppose la satisfaction des besoins de base, comme manger, boire, respirer. Se développer signifie la croissance physique et psychologique. S'actualiser consiste à se réaliser pleinement, c'est-à-dire à aller au-delà de ce que nous sommes de façon à exploiter toutes nos possibilités. Ainsi, un enfant qui apprend à marcher ou un guitariste qui s'efforce de jouer une partition difficile visent tous deux l'autoactualisation en cherchant à transformer leur potentiel en une performance réelle. L'autoactualisation comporte bien sûr des degrés. Si une jeune femme possède le talent nécessaire pour devenir une très grande musicienne, elle ne s'actualisera pas ou très peu si elle se contente de jouer pour accompagner des publicités à la radio. Par contre, si elle devient une virtuose, elle se sera pleinement actualisée, elle aura véritablement tiré parti de son potentiel.

Rogers rappelle cependant que la tendance à la croissance et à l'autoactualisation ne se manifeste que lorsque les choix d'un individu sont clairement perçus et correspondent à la réalité (Rogers, 1972). Selon lui, une personne ne peut se fier à un «instinct» ou à une «intuition» pour effectuer les «bons» choix. Elle doit être parfaitement consciente et avoir une représentation adéquate des choix qui s'offrent à elle. Si c'est le cas, la tendance à l'autoactualisation lui permettra de progresser. Autrement, elle peut commettre une erreur et faire un choix qui l'amènera à régresser. À partir de cette tendance et à mesure que l'enfant interagit avec son environnement, se développent plusieurs besoins essentiels, dont le besoin de considération positive.

LA CONSIDÉRATION POSITIVE

La **considération positive** comprend tout ce que l'on désigne habituellement par les mots chaleur, accueil, sympathie, attention, respect, acceptation (Rogers et Kinget, 1976). Le *besoin de considération positive* est donc essentiellement le besoin d'être aimé, respecté ou accepté par les autres. Ces « autres » ne sont pas nécessairement toutes les personnes qui nous entourent. Il s'agit surtout de *personnes-critères*, dont l'opinion nous importe. Pour un enfant, ses parents sont évidemment des personnes-critères, mais le sont également les personnes qu'il admire, par exemple une cousine plus âgée qui excelle dans un sport ou un art, ou encore des camarades d'école, en groupe ou individuellement : il voudra porter des souliers d'entraînement de la même marque que les leurs, une casquette semblable, etc.

> **Considération positive**
>
> Manifestation de sentiments positifs d'une personne envers une autre, désignée habituellement par des termes comme chaleur, accueil, respect, acceptation, etc.
>
> **Considération de soi**
>
> Besoin de s'aimer et de s'accepter soi-même qui se développe à partir du besoin de considération positive.

Le besoin de **considération de soi** est issu du besoin de considération positive (Rogers et Kinget, 1976). Il s'agit du besoin d'être aimé, respecté ou accepté, mais par soi-même. Être apprécié des autres est une expérience antérieure à celle de s'apprécier soi-même, mais avec le temps les deux besoins finissent par se dissocier et par devenir indépendants. La personne peut alors jouer pour elle-même le rôle de personne-critère. Par exemple, un guitariste qui interprète une pièce difficile en concert peut ressentir un sentiment d'échec s'il n'a pas donné une performance à la hauteur de ses capacités, quand bien même ses erreurs sont passées inaperçues. Ce n'est donc pas par besoin de considération de la part des autres qu'il s'en veut, mais par besoin de considération de soi.

Selon Rogers, la considération positive provenant de personnes-critères, ici la mère, est essentielle pour le développement harmonieux de l'enfant.

Rogers pense que les besoins de considération, et donc l'environnement social, jouent un rôle essentiel dans le développement de l'individu. En effet, pour satisfaire l'ensemble de ses besoins, chaque personne doit entrer en relation avec les autres. Contrairement à Freud ou à Piaget, Rogers ne définit pas de stades ni de grandes étapes dans le développement d'un individu. Il s'intéresse plutôt à la façon dont les autres influent sur son développement, particulièrement durant l'enfance et à travers les évaluations qu'ils font de lui. En quoi les autres peuvent-ils contribuer à créer un fossé entre l'expérience de l'organisme et la structure du soi ? Pour Rogers, cela dépend essentiellement du type de considération positive que l'individu reçoit dès son enfance. Il distingue essentiellement deux types de considération positive : conditionnelle et inconditionnelle.

Un enfant reçoit de la **considération positive conditionnelle** s'il est aimé ou accepté à certaines conditions seulement. S'il ne remplit pas ces conditions, il n'est pas ou il est peu aimé. Par exemple, une petite fille ne sera aimée et acceptée par ses parents comme une « bonne petite fille » que si elle exprime de l'affection envers son petit frère et si elle ne montre aucun intérêt envers la sexualité. Si elle manifeste de la colère ou de la jalousie envers son frère, ou si elle fait preuve de curiosité pour la sexualité, ses parents lui feront sentir non seulement qu'elle les dérange, mais encore qu'elle se comporte à leurs yeux comme une mauvaise petite fille. Avec le temps, cette enfant apprendra sans doute à évaluer elle-même les expériences qu'elle vit en fonction des conditions posées par autrui. Elle grandira en ayant du mal à accepter tout ce qui ressemble à de la colère ou à de l'intérêt pour la sexualité, ces sentiments n'étant pas congruents avec son soi, c'est-à-dire avec l'image de « bonne petite fille » qu'elle s'est forgée pour mériter l'affection de ses parents. Cette attitude pourra même l'empêcher d'actualiser plusieurs aspects de sa personnalité, comme son aptitude à exprimer une juste colère ou à éprouver pleinement le plaisir sexuel.

> **Considération positive conditionnelle**
>
> Considération accordée à une personne si elle satisfait à certaines conditions.
>
> **Considération positive inconditionnelle**
>
> Considération accordée à une personne, sans conditions.

Par contre, un enfant reçoit de la **considération positive inconditionnelle** s'il est aimé ou accepté fondamentalement en tant que personne, quels que soient les sentiments qu'il exprime ou les expériences qu'il vit — colère, jalousie, indifférence, curiosité sexuelle, etc. Pour Rogers, l'idée de considération positive inconditionnelle ne signifie pas que l'on doive accepter tout ce que fait un enfant. Cependant, avant de le réprimander pour un comportement jugé antisocial — comme tirer les cheveux de la voisine —, il faut lui faire comprendre que l'on distingue le comportement fautif de sa personne même. Rogers explique en effet que l'enfant réprimandé, c'est-à-dire privé de considération positive, a souvent tendance à penser que c'est lui-même, et non ce qu'il a fait, qui est «mauvais» ou «incorrect». Or, c'est son comportement seulement qui est indésirable, pas les sentiments qu'il éprouve. L'enfant peut apprendre ainsi à modifier son comportement, mais il n'aura pas l'impression d'être rejeté en tant que personne et il ne se sentira pas honteux ni coupable de ses sentiments.

Pour Rogers, si une personne reçoit constamment de la considération positive inconditionnelle, il ne se creusera pas de fossé entre son organisme et son soi. En effet, l'estime de soi que la personne développe peut à son tour devenir inconditionnelle. La personne apprend alors à s'accepter de manière inconditionnelle, à faire preuve de considération de soi. Bien sûr, il est impossible que les parents fassent constamment preuve d'un tel discernement dans les interactions quotidiennes avec leurs enfants. Les sentiments des enfants sont souvent évalués de façon conditionnelle, avec pour résultat que leurs expériences «mauvaises» sont souvent exclues de leur soi, même si elles sont tout à fait gratifiantes pour l'organisme. C'est ainsi que se met en place l'incongruence entre le soi et l'organisme.

Rogers a élaboré sa vision de la thérapie en fonction de ces notions sur la personnalité et les besoins fondamentaux de l'individu. Nous présentons les aspects essentiels de la thérapie rogérienne à la fin de ce chapitre.

Qu'avez-vous appris ?

RÉPONSES CI-CONTRE

1. Qu'est-ce que l'organisme selon Rogers?

2. Quelles sont les trois composantes du soi?

3. Nommez et décrivez les trois sortes d'incongruence.

4. Distinguez le concept de considération positive conditionnelle du concept de considération positive inconditionnelle.

Réponses

Page 247

1. L'expérience est subjective, unique, inobservable, mentale; accessible à la personne seulement, et ce directement par la conscience. **2.** Elles ne permettent pas d'étudier l'expérience subjective puisque celle-ci est un phénomène mental, donc inobservable et immatériel; elles ont aussi tendance à réduire la complexité de phénomènes en décomposant l'expérience humaine en divers éléments. **3.** Leur but est de comprendre l'expérience humaine afin de favoriser l'estime de soi et la réalisation de soi de leurs clients. **4.** Le thérapeute humaniste n'impose pas une solution au problème de son client, il agit plutôt comme une personne-ressource qui favorise l'émergence de solutions imaginées par le client.

Page 250

1. «Il n'y a pas d'effet sans cause»: tout événement est causé par un autre événement. «Les mêmes causes produisent toujours les mêmes effets»: la même combinaison de causes produit toujours les mêmes effets. **2.** Choix libre et comportement autodéterminé. **3.** Une des conséquences associées au libre arbitre: si vous êtes libre de faire certains choix, vous êtes aussi responsable de leurs conséquences, bonnes ou mauvaises. **4.** Parce que les conditions dans lesquelles la personne s'est développée n'ont pas favorisé l'émergence de l'estime de soi ni sa croissance.

Page 254

1. Les besoins de type D et les besoins de type E. Les besoins de type D correspondent à un état de tension ou de manque que l'organisme cherche à réduire, alors que les besoins de type E, ou besoins de croissance, correspondent à la tendance naturelle de l'individu à se réaliser pleinement, ou autoactualisation. **2.** Les besoins de sécurité, d'amour et d'estime (besoins de type D). **3.** L'individu actualisé ou en voie de l'être s'intéresse davantage aux problèmes de l'humanité, connaît plus fréquemment des expériences extatiques ou mystiques et tire autant de satisfaction dans le processus de recherche d'une solution que dans la réussite de cette démarche.

Page 259

1. L'organisme est la personne considérée dans sa globalité, avec tout ce qu'elle peut ressentir consciemment ou inconsciemment. C'est aussi le lieu de toute expérience. **2.** Le soi comprend les perceptions que la personne a d'elle-même et de ses caractéristiques personnelles, les perceptions qu'elle a de ses relations avec les autres et avec différents aspects de la vie et, enfin, les valeurs qu'elle attache à ses différentes perceptions. **3.** Incongruence entre le soi et l'organisme: la personne a une image d'elle-même qui ne correspond pas à l'ensemble des expériences qu'elle vit; incongruence entre le soi et le soi idéal: la personne ne s'accepte pas telle qu'elle est, elle se fixe un idéal qu'elle ne pourra jamais atteindre; incongruence entre la réalité subjective et la réalité objective: la personne ne prend pas la peine de s'assurer que son interprétation de la situation correspond bien à la réalité. **4.** La considération positive conditionnelle signifie qu'une personne sera acceptée ou aimée seulement si elle remplit certaines conditions. La considération positive inconditionnelle signifie qu'une personne est aimée ou acceptée fondamentalement en tant que personne, quels que soient les sentiments qu'elle exprime ou les expériences qu'elle vit.

RÉSUMÉ

1 L'humanisme déborde largement le cadre de la psychologie. On trouve des humanistes en philosophie, en littérature et en sciences de la nature. L'humanisme est fondé sur l'idée que l'humain est la valeur ultime et suprême de toute chose. En conséquence, la destinée humaine ne saurait être asservie à quelque principe supérieur que ce soit, comme la recherche du profit ou l'influence d'un dieu.

2 Les psychologues humanistes des années 1940 et 1950 ont repris à leur compte le concept de liberté. Ils l'ont opposé au principe du *déterminisme* des béhavioristes et des psychanalystes. L'humanisme s'est donc développé en réaction au béhaviorisme et à la psychanalyse. Les principaux chefs de file de l'humanisme sont Abraham Maslow, Carl Rogers et Rollo May.

3 L'objet d'étude des humanistes est l'expérience subjective. Cette *expérience* possède six propriétés : elle est subjective, unique, inobservable, mentale, accessible seulement à l'individu et directement par la conscience.

4 Le but thérapeutique des humanistes est de favoriser le développement de l'autoactualisation et de l'estime de soi de la personne. Pour ce faire, l'humanisme préconise l'utilisation de plusieurs méthodes thérapeutiques subjectives, dont l'introspection et l'empathie. L'instrospection permet à la personne de décrire elle-même son expérience personnelle ; l'*empathie* permet au thérapeute de faire appel au cadre de référence interne de son client afin de mieux le comprendre.

5 Les humanistes n'adhèrent pas complètement au principe scientifique du déterminisme (il n'y a pas d'effet sans cause et les mêmes causes produisent toujours les mêmes effets). Pour la grande majorité des humanistes, l'humain est doté de la faculté de choisir, soit le *libre arbitre.* Cette capacité implique le principe de responsabilité morale par laquelle les individus sont responsables des conséquences, bonnes ou mauvaises, de leurs choix. Les humanistes croient également que la nature humaine est fondamentalement bonne, ce qui se traduit chez la personne par une tendance naturelle à l'autoactualisation.

6 Maslow a conçu sa théorie des besoins et des motivations pour comprendre comment certaines personnes deviennent des êtres exceptionnels. Le développement de la personnalité est intimement lié à la satisfaction de nos *besoins,* lesquels se subdivisent en deux grandes catégories : les *besoins de type D* (D pour Déficience) et les *besoins de type E* (E pour Être), ou besoins de croissance.

7 Selon Maslow, moins de 1 % de la population parvient à vraiment satisfaire l'ensemble de ses besoins de croissance : ce sont des personnes actualisées. Trois critères permettent de distinguer ces individus de ceux qui se contentent de satisfaire leurs besoins de type D : a) ils s'intéressent au sort de l'humanité, à ses grands problèmes ; b) ils ont des *expériences extatiques* ; c) ils s'intéressent autant au résultat qu'aux moyens de résoudre les grands problèmes.

8 Pour Maslow, la motivation naît du besoin : c'est une force qui nous pousse à trouver l'objet, la personne ou l'activité susceptible de satisfaire nos besoins. Combler ses besoins procure plaisir et satisfaction. La privation engendre frustration et maladie. La satisfaction, même totale, des besoins de type D n'est cependant pas un gage de santé selon Maslow. Les individus qui se contentent de satisfaire ces besoins finissent en effet par vivre un « état de décadence ». Pour Maslow, seule la satisfaction des besoins de type E (la croissance) procure bonheur et santé.

9 À l'instar de Freud, Rogers divise la personnalité en trois structures : l'organisme, le soi et le soi idéal. L'*organisme* est le lieu de toute expérience, consciente ou non. Le *soi* est une structure mentale qui regroupe toutes les perceptions qu'une personne a d'elle-même. Il a trois composantes : a) la perception des caractéristiques personnelles de la personne ; b) la perception que les autres ont d'elle ; c) les valeurs que la personne attache à ces perceptions. Le *soi idéal* se développe à partir des jugement du soi et représente tout ce que la personne voudrait être.

10 L'interaction de ces structures peut provoquer chez l'individu deux sortes d'état, la *congruence* et l'*incongruence.* L'individu est congruent lorsqu'il est en accord avec lui-même, incongruent lorsqu'il est en désaccord avec lui-même. Il existe trois sortes de congruence selon Rogers : entre le soi et l'organisme (lorsque les perceptions que l'individu a de lui-même correspondent à ses expériences) ; entre le soi et le soi idéal (quand l'idéal de la personne correspond à peu près à ce qu'elle est réellement) ; entre l'organisme et la réalité extérieure (lorsque nos perceptions du monde correspondent à ce qui s'y passe).

11 Pour Rogers, la *tendance à l'autoactualisation* est la motivation fondamentale qui pousse les individus à se maintenir, à se développer et surtout à s'actualiser. Cette tendance est à l'origine des besoins de considération positive. Le besoin de *considération positive* correspond au besoin de chaleur, de sympathie, de respect et d'acceptation. Ce besoin est comblé par les individus importants à nos yeux, que Rogers appelle personnes-critères. La considération positive est *inconditionnelle* lorsqu'elle est fournie sans conditions restrictives par les personnes-critères ; elle est *conditionnelle* lorsque la personne ne la reçoit que si elle satisfait à certaines conditions.

12 Le besoin de *considération de soi,* qui consiste à s'aimer et à s'accepter soi-même, naît du besoin de considération positive. Pour développer adéquatement ses besoins de considération positive et de considération de soi, l'individu doit entrer en relation avec les autres afin d'obtenir d'eux de la considération positive inconditionnelle. Pour Rogers, si une personne reçoit constamment cette considération, aucun fossé ne se creusera entre son organisme et son soi.

évaluation de la perspective
humaniste

La perspective humaniste se démarque essentiellement des autres perspectives en psychologie par son objet d'étude et l'approche qu'elle adopte. En effet, elle ne vise pas à cerner les structures biologiques ou les facteurs conscients et inconscients qui permettent de prédire le comportement. Elle centre plutôt son étude sur l'interprétation subjective que la personne apporte à ce qu'elle vit au jour le jour, sur la signification que ces expériences revêtent pour son concept de soi.

Les humanistes se basent souvent sur l'extraordinaire diversité de l'expérience humaine pour identifier les caractéristiques qui nous distinguent des autres espèces, notamment la volonté et le libre arbitre. Par exemple, Victor Frankl (1955) a élaboré une thérapie de type existentiel après avoir survécu à un camp de concentration nazi. Il a observé que, dans ce milieu où l'horreur était omniprésente, certaines personnes avaient été capables de conserver la raison et leur dignité parce qu'elles étaient parvenues à donner un sens à leur expérience. La perspective humaniste nous enseigne que nos vies ne sont pas inévitablement déterminées par nos parents, notre passé ou nos conditions de vie actuelles ; nous avons le pouvoir de choisir notre destinée, même si nous subissons une tragédie. Les humanistes veulent ajouter richesse et profondeur à l'étude de la psychologie par l'importance qu'ils accordent à la façon dont les individus interprètent leur expérience et prennent des décisions quant à leur avenir.

APPORT DE LA PERSPECTIVE HUMANISTE

En dépit des nombreuses critiques qui lui ont été adressées, la perspective humaniste a grandement contribué au développement de la psychologie moderne. Voici cinq de ses principales réalisations.

1 Critique constructive du béhaviorisme et de la psychanalyse

En psychologie, on désigne souvent les humanistes par l'expression « troisième voie » ou « troisième force ». On pourrait aussi les qualifier d'« opposition officielle » puisqu'ils se sont opposés d'emblée à la vision déterministe des deux grandes perspectives de la psychologie des années 1950 : la psychanalyse et le béhaviorisme. Cette opposition a eu plusieurs effets notables. Premièrement, avec le temps, des psychanalystes et des béhavioristes d'une part, et des humanistes d'autre part, se sont rendu compte qu'il existait de nombreux points communs entre leurs perspectives (Reid, 1987), et ils ont essayé de les rapprocher (Castonguay, 1987). Deuxièmement, l'opposition entre béhavioristes et humanistes a permis à certains théoriciens de confronter leurs points de vue personnels ; ce fut le cas notamment de Rogers et de Skinner, qui discutèrent des différences et des points communs de leurs théories respectives lors d'un symposium en 1955 (Evans, 1975). Troisièmement, de l'avis de nombreux psychologues, cette opposition entre les trois perspectives a incité les uns et les autres à raffiner leurs arguments et à préciser un certain nombre de concepts (Leahey, 1987).

2 Intérêt marqué pour l'étude de sujets adultes normaux

Les humanistes ont souvent reproché aux psychologues des autres perspectives de ne s'intéresser qu'aux individus malades et souffrants. Il est vrai que, pendant longtemps, les psychologues ont laissé de côté les adultes dits « normaux ». Au début du siècle par exemple, Freud s'occupait de la santé mentale de ses patients et Pavlov se penchait sur les réflexes salivaires du chien. Plus tard, Piaget a étudié le développement cognitif des enfants, Skinner, le comportement des pigeons et des rats. Il a fallu attendre les années 1950 pour voir apparaître des études à grande échelle sur des adultes « normaux » (Hunt, 1993). Entre-temps, Maslow avait ouvert la voie à ce renouvellement, d'une part en critiquant la psychologie freudienne pour son obsession de la maladie, d'autre part en étudiant le développement d'individus productifs et en bonne santé (Maddi et Costa, 1972).

3 Élaboration de plusieurs techniques thérapeutiques pour améliorer la relation client/thérapeute

Contrairement aux béhavioristes, les humanistes ne disposent pas dans leur arsenal thérapeutique de techniques aussi spécifiques que la désensibilisation systématique ou le traitement par aversion. Ces techniques, basées sur les principes du conditionnement, visent à résoudre des problèmes très précis tels que les phobies ou les déviances sexuelles. Cependant, les humanistes ont le mérite d'avoir mis au point toute une gamme de techniques non directives qui permettent au client de mieux comprendre son expérience telles que l'empathie, le reflet, la clarification, la reformulation, etc., techniques auxquelles recourent aujourd'hui un grand nombre de thérapeutes, quelle que soit leur perspective (Hergenhahn, 1990). Nous examinerons ces techniques plus en détail à la fin de ce chapitre, lorsque nous aborderons l'approche centrée sur la personne de Rogers.

4 Vision globale et éclectique de l'être humain

Si l'humanisme s'oppose au béhaviorisme et à la psychodynamique, il ne remet cependant pas en question les concepts fondamentaux de ces théories. Comme nous l'avons vu plus haut, la plupart des humanistes reconnaissent que l'humain possède un inconscient et la capacité d'apprendre. Pour eux cependant, il existe d'autres attributs tout aussi dignes d'intérêt comme le libre arbitre, les besoins, la conscience, l'autoactualisation, autant d'aptitudes qui ont été laissées de côté, quand elles n'ont pas été niées, par les autres perspectives. Les humanistes se proposent donc d'intégrer tous ces phénomènes en une vision globale de l'être humain (Maslow, 1987). De nombreux thérapeutes humanistes militent d'ailleurs en faveur d'un rapprochement entre les différentes perspectives. Selon eux, ce rapprochement, ou *éclectisme* (voir le chapitre 11), permettrait de tirer profit de ce que chaque perspective a de mieux à offrir, théoriquement et cliniquement (St-Arnaud, 1989).

Une des contributions majeures de la perspective humaniste est d'avoir entrepris l'étude de sujets normaux dans la vie quotidienne, avec ses hauts et ses bas.

5 Grande influence en éducation

L'humanisme a fortement imprégné le développement de méthodes pédagogiques dans les années 1960 et 1970, notamment aux États-Unis et au Canada. Cette influence en éducation s'est manifestée tant sur le plan scolaire que sur le plan familial. Des écoles se sont inspirées des principes de l'humanisme pour mettre sur pied des programmes axés sur l'épanouissement et le développement intégral de l'enfant. À l'image de la relation thérapeute/client, le professeur a troqué son statut de maître contre celui de personne-ressource afin d'assurer le développement du potentiel de ses élèves (Legendre, 1993). Les mêmes principes ont guidé la rédaction de livres destinés au grand public, dans lesquels on explique aux parents comment éduquer leurs enfants et prendre soin d'eux (Hunt, 1993).

L'apprentissage significatif pour lutter contre l'abandon des études

L'intervention humaniste, qu'elle soit d'ordre thérapeutique ou pédagogique, a toujours pour objectif global de faire progresser la personne de façon à ce qu'elle se réalise pleinement. En ce qui a trait à la pédagogie, Rogers (1969) a recours à la notion d'*apprentissage significatif* pour désigner l'apprentissage qui mène à une évolution positive de la personne. Ce type d'apprentissage vise à susciter une implication personnelle de l'élève (l'apprenant) qui cherchera à s'approprier des savoirs et des savoir-faire en vue de se réaliser. L'étudiant est ainsi appelé à devenir responsable de ses apprentissages, alors que le professeur (l'éducateur) est encouragé à adapter son enseignement en fonction de la personnalité de chacun de ses élèves. Rogers s'oppose ainsi à la conception selon laquelle l'enseignement ne viserait qu'à transmettre des connaissances.

L'apprentissage significatif n'est possible que dans un climat favorable au développement de la personne. Il trouve son origine dans la tendance à l'actualisation présente chez tout individu, et qui constitue en quelque sorte une motivation naturelle à apprendre. On doit réunir trois conditions pour créer un climat favorable au développement de la personne : la considération positive inconditionnelle, l'empathie et l'état de congruence. Dans cette optique, l'éducateur se montre disposé à écouter l'apprenant et à tenter de comprendre le contexte d'apprentissage selon le cadre de référence subjectif de ce dernier. L'éducateur agit en quelque sorte comme un « facilitateur d'apprentissage » en créant un environnement sécurisant et en aidant l'apprenant à puiser dans ses ressources personnelles les éléments qui favoriseront sa démarche d'apprentissage ; ce type d'apprentissage peut être qualifié de « centré sur la personne ». Par ailleurs, l'apprenant cherche à atteindre un état de congruence dans sa relation avec l'éducateur : il essaie de relever dans ses pensées et dans ses sentiments ce qui lui appartient vraiment, sans tenter de s'imposer quoi que ce soit ni de présenter une image fabriquée de lui-même à l'éducateur.

Ce sont ces principes humanistes qui ont été mis en application par les intervenants du programme « Choisir son avenir », dont l'objectif était de favoriser la reprise des études au cégep (Caouette et Deguire, 1993). Les « raccrocheurs » étaient des élèves qui, après avoir abandonné leurs études, avaient décidé de se réinscrire. Le programme visait globalement à tenir compte des besoins particuliers de ces élèves en leur offrant un encadrement et une formation personnelle susceptibles de favoriser leur réussite scolaire. La composante humaniste de ce programme résidait d'une part dans la responsabilisation de l'élève et d'autre part dans l'« accompagnement humain » des intervenants, qui se mirent à l'écoute de ces élèves afin de mieux comprendre leurs difficultés, mais aussi les espoirs qui les animent. Dans leurs conclusions, les chercheurs ont observé que, « en construisant leur projet d'avenir, [les raccrocheurs] ont apprivoisé leurs rêves et se les sont appropriés ; ils les ont transformés en projets planifiés et structurés et ils ont repéré les diverses ressources disponibles ainsi que les outils nécessaires à l'atteinte de leurs objectifs d'ordre personnel et professionnel ». En s'appropriant son projet d'avenir personnel, l'élève effectue une démarche qui représente un *apprentissage significatif* des connaissances et des habiletés nécessaires pour réussir ses études collégiales. Le programme a obtenu d'excellents résultats, puisque 13 des 16 participants ont suivi tous les cours et que, parmi eux, 12 ont passé les examens avec succès.

La perspective humaniste a grandement contribué à modifier le rôle du professeur et de la formation scolaire en général. Désormais, le professeur agit davantage de façon à faciliter l'épanouissement et le développement intégral de l'élève.

Si la perspective humaniste a eu des répercussions positives sur le plan théorique et sur le plan humain, elle a néanmoins des limites, tant sur le plan théorique que sur le plan pratique.

LIMITES DE LA PERSPECTIVE HUMANISTE

S'ils ont vivement critiqué la perspective béhavioriste, les humanistes ont été à leur tour la cible des béhavioristes. Voici cinq de leurs critiques majeures.

1 Absence de vision objective de l'humain

Cette critique, également adressée à la perspective psychodynamique, est fondée sur le principe que, pour être objective, une théorie doit notamment utiliser les méthodes et les outils de la science. Par conséquent, toute théorie doit être confrontée aux faits et à l'ensemble des connaissances déjà acquises (voir le chapitre 2). Or, de nombreux humanistes considèrent que ces méthodes ne sont pas adaptées aux propriétés de leur objet d'étude, soit l'expérience humaine. C'est pourquoi ils ne s'intéressent guère aux études scientifiques, même si certaines d'entre elles invalident ou confirment leurs propres hypothèses. Par exemple, des recherches

tendent à montrer que des individus incapables de satisfaire leur besoin d'amour ou d'estime de soi font néanmoins preuve de dynamisme et de créativité dans leur travail; ces comportements, à première vue, vont à l'encontre de la théorie de la hiérarchie des besoins. Maslow, qui connaissait ces résultats, semble pourtant leur avoir accordé peu d'attention (Hergenhahn, 1992).

Certains réfutent cette critique en affirmant que la psychologie est plus un art qu'une science (May, 1971). À leurs yeux, l'intuition du clinicien jouerait dans le développement de nos connaissances un rôle tout aussi fondamental que l'observation systématique ou l'expérimentation. Pour sa part, Maslow faisait apparemment peu de cas des méthodes scientifiques. Il étudiait des sujets qu'il choisissait lui-même, sans méthode d'échantillonnage, et dont un certain nombre étaient déjà décédés! Il semblait aussi tenir pour vrai tout ce que ses sujets lui confiaient. En outre, il a estimé à moins de 1% la proportion des individus qui parviennent à s'actualiser, pourcentage qu'aucune étude n'est venue confirmer depuis. Cependant, d'autres humanistes, comme Rogers, se sont appliqués à définir plus clairement leurs concepts et à vérifier scientifiquement leurs hypothèses. Mais dans l'ensemble, on peut dire que la perspective humaniste est de nature plus philosophique que scientifique.

2 Explications non scientifiques

On reproche souvent à l'humanisme le caractère non scientifique de ses explications, notamment celle du libre arbitre. Ce reproche est-il justifié? Pour répondre à cette question, il faudrait d'abord définir ce qu'est une explication scientifique. Or, il n'existe pas de consensus sur ce point, on peut même dire que les scientifiques ont autant de points de vue que les psychologues ont de perspectives! Pour de nombreux psychologues, la science repose sur le principe du déterminisme; toute explication ou idée allant à l'encontre de ce principe doit donc être considérée comme non scientifique. Cependant, il existe plusieurs conceptions du déterminisme, dont le déterminisme strict et le déterminisme probabiliste. Ainsi, pour certains, les phénomènes humain et animal obéissent à un déterminisme strict (si A nécessairement B). Si on présente à un organisme deux images l'une après l'autre et à plusieurs reprises (A), il finira nécessairement par les associer (B). Pour d'autres au contraire, ces phénomènes obéissent à un déterminisme probabiliste (si A probablement B). Si, pour reprendre l'exemple précédent, on présente à un organisme les deux images selon les mêmes conditions (A), il finira probablement par les associer (B).

Certains humanistes rangent les explications humanistes dans cette dernière catégorie, et se considèrent donc comme des déterministes (St-Arnaud, 1974).

Cependant, de nombreux humanistes ne se préoccupent pas de chercher les causes ou les déterminants du comportement, car selon eux une telle entreprise en psychologie est vouée à l'échec. Ils pensent que les psychologues doivent plutôt tenter de comprendre comment les individus perçoivent et appréhendent le monde qui les entoure et qu'ils doivent, dès lors, renoncer à la recherche d'explications objectives indépendantes de l'expérience ou du point de vue du sujet (Hunt, 1993). Par contre, on peut dire que le concept de libre arbitre est non scientifique au sens où les perspectives théoriques présentées dans ce manuel entendent ce terme.

3 Absence d'explication du comportement

Analyser l'expérience d'une personne ne signifie pas nécessairement expliquer son comportement.

Cette critique est surtout formulée par les adeptes de la perspective béhavioriste. Précisons d'abord que les humanistes n'ont pas tous la prétention de vouloir expliquer le comportement. La plupart d'entre eux se soucient avant tout d'amener progressivement leur client à prendre conscience de ses expériences et de son potentiel. Dans ce cadre, l'explication et la modification des comportements apparaissent comme secondaires. Cependant, pour ceux qui souhaitent influencer les conduites de leurs clients, le problème réside dans l'incompatibilité entre les explications humanistes et la nature du phénomène à expliquer : le comportement. Nous allons nous pencher sur cet aspect ci-dessous.

Les humanistes postulent l'existence d'un « monde mental ». Ce monde, constitué de nos expériences, aurait par définition des propriétés différentes de celles du monde physique : il serait immatériel et inobservable, donc impossible à localiser dans l'espace (du moins pas de manière précise). En outre, il échapperait en partie ou totalement au déterminisme. Malgré tout, de nombreux humanistes considèrent

que ce monde mental est à l'origine de nos comportements ; il les guiderait, les influencerait et même les expliquerait. Toutefois, une question se pose : comment un phénomène mental, telle l'expérience, peut-il expliquer un phénomène biologique, tel le comportement ? Autrement dit, comment un objet immatériel peut-il agir sur un objet matériel ? Quel principe ou mécanisme permet d'expliquer cette relation de cause à effet ? En fait, les humanistes n'offrent pas de réponse à cette question. Beaucoup de psychologues, notamment ceux des perspectives béhavioriste et biologique, leur ont reproché cette lacune : pour eux, l'expérience et le comportement sont deux phénomènes totalement incompatibles.

4 Vision naïve et simpliste de l'humain

Sommes-nous naturellement bons ou naturellement mauvais ? Cette question a fait couler beaucoup d'encre. D'aucuns prétendent qu'elle présente peu d'intérêt puisque, quelle qu'en soit la réponse, il existera toujours aux yeux des gens de bonnes et de mauvaises personnes. Pour d'autres, il s'agit de définir ce qui est bon et ce qui est mauvais, phénomène qui relève davantage de la philosophie, du droit ou de

L'être humain est-il foncièrement bon ou foncièrement mauvais ? Voilà une question à laquelle il est difficile de répondre. À la quête de croissance personnelle proposée par les humanistes et illustrée ici par le soutien apporté à une malade, il faut opposer les atrocités commises par d'autres. En haut, un des survivants d'un camp de Kmers rouges pose devant les photographies de ses compagnons assassinés.

la morale que de la psychologie scientifique ou clinique. Dès lors, il serait vain de chercher à démontrer chez l'humain l'existence d'une tendance naturelle à la croissance. Enfin, pour d'autres encore, l'histoire même de l'humanité constitue la réponse à cette épineuse question. S'il y a des guerres, des massacres et si l'homme est encore exploité, c'est sans doute qu'il existe en chacun de nous une part plus ou moins grande de «mauvais».

5 Nombreuses contradictions

En science, rares sont les théories parfaitement logiques. Malgré les efforts déployés par les théoriciens, il se glisse toujours entre les concepts quelques contradictions ou incohérences difficiles à éliminer. Mais chez certains humanistes, tel Maslow, ces incohérences sont nombreuses. En voici quatre. Premièrement, Maslow utilise un vocabulaire souvent confus, qui comprend beaucoup de synonymes. Selon l'époque ou le texte, un besoin de croissance est appelé besoin de type E, méta-besoin, besoin d'autoactualisation, valeur, désir et parfois même but. Deuxièmement, plusieurs de ces concepts n'ont pas de définition précise; par exemple, Maslow définit la croissance comme l'ensemble des processus qui conduisent l'individu vers la complète réalisation de soi, mais il omet de nommer et de définir les processus qui forment cet ensemble. Il faut noter cependant que quelques humanistes, tel Rogers, se sont efforcés de rendre leur théorie plus cohérente. Troisièmement, certaines idées de Maslow sont contradictoires. Ainsi, il affirme tantôt que le besoin d'autoactualisation est insatiable, tantôt qu'un faible pourcentage d'individus parvient à le satisfaire. Quatrièmement, Maslow semble privilégier les formules tautologiques, nébuleuses, voire ésotériques, telles que «L'humain tend toujours vers sa fin» ou «Dans le devenir nous sont données les prémisses de l'être».

Qu'avez-vous appris ?

RÉPONSES, p. 272

1. Quelles sont les principales contributions de la perspective humaniste à la psychologie ?

2. Quelle a été la contribution des humanistes au développement des thérapies en clinique ?

3. Quelles sont les critiques majeures formulées envers la perspective humaniste ?

PREMIER THÈME
L'AUTODÉTERMINATION, LE BESOIN DE COMPÉTENCE ET LA MOTIVATION INTRINSÈQUE

Les psychologues des diverses perspectives de la psychologie étudient la motivation humaine de différentes façons. La perspective biologique privilégie le rôle des substances chimiques comme les neurotransmetteurs et les hormones de même que les systèmes par lesquels ces substances sont transmises (Andreassi, 1986). La perspective psychodynamique cherche à découvrir les motifs et les influences inconscientes qui s'organisent autour des pulsions sexuelles et agressives pour orienter le comportement (Freud, 1915). La perspective béhavioriste étudie soit les caractéristiques de l'environnement qui renforcent ou punissent les comportements moteurs, verbaux et sociaux (Cofer, 1972), soit les attentes de la personne à l'égard des conséquences de ses propres comportements (Bandura, 1977, 1993). La perspective cognitive met l'accent sur l'étude des pensées et des processus mentaux qui agissent comme des antécédents au comportement, dont les attributions (Weiner, 1986), les buts (Locke et Latham, 1990) et les schémas cognitifs (Ortony, Clore et Collins, 1988). Quant à la perspective humaniste, elle prône une approche globale (holistique), selon laquelle la motivation d'une personne doit être vue comme un tout organisé, et non comme une série de composantes indépendantes ou en opposition. Ainsi, au lieu d'analyser séparément diverses composantes de la motivation, telles que les changements physiologiques, les pulsions, les renforcements ou les pensées qui accompagnent le choix d'une activité, le psychologue humaniste s'intéresse à ce que ce choix signifie globalement pour la personne.

La conception humaniste de la motivation accorde une place centrale au concept de croissance. Ainsi, Maslow a identifié des besoins supérieurs, ou méta-besoins, liés à la croissance. Dans le prolongement de ses travaux, d'autres chercheurs ont étudié deux autres types de besoins de croissance, soit le besoin d'autodétermination et le besoin de compétence, qui ont des répercussions importantes sur la motivation. Pour Deci et Ryan (1985), il s'agit même des deux principaux déterminants de la motivation humaine.

Deci et Ryan définissent le **besoin d'autodétermination** comme le besoin chez une personne de sentir qu'elle choisit librement ses

Besoin d'autodétermination
Besoin qu'une personne a de percevoir qu'elle est à l'origine de ses comportements; s'accompagne d'une perception subjective d'autonomie, de liberté et de plaisir.

activités et ses comportements en fonction de ses préférences, de ses croyances, de ses besoins. La conduite autodéterminée n'est pas régie par l'environnement et elle s'accompagne d'une perception subjective d'autonomie, de liberté et de plaisir à réaliser quelque chose. Par exemple, un enfant peut éprouver beaucoup de plaisir à explorer pendant des heures tout le potentiel d'un logiciel de jeu; mais, s'il a pour tâche d'étudier le même logiciel afin de le présenter à ses camarades de classe, son degré de satisfaction sera probablement plus faible. Les conséquences positives des comportements autodéterminés sont nombreuses. Parmi les principales, notons une plus grande perception

Le lanceur Jim Abbott a toujours voulu jouer au baseball, et ce même s'il n'a pas de main droite. Qu'est-ce qui l'a motivé à réaliser ce rêve dont tant de gens ont tenté de le détourner? La réponse à cette question réside probablement dans l'expression des besoins d'autodétermination et de compétence.

de compétence et une meilleure performance scolaire (Deci, *et al.*, 1981), une perception plus positive de soi (Harter, 1982), un accroissement de la créativité (Amabile et Hennessey, 1992) et plus d'intérêt et de plaisir lors des activités (Csikszentmihalyi et Rathunde, 1993; Ryan et Connell, 1989).

Étant donné les conséquences positives associées à l'autodétermination de la personne, il semble souhaitable de favoriser son émergence. Les caractéristiques environnementales idéales pour le développement de l'autodétermination sont les contextes où le point de vue subjectif de la personne est pris en ligne de compte, où l'initiative personnelle et le libre choix sont encouragés, où les règles, les contraintes et les limites au libre choix sont bien expliquées et où la rétroaction sur la performance est de type informatif plutôt que coercitif (Reeve, 1997). Si, en lisant la phrase précédente, vous pensez à votre cours de psychologie, vous pourriez tenter d'imaginer ce à quoi pourrait ressembler votre cours si le professeur mettait en place certaines conditions favorisant le développement de l'autodétermination. Par exemple, quelle serait votre réaction si le professeur proposait des périodes où les élèves seraient appelés à décrire leurs perceptions et leurs besoins? Ou encore si le professeur

privilégiait l'initiative et le libre choix des activités dans la progression des apprentissages? Quelles en seraient les conséquences sur votre performance scolaire, sur votre estime de soi, sur votre intérêt pour la matière?

Le fait que nous cherchions intentionnellement, et en l'absence de contrôles externes, à améliorer certaines de nos capacités et à maîtriser ce qui nous arrive, reflète un autre type de besoin lié à la croissance de la personne, soit le **besoin de compétence** (White, 1959). Le jeune adulte qui étudie une langue étrangère par plaisir et qui pratique de longues heures, jour après jour, afin d'améliorer sa prononciation en est un bon exemple. Pour Deci et Ryan (1985) l'atteinte de la compétence signifie que la personne recherchera des conditions environnementales comportant suffisamment de tâches stimulantes pour permettre la mise en pratique et la maîtrise de ses habiletés. Cependant, il faut que la personne sache que l'erreur et l'échec seront tolérés, sinon la crainte de l'échec pourra limiter considérablement l'expression de son besoin de compétence (Clifford, 1990). L'expression du besoin de compétence est ainsi restreinte par l'évaluation que l'individu fera de son niveau de compétence dans une situation donnée, soit à partir de ses propres observations, soit à partir de la rétroaction obtenue de l'environnement. D'autre part, la rétroaction signalant à l'individu qu'il a progressé dans l'atteinte de la compétence recherchée (Schunk et Hanson, 1989) ou qu'il a bien réussi (Vallerand et Reid, 1984) aura plutôt tendance à satisfaire le besoin de compétence.

> **Besoin de compétence**
> Besoin qu'une personne a de chercher à s'améliorer et à maîtriser ce qui lui arrive; s'accompagne de la recherche de conditions stimulantes permettant l'amélioration de ses capacités et de ses habiletés.

Deci et Ryan (1985) ont accordé un rôle primordial aux besoins d'autodétermination et de compétence dans leur théorie de l'évaluation cognitive. Comme nous l'avons mentionné, il s'agit pour eux des deux principaux déterminants de la motivation humaine. Ces auteurs définissent trois grands types de motivation: la motivation intrinsèque, la motivation extrinsèque et l'amotivation. La **motivation intrinsèque** incite une personne à pratiquer une activité pour le simple plaisir qu'elle procure (Deci, 1975). Deci et Ryan (1985) considèrent que ce type de motiva-

> **Motivation intrinsèque**
> Type de motivation qui consiste à pratiquer une activité pour le simple plaisir qu'elle apporte.

tion prend sa source dans les besoins d'autodétermination et de compétence de la personne. Une personne qui a choisi de consacrer la plus grande partie de ses loisirs à l'apprentissage du chant et qui en retire une grande satisfaction est motivée de façon intrinsèque. La **motivation extrinsèque** incite une personne à pratiquer une activité afin d'obtenir quelque chose ou d'éviter des conséquences négatives; ce type de motivation est donc sous contrôle externe (Deci, 1975). Une personne qui pratique le chant parce que cette activité lui permet de se faire de nouveaux amis ou de quitter un milieu familial tendu est motivée de façon extrinsèque.

> **Motivation extrinsèque**
> Type de motivation qui consiste à pratiquer une activité pour ce qu'elle peut permettre d'obtenir ou pour éviter des conséquences négatives.

La motivation extrinsèque varie en fonction du degré d'autodétermination du comportement (Deci et Ryan, 1985; Pelletier et Vallerand, 1993). Certains comportements sont totalement sous contrôle externe (punitions ou récompenses); d'autres, bien que choisis par la personne, ne sont pas adoptés uniquement pour le plaisir lié à l'activité. Par exemple, un individu qui choisit librement de suivre des cours de chant en croyant ainsi qu'il se développera en tant que personne (gratification liée à l'activité) est toujours motivé de façon extrinsèque, même s'il choisit librement cette activité. (Son choix serait motivé intrinsèquement s'il avait suivi ses cours dans le seul but de retirer du plaisir de l'activité, et non pour se développer.)

L'**amotivation** est une absence de motivation: la personne pense que ce qui lui arrive est régi par des facteurs externes. En l'absence de perception de contrôle interne sur ses propres activités, cette personne finit par cesser de les pratiquer. L'amotivation s'apparente au concept de résignation acquise abordé au chapitre 7.

> **Amotivation**
> État caractérisé par une absence de motivation et où la personne croit que ce qui lui arrive est dû à des facteurs externes.

La théorie de l'évaluation cognitive (Deci et Ryan, 1985) énonce que toutes les conséquences associées à un comportement, telles les récompenses et les punitions, ont une composante liée au contrôle et une composante informationnelle. Après une activité, la personne évalue ces deux composantes, et le résultat de cette évaluation peut influer sur sa motivation intrinsèque ultérieure à poursuivre ou non cette activité. Par exemple, une personne qui suit des cours de chant et à qui on rappelle sans cesse que c'est grâce aux encouragements de son grand-père qu'elle chante peut finir par penser que c'est ce dernier qui l'a poussée à chanter; sa motivation intrinsèque peut alors diminuer. Deci et Ryan avancent que la composante liée au contrôle influe d'abord

sur le besoin d'autodétermination de la personne et ensuite sur sa motivation intrinsèque. Une personne qui est félicitée pour avoir fait preuve de contrôle interne, à propos d'une activité donnée, aura probablement une motivation intrinsèque supérieure à celle d'une personne persuadée de subir un contrôle externe. La composante informationnelle quant à elle influe d'abord sur le besoin de compétence et ensuite sur la motivation intrinsèque. Une personne dont la compétence est reconnue à la suite des conséquences de son activité verra sa motivation intrinsèque augmenter, alors qu'une perception d'incompétence aurait l'effet inverse.

Les notions de besoin d'autodétermination et de besoin de compétence soulignent l'importance des besoins fondamentaux liés à la croissance de la personne dans la détermination de nos conduites. La conception humaniste de la motivation humaine montre aux intervenants sociaux — professeurs, employeurs, parents, etc. — à quel point il est nécessaire de tenir compte de ces besoins dans les interactions sociales, par exemple en mettant en place un environnement qui favorise l'autonomie de la personne, en encourageant la perception de compétence ou en incitant l'apparition de comportements motivés intrinsèquement.

Qu'avez-vous appris ?

RÉPONSES, p. 272

A

Guillaume a de moins en moins envie de participer aux activités de son équipe de football. Lors des entraînements, toutes les activités sont déjà planifiées et lors des parties, les stratégies sont déjà définies sans qu'il ait été consulté. Quand Guillaume commet une erreur, son entraîneur lui donne des ordres, il ne lui demande pas les raisons de ses difficultés.

1. Selon vous, quel est le besoin fondamental de Guillaume qui n'est pas reconnu par l'entraîneur?

2. Quelles sont les conditions de l'environnement qu'il faudrait modifier pour que ce besoin puisse s'exprimer adéquatement?

B

Qu'est-ce qui distingue la motivation intrinsèque de la motivation extrinsèque?

DEUXIÈME THÈME
LA THÉRAPIE CENTRÉE SUR LA PERSONNE, UNE APPROCHE NON DIRECTIVE

Dans ses deux premiers ouvrages, *Counseling and Psychotherapy* (1942) et surtout *Client-Centered Therapy* (1951), Rogers a ouvert la voie à une toute nouvelle conception de la psychothérapie. Jusqu'alors, les deux principales approches thérapeutiques visaient respectivement les pulsions — le psychanalyste sondait l'inconscient du patient — et les traits — le psychologue définissait la personne au moyen de combinaisons de traits (aptitudes, caractéristiques de personnalité, intérêts). Avec l'*approche centrée sur le client* de Rogers, le thérapeute accède à un tout nouveau champ d'intervention, soit aider le client à surmonter les problèmes que pose la relation inadéquate entre son concept de soi et son expérience. Le thérapeute doit se montrer non directif : il doit se limiter en

> **Thérapie centrée sur la personne**
>
> Approche thérapeutique visant la croissance, où le thérapeute, tout en s'efforçant de faire part de son expérience personnelle, fait preuve d'authenticité et d'empathie, et pose sur son client un regard positif inconditionnel.

effet à refléter ou à reformuler ce que le client ressent, et ne pas chercher activement quelque chose qui devrait se trouver là (pulsions inconscientes ou traits de personnalité). Rogers (1969, 1972) a ensuite proposé la **thérapie centrée sur la personne** : le thérapeute ne doit pas hésiter à faire part de ses expériences, de ses pensées et de ses sentiments si cela doit aider son client dans le processus thérapeutique. Cette approche modifie les rôles traditionnels de thérapeute et de patient puisque le thérapeute n'est plus seulement un aidant, il est aussi une personne avec laquelle le client entretient une relation privilégiée (Rogers, 1980).

Dans la thérapie centrée sur la personne, le thérapeute vise à établir une relation où le client est encouragé à parler librement de son expérience et à prendre conscience de son incongruence interne, c'est-à-dire des divergences entre son concept de soi et ses valeurs ou sentiments profonds (Rogers, 1977). Le but final de ce type de thérapie est donc de favoriser la croissance du client, de l'amener sur la voie de la congruence, de l'autoactualisation. Pour ce faire, le client doit pouvoir exprimer librement ses pensées et ses sentiments sans être jugé. Alors seulement pourra-t-il abandonner ses défenses et s'ouvrir à son expérience, surtout aux dimensions de cette dernière qu'il se refuse à reconnaître comme siennes.

La clé du processus thérapeutique réside dans la relation entre le thérapeute et le client. Au début en effet, le client se trouve en état d'incongruence ; il est par conséquent vulnérable et angoissé. Il peut aussi éprouver des réticences à l'égard du thérapeute et du contexte thérapeutique. C'est pourquoi le thérapeute doit s'efforcer de créer un climat de confiance mutuelle où la spontanéité, la liberté de parole et l'acceptation de l'autre seront privilégiées. Rogers (1977) considère que le thérapeute doit présenter trois conditions pour favoriser la croissance du client et assurer l'efficacité de son intervention : il doit être authentique, ou congruent, il doit poser un regard positif inconditionnel sur le client et il doit faire preuve de compréhension empathique.

Le thérapeute fait preuve d'**authenticité** lorsqu'il se présente au client tel qu'il est réellement. Il doit reconnaître et exprimer ouvertement les pensées et les sentiments qui l'habitent durant les rencontres, il doit surtout éviter de se cacher derrière un système de défense ou un jargon psychologique

> **Authenticité**
>
> Condition thérapeutique favorisant la croissance, par laquelle le thérapeute doit faire preuve de congruence en se présentant au client tel qu'il est réellement.

quand il fait face avec son client à des moments douloureux de sa vie. Cela implique que le thérapeute est en état de congruence interne lors de chaque rencontre et dans sa relation avec le client. Il est évidemment impossible que le thérapeute soit constamment en état de congruence absolue. Mais une bonne relation thérapeutique exige que le thérapeute se sente authentique dans son attitude envers le patient. De plus, en acceptant comme siennes ses attitudes, pensées et comportements, le thérapeute agit comme un modèle pour le client qui sera ainsi encouragé à faire de même à l'égard de ses propres pensées et sentiments incongruents.

La principale contribution de la perspective humaniste réside dans le développement de techniques thérapeutiques non directives, dont la thérapie centrée sur la personne prônée par Rogers.

Le *regard positif inconditionnel* du thérapeute est au cœur du processus thérapeutique puisque l'incongruence ressentie par le client est souvent due au jugement conditionnel que les personnes-critères dans sa vie ont porté sur lui. Le thérapeute, qui est lui aussi une personne significative, doit donc montrer à son client qu'il l'accepte tel qu'il est, sans réserves. Cette tâche s'avère particulièrement difficile dans les moments où les comportements, les sentiments et les pensées du client sont en opposition avec les siennes. Pour être néanmoins efficace, le thérapeute doit maintenir son état de congruence et son authenticité, c'est-à-dire qu'il doit continuer à assumer et à exprimer ses pensées et ses émotions. L'essentiel reste que le client ne se sente pas jugé par le thérapeute, quelles que soient les idées de ce dernier. Le regard positif inconditionnel du thérapeute constitue en quelque sorte un engagement à respecter son client (Egan, 1975). Pour Egan, ce respect peut prendre les formes suivantes : croire à l'humanité et au potentiel de croissance de son client, s'engager personnellement envers celui-ci, l'aider à développer son unicité, croire en sa capacité d'autonomie et présumer qu'il s'engage réellement à changer.

La dernière condition favorisant le processus thérapeutique est la *compréhension empathique* : le thérapeute utilise la méthode empathique et tente ainsi de comprendre les pensées, les sentiments et les comportements de son client à l'aide du cadre de référence de ce dernier. Il s'agit d'une condition essentielle puisque c'est en prenant conscience de son soi véritable, avec l'aide du thérapeute, que le client pourra croître. Afin de s'imprégner du monde intérieur de son client, le thérapeute doit momentanément s'éloigner du sien. Pour y parvenir, il doit être dans un état de congruence et accepter de plonger dans le monde parfois étrange de son client. Il s'agit d'une tâche difficile qui exige que le thérapeute porte une attention constante à ce que dit ou fait le client tout en vérifiant fréquemment la justesse de ses interprétations auprès de celui-ci. Ce faisant, le thérapeute prend parfois conscience de certains aspects de l'expérience du client qui lui sont peu ou pas connus. Il doit alors présenter ces éléments avec prudence et de façon graduelle car le client pourrait se sentir menacé par ces révélations. Le thérapeute doit aussi éviter le piège de la sympathie par lequel il ne se limite pas à comprendre l'état émotionnel de son client, comme la colère ou la dépression, mais en vient aussi à le partager — une situation qui nuit tout autant au client qu'au thérapeute. En fait, la tâche du thérapeute consiste essentiellement à suggérer au client des interprétations possibles pour rendre compte de son expérience.

Lorsque ces trois conditions de la croissance sont réunies, le changement thérapeutique peut survenir. Se sentant accepté et compris, le client devient plus apte à exprimer ses sentiments, surtout ceux qui se rapportent à lui-même. Graduellement, il apprend à en parler d'une manière plus exacte et différenciée, notamment de ceux qui se rapportent à l'incongruence qu'il perçoit entre son expérience profonde et son soi. Il ressent de plus en plus consciemment la menace que représente cette incongruence et éprouve de plus en plus nettement les sentiments qu'il avait niés ou déformés. Sa perception de lui-même — de son soi — se transforme et il devient capable d'intégrer ces sentiments. En même temps, il acquiert un état de congruence et a moins besoin d'adopter un comportement défensif. Il peut alors faire preuve de considération positive inconditionnelle envers lui-même et se met de plus en plus à évaluer ses expériences en fonction de ce qu'elles peuvent lui apporter personnellement plutôt qu'en référence aux exigences héritées de ses parents ou d'autres personnes. En fait, le client apprend à se placer lui-même au centre de l'évaluation de chacune de ses expériences. Ainsi, plus en contact avec ce qu'il a vécu, il apprend à remplacer les valeurs inculquées par les autres de manière absolue par un processus continu de redéfinition de ses propres valeurs.

La thérapie centrée sur la personne constitue une contribution majeure à la psychothérapie. Cette approche a largement influé sur la formation de la majorité des aidants, qu'ils soient eux-mêmes psychologues ou pas (Egan, 1986). Les principales critiques formulées à l'encontre de cette approche soulignent qu'elle n'est pas toujours bien comprise ni bien appliquée et qu'elle ne convient pas aux personnes souffrant de graves problèmes psychologiques (Gilliland, James et Bowman, 1989).

À la question « Qu'est-ce qu'un humaniste ? », on entend souvent répondre : « Tout psychologue qui n'est pas béhavioriste ni psychanalyste. » Bien que fausse et simpliste, cette définition a le mérite de rappeler que la perspective humaniste est née en réaction aux deux grandes perspectives de la première moitié du XXe siècle. C'est pourquoi on la qualifie de « troisième voie » en psychologie. Cette voie, tracée par Maslow et Rogers, a mené au développement d'une conception originale de l'être humain, mais aussi, et sans doute est-ce là sa principale contribution, à la mise au point de techniques thérapeutiques basées sur une approche nouvelle de la relation thérapeute/client. Par ailleurs, la perspective humaniste a été l'objet de virulentes critiques, tantôt pour son manque de rigueur et de scientificité, tantôt pour son incapacité à offrir une vision claire et cohérente de l'être humain. Cependant, certaines de ses idées sur la perception et l'autodétermination ont servi d'assise au développement de la plus récente perspective en psychologie, la perspective cognitive, que nous étudions dans la prochaine partie de ce livre.

Réponses

RÉSUMÉ

1 Les principales contributions de l'humanisme au développement de la psychologie moderne sont les suivantes : une critique constructive du béhaviorisme et de la psychanalyse, un intérêt marqué pour l'étude de sujets adultes normaux, l'élaboration de plusieurs techniques thérapeutiques pour améliorer la relation client/thérapeute, une vision globale et éclectique de l'être humain et une grande influence en éducation.

2 Les principales critiques formulées envers la perspective humaniste s'énoncent comme suit : l'humanisme n'offre pas une vision objective de l'humain, les explications humanistes sont non scientifiques, les théories humanistes n'expliquent pas le comportement, l'humanisme propose une vision naïve et simpliste de l'humain et certaines théories humanistes renferment des contradictions.

3 Pour Rogers, la perspective humaniste de la motivation porte sur l'étude des efforts que déploie la personne pour assurer son développement plein et entier, aidée par la tendance à l'autoactualisation et le concept de soi. Deux autres besoins de croissance ont fait l'objet de recherches approfondies : le ***besoin d'autodétermination*** et le ***besoin de compétence.*** Le besoin d'autodétermination est celui qu'une personne a de percevoir qu'elle est à l'origine de ses comportements et le besoin de compétence pousse une personne à chercher à s'améliorer constamment et à maîtriser ce qui lui arrive. Deci et Ryan en ont fait les deux principaux déterminants de la motivation humaine et la source de la ***motivation intrinsèque.***

4 Dans la ***thérapie centrée sur la personne,*** une approche non directive, Rogers encourage le thérapeute à faire part de ses expériences, de ses pensées et de ses sentiments à son client si cette attitude contribue à l'aider à croître. Pour Rogers, trois caractéristiques doivent être présentes chez le thérapeute pour favoriser la croissance du client et assurer l'efficacité de son intervention : il doit être ***authentique,*** ou congruent, il doit poser un regard positif inconditionnel sur son client et il doit faire preuve de compréhension empathique. La thérapie centrée sur la personne représente une contribution majeure à la psychothérapie.

La
perspective
cognitive

L a scène se passe dans le Japon du XVe siècle.
Un samouraï guide un cheval le long d'un étroit sentier serpentant à travers la forêt.
Son élégante épouse, recouverte d'un long voile, est assise sur le cheval. Soudain,
un brigand surgit et attaque le couple; il ligote l'homme et viole la femme. Ensuite...
eh bien ensuite, tout dépend de la personne qui raconte l'histoire.

Le brigand, qui a été capturé, dit que la femme a vaillamment essayé de se défendre
en utilisant la dague cachée dans ses vêtements. Après l'agression, elle lui a dit que
lui-même ou son mari devait mourir, sinon elle serait «doublement déshonorée». Le
brigand a alors libéré le samouraï, avec qui il s'est battu au sabre et qu'il a finalement
tué. Lorsqu'il a regardé autour de lui, la femme avait disparu.

«Non, non, dit la femme, ce n'est pas du tout comme ça que les choses se sont passées.» Après l'agression, le brigand a libéré son mari et s'est enfui. Se sentant hon-
teuse et désespérée, la femme a couru vers son époux pour qu'il la réconforte mais,
lorsqu'elle a croisé son regard, elle y a vu de la haine et non du chagrin. Elle a alors
ramassé la dague et supplié son mari de la tuer; il est resté assis, indifférent à sa prière.
En proie au désespoir, elle s'est évanouie; quand elle a repris connaissance, la dague
était plantée dans la poitrine de son époux.

«Attendez! Les choses ne se sont pas passées comme ça non plus,» dit le mari (parlant par l'intermédiaire d'un médium, puisqu'il est mort). Après l'agression, le brigand a demandé à la femme de s'enfuir avec lui. Elle lui a répondu qu'elle acceptait
à la condition qu'il tue son mari. Cette requête a choqué le brigand qui a demandé
au samouraï: «Qu'est-ce que je dois faire d'elle?» La femme s'est alors enfuie et le
brigand s'est lancé à sa poursuite. Quelques heures plus tard, il est revenu libérer le
mari et s'est éloigné de nouveau. Le samouraï, rongé par le chagrin, a utilisé la dague
pour se tuer.

« C'est faux, dit un bûcheron qui a été témoin du drame. » Après l'agression, le brigand a supplié la femme de lui pardonner et lui a offert de l'épouser. Elle lui a répondu qu'il revenait aux hommes d'en décider en se battant en duel. Ils ont engagé le combat à contrecœur et le brigand a finalement tué le mari. Mais lorsqu'il a voulu réclamer son dû, la femme s'était enfuie.

Ces quatre comptes rendus différents d'un même événement forment la trame de *Rashomon*, un classique du cinéaste Akira Kurosawa. (*Rashomon* désigne la porte qui, à l'époque, donnait accès à Kyoto, par le sud. Les voyageurs avaient l'habitude de s'y rassembler pour raconter et entendre des histoires.) La parabole de Kurosawa signifie que la vérité est insaisissable ; comme le dit l'un des personnages du film, les êtres humains ont besoin d'inventer des histoires, non seulement pour tromper les autres, mais aussi pour se tromper eux-mêmes. Nos besoins, nos motivations et le désir que nous avons de nous protéger sont des facteurs déterminant le genre de récit que nous faisons de notre vie. C'est là également le message de la perspective cognitive. George Gerbner (1988) a fait observer que les humains diffèrent de toutes les autres espèces parce qu'ils racontent des histoires, et vivent conformément aux histoires qu'ils inventent. Dans le chapitre 9, nous verrons comment l'esprit humain pense et raisonne, pas toujours de façon très rationnelle. Dans le chapitre 10, nous présenterons les propriétés de la mémoire et nous découvrirons pourquoi il est souvent difficile de déterminer lesquelles de nos histoires sont vraies ; nous terminerons ce chapitre par une évaluation de la perspective cognitive.

Les psychologues de la perspective cognitive étudient les processus qui rendent compte du fonctionnement de la pensée et qui influent sur le comportement.

Penser
et
raisonner

Voici un exercice intellectuel.
Chaque pièce du casse-tête possède deux côtés
qui sont des miroirs et deux côtés qui sont ouverts.
Trouvez les murs qui sont des miroirs. Puis placez une
feuille transparente sur le casse-tête et, à partir du
milieu, tracez un trait à travers les huit pièces, en
ne passant qu'une seule fois à travers chaque pièce.
(La solution se trouve à la page 307.)

Nous vous invitons à faire l'expérience suivante. Détournez les yeux du texte et *ne pensez à rien* pendant trente secondes. Ne pensez pas à ce que vous avez à faire cette semaine ni à ce que vous avez mangé au petit déjeuner ni à vos problèmes personnels ni au temps qu'il fait. Ne pensez pas que vous vous apprêtiez à lire ce chapitre. Ne pensez pas à la politique ni à l'expérience que vous êtes en train de faire, ni à la psychologie. *Ne pensez même pas que vous essayez de ne pas penser.* Vous êtes prêt? Alors, allez-y.

Vous n'y êtes pas arrivé, n'est-ce pas? Presque tout le monde échoue à ce test. Être humain signifie avoir des pensées du matin au soir et continuer à penser même durant son sommeil. Le célèbre mot de Descartes, « Je pense, donc je suis. », demeure vrai si on l'inverse : « Je suis, donc je pense. » Chaque jour, sans exception, nous faisons des projets, nous résolvons des problèmes, nous tirons des conclusions, nous analysons des relations, nous élaborons des explications et nous organisons et réorganisons les composantes de notre univers mental. Nous ne pouvons simplement pas faire autrement.

Réfléchissez à ce que la pensée vous apporte. Elle vous libère des limites du présent immédiat : vous pouvez vous rappeler un voyage que vous avez fait il y a trois ans, ou penser à la fête prévue pour samedi prochain ou à la campagne de Russie de 1812. La pensée vous transporte au-delà des

frontières de la réalité : vous pouvez imaginer une licorne, un monde idéal, un martien ou des petits bonhommes bleus. Étant donné que nous sommes capables de penser, nous n'avons pas à chercher à tâtons la solution à nos problèmes ; nous pouvons, en faisant les efforts nécessaires et en acquérant les connaissances requises, les résoudre de façon intelligente et créative.

Pour expliquer les capacités du cerveau humain, de nombreux psychologues cognitivistes les comparent aux différentes fonctions d'un ordinateur, mais en plus complexes. Ces approches dites du traitement de l'information ont été très utiles car elles rendent compte du fait que le cerveau n'enregistre pas passivement l'information, mais la modifie et l'organise de façon active. Pour les tenants de la perspective cognitive, la pensée est possible parce que l'information qui nous vient de l'environnement est simplifiée et résumée sous forme de représentations internes. Ainsi, lorsque nous agissons, nous manipulons l'environnement et lorsque nous pensons, nous manipulons *mentalement* des représentations internes d'objets, d'activités et de situations. Cependant, nous ne traitons pas toute l'information dont nous disposons ; si c'était le cas, prendre la moindre décision ou résoudre le problème le plus trivial demanderait énormément de temps et serait peut-être même hors de notre portée. Songez à ce que représenterait le fait de décider d'aller manger une pizza au restaurant si cela signifiait penser à toutes les pizzas que vous avez ingurgitées jusqu'à présent ou que vous avez vu d'autres personnes consommer, et à toutes les publicités vantant ce produit.

Le **concept** constitue une forme de représentation mentale, ou unité de pensée. Un concept est essentiellement une catégorie mentale regroupant des objets, des relations, des activités, des abstractions ou des attributs ayant des propriétés communes. Tous les exemples d'un même concept présentent une certaine ressemblance. Ainsi, *golden retriever, saint-bernard* et *berger allemand* sont des exemples du concept *chien* parce qu'ils ont en commun certaines caractéristiques comme d'être un animal à quatre pattes, avec une queue et qui aboie. De même, *colère, joie* et *tristesse* sont des illustrations du concept *émotion*. Étant donné que les concepts constituent une simplification de l'environnement, il n'est pas nécessaire d'apprendre chacun des mots servant à désigner les objets, les relations, les activités, les propriétés abstraites ou les qualités que nous découvrons, ni de traiter chaque exemple d'un concept comme s'il était unique. Vous n'avez

> **Concept**
> Catégorie mentale regroupant des objets, des relations, des activités, des abstractions ou des attributs ayant des propriétés communes.

peut-être jamais vu de *terrier du Congo* ni jamais mangé de *sushi*, mais si vous savez que le premier est un exemple de *chien* et le second, un exemple d'*aliment*, vous comprendrez de quoi il s'agit. La formation des concepts résulte du contact direct avec des objets et des situations, ou encore du contact avec des *symboles*, c'est-à-dire des éléments qui en représentent d'autres ou en tiennent lieu. Par exemple, le mot « café » que nous utilisons dans une conversation portant sur notre dernier repas tient lieu et place du café réel que nous avons bu. Les représentations symboliques comprennent les mots mais aussi les formules mathématiques, les cartes, les graphiques, les illustrations et même les gestes.

Les concepts sont les briques servant à construire la pensée ; leur utilité serait néanmoins limitée si on se contentait de les empiler mentalement. Il faut également préciser les relations existant entre eux. On y parvient en employant des **propositions,** soit des énoncés signifiants formés de concepts et exprimant une relation entre ces éléments, que l'on emmagasine ensuite en mémoire. Une proposition peut exprimer à peu près n'importe quel type de connaissance (*Hortense élève des bergers allemands*) ou de croyance (*Les bergers allemands sont très beaux*). Les propositions sont à leur tour susceptibles d'être reliées les unes aux autres pour former un réseau complexe de connaissances, de croyances, d'associations et d'attentes. Ces réseaux, que les psychologues appellent **schémas cognitifs,** jouent le rôle de modèles mentaux servant à se représenter divers aspects de l'univers. Par exemple, un schéma sexuel représente les croyances et les attentes d'une personne devant l'idée de ce qu'est un homme ou une femme. Chaque individu élabore également des schémas

> **Proposition**
> Unité de sens faite de concepts et exprimant une idée unitaire.
>
> **Schéma cognitif**
> Réseau intégré de connaissances, de croyances et d'attentes se rapportant à un sujet donné ou à un aspect particulier de l'univers.

relatifs à la culture, à divers métiers et professions, à des animaux, à des sites géographiques et à bien d'autres éléments de son environnement social ou physique.

Les psychologues cognitivistes croient que les *images mentales,* qui sont l'une des formes de représentations mentales, jouent également un rôle crucial dans la pensée. Bien que personne ne puisse « voir » directement les images dans l'esprit d'autrui, ces spécialistes sont capables de les étudier indirectement. L'une des méthodes qu'ils emploient à cette fin est la mesure du temps que met une personne à exécuter mentalement la rotation d'une figure géométrique ou d'un objet, à parcourir cette image des yeux et à y « relever » certains détails. Les résultats suggèrent que les images mentales ressemblent beaucoup aux images apparaissant à l'écran d'un téléviseur : on peut les manipuler, elles occupent un « espace » mental de taille déterminée et elles contiennent d'autant plus de détails que leur dimension est grande (Kosslyn, 1980 ; Shepard et Metzler, 1971). Même si l'imagerie mentale présente des avantages qui ne sont pas toujours évidents, maintes personnes y ont recours quotidiennement pour entrevoir les conséquences possibles d'une décision, comprendre ou formuler une description verbale, renforcer leur motivation ou améliorer leur humeur (Kosslyn, *et al.,* 1990b). De nombreux athlètes comme les plongeurs, les skieurs et les sprinters l'utilisent puisqu'elle peut effectivement améliorer la performance (Druckman et Swets, 1988). Une étude récente réalisée à l'aide de la scanographie montre que l'imagerie mentale active la plupart des réseaux neuronaux du cerveau mis en œuvre dans l'activité elle-même (Stephan, *et al.,* 1995). Il semblerait qu'Albert Einstein faisait largement appel à l'imagerie mentale pour formuler ses idées. Il a raconté que l'inspiration la plus heureuse qu'il ait eue lui est venue en 1907, lorsqu'il a soudain imaginé un homme en train de tomber en chute libre du toit d'une maison et qu'il s'est rendu compte tout à coup que cet homme ne sentirait pas de champ gravitationnel dans son voisinage immédiat. Cette brusque prise de conscience a plus tard amené Einstein à établir la théorie de la relativité, qui a révolutionné la physique.

JUSQU'OÙ LA PENSÉE EST-ELLE CONSCIENTE ?

La plupart des gens qui réfléchissent au concept de la pensée ont en tête les activités mentales — comme la résolution de problèmes ou la prise de décisions — auxquelles ils se livrent de façon délibérée, tout en étant conscients du but à atteindre. Cependant, tous les processus mentaux ne sont pas conscients.

Les **processus préconscients** se produisent hors du champ de la conscience, mais celle-ci y a accès au besoin. Ils permettent de manipuler une plus grande quantité d'informations et d'exécuter des tâches plus complexes qu'on ne pourrait le faire en ayant uniquement recours à la pensée consciente, et ils nous donnent aussi la possibilité d'exécuter plus d'une tâche à la fois (Kahneman et Treisman, 1984). Il suffit d'imaginer toutes les choses routinières que l'on effectue machinalement, « sans y penser », bien qu'elles aient à un certain moment requis énormément d'attention : taper

à l'ordinateur, conduire une voiture, déchiffrer une lettre qu'on a reçue. Grâce à cette faculté de traitement automatique de l'information rendue possible par un apprentissage approprié, on peut même apprendre à effectuer simultanément des tâches aussi complexes que lire et écrire sous la dictée (Hirst, *et al.,* 1978).

Les **processus inconscients,** comme ceux décrits dans le chapitre 5 consacré à la perspective psychodynamique, demeurent hors du champ de la conscience, ce qui ne les empêche pas d'influer sur le comportement. D'autre part, bien qu'une bonne partie de la pensée soit habituellement consciente, il nous arrive à tous, à certains moments, de ne pas réfléchir *beaucoup.* Dans ces moments-là, nous pouvons agir, parler et prendre des décisions par habitude, sans nous arrêter pour analyser ce que l'on

> **Processus inconscients**
> Processus mentaux se déroulant hors du champ de la conscience et auxquels celle-ci n'a pas accès.

fait et pourquoi on le fait. Ellen Langer (1989) a appelé cette inertie mentale *esprit passif.* Elle fait observer que la passivité mentale empêche de reconnaître les changements dans l'environnement qui devraient amener un changement de comportement. Par exemple, lors d'une expérience qu'Ellen Langer et deux collaborateurs ont menée conjointement (Langer, *et al.,* 1978), ils ont demandé à des personnes en train d'utiliser une photocopieuse de leur céder immédiatement la place en posant l'une des trois questions suivantes : « Excusez-moi, puis-je utiliser la photocopieuse ? », « Excusez-moi, puis-je utiliser la photocopieuse pour faire des photocopies ? » et « Excusez-moi, puis-je utiliser la photocopieuse parce que je suis très pressée ? » Habituellement, on ne cède sa priorité à une autre personne que si cette personne peut justifier sa demande, comme dans le dernier cas. Cependant, au cours de cette expérience, les individus ont également acquiescé à la demande des chercheurs lorsque la raison invoquée, tout en ayant la forme d'une véritable explication, ne signifiait rien (« pour faire des photocopies »). Ces personnes ont perçu la structure de la demande, mais non son contenu, et elles ont cédé la place sans réfléchir. Cette passivité intel-

> **Processus préconscients**
> Processus mentaux se déroulant hors du champ de la conscience, mais auxquels celle-ci a accès au besoin.

lectuelle se produit sans doute beaucoup plus souvent qu'on ne le croit, comme le suggère le dessin de la page suivante.

Le traitement automatique de l'information présente certains avantages : si l'on s'arrêtait pour réfléchir, on ne ferait rien. Par exemple : « Bon ! Je prends ma brosse à dents ; maintenant, je mets un centimètre de dentifrice sur ma brosse ;

« Ce lecteur de disques compacts est moins coûteux que d'autres lecteurs qui se vendent deux fois plus cher. »

Dessin par Weber; © 1989 The New Yorker Magazine Inc.

maintenant, je brosse mes molaires supérieures droites.» Mais le traitement automatique de l'information est également source d'erreurs et de mésaventures, depuis les plus banales, comme ranger le beurre dans le lave-vaisselle ou claquer la porte de la voiture en laissant les clés à l'intérieur,

Qu'avez-vous appris ?

RÉPONSES, p. 307

1. Vous emplir la bouche de « barbe à papa », sucer un bonbon et mâcher un morceau de viande sont des exemples de comportement qui renvoient au _____ de *manger*.

2. En plus des concepts et des images, les _____ ont été suggérées comme formes de base des représentations mentales.

3. La représentation mentale des fêtes du Nouvel An de Philippe inclut plusieurs associations (par exemple, la danse), plusieurs attitudes (par exemple, « Les gens devraient inviter leurs amis ») et plusieurs attentes (par exemple, « Je crois que j'aurai mal à la tête demain »). Tous ces éléments font partie de son _____ de cette fête.

4. Zelda a composé le numéro de téléphone de son copain alors qu'elle voulait téléphoner à sa mère. Son erreur peut être attribuée à _____ .

jusqu'aux plus graves, comme conduire machinalement sa voiture. Selon Jerome Kagan (1989), on n'a vraiment besoin d'être pleinement conscient que lorsqu'on doit faire un choix délibéré, lorsqu'on se trouve confronté à des événements auxquels on ne peut faire face sans réfléchir et lorsqu'on est assailli par des sautes d'humeur ou des sentiments imprévisibles. « On peut comparer la conscience à un pompier, dit-il. La plupart du temps, il joue tranquillement aux cartes dans la caserne; il se met au travail uniquement lorsqu'il entend l'alarme. » Cela est peut-être vrai, mais la plupart des gens se porteraient mieux si leurs pompiers mentaux étaient plus attentifs à leur travail. Les psychologues cognitivistes ont donc effectué de nombreuses études sur la pensée réfléchie, consciente et intentionnelle ainsi que sur la faculté de raisonner.

RAISONNEMENT ET CRÉATIVITÉ

Le raisonnement est une activité mentale au cours de laquelle on traite de l'information dans le but d'en tirer des conclusions. Contrairement aux réactions impulsives ou « automatiques », le raisonnement exige que l'on produise des inférences à partir d'observations, de faits et d'hypothèses. Les raisonnements déductif et inductif comptent parmi les formes les plus élémen-

> **Raisonnement déductif**
> Raisonnement dans lequel une conclusion découle nécessairement de prémisses données; si les prémisses sont vraies, alors la conclusion est vraie.

taires de raisonnement et ils mettent en œuvre l'établissement de conclusions à partir d'un ensemble d'observations et de propositions appelées *prémisses*.

Dans le **raisonnement déductif**, si les prémisses sont vraies, alors la conclusion est *nécessairement* vraie. Ce type de raisonnement prend souvent la forme d'un *syllogisme*, soit un argument simple composé de deux prémisses et d'une conclusion :

prémisse	*Tous les êtres humains sont mortels.*
prémisse	*Je suis un être humain.*
conclusion	*Donc, je suis mortel.*

Chacun de nous fait des syllogismes lorsqu'il pense, mais emploie la plupart du temps des prémisses implicites, non formulées mentalement de façon claire : « Je ne travaille jamais le dimanche. C'est aujourd'hui dimanche. Donc, je ne travaille pas aujourd'hui. »

Dans le **raisonnement inductif**, les prémisses mènent à une conclusion donnée, mais celle-ci *peut* néanmoins être fausse. Autrement dit, la conclusion ne découle pas *nécessairement* des prémisses comme c'est le cas dans le raisonnement déductif. Par exemple, « Jacques a remis ses deux premiers travaux en retard, donc Jacques est un retardataire invétéré » est une conclusion qui peut tout autant être vraie que fausse.

> **Raisonnement inductif**
> Raisonnement dans lequel les prémisses étayent une conclusion donnée, celle-ci pouvant néanmoins être fausse.

Habituellement, le raisonnement inductif consiste à tirer des conclusions générales à partir d'observations particulières, de la même manière qu'on généralise des expériences vécues : « J'ai pris trois bons repas dans ce restaurant ; on y sert certainement de l'excellente nourriture. » Mais les philosophes et les logiciens modernes font observer que les prémisses d'un raisonnement inductif peuvent également être de nature générale. Voici un exemple tiré d'un ouvrage écrit par deux logiciens (Copi et Burgess-Jackson, 1992) :

Toutes les vaches sont des mammifères et ont des poumons.

Toutes les baleines sont des mammifères et ont des poumons.

Tous les humains sont des mammifères et ont des poumons.

Donc, tous les mammifères ont probablement des poumons.

La science a largement recours au raisonnement inductif. Au cours d'une étude, les scientifiques font de nombreuses observations minutieuses, puis ils tirent des conclusions qui leur semblent probablement vraies. Mais, lorsqu'on fait appel au raisonnement inductif, quelle que soit la quantité de données étayant une conclusion, il est toujours possible que de nouvelles informations viennent infirmer cette conclusion. Par exemple, le gourmet dont nous avons parlé plus haut peut très bien se rendre compte que les trois succulents repas qu'il a pris dans un restaurant ne sont pas du tout représentatifs de la cuisine de l'établissement, tous les autres plats au menu étant très mauvais. De façon analogue, de nouvelles informations scientifiques peuvent montrer que des conclusions établies antérieurement sont erronées et qu'il faut donc les réviser.

La logique, qu'elle soit inductive ou déductive, est une arme indispensable de l'arsenal cognitif mais, employée seule, elle se révèle souvent inadéquate pour résoudre des problèmes psychologiques ou sociaux. En effet, différentes personnes peuvent arriver à des conclusions différentes, même en utilisant une logique implacable, si elles prennent comme point de départ des prémisses différentes. La logique dit simplement que *si* certaines prémisses sont vraies, ou bien il en découle nécessairement une conclusion donnée pour ce qui est du raisonnement déductif, ou bien une conclusion donnée est probablement vraie dans le raisonnement inductif. *La logique ne permet pas de dire si les prémisses sont en réalité vraies ou fausses.* Les questions prêtant à controverse sont souvent celles où il est impossible de prouver la vérité ou la fausseté des prémisses de manière à convaincre tout le monde. Par exemple, votre prise de position sur l'avortement dépend probablement de prémisses déterminant à partir de quel moment un fœtus ou un embryon doit être considéré comme un être humain, et aussi quels sont les droits d'un embryon et les droits de la mère. Dans chacun des camps, on ne s'entend même pas sur la manière de formuler les prémisses parce que, sur les plans émotionnel et cognitif, les individus réagissent différemment à des expressions comme « droits », « être humain » et « disposer de son propre corps ».

Même quand on a de bonnes raisons de croire que les prémisses sont vraies, il arrive qu'on ne trouve pas de solution manifestement exacte à un problème (Galotti, 1989). Dans les problèmes de raisonnement *formel* — comme ceux qui font souvent partie des tests d'intelligence ou des examens —, l'information requise pour tirer une conclusion est énoncée clairement et il n'existe qu'une seule bonne réponse ; les raisonnements déductif et inductif s'avèrent utiles pour résoudre les problèmes de ce type. Par contre, dans les problèmes de raisonnement *informel*, l'information n'est pas nécessairement complète ; on peut avoir à choisir entre divers points de vue ou approches, et il faut alors opter pour celui qui semble le plus sensé en s'appuyant sur ce que l'on connaît, bien qu'il n'existe pas de solution évidente. C'est le cas de questions comme : Le gouvernement doit-il augmenter les taxes ou les diminuer ? Quel est le meilleur moyen d'améliorer le système d'éducation ?

Dans la vie quotidienne, il arrive souvent qu'on doive poser un jugement ou prendre une décision dans des conditions d'incertitude. Pour cela, on peut faire appel à des procédures éprouvées qui permettent de résoudre un problème de façon infaillible. Ces méthodes sont appelées **algorithmes**. Par exemple, afin d'effectuer manuellement des analyses statistiques complexes, nous mettons en œuvre une série d'opérations qui nous mènent à la bonne réponse, pour peu que l'on ait suivi adéquatement la

> **Algorithme**
> Méthode infaillible de résolution de problèmes, applicable même si l'utilisateur n'en comprend pas le fonctionnement.

procédure, et ce même si nous ne comprenons pas la logique de ces opérations. De même, pour faire un gâteau, il suffit de suivre une recette. Mais pour résoudre la plupart des problèmes courants, nous faisons souvent appel à des règles ou à des méthodes, appelées **heuristiques,** que nous avons déjà utilisées avec succès dans le passé mais qui ne mènent pas nécessairement à la meilleure solution. Un investisseur cherchant à prédire le comportement de la bourse et qui n'achète que les titres qui ont perdu 10 p. cent de leur valeur au cours de la dernière année, ou bien le directeur d'une usine désireux d'accroître la productivité de son entreprise et qui offre un siège au conseil d'administration à un représentant des employés, constituent deux exemples de personnes disposant d'une information incomplète sur laquelle ils doivent fonder leur jugement ou leur décision, et qui font appel à des heuristiques. Les solutions proposées peuvent résoudre le problème existant mais elles peuvent aussi mener à la catastrophe.

> **Heuristique**
> Méthode empirique suggérant une ligne de conduite ou servant de guide dans la résolution de problèmes, mais ne garantissant pas l'obtention de la solution optimale ; souvent utilisée comme raccourci dans la résolution de problèmes complexes.

La plupart du temps, les heuristiques auxquelles on a recours sont utiles et appropriées, mais il arrive parfois qu'elles soient entachées d'erreurs cognitives prévisibles. Les chercheurs en psychologie ont montré que ces errements cognitifs jouent fréquemment un rôle dans la prise de décisions de nature personnelle, économique ou politique (Simon, 1973 ; Tversky et Kahneman, 1986).

L'aptitude à penser de façon créative est une autre habileté qui peut faciliter la résolution de problèmes dans la vie de tous les jours. Lorsque certaines stratégies et certaines règles ont été employées avec succès dans le passé, elles finissent par devenir des habitudes : chacun acquiert une **prédisposition mentale,** c'est-à-dire une tendance à résoudre de nouveaux problèmes au moyen de procédures ayant déjà donné de bons résultats. Cette tendance accroît l'efficacité de l'individu en ce qui a trait à l'apprentissage et à la résolution de problèmes ; elle lui évite d'avoir constamment à réinventer la roue. Mais elle ne lui est d'aucune utilité lorsqu'il doit faire face à un problème exigeant de nouvelles solutions. Elle incite à s'accrocher aux mêmes vieilles suppositions, hypothèses et stratégies, ce qui nuit à la recherche d'une meilleure solution.

> **Prédisposition mentale**
> Tendance à employer, pour résoudre un problème, des procédés ayant déjà donné de bons résultats quand on les a appliqués à des problèmes similaires.

Cette rigidité mentale constitue donc l'un des principaux obstacles à une pensée efficace.

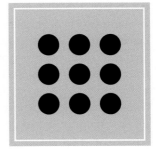

Voici un exemple illustrant bien ce fait. Reproduisez la figure ci-contre et essayez de joindre tous les points à l'aide d'au plus quatre segments de droite, sans lever le crayon de la feuille. Chaque point doit être situé sur un des segments. Y arrivez-vous ?

La plupart des gens ont de la difficulté à résoudre ce problème parce qu'ils sont mentalement prédisposés à percevoir une forme donnée et ils interprètent l'ensemble de points comme un carré. C'est pourquoi ils s'interdisent de prolonger les segments à l'extérieur de ce « carré ». La tendance à percevoir des formes de cet ordre permet de comprendre l'univers, mais dans le cas présent il faut aller à l'encontre de cette tendance pour trouver une solution. Maintenant que vous possédez ces informations, vous pouvez tenter de nouveau de résoudre le problème si ce n'est déjà fait. (Nous donnons quelques-unes des solutions possibles à la fin du chapitre, page 308.)

La créativité et le raisonnement divergent

La créativité va à l'encontre des prédispositions mentales ; elle suppose un dépassement des stratégies et du savoir courants pour trouver de nouvelles solutions. Les personnes créatives ont recours au **raisonnement divergent** : au lieu de s'en tenir obstinément aux façons habituelles de faire, elles explorent des chemins peu fréquentés et élaborent plusieurs solutions possibles. Elles formulent de nouvelles hypothèses, imaginent des interprétations différentes et cherchent à découvrir des relations qui ne sont pas d'emblée évidentes. Il s'ensuit qu'elles sont capables d'employer des concepts familiers de façon inattendue. Les individus moins créatifs font au contraire presque uniquement appel au **raisonnement convergent** : ils effectuent dans un ordre donné une série d'étapes qu'ils croient susceptibles de mener à l'unique solution correcte.

> **Raisonnement divergent**
> Dans la résolution de problèmes, exploration mentale de solutions de rechange non conventionnelles ; favorise la créativité.
>
> **Raisonnement convergent**
> Dans la résolution de problèmes, exploration mentale visant à trouver une seule réponse correcte à un problème.

Dans le but d'illustrer l'application de la pensée créative à la résolution de problèmes, Edward de Bono (1971) a demandé à des enfants âgés de quatre à quatorze ans de concevoir un appareil d'exercices pour chien. L'un d'eux a formulé l'idée toute simple d'amener le chien à courir après un os restant toujours hors de sa portée. En effet cet os pend au bout d'une perche, elle-même fixée à un harnais porté par l'animal (voir la figure 9.1a); cette méthode, frustrante pour le chien, est très efficace. Un autre enfant a imaginé un appareil beaucoup plus sophistiqué (voir la figure 9.1b). Lorsque le chien aboie dans un tube acoustique, l'énergie produite par ses aboiements est transmise à un système de tiges et de ressorts, qui fait ainsi tourner les roues du chariot, que le chien est forcé de suivre. Un «tube optique» permet au pauvre animal de voir où il se dirige, mais cet accessoire est superflu puisqu'un périscope enregistre automatiquement la présence d'obstacles et qu'un «transformateur» modifie la direction en conséquence. Plus le chien aboie, plus la vitesse du chariot augmente.

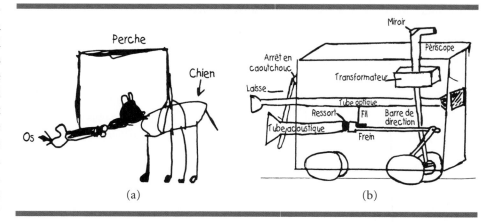

FIGURE 9.1 Création d'un appareil d'exercices pour chien

Les enfants ont fait preuve de créativité en utilisant des concepts familiers de façon imaginative dans la conception d'un appareil d'exercices pour chien. Quelle sorte de machine pourriez-vous créer?

En laboratoire, les psychologues ont l'habitude d'étudier la créativité au moyen de tests mesurant la fluidité, la flexibilité et l'originalité démontrées dans la résolution de problèmes (Guilford, 1950). Par exemple, ils présentent au sujet un ensemble de trois mots et ils lui demandent de trouver un quatrième terme les reliant tous (Mednick, 1962). Pour l'ensemble *droit — bulletin — confiance, vote* est une réponse correcte. On considère qu'associer des éléments de façon nouvelle en découvrant une relation entre eux est une composante importante de la créativité. Pouvez-vous associer un terme à chacun des ensembles de mots suivants? (Vous trouverez les réponses à la fin du chapitre, page 308.)

1. *poids — partie — sur*
2. *rat — cheval — piano*
3. *bœuf — mauvais — pie*
4. *marche — porc — doigt*
5. *coup — rose — large*

De nombreuses approches récentes s'attachent à mesurer la créativité; par exemple, on évalue, au moyen d'un questionnaire validé et administré par un interviewer entraîné à cette fin, l'expression de la créativité dont une personne fait preuve dans un large éventail d'activités reliées au travail et aux loisirs (Richards, *et al.*, 1988). Les réponses sont par la suite cotées selon leur degré d'originalité et leur importance, ce qui permet au chercheur de déterminer tant l'ampleur des réalisations que l'importance de l'activité créative dans la vie de la personne. Cette approche montre que la créativité n'est pas l'apanage des arts traditionnels, tels la peinture ou la musique. La pensée créative se manifeste chez le mécanicien qui invente un nouvel outil, chez la mère qui dessine et coud les vêtements de ses enfants, chez la directrice d'un bureau qui conçoit une méthode astucieuse pour rationaliser l'organisation du travail ou chez le chef amateur qui confectionne des repas gastronomiques sortant de l'ordinaire (Richards, 1991).

Certains psychologues cherchent à identifier les traits de personnalité qui distinguent les personnes créatives des autres (Helson, *et al.*, 1995; MacKinnon, 1968; McCrae, 1987; Schank, 1988). Les traits de personnalité généralement associés à la capacité de faire preuve de créativité sont les suivants:

1 **NON-CONFORMISME.** Les personnes créatives ne se préoccupent pas outre mesure de ce que les autres pensent d'elles. Elles acceptent le risque qu'on les ridiculise pour les idées qu'elles proposent et qui peuvent sembler farfelues de prime abord.

2 **INDÉPENDANCE.** Les individus très créatifs préfèrent habituellement travailler seuls. Ils ont souvent été encouragés à résoudre les problèmes par leurs propres moyens durant leur enfance et non à dépendre des autres.

3 CONFIANCE. De façon générale, les individus créatifs n'ont pas tendance à craindre l'échec ni à surévaluer leurs chances de succès. Ils peuvent ainsi apprécier la stimulation posée par un problème ambigu et complexe plutôt que de sombrer dans l'anxiété paralysante qui accompagne parfois les activités intellectuelles ou artistiques.

4 CURIOSITÉ. Les personnes créatives ont habituellement de nombreux champs d'intérêt et par conséquent des connaissances profondes. Elles sont prêtes à vivre de nouvelles expériences et elles s'intéressent à toutes sortes d'événements ordinaires que les autres ont tendance à ne pas remarquer. Elles prennent conscience de plusieurs choses et se posent des questions à leur sujet.

5 PERSÉVÉRANCE. Il s'agit peut-être de la plus importante qualité de la personne créative. Après les premières ébauches de solution, il faut travailler fort pour arriver à la solution finale. Thomas Edison, qui a inventé la lampe électrique à incandescence, a dit que «le génie consiste en 1 p. cent d'inspiration et en 99 p. cent de transpiration».

L'inventeur suisse Georges de Mestral offre un excellent exemple de créativité. En revenant d'une journée de chasse ses vêtements couverts de chardons, il s'intéressa à ces hôtes indésirables dont il se débarrassa difficilement. Au microscope, il découvrit que des centaines de petites tiges épineuses déployées sur la surface des chardons s'étaient accrochées aux fines mailles de son pantalon. Il lui vint alors à l'idée que les chardons feraient de fantastiques attaches. Suivirent plusieurs années d'efforts qui le menèrent à l'invention du velcro, que l'on retrouve maintenant presque partout.

Qu'avez-vous appris?

RÉPONSES, p. 307

1. La plupart des cadeaux de Noël que Martin a achetés cette année coûtent plus cher que l'an passé, il en conclut donc que l'inflation augmente. S'agit-il d'un raisonnement déductif ou inductif?

2. Pendant des années, pour éviter d'avoir à porter de lourdes valises, les voyageurs devaient les poser sur des porte-bagages pliants à roulettes. Puis quelqu'un eut la brillante idée de fixer les roulettes sur la valise elle-même. Il s'agit d'un exemple de raisonnement (convergent/divergent).

3. Quels traits de personnalité généralement associés à la personne créative sont-ils illustrés par l'exemple de Georges de Mestral?

LE DÉVELOPPEMENT DE LA PENSÉE

La faculté de penser et de raisonner se manifeste dès la petite enfance. Mais tous ceux qui ont observé de jeunes enfants savent qu'ils ne pensent pas de la même manière que les adultes, ce qui les amène à faire des erreurs de vocabulaire ou de raisonnement. L'enfant de deux ans utilise parfois le même mot pour désigner tous les animaux de grande taille (par exemple, *cheval*), et un autre mot pour désigner tous les animaux de petite taille (par exemple, *puce*). Une jeune mère nous a raconté avoir fait l'expérience suivante avec sa fille de cinq ans. Elle a demandé à son mari de se boucher les oreilles avec les mains, puis elle lui a posé la question suivante : «Est-ce que tu m'entends?» Ce dernier a fait non de la tête. Puis elle a demandé à sa fille : «Est-ce que ton père m'entend?» «Non», a répondu la fillette. Les parents ont tenté d'expliquer à l'enfant que si le père avait répondu à la question, c'est qu'il l'avait entendue. Mais l'enfant n'a rien voulu savoir : elle n'arrivait pas à comprendre que le simple fait que son père ait répondu à sa mère signifiait qu'il avait entendu ce qu'elle avait dit.

Le psychologue suisse Jean Piaget (1896-1980), qui a commencé par observer ses propres enfants, a proposé au cours des années 1920 une nouvelle théorie du développement cognitif. Cette théorie établit que les stratégies cognitives employées par les enfants pour résoudre des problèmes ne sont ni attribuables au hasard ni incompréhensibles ; elles reflètent en effet une interaction entre les caractéristiques de l'enfant, comme le stade de développement atteint, et celles de son environnement. Les idées de Piaget ont révolutionné la façon d'envisager le développement de la pensée et elles influent encore considérablement aujourd'hui sur la recherche.

Piaget: Le développement de la pensée chez l'enfant

Piaget (1936-1977) conçoit le développement comme le résultat dynamique de l'interaction constante entre les caractéristiques biologiques de l'organisme et les conditions environnementales. Selon Piaget, l'enfant développe sa pensée de façon dynamique par les actions qu'il exerce sur son environnement plutôt qu'en réaction passive aux stimulations de celui-ci. Les actions que l'enfant applique aux objets et aux personnes de son milieu peuvent être d'ordre physique — comme tirer, goûter ou regarder — ou mentales — comme comparer ou classer.

À la naissance, l'enfant ne dispose que de quelques capacités motrices et sensorielles très rudimentaires, comme téter et regarder. Ces actions, appelées **schèmes** par Piaget, constituent les instruments à partir desquels la connaissance de l'enfant se développera. Ainsi, l'action de fermer la main sur un objet (préhension) représente certes une conduite simple à la naissance mais, au fur et à mesure de ses « expériences » sur les éléments qui composent son univers, l'enfant apprendra à saisir les objets d'une façon de plus en plus élaborée. Ce faisant, le schème de préhension se précisera graduellement et permettra plus tard à l'enfant de bien saisir sa cuillère et, qui sait, encore quelques années et de multiples interactions plus tard, de manier le saxophone en virtuose. Le schème constitue une structure cognitive commune à un ensemble de conduites (Legendre-Bergeron, 1980) qui emmagasine en quelque sorte les diverses expériences de l'enfant tout en lui permettant de reproduire les actions motrices ou les opérations mentales déjà apprises.

Selon Piaget (1929/1960, 1952, 1984), le développement de la pensée et, par conséquent, l'adaptation à l'environnement, dépend de deux processus fondamentaux : l'*adaptation* et l'*équilibration*. Le premier, soit l'adaptation des schèmes aux propriétés de l'environnement, prend deux formes distinctes : l'assimilation et l'accommodation (voir la figure 9.2). Grâce à l'**assimilation,** l'enfant incorpore de nouvelles informations aux schèmes existants. Par exemple, si le petit Henri a appris le concept *chien* en jouant avec l'épagneul de la famille et qu'il dise « Chien ! » en apercevant le chihuahua des voisins, c'est qu'il a assimilé cette nouvelle information au schème *chien.* D'autre part, l'enfant a recours à l'**accommodation** quand il doit remplacer ou modifier des schèmes cognitifs existants à la suite de l'acquisition de nouvelles

> **Assimilation**
> Dans la théorie de Piaget, processus consistant à incorporer à des structures cognitives existantes de nouvelles informations pouvant être modifiées au besoin pour s'ajuster aux structures existantes.

> **Schème**
> Dans la théorie de Piaget, structure cognitive commune à un ensemble de conduites et qui rend compte de la représentation des actions mentales et physiques.

> **Accommodation**
> Dans la théorie de Piaget, processus consistant à modifier des structures cognitives existantes en réaction à une expérience ou à l'acquisition de nouvelles informations.

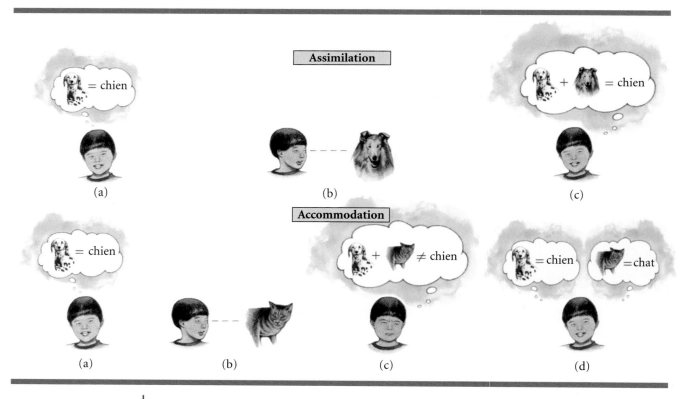

FIGURE 9.2 L'assimilation et l'accommodation selon Piaget

informations. Si le petit Henri dit également « Chien ! » en apercevant le chat siamois des voisins, il est probable que ses parents vont rire, puis corriger l'erreur de leur fils. L'enfant devra donc modifier son schème *chien* de manière à en exclure les chats ; il devra en outre créer un nouveau schème, à savoir *chat*. Il accommode ainsi la nouvelle information selon laquelle un chat siamois n'est pas un chien (voir l'encadré intitulé *Les malheurs de Sophie*).

Au fil de ses interactions avec l'environnement, l'enfant développe des schèmes de plus en plus élaborés qui lui permettent d'agir de manière plus efficace et d'intégrer des

LES MALHEURS DE SOPHIE

Sophie a un an. Une bonne partie de ce qu'elle connaît du monde se résume à une balle que son grand frère Hugo lui a offerte à Noël. Cette balle a trois propriétés, ou caractéristiques. Elle est ronde, rouge et dure. C'est grâce à ses schèmes de préhension (ronde et dure) et de vision (rouge) que Sophie a acquis ces trois connaissances, c'est-à-dire l'ensemble des propriétés des objets contenues dans ses schèmes sensorimoteurs.

Un jour, pour la taquiner, Hugo lui tend un nouvel objet, une tomate. Sophie la saisit et l'écrase. Qu'est-il arrivé ? Comment expliquer cette « erreur » ? Pour Piaget, cette conduite inadaptée s'explique par le fait que Sophie ignore ce qu'est une tomate. Son schème de préhension ne connaît pas l'une de ses propriétés : être molle. Sophie a donc saisi la tomate comme s'il s'agissait d'une balle. Il n'y a rien d'étonnant à cela puisque son expérience lui a enseigné que, lorsqu'un objet est rouge et rond, il est forcément dur. Dans les termes de Piaget, on dira que Sophie a *assimilé* la tomate à une balle. Ainsi, lorsqu'on ignore qu'un objet est nouveau (tomate molle), on le traite comme s'il était connu (balle dure).

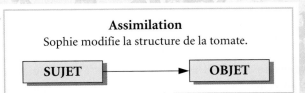

Assimilation
Sophie modifie la structure de la tomate.

En écrasant la tomate, Sophie a appris une chose : un objet rouge et rond peut aussi être mou. Son schème de préhension vient de s'enrichir d'une nouvelle connaissance : il a intégré, ou assimilé, la propriété d'être mou. C'est grâce à cette nouvelle connaissance que Sophie pourra s'adapter aux nouveaux objets qui composent son univers. Il est possible que, en saisissant à nouveau une tomate, elle l'écrase : l'adaptation se fait rarement du premier coup, surtout chez les jeunes enfants. Mais à force de saisir des tomates ou tout autre objet rouge, rond et

mou, Sophie modifiera sa conduite et sera capable de saisir une tomate sans l'écraser. Cette adaptation progressive du schème à l'objet est appelée accommodation.

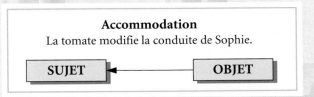

Accommodation
La tomate modifie la conduite de Sophie.

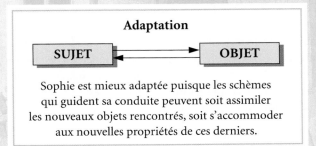

Adaptation

Sophie est mieux adaptée puisque les schèmes qui guident sa conduite peuvent soit assimiler les nouveaux objets rencontrés, soit s'accommoder aux nouvelles propriétés de ces derniers.

Dans cet exemple, il faut distinguer la conduite du schème. La conduite (écraser la tomate ou la saisir délicatement) est un comportement observable qui dépend du schème. Le schème de préhension, quant à lui, est inobservable ; c'est une structure cognitive qui guide la conduite. Cette structure possède deux fonctions : l'assimilation et l'accommodation. Sur le plan des conduites, l'assimilation se traduit par l'écrasement de la tomate, tandis que l'accommodation du schème permet de saisir délicatement la tomate. Par ailleurs, il faut aussi distinguer le schème de ses fonctions d'assimilation et d'accommodation. On peut comparer le schème au disque rigide d'un ordinateur (une structure qui permet d'intégrer de nouvelles connaissances) et l'assimilation ainsi que l'accommodation, aux fonctions qui permettent de modifier l'information sur le disque rigide (fonctions « enregistrer sous » ou « supprimer » du traitement de texte). Tous trois, rappelons-le, sont inobservables.

représentations de plus en plus complexes de son environnement. Durant les deux premières années, le nourrisson apprend au moyen d'actions concrètes : il regarde, touche, écoute, met des choses dans sa bouche, suce, saisit des objets. Ses schèmes sont *sensorimoteurs*, sa « pensée » consiste à coordonner les informations sensorielles et les mouvements corporels. L'une des acquisitions majeures de l'enfant au cours de ses deux premières années est ce que Piaget appelle la notion de **permanence de l'objet**, soit la compréhension qu'une chose continue d'exister même si on ne peut plus la voir ni la toucher. Durant les premiers mois de la vie, dit-il, l'enfant semble se conformer à la devise : « Loin des yeux, loin de l'esprit ». Si on cache derrière une feuille de papier un jouet qu'il regardait avec une vive attention, il ne regarde pas derrière la feuille et ne fait aucun autre effort pour retrouver le jouet. Vers l'âge de six mois, le nourrisson commence à comprendre qu'un jouet et que le chat de la famille existent, qu'il puisse les voir ou non. Si un bébé de cet âge laisse tomber un jouet à l'extérieur de son parc, il se mettra à le chercher ; il soulèvera également une couverture pour prendre un jouet partiellement recouvert. À un an, la plupart des enfants ont acquis une certaine notion de la conservation d'objets. C'est à ce moment-là qu'ils aiment le jeu de « Coucou ! ».

> **Permanence de l'objet**
> Dans la théorie de Piaget, compréhension, élaborée à la fin de la première année de la vie, qu'une chose continue d'exister même si on ne peut plus la voir ni la toucher.

Selon Piaget, l'acquisition de la notion de la permanence de l'objet marque le début de la *pensée conceptuelle*, soit l'aptitude à utiliser des images mentales et d'autres systèmes de symboles comme le langage. L'enfant est alors capable de retenir un concept ; par exemple, il comprend que le mot *mouche* représente un insecte dérangeant et bourdonnant, et que *papa* désigne un être gentil et enjoué. Après l'âge de deux ans, l'enfant s'affranchit progressivement de l'obligation d'agir sur son environnement. Il arrive à se représenter mentalement des conduites, des situations ou des objets sans avoir à agir directement sur eux. Sa pensée s'appuie alors sur des représentations mentales, les *schèmes conceptuels*, plutôt que sur des actions concrètes. Les progrès de la capacité de représentation symbolique mèneront graduellement l'enfant à la maîtrise des raisonnements abstraits de type hypothético-déductifs propres à l'adolescence et à l'âge adulte.

Le deuxième processus central de la théorie de Piaget (1967) est l'**équilibration,** qui consiste en une réorganisation majeure des structures de représentation des connaissances que sont les schèmes. Cette réorganisation permet à l'organisme de s'adapter de façon optimale à chacun des stades de son développement en faisant en sorte que l'ensemble des schèmes répondent adéquatement aux exigences de l'environnement. À titre d'exemple, la première réorganisation majeure survient à la fin du premier stade, le stade sensorimoteur (de la naissance à deux ans), et au début du deuxième stade, le stade préopératoire (de deux à sept ans), où l'enfant passe de schèmes axés sur les actions et les sensations à des schèmes axés sur la représentation symbolique de ces éléments. De cette façon, il peut utiliser le langage pour rendre compte de sa compréhension et agir sur l'environnement plutôt que de se confiner aux actions concrètes du stade précédent. Il décrira ainsi ses préférences alimentaires plutôt que de repousser ou de jeter par terre la nourriture comme il le faisait auparavant. En d'autres termes, cette réorganisation permet à l'enfant de se représenter mentalement son environnement d'une tout autre façon.

Au-delà de Piaget : le jugement critique chez l'adulte

L'influence des travaux de Piaget a été considérable. La plupart des chercheurs acceptent aujourd'hui l'une de ses principales idées, à savoir que les nouvelles habiletés de raisonnement s'appuient sur les habiletés acquises antérieurement. Ainsi, il est impossible d'étudier l'algèbre avant de savoir compter ; de même, on ne peut étudier la philosophie avant de comprendre la logique. Les critiques de Piaget eux-mêmes reconnaissent que les enfants ne sont pas des récipients passifs dans lesquels on déverse l'éducation et l'expérience. En effet, ces derniers interprètent de façon active leur univers ; ils amorcent de nouvelles aventures en faisant appel à leurs propres perceptions et ils essaient de comprendre les choses en utilisant les schèmes qu'ils ont acquis.

Néanmoins, des recherches ont remis en question certains aspects de la théorie piagétienne. Il s'agit de critiques qui établissent l'influence du milieu et de la culture sur le rythme du développement cognitif de l'enfant, notamment au cours des deux premiers stades (Baillargeon, 1991 ; DeLoache, 1987 ; Shatz et Gelman, 1973) où Piaget semble avoir *sous-estimé* les aptitudes cognitives des jeunes enfants. Piaget semble par contre avoir *surestimé* les aptitudes cognitives des adultes. Des recherches ont montré que de nombreux adultes n'acquièrent jamais la capacité à penser de façon abstraite, alors que d'autres gardent toujours l'habitude de

> **Équilibration**
> Dans la théorie de Piaget, processus par lequel l'individu organise ses observations et ses expériences en un ensemble cohérent de significations.

penser de façon «concrète» sauf lorsqu'un problème particulier exige qu'ils fassent appel à la pensée abstraite. Les travaux de Karen Kitchener et Patricia King (King et Kitchener, 1994; Kitchener et King, 1990), dont nous avons brièvement traité au chapitre 1, sont particulièrement révélateurs à cet égard.

Kitchener et King ont étudié ce qu'elles désignent comme le *jugement critique*, ou pensée critique, c'est-à-dire l'aptitude à évaluer et à intégrer des faits, à relier ceux-ci à une théorie ou à une opinion, et à tirer une conclusion qui puisse être considérée comme raisonnable ou plausible. Cela exige de remettre en question des hypothèses, d'examiner diverses interprétations et d'être prêt à réévaluer ses propres conclusions à la lumière de nouvelles informations. King, Kitchener et leurs collaborateurs ont interrogé sur une période de dix ans plus de 1 700 adolescents et adultes, âgés de 14 à 65 ans, dont certains à divers intervalles. Les chercheurs ont d'abord présenté à chaque participant des énoncés décrivant des points de vue opposés sur des sujets comme: «Que pensez-vous de l'énergie nucléaire?» «Selon vous, l'utilisation d'additifs alimentaires présente-t-elle un danger?» Puis les chercheurs ont posé des questions: «Que pensez-vous de ces affirmations? Comment en êtes-vous venu à adopter ce point de vue? Sur quoi votre position est-elle fondée? Vous arrive-t-il d'avoir la certitude que votre point de vue est exact? Croyez-vous qu'il existe des réponses réellement bonnes ou mauvaises? Pourquoi, selon vous, cette question prête-t-elle à controverse?» Cette expérience a montré que certains adultes ayant atteint le dernier stade piagétien du développement cognitif, soit le stade des opérations formelles, sont néanmoins incapables de jugement critique.

King et Kitchener ont proposé une théorie décrivant sept stades du développement cognitif qui mènent au jugement critique. À chacun de ces stades, une personne fait des suppositions sur la façon dont on acquiert les connaissances et elle utilise différents moyens pour justifier ou défendre ses croyances. Chaque stade se construit sur les habiletés acquises antérieurement et pose les fondations pour l'évolution ultérieure. Nous nous contenterons de décrire ces stades dans leurs grandes lignes. En général, selon Kitchener et King, durant les premiers stades, dits *précritiques,* les individus supposent qu'il existe une réponse correcte à toute question et qu'il est possible de la découvrir directement au moyen des sens («Je sais ce que j'ai vu») ou de l'obtenir des autorités en la matière («On l'a dit au bulletin d'informations» ou «C'est ce qu'on m'a appris quand j'étais enfant»). Ils ne distinguent pas le savoir des croyances, ni les croyances des faits, et ne voient pas la nécessité de justifier leurs croyances (King et Kitchener, 1994).

Aux stades intermédiaires, dits *quasi critiques,* les individus reconnaissent qu'il est impossible d'appréhender certaines choses de façon absolument sûre, mais ils ne savent pas trop comment faire face à de telles situations. Ils se rendent compte que les jugements doivent reposer sur des raisons, mais ils prêtent attention uniquement aux faits confirmant leurs croyances. Ils connaissent l'existence de points de vue différents, mais ils semblent penser que, étant donné que le savoir est incertain, tout jugement porté sur les faits est purement subjectif. Les personnes qui sont au stade quasi critique défendent leur position en disant par exemple «Chacun a droit à son opinion», comme si toutes les opinions se valaient.

C'est au cours des derniers stades que l'on commence à être capable de *jugement critique*. On comprend que la connaissance résulte d'un processus actif et continuel de questionnement et que, même s'il est impossible de savoir certaines choses avec certitude, certains jugements sont plus valides que d'autres à cause de leur cohérence, de leur conformité aux faits, de leur utilité, etc. Au tout dernier stade, on est capable de défendre ses propres conclusions, car on considère qu'elles représentent la compréhension de la question la plus complète, la plus plausible et la plus convaincante, qui soit basée sur les données disponibles.

Dans les recherches de King et de Kitchener, lorsque la plupart des personnes interrogées avaient fait preuve de jugement critique, elles avaient atteint le milieu ou la fin de la vingtaine. Mais cela ne signifie pas qu'elles en auraient été

Ces trois employés de Rockwell International, Ria Solomon, Sylvia Robins et Al Bray, qui ont tenté de prévenir la NASA des dangers que courait la navette spatiale Challenger, ont sûrement fait preuve de jugement critique pour remettre en question leurs conceptions initiales.

incapables plus jeunes ; dans la plupart des recherches, on a mesuré la performance caractéristique des individus, non leur performance *optimale*. Quand on incite les étudiants à penser de façon critique et qu'on leur donne l'occasion de s'y exercer, leur pensée devient habituellement plus complexe, plus sophistiquée et mieux fondée (Kitchener, *et al.,* 1993). C'est peut-être l'une des raisons pour lesquelles les études universitaires semblent amener graduellement les étudiants à recourir au jugement critique. Quel que soit leur âge, la plupart des étudiants se classent au troisième stade durant leur première année au collège, et au quatrième stade durant le baccalauréat ; la majorité des étudiants de troisième cycle se situent au quatrième ou cinquième stade, et des études suggèrent que presque tous ceux qui finissent un doctorat ont atteint le sixième stade (King et Kitchener, 1994). Selon des études longitudinales, ces différences ne seraient pas dues uniquement au fait que les personnes qui ont un mode de pensée plus rudimentaire sont plus susceptibles d'abandonner leurs études en cours de route.

Le développement graduel de l'aptitude à penser chez les étudiants au niveau collégial et universitaire, dit Barry Kroll (1992), correspond à l'abandon de « la certitude fondée sur l'ignorance » en faveur de « la confusion fondée sur l'intelligence ». Il s'agit là d'un grand pas dans la bonne direction ! Vous comprenez donc pourquoi, dans cet ouvrage, nous insistons sur la réflexion à propos des diverses perspectives de la psychologie, et sur leur évaluation, plutôt que sur la simple mémorisation de résultats.

Qu'avez-vous appris ?

RÉPONSES, p. 307

1. Luis est arrivé au Canada à l'âge de vingt ans. Une de ses premières adaptations à son nouvel environnement fut de cesser d'avoir peur en voyant des policiers qui, dans son pays d'origine, étaient souvent malhonnêtes et violents envers les civils. Selon Piaget, il s'agit d'un exemple du processus _____ .

2. Guillaume croit que les médias sont plutôt libéraux, alors que Sophie les perçoit comme conservateurs. « Bien, dit Guillaume, j'ai mes croyances, tu as les tiennes. C'est purement subjectif. » Selon King et Kitchener, quel niveau de pensée est illustré par les propos de Guillaume ?

LA DIFFICULTÉ À PENSER DE FAÇON RATIONNELLE

L'esprit humain, qui est à l'origine de la poésie, de la pénicilline et du velcro, est une véritable merveille. Mais c'est ce même esprit humain qui a inventé la guerre, les prospectus encombrant les boîtes aux lettres et les embouteillages. Pour mieux comprendre pourquoi l'espèce qui a trouvé le moyen de se rendre sur la Lune est également susceptible de commettre sur Terre des erreurs stupéfiantes, les psychologues cognitivistes ont étudié les limites cognitives qui faussent notre raisonnement. Nous ne présentons ici que quelques-unes des erreurs cognitives les plus étudiées.

Tendance à exagérer la fréquence d'événements improbables

Une première erreur cognitive, la tendance à surestimer la probabilité d'événements très rares, permet d'expliquer pourquoi tant de gens achètent des billets de loterie ou souscrivent à une assurance contre les catastrophes aériennes.

On est particulièrement porté à surestimer la probabilité des événements rares dont les conséquences sont catastrophiques. L'une des raisons de ce phénomène est l'**heuristique de disponibilité,** soit la tendance à évaluer la probabilité d'un événement en fonction de la facilité à en trouver des exemples. Certains événements catastrophiques sont plus frappants que d'autres et il est ainsi plus facile d'avoir accès à ce type de souvenirs. Par exemple, les participants à une étude ont surestimé la fréquence des décès dus aux tornades et ils ont sous-estimé la fréquence des décès dus à l'asthme, qui est vingt fois plus élevée que la première mais ne fait pas les manchettes des journaux. Les mêmes personnes ont évalué qu'il y a autant de décès dus aux maladies qu'aux accidents alors que, en fait, seize fois plus d'individus meurent chaque année à la suite d'une maladie qu'à la suite d'un accident (Lichtenstein, *et al.,* 1978).

Heuristique de disponibilité
Tendance à évaluer la probabilité d'un événement donné en fonction de la facilité à en trouver des exemples.

Certaines personnes sont parfois prises de panique en pensant à des événements improbables, comme périr dans un accident d'avion, alors que, faisant preuve d'irrationalité, elles ne tiennent pas compte de dangers réels, plus difficiles à imaginer, tel l'accroissement du taux de cancers dû à l'amincissement de la couche d'ozone contenue dans l'atmosphère terrestre. De façon analogue, les parents s'inquiètent souvent davantage de dangers réels, mais peu probables, auxquels leurs enfants peuvent être exposés, tels le risque d'être kidnappé par un étranger ou celui de mourir des suites de l'administration d'un vaccin (deux événements terribles, mais peu fréquents), que de problèmes beaucoup plus courants chez les jeunes, comme la dépression, la délinquance et les mauvais résultats scolaires (Stickler, *et al.*, 1991).

Tendance à éviter les risques

En général, quand on prend une décision, on cherche à éviter ou à minimiser les risques et les pertes. Par exemple, supposons que vous ayez à choisir entre deux programmes de prévention d'une maladie qui, selon les prévisions, tuera 600 personnes. Opteriez-vous pour le programme dont vous êtes certain qu'il sauvera exactement 200 individus ou pour celui auquel est associée une probabilité de 1/3 de sauver les 600 personnes et une probabilité de 2/3 de n'en sauver aucune (voir la figure 9.3a)? Lorsqu'on a posé cette question à des individus dont certains étaient médecins, la plupart ont répondu qu'ils choisiraient le premier programme. Autrement dit, les participants ont rejeté la solution présentant le plus de risques mais susceptible de donner de meilleurs résultats, lui préférant la certitude. Par ailleurs, la même étude montre que les participants étaient *prêts à prendre des risques* s'ils croyaient que cela permettrait d'*éviter des pertes*. On leur a demandé de choisir entre un programme menant à la mort certaine de 400 personnes et un programme dans lequel la probabilité que personne ne meure était de 1/3 et la probabilité que les 600 personnes meurent était de 2/3. Si on y réfléchit un peu, on se rend compte que les données de ce second problème sont identiques à celles du premier; elles sont simplement énoncées différemment (voir la figure 9.3b). Pourtant, dans le second cas, la majorité des sujets ont opté pour la deuxième solution. Ils ont refusé de prendre des risques lorsqu'ils ont envisagé les résultats en termes de vies à sauver, mais ils ont accepté de le faire quand ils ont envisagé les résultats en termes de pertes de vies (Tversky et Kahneman, 1981).

Confirmation des croyances
Tendance à rechercher uniquement les informations appuyant ses propres croyances ou à ne prêter attention qu'à ce type d'informations.

Premier programme

Second programme

Probabilité que le tiers des personnes soient sauvées = 100 %

Probabilité que toutes les personnes soient sauvées = 1/3

Probabilité qu'aucune personne ne soit sauvée = 2/3

(a) **PROBLÈME nº 1**

Premier programme

Second programme

Probabilité que les deux tiers des personnes meurent = 100 %

Probabilité que personne ne meure = 1/3

Probabilité que toutes les personnes meurent = 2/3

(b) **PROBLÈME nº 2**

FIGURE 9.3 Problèmes illustrant la tendance à éviter les risques

Rares sont les personnes qui ont à prendre une décision mettant en cause la vie de centaines d'individus, mais beaucoup doivent choisir à un moment ou à un autre de leur vie entre différents traitements, pour elles-mêmes ou pour un de leurs proches. Le fait que le médecin formule les diverses options en termes de risques de mortalité ou de chances de survie peut influer sur la prise de décision.

Tendance à confirmer ses croyances

Dans notre compréhension des événements journaliers, il nous arrive fréquemment de nous laisser aller à la tendance à la **confirmation des croyances,** qui consiste à prêter attention aux faits appuyant ce que l'on désire croire, et à ne pas tenir compte des données étayant les autres points de vue ou à les considérer comme erronées (Kunda, 1990). Même si l'on se croit alors rationnel et impartial, en fait on se leurre soi-même.

Vous pouvez relever des exemples de confirmation des croyances dans votre propre pensée et celle de vos amis; en un mot, dans toutes les situations où des individus défendent leurs croyances et cherchent à les justifier. Par exemple, lorsqu'un individu prend connaissance de résultats d'études scientifiques allant à l'encontre de croyances qui lui sont chères, ou remettant en question le bien-fondé de l'un de ses comportements, il a tendance, tout en reconnaissant la valeur de la recherche, à la minimiser. Par contre, si une étude vient étayer son propre point de vue, il reconnaît qu'elle comporte des défauts, par exemple la petitesse de l'échantillon, mais il n'accorde pas à ceux-ci toute l'importance qu'ils auraient pour lui dans un autre contexte (Sherman et Kunda, 1989). Il semble que, en pensant de façon critique, les gens appliquent deux mesures : ils sont plus critiques lorsque les résultats ne leur plaisent pas.

La tendance à confirmer ses propres croyances peut parfois avoir des conséquences graves, par exemple lorsqu'elle influe sur les membres d'un jury. Deanna Kuhn et ses collaborateurs ont fait écouter un enregistrement reproduisant les témoignages d'un véritable procès pour meurtre à des sujets qui devaient ensuite rendre leur verdict et expliquer comment ils en étaient venus à ce choix. Les chercheurs ont observé que de nombreuses personnes se sont rapidement construit une histoire pour expliquer ce qui s'était passé et n'ont par la suite tenu compte que des éléments qui appuyaient cette version des événements plutôt que de considérer l'ensemble des arguments. Ces personnes étaient aussi celles qui faisaient preuve de la plus grande assurance dans leur jugement et qui avaient le plus tendance à prononcer un verdict sévère (Kuhn, et al., 1994).

La confirmation des croyances joue même un rôle dans la façon de percevoir le monde physique. Supposons que vous aperceviez un objet rond flottant dans le ciel. Si vous croyez que des extraterrestres viennent quelquefois sur Terre, il est possible que vous « voyiez » cet objet comme un vaisseau spatial et que vous décidiez que votre croyance est fondée. Mais si vous pensez que toutes ces histoires sont aberrantes, vous aurez plutôt tendance à voir l'objet comme un ballon météorologique. Une image du Christ en croix projetée sur la porte d'un garage, à Santa Fe Springs en Californie, a causé une vive émotion chez des personnes souhaitant croire à l'existence de messages divins dans le monde terrestre. On s'est finalement rendu compte que l'image était produite par la fusion des ombres respectives d'un buisson et d'une

enseigne « À vendre », projetées par deux lampadaires. Vous devinez bien que cette découverte n'a eu aucun effet de dissuasion sur ceux qui souhaiteraient confirmer leur croyance.

Sagesse rétrospective

En 1992, auriez-vous prédit que, un an plus tard, Israël et l'OLP (Organisation de libération de la Palestine) signeraient un accord de paix, ou encore en 1997 que la princesse Diana trouverait la mort dans un accident de la route ? Des études réalisées au cours des deux dernières décennies montrent que, au moment où elles prennent connaissance de la tournure réelle d'un événement (ou de la réponse à une question), les personnes ont tendance à être exagérément certaines qu'elles « l'ont toujours su ». La sagesse rétrospective fait en sorte qu'elles surestiment la probabilité qu'elles auraient pu prédire ce qui est arrivé. Lorsqu'il est possible de comparer leur jugement émis *avant* qu'un événement ait lieu, on observe que leur jugement à propos de leur habileté à prédire l'événement est exagéré (Fischhoff, 1975 ; Hawkins et Hastie, 1990).

Les erreurs dues à la **sagesse rétrospective** entrent en jeu dans toutes sortes de jugements (« Je savais que ce grain de beauté était cancéreux ») ou (« Les officiers en poste à Pearl Harbor en 1941 auraient dû savoir qu'une attaque se préparait »). En 1991, un tourbillon de poussière a rendu la visibilité nulle sur une portion d'autoroute en

> **Sagesse rétrospective**
> Tendance à surestimer sa capacité à prédire un événement après qu'il a eu lieu.

Californie, ce qui a causé le pire carambolage de l'histoire des États-Unis ; de nombreuses personnes en colère en sont venues à la conclusion que les responsables de la sécurité routière auraient dû évaluer le danger et fermer l'autoroute à la circulation. Mais, selon les policiers, la situation n'était pas aussi claire : il s'était déjà produit un nombre impressionnant de tourbillons de poussière dans cet État et les automobilistes s'étaient toujours bien tirés d'affaire, soit en ralentissant, soit en s'arrêtant sur l'accotement. Il ne fait aucun doute que c'est la sagesse rétrospective qui a rendu la situation après coup beaucoup plus simple qu'elle ne l'était en réalité au moment de l'accident.

Les erreurs de jugement dues à la sagesse rétrospective peuvent être un effet secondaire de l'apprentissage adaptatif. Quand on essaie de prédire l'avenir, on envisage plusieurs scénarios possibles ; mais quand on essaie de comprendre ce qui s'est produit, on concentre son attention sur l'explication d'un seul événement, soit celui qui est effectivement arrivé. C'est là un procédé efficace puisque tenter d'expliquer des événements n'ayant pas eu lieu peut être considéré comme une perte de temps. «En un sens, disent Scott Hawkins et Reid Hastie (1990), les erreurs dues à la sagesse rétrospective représentent le mauvais côté de l'apprentissage adaptatif.» En effet, si l'on est certain «d'avoir toujours su» ce qui allait arriver, on a moins hâte de découvrir ce qu'il faut savoir pour être en mesure de faire des prédictions justes à l'avenir. Par exemple, lorsque, au cours d'un congrès, on décrit à des médecins le cas d'un patient décédé et qu'on leur présente les résultats de l'autopsie, ils ont tendance à considérer ce cas comme beaucoup plus simple qu'il ne l'était en réalité («J'aurais compris qu'il s'agissait d'une tumeur au cerveau»), ce qui les prive d'une partie de l'enseignement qu'ils pourraient retirer de l'étude de ce cas (Dawson, *et al.*, 1988).

Influence des attentes

Les attentes influent également sur la façon dont on perçoit le monde et interprète l'information. La tendance à percevoir ce à quoi on s'attend est appelée *distorsoin perceptive*. Elle s'avère parfois utile, par exemple, pour compléter une phrase dont on n'a pas clairement saisi tous les mots. Mais elle est également responsable d'erreurs perceptuelles et d'erreurs de jugement. Dans le film «Vol au-dessus d'un nid de Coucou» du réalisateur Milos Forman, une scène particulièrement comique montre un groupe de patients psychiatriques en cavale, présentés comme des sommités scientifiques par leur chef, Jack Nicholson, qui tient le rôle d'un patient rebelle. Ils arrivent ainsi à tromper la vigilance d'un propriétaire de navire, qui s'explique l'apparence et les comportements de cette bande de joyeux lurons par le fait que, pour lui, les savants sont des personnes originales. C'est pourquoi, il accepte de leur louer un navire pour une excursion en mer. (À propos, avez-vous remarqué que ce paragraphe contient une coquille? Sinon, c'est probablement que vous vous attendez à ce que, dans les livres, tous les mots soient correctement orthographiés.)

Les attentes influent également sur notre façon de nous approprier les informations perçues. Le 3 juillet 1988, un navire de guerre américain a abattu un avion de ligne iranien au moment où ce dernier décollait au-dessus du golfe Persique, tuant ainsi les quelques centaines de passagers qui se trouvaient à bord. Le système informatique du navire avait fait une mauvaise lecture de l'altitude de l'avion et l'avait ainsi identifié comme un chasseur F-14, puis il avait corrigé sa propre erreur. Malheureusement, l'information initiale avait déjà créé l'attente d'une attaque. À cause du stress qui s'ensuivit, le capitaine accorda toute son attention à la situation d'urgence que l'équipage avait signalée plutôt qu'à la nouvelle information fournie par l'ordinateur. Ainsi, les premières informations ne furent jamais réévaluées et l'équipage supposa que l'avion était en descente plutôt qu'en ascension, d'où les résultats tragiques que l'on connaît (Nisbett, 1988).

Réduction de la dissonance cognitive

En 1994, les Américains ont été abasourdis d'apprendre que le légendaire O. J. Simpson, perçu par un grand nombre d'entre eux comme la quintessence de la gentillesse, était accusé d'avoir tué son ex-épouse Nicole Brown ainsi que l'ami de cette dernière, Ron Goldman. Certains ont réagi en modifiant la perception qu'ils avaient de leur héros. D'autres, toutefois, ont tenté d'expliquer ce qui leur paraissait inimaginable. Peut-être Simpson était-il la victime des médias qui exagéraient les preuves contre lui; peut-être l'un des policiers chargés de l'enquête avait-il dissimulé de fausses preuves pour l'incriminer (un argument repris par la suite avec succès par la défense); peut-être avait-il tué Nicole, mais après que celle-ci eut tenté de lui extorquer de l'argent.

Pour les psychologues, ces scénarios qui conduisent une personne à interpréter des informations qui entrent en conflit avec ses propres croyances sont prévisibles et peuvent s'expliquer au moyen de la théorie de la **dissonance cognitive** proposée par Leon Festinger (1957). La «dissonance», qui est le contraire de la cohérence, ou «consonance», est un état de tension se produisant lorsqu'une personne a simultanément deux cognitions (croyances, pensées ou attitudes) psychologiquement incompatibles ou qu'elle maintient une croyance en contradiction avec son comportement. Cette tension crée un malaise; par conséquent, une personne en état de dissonance cherchera à réduire celle-ci, soit en rejetant ou en modifiant la croyance en question, soit en changeant un comportement, soit en acquérant de nouvelles croyances, soit en faisant appel à la rationalisation (Harmon-Jones, *et al.*, 1996). Par exemple, la consommation de tabac est en dissonance avec la conscience que «la cigarette cause des maladies». Afin de diminuer cette dissonance, un fumeur peut essayer de modifier son comportement en

> **Dissonance cognitive**
> État de tension se produisant lorsqu'une personne a simultanément deux cognitions psychologiquement incompatibles ou lorsque ses croyances sont en contradiction avec son comportement.

Cette photographie de O. J. Simpson, prise après son arrestation pour meurtre, a provoqué de la dissonance cognitive chez des millions de ses admirateurs, et les a forcés à chercher un équilibre entre leurs sentiments contradictoires envers lui.

arrêtant de fumer, ou bien rejeter la cognition «le tabac a des effets nocifs», ou encore mettre de l'avant les bienfaits que le tabac lui procure («fumer une cigarette m'aide à me détendre»). Dans tous les cas, il cherche à réduire la dissonance parce que son comportement est en contradiction avec la connaissance qu'il a des dangers liés au tabac.

La théorie de la dissonance cognitive apporte une explication à la façon dont on perçoit et traite les informations contredisant des croyances existantes, mais elle présente aussi des faiblesses. Il peut être difficile de déterminer si deux cognitions sont «incompatibles»: ce qui est dissonant pour l'un peut paraître indifférent ou même agréablement paradoxal à d'autres. De plus, certaines personnes réduisent la dissonance en admettant qu'elles ont commis une erreur plutôt qu'en rationalisant cette dernière. Néanmoins, de nombreuses études montrent que l'on est plus porté à rechercher la cohérence cognitive dans certaines conditions, et que cette motivation peut entraîner aussi bien la prise de décisions irrationnelles que la prise de décisions rationnelles.

Les erreurs cognitives ont des conséquences très graves pour les décideurs œuvrant dans tous les domaines, que ce soit les domaines juridique, financier, médical, gouvernemental ou économique. Heureusement, une fois qu'on a pris conscience de ce qu'est une erreur cognitive, il est plus facile de la réduire ou de l'éliminer. Par exemple, nous avons vu que les médecins peuvent être victimes de sagesse rétrospective lorsqu'ils savent ce qui a causé la mort d'une personne. Mais Hal Arkes et ses collaborateurs (1988) ont trouvé le moyen de diminuer cette tendance chez des neuropsychologues. Ils ont présenté à un groupe de ces spécialistes le cas d'un patient et leur ont demandé d'énoncer une raison qui rendait plausible chacun des trois diagnostics suivants: une réaction de sevrage, la maladie d'Alzheimer et une lésion cérébrale. Le recours à ce procédé a contraint les neuropsychologues à examiner *tous* les faits et non seulement ceux qui confirmaient le «bon» diagnostic. La sagesse rétrospective s'est volatilisée, apparemment parce que les spécialistes se sont rendu compte que le diagnostic ne s'imposait pas d'emblée au moment où le patient était sous traitement. D'autre part, on ne fait pas preuve du même degré d'irrationalité dans toutes les situations. Les erreurs cognitives diminuent quand on effectue des tâches relevant d'un domaine où on a une certaine expérience ou quand on prend des décisions susceptibles d'entraîner des conséquences graves. Par exemple, un comptable chargé de vérifier les livres de comptes d'une compagnie a moins tendance à confirmer ses croyances qu'un étudiant en train de faire une expérience de psychologie; cela est peut-être dû au fait que le comptable est susceptible d'être poursuivi en justice s'il surestime la rentabilité ou la santé économique d'une entreprise (Smith et Kida, 1991).

Qu'avez-vous appris ?

RÉPONSES, p. 307

Vous devez penser de façon rationnelle pour répondre aux questions suivantes !

1. Sébastien, qui prend soin de sa santé, met beaucoup de beurre dans ses plats cuisinés, même si les diététistes recommandent d'en limiter l'utilisation. Il se défend de cette habitude par le fait qu'il pratique des sports pour compenser et que, de toute façon, il préfère le goût du beurre, qui l'aide en outre à digérer. Quel processus est à l'œuvre lorsque Sébastien se défend de sa préférence pour le beurre ?

2. Léo fait une pause à la cafétéria du collège et y rencontre une jeune femme. Ils se plaisent, commencent à se voir plus souvent et finalement décident de se marier. Léo raconte que ce jour là, en se dirigeant vers la cafétéria, il savait, que quelque chose de particulier allait survenir. Quelle erreur cognitive semble affecter sa pensée ?

3. Élizabeth croit que les rêves sont prémonitoires, c'est-à-dire qu'ils peuvent prédire l'avenir. Elle appuie son propos de deux exemples personnels et de plusieurs autres exemples glanés dans des revues et des émissions télévisées. Les croyances d'Élizabeth illustrent une erreur cognitive, laquelle ?

LA PERSPECTIVE COGNITIVE DANS LA VIE DE TOUS LES JOURS

L'étude des limites cognitives montre comment certains modes de pensée peuvent exercer une influence ponctuelle sur notre compréhension des phénomènes et sur notre comportement. Mais l'action de la pensée ne peut être réduite à ces quelques erreurs cognitives, somme toute limitées dans le temps. Ce que les chercheurs appartenant à la perspective cognitive ont mis en lumière, c'est le fait que la pensée exerce à tout moment une profonde influence sur plusieurs aspects très importants de notre vie de tous les jours. À titre d'exemples, nous allons étudier les processus par lesquels notre pensée agit sur les émotions et la motivation au travail.

Les gens ne sont pas toujours d'accord sur le sens à donner au fait d'être touché par une autre personne. Selon leur interprétation du geste, ils peuvent y voir de l'affection, du harcèlement, de l'intérêt sexuel, de la dominance, de la sympathie, etc.

L'interprétation des émotions

Supposons que vous vous sentiez très attirée depuis plusieurs semaines par un étudiant qui suit le même cours d'anglais que vous. Le cœur battant la chamade et les mains moites, vous lui dites «Bonjour!» avec entrain mais, avant que vous ayez eu le temps d'ajouter quoi que ce soit, il s'éloigne sans même vous saluer. Quelle émotion éprouvez-vous? Votre réponse dépendra de la manière dont vous expliquez le comportement de l'étudiant:

colère: «Il s'est conduit comme un idiot en faisant semblant de ne pas me voir!»

tristesse: «Je m'y attendais; je ne suis pas assez bien. Jamais personne ne m'aimera.»

déception: «Oh non! Il ne m'a pas vue, il y avait trop de monde!»

soulagement: «Dieu merci! De toute façon, je n'étais pas certaine de vouloir me rapprocher de lui.»

Ce que vous ressentirez dans cette situation dépendra autant de votre *interprétation* de l'événement que de l'événement lui-même. La reconnaissance de ce processus cognitif est l'une des contributions majeures de la perspective cognitive à l'étude des émotions. Les interprétations découlent souvent des attributions que l'on fait pour expliquer les comportements. L'**attribution** consiste à assigner la cause de son comportement ou du comportement d'une autre personne soit aux caractéristiques du contexte situationnel, soit aux dispositions d'une personne. Dans l'exemple ci-dessus, l'interprétation menant à la colère découle de l'attribution

du trait de personnalité «goujat» à l'étudiant, alors que l'interprétation menant à la déception provient de l'attribution de la conduite de l'étudiant au contexte situationnel. Dans ces deux exemples, l'attribution précède l'émotion ressentie.

De nombreuses études ont mis en évidence le rôle des pensées, des valeurs et des attentes dans l'émergence de toute émotion, depuis la joie et l'euphorie jusqu'au chagrin et la colère. Des chercheurs travaillant dans le cadre de la perspective cognitive ont découvert que les émotions ne sont pas entièrement déterminées par des facteurs physiologiques: elles ont aussi une composante cognitive. Durant les années 1960, Stanley Schachter et Jerome Singer (1962) ont montré qu'il existe deux déterminants des émotions: l'activation physiologique et l'*interprétation cognitive*. Ainsi, même en étant extrêmement activé, l'individu ne ressentira aucune «émotion» s'il est incapable d'attribuer ce changement à une cause connue et plausible compte tenu de la situation dans laquelle il se trouve.

Dans l'expérience de Schachter et Singer, considérée depuis comme une référence, les sujets qui ne pouvaient

Attribution

Tendance d'un individu à expliquer son comportement et celui des autres en associant le comportement à des causes liées aux caractéristiques de la situation ou aux dispositions des individus.

expliquer un accroissement soudain de leur activation physiologique, provoquée par une injection d'adrénaline (une hormone qui a pour effet d'accroître l'activité du système nerveux autonome sympathique), ont eu tendance à se déclarer soit euphoriques, soit coléri- ques selon qu'ils étaient en présence d'une personne se com- portant de façon joyeuse ou colérique. Pour ces deux chercheurs, les sujets avaient interprété leur activation phy- siologique en fonction des indices situationnels: lorsqu'ils étaient en présence d'un collègue euphorique, ils se sentaient plus joyeux parce qu'ils attribuaient faussement leur activa- tion à la présence de ce collègue euphorique. De la même façon, lorsqu'ils étaient en présence d'un collègue colérique ils se sentaient plus irrités. Pour Schachter et Singer, l'inter- prétation que l'on donne de nos émotions varie selon le con- texte environnemental.

Contrairement aux recherches pionnières de Schachter et Singer, qui ne portaient que sur l'activation physiologique de source hormonale, des recherches récentes montrent que les émotions ne se limitent pas à ce type d'activation et que chaque émotion fondamentale est associée à une configura- tion particulière d'activité tant au niveau cérébral qu'au niveau du système nerveux autonome (Davidson, *et al.,* 1990; Levenson, 1992). De plus, certaines émotions simples se pro- duisent sans passer par les processus cognitifs conscients, c'est pourquoi une personne peut avoir peur sans raison «raison- nable» ou faire preuve de sentiments positifs envers des objets familiers sans savoir pourquoi (Izard, 1994a; Murphy et Zajonc, 1993). Néanmoins, les changements physiques provoqués par le système nerveux autonome ne peuvent seuls rendre compte de la plupart des émotions ni expliquer pour- quoi, lors d'un même examen, un étudiant se sent stimulé par la difficulté alors qu'un autre est écrasé par l'anxiété. Les idées émises par Schachter et Singer sont à l'origine de nom- breuses études visant à identifier les types de cognitions entrant en jeu dans l'expérience de l'émotion (Sinclair, *et al.,* 1994).

Par exemple, la majorité des gens supposent que la réus- site d'un projet rend heureux, et que l'échec rend malheu- reux. En réalité, l'émotion éprouvée dépend de l'*explication* qu'ils donnent de leur réussite ou de leur échec. Au cours d'une série d'expériences, des étudiants ont fait un compte rendu de leurs réussites et de leurs échecs lors d'examens, attribuables à une cause donnée, comme l'aide reçue ou le manque d'effort, et ils ont décrit les émotions éprouvées dans chaque cas. Il en est ressorti que les émotions étaient liées plus étroitement aux explications données qu'au résultat obtenu à l'examen (Weiner, 1986). Les étudiants croyant avoir bien réussi grâce à leurs propres efforts et aptitudes se sentaient généralement fiers, compétents et satisfaits, tandis que ceux qui croyaient avoir bien réussi par une chance extraordinaire ou par hasard éprouvaient plutôt de la recon- naissance, de la surprise ou de la culpabilité («Je ne le mérite pas»). Les étudiants croyant avoir échoué par leur propre

faute ressentaient en général du regret ou de la culpabilité, alors que ceux qui attribuaient leur échec aux autres éprou- vaient plutôt de la colère ou de l'hostilité.

Les cognitions entrant en jeu dans l'émotion peuvent se limiter à la perception directe d'un événement spécifique ou peuvent mettre à contribution des aspects beaucoup plus généraux comme une philosophie de vie. Une personne con- vaincue que tout ce qui compte, c'est de gagner, et que faire de son mieux n'a aucune valeur, se sentira vraisemblablement déprimée si elle arrive «seulement» au second rang. Si on pense que la critique exprimée par un ami est mal inten- tionnée, et non bienveillante, on y réagit généralement par de la colère et non de la reconnaissance. Les personnes pour qui vivre c'est éprouver des émotions intenses ont de bonnes chances d'avoir une vie ressemblant à un tour de montagnes russes; par contre, les adeptes de la philosophie zen, selon laquelle la maîtrise des émotions représente un idéal, con- naîtront plus vraisemblablement le calme sur le plan émo- tionnel. Voilà pourquoi presque toutes les théories de l'émotion s'entendent pour dire que les interprétations cognitives — les *significations* que les gens associent aux évé- nements — jouent un rôle essentiel dans la création de l'émo- tion (Frijda, 1988; Lazarus, 1991; Oatley, 1993; Ortony, *et al.,* 1988). Autrement dit, les émotions sont inséparables de la vie mentale.

La cognition et la motivation au travail

En Occident, l'argent est souvent considéré comme *le* grand facteur motivant; cependant, la recherche montre que la motivation au travail n'est pas associée à l'ampleur de la rémunération mais plutôt à la façon dont on l'obtient (Locke, *et al.,* 1981). L'élément le plus motivant est la *rémunération incitative,* c'est-à-dire les primes qui sont accordées à la suite de l'atteinte d'un but et qui ne font pas partie d'un salaire fixe (Smither, 1994). Si on y pense bien, il est normal qu'il en soit ainsi puisque la rémunération incitative accroît le sen- timent d'efficacité personnelle du travailleur (voir le chapitre 7) et lui donne la conviction qu'il est responsable de cette réus- site («J'ai obtenu la prime parce que je le méritais»). Cela ne signifie pas pour autant que les gens devraient accepter de plus faibles salaires afin de mieux apprécier leur travail, ni qu'ils ne devraient jamais demander d'augmentation de salaire pour couvrir l'augmentation du coût de la vie!

Dans une étude longitudinale bien connue, qui a suivi un échantillon aléatoire de travailleurs américains sur une période de dix ans, Kohn et Schooler (1983) ont observé que

L'approche sociocognitive de la motivation scolaire : une intervention en milieu collégial

L'étude de la motivation scolaire intéresse de nombreux professeurs du milieu collégial depuis plusieurs années. L'objet des recherches est de mieux comprendre la motivation scolaire afin d'améliorer la motivation des élèves. Dans l'ensemble des travaux effectués jusqu'à présent, ceux de Denise Barbeau et de ses collaborateurs* présentent un caractère particulièrement novateur; ils proposent en effet un modèle théorique original accompagné d'interventions pratiques. Dans ses interventions, le professeur devient conseiller ou metteur en scène, alors que l'élève est l'acteur principal d'une démarche dont le but est l'amélioration de sa motivation scolaire.

Pour les chercheurs qui se réclament de la perspective sociocognitive en psychologie, la motivation scolaire est liée aux perceptions et aux croyances qu'un élève entretient à propos de lui-même et de son environnement (Tardif, 1992; Weiner, 1984). Selon le modèle théorique de la motivation scolaire élaboré par Barbeau (1993), les déterminants ou sources de la motivation scolaire sont de trois ordres : les systèmes de conception, les systèmes de perception et les variables intervenantes. Les systèmes de conception portent sur les croyances de l'élève en ce qui a trait aux buts de l'école et à sa propre conception de l'intelligence.

« Si un élève croit que l'intelligence peut évoluer et qu'il poursuit des buts axés sur l'apprentissage [plutôt que sur la performance], il aura plus le goût de s'engager, de s'impliquer et de persister dans des tâches scolaires... » (Barbeau, Montini et Roy, 1997). Les systèmes de perception englobent la perception attributionnelle (« quelles sont les causes de mes réussites et de mes échecs ? »), la perception de sa compétence (« la croyance dans mes capacités à apprendre ») et la perception de l'importance d'une tâche (« la signification et la valeur que j'accorde aux tâches scolaires »). Parmi les variables susceptibles d'intervenir, citons certaines caractéristiques telles que l'âge, le sexe, les résultats scolaires antérieurs, etc., qui ont des répercussions sur la motivation de la personne, mais que l'on ne peut modifier. Dans le modèle de Barbeau, on peut évaluer la motivation scolaire à l'aide de trois types d'indicateurs : l'engagement cognitif, la participation et la persistance de l'élève (voir le tableau page suivante).

À partir de leurs recherches sur les principales carences motivationnelles chez des élèves du niveau collégial, Barbeau et ses collaborateurs (1997) ont mis au point 24 interventions distinctes où élève et professeur ont un rôle à jouer. Il s'agit de véritables stratégies qui

visent à modifier des comportements nuisibles à la motivation scolaire. Les interventions proposées sont regroupées en cinq thèmes : la participation de l'élève au cours, la perception de l'élève de l'importance de la tâche qu'on lui demande d'accomplir, la perception de l'élève de sa compétence à acquérir et à utiliser des connaissances théoriques aussi bien que pratiques, l'engagement cognitif de l'élève et, enfin, la perception de contrôle de l'élève quant à la tâche à réaliser.

Un des éléments les plus intéressants du modèle de la motivation scolaire proposé par Barbeau est la complémentarité des interventions qui, pour chacun des thèmes choisis, s'adressent et au professeur et à l'élève. Ainsi, en ce qui concerne l'amélioration de la perception que l'élève a de sa compétence à acquérir et à utiliser des connaissances théoriques et pratiques, Barbeau propose au professeur deux interventions sur les connaissances en psychologie cognitive que ce dernier peut utiliser dans ses préparations de cours. Parallèlement, Barbeau suggère à l'élève de passer un mini-test afin d'évaluer ses forces et ses faiblesses puis, après une réflexion personnelle, de se familiariser avec quelques stratégies axées sur des techniques pratiques qui lui permettront d'améliorer ses capacités à acquérir

---

* Pour plus de précisions sur le modèle d'intervention de Barbeau, Montini et Roy, voir le livre *Tracer les chemins de la connaissance. La motivation scolaire* (1997) et le guide intitulé *Sur les chemins de la connaissance. La motivation scolaire* (1997), rédigé à l'intention des élèves.

et à utiliser les connaissances présentées par le professeur.

Du point de vue de la perspective cognitive en psychologie, l'élément fondamental du modèle de Barbeau est son postulat. En effet, les chercheurs considèrent que, en modifiant les perceptions et les croyances qu'il entretient à l'égard de lui-même et de l'école, l'élève peut parvenir à accroître sa motivation scolaire. Ce modèle suggère également que les carences motivationnelles observées chez certains élèves sont dues à des croyances ou à des perceptions incomplètes ou erronées, ou encore à des pratiques pédagogiques inefficaces. En proposant des interventions ciblées qui s'adressent et au professeur et à l'élève, et qui visent à modifier aussi bien les comportements que les perceptions, ce modèle offre une approche résolument optimiste de la motivation scolaire.

Modèle de la motivation scolaire

É V É N E M E N T

DÉTERMINANTS
(sources de la motivation scolaire)

SYSTÈMES DE CONCEPTION

BUTS DE L'ÉCOLE
   Buts d'apprentissage
   Buts de performance
L'INTELLIGENCE

SYSTÈMES DE PERCEPTION

PERCEPTION ATTRIBUTIONNELLE
(À quoi j'attribue ma réussite ou mon échec à cette tâche?)
   interne
   stable   contrôlable
   globale

PERCEPTION DE SA COMPÉTENCE
(Puis-je réaliser cette tâche?)
   acquérir et utiliser des connaissances
   • déclaratives
   • procédurales
   • conditionnelles

PERCEPTION DE L'IMPORTANCE DE LA TÂCHE
(Pourquoi ferais-je cette tâche?)
   valeur, signification et défi
      de la tâche
   valeur, signification et défi
      du cégep [collège]

M O T I V A T I O N

INDICATEURS
de la motivation scolaire

ENGAGEMENT COGNITIF
   Stratégies autorégulatrices
   • stratégies de gestion
   • stratégies métacognitives
   • stratégies affectives
   • stratégies cognitives
PARTICIPATION
   Participation
   Non-participation
   Évitement
PERSISTANCE
   (liée au facteur temps)

VARIABLES INTERVENANTES

Âge   Secteur d'études
Sexe   Famille de
Origine ethnique   programmes
   Langue maternelle   Programme
   Langue parlée   Session
      à la maison   Résultats scolaires
   Etc.   Résultats antérieurs
Statut   Résultats récents
                       Etc.

C O M P O R T E M E N T

© Denise Barbeau (1993, 1997)

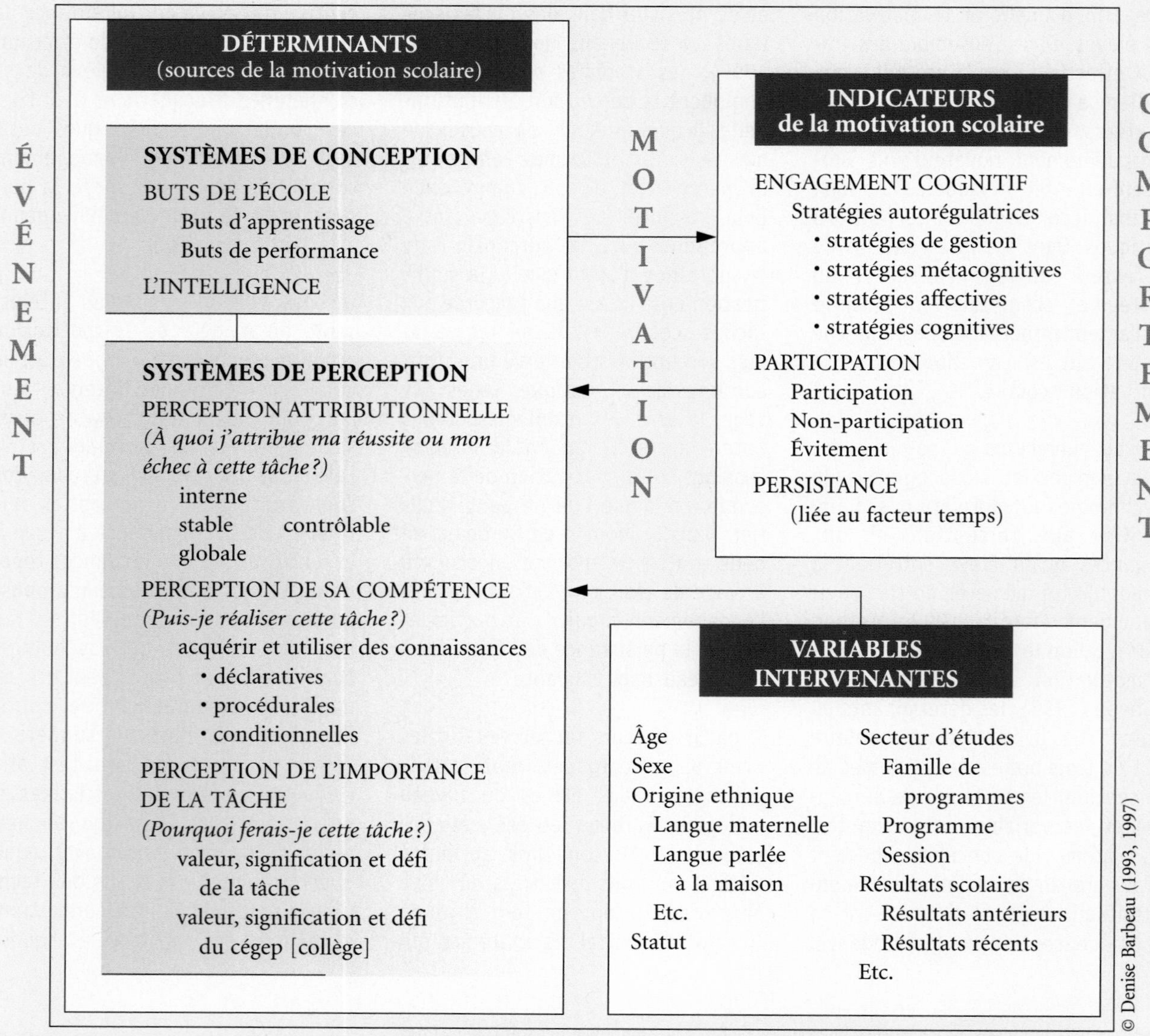

Source: Barbeau, Montini et Roy, *Tracer les chemins de la connaissance. La motivation scolaire*, AQPC, 1997, p. 7.

différents aspects du travail (tels que les avantages sociaux, la complexité des tâches, le rythme de travail, la pression ressentie et l'aspect routinier ou varié du travail) influaient considérablement sur l'estime de soi, l'effort consenti et la motivation des travailleurs. Les méta-analyses montrent que deux aspects du travail sont particulièrement importants parce qu'ils sont associés à une augmentation du plaisir lié au travail ainsi qu'à l'effort des travailleurs : le degré de flexibilité et le degré d'autonomie lié au travail (Brown, 1996). Les travailleurs qui ont la possibilité de choisir leurs heures de travail, de prendre des décisions, de varier leurs tâches et de résoudre des problèmes — des conditions qui sollicitent les capacités cognitives comme le raisonnement et la créativité — ont tendance à devenir plus flexibles dans leur pensée et à avoir une perception plus positive d'eux-mêmes et de leur travail que des travailleurs dont l'environnement de travail est routinier et ne leur procure pas de maîtrise sur leurs tâches. Le résultat est une motivation accrue au travail et un plus faible niveau de stress (Karasek et Theorell, 1990 ; Locke et Latham, 1990).

La volonté de réussir est aussi associée à la perception qu'on a de ses *chances* de réussir. Dans une étude portant sur des recherches sur la mobilité au travail et sur l'ambition, Rosabeth Kanter (1977/1993) a découvert que les hommes et les femmes dont les emplois sont plafonnés, c'est-à-dire sans possibilité d'avancement, se comportent de la même façon. Ils diminuent l'importance qu'ils accordent à la réussite, fantasment à l'idée de quitter l'entreprise et soulignent les avantages sociaux liés à leur emploi plutôt que ses aspects financiers ou intellectuels. Pourtant, dès lors qu'ils perçoivent qu'ils ont des chances réelles de pouvoir progresser dans l'entreprise, leur motivation change aussi la plupart du temps. Kanter cite le cas de cette secrétaire qui, après vingt ans de service pendant lesquels elle n'avait jamais désiré faire autre chose, s'est vu offrir un poste de gestionnaire à la suite d'un programme mis sur pied pour favoriser la progression des femmes au travail. Elle doutait de ses capacités au début, mais elle décida de se mettre à l'épreuve. Elle réussit si bien dans ses nouvelles tâches que sa motivation au travail en fut complètement modifiée. Elle déclara au chercheur : « Maintenant je suis motivée, peut-être trop, mais je compte travailler pendant encore 20 ans et gravir au moins six échelons dans l'entreprise, peut-être jusqu'à la vice-présidence... Vous savez, c'est en travaillant que vous apprenez ce que vous pouvez réaliser, c'est pourquoi vous voulez toujours davantage travailler. »

La satisfaction et la motivation au travail dépendent du juste équilibre entre les caractéristiques de la personne et celles de l'environnement de travail. Les psychologues spé-cialisés en psychologie industrielle et organisationnelle étudient de quelle façon ils peuvent aménager l'environnement de travail de façon à ce qu'il favorise le plus possible l'expression des capacités cognitives des employés. Lorsque ces derniers peuvent y exprimer leurs capacités à résoudre des problèmes, à imaginer de nouvelles façons de faire et à prendre des décisions, ils acquièrent une plus grande satisfaction et font preuve de plus d'efforts et d'une plus grande efficacité au travail.

Qu'avez-vous appris ?

RÉPONSES, p. 307

1. Après avoir obtenu un excellent résultat à son dernier test en mathématiques, Nicolas semble plutôt surpris et peu fier de son résultat. Comment peut-on expliquer sa réaction ?

2. Lesquels, des facteurs suivants ont été associés à un accroissement de la motivation au travail ?

   a) des buts précis

   b) un salaire régulier

   c) des primes incitatives

   d) des buts généraux

   e) se faire dire quoi faire

   f) pouvoir prendre des décisions

   g) la possibilité d'obtenir une promotion

   h) un travail prévisible et routinier

LE LANGAGE ET L'INTELLIGENCE

Certains traits, habiletés ou caractéristiques sont observés chez l'ensemble des êtres humains ; ils sont soit présents à la naissance, soit acquis par la suite si les stimulations du milieu le permettent. Par exemple, les nouveau-nés sont nantis de certains réflexes, tel le réflexe de succion qui leur permet de se nourrir dès les premiers instants de leur vie. Nous avons aussi en commun avec d'autres espèces, notamment les mammifères, un intérêt pour la nouveauté : un rat bien nourri préférera explorer un nouvel environnement plutôt que celui qui lui est familier et où se trouve sa nourriture. De même, un enfant cessera de se nourrir pour porter attention à une personne qui lui est étrangère ou à un bruit inconnu. En fait, les psychologues ont surtout étudié deux caractéristiques par lesquelles l'espèce humaine se distingue des autres : la compétence langagière, c'est-à-dire la capacité à apprendre une langue ou un système de signes, et l'intelligence, qui a notamment permis à l'espèce humaine de dominer toutes les autres. Au fil des ans, les psychologues ont pu observer que ces deux sujets sont bien plus complexes qu'ils ne le soupçonnaient à première vue.

Le langage

Essayez de lire la phrase suivante à haute voix :

Kamaunawezakusomamanenohayawewenimtuwamaa nasana.

Pouvez-vous dire où un mot commence et où l'autre finit? À moins que vous ne parliez le swahili, les syllabes de cette phrase sont pour vous un véritable charabia*. Pourtant, lorsqu'un enfant apprend sa langue maternelle, les premières phrases qu'il entend sont absolument incompréhensibles. Comment arrive-t-il alors à isoler certaines syllabes et mots du mélange de sons qu'il entend et, mieux encore, à en comprendre la signification? Le cerveau de l'enfant est-il conçu de façon à lui permettre de s'adapter au langage et d'en découvrir les règles?

Pour bien répondre à cette question, il faut définir le langage. Le **langage** est un système de règles qui permet de combiner des éléments qui n'ont pas de signification propre en énoncés porteurs de signification. Les sons pour la langue parlée, ou bien les gestes pour le langage des sourds, que nous employons pour communiquer avec les autres n'ont de sens que pour ceux et celles qui peuvent les associer à une signification particulière. Par exemple, prononcer « si » en français pourra être associé pour un auditeur anglophone à « sea » qui, bien sûr, a un sens tout à fait différent. De toute évidence, les composantes du langage doivent être apprises, mais les similarités entre les différentes formes de langage indiquent peut-être la présence d'une prédisposition à apprendre le langage. C'est ce que croyait Darwin (1874) lorsqu'il affirmait que l'être humain a une « tendance instinctive à parler ».

Nous sommes probablement la seule espèce qui utilise le langage pour créer et pour comprendre un nombre infini d'énoncés. Les primates emploient une variété de grogne-

> **Langage**
> Système de règles qui permet de combiner des éléments sans signification propre, comme des sons ou des gestes, en énoncés dont la structure transmet une signification.

ments et de cris aigus pour prévenir les autres d'un danger, attirer l'attention ou exprimer des émotions, mais ces éléments ne sont pas combinés pour produire de nouveaux énoncés comme le font les humains. Bongo le gorille émet un son particulier lorsqu'il découvre de la nourriture, mais il ne peut combiner différents grognements ou cris pour arriver à dire « Les bananes là-bas sont plus mûres que celles que l'on a mangées la semaine dernière, et elles sont bien meilleures que notre régime habituel de termites. »

À l'exception de quelques phrases très usitées comme « Comment allez-vous ? » ou « Il fait beau dehors », la plupart des phrases que nous formulons ou que nous entendons dans notre vie sont nouvelles. C'est pourquoi vous trouverez peu de phrases dans ce livre que vous ayez déjà lues, entendues ou énoncées exactement de la même façon. Pourtant vous pouvez comprendre ces phrases et en formuler de nouvelles par vous-même. Pour la plupart des psycholinguistes (chercheurs spécialisés dans l'étude du langage), on y parvient en utilisant un certain nombre de règles qui constituent la grammaire d'une langue. Les règles de la *syntaxe,* par exemple, vous indiquent quelles sont les phrases acceptables et celles qui ne le sont pas. Même si les gens n'arrivent pas toujours à énoncer ces règles (« L'adjectif suit habituellement le substantif avec lequel il s'accorde »), ils les mettent en pratique sans même y penser. Ainsi, pour un francophone, la phrase « Il a lancé la rouge balle » est inacceptable, alors qu'elle est tout à fait acceptable pour un anglophone.

D'où ces capacités proviennent-elles? Jusqu'au milieu du XXe siècle, de nombreux psychologues étaient persuadés que l'enfant apprenait à parler simplement en imitant les adultes et en étant attentif aux rectifications qu'ils lui indiquaient. Le linguiste Noam Chomsky (1957, 1980) ne partage pas cette opinion; selon lui, le langage est beaucoup trop complexe pour être appris par bribes. Il a observé que les enfants ne se bornent pas simplement à découvrir quels sons forment les mots mais qu'ils peuvent aussi appliquer des règles de syntaxe à la *structure de surface* d'une phrase — la façon dont la phrase est exprimée — afin de découvrir la *structure profonde* de la phrase — là où se situe sa signification. Par exemple, bien que la structure de surface des phrases « Marie a embrassé Jean » et « Jean a été embrassé par Marie » soit différente, un enfant de cinq ans sait que les deux phrases correspondent à la même structure profonde dans laquelle Marie est la personne qui agit, et Jean le destinataire de l'action. Pour Chomsky, le cerveau humain doit nécessairement posséder un *mécanisme permettant l'acquisition du langage,* une capacité innée qui permet à chaque enfant de développer ses capacités langagières s'il reçoit suffisamment de stimulations langagières de son milieu.

---

* *Kama unaweza kusoma maneno haya, wewe ni mtu wa maana sana* signifie en swahili : « Si vous pouvez lire ces mots, vous êtes une personne remarquable. »

L'existence d'un tel mécanisme chez l'humain est soutenue par de nombreuses observations (Crain, 1991; Pinker, 1994). Qu'ils apprennent le chinois, le français, le polonais ou l'anglais, les enfants semblent progresser selon les mêmes étapes de développement du langage (Bloom, 1970; Brown et Hanlon, 1970; Slobin, 1970). Ils combinent aussi les mots de façon originale en contrevenant à certaines règles grammaticales, ce qui indique qu'ils ne font pas qu'imiter leurs parents (Ervin-Tripp, 1964; Marcus, *et al.*, 1992). En outre, on observe que les enfants aux prises avec de sévères déficiences intellectuelles montrent une facilité à apprendre le langage qui dépasse largement leurs habiletés dans d'autres domaines (Bellugi, *et al.*, 1992; Smith, *et al.*, 1993).

La thèse de Chomsky selon laquelle la capacité de développement du langage est innée chez l'humain a complètement modifié l'étude du développement du langage. La terminologie dans ce domaine de recherche reflète cette évolution : on ne parle plus de l'étude de l'*apprentissage* du langage, mais de l'étude de l'*acquisition* du langage. La plupart des psycholinguistes acceptent la théorie de Chomsky tout en y apportant certaines nuances. Ainsi des recherches montrent que, au-delà des similarités entre les énoncés des enfants apprenant différentes langues, il existe également de nombreuses différences qu'il convient d'étudier (Slobin, 1985, 1991). Des progrès importants ont aussi été observés du côté des tenants de l'apprentissage du langage où des chercheurs mettent au point des programmes informatisés qui simulent l'acquisition du langage sans recourir à des règles grammaticales préétablies (Rumelhart et McClelland, 1987). Des chercheurs tentent aussi de localiser les régions du cerveau et les gènes qui contribuent à la capacité à acquérir le langage (Gopnick, 1991, 1994; Matthews, 1994).

Le langage, comme tout autre comportement complexe, résulte de l'interaction entre l'inné et l'acquis. Pour se développer adéquatement, la prédisposition biologique doit être appuyée par les stimulations langagières du milieu. L'encadrement fourni par les adultes, et surtout par les parents, est essentiel pour le développement du langage. Les parents agissent comme éducateurs lorsqu'ils corrigent les erreurs grammaticales de leurs enfants (Bohannon et Stanowicz, 1988) et constituent aussi des modèles que leurs enfants ont tendance

Ce dessin exécuté par Genie, une jeune fille qui a subi des années d'isolement et de mauvais traitements, fait partie des éléments que les chercheurs ont utilisés pour étudier son développement mental et social.

à imiter (Bohannon et Symons, 1988). Certains cas de négligence grave et d'abus envers des enfants suggèrent même que le développement normal des capacités langagières ne soit possible qu'à l'intérieur d'une période critique s'échelonnant entre un et six ans, ou encore durant les dix premières années (Curtiss, 1977; Pinker, 1994; Tartter, 1986). Au cours de cette période, l'enfant doit régulièrement être encouragé par ses proches à la pratique de la conversation afin d'acquérir les différentes règles de la syntaxe. Les enfants abandonnés ou privés de stimulations langagières pendant de longues périodes ne parviennent que très rarement à parler normalement.

C'est malheureusement ce qui est arrivé à Genie, une jeune fille de 13 ans que ses parents tenaient enfermée dans une petite pièce depuis l'âge de un an et demi. Le jour, elle était attachée sur un petit siège percé et la nuit, confinée dans un sac de couchage s'apparentant à une camisole de force. La mère de Genie ne s'occupait pratiquement jamais de sa fille car elle était elle-même terrorisée par son mari, un homme gravement déséquilibré qui la battait régulièrement. Même si Genie a pu entendre quelques paroles au-delà des murs de sa prison, personne ne lui parlait jamais et elle ne pouvait écouter ni la radio ni la télévision. Lorsqu'elle émettait le moindre son, son père la battait avec une planche de bois.

Lorsqu'on la sortit finalement de son réduit, Genie n'avait que peu de caractéristiques communes avec les enfants de son âge : elle ne se tenait pas debout, ne savait pas mastiquer, n'avait fait aucun apprentissage de la propreté, elle bavait continuellement, se masturbait en public et crachait sur tout ce qui l'entourait, y compris sur elle-même et sur d'autres personnes. Lorsqu'elle rencontra des psychologues pour la première fois, les seuls sons qu'elle émettait étaient des lamentations aiguës et elle ne comprenait que quelques mots, probablement appris tout juste après son intégration à une vie normale. Elle était toutefois vive et curieuse, ce qui lui permit d'apprendre quelques règles de conduite sociale et d'établir des relations avec d'autres personnes. Graduellement, elle parvint à utiliser quelques mots et à comprendre des énoncés simples puis à formuler elle-même de courtes phrases pour décrire ses besoins, ses sentiments et même pour mentir. Cependant, sa compréhension de la grammaire et de la syntaxe demeurèrent rudimentaires même après plusieurs années. Elle ne pouvait utiliser correctement les pronoms, ni poser de question, ni construire de phrases adéquates contenant des négations (Curtiss, 1977, 1982; Rymer, 1993).

Les contraintes imposées à Genie ont freiné le développement de ses capacités langagières, mais elles ont eu probablement des effets tout aussi dévastateurs sur le développement de son intelligence. En effet, de nombreuses études montrent que le développement harmonieux de l'intelligence est fortement tributaire des stimulations environnementales.

Qu'avez-vous appris ?

RÉPONSES, p. 307

1. Donnez trois exemples qui appuient l'idée d'un mécanisme inné permettant l'acquisition du langage.

2. Pourquoi la phrase suivante est-elle inacceptable : « Chevauché, moi ai le cheval » ?

L'intelligence

Bien qu'il s'agisse sûrement du trait de personnalité le plus convoité, il est surprenant de constater à quel point il est difficile de se mettre d'accord pour définir l'intelligence. Les psychologues l'associent à différentes habiletés, soit à raisonner de façon abstraite, à apprendre et à s'améliorer au fil des expériences, à penser de façon rationnelle et à agir en fonction de ses propres choix. Ces qualités sont probablement incluses dans ce que la plupart des gens considèrent comme étant l'**intelligence,** mais les théoriciens ne leur accordent pas tous la même importance.

> **Intelligence**
> Caractéristique inférée du comportement d'une personne, habituellement définie comme l'habileté à tirer des leçons de ses expériences, à acquérir de nouvelles connaissances, à penser de façon abstraite, à agir en fonction de ses propres choix ou à s'adapter aux changements de l'environnement.

Un des plus anciens débats en psychologie porte sur la pertinence même du concept d'intelligence. Certains psychologues croient qu'une habileté générale, appelée *facteur g,* et correspondant en quelque sorte à l'intelligence, sous-tend la plupart des habiletés spécifiques associées au concept d'intel-

ligence, qu'il s'agisse d'engendrer de nouvelles associations ou de résoudre des problèmes par exemple (Herrnstein et Murray, 1994; Spearman, 1927; Wechsler, 1955). D'autres psychologues contestent l'existence d'un tel facteur car, disent-ils, si certaines personnes excellent dans certaines tâches, elles peuvent se montrer tout à fait incompétentes dans d'autres (Gould, 1994; Guilford, 1988; Sternberg, 1988). Ils croient plutôt que ce que l'on désigne comme intelligence est en fait un ensemble très diversifié d'habiletés apprises par conditionnement ou par l'observation de modèles.

Les premiers à étudier l'intelligence de façon scientifique furent des chercheurs se réclamant de l'*approche psychométrique,* selon laquelle l'intelligence d'une personne peut être mesurée par un test d'intelligence standardisé (voir le chapitre 2). Ce type de test comporte plusieurs épreuves permettant d'évaluer chez une personne la présence de certaines *aptitudes* à acquérir des connaissances ou des habiletés particulières censées représenter l'intelligence. Le test d'intelligence typique fait appel à plusieurs aptitudes: capacité à fournir certaines informations particulières, à noter les similarités entre certains objets, à résoudre des problèmes arithmétiques,

Une psychologue scolaire fait passer un test d'intelligence à une élève au primaire.

à définir des mots, à combler les vides dans un énoncé ou une illustration, etc.

Le premier test d'intelligence fut conçu au début du XXᵉ siècle par Alfred Binet (1857-1911), à qui le ministère de l'Éducation français avait confié la tâche de mettre au point un test objectif permettant d'identifier les enfants qui pourraient être aux prises avec des difficultés d'apprentissage. La réflexion de Binet le mena vers le concept d'**âge mental,** c'est-à-dire le niveau de développement intellectuel d'un enfant par comparaison avec les enfants de son âge. Binet avait en fait remarqué que les enfants « plus lents » avaient des résultats similaires à ceux d'enfants normaux plus jeunes et que, à l'inverse, les enfants « doués » se comportaient souvent comme des enfants normaux plus âgés face aux différentes épreuves intellectuelles. Dans cette optique, l'âge réel d'un enfant ne correspond pas nécessairement à son âge mental et le test a pour but de déterminer où il se situe dans son développement intellectuel. Par exemple, un enfant de neuf ans dont le résultat au test d'intelligence de Binet est similaire à la moyenne des résultats observés chez des enfants de sept ans a un *âge mental* de sept ans et présente donc un retard développemental.

Le concept de **quotient intellectuel** (Q.I.) fut proposé plus tard par d'autres psychométriciens qui s'inspirèrent de cette période où les tests d'intelligence étaient réservés aux enfants. Pour obtenir le quotient intellectuel d'une personne, on divise son âge mental par son âge réel, puis le résultat est multiplié par 100. Par exemple, un enfant de huit ans, qui obtient un résultat correspondant à la moyenne des enfants de six ans, a un âge mental de six ans et un Q.I. de 75 (6 divisé par huit, multiplié par 100; en fait on recourait aux mois pour plus de précision dans les calculs). De nos jours, le calcul du Q.I. est effectué à partir de tables normatives où la répartition des résultats prend la forme d'une courbe normale autour d'une moyenne fixée arbitrairement à 100 (voir la figure 9.4). Cette nouvelle façon de procéder comporte plusieurs avantages : elle est plus rigoureuse que l'ancienne

> **Âge mental**
>
> Mesure du développement intellectuel exprimé de façon à refléter le niveau moyen de développement intellectuel pour un âge donné. Un enfant a un âge mental de huit ans lorsque son résultat au test est similaire à la moyenne des résultats des enfants de huit ans, quel que soit son âge chronologique.

> **Quotient intellectuel (Q.I.)**
>
> Mesure de l'intelligence qui consiste à diviser l'âge mental d'une personne par son âge chronologique et à multiplier le résultat par 100; ce calcul est maintenant effectué à partir de normes obtenues à l'aide de tests standardisés.

méthode de calcul, elle rend possible la comparaison entre adultes (pour lesquels le concept d'âge mental est inapproprié) et elle permet toujours de savoir où une personne, enfant ou adulte, se situe par rapport à un groupe de référence donné.

Binet affirmait que son test ne constituait qu'un échantillon de ce que représente l'intelligence et qu'il ne permettait pas d'évaluer tout ce que recouvre ce concept. À ses yeux, le résultat au test fournissait une information utile lorsqu'il était associé à d'autres données, par exemple pour prédire le rendement scolaire dans des conditions normales, mais il ne devait pas être confondu avec l'intelligence elle-même. Pourtant, plusieurs des tests d'intelligence qui suivirent et qui furent parfois administrés à de grands groupes, notamment aux États-Unis durant la Première Guerre mondiale, ont plutôt visé à identifier de prétendues habiletés *naturelles* présentes chez les répondants. Cette évolution dans l'utilisation des tests d'intelligence fut à l'origine de deux importantes controverses actuelles au sujet des tests d'intelligence : l'influence de la culture sur les résultats aux tests et la diversité des conduites associées au concept d'intelligence tel que proposé par l'approche cognitive.

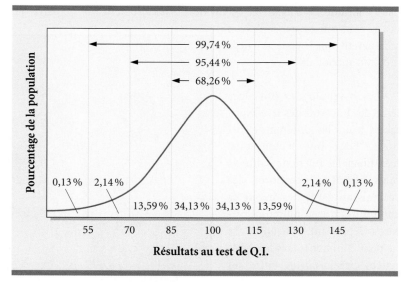

FIGURE 9.4 Courbe de répartition du Q.I.

Au sein d'une population importante, les résultats au test de Q.I. ont tendance à se répartir de façon normale. Pour la plupart des tests, environ 68 p. cent de la population obtiendra un résultat entre 85 et 115; environ 95 p. cent, entre 70 et 130; et environ 99,7 p. cent, entre 55 et 145.

LES TESTS D'INTELLIGENCE ET LA CULTURE

Dans l'utilisation qu'ils font des tests d'intelligence, de nombreux chercheurs ont plus ou moins perdu de vue que les différents groupes soumis aux tests n'ont pas nécessairement en commun la même culture (Gould, 1981). Aux États-Unis, les tests d'intelligence mis au point entre la Première Guerre mondiale et les années 1960 favorisaient les enfants des villes aux dépens de ceux de la campagne, les enfants des classes moyennes plutôt que ceux des classes défavorisées et les enfants blancs plutôt que ceux des diverses minorités ethniques. Par exemple, une des questions posées était : « Que devriez-vous faire si vous trouviez un enfant de 3 ans perdu dans la rue ? » La bonne réponse, appeler la police, ne convenait peut-être pas à un enfant d'un quartier défavorisé ni à un enfant vivant à la ferme, sans rues ni poste de police près de chez eux.

Dans les années 1960, la critique se fit de plus en plus virulente à l'égard des tests qui comportaient des épreuves perçues comme inéquitables envers certains groupes, et aussi à l'égard de la stigmatisation des enfants sur la base de leurs résultats aux tests d'intelligence. Certains concepteurs de tests tentèrent alors de dépouiller leurs tests de toute référence culturelle. Malgré ces efforts, la culture continuait d'influer sur les résultats aux tests, parfois de façon imprévisible. Par exemple, des enfants émigrés de pays arabes en Israël devaient identifier l'élément manquant d'un dessin représentant un visage sans bouche (Ortar, 1963). Les enfants, qui n'avaient pas l'habitude de considérer qu'un dessin représentant un visage était une image complète, affirmèrent que c'était le corps qui était manquant !

Les psychologues ont alors tenté de concevoir des tests équitables pour les différentes cultures. Leur but n'était plus d'éliminer les référents culturels mais plutôt d'incorporer des connaissances et des habiletés communes à de nombreuses cultures. Cependant, cette approche ne peut éliminer toutes les différences préexistantes entre les groupes, susceptibles d'influer sur les résultats aux tests d'intelligence. Les valeurs culturelles jouent sur l'attitude d'une personne envers l'administration d'un test, la motivation à le terminer, la compétitivité, la per-

ception du milieu où le test est administré et la familiarité avec la résolution de problème, seule ou en collaboration (Anastasi, 1988 ; López, 1995). Qui plus est, chaque culture privilégie certaines stratégies de résolution de problème. Dans les familles occidentales, les enfants et les adultes apprennent à classifier les objets par catégories. Ils diront qu'une pomme et une pêche sont similaires car ce sont deux types de fruits. Par contre, des enfants issus d'autres cultures pourront affirmer qu'une pomme et une pêche sont similaires, tout simplement... parce qu'elles ont bon goût ! Nous pouvons considérer cette réponse comme charmante et imaginative, mais elle est jugée comme moins intelligente que la classification « fruit » (Miller-Jones, 1989). En réalité, de nombreuses cultures, notamment celles où il n'y a pas de système scolaire, privilégient les associations faites sur la base de la fonction des objets. Ainsi, les individus associeront « pioche » à « pomme de terre » parce que la pioche est nécessaire pour déterrer la pomme de terre (Rogoff et Chavajay, 1995).

Si les tests d'intelligence ne rendent pas justice à certains groupes d'enfants, il faut toutefois reconnaître qu'ils évaluent des connaissances et des habiletés qui sont de bons prédicteurs de la réussite scolaire. Ce dilemme divise les chercheurs. Anne Anastasi (1988), une spécialiste des tests, soutient que rejeter les tests sous prétexte qu'ils comportent certains désavantages liés à la culture équivaut à « casser un thermomètre parce qu'il enregistre une température corporelle de 38 °C ».

À ses yeux, les tests sont essentiels pour repérer les enfants qui ont besoin d'un soutien particulier afin de réussir dans le système scolaire. D'autres chercheurs croient que les tests font plus de tort que de bien. La sociologue Jane Mercer (1988) a tenté pendant des années de convaincre les testeurs que les enfants peuvent ne pas avoir suffisamment de connaissances pour répondre aux épreuves des tests d'intelligence sans être stupides pour autant. Elle lutte maintenant pour obtenir l'élimination pure et simple des tests d'intelligence.

« Vous ne savez pas comment bâtir une hutte, vous ne connaissez pas les bonnes racines, vous ne pouvez pas prévoir le temps qu'il fera. En d'autres termes, vous avez obtenu un très mauvais résultat à notre test de Q.I. »

Les deux points de vue reçoivent de nombreux appuis dans la communauté scientifique (López, 1995) où on a délaissé graduellement la notion de « déficit » au profit de la définition des différences observées entre les groupes face aux tests d'intelligence. En fait, il se peut que, ultimement, la résolution du débat sur les tests de Q.I. ne dépende que de la capacité des testeurs à utiliser leurs tests de façon « intelligente », c'est-à-dire en interprétant les résultats à la lumière du milieu d'origine de l'enfant et en prenant bien garde de limiter les suggestions qui peuvent en découler à des interventions individuelles visant le mieux-être de l'enfant.

L'APPROCHE COGNITIVE DE L'INTELLIGENCE

La majorité d'entre nous ne détesteraient pas être un peu plus intelligents. Mais jusqu'à tout récemment, les psychologues se sont montrés plus aptes à mesurer l'intelligence qu'à aider les gens à améliorer la leur. En effet, la plupart des tests d'intelligence sont fondés sur une approche *psychométrique* des aptitudes mentales centrée sur la mesure de la performance et non sur la modification des aptitudes. On assiste toutefois à l'émergence de nouvelles conceptions de l'intelligence, inspirées par les découvertes de la psychologie cognitive et des modèles de la pensée fondés sur le traitement de l'information, qui mettent l'accent sur les *stratégies* de résolution de problèmes. Ces nouvelles conceptions ne visent pas uniquement à mesurer les aptitudes mentales, mais aussi à les comprendre et à aider les individus à s'en servir de manière plus efficace.

Une théorie prometteuse, la *théorie tripartite de l'intelligence* de Robert Sternberg (1988), distingue trois facettes de l'intelligence :

1 L'INTELLIGENCE COMPOSITE comprend les stratégies de traitement de l'information élaborées par une personne lorsqu'elle réfléchit à la façon de résoudre un problème. En font partie la reconnaissance du problème, la sélection d'une méthode de résolution de problème, la mise en œuvre de cette méthode et l'évaluation des résultats. Les personnes qui disposent d'une bonne intelligence composite obtiennent habituellement de bons résultats aux tests d'intelligence conventionnels.

2 L'INTELLIGENCE APPLIQUÉE renvoie à la capacité de mettre en œuvre ses habiletés dans de nouvelles situations. Les personnes douées d'une bonne intelligence appliquée ont de la facilité à faire face à la nouveauté, alors que celles qui en sont dépourvues ne réussissent bien que dans un ensemble limité de conditions. Par exemple, une étudiante qui obtient de bons résultats scolaires, dans un milieu où il existe un délai fixe pour l'exécution de chaque tâche assignée et une rétroaction immédiate, peut avoir des difficultés à s'adapter au marché du travail si elle doit établir elle-même un échéancier et que son employeur n'émet pas de commentaires sur son rendement. Elle n'arrive pas à *transférer* ses apprentissages du milieu scolaire au milieu du travail.

3 L'INTELLIGENCE CONTEXTUELLE a trait à l'aspect pratique de l'intelligence, qui requiert de prendre en compte le contexte dans lequel on se trouve. Un individu ayant une bonne intelligence contextuelle sait quand il doit s'adapter à une situation (il fera preuve de plus de vigilance lorsqu'il traverse un quartier dangereux), quand il doit la modifier (s'il avait souhaité devenir enseignant mais qu'il découvre plus tard qu'il n'aime pas travailler avec des enfants, il décidera plutôt d'être comptable) ou quand il doit y remédier (si son mariage bat de l'aile, il ira voir un conseiller conjugal avec sa femme).

L'intelligence composite fait parfois appel à la **métacognition,** à savoir la connaissance ou la conscience de ses propres processus cognitifs. Les psychologues reconnaissent de plus en plus le rôle des habiletés métacognitives dans le comportement intelligent. Par exemple, la capacité à identifier ses forces et ses faiblesses constitue une habileté métacognitive fort utile aux étudiants. Ceux qui ne remarquent pas que l'information contenue dans un manuel est incomplète ou incohérente n'étudient pas suffisamment la matière difficile et accordent inutilement du temps à ce qu'ils savent déjà (Nelson et Leonesio, 1988). Ceux qui ont des difficultés d'apprentissage ont également tendance à lire machinalement, sans se rendre compte s'ils ont ou non compris le texte (Bransford, *et al.,* 1986). Des recherches montrent que les étudiants qui réussissent bien sont davantage capables d'évaluer ce qu'ils savent et ce qu'ils ne savent pas (Maki et Berry, 1984). Ils vérifient leur compréhension en reformulant ce qu'ils viennent de lire, en revenant en arrière au besoin et en s'interrogeant sur ce qu'ils lisent (Bereiter et Bird, 1985). S'ils lisent ce chapitre, ils prennent soin de faire aussi les exercices !

Métacognition
Connaissance ou conscience de ses propres processus cognitifs.

La plupart des tests d'intelligence ne mesurent pas les aspects appliqué et contextuel de l'intelligence, bien que ceux-ci, qui constituent ce que certains désignent comme l'*intelligence pratique,* contribuent grandement à la réussite personnelle et professionnelle. L'intelligence pratique permet à l'individu de se tirer d'affaire dans des situations où les stratégies de réussite ne sont pas enseignées de façon formelle ou ne sont même pas énoncées. Dans des études effectuées auprès de professeurs du niveau collégial, de directeurs d'entreprise et de vendeurs, on a observé que l'intelligence pratique prédit un bon rendement au travail même si la mesure de cette dernière n'est pas fortement corrélée avec les notes aux tests d'intelligence traditionnels (Sternberg, *et al.,* 1993). Pour un étudiant, l'intelligence pratique peut signifier comment répartir le temps alloué à l'étude, à la préparation d'un examen ou à la rédaction d'un essai, et elle est associée à une meilleure réussite au collège (Sternberg et Wagner, 1989).

Les approches cognitives ont également approfondi nos connaissances sur ce que signifie être intelligent. Alors que les définitions traditionnelles de l'intelligence font presque uniquement référence aux types de comportement requis dans une salle de classe, Howard Gardner (1983) suggère qu'il existe en fait sept «intelligences», ou domaines d'aptitudes, à savoir les intelligences *linguistique, logico-mathématique, spatiale, musicale, somato-kinesthésique* (que possèdent les acteurs, les athlètes et les danseurs), *introspective* (connaissance de soi) *et interpersonnelle* (connaissance des autres). Les deux dernières formes d'intelligence correspondent à ce que certains psychologues désignent comme l'*intelligence émotionnelle,* soit l'habileté à identifier ses émotions et celles des autres, à exprimer clairement ses propres émotions et à s'adapter à ses émotions et à celles des autres (Goleman, 1995; Mayer et Salovey, 1993). Des recherches comparant des enfants similaires quant à leurs Q.I. montrent que ceux dont l'intelligence émotionnelle est moins développée, comme l'incapacité à interpréter les informations émotionnelles non verbales, réussissent moins bien à l'école (Hooven, *et al.,* 1995). Il est possible que les enfants qui ne peuvent lire les indices émotionnels provenant de leurs professeurs et de leurs camarades de classe, ou qui ne peuvent maîtriser leurs propres émotions, soient aux prises avec des difficultés d'apprentissage parce qu'ils se sentent anxieux, confus ou fâchés (Goleman, 1995).

Les recherches menées par les psychologues cognitivistes sur les différents types d'intelligence commencent à porter fruit. Robert Sternberg et Howard Gardner ont travaillé conjointement à l'élaboration d'un programme axé sur le développement de l'intelligence pratique, qui a été mis en place dans des centaines de classes aux États-Unis (Sternberg, *et al.,* 1990; Williams, *et al.,* 1996). Ce programme met l'accent sur trois formes d'intelligence pratique essentielles à la réussite scolaire: comment s'organiser (par exemple, éviter la procrastination), comment réaliser une tâche (par exemple, utiliser des stratégies différentes selon qu'il s'agit de préparer un examen à choix multiple ou une épreuve écrite) et comment s'entendre avec les autres (par exemple, convaincre un enseignant de la valeur d'une idée). Les élèves qui ont suivi ce programme ont amélioré leurs habiletés de lecture, d'écriture et leur capacité à faire face aux exigences scolaires (Sternberg, *et al.,* 1995). La perspective cognitive est plutôt optimiste: si on applique les leçons qu'elle a à offrir, il n'est jamais trop tard pour devenir intelligent ou, tout au moins, un peu plus intelligent.

Qu'avez-vous appris ?

RÉPONSES, p. 307

1. Pourquoi de nombreux psychologues croient-ils qu'il ne faut pas rejeter en bloc les tests d'intelligence, même s'ils comportent certains désavantages liés à la culture ?

2. Parmi les objectifs des théories cognitives de l'intelligence, lesquels les distinguent de l'approche psychométrique ?

3. Michel comprend bien les cours de statistiques mais, lors des examens, il répartit mal ses efforts. Il consacre presque tout son temps aux problèmes les plus difficiles et il ne parvient pas à terminer les plus faciles. Selon la théorie tripartite de l'intelligence, quel aspect de son intelligence devrait-il chercher à améliorer ?

L'INTELLIGENCE ANIMALE

Nous avons vu que les êtres humains peuvent faire preuve d'une créativité remarquable, et il semble que d'autres espèces en soient également capables. Donald Griffin (1992) décrit certains des comportements qui ont convaincu des biologistes, des psychologues et des éthologistes que l'espèce humaine n'est pas la seule à posséder des aptitudes cognitives. Par exemple, un héron s'empare d'un morceau de pain déposé sur une table par un pique-niqueur et il va répandre les miettes dans le ruisseau avoisinant. Lorsqu'un petit poisson remonte à la surface de l'eau, attiré par le leurre, le héron fonce sur sa proie et l'avale en moins de temps qu'il n'en faut pour le dire. Une otarie, se laissant tranquillement flotter sur le dos, parvient à ouvrir une moule en la frappant sur une pierre posée sur son ventre. Quand la coquille s'ouvre, l'otarie engloutit la moule succulente, met la pierre sous sa nageoire et plonge à la recherche d'une autre moule, qu'elle ouvrira de la même façon.

Il n'y a pas si longtemps, tout scientifique qui aurait déclaré que les animaux sont capables de penser se serait au mieux exposé aux railleries. Aujourd'hui, l'étude des processus cognitifs chez les animaux attire de plus en plus l'attention (Griffin, 1992; Ristau, 1991). Des chercheurs soutiennent que certains animaux sont capables de se souvenir d'événements passés, de prévoir des événements futurs, de faire des projets et des choix, et de coordonner leurs activités avec celles de leurs compagnons. Selon eux, la faculté d'adaptation dont certaines bêtes font preuve pour faire face à des problèmes nouveaux posés par l'environnement suggère qu'elles sont vraiment capables de penser.

D'autres scientifiques ne sont pas convaincus de l'intelligence animale. Ils font observer que le comportement peut paraître complexe même dans le cas où il est génétiquement prédéterminé. Ainsi le réduve, un insecte carnassier d'Amérique du Sud, se fabrique un camouflage en collant sur son dos des matériaux tirés de son nid, dans le but d'attraper des termites, mais il est difficile d'imaginer que le peu de tissu cérébral qu'il possède lui permet de planifier consciemment cette stratégie. D'autres spécialistes se montrent sceptiques quant au *degré* de cognition révélé par le comportement d'un animal et surtout quant à l'importance des processus *conscients* qu'on lui reconnaît. Pour eux, même si l'animal se rend compte de ce qui se passe dans l'environnement, il n'est pas en mesure de prendre conscience qu'il pense ni de traiter ces informations comme le font les humains (Cheney et Seyfarth, 1990; Crook, 1987).

Par ailleurs, les scientifiques qui expliquent le comportement animal en ne faisant aucune place à quelque forme de conscience que ce soit, et qui attribuent tous les comportements des animaux à l'instinct, laissent bien des questions sans réponse. À l'instar de l'otarie se servant d'une pierre pour ouvrir des moules, de nombreux animaux emploient des objets de leur environnement naturel en guise d'outils rudimentaires. Un chercheur a découvert que les chimpanzés femelles montrent parfois à leurs petits comment utiliser une pierre pour casser des noix (Boesch, 1991). En outre, en laboratoire, des primates non hominidés ont accompli des choses vraiment surprenantes. Au cours d'une étude, des chimpanzés ont comparé deux paires de boîtes de nourriture contenant des perles en chocolat. Les deux boîtes formant la première paire pouvaient par exemple contenir respectivement cinq et trois perles, et celles de la seconde paire, respectivement quatre et trois perles. Lorsqu'on les a invités à choisir l'une des paires, presque tous les chimpanzés ont opté pour celle qui totalisait le plus grand nombre de perles, révélant ainsi une certaine habileté à additionner (Rumbaugh, *et al.*, 1988).

L'un des éléments centraux de la cognition humaine est le langage, un système permettant de combiner des éléments qui n'ont pas de signification en soi afin de produire une infinité d'énoncés signifiants. On considère souvent que le langage est le dernier bastion du caractère unique des humains. Les animaux communiquent bien sûr entre eux au moyen de gestes, de la posture du corps, de l'expression du visage, de vocalisations et d'odeurs. Certains de ces signaux ont une signification plus précise qu'on ne l'a cru pendant longtemps. Par exemple, il semble que les singes verts utilisent des cris différents suivant qu'ils veulent prévenir leurs congénères de la présence d'un léopard, d'un aigle ou d'un serpent (Cheney et Seyfarth, 1985). Mais les animaux ne combinent apparemment pas les sons pour produire des énoncés entièrement nouveaux.

Pourtant, des dizaines de chercheurs ont tenté d'aider des chimpanzés à acquérir le langage. Étant donné que les organes vocaux de ces singes ne leur permettent pas de parler, les chercheurs ont dû utiliser des symboles, signes ou objets pour leur enseigner le langage. Au cours de ces études, les animaux ont appris à suivre des instructions, à répondre à des questions et à formuler des demandes. Mais, ce qui est encore plus important, ils ont combiné des signes ou des symboles individuels pour former des énoncés qu'ils n'avaient jamais «entendus» (ou, plus précisément, vus) auparavant (Fouts et Rigby, 1977; Gardner et Gardner, 1969; Premack et Premack, 1983; Rumbaugh, 1977). Les comptes rendus de ces expériences étaient souvent enthousiastes et même émouvants. Ainsi, les animaux employaient apparemment leurs habiletés nouvellement acquises pour s'excuser d'avoir été désobéissants, réprimander leurs instructeurs et également se parler à eux-mêmes. Il paraît que Koko, un gorille de plaine femelle, utilisait des signes pour dire qu'elle se sentait heureuse ou triste, parler d'événements passés ou futurs, pleurer la mort de son animal de compagnie, un chaton, et exprimer son désir d'avoir un petit. Il lui serait même arrivé de mentir lorsqu'elle avait fait quelque chose d'interdit (Patterson et Linden, 1981).

Mais des sceptiques, et certains chercheurs eux-mêmes, n'ont pas tardé à soulever des problèmes importants (Seidenberg et Petitto, 1979; Terrace, 1985). À cause de leur affection pour leurs amis primates, les chercheurs n'ont pas toujours fait preuve d'objectivité. Ils ont interprété à outrance les énoncés des animaux, allant jusqu'à attribuer des significations et des intentions de toutes sortes à un seul signe. Dans les bandes vidéo, on les voit en train de donner involontairement des indices non verbaux aux singes, ce qui a peut-être permis à ces derniers de réagir de façon adéquate sans avoir compris. En outre, il semble que les animaux aient formé au hasard des enchaînements de signes et de symboles dans le but de mériter un renforçateur, au lieu d'appliquer des règles de grammaire pour produire de nouveaux énoncés. Dans la majorité des cas, l'ordre des signes pouvait varier, ce qui porte à croire qu'un singe ne voit pas de différence entre «Moi mange banane» et «Banane mange moi» (R. Brown, 1986).

Les études récentes ont tiré profit de ce genre de critiques et présentent une nette amélioration par rapport aux recherches antérieures. Des expériences minutieusement contrôlées ont montré que, à la suite d'un entraînement, les chimpanzés acquièrent l'aptitude à utiliser des symboles pour désigner des objets (Savage-Rumbaugh, 1986). Dans certains projets de recherche, ils emploient spontanément des signes pour converser entre eux, ce qui semble indiquer qu'ils ne cherchent pas simplement à imiter ou à obtenir une récompense (Van Cantfort et Rimpau, 1982). Loulis, un jeune chimpanzé, a appris des dizaines de signes de Washoe, le premier chimpanzé à se servir de signes (Fouts, *et al.,* 1989). Kanzi, un chimpanzé nain mâle, a appris, sans entraînement particulier, à comprendre des mots et des phrases courtes en anglais (Savage-Rumbaugh et Lewin, 1994; Savage-Rumbaugh, *et al.,* 1996). Il utilisait des écouteurs, de sorte que ceux qui lui prodiguaient des soins ne savaient pas sur quels mots portait le test et ne pouvaient donc pas lui donner d'indices. Kanzi a également appris, à la suite d'un entraînement, à employer les symboles d'un clavier pour demander de la nourriture ou faire connaître ses intentions, et il se sert apparemment de règles grammaticales d'ordonnance simple pour se faire comprendre.

Les découvertes récentes à propos du langage et de la cognition chez les animaux sont certainement impressionnantes, mais les scientifiques ne s'entendent toujours pas sur l'interprétation exacte de ce que les animaux ont fait au cours de ces recherches. Possèdent-ils un langage? «Pensent-ils», au sens où on l'entend dans le cas des humains? D'un côté, il y a ceux qui se méfient de l'*anthropomorphisme,* soit la tendance à attribuer à tort des qualités humaines à des êtres non humains. Ils rappellent l'histoire de Clever Hans, un cheval «merveilleux» auquel, au début

du siècle, on avait attribué des aptitudes mathématiques (Fernald, 1984). Clever Hans donnait la réponse à des problèmes d'arithmétique en piaffant. Par exemple, si on lui demandait de calculer «3 fois 6 divisé par 2», il frappait le sol 9 fois. Cependant, une petite expérience effectuée par le psychologue Oskar Pfungst (1911/1965) a révélé que Hans perdait ses «pouvoirs» lorsqu'il ne pouvait pas voir la personne qui l'interrogeait. Ceux qui lui posaient des questions fixaient apparemment le sabot de l'animal et se penchaient attentivement en avant après avoir formulé le problème, puis ils relevaient les yeux et se détendaient dès que le cheval avait donné le nombre de coups exact. Clever Hans était effectivement doué, mais pas en mathématiques. Il réagissait simplement aux signaux non verbaux que lui faisaient involontairement les gens.

D'un autre côté, il y a ceux qui mettent en garde contre l'*anthropocentrisme,* soit la tendance à penser, à tort, que les êtres humains n'ont rien en commun avec les animaux. Le besoin de croire que l'espèce à laquelle nous appartenons est unique, disent-ils, peut nous empêcher de reconnaître que d'autres espèces possèdent également des aptitudes cognitives, bien qu'elles soient moins complexes que les nôtres. Les adeptes de cette conception soulignent que la majorité des chercheurs contemporains se sont donné beaucoup de mal pour éviter d'examiner le problème soulevé par certaines prouesses animales.

Les chercheurs ont recours à plusieurs méthodes innovatrices pour enseigner le langage aux singes. Voici le chimpanzé Mik en pleine séance d'apprentissage.

Le résultat de ce débat influera certainement sur la perception que nous avons de nous-mêmes et de la place que nous occupons au sein des autres espèces. Comme le dit Donald Griffin (1992), «L'étude des processus cognitifs chez les animaux présente l'un des plus grands problèmes scientifiques de notre temps; il est essentiel d'y appliquer toute la puissance d'investigation de la pensée critique et créative.»

Notre faculté de penser a amené nos ancêtres à donner à leur propre espèce le nom pompeux de *Homo sapiens,* qui signifie en latin «homme sage ou rationnel». Nous avons vu néanmoins, dans ce chapitre, que les humains ne sont pas toujours aussi «sapiens» qu'ils aiment le croire. Nous sommes peut-être l'espèce la plus intelligente qui soit, quant à la capacité de s'adapter par des moyens complexes à un environnement continuellement en changement et à découvrir de nouvelles solutions à des problèmes, mais nous ne sommes ni uniques ni aussi sensés qu'il nous arrive de le supposer. Pourtant, il existe une ultime réalisation dont nous pouvons être fiers : *nous sommes la seule espèce à essayer de comprendre ses propres erreurs.* Cette aptitude à l'examen de conscience est peut-être notre plus grand

accomplissement et la meilleure raison que nous ayons de demeurer optimistes quant à nos capacités cognitives.

Dans le prochain chapitre, nous vous invitons à exercer votre propre faculté de compréhension, alors que nous examinerons un aspect de la cognition humaine généralement mal compris : la mémoire.

Réponses

Page 279

1. Concept. **2.** Propositions. **3.** Schéma cognitif. **4.** Esprit passif.

Page 283

1. Inductif. **2.** Divergent.
3. Non-conformisme, indépendance, confiance, curiosité et persévérance — en un mot, tous les traits.

Page 288

1. D'accommodation, parce que même si Luis possédait déjà un schème à cet effet, il a dû le modifier afin d'y ajouter de nouvelles fonctions qui lui étaient inconnues. **2.** Stade quasi critique : toutes les opinions se valent ; Guillaume ne semble pas savoir comment départager les opinions.

Page 292

1. La dissonance cognitive ; il essaie de rétablir l'équilibre entre ses attitudes et son com-

portement. **2.** La sagesse rétrospective. **3.** La confirmation des croyances. Des milliers de rêves qu'elle a faits, elle ne retient que les deux qui furent associés à des événements qui se sont produits par la suite. Elle sélectionne aussi l'information des médias qui confirme ses croyances.

Page 297

1. Tout dépend de la façon dont il s'explique ce résultat. Il croit peut-être qu'il a eu de la chance, ce qui ne lui apparaît pas satisfaisant. **2.** a, c, f et g.

Page 300

1. Peu importe leur origine, les enfants semblent progresser selon les mêmes étapes du développement du langage ; les enfants combinent les mots de façon différente des adultes, ce qui montre qu'ils ne se contentent pas de les imiter ; même les enfants aux prises

avec de graves déficiences intellectuelles parviennent à apprendre le langage. **2.** Parce qu'elle enfreint les règles de la syntaxe propres à la langue française.

Page 304

1. Parce que, au-delà des désavantages associés à la culture, les tests prédisent assez bien la réussite scolaire et constituent donc un outil important pour repérer les enfants qui peuvent avoir besoin d'aide afin d'améliorer leurs chances de réussite. **2.** L'étude des stratégies que les individus emploient pour résoudre des problèmes et la mise au point de méthodes en vue d'améliorer certaines facettes de l'intelligence. **3.** L'intelligence composite, qui comprend la métacognition.

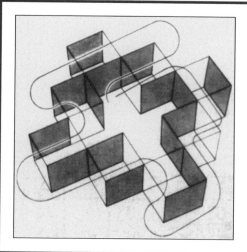

Solution au casse-tête, page 276 :

Les personnages reflétés par les miroirs indiquent où sont les miroirs (représentés en foncé).

Réponses au test des associations vagues, page 282:

(1) contre, (2) queue, (3) œil, (4) pied, (5) vent.

Quelques solutions au problème des neuf points (tiré de Adams, 1986):

(a)

(b)

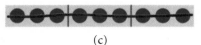

(c)

Découpez l'ensemble des points et arrangez-les différemment, puis reliez-les au moyen d'un seul segment de droite.

(d)

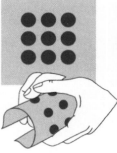

(e)

Enroulez l'ensemble des points, puis reliez-les au moyen d'une spirale.

(f)

Placez la feuille de papier sur un globe terrestre; faites deux fois le tour du globe avec votre crayon et prolongez la courbe de quelques centimètres, en prenant soin de descendre un peu à chaque tour de manière à passer par une rangée différente de points.

(g)

Tracez les points les plus gros possible; froissez la feuille de papier pour en faire une boule et enfoncez-y votre crayon; défroissez la feuille et vérifiez si vous avez réussi; sinon, recommencez. «Personne ne perd à ce jeu: continuez tant que vous n'aurez pas gagné.»

Le 30 mai 1974
5 FDR
Roosevelt Rds.
Celba, PR 00635

Cher Professeur James L. Adams,

Mon père et moi, nous avons essayé de résoudre des énigmes tirées de «Conceptual Blockbusting». En fait, nous avons surtout cherché à résoudre le problème des neuf points ⁝⁝⁝ Mon père a dit que quelqu'un avait réussi à le faire en utilisant un seul segment. J'ai essayé et j'ai réussi, sans plier la feuille. Mais j'ai utilisé une ligne très épaisse. On ne dit pas qu'on n'a pas le droit d'utiliser un trait épais, comme ça -->

P.S. En fait, il faut se servir d'un crayon à très grosse mine.

Mes salutations sincères,
Becky Buechel   Âge: 10 ans

(h)

RÉSUMÉ

1 La pensée est possible parce que l'information qui nous vient de l'environnement est simplifiée et résumée sous forme de représentations internes de personnes, d'objets, d'activités et de situations.

2 Le *concept* est une forme de représentation mentale, ou unité de pensée, qui regroupe différents éléments ayant des propriétés communes. Une *proposition* est un énoncé signifiant formé de concepts qui exprime une idée unitaire. Lorsqu'elles sont reliées entre elles, les propositions forment des réseaux de connaissances, de croyances et d'attentes appelés *schémas cognitifs*, qui jouent le rôle de modèles mentaux servant à se représenter divers aspects de l'univers. Les images mentales influent elles aussi sur la pensée.

3 Les processus mentaux ne sont pas tous conscients. Les *processus préconscients* se déroulent hors du champ de la conscience, mais celle-ci peut y avoir accès au besoin. Les *processus inconscients* demeurent hors du champ de la conscience, ce qui ne les empêche pas toutefois d'influer sur le comportement. Même lorsque nous sommes conscients, il nous arrive de ne pas réfléchir beaucoup. C'est ce qui se produit lorsque nous avons l'« esprit passif » et que nous exécutons machinalement certaines tâches.

4 Le *raisonnement* est une activité mentale intentionnelle au cours de laquelle on traite de l'information dans le but d'en tirer des conclusions. Le raisonnement exige que l'on produise des inférences à partir d'observations, de faits et d'hypothèses. Dans le cas du *raisonnement déductif*, qui prend souvent la forme d'un syllogisme, si les prémisses sont vraies, alors la conclusion est nécessairement vraie. Pour ce qui est du *raisonnement inductif*, même si les prémisses étayent la conclusion, celle-ci peut néanmoins être fausse. La science est fortement tributaire du raisonnement inductif.

5 La logique employée seule se révèle souvent inadéquate pour résoudre des problèmes humains. Toute personne est susceptible de commettre des erreurs de logique et, très souvent, les interlocuteurs ne s'entendent pas sur des prémisses fondamentales. Dans le cas des problèmes de raisonnement informel, il arrive que l'information soit incomplète ou qu'aucune solution ne s'impose.

6 Pour résoudre des problèmes de façon créative, il faut dépasser les *prédispositions mentales* en faisant appel à la fois au *raisonnement divergent* et au *raisonnement convergent*. Les tests de créativité mesurent soit la fluidité, la flexibilité et l'originalité dans la résolution de problèmes, soit la présence de différents traits de personnalité comme l'indépendance d'esprit et le non-conformisme. Une méthode plus récente évalue l'histoire personnelle sous l'angle de la créativité manifestée dans un large éventail d'activités liées soit au travail, soit aux loisirs.

7 Les enfants ne pensent pas de la même manière que les adultes. Jean Piaget soutient que le développement cognitif de l'enfant dépend de l'interaction entre les conduites du sujet et les caractéristiques du milieu. La pensée de l'enfant, qui s'articule autour de *schèmes*, s'adapte et change au moyen des processus d'*assimilation* et d'*accommodation*. L'acquisition de la notion de *permanence de l'objet*, aux environs de la deuxième année de sa vie, marque le début de la pensée conceptuelle, ou symbolique, chez l'enfant. L'enfant arrive alors à se représenter mentalement des conduites, des situations ou des objets sans avoir à agir directement sur ces derniers. Ces progrès le mèneront graduellement à la maîtrise des raisonnements abstraits de type hypothético-déductifs propres à l'adolescence et à l'âge adulte.

8 Aujourd'hui, la plupart des chercheurs acceptent le point de vue de Piaget selon lequel l'émergence de nouvelles aptitudes à raisonner dépend des habiletés déjà acquises. Des études portant sur le *jugement critique* ont montré qu'un individu peut atteindre le stade de développement le plus avancé de Piaget, soit celui des opérations formelles, sans pour autant être capable de penser de façon critique. Si personne ne peut échapper à l'incertitude, ceux qui

▶▶

pensent de façon critique comprennent cependant que certains jugements sont plus valides que d'autres du point de vue de la cohérence, de la conformité aux faits, de l'utilité, etc. Les études universitaires semblent amener graduellement les individus à faire preuve de jugement critique.

9 Lors d'une prise de décision, nos choix peuvent être influencés par diverses erreurs cognitives. On a tendance à exagérer la fréquence d'événements improbables ; à éviter de prendre des risques ; à prêter attention aux faits qui permettent la **confirmation des croyances** ; à faire preuve de **sagesse rétrospective** ; et à percevoir ce que l'on s'attend à voir. Selon la théorie de la **dissonance cognitive**, chacun cherche à réduire la tension résultant de la coexistence de deux cognitions contradictoires, soit en rejetant ou en modifiant une croyance, soit en changeant un comportement ou en faisant appel à la rationalisation.

10 L'**attribution** consiste à trouver une explication à son comportement ou à celui d'une autre personne. Les explications cognitives auxquelles une personne a recours pour expliquer son comportement ou celui des autres peut être à l'origine de nombreuses émotions. Un exemple bien connu est la conséquence émotionnelle de l'explication que l'étudiant donne de ses succès ou de ses échecs.

11 Le **langage** est un système de règles permettant de combiner des éléments qui n'ont pas de signification propre en énoncés porteurs de signification. Les humains sont la seule espèce à utiliser naturellement le langage pour former et comprendre un nombre infini d'énoncés. Chomsky croit que chaque être humain naît avec une prédisposition à acquérir le langage. L'influence des stimulations provenant de l'environnement est toutefois essentielle à son développement, en particulier l'aide apportée par les parents. Un enfant privé de stimulations langagières suffisantes peut subir des retards irréversibles dans l'apprentissage du langage.

12 L'**intelligence** est associée à de nombreuses habiletés mais les chercheurs ne s'entendent pas sur la définition à lui donner. Certains psychologues croient qu'un facteur général, appelé facteur g, est commun à l'ensemble des habiletés associées à l'intelligence. Les tenants de l'approche psychométrique croient que l'intelligence peut être mesurée par des tests standardisés. Ils ont élaboré le concept d'**âge mental**, c'est-à-dire le niveau de développement intellectuel d'un enfant par comparaison avec les autres enfants de son âge. Le **quotient intellectuel** est une autre mesure de l'intelligence qui consiste à diviser l'âge mental d'une personne par son âge chronologique et à multiplier le résultat par 100. Les psychologues prennent de plus en plus en ligne de compte les variations culturelles afin de concevoir des tests d'intelligence équitables pour les différentes cultures.

13 La théorie tripartite de l'intelligence de Sternberg présente une nouvelle conception de l'intelligence fondée sur le traitement de l'information et met l'accent sur les stratégies de résolution de problèmes. Elle distingue trois facettes de l'intelligence : composite, appliquée et contextuelle. L'intelligence composite fait parfois appel à la **métacognition**, à savoir la connaissance ou la conscience de ses propres processus cognitifs. Quant à Gardner, il propose sept formes distinctes d'intelligence : linguistique, logico-mathématique, spatiale, musicale, somato-kinesthésique, introspective et interpersonnelle.

14 Des chercheurs soutiennent que les animaux ont plus d'aptitudes cognitives qu'on ne le croit généralement. De nombreux animaux utilisent des objets faisant partie de leur environnement en guise d'outils rudimentaires. Des chimpanzés ont appris à employer des nombres pour désigner des quantités d'objets, et des symboles pour désigner des objets. Néanmoins, les scientifiques ne s'entendent toujours pas sur l'interprétation à donner aux comportements des animaux observés dans ces études.

La mémoire

La scène de la rixe dans Chambre avec vue.
*La mémoire conserve les traces du passé
et sert de guide pour l'avenir. Mais est-elle
toujours fiable ?*

En 1983, une de nos amies est allée en Italie avec son mari et ils sont restés quelques jours dans la belle ville de Florence. Peu de temps après, elle a lu le roman de Edward M. Forster qui se déroule à Florence, et elle a vu le film que James Ivory en a tiré et dont la version française s'intitule *Chambre avec vue*. Puis, le temps a passé et, une dizaine d'années après son voyage en Italie, elle s'est installée devant son téléviseur un soir d'hiver pour revoir le film. Au moment où un plan d'ensemble de la piazza della Signoria est apparu sur l'écran, un flot de souvenirs lui est soudainement revenu à l'esprit. Notre amie s'est notamment rappelé que, durant son séjour à Florence, alors qu'elle se trouvait avec son mari sur cette place, une violente querelle avait éclaté, au cours de laquelle un jeune homme avait été gravement blessé. Elle a revu en imagination la foule, le brouhaha, la chemise tachée de sang du blessé. « Sur le moment, dit-elle, je serais allée en cour jurer que nous avions été témoins d'une rixe sur la piazza della Signoria. »

Puis, tout à coup, elle s'est rendu compte que la bagarre qu'elle se rappelait avoir vu dix ans plus tôt était en train de se dérouler devant elle, là, sur l'écran. La rixe qu'elle avait la certitude absolue d'avoir observée était en fait une scène du roman ! Elle s'est demandé alors s'il ne s'était pas produit un autre événement violent au cours de son séjour en Italie. En relisant son journal de vacances, elle a constaté que, durant la journée qu'elle avait passée à la piazza della Signoria avec son mari, ils avaient admiré des sculptures, siroté une limonade à la terrasse d'un café et observé une prostituée qui racolait nonchalamment les passants. Mais aucune bagarre ni aucun autre incident n'avaient eu lieu ; ils avaient passé d'agréables moments sur la piazza della Signoria.

L'histoire que nous venons de relater illustre un problème que pose souvent le processus de mémorisation : notre amie a intégré des informations ultérieures à une expérience vécue et elle a supposé que le tout constituait un souvenir personnel. Comment cette femme, dont on connaît l'intelligence vive et l'attachement à l'exactitude, a-t-elle pu commettre pareille erreur ? Une telle défaillance de la mémoire représente-t-elle une exception à la règle ou bien est-elle la norme ? Si la mémoire est si peu fiable, comment avoir la certitude de connaître l'histoire de sa propre vie ? Comment espérer comprendre le passé ?

Dans la première partie de ce chapitre, nous allons examiner de quelle manière les psychologues travaillant dans le cadre de la perspective cognitive étudient ces questions importantes. Mais aussi comment les psychologues cognitivistes étudient les prouesses étonnantes de la mémoire, observées chez tous les êtres humains, car, en dépit de ses défaillances, la mémoire est remarquablement utile la plupart du temps. Un mathématicien a calculé que, au cours de sa vie, un individu emmagasine 500 fois plus d'information que n'en contient l'*Encyclopaedia Britannica* (Griffith dans Horn et Hinde, 1970). La mémoire, c'est-à-dire la capacité à retenir de l'information, puis à la récupérer au besoin, est une faculté indispensable ; sans elle, on serait incapable d'accomplir les tâches quotidiennes les plus simples. De plus, la mémoire est à la base du sentiment d'identité personnelle : chaque individu est la somme de tous ses souvenirs personnels, ce qui explique pourquoi il se sent si menacé lorsque des personnes remettent en cause ces souvenirs. Les individus aussi bien que les cultures s'appuient sur l'histoire telle qu'ils se la rappellent pour acquérir un sentiment de cohérence et comprendre le monde qui les entoure ; la mémoire conserve les traces du passé et sert de guide pour l'avenir.

LA MESURE DE LA MÉMOIRE

Platon comparait la mémoire à une tablette de cire chaude conservant tout ce qui vient à y laisser une marque. Plus tard, avec l'invention de l'imprimerie, les philosophes ont conçu la mémoire comme une feuille de papier, tous les souvenirs d'un individu étant classés dans une sorte de filière mentale, d'où il est toujours possible de les extraire. Aujourd'hui, à l'ère de l'audiovisuel, beaucoup de personnes comparent la mémoire à une caméra vidéo enregistrant systématiquement, chacun des instants de la vie d'un individu. Ce modèle a sans doute inspiré une psychothérapeute, adepte de la « psycho pop » et n'ayant vraisemblablement jamais suivi de cours d'introduction à la psychologie, comme en témoigne sa conception de

Rappel
Aptitude à retrouver et à reproduire de l'information déjà apprise.

la mémoire : « Le subconscient est doté d'une mémoire contenant toutes les expériences vécues, exactement comme elles ont été perçues au moment où elles se sont produites. Chaque pensée, chaque émotion, chaque note de musique, chaque mot, chaque saveur et chaque image, tout est fidèlement enregistré dans notre esprit. La mémoire du préconscient est parfaite, infaillible » (Fiore, 1989).

Bien que cette croyance en une mémoire infaillible soit répandue et attrayante, elle est à tout point de vue absolument fausse. Comme le souligne ironiquement Robyn Dawes (1994), Fiore a réussi un véritable tour de force en ne tenant compte d'aucune des études réalisées sur la mémoire humaine lorsqu'elle affirme que cette dernière est infaillible. Les recherches établissent en effet que les humains n'emmagasinent *pas* tout ce qui leur arrive, ou tout ce qui agit sur leurs sens, pour s'en servir au besoin. Si tel était le cas, l'esprit serait encombré de toutes sortes d'informations tout à fait inutiles : la température qu'il faisait à midi jeudi dernier, le prix des navets il y a deux ans, un numéro de téléphone utilisé une seule fois, etc. La mémoire doit être sélective. En outre, la récupération d'un souvenir n'a rien à voir avec la projection du film d'un événement ; elle s'apparenterait plutôt au fait de regarder quelques images sans lien, puis d'imaginer à quoi pouvait bien ressembler le restant de la scène.

Si la mémoire ne ressemble ni à un magnétophone, ni à un système infaillible de classement, ni à un journal écrit à l'encre indélébile, alors à quoi ressemble-t-elle ? Pour expliquer son fonctionnement, il est indispensable d'examiner d'abord brièvement comment les psychologues mesurent la mémoire. Les chercheurs ont rapidement constaté que la faculté de se rappeler n'existe pas dans l'absolu ; elle dépend de la nature de la tâche à exécuter.

Le rappel conscient et intentionnel d'un événement ou d'un élément d'information se nomme **mémoire explicite**. C'est le type de mémoire à l'œuvre lorsque vous cherchez activement à retrouver les informations qui vous permettront d'intégrer ce nouveau concept à l'ensemble de ceux que vous maîtrisez déjà au sujet de la mémoire. On mesure ce type de mémoire à l'aide de deux méthodes. La première, le **rappel**, est définie par l'aptitude à retrouver et à reproduire de l'information déjà apprise. Les tests où les sujets doivent compléter des énoncés et les jeux tels *Quelques arpents de pièges* ou *Génies en herbe* où ils ont à

Mémoire explicite
Rappel conscient et intentionnel d'un événement ou d'un élément d'information.

récupérer de l'information en mémoire, en sont des exemples. Les examens à développement thématique, court ou long, exigent eux aussi des efforts de rappel.

La seconde méthode est fondée sur la mesure de la **reconnaissance,** soit l'aptitude à déterminer qu'une information observée, lue ou entendue est déjà apprise. Dans cette méthode, l'information est donnée au sujet et celui-ci doit simplement dire si elle est récente ou ancienne, exacte ou inexacte, ou encore déceler sa présence dans un ensemble de réponses possibles. Les examens comportant des questions de type « vrai ou faux » ou à choix multiples font appel à la reconnaissance.

De combien de vos camarades de classe de la fin du secondaire pourriez-vous vous rappeler le nom ? Est-ce que cela serait plus facile si vous pouviez consulter l'album des photos prises lors de la cérémonie de remise des diplômes ?

Reconnaissance
Aptitude à déterminer qu'une information est déjà apprise.

Mettez à l'épreuve votre mémoire explicite. Essayez de vous rappeler le nom des sept nains qui sont venus en aide à Blanche-Neige. Prenez cinq minutes pour exécuter cette tâche.

Combien de noms avez-vous trouvés ? C'est là un exemple de test de rappel. Parcourez maintenant la liste suivante, composée de quatorze éléments, et identifiez les noms des sept nains.

Simplet	Prof
Andouille	Poussif
Atchoum	Grincheux
Dormeur	Rondelet
Grognon	Heureux
Nerveux	Joyeux
Timide	Maigrichon

Il s'agit cette fois d'un test de reconnaissance. (La réponse est donnée à la fin du chapitre, page 335.)

Bien que les tests de reconnaissance puissent présenter des difficultés, surtout lorsque les énoncés erronés ressemblent beaucoup à ceux qui sont vrais, dans la plupart des cas, ils s'avèrent plus faciles que les tests de rappel. Une étude effectuée sous la direction de Bahrick (1975), portant sur la mémoire que la plupart des gens gardent des noms

Amorçage
Méthode employée pour mesurer la mémoire implicite qui consiste à exposer le sujet à des éléments d'information et à lui faire subir un test par la suite pour déterminer si cette information influe sur sa performance à une autre tâche.

de leurs camarades de classe au secondaire illustre bien ce fait. On a d'abord demandé aux sujets, âgés de 17 à 74 ans, d'écrire le nom de tous les camarades dont ils se souvenaient. Le taux de réussite à cet exercice de rappel a été très faible : la majorité des tout récents diplômés ne purent fournir que quelques dizaines de noms, et ceux qui avaient quitté l'école quarante ans plus tôt ne se rappelèrent, en moyenne, que dix-neuf noms. Même en s'aidant des photos prises lors de la cérémonie de remise des diplômes, les plus jeunes participants ne purent retrouver le nom de presque 30 p. cent de leurs camarades, et chez les plus âgés ce pourcentage atteignit plus de 80 p. cent. Les résultats au test de reconnaissance furent bien meilleurs. On a demandé aux sujets de regarder dix cartes, contenant chacune cinq photographies, et d'identifier les visages d'anciens camarades. Les tout récents diplômés donnèrent une réponse exacte dans 90 p. cent des cas, et il en fut de même pour les personnes qui avaient terminé leurs études secondaires 35 ans auparavant ! Même ceux qui avaient quitté l'école depuis plus de 40 ans furent capables de reconnaître les trois quarts de leurs anciens camarades.

Il arrive qu'un individu enregistre des informations et que celles-ci influent sur ses pensées et ses comportements même s'il ne fait aucun effort conscient ou intentionnel pour s'en souvenir ; on appelle ce phénomène **mémoire implicite** (Graf et Schacter, 1985 ; Schacter, *et al.*, 1993). Les chercheurs ne peuvent avoir accès à ce type de connaissance qu'au moyen de méthodes indirectes. L'une d'elles, l'**amorçage,** consiste à demander au sujet de lire ou d'écouter des informations, et à lui faire subir par la suite un test afin de déterminer si ces informations ont été stockées dans sa mémoire implicite et

Mémoire implicite
Rétention inconsciente en mémoire d'une expérience ou d'une information qui influe sur les pensées et les comportements ultérieurs.

peuvent être mobilisées pour servir à d'autres fins. Par exemple, on peut vérifier si le fait de lire certains mots avant d'accomplir un travail de rédaction est susceptible d'influer sur le niveau de réussite des sujets. Pour ce faire, on demande d'abord aux sujets de lire une liste de mots dont certains débutent par *def*, puis, un peu plus tard, on leur demande d'énoncer des mots qui commencent par certaines lettres, dont les lettres *def*. Même dans les cas où le rappel et la reconnaissance sont faibles, les sujets à qui la liste de mots a été présentée ont davantage tendance que les sujets témoins à compléter les fragments de mots en utilisant des termes extraits de la liste qui commençaient par *def*. Le fait que la lecture de la liste de mots a favorisé la récupération de certaines réponses montre que l'on retient plus de connaissances implicites que l'on n'en a conscience. Autrement dit, on sait plus de choses qu'on ne le croit (Richardson-Klavehn et Bjork, 1988 ; Roediger, 1990).

Les chercheurs ont souvent fait preuve de beaucoup d'ingéniosité pour mettre en évidence la mémoire implicite. Au cours d'une de ces études, des chercheurs ont fait entendre une liste de paires de mots (comme *océan-eau*), enregistrée sur bande magnétique, à des patients devant subir une intervention chirurgicale et apparemment inconscients. Après l'opération, ces derniers étaient incapables de se rappeler les paires de mots. Toutefois, lorsqu'on leur présentait le premier terme d'une paire et qu'on leur demandait de dire le premier mot leur venant à l'esprit, ils avaient tendance à donner comme réponse le terme complétant la paire dans la liste qu'ils avaient « écoutée » pendant l'opération, et ce avec une précision plus grande que ne le permet le simple hasard (Kihlstrom, *et al.*, 1990).)

Une autre méthode utilisée pour mesurer la mémoire, appelée **réapprentissage,** semble se situer à mi-chemin entre la mémoire explicite et la mémoire implicite. Mise au point par Hermann Ebbinghaus (1885/1913), il y a plus de cent ans, cette méthode consiste à demander au sujet de réapprendre des informations ou une tâche déjà maîtrisées antérieurement. Lorsque le sujet apprend plus rapidement la seconde fois, c'est qu'il a retenu quelque chose de la première expérience, même s'il est incapable de se rappeler ou de reconnaître ces

> **Réapprentissage**
> Méthode employée pour mesurer la rétention où le temps requis pour réapprendre un matériel donné est habituellement inférieur au temps requis pour l'apprentissage initial du même matériel.

informations. Deux éminents chercheurs consultés pour cet ouvrage nous ont donné deux points de vue différents sur la question : l'un considère que la méthode du réapprentissage constitue un test de mémoire explicite, l'autre maintient que cette méthode peut constituer un test de mémoire implicite lorsque le sujet n'est pas conscient d'avoir déjà appris les informations présentées.

LES MODÈLES DE LA MÉMOIRE

La plupart des gens parlent de la mémoire comme s'il s'agissait d'une faculté unitaire, en disant par exemple « Je dois perdre la mémoire » ou « Il a une mémoire d'éléphant », or le terme **mémoire** désigne en fait un ensemble complexe d'aptitudes, de processus et de structures cérébrales. Puisque le magnétophone, le classeur et la caméra vidéo ne sont pas des métaphores appropriées pour rendre compte des diverses composantes de la mémoire, quelle analogie conviendrait-elle mieux ?

> **Mémoire**
> Ensemble des structures cérébrales qui permettent d'entreposer et de récupérer les informations apprises.

Nous avons vu au chapitre 9 que de nombreux psychologues cognitivistes comparent le cerveau à un système de traitement de l'information, ressemblant sous certains aspects à un ordinateur, mais beaucoup plus complexe que celui-ci. Ils en ont déduit des modèles de la mémoire fondés sur la notion de *traitement de l'information,* dont le vocabulaire s'inspire du langage informatique.

> **Encodage**
> Conversion de l'information sous une forme appropriée au stockage et à la récupération.

Ainsi, on ne parle plus de stimulus ni de réponse, mais d'« entrée » et de « sortie » ; entre l'entrée et la sortie, l'information est activement traitée dans une série de « sous-programmes ». Selon les théories du traitement de l'information, la première étape de la mémorisation est l'**encodage,** c'est-à-dire la conversion de l'information par le cerveau sous une forme appropriée au stockage et à la récupération. Les souvenirs ne sont pas des répliques exactes des expériences. L'information sensorielle change de forme presque immédiatement après avoir été captée par les sens, et la forme sous laquelle elle est conservée à long terme est bien différente de celle du stimulus initial. Par exemple, lorsque vous lisez les corrections qu'un professeur a apportées à votre travail, vous ne mémorisez pas la forme des lettres ni même les termes employés, mais bien la signification de ce qui est écrit.

> **Schéma cognitif**
> Réseau intégré de connaissances, de croyances et d'attentes se rapportant à un sujet donné ou à un aspect particulier de l'univers.

L'une des raisons pour lesquelles l'information est modifiée au moment de sa réception, c'est que, lorsque l'on est exposé à de l'information nouvelle, on l'intègre à ce que l'on sait ou croit savoir : on incorpore l'information dans un réseau déjà existant de connaissances, appelé **schéma cognitif** (voir le chapitre 9). Les schémas sont utiles car ils aident à intégrer l'information qui arrive en pièces détachées, et à s'en souvenir. Par exemple, si l'on peut consulter un schéma de l'histoire de son pays et des principaux événements qui y sont associés, le rappel des faits, des personnages et des dates importantes est plus facile. Cependant, ces mêmes schémas sont parfois responsables d'erreurs de mémoire parce qu'on déforme souvent la nouvelle information de manière à ce qu'elle concorde avec le schéma cognitif. Et si l'information nouvelle contredit ce dernier, il arrive qu'on n'en tienne tout simplement pas compte ou qu'on l'oublie, ce qui permet de réduire la tension associée à la remise en question de ses croyances.

Même lorsque nous ne déformons pas l'information à l'encodage, nous avons tendance à la simplifier. Par exemple, quand on assiste à une conférence, on prête vraisemblablement attention à chaque mot, mais on n'emmagasine pas textuellement la conférence. On convertit plutôt les phrases en unités de sens, possiblement sous la forme de propositions (Anderson et Bower, 1973). Nous avons vu au chapitre 9 qu'une proposition ressemble à une phrase, mais qu'elle exprime une idée unitaire et est composée de concepts abstraits et non de mots. Ainsi, la phrase «Le brillant psychologue a fait une découverte étonnante» contient trois propositions, qu'on peut exprimer par les mots *le psychologue était brillant*, *le psychologue a fait une découverte* et *la découverte était étonnante*. Le modèle de Anderson et Bower permet de comprendre que les souvenirs ne sont pas des calques exacts de l'expérience mais plutôt des représentations simplifiées de celle-ci. Par exemple, un homme ayant quitté l'Allemagne en bas âge et ne se souvenant plus de sa langue maternelle est tout de même capable de se rappeler les faits qu'il a appris en allemand parce que cette information est emmagasinée sous la forme de propositions, formées de concepts abstraits, et non de suites de mots, qu'ils soient allemands ou français.

La majorité des psychologues pensent que l'information est également emmagasinée sous la forme d'images auditives ou visuelles, telles des mélodies, des sons et des images mentales. La plupart des images visuelles sont particulièrement faciles à retenir. Au cours d'une étude, Roger Shepard (1967) a montré à des étudiants 612 diapositives en couleur. Il a ensuite ajouté d'autres diapositives, puis il a demandé aux étudiants de sélectionner celles qu'ils avaient vues auparavant. Immédiatement après avoir regardé les diapositives, les étudiants en ont identifié en moyenne 96,7 p. cent; quatre mois plus tard, ils étaient encore capables d'en reconnaître plus de 50 p. cent. Des recherches ultérieures ont montré que, même dans le cas où on présente 2 560 photographies différentes aux participants, le taux de reconnaissance demeure élevé (Haber, 1970).

Il est possible qu'il existe également d'autres formes d'encodage. Par exemple, les souvenirs liés à des habiletés motrices particulières, comme celles qui entrent en jeu quand on fait de la natation ou du vélo, sont peut-être encodées et emmagasinées sous la forme de regroupements d'instructions musculaires. On sait que les souvenirs de ce type sont très persistants. Un adulte de trente ans ayant appris à nager durant son enfance sait encore nager 20 ans plus tard même s'il n'a pas mis les orteils dans une piscine ou un lac entre-temps.

Certaines informations sont encodées automatiquement, sans effort délibéré. Pensez à l'endroit où vous vous asseyez lorsque vous assistez à votre cours de psychologie. Quand y étiez-vous pour la dernière fois? Vous êtes probablement capable de fournir facilement cette information même si vous n'avez jamais volontairement fait d'effort pour l'encoder. Mais d'autres formes d'information nécessitent des efforts pour être encodées adéquatement. Pour retenir cette information, il vous faudra l'étiqueter, l'associer à d'autres informations ou la répéter jusqu'à ce qu'elle vous devienne familière. L'une de nos amies nous a dit qu'elle sait exactement ce qu'il lui faut faire lorsque, dans son cours de ballet, le professeur lui demande d'exécuter un *pas de bourrée*, mais qu'elle a souvent du mal à se rappeler le terme lui-même. Étant donné qu'elle le prononce rarement, elle n'a probablement pas essayé de bien l'encoder.

Dans des situations qui exigent l'encodage volontaire, certaines personnes surestiment le recours à l'encodage automatique. Par exemple, certains étudiants croient être capables d'encoder le contenu d'un manuel sans fournir plus d'efforts que pour encoder la couleur des murs de leur chambre. D'autres supposent que l'aptitude à se souvenir et à réussir lors des examens est innée, et que le fait de fournir des efforts ne changera donc rien à rien (Devolder et Pressley, 1989). Il s'ensuit qu'ils obtiennent de très mauvais résultats aux examens. Les étudiants aguerris savent qu'ils doivent fournir des efforts pour encoder la plus grande partie de l'information faisant l'objet d'un cours au collège.

Certaines habiletés motrices que nous apprenons très tôt se maintiennent tout au long de la vie.

Les étapes du traitement de l'information qui suivent l'encodage sont le **stockage**, c'est-à-dire la conservation du matériel encodé, et la **récupération** du matériel emmagasiné. Dans la plupart des approches du traitement de l'information, ces processus ont lieu dans trois systèmes distincts mais en interaction. La *mémoire sensorielle* (MS) retient l'information transmise par les sens pendant une ou deux secondes, jusqu'à ce que le traitement se poursuive. La *mémoire à court terme* (MCT) retient une quantité limitée d'information pendant un bref intervalle de temps, soit jusqu'à 30 secondes environ, à moins que l'individu ne fasse un effort conscient pour l'y maintenir plus longtemps. La *mémoire à long terme* (MLT) emmagasine l'information pendant de plus longues

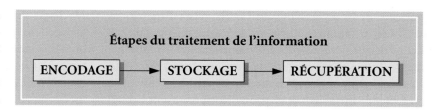

Stockage

Mode de conservation du matériel encodé.

Récupération

Activité qui consiste à retrouver l'information emmagasinée dans la mémoire en vue d'une utilisation.

périodes, allant de quelques minutes à plusieurs décennies. Ce modèle, parfois désigné comme le «modèle des trois mémoires», a occupé une place centrale dans la recherche sur la mémoire durant trois décennies. Selon deux de ses principaux défenseurs, Richard Atkinson et Richard Shiffrin (1968, 1971), l'information circulerait de la mémoire sensorielle à la mémoire à court terme, puis dans les deux sens entre la mémoire à court terme et la mémoire à long terme, comme l'indique la figure 10.1.

Le modèle des trois mémoires ne fait toutefois pas l'unanimité. Des chercheurs contestent la façon dont l'information est censée passer d'une étape à l'autre et la manière dont

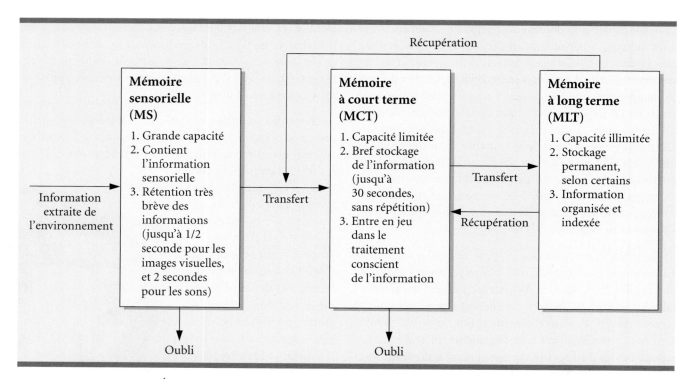

FIGURE 10.1 — Le modèle des trois mémoires

Dans le «modèle des trois mémoires», l'information qui ne passe pas de la mémoire sensorielle à la mémoire à court terme et de cette dernière à la mémoire à long terme est considérée comme perdue à jamais. Une fois dans la mémoire à long terme, l'information peut être récupérée afin de permettre l'analyse de l'information provenant de la mémoire sensorielle ou des opérations mentales passagères dans la mémoire à court terme.

elle serait encodée et emmagasinée à chaque étape. Certains remettent en question la notion même des trois types de mémoire. Ils soutiennent qu'il n'y a qu'un seul type de mémoire, où se déroulent divers processus mentaux selon la tâche à accomplir. D'autres encore contestent l'utilisation de la métaphore de l'ordinateur pour décrire le fonctionnement de la mémoire. Ils font observer que le cerveau humain ne fonctionne pas du tout comme un système informatique. Dans la plupart des cas, l'ordinateur exécute les instructions séquentiellement et travaille sur un seul flot de données à la fois, de sorte que les modèles de la mémoire fondés sur le traitement de l'information représentent les processus mentaux comme des processus séquentiels. Cependant, le cerveau humain effectue plusieurs opérations *simultanément*, c'est-à-dire en parallèle. Il réalise, au même moment, la régulation des fonctions physiologiques, la perception de l'environnement, la production du discours et la recherche en mémoire.

C'est pourquoi certains spécialistes des sciences cognitives ont rejeté l'approche traditionnelle du traitement de l'information en faveur d'un **modèle de traitement parallèle,** ou *modèle connexionniste* (Bechtel et Abrahamsen, 1990 ; McClelland, 1994 ; Rumelhart, *et al.,* 1986). Dans ce type de modèle, les connaissances ne sont pas représentées sous forme de propositions ou d'images, mais comme des connexions entre des milliers et des milliers d'unités de traitement en interaction, distribuées dans un vaste réseau et fonctionnant toutes en parallèle, exactement comme les neurones du cerveau. Quand de l'information nouvelle entre dans le système, la capacité de ces unités à s'activer ou à s'inhiber réciproquement est constamment réajustée afin de représenter les nouvelles connaissances.

Il est trop tôt pour dire si le modèle connexionniste donnera une image plus juste du fonctionnement de la mémoire humaine que les modèles plus traditionnels de traitement de l'information. Les deux approches expliquent de nombreux résultats de la recherche sur la mémoire, mais ni l'une ni l'autre n'apporte de réponse à toutes les données. Dans ce chapitre, nous avons décidé d'opter pour le modèle du traitement de l'information, constitué de trois types de mémoire distincts — sensorielle, à court terme et à long terme — parce qu'il se prête bien à l'organisation des principales données sur la mémoire et qu'il tient compte de certains faits biologiques dont nous

> **Modèle de traitement parallèle**
>
> Alternative au modèle de la mémoire fondé sur le traitement de l'information ; représente les connaissances, non sous la forme de propositions ou d'images, mais comme des connexions entre des milliers d'unités de traitement en interaction, distribuées dans un vaste réseau et fonctionnant toutes en parallèle.

RÉPONSES, p. 335

Qu'avez-vous appris ?

Avez-vous réussi à encoder toutes les informations présentées jusqu'ici ?

1. Tassia a terminé une grille de mots croisés il y a deux jours et elle ne se souvient plus des mots qu'il contenait. Maintenant qu'elle fait une partie de scrabble avec son frère, elle a tendance à former des mots qui étaient dans les mots croisés. Cela montre qu'elle a une mémoire _____ de certains de ces mots.

2. Les trois processus fondamentaux de la mémoire sont _____, le stockage et _____.

3. Les deux questions précédentes portaient-elles sur le rappel, la reconnaissance ou le réapprentissage ? (Au fait, qu'en est-il de cette troisième question ?)

4. Une des critiques envers les théories du traitement de l'information porte sur le fait que, contrairement à la plupart des ordinateurs qui traitent l'information _____, le cerveau réalise plusieurs opérations _____.

avons parlé au chapitre 3. Mais il ne faut pas oublier qu'il s'agit uniquement d'une analogie, une façon pratique de représenter la mémoire et susceptible d'être modifiée.

LE MODÈLE DES TROIS MÉMOIRES

Le fait que la plupart des approches du traitement de l'information font appel à trois types de mémoire interactives ne signifie pas nécessairement qu'il y ait trois régions distinctes du cerveau qui y correspondent. Ce n'est que pour des raisons pratiques que l'on définit la mémoire de façon fonctionnelle plutôt que structurale et que l'on parle des trois mémoires comme si elles étaient localisées en un endroit précis. Les trois mémoires correspondent en fait à des regroupements de processus mentaux se produisant à différentes étapes du traitement de l'information.

La mémoire sensorielle

Dans le modèle des trois mémoires, toute information provenant des sens doit faire un bref séjour dans la **mémoire sensorielle (MS),** qui constitue la voie d'entrée pour la mémoire. La mémoire sensorielle comprend un certain nombre de sous-systèmes distincts, ou *registres sensoriels,* soit un pour chaque sens. La durée de vie de l'information dans la mémoire sensorielle est très courte. Les images visuelles, ou *icônes,* demeurent tout au plus une demi-seconde dans le registre visuel ; les images auditives, ou *échos,* demeurent un peu plus longtemps dans le registre auditif, soit jusqu'à environ deux secondes.

La mémoire sensorielle fait un peu office de coffre de rangement retenant l'information juste le temps qu'il faut pour que l'individu sélectionne les éléments auxquels il prêtera attention parmi le flot continu de stimuli bombardant ses sens. C'est pendant le transfert de la mémoire sensorielle à la mémoire à court terme que l'individu procède à la *reconnaissance des formes.* Celle-ci consiste à identifier un stimulus sur la base de l'information déjà emmagasinée dans la mémoire à long terme, par exemple reconnaître un visage familier dans une foule. Quant à l'information qui ne se rend pas à la mémoire à court terme, elle est à jamais perdue, comme un message écrit à l'encre sympathique.

Au cours d'une expérience ingénieuse, George Sperling (1960) a montré que les images contenues dans la mémoire sensorielle sont passablement complètes. Il a présenté à des sujets des tableaux de lettres semblables à celui-ci :

X	K	C	Q
N	D	X	G
T	F	R	J

Au cours d'études antérieures, les sujets n'avaient pu se rappeler que quatre ou cinq éléments, quel que soit le nombre de lettres présentées. Pourtant, plusieurs d'entre eux soutenaient en avoir vu un plus grand nombre. Certaines, disaient-ils, leur étaient sorties de l'esprit avant qu'ils puissent les nommer. Pour vérifier ces affirmations, Sperling a conçu une méthode appelée « compte rendu partiel ». Il a demandé aux sujets d'énumérer les lettres de la première, deuxième ou troisième rangée selon qu'ils entendaient un son aigu, un son de hauteur intermédiaire ou un son grave, comme l'illustre le schéma suivant.

X	K	C	Q	Son aigu
N	D	X	G	Son intermédiaire
T	F	R	J	Son grave

Lorsque le son était émis immédiatement après la présentation du tableau aux participants, ceux-ci se rappelaient en moyenne trois lettres de la rangée désignée. Étant donné qu'ils ne savaient pas à l'avance quelle ligne mémoriser, on peut supposer qu'ils avaient encore en mémoire sensorielle la majorité des lettres des autres rangées immédiatement après les avoir regardées. Cela signifie qu'ils conservaient une trace mnémonique d'un plus grand nombre de lettres que ce que l'on avait évalué antérieurement. Par ailleurs, s'il y avait un délai, ne fût-ce que d'une seconde, entre la présentation des lettres et l'émission du son, les sujets se rappelaient très peu ce qu'ils avaient vu : les lettres avaient disparu.

> **Mémoire sensorielle (MS)**
> Type de mémoire qui conserve momentanément des représentations extrêmement précises de l'information sensorielle.

Dans notre interaction quotidienne avec l'environnement, la mémoire sensorielle doit se vider rapidement pour éviter la congestion d'information. Autrement, le traitement de tout ce matériel transmis par les sens, y compris l'information non pertinente, entraînerait inefficacité et confusion. Le cerveau emmagasine au cours d'une vie des billions de bits d'information. C'est pourquoi la mémoire sensorielle joue un rôle crucial en bloquant l'accès à l'information non pertinente ou sans importance.

La mémoire à court terme

Tout comme la mémoire sensorielle, la **mémoire à court terme (MCT)** ne retient l'information que temporairement, soit environ 30 secondes selon la majorité des estimations, même si certains chercheurs pensent qu'elle peut retenir l'information jusqu'à quelques minutes. Nous savons par expérience que la rétention à court terme est extrêmement brève. Il nous est à tous arrivé de chercher un numéro de téléphone et de le composer, puis, si la ligne était occupée, de nous rendre compte au bout d'un instant que le numéro nous était sorti de l'esprit. Ou encore d'être présenté à quelqu'un au cours d'une soirée et de chercher en vain le nom de cette personne deux minutes plus tard. Il n'est pas étonnant que la mémoire à court terme ait été qualifiée de « seau percé ». Cependant, en plus de retenir l'information nouvelle pendant de brefs intervalles de temps, la mémoire

> **Mémoire à court terme (MCT)**
> Type de mémoire de capacité limitée jouant un rôle dans la rétention de l'information pendant de brefs intervalles de temps ; sert également à maintenir l'information récupérée de la mémoire à long terme pour une utilisation temporaire.

à court terme conserve aussi l'information récupérée de la mémoire à long terme pour une utilisation temporaire. C'est pourquoi la mémoire à court terme est souvent désignée comme la *mémoire de travail*. Quand on résout un problème d'arithmétique, la mémoire de travail contient les nombres et les instructions nécessaires pour l'exécution des opérations requises (« Additionner les nombres de la colonne de droite, puis reporter 2 »), de même que les résultats intermédiaires obtenus à chaque étape.

Les données contenues dans la mémoire à court terme ne sont plus des images sensorielles exactes, mais plutôt le résultat de l'encodage de celles-ci, tels un mot ou un nombre. Par exemple, le mot *classe* remplace l'image de la pièce où se déroule le cours lorsque vous franchissez la porte d'entrée. Les éléments maintenus dans la mémoire à court terme passent ensuite dans la mémoire à long terme ou bien ils se dégradent et sont perdus à jamais. Le caractère fugitif de l'information maintenue dans la mémoire à court terme a des bases biologiques. Là où la rétention en mémoire à long terme s'accompagne de changements structuraux permanents dans le cerveau, la mémoire à court terme semble ne présenter que des changements temporaires aux neurones, qui ont pour effet d'accroître ou de diminuer la capacité que ces derniers ont de libérer des neurotransmetteurs (Kandel et Schwartz, 1982).

La plupart des modèles de la mémoire postulent que, à un instant donné, la mémoire à court terme ne peut contenir qu'une quantité limitée d'information. Il y a quelques décennies, George Miller (1956) a estimé sa capacité au « nombre magique de 7, plus ou moins 2 ». Les codes postaux composés de six caractères et les numéros de téléphone de sept chiffres appartiennent à cette catégorie des éléments faciles à conserver temporairement à l'esprit, alors que ce n'est pas le cas des numéros de cartes de crédit de seize chiffres. Par la suite, de nombreux chercheurs ont révisé à la hausse ou à la baisse les estimations de la capacité de la MCT mais, quoi qu'il en soit, tous s'accordent à dire que, en tout temps, la mémoire à court terme n'est capable de recevoir qu'un très petit nombre d'éléments. D'autres psychologues cognitivistes pensent que ce n'est pas la capacité de la MCT elle-même qui est limitée, mais plutôt la capacité de traitement dont dispose le système tout entier à un instant donné.

Compte tenu des limites de la MCT, comment peut-on se rappeler le début de la phrase prononcée par un interlocuteur avant que celui-ci l'ait terminée ? Après tout, la plupart des phrases sont formées d'un nombre élevé de mots. Selon la plupart des

> **Mémoire à long terme (MLT)**
> Type de mémoire intervenant dans la rétention de l'information pendant de longues périodes.

modèles de la mémoire, on surmonte cette difficulté en regroupant de petites unités d'information en des unités plus importantes, appelées **blocs d'information.** De cette façon, la capacité réelle de la MCT ne se limite plus à quelques unités d'information mais bien à quelques blocs. Un bloc d'information peut être un mot, une

> **Bloc d'information**
> Unité d'information signifiante dans la mémoire à court terme qui peut être composée d'unités plus petites.

expression, une phrase ou même une image visuelle, qui a acquis une signification propre au fil de nos expériences. Pour la majorité d'entre nous, l'abréviation *FBI* constitue un seul bloc, et non trois, de même que la date *1492* est un seul bloc, et non quatre. Par contre, le nombre *9214* est composé de quatre blocs et *IBF* en compte trois, sauf pour les personnes dont l'adresse contient le numéro 9214 ou dont les initiales sont IBF. Par conséquent nous pourrons plus facilement mémoriser une communication telle que « Le FBI enquête sur un membre de l'ONU qui affirme avoir vu un OVNI » qu'une autre où il est question que « Le IBF enquête sur un membre de l'UON qui affirme avoir vu un INOV ». Notons que les deux phrases sont pourtant constituées des mêmes éléments et que seul le regroupement de certains de ces éléments diffère.

Toutefois, même la mémorisation par blocs ne suffit pas à éviter le trop-plein éventuel de la mémoire à court terme. Heureusement, une bonne partie de l'information à laquelle on est exposé au cours d'une journée n'est utile que pour un bref moment. Pour multiplier deux nombres, il faut se les rappeler uniquement le temps requis pour calculer le produit ; au cours d'une conversation, il faut garder à l'esprit les paroles de l'interlocuteur seulement le temps qu'il faut pour les comprendre. Mais les informations que nous voulons conserver pour une plus longue durée doivent être transférées dans la mémoire à long terme. Les éléments particulièrement signifiants, qui ont une valeur sur le plan émotionnel ou qui sont reliés à de l'information déjà emmagasinée dans la mémoire à long terme, sont plus facilement acheminés vers cette dernière, et ils ne demeurent que peu de temps dans la mémoire à court terme. Ce qu'il advient des autres éléments contenus dans la MCT dépend de l'intervalle qui s'écoulera avant que de l'information nouvelle vienne la remplacer. Le matériel en mémoire à court terme est en effet facile à déloger à moins qu'on ne l'y retienne délibérément.

La mémoire à long terme

Le troisième type de mémoire dans le modèle inspiré du traitement de l'information est la **mémoire à long terme (MLT)**. La quantité quasi illimitée d'information qui y est emmagasinée permet à chacun d'apprendre, d'agir sur son environnement, d'élaborer un sentiment d'identité et une histoire personnelle.

L'ORGANISATION DES INFORMATIONS DANS LA MLT

Du fait même que la mémoire à long terme contient une grande quantité de données, la plupart des modèles de la mémoire postulent que l'information doit être organisée et indexée, à la manière des livres d'une bibliothèque, si on veut pouvoir la retrouver. L'une des méthodes d'indexation des mots, ou des concepts qu'ils représentent, repose sur les *catégories sémantiques* dictées par la signification des mots. Par exemple, *chaise* appartient à la catégorie *meuble* et *psychologie* à la catégorie *science*. Dans une étude classique, on a demandé à des sujets de mémoriser soixante mots appartenant à quatre catégories sémantiques : animaux, légumes,

prénoms masculins et professions. L'ordre de présentation des mots était aléatoire mais, lorsqu'on leur a permis de se les rappeler dans un ordre quelconque, les sujets ont eu tendance à le faire en regroupant les mots par catégories (Bousfield, 1953). Ce résultat a depuis été reproduit à plusieurs reprises et constitue une excellente démonstration de la catégorisation sémantique dans la mémoire à long terme.

Dans plusieurs modèles, on représente le contenu de la mémoire à long terme comme un vaste réseau de concepts (Collins et Loftus, 1975) et de propositions (Anderson, 1990) interreliés. Une petite portion d'un réseau conceptuel associé à « animal » peut ressembler au schéma de la figure 10.2. Dans ces modèles, on suppose que les schémas ou réseaux sémantiques sont un mode universel d'organisation de l'information. Cependant, des recherches montrent que la manière dont les individus utilisent ces réseaux dépend de leur expérience et de leur formation. Ainsi, des études comparées, menées auprès d'enfants du Liberia et du Guatemala vivant

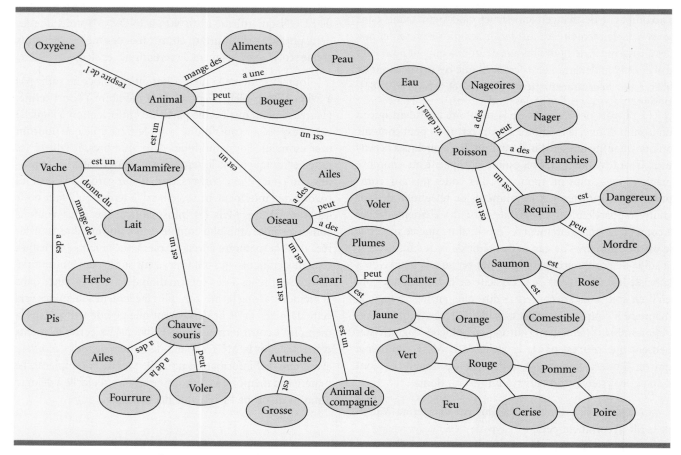

FIGURE 10.2 Réseau de concepts

Vue partielle d'un réseau de concepts en mémoire à long terme.

dans des régions rurales, ont montré que plus ces enfants étaient scolarisés, plus ils avaient tendance à se servir de catégories sémantiques dans le rappel de listes d'objets (Cole et Cole, 1993). Cela n'a rien d'étonnant puisque, à l'école, les élèves doivent mémoriser beaucoup d'information en peu de temps, et que le regroupement en catégories facilite cette tâche. Les enfants non scolarisés, ayant moins besoin de mémoriser des listes, n'effectuent pas de regroupements des éléments et ils s'en souviennent moins bien. Néanmoins, cela ne signifie pas que les enfants non scolarisés ont une piètre mémoire. Si on leur assigne une tâche qui leur paraît intéressante, comme se rappeler les objets intervenant dans une histoire ou un incident ayant eu lieu au village, ils réussissent extrêmement bien (Mistry et Rogoff, 1994).

Les regroupements sémantiques ne sont pas la seule forme d'organisation de l'information dans la mémoire à long terme; la sonorité et l'aspect visuel des mots jouent également un rôle. Vous avez sans doute déjà essayé de vous rappeler un mot que vous aviez « sur le bout de la langue ». Chacun a probablement fait au moins une fois cette expérience, en tentant de se rappeler le nom d'une connaissance ou d'une personne célèbre, un nom de lieu ou encore le titre d'un film ou d'un livre (Burke, et al., 1991). Les utilisateurs du langage par signes connaissent aussi cette expérience qu'ils désignent comme l'expérience du mot « sur le bout du doigt ». L'une des méthodes employées pour étudier ce phénomène frustrant consiste à demander à des individus de noter dans leur journal tous les incidents de ce type. Une autre consiste à présenter aux sujets la définition de termes peu connus et à leur demander de donner le mot lui-même. Lorsqu'une personne a le mot sur le bout de la langue, elle a tendance à énumérer des expressions ayant un peu le même sens que le mot recherché, jusqu'à ce qu'elle le trouve. Si on lui présente la définition « avantages accordés à des parents, en affaires ou en politique », elle dira par exemple « favoritisme » au lieu de « népotisme », qui est la réponse correcte. L'information verbale semble elle aussi être indexée selon la sonorité et la forme, et être récupérable sur la base de ces caractéristiques. Ainsi, les réponses inexactes comportent souvent le même nombre de syllabes que la réponse correcte, commencent par la même lettre ou le même préfixe, ou se terminent par le même suffixe (A. Brown, 1991; Brown et McNeill, 1966). Une personne dirait par exemple « Siam » ou « sarong » lorsque la bonne réponse est « sampan », qui désigne une petite embarcation chinoise.

Les chercheurs s'intéressent actuellement à d'autres modes d'organisation de l'information dans la mémoire à long terme, fondés par exemple sur le degré de familiarité ou l'importance qu'a l'information pour l'individu. La méthode utilisée dans une situation donnée dépend vraisemblablement de la nature du matériel à mémoriser; ainsi, on n'emmagasine probablement pas de la même manière l'information relative aux principales villes européennes et l'information concernant son premier rendez-vous amoureux. Pour comprendre l'organisation de la mémoire à long terme, il faut donc connaître la nature de l'information qui y est emmagasinée.

LES TYPES DE CONNAISSANCES DANS LA MLT

Dans la plupart des théories sur la mémoire, on distingue les habiletés ou les habitudes qui constituent le savoir-faire, des connaissances abstraites ou représentationnelles correspondant au savoir général. Cette distinction mène à une classification des souvenirs qui prennent la forme soit de connaissances procédurales, soit de connaissances déclaratives. Les **connaissances procédurales** sont reliées au savoir-faire, par exemple savoir se peigner, utiliser un crayon, résoudre un casse-tête ou nager. Des chercheurs croient que les connaissances procédurales relèvent de la mémoire implicite, celle dont on n'a pas conscience, plutôt que de la mémoire explicite. Ils pensent que, une fois nos habiletés et habitudes bien maîtrisées, elles requièrent moins de réflexion consciente. Les **connaissances déclaratives** correspondent au savoir général et relèvent plutôt de la mémoire explicite, celle dont on a conscience. La catégorie des connaissances déclaratives se divise à son tour en deux sous-catégories: les connaissances sémantiques et les connaissances épisodiques (Tulving, 1985). Les **connaissances sémantiques** sont des représentations internes de l'univers, indépendantes de tout contexte. Elles comprennent les faits, les règles et les concepts, qui sont du domaine des connaissances générales. Par exemple, la mémoire sémantique du concept chat permet de décrire un chat comme un petit mammifère à fourrure, qui passe la plupart de son temps à manger, dormir, rôder et regarder dans le vide, sans avoir un chat sous les yeux et sans savoir quand ni comment on a appris cette information. Par

> **Connaissances procédurales**
> Éléments de la mémoire associés à l'accomplissement de tâches ou à des habiletés, le «savoir-faire».
>
> **Connaissances déclaratives**
> Éléments de la mémoire se rapportant à des faits, à des règles, à des concepts et à des événements; incluent les connaissances sémantiques et les connaissances épisodiques.

> **Connaissances sémantiques**
> Éléments de la mémoire se rapportant aux connaissances générales, y compris les faits, les règles, les concepts et les propositions.

ailleurs, les **connaissances épisodiques** sont des représentations internes d'expériences personnelles. C'est grâce à la mémoire épisodique qu'une personne se rappelle avoir été réveillée au beau milieu de la nuit par son chat qui a atterri sur son visage. La figure 10.3 résume les distinctions décrites ci-dessus.

> **Connaissances épisodiques**
> Souvenirs se rapportant à des expériences personnelles et au contexte dans lequel elles ont eu lieu.

LE PASSAGE DE LA MCT À LA MLT : UNE ÉNIGME

Le modèle des trois mémoires est souvent évoqué pour expliquer un phénomène intéressant, à savoir l'**effet de position sérielle**. Si on présente une liste de mots à des sujets et qu'on leur demande de les énumérer immédiatement après, la rétention d'un mot donné dépendra de sa position dans la liste (Glanzer et Cunitz, 1966). Les sujets se rappellent plus fréquemment les premiers mots de la liste (*effet de primauté*) et les derniers (*effet de récence*). Si on trace un graphique de la rétention des divers mots en fonction de la position sérielle, on obtient une

> **Effet de position sérielle**
> Tendance lors du rappel d'une liste d'éléments à retenir plus fréquemment les premiers et les derniers éléments au détriment de ceux qui se situent au milieu de la liste.

courbe en forme de U (voir la figure 10.4). Par exemple, l'effet de position sérielle survient quand on présente un groupe de personnes à un individu : en général, il se rappelle le nom des premières et des dernières personnes qu'on lui a présentées, mais il oublie presque tous les autres noms.

D'après le modèle des trois mémoires, on se souvient bien des premiers éléments d'une liste parce que la probabilité qu'ils entrent dans la mémoire à long terme est plus élevée qu'elle ne l'est pour les autres éléments. Comme la mémoire à court terme est relativement « vide » lorsqu'ils y sont acheminés, la « compétition » pour entrer dans la mémoire à long terme est faible. D'autre part, si la rétention des derniers éléments est également élevée, c'est que, au moment du rappel, ils se trouvent encore dans la mémoire à court terme et il suffit de les en « décharger ». Par ailleurs, si la rétention des éléments situés au milieu de la liste est faible, c'est que, au moment où ils arrivent dans la mémoire à court terme, celle-ci est déjà encombrée. Il s'ensuit que plusieurs de ces éléments sortent de la mémoire à court terme avant d'avoir pu être emmagasinés dans la mémoire à long terme.

L'explication que nous venons d'exposer est cohérente, à deux exceptions près. Premièrement, dans certaines conditions, la rétention des derniers éléments d'une liste est élevée même si le test de rappel n'a lieu qu'après que la mémoire à court terme a théoriquement été « vidée » et que de l'information nouvelle y a été acheminée (Greene, 1986). Autrement dit, l'effet de récence se produit même lorsque, d'après le modèle des trois mémoires, il ne devrait pas se manifester. Deuxièmement, des chercheurs ont obtenu une courbe de position sérielle similaire à celle de la figure 10.2 lors d'une expérience sur des rats et des oiseaux ayant à mémoriser une série d'emplacements dans un labyrinthe ou une cage (Crystal et Shettleworth, 1994 ; Kesner, *et al.*, 1994). Cela signifie qu'on ne peut attribuer les effets de primauté et de récence uniquement à des stratégies de mémorisation verbale propres aux humains. Quelles que soient les causes de ces effets, les chercheurs n'ont pas encore la certitude de les connaître. C'est là un autre des mystères de la mémoire.

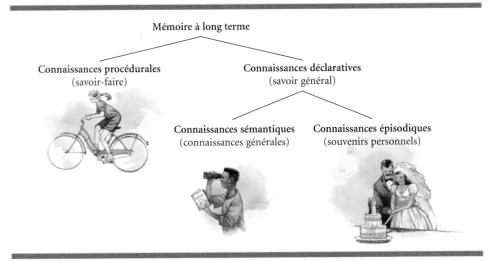

FIGURE 10.3 Les types de connaissances dans la MLT

Vous pouvez vous en remettre à vos connaissances procédurales pour faire de la bicyclette, à vos connaissances sémantiques pour identifier un oiseau et à vos connaissances épisodiques pour vous rappeler votre mariage. Pouvez-vous citer d'autres exemples pour chacun de ces types de connaissances ?

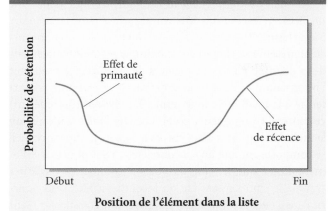

Probabilité de rétention

Effet de
primauté

Effet
de récence

Début   Fin

Position de l'élément dans la liste

FIGURE **10.4** L'effet de position sérielle

Qu'avez-vous appris ?

RÉPONSES, p. 335

Voici une bonne occasion de vérifier si les résultats présentés dans cette section ont été transférés de votre mémoire à court terme à votre mémoire à long terme.

1. Dans le modèle des trois mémoires, quelle est celle qui retient les images pendant une fraction de seconde ?

2. Pour la plupart des gens, les abréviations ONU et CIA constituent ____ blocs d'information.

3. Supposons que vous devez mémoriser la liste de mots suivante : *bureau, porc, or, chien, chaise, argent, table, coq, lit, cuivre* et *cheval*. Si vous avez à vous rappeler les mots dans l'ordre de votre choix, quel est le regroupement probable que vous appliquerez lors du rappel ? Pourquoi ?

4. À quel type de connaissances contenues dans la mémoire à long terme faites-vous appel lorsque vous :

   a) faites du patin à roulettes alignées ?

   b) énumérez les mois de l'année ?

   c) vous rappelez une chute en patins au mois de janvier dernier ?

5. Si vous avez pour tâche de mémoriser la liste de mots de la question 3 qu'une personne vous énumère une seule fois à haute voix, quels sont les mots que vous aurez davantage tendance à oublier ?

COMMENT SE SOUVIENT-ON ?

Une fois qu'on a compris comment fonctionne la mémoire, on peut appliquer ce savoir pour mieux se souvenir. L'une des principales techniques employées pour retenir l'information dans la mémoire à court terme et augmenter les chances de rétention à long terme est la *répétition*, c'est-à-dire la révision des données à mémoriser. Lorsqu'on empêche une personne de répéter le contenu de la mémoire à court terme, celui-ci s'efface très rapidement. Dans l'une des premières recherches portant sur ce phénomène, on a demandé aux sujets de mémoriser des syllabes dépourvues de sens puis, immédiatement après, de commencer à compter à rebours de trois en trois, à partir d'un nombre donné, cette deuxième activité les empêchant de répéter les syllabes. Au bout de 18 secondes seulement, les sujets avaient oublié la majorité des syllabes, comme l'indique le graphique de la figure 10.5. Par ailleurs, lorsqu'on ne demandait pas aux sujets de compter à rebours, leur performance était nettement meilleure, probablement parce qu'ils se répétaient les syllabes à mémoriser (Peterson et Peterson, 1959). De façon analogue, si on répète sans arrêt un numéro de téléphone, on réussit à le maintenir dans la mémoire à court terme aussi

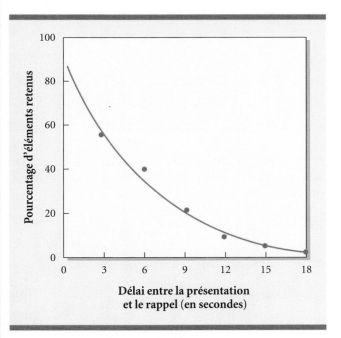

FIGURE **10.5** Courbe du rappel dans la MCT

Sans répétition, l'habileté à se rappeler le contenu de la mémoire à court terme disparaît rapidement.

longtemps qu'on le désire; par contre, si on lit un numéro de téléphone et qu'on entre ensuite en conversation avec quelqu'un, il y a de bonnes chances qu'on oublie le numéro presque immédiatement.

Certaines stratégies de *répétition* sont plus efficaces que d'autres. La **répétition de maintien** consiste simplement à répéter machinalement le matériel, c'est-à-dire sans réfléchir aux éléments qui sont répétés. Cette méthode est efficace pour le maintien de l'information en mémoire à court terme, mais elle ne permet pas toujours la rétention à long terme. Une stratégie plus efficace pour la mémorisation de longue durée est l'*élaboration de l'encodage*, également appelée **répétition d'élaboration** (Cermak et Craik, 1979; Craik et Tulving, 1975), où intervient l'association de nouvelles informations avec des informations déjà emmagasinées.

> **Répétition de maintien**
> Répétition mécanique d'éléments d'information dans le but de maintenir leur accessibilité en mémoire.

> **Répétition d'élaboration**
> Association d'une information nouvelle à des connaissances déjà emmagasinées et analyse de la nouvelle information, dans le but de la mémoriser.

Supposons que vous soyez en train d'étudier, dans le chapitre 3 de cet ouvrage, le concept *hypothalamus*. Le schéma suivant illustre un encodage simple de ce concept.

Par contre, le schéma suivant est un exemple d'encodage élaboré du même concept, favorisant une meilleure rétention.

En fait, c'est la *profondeur du traitement* qui assure une meilleure rétention des faits emmagasinés dans la mémoire à long terme. Par exemple, si vous étudiez le concept d'inconscient présenté au chapitre 5, une simple répétition machinale de la définition a peu de chances de vous aider à transférer l'information dont vous avez besoin de la mémoire à court terme à la mémoire à long terme. En révisant (ou répétant) ce concept, vous pourriez plutôt encoder l'information selon laquelle l'inconscient a des choses à cacher au moi parce qu'il se comporte comme un «inconscient». Vous pourriez également noter que le mot *inconscient* commence par «in» comme les mots insensible ou incontournable. Vous pourriez aussi effectuer une analyse sémantique complète du sens que l'on peut attribuer à ces mots, ce qui reviendrait à un traitement encore plus approfondi. Plus vous associerez le concept d'inconscient avec d'autres connaissances en mémoire, mieux vous vous en souviendrez. Malheureusement, les étudiants essaient souvent de mémoriser de l'information ayant peu ou pas de signification pour eux, ce qui explique qu'ils n'arrivent pas à la retenir.

Les personnes désireuses d'améliorer la performance de leur mémoire font parfois appel à des stratégies systématiques et à des «trucs» d'encodage, de stockage et de rétention de l'information appelés *procédés mnémotechniques*. Les plus efficaces sont ceux qui requièrent un encodage actif et complet du matériel. Par exemple, la phrase «Viens mon chou, mon bijou, sur mes genoux, laisse tes joujoux et lance des cailloux à ces vilains hiboux pleins de poux» permet de mémoriser facilement les noms en -*ou* prenant un *x* au pluriel. Les procédés mnémotechniques réduisent aussi parfois la quantité d'information à mémoriser par le recours aux blocs pour regrouper des informations. Il suffit par exemple de remarquer que les chiffres du numéro de téléphone 266-5687 correspondent aux lettres de BONJOUR. Un autre procédé consiste à intégrer un certain nombre de concepts à une histoire cohérente, si bien que les éléments d'information sont plus faciles à retenir et à récupérer parce que plus signifiants (Bower et Clark, 1969). Par exemple, si on doit se rappeler les diverses parties du système digestif dans le cadre d'un cours de physiologie, on pourrait construire une histoire relatant ce qui arrive à un morceau de nourriture après qu'une personne l'a mis dans sa bouche, puis répéter le récit à voix haute pour soi-même, ou encore le répéter à un colocataire ou à un camarade d'étude.

Nous ne nous attarderons pas davantage sur ce sujet parce qu'il s'agit de «trucs» qui souvent ne sont pas plus efficaces que la répétition machinale utilisée pour la rétention à long terme et qui parfois même donnent de moins bons résultats (Wang et Thomas, 1992; Wang, *et al.*, 1992). En effet, un sondage mené auprès de chercheurs étudiant la mémoire a révélé que la majorité d'entre eux n'avaient pas recours à de tels procédés (Park, *et al.*, 1990). Après tout, pourquoi se donner du mal à mémoriser une liste d'épicerie à l'aide d'un procédé mnémotechnique sophistiqué quand il est si simple de noter ce que l'on doit acheter?

Les conseils que les chercheurs prodiguent pour améliorer la mémoire s'inspirent des principes décrits dans cette section et dans d'autres études plus spécialisées portant sur la mémoire:

- Ayez recours à un encodage élaboré et essayez de rendre les données aussi signifiantes que possible.

- Prenez votre temps: l'apprentissage lent, réparti sur plusieurs séances de travail, donne habituellement de meilleurs résultats que quelques séances intensives sous pression. Ainsi, vous vous rendrez probablement compte que vous retenez mieux l'information à mémoriser si vous étudiez pendant trois séances d'une heure plutôt que pendant une seule de trois heures.

- Ne commencez surtout pas à étudier pour la première fois le soir précédant un examen. Il faut du temps pour que les changements neuronaux qui sous-tendent la mémoire à long terme consolident les nouveaux apprentissages. Toutefois, une *révision* juste avant un examen peut s'avérer efficace.

- L'évaluation continue et planifiée des apprentissages peut également être utile. Si vous testez fréquemment votre mémoire et que vous la révisez périodiquement, vous aurez une meilleure idée de ce que vous savez.

- N'essayez pas d'évaluer votre propre apprentissage immédiatement après avoir terminé votre lecture: l'information se trouvant encore à ce moment-là dans la mémoire à court terme, vous en retireriez probablement l'assurance présomptueuse de votre capacité à vous la rappeler plus tard. Si vous attendez au moins quelques minutes avant de porter un jugement, votre évaluation sera vraisemblablement plus juste (Nelson et Dunlosky, 1991).

- Le surapprentissage, c'est-à-dire le fait de continuer d'étudier quand on croit savoir déjà parfaitement, est l'une des meilleures méthodes pour s'assurer qu'on va bien tout mémoriser. C'est pourquoi il ne faut pas hésiter à réviser ses connaissances à plusieurs reprises.

Quelles que soient les stratégies que vous adoptiez, vous constaterez que l'apprentissage actif permet une meilleure compréhension et, par le fait même, une meilleure rétention que la lecture ou l'écoute passives. À l'opposé, les livres populaires ou les cassettes qui vous promettent une mémoire parfaite sans efforts grâce à quelques «trucs miracles» sont à proscrire. Comme l'a dit le grand philosophe Confucius: «J'entends et j'oublie. Je vois et je me souviens. Je fais et je comprends.»

Qu'avez-vous appris ?

RÉPONSES, p. 335

Camille est furieuse contre son professeur d'histoire. «J'ai lu le chapitre trois fois et j'ai quand même eu une mauvaise note à l'examen, il était sûrement trop difficile.» En vous servant de vos connaissances acquises antérieurement, comment pouvez-vous expliquer la mauvaise rétention de l'information de Camille?

POURQUOI OUBLIE-T-ON ?

Vous est-il déjà arrivé de vous dire, alors que vous étiez transporté de joie, «Je n'oublierai jamais ce moment, jamais, *jamais*, JAMAIS»? Diriez-vous maintenant que vous vous rappelez plus clairement avoir prononcé ces paroles que le moment de bonheur suprême lui-même? On encode parfois un événement, on le répète, on analyse sa signification, on le range dans la mémoire à long terme et, en dépit de tout cela, on l'oublie. À la suite de ce constat, il ne faut pas s'étonner que la plupart des gens aient un jour ou l'autre souhaité posséder une «mémoire photographique».

Pourtant, si vous déteniez une mémoire à long terme parfaite, vous pourriez le regretter amèrement. Le psychologue russe Alexandre Luria (1968) a décrit l'histoire de S., un journaliste doté d'une mémoire prodigieuse. Il était capable de se rappeler de longues listes de mots qu'il n'avait regardées que quelques secondes et il pouvait ensuite les reproduire selon l'ordre initial ou à rebours, quinze ans plus tard. Il se souvenait également des circonstances exactes dans lesquelles il avait assimilé les données. Pour accomplir ses exploits, S. avait recours à divers procédés mnémotechniques, dont certains faisant appel à la création d'images visuelles. Pourtant, le commun des mortels aurait tort d'envier ce prodige, car il avait un grave problème: il était incapable d'oublier même ce dont il ne voulait pas se souvenir. Des images qu'il avait créées dans le but de mémoriser certaines informations revenaient constamment dans son champ de conscience, ce qui le distrayait et réduisait sa capacité de concentration. Il lui arrivait même d'avoir du mal à avoir une conversation parce que les mots prononcés par son interlocuteur amorçaient un enchaînement d'associations. Ce journaliste en est venu à ne plus pouvoir exercer sa profession et il a dû, pour subvenir à ses besoins, aller de ville en ville donner des spectacles au cours desquels il exhibait ses aptitudes exceptionnelles.

Une certaine capacité d'oubli contribue donc à notre survie et à notre équilibre psychologique. Si vous en doutez, pensez à ceci : aimeriez-vous vraiment vous rappeler chaque dispute, chaque incident embarrassant, chaque moment pénible que vous avez vécus ? Parfois l'oubli est bien utile ! Néanmoins, la majorité des gens affirment oublier plus de choses qu'ils ne le souhaiteraient.

À la fin du siècle dernier, Hermann Ebbinghaus (1885/1913) a entrepris de mesurer la perte de mémoire pure, indépendamment de l'expérience personnelle. Pour ce faire, il a mémorisé de longues listes de syllabes dépourvues de sens, comme *bok, waf* et *ged*, puis il a testé sa rétention sur des périodes allant de plusieurs jours à plusieurs semaines. Il a constaté que la plupart des oublis surviennent peu de temps après le premier apprentissage et que leur fréquence se stabilise par la suite (voir la figure 10.6a). La méthode qu'il a mise au point pour étudier la mémoire a été adoptée par plusieurs générations de psychologues, bien qu'elle ne permette pas d'étudier les types de souvenirs qui importent le plus à la majorité des gens, à savoir les souvenirs autobiographiques.

L'oubli est-il le même pour les syllabes sans signification que pour les événements de la vie personnelle ? C'est à cette question que Marigold Linton a tenté de répondre un siècle plus tard. Tout comme Ebbinghaus, elle a été son propre sujet d'expérimentation mais, contrairement à lui, elle a étudié les souvenirs personnels plutôt que les syllabes dépourvues de sens, et elle a établi une courbe d'oubli fondée sur les années plutôt que sur les jours. Elle a noté sur des fiches, chaque jour pendant 12 ans, un ou deux événements personnels. Elle a ainsi accumulé une liste de quelques milliers d'événements isolés, dont certains étaient ordinaires (« Je dîne au Canton Kitchen : délicieux plat de homards ») et d'autres plus importants (« J'atterris à l'aéroport d'Orly, à Paris »). Une fois par mois, elle tirait un échantillon aléatoire de toutes les fiches amassées jusque-là, et elle notait si elle se rappelait les événements qui y étaient décrits et la date à laquelle ils avaient eu lieu. Dans le compte rendu qu'elle a fourni des résultats des six premières années, Linton (1978) a découvert, comme l'indique la courbe de la figure 10.6b, que l'oubli à long terme des événements de la vie est beaucoup plus lent et se produit à un rythme beaucoup plus constant que l'on pourrait le croire.

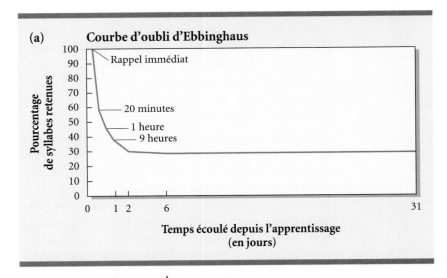

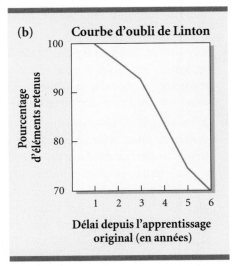

FIGURE **10.6** Deux courbes d'oubli

La courbe d'Ebbinghaus en (a) montre que l'oubli des syllabes dépourvues de sens est rapide au début puis se stabilise au bout de quelques jours. À l'opposé, la courbe obtenue par Linton en (b) à partir de ses souvenirs personnels montre une excellente rétention au début, suivie d'un déclin graduel mais constant par la suite.

Naturellement, certains souvenirs ne s'altèrent que très peu avec le temps. Ainsi, il est plus facile de se remémorer les événements importants de la vie comme le mariage, l'obtention d'un premier emploi, etc. Mais pourquoi Marigold Linton a-t-elle oublié autant de détails, comme cela arrive à chacun d'entre nous ? Les psychologues ont proposé plusieurs théories pour rendre compte de l'oubli.

LA DÉTÉRIORATION GRADUELLE

Cette théorie rejoint le sens commun en stipulant qu'on oublie parce que les traces mnésiques s'effacent tout bonnement avec le temps si elles ne font pas occasionnellement l'objet de « rappels ». Nous avons déjà souligné que ce type de dégradation de la mémoire sensorielle et de la mémoire à court terme se produit si on ne répète pas le savoir. Toutefois, cette théorie ne permet pas d'expliquer aussi bien l'oubli dans la mémoire à long terme. Ainsi, il arrive fréquemment qu'on oublie un événement survenu la veille, alors qu'on se souvient d'événements ayant eu lieu plusieurs années auparavant. En fait, certaines connaissances sont encore accessibles à notre mémoire des décennies après l'apprentissage. Citons par exemple le cas de ces personnes qui ont bien réussi à un test d'espagnol cinquante ans après avoir appris cette langue à l'école (Bahrick, 1984). Le déclin des traces mnésiques ne suffit donc pas à expliquer les défaillances de la mémoire à long terme.

L'INTERFÉRENCE

D'après une deuxième théorie, l'oubli se produit parce qu'il y a interférence entre les éléments d'information similaires soit lors du stockage, soit lors de la récupération ; l'information se trouve en mémoire, mais on la confond avec une autre. Ce type d'oubli, qui touche aussi bien la mémoire à court terme que la mémoire à long terme, est particulièrement fréquent dans le rappel de faits isolés.

Supposons que, au cours d'une soirée, on vous présente d'abord Diane et, une demi-heure plus tard, Dorianne. Vous allez ensuite parler à d'autres personnes et au bout d'une heure vous vous retrouvez en face de Diane, que vous appelez par erreur Dorianne. Il y a eu interférence du second prénom, qui a remplacé le premier. On appelle **interférence rétroactive** le fait qu'une information nouvellement apprise nuit au rappel d'une information similaire apprise antérieurement (voir la figure 10.7a). On cite souvent en plaisan-

Interférence rétroactive
Oubli qui survient lorsque de nouveaux éléments d'information nuisent au rappel d'éléments similaires déjà emmagasinés.

tant, comme exemple d'interférence rétroactive, une anecdote où un professeur distrait, spécialiste de l'ichtyologie (étude des poissons), se plaignait d'oublier le nom d'un poisson chaque fois qu'il apprenait le nom d'un nouvel étudiant !

L'interférence se produit également en sens inverse, c'est-à-dire que les données déjà mémorisées peuvent nuire au rappel de données similaires apprises plus récemment. Par exemple, si vous tentez d'apprendre l'italien mais que son apprentissage est rendu difficile par l'interférence de l'espagnol que vous maîtrisez déjà, on parle d'**interférence proactive** (voir la figure 10.7b). Les oublis attribués à l'interférence proactive sont généralement plus fréquents que les oublis attribués à l'interférence rétroactive, à cause de l'importante quantité d'informations emmagasinées susceptibles d'agir sur tout savoir nouveau. De plus, il ne faut pas perdre

Interférence proactive
Oubli qui survient lorsque des éléments d'information déjà appris nuisent au rappel d'éléments similaires appris plus récemment.

de vue que l'information ancienne peut aussi contribuer à améliorer la rétention de la nouvelle information, grâce au processus de l'élaboration de l'encodage dont nous avons parlé plus haut.

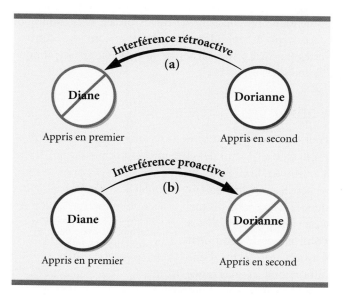

FIGURE 10.7 - Les deux formes d'interférence

L'interférence rétroactive se produit lorsque de nouveaux éléments d'information nuisent au rappel de l'information déjà apprise. L'interférence proactive se produit lorsque l'information déjà apprise nuit à l'apprentissage de nouveaux éléments d'information.

L'OUBLI MOTIVÉ

Sigmund Freud a émis l'idée que l'oubli provient de ce que l'on empêche les souvenirs trop menaçants ou trop pénibles d'avoir accès au champ de la conscience; il a appelé ce processus *refoulement* (voir le chapitre 5). Aujourd'hui, de nombreux psychologues préfèrent employer l'expression plus générale d'«oubli motivé», et ils affirment que les raisons pour lesquelles on peut souhaiter oublier certains événements sont multiples: l'embarras, la culpabilité, l'émotion, la sauvegarde de l'amour propre, etc. L'oubli motivé peut aussi expliquer certains cas d'**amnésie rétrograde,** où la personne se rappelle différents événements d'ordre général de son passé, mais ne se souvient ni de ses amis, ni de ses parents, ni des expériences pénibles qu'elle a vécues.

> **Amnésie rétrograde**
> Perte de la capacité de se souvenir d'expériences ou d'événements survenus avant un point donné dans le temps.

Les concepts de refoulement et d'oubli motivé reposent principalement sur des rapports cliniques concernant des patients qui semblent se rappeler, au cours d'une psychothérapie, des événements traumatisants survenus durant l'enfance et ensevelis depuis. Toutefois, il est très rare que de tels souvenirs puissent être corroborés par des faits objectifs, ce qui rend difficile, voire impossible, de déterminer si le rappel est authentique ou construit de toutes pièces. C'est pourquoi le concept de refoulement suscite encore des controverses parmi les spécialistes de la psychologie scientifique (Holmes, 1990).

L'OUBLI LIÉ AUX INDICES

Pour se souvenir, on a souvent recours à des *indices de récupération,* c'est-à-dire des éléments d'information qui aident à retrouver l'information recherchée. Quand de tels indices nous font défaut, c'est un peu comme si nous avions le sentiment d'avoir perdu la cote d'une information emmagasinée

> **Oubli lié aux indices**
> Incapacité de récupérer de l'information emmagasinée en mémoire à cause de l'insuffisance des indices de récupération.

dans notre mémoire à long terme. Les défaillances mnésiques de ce type, que les psychologues appellent **oubli lié aux indices,** sont peut-être les plus fréquentes. Willem Wagenaar (1986), qui a noté chaque jour pendant plusieurs années des détails caractéristiques d'événements de sa vie personnelle, a constaté qu'il avait oublié 20 p. cent de l'information au bout d'un an, et 60 p. cent au bout de cinq ans. Cependant, après avoir obtenu des indices de personnes ayant été témoins de dix événements qu'il croyait avoir presque oubliés, il a été capable de récupérer de l'information supplémentaire à propos de chacun de ceux-ci, ce qui porte à croire qu'il s'agissait en partie d'oubli lié aux indices.

Les psychologues cognitivistes pensent que les indices de récupération ont pour principale utilité de faciliter l'accès à la zone de la mémoire où l'information recherchée est emmagasinée. Ainsi, quand on essaie de se remémorer le nom d'un acteur, il peut s'avérer utile de connaître son prénom ou le titre d'un film récent dans lequel il a joué. De même, les indices présents lors d'une nouvelle expérience sont particulièrement susceptibles d'aider au rappel de cette dernière. Cela explique peut-être qu'il est souvent plus facile de se rappeler un événement quand on se trouve à l'endroit où on était lorsqu'il est survenu: les indices issus du contexte du moment correspondent aux indices issus du contexte antérieur. Même le fait de se représenter les caractéristiques d'une situation antérieure peut aider à se remémorer une expérience ayant eu lieu dans cette situation. Cette découverte a amené les enquêteurs des services de police à modifier leur méthode d'interrogation des témoins d'un crime. Ils avaient l'habitude de poser au témoin une série de questions linéaires: «Qu'a-t-il fait ensuite? Que s'est-il passé après cela?» Maintenant, ils incitent plutôt le témoin à reconstruire les circonstances du crime et à raconter, *sans interruption,* tout ce qu'il a vu, même les détails qui lui semblent insignifiants. L'emploi de telles stratégies «cognitives» d'interrogation augmente le nombre d'indices de récupération et entraîne un meilleur rappel que les techniques standard du genre «et-qu'est-ce-qu'il-a-fait-ensuite» (Fisher et Geiselman, 1992).

L'état physique ou mental dans lequel vous êtes lorsque vous mémorisez un souvenir peut également jouer le rôle d'indice de récupération. Par exemple, si l'activation physiologique accompagnant votre réaction émotionnelle devant un événement est particulièrement intense, il vous sera plus facile de vous remémorer cet événement si vous vous trouvez de nouveau dans le même état émotionnel. Une équipe de chercheurs a suggéré que, si les victimes de crimes violents ont parfois du mal à se rappeler les détails de cette expérience, cela peut être dû en partie au fait qu'elles n'éprouvent pas des émotions aussi intenses au moment du rappel qu'au moment du crime (Clark, *et al.,* 1987).

D'autres chercheurs ont suggéré que la récupération d'un souvenir est plus probable quand l'*humeur* au rappel est la même que lors de l'encodage et du stockage du souvenir recherché, vraisemblablement parce que l'humeur joue alors le rôle d'indice de récupération. Toutefois, les données accumulées sur ce sujet présentent des contradictions, parce que cet effet dépend sans doute de plusieurs facteurs comme la nature de l'événement vécu et la méthode de rappel (Eich, 1995). Il existe plus de données étayant une position quelque peu différente, à savoir que ce qui importe vraiment, c'est la correspondance entre l'humeur au moment du rappel et la nature de l'élément à récupérer. Cet effet semble se manifester surtout lorsqu'une personne se sent heureuse: on se rappelle plus facilement des idées ou des événements heureux si on est heureux que si on est triste (Mayer, *et al.*, 1995).

Qu'avez-vous appris ?

RÉPONSES, p. 335

Si vous n'avez pas refoulé ce que vous venez d'étudier, vous devriez pouvoir répondre aux questions suivantes.

1. Mylène adore les courses de formule 1. Autrefois, son pilote préféré était Gilles Villeneuve, mais son héros est maintenant le fils de ce dernier, Jacques. Quand on lui demande qui est son pilote préféré, elle répond souvent Gilles Villeneuve avant de se reprendre, un peu mal à l'aise, et de préciser Jacques Villeneuve. Quel phénomène peut expliquer les erreurs de rappel de Mylène ?

2. Pourquoi les réunions d'anciens camarades de classe après plusieurs années de séparation s'accompagnent-elles souvent, pour de nombreuses personnes, du rappel d'incidents qui semblaient oubliés depuis longtemps ?

LA MÉMOIRE AUTOBIOGRAPHIQUE

La mémoire procure à chacun de nous un sens d'identité personnelle qui évolue et se modifie au fil des expériences personnelles que l'on emmagasine dans notre mémoire épisodique. Pour la plupart d'entre nous, ce sont les souvenirs les plus fascinants: nous les utilisons pour refléter une certaine image de nous-mêmes que nous communiquons aux autres, nous allons même jusqu'à les publier dans certains cas, et nous les analysons parfois pour tenter d'en savoir un peu plus sur nous-mêmes (Ross, 1989).

L'un des aspects étranges de la mémoire, c'est que la majorité des gens n'ont pratiquement aucun souvenir de ce qu'ils ont vécu avant d'avoir atteint l'âge de trois ou quatre ans. Quelques personnes se rappellent apparemment certaines expériences importantes, comme la naissance d'un frère ou d'une sœur, qu'elles ont vécues alors qu'elles n'avaient pas plus de deux ans, mais aucun souvenir ne semble remonter plus loin (Usher et Neisser, 1993). Nous conservons pourtant des souvenirs de ces premières années sous forme de connaissances procédurales, comme utiliser une fourchette et boire dans une tasse, et de connaissances sémantiques, comme des noms de personnes, ainsi que de connaissances à propos de toutes sortes d'objets. Mais les adultes ne se rappellent pas avoir été nourris par leurs parents durant leur enfance, avoir fait leurs premiers pas ou avoir prononcé de façon hésitante une phrase pour la première fois. Tous les humains sont victimes de l'**amnésie de l'enfance.**

Ce bébé, qui apprend à déplacer les mobiles à l'aide de son pied, pourra se rappeler ce jeu une semaine plus tard. Cependant, il ne se souviendra pas de cette expérience lorsqu'il sera adulte. Comme nous tous, il aura subi l'amnésie de l'enfance.

Bien des gens ont du mal à accepter ce fait. L'incapacité à se rappeler les premières années de sa vie a quelque chose de troublant, à tel point que certains s'entêtent à nier l'évidence et affirment qu'ils se souviennent d'événements s'étant produits alors qu'ils avaient moins de deux ans, ou même moins d'un an. Néanmoins, la majorité des psychologues pensent que ces souvenirs sont simplement des reconstructions s'appuyant sur des photographies, des histoires racontées en famille et sur l'imagination. En réalité, l'événement «remémoré» peut même n'avoir jamais eu lieu.

Jean Piaget (1951), par exemple, a décrit une tentative d'enlèvement dont il avait été victime au cours de sa deuxième année. Il se voyait assis dans une poussette, tandis que sa

Amnésie de l'enfance

Incapacité de se rappeler les événements et les expériences ayant eu lieu au cours des deux ou trois premières années de la vie.

gouvernante le défendait bravement contre le ravisseur. Il se rappelait les égratignures qu'elle avait au visage et le sergent de ville avec sa cape et son bâton blanc qui avait fini par faire fuir l'agresseur. Mais il y avait un problème : rien de tout cela n'était réellement arrivé. En effet, alors que Piaget avait quinze ans, ses parents avaient reçu de l'ancienne gouvernante une lettre dans laquelle elle avouait avoir inventé toute l'histoire. Piaget conclut : « J'ai sûrement dû entendre comme enfant le récit des faits auxquels mes parents croyaient, et je l'ai projeté dans le passé sous la forme d'un souvenir visuel, qui est donc un souvenir de souvenir, mais faux ! »

De nombreux chercheurs en biologie pensent que l'amnésie infantile est due au fait que les régions du cerveau jouant un rôle dans le stockage des événements, notamment l'hippocampe, n'atteignent leur plein développement que quelques années après la naissance, et qu'il faut au moins deux ans pour que tous les neurones du cerveau d'un bébé soient interconnectés grâce à des synapses (McKee et Squire, 1993 ; Nadel et Zola-Morgan, 1984 ; Schacter et Moscovitch, 1984). Les spécialistes des sciences cognitives voient les choses autrement. Mark Howe et Mary Courage (1993) pensent que « c'est l'émergence du *soi cognitif* qui est essentielle à l'élaboration de la mémoire autobiographique ». L'apparition du concept de soi, et non l'âge chronologique lui-même, déterminerait ainsi le moment à partir duquel un individu pourrait emmagasiner des souvenirs autobiographiques. D'autres processus cognitifs semblent aussi entrer en jeu dans l'amnésie infantile, comme la modification au fil des ans des schèmes cognitifs développés durant les premières années ; les schèmes adultes rendraient alors difficile l'accès aux souvenirs emmagasinés dans la forme initiale du schème (Howe et Courage, 1993).

Les souvenirs sur soi sont importants parce que, en vieillissant, chacun puise à même sa mémoire pour composer sa propre histoire (Gerbner, 1988). Des chercheurs ont constaté que le récit de notre propre histoire a une profonde influence sur nous. Les grands thèmes de l'intrigue servent en effet de lignes directrices pour nos projets, nos souvenirs, nos relations amoureuses, nos haines, nos ambitions et nos rêves (Gergen, 1992). Ainsi, on dit : « Si je suis comme cela, c'est parce que telle chose est arrivée alors que j'étais enfant... » On dit aussi : « Je vais te raconter comment nous sommes tombés amoureux », ou encore : « Quand tu sauras ce qui s'est passé, tu comprendras pourquoi je me suis senti en droit de me venger de façon aussi impitoyable. » De telles histoires ne sont pas nécessairement des fictions au sens où l'entend un enfant lorsqu'il demande qu'on lui raconte une histoire, elles constituent plutôt un thème unificateur pouvant servir à organiser les événements d'une vie et à leur donner un sens. Ces histoires que l'on construit à propos de soi évoluent et changent au fur et à mesure que l'on emmagasine des connaissances épisodiques portant sur des événements vécus directement. Toutefois, étant donné que le récit autobiographique repose en grande partie sur la mémoire, et que les souvenirs sont des constructions dynamiques qui changent constamment en fonction des besoins du moment et de l'expérience, ce type de récit est également dans une certaine mesure une œuvre d'interprétation et d'imagination.

L'étude du récit autobiographique illustre bien le caractère fluctuant de la mémoire. Ainsi, au fur et à mesure que nous vieillissons, certaines périodes de notre vie semblent se démarquer de l'ensemble. Par exemple, les personnes âgées se remémorent plus nettement leur adolescence et leur vie de jeunes adultes que la période de la quarantaine, phénomène que l'on qualifie de « saut mnésique » (Fitzgerald, 1988 ; MacKavey, *et al.*, 1991). Si les premières années de la vie sont plus faciles à mémoriser, c'est peut-être parce qu'elles comportent plusieurs transitions mémorables ou, comme le suggère la recherche, tout simplement parce qu'on a particulièrement tendance à les intégrer dans son récit autobiographique et donc à mieux se les rappeler.

Cependant, bien des détails de nos souvenirs, même ceux que nous avons la certitude de nous rappeler très clairement, ont probablement été ajoutés après que l'événement a eu lieu. Les psychologues cognitivistes ont montré maintes et maintes fois que nous ne sommes pas de simples acteurs du récit issu de notre vie personnelle, nous en écrivons aussi le scénario.

DES SOUVENIRS SUR MESURE

En 1932, le psychologue britannique Sir Frederic Bartlett a demandé à un groupe d'individus de lire de longues histoires provenant de cultures qui ne leur étaient pas familières, puis de lui raconter ce qu'ils avaient lu. Il a constaté que ces lecteurs commettaient des erreurs intéressantes lorsqu'ils essayaient de se rappeler ces histoires. Ainsi, ils éliminaient souvent les détails qu'ils n'arrivaient pas à comprendre et en ajoutaient d'autres pour rendre le récit cohérent. Bartlett en a conclu que la mémoire est nécessairement un processus de *reconstruction*. Quand on se rappelle une information, dit-il, on ajoute, enlève ou modifie généralement des éléments de manière à mieux comprendre le contenu, en fonction de ce qu'on sait déjà ou de ce qu'on croit savoir. Depuis lors, des centaines de recherches portant sur la mémoire ont confirmé les conclusions de Bartlett.

Le phénomène de la reconstruction des souvenirs est bien plus répandu qu'on ne le croit généralement. Supposons que l'on vous demande de décrire l'une des premières fêtes organisées à l'occasion de votre anniversaire. Il est possible que vous ayez quelques souvenirs de l'événement tel que vous l'avez vécu, mais vous y avez probablement ajouté, au fil des ans et à votre insu, des informations provenant des histoires racontées par des membres de votre famille ou vos amis, de photographies ou d'une bande vidéo. Il peut arriver que vous rassembliez toutes ces pièces détachées pour construire un récit cohérent de votre anniversaire. Mais vous seriez probablement incapable de distinguer ce que vous avez réellement vécu des éléments ajoutés après coup, comme cela s'est produit pour notre amie qui « se rappelait » avoir été témoin d'une rixe à Florence.

Marcia Johnson et ses collaborateurs (1995) ont étudié ce phénomène au cours des deux dernières décennies et ont relevé certaines conditions susceptibles d'intensifier la confusion entre les souvenirs réels et les souvenirs imaginaires. Les événements spectaculaires, faciles à visualiser, comportant plusieurs détails et associés à une réaction émotionnelle intense, favorisent la création de faux souvenirs. Par exemple, les chercheurs citent l'histoire d'une femme qui a longtemps cru qu'elle avait assisté, à l'âge de 8 ans, à une fête du Nouvel An au cours de laquelle son oncle Simon avait frappé si fort sur un mur avec un marteau que le mur s'était effondré. En fait, elle apprit à l'âge adulte qu'elle n'avait pas été présente à cette soirée dont elle avait entendu parler à plusieurs reprises, et que l'oncle Simon n'avait pas été en colère lorsqu'il avait démoli le mur : il avait simplement voulu indiquer à ses invités que lui et sa femme avaient décidé de rénover la maison. Pour Johnson, le souvenir imaginaire de cette femme est dû aux conditions particulières associées à l'événement original. Durant des années, elle avait visualisé fréquemment l'événement en y ajoutant toutes sortes de détails, ce qui avait contribué à accroître sa certitude d'y avoir réellement assisté. C'est pourquoi les membres de sa famille eurent beaucoup de difficulté à la convaincre que son souvenir était totalement faux, et ils ne sont toujours pas certains d'y être parvenus.

Ces recherches et bien d'autres encore montrent que les faux souvenirs peuvent être aussi faciles à se remémorer que les vrais (Brainer, *et al.*, 1995 ; Poole, 1995 ; Roediger et McDermott, 1995). Toutefois, malgré l'abondance des faits établissant que la mémoire est un processus de reconstruction, certaines personnes continuent de croire que les souvenirs sont emmagasinés, quelque part dans le cerveau, de façon absolument fidèle et permanente. Elles citent à l'appui de cette croyance des recherches portant sur le rappel de souvenirs sous hypnose, sur la stimulation électrique de certaines régions du cerveau et sur les souvenirs d'événements ayant provoqué des émotions intenses, qui laisseraient apparemment une empreinte permanente. Cependant, des chercheurs ont montré que ces trois axes de recherche comportent de sérieuses lacunes.

L'hypnose et la mémoire

Examinons d'abord l'affirmation, souvent répétée, que, sous hypnose, on peut réellement revivre un événement remontant à l'enfance ou se remémorer une expérience oubliée. Des hypnotiseurs appartenant au monde du spectacle, des médiums en contact avec des personnes décédées et de nombreux psychothérapeutes ont dit avoir été témoins d'événements pénibles mettant en scène des personnes qu'on avait fait « régresser » à un âge antérieur ou même à un siècle antérieur. Un certain nombre de thérapeutes soutiennent que l'hypnose a aidé leurs patients à se remémorer de prétendus enlèvements par des extraterrestres (Fiore, 1989). Les comptes rendus de ces « souvenirs » sont censés établir que, sous hypnose, la remémoration parfaite d'événements est possible. Mais est-ce bien vrai ?

Michael Nash (1987) a étudié les recherches scientifiques portant sur la « régression hypnotique », réalisées au cours des six décennies précédentes. Selon lui, les résultats montrent clairement que, si l'on amène une personne à « régresser » à un âge antérieur, ses aptitudes mentales et morales demeurent essentiellement celles d'un adulte. Ses ondes cérébrales et ses réflexes ne ressemblent pas à ceux d'un enfant ; elle ne raisonne pas à la manière d'un enfant et ne commet pas les erreurs caractéristiques de la pensée enfantine. Rien ne prouve non plus que l'hypnose améliore la mémoire de façon significative en ce qui a trait à des expériences précises remontant à l'enfance, même si des personnes ayant été hypnotisées sont souvent prêtes à jurer du contraire. Au cours d'une étude effectuée par Nash lui-même, les sujets sous hypnose ont essayé de se rappeler quel objet les réconfortait le plus à l'âge de trois ans (un ours en peluche, une couverture, etc.). Seulement 23 p. cent des participants ont rapporté des souvenirs exacts, comparativement à 70 p. cent des sujets non hypnotisés du groupe de contrôle ! (Les mères ont vérifié de façon indépendante l'exactitude des souvenirs.)

Il est vrai, dit Nash, que le comportement et l'expérience subjective des individus amenés à régresser sous hypnose changent de façon spectaculaire ; certains utilisent un langage de bébé ou disent avoir le sentiment d'avoir de nouveau quatre ans. Cependant, cela ne vient pas de ce qu'ils *ont* quatre ans, mais du fait qu'ils acceptent simplement de jouer le rôle qui leur est assigné. Ils agissent exactement de la même façon quand on les fait avancer en âge au moyen de l'hypnose, par exemple jusqu'à 70 ou 80 ans, ou encore régresser à une « vie antérieure ». Ils peuvent croire sincèrement, et de façon convaincante, qu'ils ont 7, 70 ou 7 000 ans, mais leur récit est imaginaire et résulte d'un processus de fabulation.

Parce que le sujet désire plaire à l'hypnotiseur, et parce que les fantaisies et les images détaillées surgissent plus facilement sous hypnose, cet état accroît la tendance naturelle à confondre les faits réels et les faits imaginaires. Donc, bien qu'il arrive parfois que le sujet sous hypnose se rappelle effectivement une plus grande quantité d'information à propos d'un événement réel, il commet aussi plus d'erreurs, peut-être parce qu'il est plus enclin à faire des suppositions qu'une personne non hypnotisée ou qu'il confond les suppositions qu'il voit si clairement en imagination avec des souvenirs réels (Dinges, *et al.*, 1992 ; Kihlstrom, 1994 ; Nash et Nadon, 1996).

Au cours d'une série de recherches fascinantes, Nicholas Spanos et ses collaborateurs (1991) ont montré de façon spectaculaire qu'il est possible de construire de faux souvenirs sous hypnose. Ils ont incité, sous hypnose, des étudiants d'une université canadienne à régresser, c'est-à-dire à scruter leur passé lointain au-delà de leur propre naissance, jusqu'à une vie antérieure. Environ le tiers des participants ont déclaré avoir réussi à le faire. Pourtant, lorsqu'on leur a demandé, au moment où ils étaient censés être en train de « revivre » une vie antérieure, de nommer le dirigeant du pays de l'époque, de dire si le pays était en paix ou en guerre, ou de donner le nom de la monnaie en usage dans leur communauté, ils en ont été incapables. Les étudiants qui croyaient revivre une vie antérieure ont en fait émaillé leurs comptes rendus d'événements, de lieux et de personnages appartenant à leur vie réelle. En outre, les instructions de l'hypnotiseur ont influé sur les descriptions qu'ils ont données de cette « vie antérieure » et elles sont en partie responsables du fait qu'ils aient considéré leur expérience de régression comme réelle.

Les chercheurs en sont venus à la conclusion que le rappel d'événements mettant en scène un autre « soi » entraîne la construction d'un récit imaginaire en accord non seulement avec les propres croyances de l'individu, mais aussi avec celles de l'hypnotiseur. On observe un processus similaire chez les personnes sous hypnose qui disent être possédées par des esprits ou font part de « souvenirs » d'enlèvement par un OVNI (Baker, 1992 ; Dawes, 1994). Les comptes rendus de ces sujets comportent souvent des souvenirs qui sont suggérés, de manière parfois subtile, par des indices verbaux ou non verbaux provenant de l'hypnotiseur (Newman et Baumeister, 1994).

La stimulation cérébrale et la mémoire

Ceux qui croient à la fidélité et à la permanence des souvenirs citent une autre catégorie de faits, provenant des études sur la stimulation électrique du cerveau réalisées par le neurochirurgien Wilder Penfield. Au cours des années 1960, ce chercheur de l'Institut neurologique de Montréal a affirmé avoir observé que la stimulation de certaines régions du cerveau, chez un patient conscient avant une opération, provoque parfois l'évocation de ce qui semble être des souvenirs très nets d'événements appartenant à un passé lointain, que le patient lui-même croyait avoir oubliés depuis longtemps (Penfield et Perot, 1963). Par exemple, une femme a déclaré avoir réentendu un concert auquel elle avait assisté plusieurs années auparavant ; elle s'est même mise à fredonner en cadence.

Pendant des années, de nombreux psychologues ont tenu pour acquis que les recherches de Penfield sur la stimulation du cerveau constituaient une preuve évidente de la permanence des souvenirs — jusqu'à ce qu'Elizabeth Loftus (1980) examine ces travaux d'un œil critique. Elle a d'abord noté que Penfield avait effectivement pratiqué une stimulation électrique du cerveau sur environ 1 100 patients, mais qu'il a lui-même reconnu que seulement 40 d'entre eux, soit 3,5 p. cent, ont affirmé que des « souvenirs » avaient resurgi dans leur esprit. Parmi ceux-ci, la plupart ont simplement dit avoir entendu de la musique ou des gens en train de chanter, ce qui ne ressemble guère, même de loin, à un véritable souvenir. Un examen plus approfondi des patients chez qui des souvenirs plus élaborés semblent avoir surgi, suggère qu'ils n'ont pas du tout « revécu » une expérience oubliée depuis longtemps. Ils l'auraient plutôt reconstruite en se fondant à la fois sur des souvenirs réels et sur leur interprétation au moment de ces souvenirs, tout comme cela se produit dans les rêves. Ainsi, il est apparu que les « souvenirs » d'une patiente étaient constitués de pensées qu'elle avait eues et de bribes de conversation qu'elle avait entendues pendant la stimulation, ou juste avant.

Loftus souligne également que la récupération de *certaines* informations emmagasinées depuis longtemps ne signifie pas que *tous* les souvenirs sont récupérables ni qu'ils reflètent ce qui s'est réellement passé. Selon elle, rien ne prouve que tous les souvenirs sont impérissables. Elle affirme au contraire que l'information en mémoire peut être complètement effacée par l'ajout de nouvelles informations trompeuses, ou qu'elle peut devenir à jamais inaccessible. Elle en conclut que, bien que chacun soit capable de raconter plusieurs faits familiers sans procéder vraiment à une reconstruction, la remémoration fidèle d'événements est probablement l'exception, et non la règle.

Les souvenirs éclairs

Mais, que dire des événements surprenants, bouleversants ou émouvants qui occupent une place à part dans la mémoire? Ces souvenirs semblent être des moments figés dans le temps, dont on se rappelle fidèlement tous les détails. Ce sont Roger Brown et James Kulik (1977) qui, les premiers, ont utilisé l'expression *souvenirs éclairs* pour décrire la surprise, l'intensité et l'aspect détaillé d'une photographie qui semblent les caractériser. Pourtant, malgré ces caractéristiques, même les souvenirs éclairs ne sont pas nécessairement des enregistrements complets ou exacts du passé (Wright, 1993). De nombreuses personnes affirment avoir vu l'assassinat de John F. Kennedy à la télévision alors qu'elles regardaient le reportage en direct de la visite du président à Dallas; en réalité, aucune caméra de télévision ne se trouvait sur les lieux au moment de l'assassinat et le seul film de l'événement, réalisé par un spectateur, n'a été diffusé que bien plus tard. De même, de nombreuses personnes affirment savoir exactement où elles étaient et ce qu'elles faisaient lorsqu'elles ont appris la nouvelle de l'explosion de la navette spatiale Challenger, en 1986; elles disent se rappeler également qui la leur a annoncée et quelle a été leur propre réaction. Toutefois, plusieurs études réalisées après la tragédie montrent que même les souvenirs d'un événement aussi bouleversant sont souvent plus imprécis qu'on pourrait le croire (Bohannon, 1988; McCloskey, *et al.*, 1988). Au cours de l'une de ces études, des élèves du niveau collégial ont raconté, le lendemain matin de l'explosion, les conditions dans lesquelles ils avaient appris la nouvelle. Trois ans plus tard, aucun n'a donné exactement la même réponse lorsqu'on leur a posé de nouveau la question, et un tiers d'entre eux étaient *complètement dans l'erreur,* même s'ils avaient l'impression que leurs souvenirs étaient fidèles (Neisser et Harsch, 1992).

La recherche montre que l'on se remémore plus facilement certains événements troublants ou surprenants lorsqu'on y a pris une part

active. Par exemple, les gens qui habitaient dans la région de la baie de San Francisco lors du tremblement de terre du 17 octobre 1989 se rappellent assez précisément où ils étaient ce jour-là, ce qu'ils faisaient et ce qu'ils ont entrepris par la suite (Neisser, *et al.*, 1991; Palmer, *et al.*, 1991). Néanmoins, il est manifeste que, même dans le cas des souvenirs éclairs, on a tendance à mêler un peu de fiction aux événements. Ces résultats soulignent, une fois de plus, que la mémoire est un processus *actif*; elle ne se limite pas à la récupération d'informations emmagasinées mais fait également appel à un processus de reconstruction du passé.

La mémoire des témoins oculaires

Le processus de reconstruction de la mémoire contribue au fonctionnement efficace de la pensée. Il permet entre autres de ne conserver que les éléments essentiels d'une expérience, puis d'utiliser au besoin les connaissances acquises pour suppléer les détails. Mais il arrive qu'on se mette dans une situation délicate précisément à cause de cette propriété de la mémoire, d'où les problèmes liés au rôle des témoins oculaires dans le processus judiciaire.

Imaginez que, en sortant d'un immeuble, vous voyez un homme courir en direction d'une Ford bleue. Vous arrêtez de le regarder un instant et, en vous retournant, vous voyez la Ford s'éloigner. Vous ne prêtez pas particulièrement attention à cette suite d'événements; d'ailleurs, pourquoi le feriez-vous? Mais, juste à ce moment-là, une femme sort de l'immeuble en montrant frénétiquement du doigt la voiture qui s'éloigne et en criant: «Arrêtez cet homme! Il a volé mon sac!» Des policiers ne tardent pas à arriver sur les lieux et ils vous demandent de leur dire ce que vous avez vu.

Si on compare de nouveau la mémoire à un film, vous n'avez en réalité assisté qu'à une partie de la scène: un homme courant en direction d'une voiture, puis la voiture qui s'éloigne. Maintenant que l'on vous demande de décrire ce qui s'est passé, il est probable que vous essayerez de remplacer les images manquantes, à savoir celles où l'on voit

Les comptes rendus de témoins oculaires jouent un rôle crucial dans le processus judiciaire.

vraisemblablement l'inconnu monter dans la voiture. Autrement dit, vous *inférerez* (ou déduirez) ce qui est probablement survenu: «J'ai aperçu un homme aux cheveux bruns, avec une moustache, mesurant environ 1,75 m et portant une chemise bleue, courir en direction de la Ford bleue, puis y monter et s'éloigner.» De plus, certains aspects de l'incident étant sans aucun doute flous et incomplets, vous êtes probablement revenu en arrière pour les «retoucher», en ajoutant un peu de couleur ici et un petit détail là. Ce qui n'arrange rien, c'est que vous *oublierez* peut-être que vous n'avez pas réellement vu certains de ces éléments.

Votre reconstruction peut-elle avoir des effets néfastes? Cela dépend. L'homme que vous avez aperçu est peut-être effectivement monté dans l'auto. Par contre, l'individu qui a volé le sac et l'inconnu que vous avez aperçu sont peut-être deux hommes distincts. C'est pourquoi la déposition de témoins oculaires n'est pas toujours fiable, même lorsque ces derniers ont la certitude de raconter les événements tels qu'ils se sont produits, parce que la mémoire résulte souvent d'un processus de reconstruction (Bothwell, *et al.*, 1987; Sporer, *et al.*, 1995). Il n'existe malheureusement pas de solution simple à ce problème. Il n'est pas très utile de soumettre au détecteur de mensonges un témoin ayant involontairement reconstruit un événement. Non seulement la fiabilité de ces appareils est remise en question (voir le chapitre 2), mais ce témoin ne ment pas délibérément et il devrait donc réussir au test. Nous avons vu que l'hypnose non plus ne serait pas nécessairement d'un grand secours. En fait, étant donné la fréquence des pseudosouvenirs et des erreurs dans les rappels effectués sous hypnose, l'American Psychological Association et l'American Medical Association s'opposent à l'utilisation en cour de témoignages obtenus à l'aide de ce moyen.

De toute évidence, les comptes rendus de témoins oculaires jouent un rôle crucial dans le processus judiciaire. Si on n'y avait pas recours, bien des coupables resteraient en liberté. Mais il arrive parfois qu'une condamnation fondée en grande partie ou uniquement sur un témoignage oculaire constitue une erreur tragique. Les erreurs dans le rappel risquent davantage de se produire lorsque le suspect n'appartient pas au même groupe racial que le témoin (Brigham et Malpass, 1985; Chance et Goldstein, 1995). Dans ces conditions, le témoin ne prête pas attention aux traits distinctifs des personnes d'une autre race que la sienne parce que ces gens ne lui sont pas familiers ou parce qu'il entretient des préjugés raciaux à leur égard.

Ce qui complique encore plus les choses en ce qui concerne la justesse du rappel des témoins, c'est que la manière de formuler des questions à propos d'un événement passé influe grandement sur la reconstruction de ce dernier. Au cours d'une étude classique portant sur les questions tendancieuses, Elizabeth Loftus et John Palmer (1974) ont projeté à des sujets de courts films représentant des accidents de la route. Après la projection, ils ont demandé à certains des participants: «À quelle vitesse environ roulaient les voitures au moment où elles se sont heurtées?», et ils ont posé la même question à d'autres sujets en remplaçant *se sont heurtées* par *se sont rentrées dedans, sont entrées en collision, se sont tamponnées* ou *sont entrées en contact*. Ces termes évoquent des vitesses différentes, la plus élevée étant associée à *se sont rentrées dedans* et la plus basse, à *sont entrées en contact*. Les évaluations de la vitesse des automobiles ont varié en fonction de l'expression utilisée, et ce même si tous les sujets avaient observé le même film. En ordre décroissant, les résultats ont été les suivants: en moyenne, la vitesse a été estimée à 65,7 km/h avec l'emploi de *se sont rentrées dedans*, à 63,2 km/h avec *sont entrées en collision*, à 61,3 km/h avec *se sont tamponnées*, à 54,7 km/h avec *se sont heurtées* et à 51,2 km/h avec *sont entrées en contact*.

Qu'avez-vous appris ?

RÉPONSES, p. 335

Voyons si vous pouvez reconstruire ce que vous avez lu pour répondre aux questions suivantes.

1. La mémoire peut être comparée à: a) une tablette de cire chaude, b) un gigantesque système de classement, c) une caméra, d) aucune de ces réponses.

2. Au jeu du téléphone, une personne raconte une histoire à une autre personne, cette dernière raconte l'histoire à une troisième personne, et ainsi de suite. À la fin du jeu, l'histoire est habituellement fort différente de la version originale, ce qui illustre le fait que la mémoire résulte souvent d'un processus de _____.

3. Des centaines de personnes qui ont suivi une psychothérapie ont affirmé s'être souvenues d'avoir participé à des rituels sataniques comportant des tortures et des sacrifices. Pourtant, aucun de ces souvenirs n'a pu être confirmé. En vous appuyant sur ce que vous avez appris jusqu'à présent sur la mémoire, comment expliqueriez-vous l'apparition de tels «souvenirs»?

Au cours d'une étude similaire, les chercheurs ont demandé à certains des participants: «Avez-vous vu *si* un phare était brisé?» et aux autres: «Avez-vous vu *le* phare brisé?» (Loftus et Zanni, 1975). Dans la question formulée à l'aide de *le*, on présuppose que l'un des phares était brisé et on demande simplement au témoin s'il l'a remarqué, tandis que la question formulée à l'aide de *si* ne sous-entend pas cette supposition. Les chercheurs ont constaté que les personnes auxquelles ils avaient posé la question contenant *le* avaient plus tendance que les autres à affirmer qu'elles avaient vu quelque chose n'apparaissant pas en fait dans le film. Si un tout petit mot, tel *le*, peut amener des individus à «se rappeler» ce qu'ils n'ont pas vu, on imagine facilement à quel point les questions tendancieuses d'un inspecteur de police ou d'un avocat peuvent influer sur la mémoire d'un témoin.

Réponses

Page 317

1. Implicite. **2.** L'encodage et la récupération. **3.** Les deux premières questions évaluent le rappel; la troisième mesure la reconnaissance. **4.** Séquentiellement; simultanément ou en parallèle.

Page 323

1. Sensorielle. **2.** Deux. **3.** Les mots *bureau, chaise, table* et *lit* formeraient probablement un regroupement, *cochon, chien, coq* et *cheval* un autre et, enfin, *or, argent* et *cuivre* le dernier regroupement. Cela s'explique par la tendance à regrouper les connaissances mises en réserve dans la mémoire à long terme en catégories sémantiques telles que *meubles, animaux* et *métaux*. **4.** a) Procédurales; b) sémantiques; c) épisodiques. **5.** Ceux qui se trouvent au milieu de la série tels que *chaise, argent, table* et *coq* à cause de l'effet de position sérielle.

Page 325

En rejetant la responsabilité de son échec sur la difficulté de l'examen, Camille met de côté d'autres explications plus pertinentes. Lorsqu'elle a étudié son examen, elle a peut-être procédé à un encodage automatique et sans effort de l'information et utilisé la répétition de maintien plutôt que l'élaboration de l'encodage. Elle a peut-être aussi tenté de tout retenir plutôt que de faire des choix.

Page 329

1. L'interférence proactive. **2.** La vue des camarades de classe produit plusieurs indices de rappel qui permettent de retrouver ces souvenirs.

Page 334

1. d. **2.** Reconstruction. **3.** Le psychiatre George Ganaway (1991) souligne que les thérapeutes qui acceptent, sans faire preuve d'esprit critique, les allégations selon lesquelles les cultes sataniques seraient très répandus posent souvent des questions tendancieuses à leurs patients ou leur font des suggestions à peine voilées. Il est possible que ces derniers, étant naturellement prêts à accepter les interprétations suggérées par leur thérapeute, «se rappellent» alors des expériences qu'ils n'ont jamais faites, en empruntant des idées et des descriptions à des comptes rendus imaginaires ou à des expériences traumatisantes d'un autre ordre tirées de leur propre passé.

Réponse au test des sept nains, page 313:

Simplet, Atchoum, Dormeur, Timide, Prof, Grincheux et Joyeux.

RÉSUMÉ

1 La *mémoire,* c'est-à-dire la capacité à retenir de l'information, puis à la récupérer au besoin, est une faculté indispensable; sans elle, on serait incapable d'accomplir les tâches quotidiennes les plus simples. C'est aussi la mémoire qui est à la base du sentiment d'identité personnelle.

2 La mémoire comprend l'ensemble des structures mentales qui permettent d'entreposer et de récupérer les informations apprises. Les métaphores comparant la mémoire à un magnétophone, à un système de classement ou à une caméra vidéo ne sont pas appropriées. Les modèles du traitement de l'information comparent plutôt les diverses opérations de la mémoire aux fonctions d'un ordinateur.

3 L'aptitude à se rappeler n'existe pas dans l'absolu, elle dépend de la nature de la tâche à exécuter. Le rappel conscient et intentionnel d'un élément d'information se nomme *mémoire explicite.* Deux méthodes sont utilisées pour mesurer ce type de mémoire. On observe que les sujets réussissent mieux dans les tâches de *reconnaissance* que dans les tâches de *rappel.* La *mémoire implicite* est l'information qu'une personne retient sans efforts conscients ou intentionnels et qui influe sur ses pensées et ses comportements. On la mesure à l'aide de méthodes indirectes comme l'*amorçage* et le *réapprentissage.*

4 La première étape de la mémorisation est l'*encodage,* c'est-à-dire la conversion de l'information par le cerveau sous une forme appropriée au stockage et à la récupération. Les deux autres étapes du traitement de l'information sont le *stockage,* c'est-à-dire la conservation du matériel encodé, et la *récupération* du matériel emmagasiné.

5 L'information sensorielle change de forme presque immédiatement après avoir été captée par les sens, et ce peut-être parce qu'elle est incorporée dans un réseau déjà existant de connaissances, appelé *schéma cognitif.* Même lorsque nous ne déformons pas l'information à l'encodage, nous avons tendance à la simplifier et à la mémoriser sous forme de propositions très générales.

6 Le «modèle des trois mémoires» (mémoire sensorielle, mémoire à court terme et mémoire à long terme) a occupé une place centrale dans la recherche pendant près de trois décennies. Bien qu'il n'explique pas toutes les données accumulées sur la mémoire, le «modèle des trois mémoires» fournit néanmoins, encore maintenant, une façon pratique d'organiser les principales données accumulées sur la mémoire.

7 L'information sensorielle extraite de l'environnement fait un bref séjour dans la *mémoire sensorielle* (MS), où elle est retenue sous forme d'images sensorielles, ce qui permet la poursuite du traitement. C'est pendant le transfert de la mémoire sensorielle à la mémoire à court terme que la personne procède à la reconnaissance des formes.

8 La *mémoire à court terme* (MCT) retient l'information pendant 30 secondes au plus, mais la répétition peut en prolonger la rétention. La MCT fonctionne également comme mémoire de travail pour le traitement de l'information récupérée de la mémoire à long terme en vue d'une utilisation temporaire. La capacité de la mémoire à court terme est extrêmement limitée, mais elle peut être augmentée par l'organisation de l'information en unités plus grandes, appelées *blocs d'information.*

9 La *mémoire à long terme* (MLT) contient une grande quantité d'information devant être organisée et indexée. Plusieurs modèles de la mémoire à long terme représentent son contenu comme un réseau de concepts interconnectés. La façon dont un individu utilise ces réseaux dépend de son expérience et de sa formation. Les éléments d'information peuvent être indexés par catégories sémantiques ou sous d'autres formes comme la sonorité des mots.

10 Les éléments mémorisés prennent la forme soit de **connaissances procédurales** (le savoir-faire), soit de **connaissances déclaratives** (le savoir général). Les connaissances déclaratives se subdivisent en deux catégories: les **connaissances sémantiques**, qui se rapportent aux connaissances abstraites ou représentationnelles, et les **connaissances épisodiques**, qui sont des représentations d'expériences personnelles.

11 La **répétition de maintien** est une technique utilisée pour conserver l'information dans la mémoire à court terme et accroître les chances de rétention à long terme. La **répétition d'élaboration,** où intervient l'association de nouveaux éléments d'information avec des informations déjà emmagasinées, est généralement plus efficace pour assurer le transfert de l'information dans la mémoire à long terme.

12 Les raisons pour lesquelles on oublie sont multiples. La théorie de la détérioration graduelle stipule que l'oubli survient parce que les traces mnésiques s'effacent tout bonnement avec le temps si elles ne font pas occasionnellement l'objet de rappels. L'oubli d'éléments en mémoire à court terme ou à long terme se produit également à cause de l'interférence entre ces informations, qu'il s'agisse d'**interférence proactive** ou d'**interférence rétroactive.** Certaines défaillances de la mémoire à long terme seraient aussi dues soit à l'**oubli motivé,** soit à l'**oubli lié aux** **indices** de récupération comme l'humeur et l'état physique.

13 L'**amnésie de l'enfance** est responsable du fait que la majorité des gens sont incapables de se remémorer tout événement ayant eu lieu avant l'âge de deux ou trois ans. Malgré cela, chaque personne organise les événements de sa vie et leur donne un sens en élaborant un «récit autobiographique», qu'elle modifie au fur et à mesure qu'elle emmagasine des connaissances épisodiques. Le récit autobiographique est dans une certaine mesure une œuvre d'interprétation et d'imagination.

14 La mémoire est un processus de reconstruction des souvenirs. Cela signifie que, lorsqu'on se rappelle une information, on ajoute, on enlève ou on modifie généralement des éléments d'information de manière à mieux comprendre le contenu, en fonction de ce que l'on sait déjà ou de ce que l'on croit savoir. Les personnes qui pensent, à tort, que tous les souvenirs sont emmagasinés de façon permanente, avec une précision parfaite, citent souvent à l'appui de cette croyance les études portant sur le rappel sous hypnose, sur la stimulation cérébrale et sur les souvenirs éclairs, où entrent en jeu des émotions extrêmes. Le fait que la mémoire soit reconstructive pose de graves problèmes au système judiciaire, qui doit parfois avoir recours à la mémoire de témoins oculaires.

évaluation de la perspective
cognitive

Vous êtes-vous déjà trouvé dans l'une des situations suivantes?

Vous avez posé votre candidature à un poste élevé. L'entrevue pour évaluer vos compétences aura lieu demain. Vous tenez à passer une bonne nuit, mais vous avez du mal à vous assoupir. Vous vous efforcez de vous détendre, d'oublier vos soucis et de dormir enfin. Plus vous combattez votre insomnie, plus vous vous sentez éveillé.

Ou encore, cela fait trois fois que vous lisez le même paragraphe et vous n'en avez toujours pas saisi le contenu. Vos yeux captent les mots, mais votre esprit est ailleurs. Vous essayez vraiment, mais vraiment, de vous concentrer encore une fois. Plus vous vous y efforcez, plus votre esprit vagabonde.

Ou bien, ... Mais vous avez sans doute compris de quoi il s'agit. Chacun a vécu des expériences irritantes comme celles que nous venons de décrire. Non seulement on n'arrive pas alors à faire ce que l'on veut, mais on se rend compte que l'on fait en réalité exactement le contraire. Daniel Wegner (1994) écrit : «Il est tellement fréquent que nos tentatives pour maîtriser nos propres comportements ne donnent pas les résultats escomptés qu'il y a lieu de se demander [...] si une partie de notre esprit, vouée à nous contredire, ne s'efforce pas ironiquement de nous faire commettre des erreurs.» Puis il ajoute, sur un ton désabusé : «Il n'est pas nécessaire d'être fin psychologue pour remarquer que nous souffrons tous de graves déficiences quant à notre aptitude à maîtriser nos propres activités mentales.» La perspective cognitive va au-delà de ce fait évident. En proposant des modèles qui décrivent le fonctionnement de l'esprit, elle tente d'expliquer nos limites cognitives et nous suggère même des façons de les contrer.

APPORT DE LA PERSPECTIVE COGNITIVE

Dans les années 1960, les chercheurs se sont tournés en grand nombre vers l'explication cognitive du comportement. Depuis lors, la perspective cognitive a profondément changé l'étude de la psychologie. Voici quelques-unes des plus importantes contributions de cette perspective.

1 Conception de méthodes de recherche innovatrices

Même si de nombreux behavioristes s'intéressent tant aux comportements privés inobservables qu'aux comportements publics observables (voir le chapitre 6), certains ont comparé l'esprit à une hypothétique «boîte noire» dont les opérations internes, ou processus, ne pouvaient être étudiés objectivement, ce qui les excluait d'emblée de l'étude scientifique du comportement humain. Les psychologues cognitivistes ont répliqué à cette prise de position par la mise au point de méthodes de recherche ingénieuses qui leur permettent de regarder à l'intérieur de la mystérieuse «boîte noire». Ainsi, Jean Piaget a observé systématiquement des enfants en train d'effectuer différentes épreuves et, à partir de leurs performances, il a pu déduire la mise en œuvre de certains processus mentaux. Par exemple, il a remarqué que, entre l'âge de 2 et 6 ans, soit au stade préopératoire, l'enfant n'arrive pas à comprendre le concept de **conservation,** selon lequel les propriétés physiques d'un objet ne varient pas lorsque la

de montrer des objets du doigt ou de répondre à des questions du type «oui ou non» («Est-ce que le chat dort?»). Ces parents ont également appris à faire preuve de créativité à partir des réponses fournies par leur enfant, à lui proposer d'autres réponses plausibles, à corriger ses réponses erronées et à lui prodiguer généreusement des compliments. Les parents du groupe de contrôle ont fait la lecture à leur enfant aussi fréquemment, sans avoir reçu de formation spéciale. À la fin de la recherche, qui a duré un mois, les enfants du groupe expérimental avaient une avance de huit mois et demi sur ceux du groupe témoin quant aux habiletés d'expression verbale, et une avance de six mois pour ce qui est des habiletés lexicales (Whitehurst, *et al.,* 1988).

La perspective cognitive attire l'attention sur d'autres facteurs influant sur les aptitudes mentales, notamment sur les effets des média. Par exemple, un bilan des études sur le sujet montre que la télévision nuit souvent au développement de l'imagination parce qu'elle fournit des images toutes faites au téléspectateur (Valkenburg et van der Voort, 1994). Les enfants se rappellent plus de détails d'une histoire s'ils la voient à la télévision que s'ils l'écoutent à la radio, parce que les images visuelles favorisent la rétention. Cependant, ils font preuve de plus d'*imagination* lorsqu'ils ont entendu l'histoire à la radio puisqu'ils doivent imaginer les caractéristiques physiques et les comportements des personnages (Greenfield et Beagles-Roos, 1988). Le remplacement graduel de la lecture par la télévision pourrait aussi contribuer chez les jeunes à la diminution du recours au jugement critique et des efforts pour chercher des réponses à des problèmes intellectuels (Suedfeld, *et al.,* 1986). Les critiques de la télévision affirment qu'elle présente des «capsules» de vérités toutes simples plutôt qu'une argumentation structurée, ce qui suscite une diminution de la tendance à soupeser les différents points de vue avant d'en arriver à une conclusion éclairée. La lecture au contraire exige que le lecteur fasse des pauses et suive une argumentation complexe. Elle incite à penser en fonction de principes abstraits et non en s'appuyant uniquement sur des expériences vécues. Elle fournit l'occasion d'examiner les relations entre divers énoncés et de mettre le doigt sur les contradictions. L'écrivain Mitchell Stephens (1991) fait observer que «la seule chose que la télévision requiert de nous, c'est notre regard».

Par ailleurs, la perspective cognitive suggère des antidotes à la passivité mentale associée à la télévision. L'un d'eux consiste à regarder la télévision de façon active, c'est-à-dire que les enfants et les adultes analysent ce qu'ils voient et en discutent. Selon certaines études, cette pratique peut s'avérer une source d'enrichissement intellectuel (Langer et Piper, 1988). Un autre antidote consiste à sélectionner rigoureusement les émissions. Une étude réalisée auprès d'enfants d'âge préscolaire issus de milieux défavorisés montre que les enfants qui regardaient des émissions éducatives telles que «Sesame Street» réussissaient mieux à l'âge de 5 ans aux épreuves de mathématiques, d'habiletés verbales et de vocabulaire que ceux qui regardaient des émissions pour adultes ou des dessins animés (Huston et Wright, 1995).

Les recherches réalisées dans le cadre de la perspective cognitive sont donc susceptibles de fournir des moyens d'agir plus intelligemment, de surmonter les obstacles se dressant sur la voie de la connaissance et d'aider les enfants à réaliser leur plein potentiel intellectuel.

LIMITES DE LA PERSPECTIVE COGNITIVE

Cependant, en dépit de ses nombreux apports, la perpective cognitive présente aussi des faiblesses, la plus importante étant que ses modélisations du fonctionnement de l'esprit sont toutes fondées sur des métaphores — ce que les béhavioristes lui reprochent d'ailleurs depuis de nombreuses années. La mémoire est-elle réellement un système «à trois étages»: les mémoires sensorielle, à court terme et à long terme? L'esprit fonctionne-t-il comme un ordinateur? Les mémoires implicite et explicite font-elles appel à des systèmes distincts ou à des stratégies d'encodage différentes? Il existe actuellement plusieurs modèles en apparence tout aussi plausibles les uns que les autres. Howard Gardner (1985), un éminent psychologue cognitiviste, fait observer que, en l'absence de critères formels permettant d'évaluer les divers modèles fondés sur le traitement de l'information, on peut finir par avoir autant de représentations plausibles de la pensée qu'il y a de chercheurs assez ingénieux pour en inventer!

En outre, les découvertes issues de la perspective cognitive sont, comme toutes les autres, susceptibles de faire l'objet d'usages inappropriés si elles sont mal comprises ou incorrectement appliquées. Les principales limites sont les suivantes.

1 Simplification à outrance en faveur de facteurs cognitifs

L'enthousiasme soulevé par la «révolution cognitive» du début des années 1960 a amené certaines personnes à réduire la complexité du comportement humain dans son ensemble aux variations qui «se passent dans la tête». Ceux qui sont enclins à penser de cette manière font preuve de réductionnisme puisqu'ils arrivent à la conclusion que l'on peut résoudre tous les problèmes personnels ou mondiaux simplement en modifiant un peu sa façon de penser. Des auteurs de la «psycho pop» vont même jusqu'à affirmer que «personne ne tombe malade sans son propre consentement» et que, inversement, «on peut guérir de tout avec le seul pouvoir de la pensée positive». De nombreux programmes de croissance personnelle prêchent aussi de tels messages simplistes, ce qui peut inciter les gens à se sentir responsables d'expériences pénibles sur lesquelles ils n'ont en réalité aucune maîtrise.

Il est vrai que des facteurs cognitifs — comme le sens de l'humour, l'optimisme et le sentiment d'avoir une certaine maîtrise sur les événements — exercent une profonde influence sur le comportement et la santé (Seligman, 1991; Taylor, 1991). Néanmoins, le fait que la cognition influe de façon importante sur le comportement et la santé ne signifie pas que les facteurs cognitifs soient *les seuls* à entrer en jeu. Les plaisanteries et la pensée positive ne suffisent pas à venir à bout des maladies graves, de la pauvreté, du sous-emploi et de l'injustice. La pensée a bien sûr de l'importance, mais ce n'est pas la seule chose qui compte.

2 Confusion entre les causes et les effets

Les idées que certaines personnes entretiennent sur l'influence des attitudes, du raisonnement et des croyances sur le comportement leur font oublier que la relation entre l'esprit et le corps, ou les pensées et les événements, est bidirectionnelle. Le fait de croire qu'on exerce une certaine maîtrise sur sa propre vie peut influer sur la santé mais, inversement, l'état de santé détermine en partie le degré de maîtrise que l'on croit avoir (Rodin, 1988). Une forte motivation et la «bonne attitude» contribuent à l'amélioration des conditions de vie, mais des conditions de vie pénibles — telles que la pauvreté chronique, la violence, l'abus de drogues et le chômage — sont susceptibles de faire perdre toute motivation et tout optimisme. Les psychologues cognitivistes ont mis en évidence le rôle que le «récit autobiographique» joue dans la prise de décision et la fixation d'objectifs, mais les événements réels et les traumatismes contribuent eux aussi à modeler ce récit (Howard, 1991). Si les pensées pessimistes peuvent causer la dépression, être déprimé rend aussi les gens plus susceptibles d'avoir des pensées pessimistes.

3 Relativisme cognitif

Une interprétation différente mais tout aussi fausse de la perspective cognitive mène au relativisme cognitif, à savoir la supposition que toutes les idées, pensées ou souvenirs se valent. Cette croyance est le *contraire* même de ce que la recherche cognitive a démontré. Certaines pensées sont rationnelles, alors que d'autres ne le sont pas; certains souvenirs sont exacts, alors que d'autres ne le sont pas; certaines méthodes de résolution de problèmes sont créatives et efficaces, alors que d'autres ne le sont pas. Néanmoins, au fur et à mesure que les découvertes de la perspective cognitive sont vulgarisées, le grand public est porté à en tirer la conclusion erronée que, si une cognition est importante pour une personne, elle est nécessairement valide. Ainsi, si une interprétation des événements est vraie du point de vue de l'individu, c'est tout ce qui importe, même en l'absence de faits susceptibles d'étayer cette interprétation. Il s'agit là d'un exemple du stade quasi critique de la pensée (voir le chapitre 9), étudié par Karen Kitchener et Patricia King (1994).

Le relativisme cognitif mène à la croyance qu'il existe au moins deux façons d'envisager chaque question, et qu'elles se valent nécessairement. Par exemple, nous avons vu au chapitre 1 que certaines personnes affirment que l'Holocauste n'a jamais eu lieu, mais il ne peut y avoir bien sûr deux interprétations égales sur cette question, pas plus qu'il n'y a deux points de vue égaux quant à savoir si la Révolution française a eu lieu ou pas. De la même façon, certains religieux fondamentalistes croient à la thèse créationniste, c'est-à-dire que la Terre et toutes ses espèces ont été créées en six jours il y a de cela quelques milliers d'années. Ils soutiennent qu'on devrait accorder le même temps à l'enseignement du créationnisme qu'à la théorie de l'évolution dans les cours de biologie et de géologie. Des lois imposant un «traitement égal» ont effectivement été votées dans plusieurs États américains (Shore, 1992). Mais d'un point de vue scientifique, il n'y a pas deux opinions égales sur ce sujet puisque la doctrine créationniste va à l'encontre de toutes les données accumulées sur l'évolution de la Terre et des espèces qui y vivent (Shermer, 1996). Les scientifiques débattent de la nature, du rythme et du déroulement de l'évolution, mais en s'appuyant sur des faits et des connaissances validées.

La perspective cognitive nous incite à rejeter la passivité mentale et à prendre davantage conscience des raisons pour lesquelles on pense et on agit comme on le fait. Nous allons examiner maintenant deux questions illustrant les bénéfices que l'on peut tirer de la perspective cognitive, à savoir l'étude des témoignages d'enfants en cour et les thérapies cognitives.

Qu'avez-vous appris ?

RÉPONSES, p. 347

Un conférencier exhorte son auditoire à croire que penser de façon positive à l'éventualité d'être en meilleure santé ou d'être plus riche est la meilleure façon de le devenir réellement. Quelle erreur fait-il ?

PREMIER THÈME
LES TÉMOIGNAGES D'ENFANTS

Lors d'une visite chez le médecin, un garçon de quatre ans déclare à une infirmière qui prenait sa température rectale : « C'est ce que mon institutrice me fait. » La mère de l'enfant a signalé l'incident au service de protection de l'enfance et un assistant du procureur a interrogé le garçonnet. Au cours de l'entretien, celui-ci a mis son doigt dans le rectum d'une poupée reproduisant fidèlement l'anatomie humaine et il a dit que l'institutrice avait également pris la température de deux autres garçons. Ces derniers ont nié l'allégation, mais l'un d'eux a déclaré que l'institutrice, Kelly Michaels, avait touché son pénis. La mère, qui avait alerté le service de protection de l'enfance, a transmis à l'un des parents d'un autre enfant les résultats des interrogatoires ; ce parent a, à son tour, questionné son fils, qui a répondu que l'institutrice avait touché son pénis avec une cuillère.

D'autres allégations ont suivi, dont certaines plutôt bizarres : Kelly Michaels aurait léché du beurre d'arachide étalé sur les organes génitaux des enfants, elle aurait demandé à des enfants de boire sa propre urine et de manger ses excréments, et elle aurait violé et agressé des enfants à l'aide de couteaux, de fourchettes et de cubes Lego. Ces actes odieux se seraient produits pendant les heures de classe, sept mois durant, sans que personne ne s'en rende

Le témoignage des enfants en cour peut être influencé par plusieurs facteurs, notamment lorsque l'enfant veut faire plaisir à la personne qui l'interroge ou qu'il est pressé de répondre par cette dernière.

jamais compte, sans qu'aucun enfant ne se plaigne, qu'aucun parent ne décèle des signes précurseurs ou ne remarque que son enfant était perturbé. Kelly Michaels était-elle coupable de ces actes horribles, ou quelqu'un avait-il incité les enfants à inventer ces histoires farfelues à son sujet ?

Qui doit-on croire dans pareil cas : l'institutrice ou les enfants ? Et sur quels faits doit-on appuyer la décision ? Au cours des dernières années, peu de sujets ont soulevé des débats aussi intenses que la question de savoir si les enfants sont capables d'inventer des histoires d'abus sexuels. Certains soutiennent qu'il est impossible qu'un enfant mente à propos d'une expérience aussi traumatisante. D'autres affirment que le témoignage d'un enfant n'est pas crédible parce que ce dernier est incapable de faire la distinction entre la réalité et l'imaginaire, et qu'il a tendance à dire tout ce que, selon lui, les adultes veulent entendre. Puisque les deux positions soustendent des opinions différentes à propos de ce qu'un enfant sait, de ce qu'il se rappelle et de ce qu'on peut l'inciter à déclarer, il s'agit là d'une situation où les découvertes de la perspective cognitive peuvent jouer un rôle de premier plan.

Jusqu'aux années 1970, peu d'études expérimentales avaient été réalisées sur la mémoire des enfants ou la validité de leurs déclarations. La plupart des gens supposaient tout simplement que ces dernières n'étaient pas fiables. Puis, lorsque la recherche a mis en évidence que les enfants étaient victimes de sévices physiques et sexuels beaucoup plus fréquemment qu'on ne l'avait imaginé jusque-là, le parti pris contre le témoignage d'enfants a commencé à diminuer. Les procureurs ont accepté de plus en plus d'examiner les cas d'abus sexuels fondés sur les déclarations d'enfants et, durant les années 1980, il y a eu un accroissement considérable des causes criminelles où des enfants étaient appelés à témoigner.

Durant toutes ces années, les tribunaux ont souvent fait appel à la recherche en psychologie pour juger de la crédibilité du témoignage des enfants. Depuis 1979, plus de cent recherches ont été réalisées sur les témoignages d'enfants. Après avoir étudié l'ensemble de ces recherches, Stephen Ceci et Maggie Bruck (1993) en sont venus à la conclusion que, si le témoignage des enfants est fiable la plupart du temps, il peut cependant arriver que les enfants racontent des événements qui ne se sont pas réellement produits. Dans une de ces recherches, Gail Goodman et ses collaboratrices (Saywitz, *et al.*, 1991) ont mené une étude auprès d'enfants, âgés de cinq à sept ans, ayant tous passé un examen médical de routine. La moitié d'entre eux avaient subi un examen génital ou anal, nécessité par la présence d'une éruption, d'une infection, d'une blessure ou de signes quelconques d'un traumatisme. Les autres enfants avaient été examinés pour un problème de scoliose (déviation de la colonne vertébrale). Les chercheuses ont d'abord demandé à tous les enfants de décrire ce qui s'était passé durant l'examen médical, en leur faisant utiliser des jouets (poupées et trousses de médecin). Elles leur ont posé des questions délibérément tendancieuses : « Combien de fois est-ce que le médecin t'a embrassé ? » Elles ont observé que les enfants dont on avait touché les organes génitaux ne révélaient pas spontanément ce fait en jouant avec la poupée. Par ailleurs, ceux dont on n'avait pas touché les organes génitaux n'affirmaient presque jamais le contraire, même lorsqu'on les y incitait en leur posant des questions tendancieuses.

D'autres études ont montré que les enfants, tout comme les adultes, sont capables de se rappeler de façon très précise les points essentiels d'un événement important, surtout s'il les concerne de près (Fivush, 1993 ; Goodman, *et al.*, 1990). Même les enfants d'âge préscolaire peuvent fournir un témoignage précis lorsqu'on les interroge de façon adéquate. Par ailleurs, certains enfants disent *effectivement* qu'une chose s'est produite, alors que ce n'est pas vrai. Ils peuvent être amenés, tout comme les adultes, à raconter un événement d'une manière donnée, en fonction de la fréquence des suggestions et de l'insistance de la personne qui les émet. D'autres mentent quelquefois, ou encore cachent délibérément de l'information, pour éviter d'être punis, protéger une personne qu'ils aiment ou respecter une promesse (Clarke-Stewart, *et al.*, 1989 ; Peters, 1991 ; Pipe et Goodman, 1991). Ce dernier fait est important, car les agresseurs menacent souvent de punir leur victime si elle « parle » ou ils lui font promettre de ne rien dire sur l'agression.

Les chercheurs ne s'entendent toujours pas sur la fréquence des faux rapports de sévices. Ils recommandent donc d'user de prudence lorsqu'il s'agit d'accepter les dires d'un enfant. Le débat est houleux parce que le fait de croire ou non un enfant peut avoir des conséquences très graves. D'un côté, les défenseurs des enfants craignent que les agresseurs demeurent en liberté si on recommence à accorder peu de crédit aux déclarations des enfants. De l'autre, certains s'inquiètent de ce que l'acceptation non critique de tout événement raconté par un enfant détruise la vie d'accusés innocents, ce qui s'est d'ailleurs déjà produit.

Selon Ceci et Bruck, au lieu de se demander si tous les enfants sont influençables ou s'ils mentent, et d'adopter ensuite une position extrémiste, il serait plus utile de reconnaître que, dans certaines conditions, *tout individu* est influençable. La question est donc de savoir dans lesquelles un enfant l'est particulièrement. Voici quelques-unes de ces conditions :

- **Lorsque l'enfant est très jeune.** Ceci et Bruck ont observé que, dans 83 p. cent des études qui ont comparé la crédibilité des témoignages en fonction de l'âge, les enfants de maternelle s'avéraient plus vulnérables aux suggestions que les autres enfants.

- **Lorsque l'enfant est influencé par ses croyances et ses préjugés.** Au cours d'une étude convaincante, des chercheurs ont décrit à plusieurs reprises la personnalité d'un dénommé Sam Stone à de jeunes enfants (Ceci, 1994). Ils leur ont raconté que Sam était maladroit et qu'il brisait sans cesse des objets ne lui appartenant pas. Par la suite, un homme prétendant s'appeler Sam s'est rendu à la maternelle et s'est entretenu avec les enfants pendant quelques minutes. Au cours de sa visite, il ne s'est pas comporté de façon maladroite et n'a rien brisé. Puis, une semaine sur deux, pendant dix semaines, les chercheurs ont interrogé les enfants à propos d'un livre déchiré et d'un ourson en peluche sali, en leur posant à chaque fois les deux questions tendancieuses suivantes : « Je me demande si Sam Stone a fait exprès de salir l'ourson ou si c'était un accident ? » et « Je me demande si Sam Stone portait un pantalon long ou des culottes courtes lorsqu'il a déchiré le livre ? »

Au bout des dix semaines, un autre chercheur a demandé aux enfants de lui raconter ce qui s'était passé lors de la visite de Sam. Presque les *trois quarts* des enfants de trois et quatre ans ont déclaré que Sam avait abîmé le livre ou taché l'ourson, et 45 p. cent d'entre eux ont affirmé avoir effectivement vu Sam agir de la sorte. Presque 20 p. cent des enfants ont maintenu leur témoignage lorsque le chercheur a tenté de les faire changer d'avis. Certains ont fourni des détails sur le comportement de Sam, disant par exemple qu'il avait tartiné l'ourson de chocolat fondu, ou encore qu'il avait déchiré le livre de ses propres mains dans un moment de colère. Les enfants plus âgés, de cinq et six ans, ont eu moins tendance à raconter de faux souvenirs, tout comme les enfants du groupe de contrôle à qui personne n'avait parlé de Sam avant qu'il vienne leur rendre visite.

- **Lorsque l'enfant vit une tension émotionnelle.** Les enfants distinguent habituellement la réalité et l'imaginaire mais, dans les situations où ils vivent des émotions intenses, la frontière est moins nette. Lors d'une étude, on a demandé à des enfants de quatre à six ans d'imaginer un personnage, par exemple un lapin ou un monstre, assis sur une boîte vide. Peu de temps après, certains enfants ont commencé à se comporter comme si ce personnage était réel. Lorsque l'expérimentatrice a dit qu'elle devait quitter la pièce, quelques-uns des plus jeunes ne voulaient pas qu'elle sorte. À son retour, les questions posées aux enfants ont révélé que le quart d'entre eux croyaient qu'une créature fictive peut devenir réelle (Harris, *et al.*, 1991). Il s'agit là d'une donnée importante, car dans certains cas de sévices, y compris celui où Kelly Michaels a été mise en cause, les allégations des jeunes victimes deviennent de plus en plus bizarres et improbables avec le temps. « Cette évolution, écrivent Ceci et Bruck (1995), peut être due au fait que certains enfants franchissent plus facilement la frontière entre la réalité et la fiction, et ils sont davantage portés à agir de la sorte lorsque les personnes qui les ont interrogés et encouragés à imaginer certains événements, ne les ramènent pas à la réalité après chaque entretien. Lorsqu'on les laisse à eux-mêmes, ils peuvent alors en venir à croire ce qu'ils ont eux-mêmes inventé. »

- **Lorsque l'enfant veut faire plaisir à la personne qui l'interroge.** Quand un adulte questionne un enfant, celui-ci répond parfois en fonction de ce qu'il croit que l'adulte veut entendre, et non selon sa propre connaissance de l'événement. Les enfants considèrent généralement que la personne qui les interroge dit la vérité et est digne de confiance, et ils se montrent coopératifs. De plus, si un adulte pose une même question à plusieurs reprises au cours d'un entretien, l'enfant, surtout s'il est d'âge préscolaire, modifie souvent sa réponse, apparemment parce qu'il interprète la répétition comme un signe qu'il a donné une réponse erronée ou inacceptable (Cassel et Bjorklund, 1992 ; Moston, 1987 ; Poole et White, 1991). Ce fait a des répercussions troublantes en ce qui a trait aux poursuites pour abus sexuel, étant donné que les interrogateurs ont parfois eu recours à des techniques d'entretien fort discutables. Dans un cas survenu à Jordan au Minnesota, et dont on a beaucoup parlé, des dizaines de parents ont été accusés d'avoir tué des enfants ou de leur avoir infligé des sévices horribles ; par la suite, un enfant a admis avoir inventé des histoires très détaillées parce que, a-t-il dit, « J'ai compris ce qu'ils voulaient que je dise à

la façon dont ils posaient les questions » (Benedek et Schetky, 1987).

- **Lorsque l'enfant est pressé de répondre par les adultes.** Le climat émotionnel d'un entretien peut influer sur la précision du compte rendu de l'enfant. Si la personne qui l'interroge adopte un ton pressant ou si son attitude est perçue comme contraignante, l'enfant peut se sentir tenu de dire ce que l'adulte veut entendre. Dans une étude, des enfants de trois à six ans ont joué pendant cinq minutes avec un inconnu, assis en face d'eux à une table (Goodman, *et al.*, 1989). Quatre *ans* plus tard, les chercheurs ont interrogé les enfants, après leur avoir dit qu'on leur poserait des questions sur « un événement important » et qu'« ils se sentiraient mieux après en avoir parlé ». Évidemment, peu d'enfants se rappelaient l'événement. Pourtant, en réponse à une question tendancieuse, cinq des quinze participants ont dit que l'inconnu les avait serrés dans ses bras ou embrassés ; deux ont confirmé qu'il les avait photographiés dans la salle de bain ; et une petite fille a reconnu qu'il lui avait donné un bain.

Goodman a observé que, au cours de cette étude, aucun enfant n'avait déclaré que l'inconnu les avait déshabillés ou touchés avec une « mauvaise intention », même si on leur avait posé à ce sujet des questions tendancieuses. Elle pense que les risques de condamnation injuste fondée sur le témoignage d'un enfant sont faibles. Cependant, comme le soulignent Ceci et Bruck (1993), les enquêteurs et les travailleurs sociaux qui s'occupent de causes criminelles réelles font parfois preuve de beaucoup plus d'insistance que les chercheurs ; certains profèrent des menaces, offrent des récompenses ou accusent l'enfant de mentir. Dans ces conditions, des enfants peuvent être amenés à se « rappeler » des faits qui n'ont pas réellement eu lieu.

Les enquêteurs qui interrogent un enfant relativement à d'éventuels abus sexuels font donc face à un problème très délicat : ils doivent trouver le moyen de persuader l'enfant, qui peut être timide, embarrassé ou avoir du mal à s'exprimer, de dire la vérité sur ce qui s'est passé, tout en évitant de lui poser des questions contraignantes ou susceptibles de l'amener à faire de fausses déclarations. Les enquêteurs doivent également éviter de céder à leur propre confirmation de croyances, c'est-à-dire la tendance à ne rechercher que les faits confirmant leur croyance que des sévices ont (ou non) été infligés à l'enfant.

À l'heure actuelle, il semble que l'attitude la plus sage à l'égard des témoignages d'enfants est de faire preuve d'ouverture d'esprit, mais aussi de prudence, et de ne pas adopter une position extrémiste. Tout comme les adultes, les enfants ne mentent pas toujours mais ils ne disent pas toujours la vérité. Ils peuvent, tout comme les adultes, faire un compte rendu précis des événements ou déformer la réalité, oublier, inventer et être trompés. Comme le montrent les recherches effectuées dans le cadre de la perspective cognitive, les processus de pensée des enfants sont simplement humains.

Kelly Michaels, l'institutrice dont nous avons parlé plus haut, a été reconnue coupable de 115 chefs d'accusation d'abus sexuel sur 20 enfants fréquentant la maternelle, et elle a été condamnée à 47 ans d'emprisonnement. Après avoir purgé cinq ans de sa peine, elle a été libérée: une cour d'appel a statué qu'elle n'avait pas eu droit à un procès équitable compte tenu de la façon dont les interrogatoires des enfants avaient été menés.

DEUXIÈME THÈME
LES THÉRAPIES COGNITIVES

Le but des *thérapies cognitives* est d'aider le client à déterminer les pensées, les croyances et les attentes susceptibles d'entretenir inutilement sa tristesse, sa solitude, ses conflits ou tout autre problème. En reconnaissant comment ses pensées influent sur ses émotions, une personne qui se sent déprimée, en colère ou angoissée sera amenée à modifier sa façon de penser et, par là même, ses émotions. Un individu cherchera à savoir par exemple pourquoi il croit que l'univers va s'effondrer s'il obtient un C en biologie, que personne ne l'aime, que l'un de ses collègues sabote intentionnellement son travail ou que rien ne viendra jamais mettre un terme à sa solitude. Il prendra peut-être conscience qu'il a tendance à tout «dramatiser» et il pourra tenter de mettre en échec son autoréalisation de la prophétie selon laquelle ses problèmes sont éternels et hors de sa maîtrise («La compagnie où je travaille est un milieu hostile et cela ne changera jamais»).

L'une des plus anciennes thérapies cognitives est la thérapie émotivo-rationnelle d'Albert Ellis, maintenant appelée *thérapie comportementale émotivo-rationnelle* (1993). Le postulat fondamental de cette approche est que les croyances et les exigences irréalistes à l'égard de soi poussent l'individu à se comporter de façon irrationnelle et nuisible pour lui-même. Le thérapeute s'efforce de modifier les attentes irrationnelles du client en leur opposant des arguments rationnels (Ellis, 1958, 1989). Une autre approche cognitive a été conçue par Aaron Beck pour le traitement de la dépres-

sion et, par la suite, de l'anxiété et des phobies (Beck, 1976, 1991). Ici, le thérapeute ne remet pas directement en question les croyances illogiques de son client, il l'incite plutôt à les confronter avec les faits objectifs. Une troisième approche, élaborée par Donald Meichenbaum (1975), s'appuie sur *l'autoformation*, c'est-à-dire que le client apprend à substituer lui-même des pensées positives aux pensées négatives qui lui viennent spontanément à l'esprit en situation de stress. L'objectif de chacune de ces thérapies est de remplacer les croyances et les pensées erronées ou exagérées par des cognitions plus positives, et d'aider le client à apprendre à prêter attention aux situations confirmant ces dernières. Pour les thérapeutes cognitivistes, l'expression des émotions ne suffit pas pour les éliminer si les pensées qui les sous-tendent demeurent inchangées. L'enseignement de ces spécialistes porte sur des habiletés métacognitives.

Les thérapeutes cognitivistes demandent parfois à leur client de noter ses pensées, de lire ce qu'il a écrit comme si une autre personne en était l'auteur et de répondre ensuite de façon rationnelle à chaque affirmation. Cette technique est utile, car bien des personnes ont des idées irréalistes à propos de ce qu'elles «doivent» ou «devraient» faire et elles ne prennent pas le temps d'examiner le bien-fondé de ces croyances. Prenons le cas d'un étudiant ne parvenant pas à remettre un travail de fin de session parce que chaque fois qu'il rédige une phrase il imagine toutes les critiques qu'on pourrait lui adresser. Persuadé que sa dissertation sera lue avec sévérité, il finit par ne rien remettre du tout. Un thérapeute cognitiviste aiderait cet étudiant en examinant avec lui ses pensées et ses émotions. Par exemple:

Pensée négative: «Ce texte n'est pas assez bon; il vaudrait mieux que je le recommence pour la vingtième fois.»

Réponse rationnelle: «Pas assez bon pour quoi? C'est vrai qu'il ne me fera pas gagner le prix Pulitzer, mais en l'examinant d'un point de vue objectif, je considère que c'est un assez bon essai.»

Pensée négative: «Si je n'obtiens pas un A+ pour ce travail, ma vie est sans espoir.»

Réponse rationnelle: «Ça n'apporte sûrement rien d'accumuler les mauvaises notes pour un travail non remis. Il vaut mieux que j'obtienne un B, ou même un C, plutôt que de ne rien faire du tout.»

Les thérapies cognitives sont devenues en vogue au cours des dernières années, ce qui n'a pas empêché les critiques. Le thérapeute d'orientation psychodynamique Robert Fancher (1995) soutient que, en dépit de leur nom, les thérapies cognitives ont peu emprunté aux sciences cognitives. Selon lui, elles reposeraient en fait sur une définition de la cognition fondée sur le bon sens et sur la croyance erronée que le thérapeute est en mesure d'identifier les «erreurs de pensée». En outre, ce qui semble illogique ou irrationnel au thérapeute, écrit Fancher, n'est peut-être pas si irrationnel que cela si on tient compte de l'expérience du client. Bien des personnes déprimées, ajoute-t-il, ont *effectivement* subi des échecs dans leur vie amoureuse et leur milieu de travail; ce qui les perturbe, ce ne sont pas des évaluations irréalistes, mais les événements bien réels et troublants qu'elles vivent. Demander à une personne de modifier son interprétation sans prendre en compte son histoire personnelle, c'est *cela* qui est irréaliste, dit Fancher; supposer que la source de toutes les difficultés d'un individu est purement cognitive, c'est faire preuve de réductionnisme cognitif.

Toutefois, les meilleures thérapies cognitives ne tombent pas dans ce piège. Des recherches ont montré que la thérapie cognitive s'avère souvent très efficace, surtout si on la combine avec des techniques comportementales (Chambless, 1995; Lambert et Bergin, 1994). Ses plus grandes réussites ont été observées dans le traitement des troubles de l'humeur, en particulier les attaques de panique, d'anxiété et les épisodes dépressifs (Black, *et al.*, 1993). De nombreuses recherches soulignent que la thérapie cognitive est souvent plus efficace que les médicaments antidépresseurs pour éviter une rechute des épisodes de panique ou de dépression (Barlow, 1994; Chambless, 1995; McNally, 1994; Whisman, 1993). De plus, les thérapies cognitivo-comportementales sont très efficaces pour venir en aide à ceux qui souffrent de douleur physique (J. B. Skinner, *et al.*, 1990) ou de fatigue chronique (Butler, *et al.*, 1991), et elles sont tout aussi efficaces dans le traitement des troubles liés à l'alimentation (Wilson et Fairburn, 1993).

On a aussi eu recours aux techniques cognitives pour prévenir l'apparition de dépressions sévères chez des enfants. Des enfants de cinquième et de sixième année du primaire, classés comme étant à risque à la suite de tests de prévention de la dépression, furent sélectionnés pour suivre une thérapie cognitive (Gilham, *et al.*, 1995). Ces enfants furent rassemblés en petits groupes et ils apprirent à reconnaître leurs croyances pessimistes, à jauger les faits pour ou contre ces croyances et à imaginer des interprétations plus optimistes. Les enfants apprirent aussi à penser aux buts recherchés avant de passer à l'action, à trouver diverses solutions à des problèmes et à prendre des décisions avant lesquelles ils devaient évaluer le pour et le contre. Au cours des deux années de suivi, ces enfants se montrèrent beaucoup moins dépressifs que des enfants similaires d'un groupe témoin qui n'avaient

pas suivi le programme. Les chercheurs croient que de telles interventions cognitives peuvent en quelque sorte «immuniser psychologiquement» ces enfants contre la dépression à la période même où ils commencent à faire face aux tensions propres à la puberté et à l'adolescence (Gilham, *et al.*, 1995).

Vous avez pu constater que les découvertes de la perspective cognitive ont des répercussions sur le développement intellectuel, sur le bien-être émotionnel, sur les problèmes sociaux et même sur les questions juridiques. Il reste néanmoins beaucoup à apprendre sur la manière dont on pense, on discute, on élabore des idées, on prend des décisions, on se rappelle le passé et on communique les résultats de toutes ces réflexions à autrui. On peut dessiner les «trois boîtes» de la mémoire et inventer des métaphores de plus en plus sophistiquées pour parler du cerveau; cependant, on ne comprend toujours pas grand-chose de la conscience, qui fait de la pensée humaine une entité bien différente des opérations d'un ordinateur. Selon le spécialiste des sciences cognitives Daniel Dennett (1991), «Il semble qu'une simple machine, quel que soit le degré de précision avec lequel elle peut reproduire les processus cérébraux du dégustateur de vin, est incapable d'apprécier un vin, une sonate de Beethoven ou une partie de basket. Pour apprécier quelque chose, il faut avoir une conscience, ce qu'une simple machine ne possède pas.»

Dennett croit que le mystère de l'esprit finira par «tomber aux mains de la science». Mais certains espèrent que cela ne se produira jamais; la conscience, comme l'amour, disent-ils, perdrait de son intérêt et de sa beauté si on la comprenait vraiment. Pourtant, soutient Dennett, la démystification de l'esprit ne devrait pas réduire l'émerveillement que suscite son fonctionnement. «Quand nous comprendrons la conscience, quand le mystère s'évanouira, la conscience sera différente. Mais la beauté sera toujours là. Et nous ne cesserons jamais de nous émerveiller.»

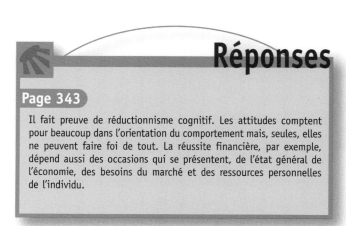

Réponses

Page 343

Il fait preuve de réductionnisme cognitif. Les attitudes comptent pour beaucoup dans l'orientation du comportement mais, seules, elles ne peuvent faire foi de tout. La réussite financière, par exemple, dépend aussi des occasions qui se présentent, de l'état général de l'économie, des besoins du marché et des ressources personnelles de l'individu.

RÉSUMÉ

1 Les principales contributions de la perspective cognitive sont les suivantes : la conception de méthodes de recherches innovatrices pour étudier les processus cognitifs, une meilleure compréhension de l'influence des pensées sur le comportement et l'élaboration de stratégies afin d'améliorer les capacités intellectuelles.

2 Une critique fréquente formulée envers la perspective cognitive porte sur son recours à des métaphores, qu'il est difficile de vérifier empiriquement, pour illustrer le fonctionnement de nombreux processus cognitifs. De plus, une compréhension ou une application erronées de la perspective cognitive peuvent mener à trois erreurs courantes : la simplification à outrance en faveur de facteurs cognitifs, la confusion entre les causes et les effets (qui se produit lorsqu'on oublie que la relation entre les pensées et les événements est réciproque) et le relativisme cognitif (la croyance erronée que toutes les idées, pensées ou souvenirs doivent être également pris au sérieux).

3 La perspective cognitive contribue à clarifier les questions soulevées dans le cadre du débat portant sur les récits d'abus sexuels par des enfants qui en auraient été victimes : les enfants sont-ils capables de fabriquer de telles histoires ? Les souvenirs des enfants, tout comme ceux des adultes, peuvent être influencés par des questions tendancieuses ainsi que par les stéréotypes et les préjugés. Dans une situation suscitant des émotions intenses, la frontière entre la réalité et l'imaginaire a tendance à devenir floue. Les enfants donnent parfois la réponse que, croient-ils, les adultes veulent entendre plutôt qu'une réponse fondée sur leur connaissance d'un événement. Cela se produit particulièrement lorsque l'on exerce des pressions sur les enfants.

4 Les thérapies cognitives visent à aider le client à déterminer les pensées, les attentes irréalistes et les croyances autodestructrices susceptibles de prolonger inutilement sa tristesse et sa solitude. L'objectif consiste à remplacer les croyances et les pensées fausses ou exagérées par des pensées et croyances plus justes, et d'aider le client à apprendre à prêter attention aux situations confirmant ses nouvelles façons de penser. Les critiques soutiennent que les thérapeutes cognitivistes ont tort de croire qu'ils peuvent identifier les « erreurs de pensée » de leur client, dont ils ne connaissent souvent pas l'histoire personnelle. Malgré tout, la thérapie cognitive se révèle souvent très efficace, surtout quand on la combine avec des techniques comportementales.

Septième partie

L'intégration des cinq perspectives

Un de nos amis a assisté à une réunion au cours de laquelle des psychologues discutaient le cas d'une enfant perturbée: une fillette turbulente et querelleuse, dont le comportement provoquait la colère de sa mère. Quant au père, il était généralement fatigué lorsqu'il rentrait de sa journée de travail et il ne voulait pas entendre parler de l'état de sa fille.

Le premier psychologue pensait que l'enfant avait toujours eu un caractère difficile; il s'agissait pour lui d'un état biologique auquel on pourrait remédier par une médication appropriée.

Le second psychologue prétendait que les difficultés de la fillette venaient du fait qu'elle entretenait des sentiments œdipiens non résolus, que la mère déplaçait ses besoins d'affection de son mari vers l'enfant et que le père était inconsciemment angoissé par sa paternité; une thérapie psychodynamique pourrait aider et l'enfant et ses parents.

Le troisième psychologue croyait que la fillette avait appris à se conduire de façon inappropriée et agressive dans le but d'attirer l'attention de son père; d'après lui, il était possible de modifier ce comportement en faisant appel à une thérapie béhaviorale.

Le quatrième psychologue considérait que la fillette n'avait pas bénéficié de considération positive inconditionnelle et qu'elle se sentait rejetée par ses parents, d'où son comportement belliqueux; tous les trois tireraient profit d'une thérapie humaniste.

Le cinquième psychologue soutenait que la mère était responsable des problèmes de l'enfant parce qu'elle interprétait, à tort, la conduite de sa fille et la considérait comme de la provocation pure et simple ; on pourrait, selon lui, aider la mère en l'invitant à suivre une thérapie cognitive.

Cet exemple illustre une des situations typiques à laquelle les étudiants en psychologie de même que les psychologues ont tous un jour ou l'autre à faire face. Qui a raison ? Qui a tort ? Existe-t-il une perspective supérieure aux autres ? En fait, il n'existe pas de réponses simples à ces questions. Dans ce dernier chapitre, nous présentons quelques éléments de réflexion qui vous permettront, nous l'espérons, de mieux saisir les difficultés associées à la comparaison de ces différentes perspectives.

L'application des cinq perspectives : la consommation des drogues et ses abus

Nous subissons tous et à tout moment un grand nombre d'influences qui façonnent notre comportement.

Nous avons vu tout au long de cet ouvrage que la plupart des psychologues sont spécialisés dans une perspective et qu'ils se penchent sur des sujets de réflexion ou des situations particulières à partir de l'approche qu'ils ont choisi de privilégier. D'autres au contraire croient à la nécessité d'emprunter des éléments à chacune des perspectives afin d'arriver à une meilleure compréhension d'un sujet. Nous allons donc nous arrêter tout d'abord à cet idéal d'une psychologie unifiée pour ensuite montrer, à partir d'un exemple, soit l'usage des drogues et les abus qui y sont associés,

> **Éclectisme**
>
> Approche par laquelle le psychologue emprunte à chaque perspective ses meilleurs éléments en fonction du problème abordé.

comment les cinq grandes perspectives expliquent chacune à sa manière ce phénomène complexe et universel. Puis nous présenterons une réflexion sur ce que la psychologie scientifique peut apporter à la compréhension de l'être humain.

LE RÊVE D'UNE PSYCHOLOGIE UNIFIÉE

Si de nombreux psychologues ne se réclament que d'une seule perspective, d'autres préconisent une approche fondée sur l'emprunt d'éléments à diverses perspectives selon le problème à résoudre. Cette approche, qui présente autant de variantes qu'il existe de perspectives, se nomme l'**éclectisme.** Elle a vu le jour dans les années 1950 et 1960 lorsqu'il est devenu évident pour certains qu'aucune perspective n'était en mesure d'expliquer tous les phénomènes humains ou de concevoir une technique thérapeutique nettement supérieure aux autres (Castonguay, 1987). On a alors assisté à des mariages de raison entre diverses perpectives visant à élargir le champ d'application des théories ainsi que des techniques thérapeutiques. Des humanistes se sont associés avec des psychanalystes, des cognitivistes avec des neuropsychologues, le dernier mariage en date consacrant l'union du béhaviorisme et du cognitivisme. Aujourd'hui au Québec, on trouve plus de psychologues éclectistes que de psychanalystes, de béhavioristes ou d'humanistes (Reid, 1987).

L'éclectisme a autant de partisans que d'adversaires. Du côté des partisans, de nombreux psychologues croient qu'un certain nombre de perspectives sont complémentaires et que, un jour, il n'y aura plus qu'une seule perspective en psychologie. Étant donné que chaque perspective embrasse une partie du réel et non la totalité de ses phénomènes, certains considèrent qu'il est logique de s'intéresser au champ d'études des autres perspectives (Reid, 1987). Même s'ils reconnaissent l'existence de contradictions entre les différentes tendances de la psychologie, ils considèrent qu'elles témoignent davantage de la jeunesse d'une discipline (qui a cent vingt ans à peine) que de son incapacité à offrir un point de vue unifié sur l'être humain. S'ils constatent que l'unification des perspectives est un but lointain, ils voient dans les rapprochements théoriques et thérapeutiques réalisés ces dernières années des signes encourageants en ce sens.

Du côté des opposants à l'éclectisme, certains pensent qu'il est absurde de chercher à intégrer des perspectives qui divergent sur le plan conceptuel. Prenons le cas de la psychanalyse et du béhaviorisme ; les psychanalystes affirment que l'explication de la plupart des phénomènes psychologiques réside dans une série de causes ou de facteurs internes que l'on appelle l'inconscient, alors que les béhavioristes postulent que les mêmes phénomènes sont le résultat de causes environnementales physiques et sociales. Les premiers sont internalistes, les seconds externalistes, deux prises de position contradictoires. Pour certains psychologues, être ou prétendre être à la fois psychanalyste et béhavioriste relève d'une méconnaissance des concepts de base de ces perspectives. Les psychanalystes ne nient pas l'influence de l'environnement social, le rôle des parents en particulier étant fondamental dans le développement psychosexuel, mais ils considèrent que les effets de ce facteur sont modulés par l'inconscient et que, en dernier ressort, c'est cette structure mentale qui explique le comportement de l'individu. La vision des béhavioristes est tout aussi nuancée : ils ne nient pas l'existence de phénomènes internes, mais ils croient que ces phénomènes sont d'ordre biologique et ne peuvent en aucun cas expliquer l'ensemble des comportements humain et animal. Les béhavioristes s'opposent par contre à l'utilisation de concepts internes mentalistes pour expliquer le comportement. Pour eux, des entités non biologiques comme le ça ou le surmoi ne peuvent, si elles existent, influer sur des phénomènes biologiques comme le comportement. Le débat reste ouvert, mais bon nombre de psychologues s'entendent au moins sur

un point : l'explication ultime du comportement ne peut être à la fois à l'intérieur et à l'extérieur de l'organisme et ces deux points de vue opposés sont irréconciliables.

LA CONSOMMATION DES DROGUES ET SES ABUS

La plupart des adultes ont déjà consommé au moins une drogue **psychotrope,** une substance qui exerce des effets sur la perception, l'humeur, le raisonnement, la mémoire ou le comportement. Les drogues psychotropes les plus répandues sont le tabac, l'alcool, la marijuana, l'opium, la cocaïne, le peyotl et, il ne faut pas l'oublier, le café. Elles sont consommées pour différentes raisons : modifier la conscience, participer à un rituel religieux, se divertir ou s'évader psychologiquement. Les humains ne sont pas les seuls à en faire usage ; les babouins ingèrent du tabac, les éléphants adorent l'alcool que contiennent les fruits fermentés et les rennes de même que les lapins recherchent des champignons hallucinogènes (R. Siegel, 1989).

> **Psychotrope**
> Drogue susceptible d'influer sur la perception, l'humeur, la cognition ou le comportement.

Les drogues sont classifiées en fonction de leurs effets sur le système nerveux central et de leurs répercussions sur le comportement et l'humeur. La plupart font partie des catégories suivantes : stimulants, dépresseurs, narcotiques et hallucinogènes. Voici en résumé leurs principales caractéristiques :

1 LES STIMULANTS tels que la cocaïne, les amphétamines, la nicotine et la caféine accroissent l'activité du système nerveux. En petite quantité, ils ont tendance à produire un sentiment d'excitation, de confiance, de bien-être ou d'euphorie. En grande quantité, ils entraînent de l'anxiété, des tremblements et l'hypervigilance. En très grande quantité, ils peuvent causer des convulsions, des arrêts cardiaques et même la mort.

Les amphétamines sont des drogues synthétiques habituellement disponibles sous forme de capsules. La cocaïne est un dérivé naturel des feuilles de coca, elle est le plus souvent inhalée ou fumée sous sa forme la plus pure appelée « crack ». Cette dernière a aussi un effet plus immédiat, plus puissant et plus dangereux. Les personnes qui consomment des amphétamines ou de la cocaïne se sentent plus actives, alors que la drogue n'accroît pas réellement les réserves d'énergie. La fatigue, l'irritabilité et la dépression peuvent survenir lorsque les effets de la drogue se sont dissipés.

2 LES DÉPRESSEURS ou *sédatifs* tels que l'alcool, les anxiolytiques et les barbituriques réduisent l'activité du système nerveux central. Leur consommation modérée entraîne un sentiment de calme ou d'assoupissement, ainsi qu'une diminution de l'anxiété, de la culpabilité et des inhibitions. En grande quantité, ils peuvent amortir considérablement la sensibilité à la douleur et aux autres sensations. En très grande quantité, ils peuvent produire des convulsions et même la mort.

Les gens sont souvent surpris d'apprendre que l'alcool agit comme un dépresseur du système nerveux central. En petite quantité, l'alcool a des effets qui s'apparentent à un stimulant, parce qu'il supprime l'activité de certaines régions du cerveau responsables de l'inhibition de comportements exubérants comme le rire tonitruant ou les pitreries. L'ingestion d'une très grande quantité d'alcool peut entraîner la mort par inhibition de l'activité des neurones des centres nerveux supérieurs qui régissent la respiration et les battements cardiaques.

3 LES NARCOTIQUES ou opiacés incluent l'opium, la morphine, l'héroïne et certaines drogues synthétiques telles que la méthadone. Toutes ces drogues soulagent la douleur en imitant l'action des endorphines. Elles ont également un effet puissant sur les émotions. En injection, elles produisent un sentiment soudain d'euphorie parfois suivi d'une diminution de l'anxiété et de la motivation ; cependant les effets varient d'une personne à l'autre. La surconsommation de ces produits peut aussi mener au coma, voire à la mort.

4 LES HALLUCINOGÈNES tels que le LSD (diéthylamide de l'acide lysergique) et la mescaline altèrent la conscience en déformant les perceptions normales du temps et de l'espace ainsi que les processus de pensée normaux. Les réactions émotionnelles aux hallucinogènes varient d'une personne à l'autre et d'une consommation à l'autre. Un « voyage » peut être plaisant ou déplaisant, comporter des révélations mystiques, produire des hallucinations puissantes ou constituer un véritable cauchemar.

La drogue illicite la plus répandue est probablement la marijuana. Certains chercheurs la classent dans la catégorie des hallucinogènes légers, d'autres croient que sa composition chimique de même que ses effets psychologiques l'excluent des quatre principales catégories de drogues. Le composé actif de la marijuana est le THC (tétrahydrocannabinol) et son effet s'apparente à celui d'un léger stimulant. Le THC accroît le rythme cardiaque et fait apparaître les saveurs, les sons et les couleurs comme plus intenses. De nombreux consommateurs rapportent fréquemment une

légère euphorie ou une plus grande relaxation ; le temps semble aussi passer plus lentement.

Même si la plupart des gens consomment des drogues psychotropes de façon modérée et pendant de courtes périodes seulement, un certain nombre cependant en font un usage abusif. Les conséquences pour les individus et leurs familles sont souvent tragiques : troubles divers, insatisfactions et probabilité accrue de mort prématurée due à un accident ou à une maladie. Les conséquences pour la société sont tout aussi néfastes : perte de productivité au travail et hausse de la criminalité.

Les préoccupations que les conséquences désastreuses de l'abus des drogues ont pu engendrer chez de nombreuses personnes empêchent d'analyser sereinement la recherche sur ce sujet, les gens adoptant souvent une position extrémiste. Certains ne peuvent accepter les résultats de travaux de recherche montrant que leur drogue favorite, tels le café, le tabac, l'alcool ou la marijuana, peut avoir des effets néfastes sur la santé. À l'opposé, d'autres ne peuvent accepter les résultats de recherche montrant que la drogue qu'ils détestent le plus, tels l'alcool, la morphine ou la marijuana, n'est pas toujours dangereuse sous toutes ses formes ou dosages, et qu'elle est même susceptible de produire des effets bénéfiques. Dans leur réflexion, les extrémistes des deux camps se trompent souvent sur deux points. Premièrement, ils n'arrivent pas à faire la distinction entre les effets respectifs de l'usage modéré et de l'usage abusif des drogues ; deuxièmement, ils ont tendance à croire que toutes les drogues légales sont relativement inoffensives et que toutes les drogues illégales sont dangereuses (ou bénéfiques).

En fait, pour la plupart des drogues, les études soulignent une différence importante entre consommation modérée et consommation abusive. (Il faut toutefois noter que même une consommation modérée de certaines drogues très puissantes comme le « crack » peut être dangereuse.) Lors d'une recherche longitudinale, Shedler et Block (1990) ont suivi un groupe important d'enfants, de la maternelle à l'âge de 18 ans. Ils ont trouvé que les adolescents qui avaient consommé modérément de l'alcool et de la marijuana étaient les mieux adaptés du groupe en ce qui concerne les habiletés sociales, le degré d'anxiété et l'expressivité émotionnelle, alors que ceux qui en avaient abusé étaient les plus inadaptés et les plus impulsifs. La forte consommation d'alcool et de drogues illicites nuisait à presque tous les aspects de la vie des adolescents, depuis les relations interpersonnelles jusqu'aux tâches scolaires (Scheier, Newcomb et Bentler, 1990). D'autres travaux de recherches ont montré que les hommes qui consomment modérément du vin, au maximum trois verres par jour, voient leurs risques de subir une crise cardiaque ou un accident vasculaire cérébral diminuer de façon significative par rapport aux hommes qui n'en boivent pas du tout (Casswell, 1993; Gaziano et Hennekens, 1995; Gronbaek, et al., 1995; Klatsky, 1994). En revanche, à consommation égale, les femmes accroissent le risque d'être atteintes d'un cancer du sein, ce qui rend problématique l'équilibre entre les risques et les avantages pour cette catégorie de personnes. Les études suggèrent que les femmes ne devraient pas consommer plus de un ou deux verres de vin par jour, pour réduire les risques d'attaques cardiaques; en effet, elles sont habituellement plus petites que les hommes et leur organisme métabolise l'alcool différemment (Fuchs, et al., 1995).

Lorsque ces résultats sont révélés par les médias, les professionnels de la santé craignent toujours qu'ils soient faussement interprétés par certains consommateurs pour pouvoir ainsi justifier leur consommation abusive d'alcool. Nous espérons bien sûr que vous n'en ferez rien. Aux États-Unis, la consommation abusive d'alcool se situe, après le tabac, au deuxième rang des causes de mortalité. Cela est peut être dû au fait que les grands buveurs ont davantage tendance à détruire leur foie... et leur voiture. Même une sortie trop arrosée à l'occasion est plus dangereuse qu'une consommation modérée d'alcool.

Dans chaque société, certaines drogues légales sont considérées comme «bonnes» et certaines drogues illégales comme «mauvaises», cette distinction n'étant habituellement fondée sur aucune base médicale ni biologique (Gould, 1990; Weil, 1972/1986). Par exemple, la nicotine, qui est légale, engendre tout autant la dépendance que l'héroïne et la cocaïne, qui sont illégales. Pourtant, l'usage du tabac est associé à plus de 400 000 morts par année aux États-Unis, ce qui représente plus de 20 fois le nombre de morts causées par toutes les autres formes de drogues réunies (McGinnis et Foege, 1993). La ligne entre la légalité des drogues est arbitraire et tracée à partir d'arguments sociaux, économiques et culturels. Une fois cette ligne tracée, elle apparaît évidente et inévitable, même si une drogue déclarée illégale peut dans les faits être moins dangereuse que certaines drogues légales.

Le cas de la marijuana est particulièrement significatif pour étudier les

attitudes envers les drogues illégales. Lester Grinspoon et James Bakalar (1993) ont analysé les nombreuses études effectuées au cours des dernières décennies sur les bienfaits de la marijuana: réduction des nausées et des vomissements qui accompagnent souvent les traitements de chimiothérapie du cancer et du sida; diminution des tremblements, de la perte d'appétit et d'autres symptômes de la sclérose en plaques; réduction de la fréquence des crises chez certains patients épileptiques; soulagement de l'enflure de la rétine causée par le glaucome. Pour de nombreux critiques, la plupart de ces affirmations n'ont pas été suffisamment validées mais il semble que les bienfaits de la marijuana soient reconnus par de nombreux médecins. Lors d'une enquête auprès de plus de mille spécialistes du cancer, la moitié d'entre eux ont affirmé qu'ils prescriraient la marijuana si elle était légalisée, et 44% en avaient déjà recommandé son usage (illégal) à leurs patients (Doblin et Kleinman, 1991).

Quoi qu'il en soit, la législation qui encadre l'usage des drogues est un thème qui éveille les passions. Certains militent pour éliminer toutes les drogues illégales; d'autres souhaitent légaliser quelques narcotiques et la marijuana à des fins médicales; d'autres revendiquent la légalisation de la marijuana à des fins récréatives tout en souhaitant l'interdiction du tabac; d'autres encore pensent que toutes les drogues devraient être décriminalisées; d'autres enfin croient aussi que toutes les drogues devraient être décriminalisées mais que les gens devraient s'abstenir d'en consommer pour

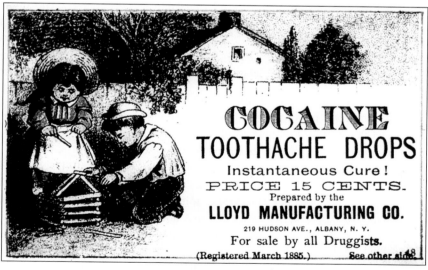

Avant que sa vente ne soit interdite aux États-Unis dans les années 1920, la cocaïne bénéficiait d'une large publicité pour ses vertus curatives, du mal de dent à la timidité. Cette drogue faisait partie des ingrédients de nombreux produits — thés, toniques, pastilles pour la gorge et même boissons gazeuses (y compris, pour une brève période, Coca-Cola). Cependant, lorsque la cocaïne fut associée à la criminalité et que les préoccupations à l'égard de sa consommation abusive commencèrent à croître, l'opinion publique partit en guerre contre cette drogue.

des raisons morales, religieuses ou médicales. Pour vous aider à émettre votre propre opinion sur le sujet, nous vous présentons maintenant ce que les psychologues des cinq grandes perspectives ont découvert chez les personnes qui font un usage modéré des drogues et chez celles qui se retrouvent en état de dépendance.

La perspective biologique

La perspective biologique a grandement contribué à notre compréhension des changements physiologiques liés à l'usage des drogues et elle a aussi soulevé l'hypothèse que la dépendance à la drogue serait transmise génétiquement. Les drogues psychotropes agissent surtout sur les neurotransmetteurs, substances qui assurent la communication entre les neurones. Certaines drogues ont pour effet de diminuer ou d'augmenter la quantité de neurotransmetteurs libérés au sein des connexions synaptiques; d'autres bloquent la réabsorption («recaptage») des neurotransmetteurs après qu'ils ont été libérés; d'autres encore empêchent les neurotransmetteurs d'atteindre les sites récepteurs à la surface des cellules. Par exemple, la cocaïne accroît la quantité de noradrénaline et de dopamine dans le cerveau en bloquant la réabsorption de ces substances par les cellules émettrices. Il en résulte une stimulation accrue de certains réseaux neuronaux et une courte période d'euphorie, appelée «high». Par la suite, lorsque les effets de la drogue s'estompent et que la dopamine est de nouveau recaptée, le sujet peut subir un «crash», c'est-à-dire une chute brutale de l'humeur qui l'assoupit et le déprime.

> **Tolérance**
> À la suite de l'usage régulier d'une drogue, résistance accrue de l'organisme, qui requiert des doses de plus en plus élevées pour obtenir les mêmes effets.

La consommation de psychotropes, tels les anxiolytiques et l'héroïne, peut provoquer la **tolérance,** phénomène par lequel des quantités de plus en plus élevées de drogue sont nécessaires pour obtenir les mêmes effets. Lorsqu'un toxicomane cesse de prendre ses doses habituelles, il peut souffrir des symptômes du **sevrage,** soit des nausées, des crampes abdominales, des spasmes musculaires, de la dépression et des troubles du sommeil, qui varient selon les drogues. La tolérance et le sevrage sont souvent présentés comme des phénomènes purement physiologiques, mais comme nous le verrons plus loin, l'apprentissage joue aussi un rôle important.

> **Sevrage**
> Symptômes physiques et psychologiques qui surviennent lorsqu'une personne qui consomme des drogues régulièrement et en grande quantité cesse d'en prendre.

Du point de vue de la perspective biologique, la dépendance à l'alcool et aux drogues est une *maladie* qui met en cause différents processus biochimiques. En 1960, Jellinek a révolutionné la conception populaire de l'alcoolisme en affirmant que la dépendance à l'alcool était une maladie causée par une vulnérabilité biologique à l'alcool, indépendante de la volonté du patient. Jusqu'alors, on croyait volontiers que l'alcoolisme résultait d'un manque de volonté et de jugement moral.

Étant donné que la présence d'alcooliques chez les proches parents biologiques accroît les risques d'alcoolisme chez un individu, les partisans du modèle de l'alcoolisme considéré comme une maladie croient qu'il existe une prédisposition génétique à l'alcoolisme. Ainsi, des chercheurs tentent d'identifier les gènes ou les anomalies biologiques qui pourraient être liés à l'alcoolisme ou tout au moins à certaines de ses formes (Blum, 1991; Kendler, *et al.,* 1992; Polich, Pollock et Bloom, 1994). Par exemple, chez les personnes atteintes d'une forme particulièrement sévère d'alcoolisme associée à des comportements antisociaux, à l'impulsivité, à des crimes violents et à certains troubles mentaux, on a observé une activité réduite d'une enzyme, la monoamine oxydase de type B, par comparaison avec des non-alcooliques (Bohman, *et al.,* 1987; McGue, Pickens et Svikis, 1992). Même si cette enzyme n'est pas reliée directement à la dépendance à l'alcool, elle n'en révèle pas moins un état physiologique susceptible de favoriser l'apparition de l'alcoolisme ou d'autres troubles psychiatriques (Devor, *et al.,* 1994). Plusieurs travaux de recherches ont aussi tenté d'associer l'alcoolisme à la présence d'un gène spécifique ayant un effet sur les récepteurs de la dopamine, neurotransmetteur qui contribue à la régulation des comportements liés à la recherche du plaisir. Toutefois les résultats sont contradictoires, certains montrant que ce gène était plus fréquent dans l'ADN des alcooliques (Noble, *et al.,* 1991), et d'autres ne notant aucune différence entre les alcooliques et les non-alcooliques (Bolos, *et al,* 1990; Gelernter, *et al.,* 1991).

Le bilan de la recherche du gène responsable de l'alcoolisme est peu concluant puisque les travaux n'ont pas permis d'isoler ce fameux gène. À défaut d'identifier une cause génétique directe, de nombreux chercheurs se tournent vers les causes indirectes de l'alcoolisme. Ainsi, certains croient que l'interaction de plusieurs gènes peut affecter la réaction de l'organisme à l'alcool, la consommation abusive d'alcool et de n'importe quelle autre drogue psychotrope ou encore la progression de maladies liées à l'alcool, comme la cirrhose du foie. Par exemple, certains gènes pourraient influer sur le développement du tempérament ou des traits de personnalité qui prédisposent certains individus à devenir alcooliques ou encore sur le processus de métabolisation de l'alcool dans le foie. Mais pour d'autres chercheurs, il est possible que l'explication génétique n'ait aucun fondement et que l'alcoolisme résulte tout simplement de... la consommation d'alcool! En effet, une forte consommation d'alcool modifie certaines fonctions cérébrales, réduit l'activité des endorphines, diminue le volume du cortex cérébral et endommage le foie. Selon ces chercheurs, ce serait ces changements ou dommages qui créeraient la dépendance biologique, l'incapacité à métaboliser l'alcool et les troubles psychologiques liés à l'alcoolisme.

Même s'ils ne partagent pas le même avis sur les causes de l'alcoolisme et des autres toxicomanies, les chercheurs appartenant à la perspective biologique sont d'accord pour les considérer comme relevant de la médecine. C'est pourquoi ils sont à la recherche de solutions médicales comme la fabrication d'un médicament susceptible de briser le cercle infernal de la dépendance aux drogues. Une équipe de chercheurs a même mis au point une enzyme artificielle qui repère les molécules de cocaïne pour s'y lier, les rendant ainsi inertes. Cette enzyme devrait détruire la plus grande partie de la cocaïne présente dans la circulation sanguine avant qu'elle atteigne le cerveau (Landry, *et al.,* 1993). Mais de nombreux psychologues adeptes des autres perspectives demeurent sceptiques devant ces progrès puisqu'ils considèrent que la dépendance est avant tout une question d'ordre psychique.

La perspective psychodynamique

Les psychologues de la perspective psychodynamique essaient d'identifier les causes internes et inconscientes qui poussent une personne à abuser de l'alcool ou de toute autre drogue. Pour eux, ce type de consommation n'est qu'un symptôme d'un malaise plus profond, par exemple compenser un rejet parental, essayer de fuir un sentiment d'angoisse ou encore cacher un problème psychologique comme le besoin d'intimité (Liebeskind, 1991). D'autres raisons inconscientes plus générales peuvent aussi expliquer pourquoi une personne peut chercher à s'évader par l'intermédiaire des drogues. Le psychanalyste Mitchell May (1991) note que «Nous avons tous au plus profond de nous des sentiments liés à la sexualité, à l'agression, au découragement, à la terreur, à l'anxiété, à la culpabilité, à la frustration et occasionnellement à l'impuissance et au désespoir». La dépendance aux drogues pourrait alors s'expliquer par le besoin de repousser ces sentiments hors de la conscience.

Les drogues ont également des effets psychologiques à court terme qui peuvent encourager leur surconsommation.

Le psychiatre Arthur Liebeskind (1991) fait observer que «Les drogues réduisent la rage, diminuent la faim, les désirs sexuels, la peur, la désorganisation et les comportements psychotiques. Elles facilitent aussi la simulation et l'illusion en éliminant chez une personne la prise de conscience de causer du tort à une autre personne». Mais peut-être plus que tout, ajoute-t-il, les drogues compensent une faible estime de soi: «Avec dix dollars de «crack», une personne peut se sentir au sommet du monde et se prendre pour le plus grand amoureux, intellectuel, conducteur, vendeur ou ami que la terre ait jamais porté.» Bien sûr, cette forte estime de soi n'est que passagère et s'estompe au fur et à mesure que les effets de la drogue s'atténuent.

La contribution la plus importante de la perspective psychodynamique à la compréhension de l'abus des drogues réside peut-être dans sa capacité de décrire ce que vivent les personnes aux prises avec ce type de dépendance. Plusieurs des termes et des concepts propres à cette approche, en particulier ceux qui sont associés aux mécanismes de défense, sont fréquemment employés par les intervenants auprès de toxicomanes ou d'alcooliques. Par exemple, en thérapie, la plupart de ces patients recourent aux mêmes mécanismes de défense, que ce soit le *déni* («Je ne suis pas dépendant, je peux arrêter quand je veux»), la *projection* du blâme («Je bois parce que ma famille cherche toujours à m'avoir») ou la *rationalisation* («J'ai besoin de boire pour me soulager du stress»). Ces mécanismes de défense sont utilisés par des personnes aux prises avec tous les types de dépendance, et ils les empêchent de reconnaître que leurs abus sont néfastes pour elles-mêmes ainsi que pour leurs proches.

La perspective béhavioriste

On croit souvent que les effets des drogues sont inévitables puisqu'ils sont liés à la composition chimique des produits consommés. En fait, les réactions aux drogues psychotropes ne sont pas dues simplement à leurs propriétés chimiques. Lorsque les gens consomment des opiacés tels que l'héroïne ou la morphine pour se divertir, ils ressentent habituellement un sentiment euphorique; mais lorsqu'ils les consomment pour soigner la douleur, ils n'éprouvent rien de la sorte et ne deviennent pas dépendants (Portenoy, 1994). Une étude effectuée sur cent patients hospitalisés ayant reçu de fortes doses de narcotiques a révélé que 99 de ces patients ne présentaient aucun symptôme de sevrage à leur sortie de l'hôpital; ils laissaient la douleur et la drogue derrière eux (Zinberg, 1974). Une autre étude menée sur 10 000 patients souffrant de brûlures et ayant reçu des narcotiques dans le cadre de leur traitement a montré qu'aucun de ces patients

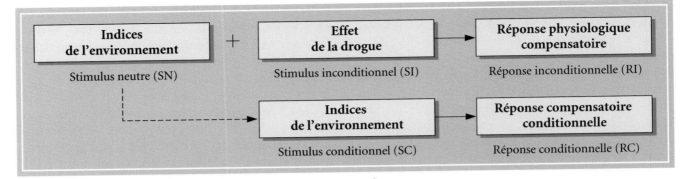

Indices de l'environnement	+	Effet de la drogue	→	Réponse physiologique compensatoire
Stimulus neutre (SN)		Stimulus inconditionnel (SI)		Réponse inconditionnelle (RI)

Indices de l'environnement	→	Réponse compensatoire conditionnelle
Stimulus conditionnel (SC)		Réponse conditionnelle (RC)

n'était devenu dépendant de ces drogues (Perry et Heidrich, 1982). Manifestement, l'étude des drogues psychotropes doit dépasser la simple analyse biochimique.

Les chercheurs adeptes de la perspective béhavioriste croient que la dépendance aux drogues n'est pas une maladie, mais bien un comportement dysfonctionnel. Selon eux, les grands consommateurs de télévision se comportent à maints égards comme les consommateurs de drogues: ils consomment de façon compulsive pour soulager leur sentiment d'isolement, de tristesse ou de colère (Jacobvitz, 1990). Le comportement d'écoute de la télévision est renforcé négativement, donc accru, par la disparition du sentiment douloureux. Les gens qui pratiquent de l'exercice physique de manière excessive présentent eux aussi des symptômes du sevrage lorsqu'on les empêche de s'entraîner (Chan et Grossman, 1988). À l'inverse, tous les toxicomanes ne présentent pas les symptômes physiologiques de l'état de manque lorsqu'ils arrêtent de consommer. Au contraire, de nombreuses personnes dépendantes de l'alcool, du tabac ou des tranquillisants ont réussi à cesser de les prendre sans aucune aide et sans souffrir des symptômes du sevrage (Lee et Hart, 1985; Prochaska, Norcross et DiClemente, 1994). Comment cela serait-il possible si la dépendance était uniquement un processus physiologique?

Les principes du conditionnement répondant (voir le chapitre 6) ont été proposés comme explication à certains aspects de la dépendance aux drogues (Poulos et Cappell, 1991; Siegel, 1990; Siegel et Sdao-Jarvie, 1986). Selon ce point de vue, l'effet de la drogue est le stimulus inconditionnel (SI) qui provoque une réponse inconditionnelle (RI) compensatoire, c'est-à-dire qui s'oppose aux effets de la drogue de façon à rétablir l'état normal de l'organisme. Par exemple, lorsque la morphine produit une insensibilité à la douleur (SI), l'organisme cherche à compenser cet effet en devenant plus sensible à la douleur (RI). Les stimuli environnementaux présents lors de l'utilisation de la drogue, comme la seringue ou l'endroit de l'injection, peuvent, par pairage, devenir des stimuli conditionnels (SC) capables de provoquer

eux-mêmes la réponse conditionnelle (RC) compensatoire de l'organisme. Des recherches effectuées tant auprès d'humains (Lightfoot, 1980) que d'animaux (Siegel, et al., 1982) soutiennent cette théorie.

Le modèle béhavioriste permet d'expliquer pourquoi la tolérance aux drogues se manifeste souvent chez les patients souffrant de douleurs intenses. En présence des indices environnementaux habituellement associés à la prise de drogue (SC), une réponse compensatoire se produit (RC) qui rend nécessaire la prise d'une plus grande quantité de drogue afin d'obtenir le même effet. Ce modèle permet aussi de mieux comprendre les échecs des cures de désintoxication suivies hors du cadre habituel. Ainsi, lorsque le patient retourne dans le milieu où il consommait habituellement la drogue, les stimuli conditionnels qui s'y trouvent engendrent des réponses compensatoires qui, en l'absence de drogue, sont ressentis comme des symptômes de sevrage — par conséquent, le besoin de drogue refait surface (Siegel, 1990). Cela signifie que les toxicomanes désireux de se libérer de leur dépendance doivent soit changer d'environnement, soit suivre un traitement visant l'extinction de la réponse compensatoire aux stimuli environnementaux qui la produisent.

Les théories béhavioristes étudient aussi les *raisons* de la dépendance à l'alcool. Chez de nombreuses personnes, boire constitue un moyen de maîtriser les émotions: certains boivent pour échapper à l'anxiété, d'autres pour accroître leurs sentiments positifs lorsqu'ils sont fatigués ou qu'ils s'ennuient (Cooper, et al., 1995). D'autres encore boivent pour être sociables ou pour se conformer aux normes des groupes auxquels ils appartiennent. Toutefois, les renforçateurs sont sujets à des modulations. Par exemple, une personne peut commencer à consommer de l'alcool ou des drogues pour les renforçateurs sociaux qu'ils procurent (amis, prestige); puis elle sera renforcée uniquement par les effets de l'alcool ou de la drogue; et, finalement, elle boira afin d'éviter les effets contrariants du manque d'alcool ou de drogue. Les chercheurs et cliniciens de la perspective béhavioriste s'intéressent donc aux différentes conséquences psychologiques qui sont associées à la consommation d'alcool et qui renforcent ce comportement. Leurs interventions visent alors à modifier les conséquences qui maintiennent la consommation d'alcool et à apprendre à l'individu comment obtenir ces mêmes conséquences sans passer par la consommation d'alcool ni de drogues.

Les divergences d'opinion existant entre l'approche biologique, selon laquelle la dépendance aux drogues est une maladie, et l'approche béhavioriste, sont nombreuses et mènent à plusieurs conclusions pratiques. La meilleure illustration en est le débat sur la consommation contrôlée, c'est-à-dire la possibilité pour les anciens alcooliques de boire modérément sans redevenir dépendants et sans causer de tort à eux-mêmes ou aux autres. Pour ceux qui considèrent la dépendance comme une maladie, il est impossible qu'un ancien alcoolique devienne un simple buveur occasionnel ou un consommateur modéré : la seule cure possible est l'abstinence totale (c'est ce que pensent des groupes d'entraide comme les Alcooliques Anonymes). Pour les tenants de la perspective béhavioriste, la personne a appris à être dépendante ; la cure consiste donc à changer ses comportements et l'environnement qui renforcent la consommation de la drogue. Selon ce point de vue, même un ancien alcoolique peut apprendre à boire modérément si les comportements de consommation excessive ont fait l'objet d'une procédure d'extinction efficace.

La complexité des causes qui poussent une personne à devenir alcoolique ou à faire face à des problèmes de consommation d'alcool ne permet pas de trancher en faveur de l'une ou l'autre de ces approches. De nombreux alcooliques, peut-être la majorité, n'arrivent tout simplement pas à apprendre à boire modérément, surtout si leur problème remonte à plusieurs années (Vaillant, 1995). De plus, quoique les Alcooliques Anonymes aient sauvé de nombreuses vies, leur intervention ne convient pas à tous. Selon leurs propres enquêtes, entre un tiers et la moitié des personnes qui se joignent à cette association finissent par la quitter, et certains d'entre eux réussissent par la suite à apprendre à consommer modérément (Peele et Brodsky, 1991 ; Rosenberg, 1993). Harold Rosenberg (1993) a identifié les principaux facteurs qui permettent de prédire si un alcoolique parviendra à maîtriser sa consommation, notamment : le degré de dépendance à la drogue, la stabilité sociale (ne pas avoir de casier judiciaire, avoir un cheminement stable au travail et être marié), et les croyances en la nécessité de l'abstinence. Les alcooliques qui croient que la consommation d'un seul verre suffit à les faire basculer de nouveau dans l'alcoolisme courent plus de risques de se comporter ainsi par comparaison avec ceux qui croient que la consommation modérée est possible.

Ironiquement, le cheminement d'un alcoolique reflète en partie ses croyances dans le modèle biologique ou le modèle béhavioriste. Comme nous allons le voir dans la section sur la perspective cognitive, les croyances et les attentes peuvent influer sur les réactions aux diverses drogues.

La perspective humaniste

Pour Rogers (1951), une personne saine vit dans un état de congruence : elle intègre de manière harmonieuse ses comportements à son concept de soi, ce qui la dispose à être ouverte à l'expérience et à s'actualiser, c'est-à-dire à se réaliser pleinement. À l'opposé, une personne inadaptée vit dans un état d'incongruence : elle ne parvient pas à intégrer ses comportements de manière adéquate à son concept de soi, d'où l'angoisse, l'hostilité, la confusion et l'anxiété. La personne met alors en place des défenses visant à nier ou à déformer la perception des expériences qui menacent son concept de soi, ce qui a pour effet d'entraver son cheminement vers l'actualisation de soi (Rogers, 1959). Ces défenses peuvent prendre la forme d'une consommation abusive d'alcool ou de drogues. Les recherches de Zaccaria et Weir (1967) fournissent un appui indirect à cette suggestion ; elles ont en effet montré que plus les gens sont actualisés, moins ils ont tendance à devenir dépendants de l'alcool.

Dans la foulée des travaux de Rogers sur le concept de soi, des tenants de la psychologie sociale cognitive ont élaboré une théorie qui permet de mieux tester l'influence du concept de soi sur le comportement des personnes qui abusent des drogues ou de l'alcool. La théorie de la conscience objective de soi (Duval et Wicklund, 1972 ; Wicklund, 1975) suggère que certaines situations ont pour effet de rendre un individu plus conscient de lui-même. Il s'agit en général de situations qui lui rappellent qui il est, comme se voir dans un miroir, savoir que son comportement est observé, porter un macaron qui l'identifie, etc. Lorsque la conscience de soi est accrue par ce type de contraintes situationnelles, l'individu est amené à comparer le soi actuel, tel qu'il s'exprime par ses comportements, avec le soi idéal. Cette comparaison mène habituellement à un état d'inconfort, puisque le comportement du sujet est rarement à la hauteur des exigences du soi idéal. Il peut alors répondre de deux façons à ces situations : soit tenter d'éviter la situation, ce que font habituellement la plupart des gens, soit tenter de diminuer la différence perçue entre le soi actuel et le soi idéal (Wicklund, 1975). Pour Hull (1981), de nombreuses personnes choisissent la première option et consomment de l'alcool afin de réduire le degré de conscience de soi. Cela leur permet non pas d'oublier, mais de cesser temporairement de penser aux aspects de leur personnalité qui leur sont plus difficiles à supporter.

Les travaux de Hull et Young (1983) apportent une confirmation empirique de l'hypothèse de Hull. Les chercheurs ont divisé les sujets en deux groupes en fonction de leurs résultats à l'échelle de Fenigstein, Scheier et Buss (1975), échelle qui évalue le degré de susceptibilité à la conscience de soi. Les sujets qui portent fréquemment attention à leurs sentiments ou qui réfléchissent souvent sur eux-mêmes reçoivent des notes élevées sur l'échelle de conscience de soi, alors que les sujets ayant le profil opposé obtiennent des notes faibles. Tous les sujets ont effectué un test de Q.I. très difficile, puis la moitié d'entre eux dans chacun des groupes a été informée qu'elle avait obtenu de bons résultats et l'autre, de mauvais résultats. Ensuite on les a fait passer dans une autre pièce, et on leur a demandé de tester des boissons alcoolisées — le véritable but des chercheurs étant d'évaluer la consommation de boisson après la réussite ou l'échec. Les sujets qui avaient des notes élevées sur l'échelle de conscience de soi ont consommé une quantité de boisson nettement plus grande dans le cas d'échec que dans le cas de réussite, alors que ceux qui avaient des notes faibles sur l'échelle de conscience de soi n'ont pas bu davantage ni dans un cas ni dans l'autre. Une étude auprès d'élèves du secondaire a montré également un lien plus fort entre la consommation d'alcool et les mauvais résultats scolaires chez les élèves qui avaient une note élevée sur l'échelle de conscience de soi que chez les élèves qui avaient une note faible sur la même échelle (Hull, Young et Jouriles, 1986).

Ces travaux de recherches appuient l'hypothèse que certaines personnes peuvent consommer de l'alcool ou des drogues pour tenter de déformer la réalité et éviter ainsi de voir les échecs qui contredisent des aspects de leur concept de soi idéal. Dans l'optique rogérienne, l'intervention du thérapeute devrait amener le client à porter un regard plus positif sur lui-même de façon à accroître son ouverture à l'expérience et, par le fait même, sa congruence. Une plus grande congruence entre le concept de soi et l'expérience devrait contribuer à diminuer les défenses du soi qui ont tendance à déformer la réalité, et, par conséquent, à limiter les besoins de consommation d'alcool ou de drogues.

La perspective cognitive

Les chercheurs adeptes de la perspective cognitive ont observé que les réactions aux drogues psychotropes sont fortement influencées par nos *prédispositions mentales*, en somme, par ce que nous attendons des effets de la drogue, les raisons qui nous ont conduits à en consommer et la justification de certains de nos comportements. Par exemple, certains boivent pour être plus sociables, amicaux ou attirants, d'autres pour se justifier d'être violents verbalement ou physiquement. De la même façon, certains consommateurs d'opiacés en font usage pour s'évader du quotidien, alors que les patients souffrant de douleurs chroniques les utilisent pour pouvoir mener une vie normale.

Pour les cognitivistes, les réactions à la drogue dépendent de la façon dont les gens ont appris à juger ses effets. Ainsi, la plupart des Occidentaux commencent leur journée en consommant un psychotrope parfaitement banal, le café, parce qu'ils croient que ce produit accroît leur niveau d'éveil. Pourtant, l'introduction du café en Europe au seizième siècle souleva des protestations. Des femmes affirmaient que le café diminuait la libido de leur mari et qu'il les rendait moins attentifs à leurs besoins, ce qui était peut-être vrai! Au dix-neuvième siècle, les Américains considéraient la marijuana comme un sédatif léger incapable de modifier la pensée; ils ne s'attendaient pas à ce que sa consommation produise quelque effet hallucinatoire que ce soit, elle ne les aidait qu'à s'endormir (Weil, 1972/1986).

Durant les années 1980, des chercheurs ont étudié l'influence que les attentes envers les effets de l'alcool exercent sur la pensée et le comportement. Ils ont comparé le comportement de sujets qui buvaient vraiment de l'alcool (vodka et tonic) et celui de sujets qui croyaient boire de l'alcool mais n'ingéraient en fait qu'un mélange de tonic et de jus de limette (Abrams et Wilson, 1983; Marlatt et Rohsenow, 1980). Les hommes qui *croyaient* avoir bu de l'alcool se montraient plus belliqueux que ceux qui croyaient n'avoir bu que du tonic, et ce indépendamment du contenu réel des boissons. De plus, les hommes et les femmes se disaient plus stimulés sexuellement lorsqu'ils *croyaient* avoir bu de l'alcool, qu'ils en aient pris ou non. D'autres travaux de recherches montrent que le moment où une personne commencera à consommer et la quantité d'alcool qu'elle prendra étaient prévisibles dès son enfance, qu'elle soit buveuse occasionnelle ou alcoolique (Goldman, *et al.*, 1991). Les attentes qu'entretiennent les enfants et les adolescents envers l'alcool ne découlent pas de leur propre consommation mais de l'observation du comportement des adultes: si ces derniers en consomment, comment ils le supportent, s'ils sont renforcés socialement lorsqu'ils en boivent, etc. (Goldman, *et al.*, 1991; Miller, Smith et Goldman, 1990).

Compte tenu du grand nombre de crimes violents commis par des personnes ayant abusé de l'alcool et de la fréquence élevée de querelles conjugales attribuables également à sa consommation, on croit volontiers que l'alcool a pour effet de «libérer» la colère et l'agressivité.

Une méta-analyse de recherches expérimentales révèle que l'alcool accroît effectivement la probabilité d'émettre des comportements agressifs, mais à condition que la personne sache qu'elle a consommé de l'alcool (Bushman, 1993). Cela confirme le point de vue des cognitivistes pour lesquels la véritable cause de l'agression ne réside pas dans l'alcool même

Les motifs pour consommer une drogue, les attentes à propos de ses effets ainsi que l'environnement où elle est consommée sont autant de facteurs qui contribuent à déterminer les réactions d'une personne à la drogue.

mais bien dans l'esprit de la personne qui en ingère. La moitié des hommes arrêtés pour avoir agressé leur femme affirment avoir bu. Pourtant, selon les travaux de recherche, la plupart de ces hommes n'ont pas suffisamment d'alcool dans le sang pour être jugés légalement ivres (Gelles et Straus, 1988). Ce résultat appuie l'hypothèse que ce n'est pas tant l'alcool qui a rendu ces hommes violents que sa consommation, qui leur a fourni une justification pour se comporter de façon violente. En fait, le lien entre alcool et agression disparaît lorsque les gens croient qu'ils seront tenus responsables de leurs agissements en état d'ébriété (Critchlow, 1983).

Ces observations ne signifient pas que l'alcool et les autres drogues ne sont que de simples placebos; l'effet physiologique de ces produits est réel et a fait l'objet de nombreuses publications. Fumer du tabac est très nocif pour votre santé, quel que soit votre point de vue à cet égard — par exemple que cela améliore votre image et vous permettra de vous faire plus d'amis. Ce que la perspective cognitive nous enseigne, c'est que les attentes et les croyances des gens jouent un rôle dans les réactions physiologiques aux drogues, y compris les réactions au café et au tabac. Les attentes d'une personne envers les effets d'une drogue donnée, les souvenirs associés à sa consommation, les raisons pour lesquelles elle en consomme s'ajouteront aux effets physiologiques réels de la drogue et influeront sur sa conduite.

On peut constater que les cinq perspectives majeures de la psychologie offrent chacune une explication de l'abus de l'alcool et des drogues, et que ces explications ne sont pas nécessairement compatibles. Ainsi:

- La perspective biologique nous montre que l'abus de drogues est plus susceptible de se produire lorsque la drogue est consommée sous sa forme la plus pure et la

plus concentrée, par exemple le « crack ». Pour les tenants de cette approche, certains gènes sont peut-être indirectement liés à une plus grande vulnérabilité à certaines drogues.

- La perspective psychodynamique nous montre que l'abus de drogues est plus fréquent chez les personnes qui en font usage pour surmonter les problèmes, soulager les douleurs intérieures ou éviter les conflits. La consommation de drogues n'est alors que le symptôme d'un malaise plus profond comme la perte d'un objet d'affection, un sentiment d'angoisse ou un autre problème psychologique.

- La perspective béhavioriste nous montre que l'abus de drogues peut être causé par une réponse conditionnelle compensatoire de l'organisme. Les tenants de cette approche pensent que l'étude de la surconsommation de ces produits doit aussi porter sur l'identification des conséquences psychologiques qui renforcent ce comportement.

- La perspective humaniste nous montre que l'abus d'alcool et de drogues est plus fréquent chez les personnes qui éprouvent des difficultés majeures à s'actualiser ainsi que chez celles qui ont une conscience de soi élevée et qui boivent afin d'éviter la prise de conscience des difficultés auxquelles elles font face.

- La perspective cognitive nous montre que la dépendance aux drogues est plus fréquente chez les personnes qui croient qu'elles ne parviendront jamais à surmonter leur problème de surconsommation et chez celles qui croient que les drogues peuvent résoudre certains de leurs problèmes personnels.

Les résultats d'études donnent également à penser que, quelles que soient les raisons individuelles, un faible pourcentage de la population consommera un jour de façon abusive une drogue, légale ou illégale, tout comme elle pourrait abuser de l'exercice physique, du chocolat ou de la télévision. Les causes de dépendance ne résident pas dans les produits ou activités qu'elle consomme, mais bien en elle-même. D'autre part, les réticences éprouvées à l'égard de l'utilisation de la marijuana et de narcotiques pour soulager la douleur des patients suivant des traitements médicaux contre le cancer ou souffrant de maladies débilitantes semblent irrationnelles et cruelles. De nombreux chercheurs reconnus et respectés recommandent l'utilisation de la morphine et autres opiacés lorsque les analgésiques courants ne permettent plus de contenir la douleur (Jacox, Carr et Payne, 1994).

De plus, compte tenu du grand nombre de personnes qui consomment des drogues de façon modérée, les décisions de politique sociale visant l'élimination complète de certaines drogues parmi les plus recherchées, semblent nécessairement vouées à l'échec.

En faisant appel à ce que chaque perspective de la psychologie apporte à la compréhension du phénomène de la dépendance aux drogues, nous pouvons mieux évaluer notre propre consommation de ces substances et porter un jugement plus éclairé sur les décisions de politique sociale qui les encadrent. Plutôt que de se questionner sur les moyens d'éliminer toutes les drogues, peut-être ferions-nous mieux de nous poser les questions suivantes : Comment pourrions-nous envisager des attentes réalistes face à l'usage des drogues et aménager l'environnement de façon à permettre l'usage médical et la consommation modérée de certaines d'entre elles ? Comment pourrions-nous éliminer les conditions environnementales et les attitudes qui encouragent l'abus des drogues et ses conséquences funestes ?

Qu'avez-vous appris ?

RÉPONSES, p. 364

Même si vous ne « souffrez » pas de dépendance envers l'étude, tentez de répondre aux questions suivantes.

1. Les recherches de la perspective cognitive suggèrent que l'alcool (a) libère la colère réprimée, (b) stimule le comportement agressif, (c) rend la plupart des hommes violents, (d) sert d'excuse au comportement violent.

2. Quelle semble être la conclusion la plus raisonnable en ce qui a trait au rôle des gènes dans l'alcoolisme ? (a) Sans un certain gène, une personne ne peut devenir alcoolique, (b) la présence d'un certain gène se traduira presque toujours par l'apparition de l'alcoolisme, (c) les gènes pourraient interagir avec d'autres facteurs pour accroître la vulnérabilité d'une personne à certaines formes d'alcoolisme.

3. On recherche depuis un siècle la drogue magique que l'on pourrait consommer à des fins récréatives sans craindre de devenir dépendant. Tour à tour, l'héroïne, la cocaïne, les barbituriques, la méthadone et les tranquillisants ont été l'objet d'engouement du public. Mais, dans chaque cas, des problèmes de dépendance se sont manifestés chez de nombreux individus, au point de causer un véritable problème social. En vous appuyant sur la lecture de ce chapitre, comment pouvez-vous expliquer l'échec à fabriquer une drogue qui ne produise pas d'état de dépendance ?

RÉFLEXIONS SUR LA PSYCHOLOGIE

Nous avons vu qu'aucune des perspectives de la psychologie décrites dans cet ouvrage ne détient le monopole de la compréhension du comportement humain. Cela signifie que si l'on tente de régler un problème personnel, de comprendre le comportement énigmatique d'un ami ou d'adopter la position la plus judicieuse vis-à-vis d'une question de politique sociale, on a avantage à faire preuve d'esprit critique. Les points de vue parfois divergents et non complémentaires des différentes perspectives ne reflètent pas différentes réalités mais plutôt différentes façons d'analyser la même réalité. Devant une telle complexité, l'étudiant ne doit surtout pas espérer trouver toutes les réponses à ses questions dans une seule perspective ni la réponse parfaite recoupant harmonieusement l'ensemble des perspectives.

La complexité et la diversité des approches en psychologie s'accompagnent parfois de la tentation de simplifier à outrance la contribution des différentes perspectives. C'est exactement ce que fait le psychoverbiage, de plus en plus répandu dans notre société. Parmi ceux qui s'y adonnent le plus volontiers, on compte malheureusement de nombreux psychologues et psychothérapeutes (Dawes, 1994 ; Yapko, 1994). Alors, il ne faut pas s'étonner lorsque des néophytes expriment leurs réticences face aux prétentions scientifiques de la psychologie. Les causes criminelles où les psychologues sont appelés à témoigner en sont un bon exemple. Étant donné que le jugement de nature clinique est un processus subjectif, les thérapeutes témoignant en tant qu'experts dans des causes criminelles, des procès portant sur la garde d'enfants ou des enquêtes relatant des mauvais traitements infligés à des mineurs se contredisent fréquemment (Faust et Ziskin, 1988). Avant d'accepter ou de rejeter le jugement exprimé par un « expert », une personne dotée d'un esprit critique devrait donc examiner les faits et les arguments théoriques sur lesquels le spécialiste en question appuie ses affirmations, en étant consciente qu'un autre « expert » pourrait considérer d'autres faits et les analyser à l'aide d'une autre théorie. Nous espérons que vous n'adopterez jamais l'attitude du juré qui a voté pour la condamnation d'une jeune femme accusée d'avoir fait preuve de violence sexuelle envers des enfants fréquentant une garderie située en Caroline du Nord. « Il n'y avait pas vraiment de preuves, a-t-il affirmé, mais les commentaires des thérapeutes m'ont convaincu de sa culpabilité. » (Dawes, 1994) Il est prudent de se montrer sceptique à l'égard des affirmations reposant uniquement sur un jugement clinique et d'essayer plutôt d'obtenir des informations supplémentaires confirmant ou infirmant la culpabilité de l'accusé.

Les chercheurs peuvent eux aussi se laisser prendre au piège du psychoverbiage. La psychologie populaire est susceptible d'amener des personnes non seulement à accepter des idées répandues quoique non fondées, mais aussi à rejeter les faits contredisant de telles idées. Ainsi, il y a plusieurs années, l'État de Californie a mis sur pied une commission d'enquête portant sur l'importance sociale de l'estime de soi, à laquelle ont participé de nombreux spécialistes des sciences humaines. L'hypothèse de base de la commission stipulait que la faible estime de soi joue un rôle primordial dans la violence, le rendement scolaire insatisfaisant, les grossesses chez les adolescentes, les mauvais traitements infligés aux enfants, la dépendance aux prestations d'aide sociale, l'usage abusif de drogues et bien d'autres maux. La conclusion logique de ces observations énonçait que, si l'on arrivait à accroître l'estime de soi chez une population, la fréquence de ces problèmes devrait diminuer (Smelser, Vasconcellos et Mecca, 1989).

Malheureusement, après avoir analysé la quasi-totalité des milliers d'études portant sur cette question, la commission n'a trouvé aucun appui à ces suppositions qu'elle définit pourtant comme « intuitivement correctes ». Les chercheurs en ont-ils conclu que leurs intuitions étaient erronées et qu'il vaudrait mieux consacrer les fonds publics à des programmes qui *réussissent* vraiment à améliorer le rendement scolaire des enfants ou à diminuer le taux de violence ? Absolument pas ! « On doit encourager les interventions visant à réduire les mauvais traitements envers les enfants [et d'autres problèmes] qui sont centrées sur l'augmentation de l'estime de soi, et ce tant auprès des individus, des familles, des groupes, des communautés que de la société dans son ensemble », peut-on lire dans le rapport. Robyn Dawes (1994) estime que la commission d'enquête a effectivement rendu un grand service au public, mais pas précisément celui pour lequel elle avait été créée. Elle a montré, selon lui, que « le Saint-Graal de la psycho pop », c'est-à-dire la croyance selon laquelle une forte estime de soi est un gage de bonheur et une faible estime de soi est à la source des problèmes sociaux, « n'est rien d'autre qu'un mirage ».

« L'incertitude touchant aux connaissances et à leurs applications dans le domaine de la santé mentale, écrit Dawes (1994), devrait amener *les professionnels responsables à adopter une attitude de prudence, d'ouverture et de questionnement.* » Nous pensons qu'il s'agit là d'un conseil judicieux, valable pour tous, psychologues chercheurs de toute orientation ou consommateurs de l'information et des services reliés à la psychologie. « Une attitude de prudence, d'ouverture et de questionnement » correspond évidemment à la pensée critique. À l'opposé, le psychoverbiage cherche à faire accepter passivement ses interprétations rapides, ses cures miracles et ses réponses toutes faites.

La psychologie scientifique s'est assigné une tâche plus ardue, mais en fin de compte plus gratifiante, que la psycho pop : elle reconnaît que les soucis quotidiens, les décisions difficiles à prendre, les conflits et, à l'occasion, les tragédies font partie de ce qui nous pousse à grandir. L'étude de la psychologie ne parviendra jamais à éliminer ni les crises émotionnelles, ni la douleur causée par les pertes, ni la colère éprouvée

« Je ne possède pas encore toutes les réponses, mais je commence à poser les bonnes questions. »

Dessin par Lorenz ; © 1989, The New Yorker Magazine, Inc.

devant l'injustice; elle peut néanmoins soulager la détresse psychologique que tout être humain doit affronter au cours du long voyage qu'est sa vie. Nous avons vu dans cet ouvrage que les données empiriques accumulées par chacune des perspectives de la psychologie ont grandement contribué à la compréhension du comportement humain, à l'analyse des problèmes sociaux et au soulagement de la souffrance émotionnelle. Sous sa forme la plus superficielle qu'est la psycho pop, la psychologie rétrécit notre vision en proposant des solutions et des réponses rapides; sous ses formes les plus complexes, elle ouvre de nouveaux horizons en contribuant à une meilleure compréhension de l'être humain et de ses immenses capacités.

Page 362

1. d. **2.** c. **3.** Certaines personnes présentent peut-être une vulnérabilité biologique à la dépendance à toute drogue psychotrope. Les caractéristiques psychologiques qui mènent à la dépendance sont peut-être propres à l'individu et indépendantes des propriétés chimiques des substances consommées. Les composés chimiques des drogues sont peut-être moins importants que les pratiques culturelles qui encouragent l'abus de drogues dans certains groupes d'individus. S'il en est ainsi, il est probablement utopique de croire que l'on pourra fabriquer un jour une drogue qui ne créera jamais de dépendance.

RÉSUMÉ

1 La plupart des chercheurs en psychologie analysent les phénomènes qui les intéressent à l'intérieur du cadre d'une seule perspective. Même si certaines difficultés personnelles peuvent bénéficier de l'apport de plusieurs perspectives, cela ne signifie aucunement que tous les phénomènes peuvent être étudiés à partir de l'ensemble des perspectives.

2 L'*éclectisme*, qui consiste à utiliser divers éléments de plusieurs perspectives, est surtout mis en œuvre en psychologie clinique. Il a donné lieu à des rapprochements entre différentes perspectives, qui ont pu laisser entrevoir l'émergence d'une grande théorie unificatrice en psychologie. Toutefois, de nombreux psychologues croient qu'un tel rapprochement est utopique puisque plusieurs perspectives prônent des points de vue conceptuellement opposés.

3 Le recours aux cinq grandes perspectives de la psychologie permet de mieux cerner le problème de la consommation des drogues *psychotropes* et des abus qui y sont associés. Ces substances sont classifiées en fonction de leurs effets sur le système nerveux central, sur le comportement et l'humeur. La plupart des drogues psychotropes font partie d'une des quatre catégories suivantes: les *stimulants*, les *dépresseurs*, les *narcotiques* et les *hallucinogènes*.

4 Compte tenu des conséquences souvent tragiques associées à l'abus des drogues psychotropes, il est difficile d'analyser en toute sérénité les études effectuées sur ce sujet et d'éviter les prises de position extrêmes. Les extrémistes des deux camps ne différencient pas en général les effets d'une consommation modérée de ceux d'une consommation abusive; ils pensent à tort que les drogues légales sont relativement sans danger et que toutes les drogues illégales comportent le même degré de danger ou de bienfait. En réalité, la plupart des drogues psychotropes montrent des différences énormes entre une consommation modérée et une forte consommation.

5 La perspective biologique montre comment les drogues affectent les neurotransmetteurs dans certaines zones du cerveau. Pour les tenants de cette perspective, la dépendance à l'alcool et aux drogues est une *maladie* qui met en cause différents processus biochimiques et qui fait appel à des prédispositions génétiques. L'état actuel de la recherche ne permet pas de conclure qu'un seul gène peut causer directement l'alcoolisme. Les chercheurs de cette perspective s'efforcent de trouver des solutions médicales pour traiter les problèmes de dépendance.

6 Les psychologues de la perspective psychodynamique essaient d'identifier les raisons inconscientes qui poussent certaines personnes à abuser de l'alcool ou des drogues. La principale contribution de cette perspective réside peut-être dans la description des mécanismes de défense à l'œuvre chez les personnes qui consomment ces substances avec excès.

7 Les psychologues de la perspective béhavioriste croient que les réactions aux drogues psychotropes ne se limitent pas à leurs simples propriétés chimiques. Les principes du conditionnement répondant permettent de mieux comprendre les phénomènes de **tolérance** et de **sevrage** en précisant comment la réponse physiologique compensatoire, qui constitue une réponse conditionnelle aux stimuli environnementaux, accroît la quantité de drogue nécessaire pour obtenir les mêmes effets. Pour les tenants de cette perspective, le traitement contre la surconsommation de drogue consiste à modifier les habitudes comportementales de la personne ainsi que les caractéristiques de son environnement qui renforcent l'abus de la drogue.

8 Pour la perspective humaniste, la surconsommation de drogues ou d'alcool est favorisée par un état d'incongruence, c'est-à-dire que la personne ne parvient pas à intégrer de manière harmonieuse ses expériences à son concept de soi. Cette personne met en place des défenses qui nient ou déforment la perception des expériences qui menacent son concept de soi. Des travaux de recherches effectués dans le cadre de la psychologie sociale cognitive révèlent que de nombreuses personnes consomment de l'alcool afin de réduire l'acuité de leur conscience de soi. Pour les tenants de cette perspective, le traitement de la surconsommation de drogues et d'alcool consiste à accroître la congruence entre le concept de soi et l'expérience de la personne, ce qui devrait contribuer à diminuer les défenses du soi et, par conséquent, limiter la consommation d'alcool ou de drogues.

9 Les chercheurs de la perspective cognitive ont observé que les réactions aux drogues psychotropes sont fortement influencées par nos *prédispositions mentales*, c'est-à-dire par ce que nous attendons des effets de la drogue. La raison pour laquelle certaines personnes qui ont consommé de l'alcool sont plus susceptibles de se comporter de façon agressive ne réside pas dans l'alcool comme tel, mais plutôt dans leur façon d'expliquer leur comportement. Le lien entre consommation d'alcool et agression est grandement réduit lorsque la personne croit qu'elle sera tenue responsable de ses actes si elle boit.

10 En somme, les cinq perspectives de la psychologie nous montrent que l'abus des drogues et de l'alcool reflète une interaction entre la physiologie, la psychologie et les caractéristiques de la personne et de son environnement. Une meilleure compréhension de la contribution respective de chacune des perspectives peut amener chacun d'entre nous à être plus critique envers l'usage des drogues et à mieux évaluer les décisions de politique sociale qui les encadrent.

11 Lorsqu'on doit surmonter une difficulté personnelle, comprendre le comportement énigmatique d'un ami ou déterminer la prise de position la plus judicieuse à adopter à l'égard d'une question de politique sociale, on a souvent intérêt à avoir recours à la pensée critique. Si on prend l'habitude de considérer chaque problème sous divers angles et en recourant à la psychologie scientifique, on évite le piège du « psychoverbiage » et on accroît ses chances d'élaborer une conception utile et satisfaisante de la pensée et des conduites humaines.

A

Accommodation Dans la théorie de Piaget, processus consistant à modifier des structures cognitives existantes en réaction à une expérience ou à l'acquisition de nouvelles informations.

Âge mental Mesure du développement intellectuel exprimé de façon à refléter le niveau moyen de développement intellectuel pour un âge donné.

Agent de renforcement primaire (renforçateur primaire) Stimulus constituant en soi un renforcement ; satisfait habituellement un besoin physiologique ; exemple : la nourriture.

Agent de renforcement secondaire (renforçateur secondaire) Stimulus ayant acquis des caractéristiques renforçantes grâce à son association avec un renforçateur primaire.

Agoraphobie Ensemble de phobies mettant en jeu la peur fondamentale de s'éloigner d'une personne ou d'un lieu sécurisants.

Algorithme Méthode infaillible de résolution de problèmes, applicable même si l'utilisateur n'en comprend pas le fonctionnement.

Amnésie de l'enfance Incapacité de se rappeler les événements et les expériences ayant eu lieu au cours des deux ou trois premières années de la vie.

Amnésie rétrograde Perte de la capacité de se souvenir d'expériences ou d'événements survenus avant un point donné dans le temps.

Amorçage Méthode employée pour mesurer la mémoire implicite qui consiste à exposer le sujet à des éléments d'information et à lui faire subir un test par la suite pour déterminer si cette information influe sur sa performance à une autre tâche.

Amotivation État caractérisé par une absence de motivation et où la personne croit que ce qui lui arrive est dû à des facteurs externes.

Angoisse Malaise causé par un conflit entre les désirs du ça et les exigences de la conscience morale ou des règles sociales et qui se caractérise par l'inquiétude et l'appréhension.

Angoisse de castration Terme psychanalytique désignant la peur inconsciente du jeune garçon d'être castré par le père tout-puissant, peur qui mène à la résolution du complexe d'Œdipe.

Apprentissage Tout changement relativement permanent du comportement qui résulte de l'expérience.

Apprentissage latent Forme d'apprentissage qui ne s'exprime pas immédiatement par une réponse explicite et qui se produit en l'absence apparente d'agents de renforcement.

Apprentissage par les règles Dans le conditionnement opérant, forme d'apprentissage où une règle verbale joue le rôle d'un stimulus discriminatif en indiquant au sujet les conséquences associées à un comportement donné.

Apprentissage par observation Processus d'apprentissage au cours duquel un individu acquiert de nouveaux comportements en observant le comportement d'un autre individu (le modèle) plutôt qu'en faisant directement une expérience.

Approximations successives Dans la procédure de conditionnement opérant appelée façonnement, comportements ordonnés selon leur capacité à se rapprocher graduellement de la réponse finale souhaitée.

Assimilation Dans la théorie de Piaget, processus consistant à incorporer à des structures cognitives existantes de nouvelles informations pouvant être modifiées au besoin pour s'ajuster aux structures existantes.

Association libre Méthode d'exploration psychanalytique visant à faire resurgir les conflits inconscients et qui consiste pour le patient à dire spontanément tout ce qui lui vient à l'esprit.

Attention sélective Focalisation de l'attention sur certains aspects de l'information et blocage des autres informations.

Attribution Tendance d'un individu à expliquer son comportement et celui des autres en associant le comportement à des causes liées aux caractéristiques de la situation ou aux dispositions des individus.

Authenticité Condition thérapeutique favorisant la croissance, par laquelle le thérapeute doit faire preuve de congruence en se présentant au client tel qu'il est réellement.

Autoréalisation de la prophétie Attente qui se réalise, car la personne a tendance à agir de manière que sa prédiction s'accomplisse.

Axone Partie du neurone qui transmet l'influx nerveux du corps cellulaire vers d'autres neurones.

B

Bâtonnets Récepteurs visuels qui réagissent aux variations d'intensité lumineuse.

Béhaviorisme Approche psychologique qui met de l'avant l'étude du comportement objectivement observable et du rôle de l'environnement comme facteur déterminant du comportement humain et animal.

Besoin État déficitaire de l'organisme, d'ordre biologique ou psychologique.

Besoin d'autodétermination Besoin qu'une personne a de percevoir qu'elle est à l'origine de ses comportements ; s'accompagne d'une perception subjective d'autonomie, de liberté et de plaisir.

Besoin de compétence Besoin qu'une personne a de chercher à s'améliorer et à maîtriser ce qui lui arrive ; s'accompagne de la recherche de conditions stimulantes permettant l'amélioration de ses capacités et de ses habiletés.

Besoins de type D Catégorie de besoins qui poussent ou motivent la personne à rétablir l'équilibre ; incluent les besoins physiologiques, les besoins de sécurité, d'amour, d'affection et d'estime de soi.

Besoins de type E Catégorie de besoins qui, sans être nécessaires à la survie, participent néanmoins de façon fondamentale au développement psychologique de la personne ; aussi appelés besoins de croissance.

Bloc d'information Unité d'information signifiante dans la mémoire à court terme qui peut être composée d'unités plus petites.

Bourgeon du goût Petite poche nichant dans les papilles gustatives et contenant de 15 à 50 récepteurs gustatifs.

Bulbe rachidien Structure du tronc cérébral responsable de certaines fonctions automatiques telles que la régulation des rythmes respiratoire et cardiaque.

C

Ça Terme psychanalytique (traduction du mot allemand *Es*) désignant la partie du psychisme où résident les pulsions sexuelles et agressives.

Carte cognitive Représentation mentale de l'environnement.

Cellules ciliées Récepteurs d'ondes sonores situés dans l'organe de Corti et qui ont la forme de courtes soies.

Cellules détectrices Cellules du cortex visuel qui sont sensibles à des caractéristiques spécifiques de l'environnement.

Cellules ganglionnaires Neurones de la rétine qui reçoivent les informations des récepteurs visuels, par l'intermédiaire des cellules bipolaires, et dont les axones forment le nerf optique.

Cellules gliales Cellules qui maintiennent les neurones en place et leur fournissent des éléments nutritifs.

Cervelet Structure du cerveau qui régit le mouvement et l'équilibre et qui est à l'œuvre dans l'apprentissage de certains types de réponses simples.

Chromosome Structure allongée qui renferme les gènes.

Clivage Dans la théorie de la relation objectale, division des attributs en deux opposés; le clivage reflète l'incapacité de comprendre que les personnes présentent à la fois des qualités et des défauts.

Complexe d'Œdipe Terme psychanalytique désignant le conflit qui consiste pour l'enfant à désirer avoir pour lui seul le parent de sexe opposé et à considérer le parent de même sexe comme un rival; c'est le problème central du stade phallique du développement.

Concept Catégorie mentale regroupant des objets, des relations, des activités, des abstractions ou des attributs ayant des propriétés communes.

Condition de contrôle Dans une expérience, situation de référence où les sujets ne sont pas soumis aux variations de la variable indépendante.

Conditionnement Forme élémentaire d'apprentissage qui met en œuvre des associations entre des stimuli de l'environnement et des réactions d'un organisme.

Conditionnement d'ordre supérieur Dans le conditionnement répondant, opération par laquelle un stimulus neutre devient un stimulus conditionnel lorsqu'on l'associe à un stimulus conditionnel déjà bien établi.

Conditionnement opérant Processus par lequel un comportement devient plus ou moins probable, selon les conséquences qui y sont associées.

Conditionnement répondant Forme d'apprentissage où un stimulus neutre à l'origine, associé à un autre stimulus, finit par produire la réponse habituellement associée à ce dernier.

Cônes Récepteurs visuels qui réagissent aux différentes longueurs d'onde et qui nous permettent de percevoir la couleur.

Confirmation des croyances Tendance à rechercher uniquement les informations appuyant ses propres croyances ou à ne prêter attention qu'à ce type d'informations.

Conflit intrapsychique Opposition entre des exigences contraires à l'intérieur même de la personnalité, entre ses structures (ça, moi et surmoi).

Congruence État qui caractérise l'individu en accord avec lui-même.

Connaissances déclaratives Éléments de la mémoire se rapportant à des faits, à des règles, à des concepts et à des événements; incluent les connaissances sémantiques et les connaissances épisodiques.

Connaissances épisodiques Souvenirs se rapportant à des expériences personnelles et au contexte dans lequel elles ont eu lieu.

Connaissances procédurales Éléments de la mémoire associés à l'accomplissement de tâches ou à des habiletés, le « savoir-faire ».

Connaissances sémantiques Éléments de la mémoire se rapportant aux connaissances générales, y compris les faits, les règles, les concepts et les propositions.

Conscience Capacité pour une personne de se représenter son expérience au moyen de symboles, comme des mots ou des images, de manière conforme à la réalité.

Conservation Le fait que les propriétés physiques des objets — tels que le nombre d'éléments d'un ensemble ou la quantité de liquide contenue dans un verre — demeurent inchangées lorsque la forme ou l'apparence de ceux-ci changent.

Considération de soi Besoin de s'aimer et de s'accepter soi-même qui se développe à partir du besoin de considération positive.

Considération positive Manifestation de sentiments positifs d'une personne envers une autre, désignée habituellement par des termes comme chaleur, accueil, respect, acceptation, etc.

Considération positive conditionnelle Considération accordée à une personne si elle satisfait à certaines conditions.

Considération positive inconditionnelle Considération accordée à une personne, sans conditions.

Constance perceptuelle Perception stable des objets en dépit de changements dans les configurations sensorielles qui y sont associées.

Contingence Dans la terminologie de Skinner, relation de dépendance entre le comportement et ses conséquences.

Contre-conditionnement Dans le conditionnement répondant, processus consistant à associer un stimulus conditionnel déclenchant une réponse conditionnelle non désirée à un autre stimulus déclenchant une réponse incompatible avec la première.

Convergence binoculaire Indice de profondeur provenant de l'information musculaire des muscles qui contrôlent le mouvement des yeux.

Corps amygdaloïde Structure du cerveau jouant un rôle dans la stimulation et la régulation de l'émotion; intervient peut-être également dans l'association de souvenirs provenant d'informations transmises par plus d'un sens.

Corps calleux Faisceau de fibres nerveuses reliant les deux hémisphères cérébraux.

Corps cellulaire Partie du neurone qui assure sa survie et qui détermine si le neurone va s'activer ou non.

Cortex cérébral Structure composée de plusieurs couches minces de neurones recouvrant les hémisphères cérébraux. Les fonctions supérieures en dépendent dans une large mesure. En latin, *cortex* signifie «écorce».

D

Dendrites Ramifications rattachées au corps cellulaire qui reçoivent l'influx nerveux en provenance d'autres neurones.

Dépression majeure Trouble de l'humeur comportant des problèmes émotionnels, des troubles du comportement, des troubles cognitifs et le dérèglement de fonctions physiologiques.

Déterminisme Doctrine selon laquelle notre façon d'agir est entièrement déterminée par un réseau de causes préalables.

Discrimination du stimulus Tendance à réagir différemment à deux ou plusieurs stimuli semblables: dans le conditionnement répondant, se produit lorsqu'un stimulus similaire au stimulus conditionnel ne déclenche pas la réponse conditionnelle; dans le conditionnement opérant, se produit lorsqu'un comportement a tendance à apparaître en présence d'un stimulus donné, mais non en présence de stimuli apparentés.

Disparité rétinienne Indice de profondeur produit par une légère différence entre la perception d'un même objet par l'œil gauche et l'œil droit.

Dissonance cognitive État de tension se produisant lorsqu'une personne a simultanément deux cognitions psychologiquement incompatibles ou lorsque ses croyances sont en contradiction avec son comportement.

E

Éclectisme Approche par laquelle le psychologue emprunte à chaque perspective ses meilleurs éléments en fonction du problème abordé.

École de la relation d'objet Approche psychodynamique qui met l'accent sur l'importance des deux premières années de la vie d'un individu et sur les relations formatrices du jeune enfant.

Économie de jetons Technique de modification comportementale dans laquelle on utilise des renforçateurs secondaires, appelés jetons, que le sujet peut accumuler et échanger contre des renforçateurs primaires ou d'autres renforçateurs secondaires.

Effet de position sérielle Tendance lors du rappel d'une liste d'éléments à retenir plus fréquemment les premiers et les derniers éléments au détriment de ceux qui se situent au milieu de la liste.

Efficacité personnelle Conviction d'une personne de posséder les capacités nécessaires pour produire par ses propres efforts les résultats qu'elle souhaite obtenir, tels que la maîtrise de nouvelles habiletés et la réalisation des buts qu'elle s'est fixés.

Électroencéphalogramme (EEG) Enregistrement de l'activité neuronale du cerveau captée par des électrodes.

Empathie Méthode thérapeutique par laquelle le thérapeute tente de comprendre les pensées, les sentiments et les comportements de son client à l'aide du cadre de référence de ce dernier.

Empirique Qualifie des données obtenues par l'observation, l'expérimentation ou la mesure.

Encodage Conversion de l'information sous une forme appropriée au stockage et à la récupération.

Endorphines Substances chimiques présentes dans le système nerveux et similaires aux opiacés naturels par leur structure et leur action; jouent un rôle dans la régulation de la douleur, le plaisir et la mémoire.

Enquête Méthode de recherche qui consiste à interroger les gens sur des aspects d'eux-mêmes qu'ils sont en mesure de décrire.

Équilibration Dans la théorie de Piaget, processus par lequel l'individu organise ses observations et ses expériences en un ensemble cohérent de significations.

Étude de cas Description détaillée d'une personne faisant l'objet d'une étude ou d'un traitement.

Expérience Tout ce que l'individu ressent ou pense face à un événement; pour Rogers, il s'agit de ce qui se passe à l'intérieur de l'organisme et peut devenir conscient.

Expérience extatique Selon Maslow, moment d'extase et de bonheur que connaissent les individus actualisés ou en voie de le devenir; s'accompagne souvent d'une perte de contact avec le temps et l'espace.

Extinction Diminution puis disparition d'une réponse ou d'un comportement appris: dans le conditionnement répondant, se produit lorsque le stimulus conditionnel cesse d'être associé au stimulus inconditionnel; dans le conditionnement opérant, se produit lorsqu'un comportement cesse d'être suivi d'un agent de renforcement.

F

Façonnement Dans le conditionnement opérant, procédure au cours de laquelle on renforce des approximations successives du comportement souhaité; s'emploie lorsque la probabilité que ce dernier survienne spontanément est faible.

Fidélité test-retest Constance des résultats obtenus au test, pour une même personne.

Fonctionnalisme Ancienne doctrine psychologique qui mettait l'accent sur les fonctions ainsi que sur les conséquences pratiques du comportement et de la conscience.

Formation réticulée Réseau dense de neurones situé au centre du tronc cérébral; stimule le cortex et filtre l'information entrante.

G

Gaine de myéline Couche d'isolation qui entoure certains axones.

Gène Unité de base de l'hérédité composée d'ADN, qui spécifie la structure des protéines.

Généralisation du stimulus Tendance à réagir à un stimulus semblable au stimulus qui était intervenu dans le conditionnement initial: dans le conditionnement répondant, se produit lorsqu'un stimulus similaire au stimulus conditionnel déclenche la réponse conditionnelle; dans le conditionnement opérant, se produit lorsqu'un comportement renforcé (ou puni) en présence d'un stimulus a tendance à apparaître (ou à disparaître) en présence de stimuli semblables.

Glandes endocrines Organes internes sécrétant les hormones, qu'ils libèrent dans la circulation sanguine.

H

Habituation sensorielle Diminution ou disparition de la réponse sensorielle qui survient lorsque la stimulation est inchangée ou répétitive.

Hauteur tonale Dimension du son associée à la fréquence de l'onde sonore; mesurée en hertz.

Hémisphères cérébraux Les deux moitiés opposées qui composent la portion supérieure du cerveau antérieur; responsables de la plupart des processus sensoriels, moteurs et cognitifs chez les humains.

Héritabilité Estimation de la proportion d'un trait qui peut être attribuable aux variations génétiques entre les individus appartenant à un groupe donné.

Heuristique Méthode empirique suggérant une ligne de conduite ou servant de guide dans la résolution de problèmes, mais ne garantissant pas l'obtention de la solution optimale ; souvent utilisée comme raccourci dans la résolution de problèmes complexes.

Heuristique de disponibilité Tendance à évaluer la probabilité d'un événement donné en fonction de la facilité à en trouver des exemples.

Hippocampe Structure du cerveau jouant vraisemblablement un rôle dans le stockage en mémoire de l'information nouvelle.

Hormones Substances chimiques, sécrétées par des organes appelés glandes, libérées dans la circulation sanguine et qui peuvent influer sur le comportement et les émotions.

Hormones sexuelles Hormones qui régularisent la croissance et le fonctionnement des organes reproducteurs et qui stimulent le développement des autres caractéristiques sexuelles mâles et femelles.

Hypophyse Petite glande endocrine située à la base du cerveau ; sécrète plusieurs hormones et régit d'autres glandes endocrines.

Hypothalamus Structure du cerveau intervenant dans les émotions et les pulsions essentielles à la survie telles que la peur, la faim, la soif et la reproduction ; régit le système nerveux autonome.

Hypothèse Énoncé qui vise à prédire un ensemble de phénomènes. Une hypothèse scientifique précise les relations entre deux ou plusieurs variables et sera soumise à un processus de vérification empirique.

I

Illusion de mouvement Perception de mouvement, en l'absence de mouvement réel, provoquée par certains types de stimulations visuelles.

Illusion perceptuelle Perception erronée ou trompeuse de la réalité.

Imagerie par résonance magnétique (IRM) Méthode employée pour étudier entre autres les tissus cérébraux, faisant appel à des champs magnétiques et à des récepteurs radio.

Incongruence État qui caractérise l'individu en désaccord avec lui-même.

Indices binoculaires Indices visuels de profondeur qui requièrent l'utilisation des deux yeux.

Indices monoculaires Indices visuels de profondeur qui sont accessibles par l'utilisation d'un seul œil.

Insight Forme d'apprentissage qui intervient dans la résolution de problèmes et qui semble faire appel à la compréhension soudaine des relations entre les éléments d'une situation et à la façon dont on peut les réorganiser afin d'arriver à une solution.

Intelligence Caractéristique inférée du comportement d'une personne, habituellement définie comme l'habileté à tirer des leçons de ses expériences, à acquérir de nouvelles connaissances, à penser de façon abstraite, à agir en fonction de ses propres choix ou à s'adapter aux changements de l'environnement.

Intensité Dimension du son qui correspond à l'amplitude de l'onde sonore ; mesurée en décibels.

Interférence proactive Oubli qui survient lorsque des éléments d'information déjà appris nuisent au rappel d'éléments similaires appris plus récemment.

Interférence rétroactive Oubli qui survient lorsque de nouveaux éléments d'information nuisent au rappel d'éléments similaires déjà emmagasinés.

Intrapsychique À l'intérieur de l'esprit (psyché) ou de soi.

J

Jumeaux fraternels Jumeaux qui se développent à partir d'ovules différents fécondés par des spermatozoïdes différents.

Jumeaux identiques Jumeaux qui se développent à partir du même ovule et qui possèdent le même bagage génétique.

K

Kinesthésie Sens qui nous permet de connaître la position et les mouvements des différentes parties du corps.

L

Langage Système de règles qui permet de combiner des éléments sans signification propre, comme des sons ou des gestes, en énoncés dont la structure transmet une signification.

Lapsus Le fait d'employer par erreur un mot à la place d'un autre.

Latéralisation du cerveau Spécialisation de chacun des deux hémisphères cérébraux pour des opérations psychologiques données.

Libido Terme psychanalytique désignant l'énergie psychique qui alimente les pulsions sexuelles du ça.

Libre arbitre Faculté propre à l'humain de se soustraire volontairement aux déterminismes de nature interne (hérédité, inconscient) et externe (environnement).

Lieu de contrôle interne ou externe Croyance générale d'une personne quant au fait qu'elle exerce elle-même une maîtrise (*contrôle interne*) sur le résultat de ses propres actions ou qu'elle n'en exerce pas (*contrôle externe*).

Loi de Weber Loi de la psychophysique qui stipule que le changement nécessaire pour produire une différence tout juste perceptible entre deux stimuli est une proportion constante du stimulus original.

M

Mécanisme de défense Stratégie employée par le moi pour empêcher l'angoisse inconsciente d'atteindre la conscience.

Mémoire Ensemble des structures cérébrales qui permettent d'entreposer et de récupérer les informations apprises.

Mémoire à court terme (MCT) Type de mémoire de capacité limitée jouant un rôle dans la rétention de l'information pendant de brefs intervalles de temps ; sert également à maintenir l'information récupérée de la mémoire à long terme pour une utilisation temporaire.

Mémoire à long terme (MLT) Type de mémoire intervenant dans la rétention de l'information pendant de longues périodes.

Mémoire explicite Rappel conscient et intentionnel d'un événement ou d'un élément d'information.

Mémoire implicite Rétention inconsciente en mémoire d'une expérience ou d'une information qui influe sur les pensées et les comportements ultérieurs.

Mémoire sensorielle (MS) Type de mémoire qui conserve momentanément des représentations extrêmement précises de l'information sensorielle.

Méta-analyse Procédure statistique permettant de combiner et d'analyser les données de plusieurs recherches. Elle permet de déterminer quelle proportion de la variation des résultats dans toutes les études examinées est attribuable à une variable donnée.

Métacognition Connaissance ou conscience de ses propres processus cognitifs.

Méthode corrélationnelle Méthode de recherche qui permet de mesurer le degré de dépendance entre deux phénomènes.

Méthode descriptive Méthode qui permet d'obtenir une description du comportement, mais qui n'en fournit pas nécessairement une explication causale.

Méthode expérimentale Méthode qui rend possible la mise à l'épreuve d'une hypothèse dans des conditions données, au cours de laquelle le chercheur modifie les caractéristiques d'une variable pour déterminer l'influence qu'elle exerce sur une autre variable.

Modèle de traitement parallèle Alternative au modèle de la mémoire fondé sur le traitement de l'information; représente les connaissances, non sous la forme de propositions ou d'images, mais comme des connexions entre des milliers d'unités de traitement en interaction, distribuées dans un vaste réseau et fonctionnant toutes en parallèle.

Modification du comportement Application de techniques de conditionnement dans le but d'enseigner de nouveaux comportements mieux adaptés ou de supprimer des comportements inappropriés ou problématiques.

Moi Terme psychanalytique désignant la partie du psychisme qui représente la raison, la sagesse et la maîtrise rationnelle de soi; le moi joue le rôle de médiateur entre le ça et le surmoi.

Motivation Processus interne que l'on ne peut directement observer et qui amène une personne à poursuivre un but.

Motivation extrinsèque Type de motivation qui consiste à pratiquer une activité pour ce qu'elle peut permettre d'obtenir ou pour éviter des conséquences négatives.

Motivation intrinsèque Type de motivation qui consiste à pratiquer une activité pour le simple plaisir qu'elle apporte.

Nerf Faisceau de fibres nerveuses dans le système nerveux périphérique.

Neuromodulateurs Substances chimiques présentes dans le système nerveux, qui ont pour fonction d'augmenter ou de réduire l'activité de certains neurotransmetteurs.

Neurone Cellule qui transmet les signaux électrochimiques; constitue l'unité de base du système nerveux.

Neuropsychologue Psychologue spécialisé dans l'étude des bases biochimiques et neurologiques du comportement et des processus mentaux.

Neurotransmetteur Substance chimique libérée dans la fente synaptique par le neurone émetteur et qui modifie l'activité du neurone récepteur.

Norme Critère permettant d'évaluer la performance à un test.

Observation systématique Étude dans laquelle le chercheur observe et enregistre méticuleusement et systématiquement le comportement, sans intervenir.

Ondes alpha Ondes cérébrales d'amplitude relativement grande et de faible fréquence, caractéristiques de l'état de détente durant l'éveil.

Ondes delta Ondes cérébrales de faible fréquence et de forte amplitude, au rythme régulier, caractéristiques des stades 3 et 4 du sommeil.

Organe de Corti Cavité à l'intérieur de la cochlée qui contient les cellules ciliées.

Organisme La personne considérée dans sa globalité; lieu de toute expérience, c'est-à-dire de tout ce qui est ressenti, consciemment ou non, par la personne.

Oubli lié aux indices Incapacité de récupérer de l'information emmagasinée en mémoire à cause de l'insuffisance des indices de récupération.

P

Pensée critique Pensée caractérisée par la capacité et la volonté de s'interroger sur la valeur de toute affirmation et de porter des jugements objectifs en s'appuyant sur des arguments fondés, ainsi que par la capacité de rejeter toute affirmation non étayée par des faits.

Perception L'ensemble des processus par lesquels le cerveau organise et interprète l'information sensorielle.

Permanence de l'objet Dans la théorie de Piaget, compréhension, élaborée à la fin de la première année de vie, qu'une chose continue d'exister même si on ne peut plus la voir ni la toucher.

Personnalité antisociale Trouble caractérisé par un comportement antisocial, par l'absence de sentiments sociaux ainsi que par l'impulsivité.

Perspective biologique Approche du comportement centrée sur l'analyse des changements biologiques associés aux comportements, aux sentiments et aux pensées.

Perspective cognitive Approche qui met de l'avant l'étude des processus mentaux dans la perception, la mémoire, le langage, la résolution de problèmes et d'autres aspects du comportement.

Perspective humaniste Approche qui favorise l'étude des caractéristiques uniques de l'être humain, comme le libre arbitre et le concept de soi.

Perspective psychodynamique Approche qui met l'accent sur la dynamique inconsciente des forces intérieures, conflictuelles et instinctives, qui orientent le comportement de l'individu.

Phénoménologie Étude des données immédiates de la conscience; terme parfois utilisé comme synonyme d'humanisme et d'existentialisme.

Placebo Substance neutre ou simulacre de traitement utilisés comme mesure de contrôle au cours d'une expérience ou comme traitement par un médecin.

Prédisposition mentale Tendance à employer, pour résoudre un problème, des procédés ayant déjà donné de bons résultats quand on les a appliqués à des problèmes similaires.

Principe de plaisir Principe qui régit le fonctionnement du ça en cherchant à diminuer la tension, à éviter la douleur et à procurer du plaisir.

Principe de réalité Principe qui régit le fonctionnement du moi en cherchant des exutoires pour les énergies pulsionnelles tout en tenant compte des contraintes du monde réel.

Privation sensorielle Absence de stimulations sensorielles minimales.

Procédures standardisées Procédures uniformes d'administration et de notation d'un test.

Processus inconscients Processus mentaux se déroulant hors du champ de la conscience et auxquels celle-ci n'a pas accès.

Processus préconscients Processus mentaux se déroulant hors du champ de la conscience, mais auxquels celle-ci a accès au besoin.

Proposition Unité de sens faite de concepts et exprimant une idée unitaire.

Protubérance annulaire Structure du tronc cérébral jouant un rôle dans le sommeil, le réveil et le rêve, entre autres.

Psychanalyse Théorie de la personnalité et méthode de psychothérapie élaborées par Sigmund Freud, mettant l'accent sur les motifs et les conflits inconscients.

Psychologie Étude scientifique du comportement et des processus mentaux.

Psychophysique Domaine de la psychologie qui étudie les relations entre les propriétés physiques des stimuli et les perceptions que nous en avons.

Psychose Trouble mental sévère accompagné d'hallucinations et de comportements irrationnels; ses causes sont soit physiologiques, soit psychologiques.

Psychotropes Ensemble des drogues qui ont un effet sur la conscience, l'humeur, la cognition et le comportement, et qui sont utilisés dans le traitement de différents troubles mentaux.

Pulsion Poussée qui prend sa source dans une excitation corporelle (tension) et qui fait tendre l'organisme vers un but, par exemple la pulsion sexuelle.

Punition Processus par lequel un stimulus ou un événement rend moins probable l'émission subséquente du comportement qu'il suit.

Q

Quotient intellectuel (Q.I.) Mesure de l'intelligence qui consiste à diviser l'âge mental d'une personne par son âge chronologique et à multiplier le résultat par 100; ce calcul est maintenant effectué à partir de normes obtenues à l'aide de tests standardisés.

R

Raisonnement convergent Dans la résolution de problèmes, exploration mentale visant à trouver une seule réponse correcte à un problème.

Raisonnement déductif Raisonnement dans lequel une conclusion découle nécessairement de prémisses données; si les prémisses sont vraies, alors la conclusion est vraie.

Raisonnement divergent Dans la résolution de problèmes, exploration mentale de solutions de rechange non conventionnelles; favorise la créativité.

Raisonnement inductif Raisonnement dans lequel les prémisses étayent une conclusion donnée, celle-ci pouvant néanmoins être fausse.

Rappel Aptitude à retrouver et à reproduire de l'information déjà apprise.

Réapprentissage Méthode employée pour mesurer la rétention où le temps requis pour réapprendre un matériel donné est habituellement inférieur au temps requis pour l'apprentissage initial du même matériel.

Reconnaissance Aptitude à déterminer qu'une information est déjà apprise.

Récupération Activité qui consiste à retrouver l'information emmagasinée dans la mémoire en vue d'une utilisation.

Récupération spontanée Réapparition d'une réponse apprise après son extinction apparente.

Réflexe Réponse simple et automatique à un stimulus.

Renforcement Processus par lequel un stimulus ou un événement rend plus probable l'émission du comportement qu'il suit.

Renforcement continu Programme de renforcement dans lequel un comportement donné est renforcé chaque fois qu'il se produit.

Renforcement intermittent Programme de renforcement dans lequel un comportement donné est parfois récompensé, mais pas toutes les fois qu'il se produit.

Renforcement négatif Procédure par laquelle un comportement est suivi du retrait d'un stimulus, ou de la diminution de son intensité, ce qui a pour effet d'accroître la probabilité d'apparition du comportement dans des conditions similaires.

Renforcement positif Procédure par laquelle un comportement est suivi de l'ajout d'un stimulus, ou de l'augmentation de son intensité, ce qui a pour effet d'accroître la probabilité d'apparition du comportement dans des conditions similaires.

Répétition de maintien Répétition mécanique d'éléments d'information dans le but de maintenir leur accessibilité en mémoire.

Répétition d'élaboration Association d'une information nouvelle à des connaissances déjà emmagasinées et analyse de la nouvelle information, dans le but de la mémoriser.

Réponse conditionnelle (RC) Dans le conditionnement répondant, terme désignant une réponse déclenchée par un stimulus conditionnel et qui se produit lorsqu'un stimulus conditionnel a été associé à un stimulus inconditionnel.

Réponse inconditionnelle (RI) Dans le conditionnement répondant, terme désignant une réponse déclenchée de manière réflexe par un stimulus, sans apprentissage préalable.

Rétine Mince couche de cellules qui tapisse le fond de l'œil et qui contient les récepteurs de la vision.

Rythme biologique Fluctuation périodique, plus ou moins régulière, d'un système biologique; a parfois, mais pas nécessairement, des effets psychologiques.

S

Sagesse rétrospective Tendance à surestimer sa propre capacité à prédire un événement après qu'il a eu lieu; attitude exprimée par « Je l'ai toujours su ».

Scanographie Méthode d'analyse de l'activité biochimique du cerveau par injection d'une substance similaire au glucose et contenant un élément radioactif; aussi appelée « tomographie par émission de positons ».

Schéma cognitif Réseau intégré de connaissances, de croyances et d'attentes se rapportant à un sujet donné ou à un aspect particulier de l'univers.

Schème Dans la théorie de Piaget, structure cognitive commune à un ensemble de conduites et qui rend compte de la représentation des actions mentales et physiques.

Sens de l'équilibre Sens qui nous informe sur la position du corps tout entier.

Sensation Détection par les récepteurs sensoriels des changements physiques survenant dans l'environnement ou dans l'organisme et transmission de cette information au SNC.

Seuil absolu La plus petite quantité d'énergie physique qu'une personne peut détecter de façon fiable.

Seuil différentiel La plus petite différence qui permet de distinguer de façon fiable deux stimulations.

Sevrage Symptômes physiques et psychologiques qui surviennent lorsqu'une personne qui consomme des drogues régulièrement et en grande quantité cesse d'en prendre.

Soi Somme des perceptions qu'une personne a d'elle-même, de ses caractéristiques, de ses relations avec les autres, et des valeurs qu'elle attache à ces différentes perceptions.

Soi idéal Perception de ce qu'une personne souhaiterait être.

Sommeil paradoxal Phase du sommeil caractérisée par des mouvements oculaires rapides, l'absence de tonus musculaire et le rêve.

Statistiquement significatif Expression qualifiant un résultat qu'il serait fort improbable d'obtenir par hasard.

Statistiques descriptives Statistiques servant à ordonner et à résumer les résultats de recherches.

Statistiques inférentielles Statistiques permettant de vérifier dans quelle mesure les résultats obtenus pourraient être dus au hasard.

Stimulus conditionnel (SC) Dans le conditionnement répondant, terme désignant un stimulus initialement neutre qui finit par déclencher une réponse conditionnelle après avoir été associé à un stimulus inconditionnel.

Stimulus discriminatif Stimulus qui indique si un comportement donné est susceptible d'être suivi d'une conséquence donnée.

Stimulus inconditionnel (SI) Dans le conditionnement répondant, terme désignant un stimulus qui déclenche une réponse de manière réflexe, sans apprentissage préalable.

Stockage Mode de conservation du matériel encodé.

Structuralisme Ancienne approche en psychologie qui visait à déterminer les composantes de la conscience à l'origine de la pensée et des émotions.

Surmoi Terme psychanalytique désignant la partie du psychisme qui représente la conscience, la moralité et les normes sociales.

Synapse Site où se produit la transmission de l'influx nerveux d'un neurone à un autre ; il comprend la terminaison axonale, la fente synaptique et les récepteurs situés sur la membrane du neurone récepteur.

Système limbique Ensemble de structures du cerveau intervenant dans les réactions émotionnelles et le comportement motivé.

Système nerveux autonome Subdivision du système nerveux périphérique qui régit les organes internes et les glandes.

Système nerveux central (SNC) Partie du système nerveux composée du cerveau et de la moelle épinière.

Système nerveux parasympathique Subdivision du système nerveux autonome qui s'active lorsque l'organisme est détendu et qui agit de façon à conserver l'énergie.

Système nerveux périphérique (SNP) Toutes les parties du système nerveux à l'exception du cerveau et de la moelle épinière ; comprend les nerfs sensitifs et moteurs.

Système nerveux somatique Subdivision du système nerveux périphérique reliant les récepteurs sensoriels et les muscles squelettiques qui permettent le mouvement volontaire.

Système nerveux sympathique Subdivision du système nerveux autonome qui mobilise les ressources de l'organisme en vue d'une action.

T

Tache aveugle Zone de la rétine dénuée de récepteurs sensoriels ; endroit où le nerf optique quitte l'œil en direction du cerveau.

Techniques thérapeutiques non directives Ensemble des techniques thérapeutiques utilisées par les humanistes ; dites non directives parce qu'elles ne mènent pas à la solution du thérapeute mais bien à celle du client ; incluent l'empathie, la clarification, la reformulation et le reflet.

Tendance à l'autoactualisation Pour Maslow et Rogers, motivation fondamentale de tout être humain qui pousse la personne à s'accomplir, à réaliser son plein potentiel (voir besoins de type E).

Tendance instinctive Tendance chez un organisme à revenir à des comportements instinctifs qui peuvent nuire à l'apprentissage de nouvelles conduites.

Test d'aperception thématique (TAT) Test projectif de personnalité dans lequel on demande au répondant d'interpréter une série d'illustrations ambiguës mettant en scène des personnes.

Test de Rorschach Test projectif de personnalité dans lequel on demande au répondant d'interpréter des taches d'encre abstraites et symétriques.

Test projectif Test psychologique utilisé pour inférer les motivations, les conflits et la dynamique inconsciente de la personne sur la base de l'interprétation que celle-ci fait de stimuli ambigus ou non structurés.

Test psychologique Outil de recherche permettant de mesurer et d'évaluer les traits de personnalité, les états émotionnels, les capacités, les intérêts, les habiletés et les valeurs.

Thalamus Structure du cerveau qui transmet les messages sensoriels au cortex cérébral.

Théorie Système de suppositions et de principes organisés, visant à expliquer un ensemble donné de phénomènes et les relations entre eux.

Théorie de l'activation-synthèse Théorie selon laquelle le rêve résulte de la synthèse et de l'interprétation par le cortex de signaux neuronaux déclenchés par l'activité du tronc cérébral.

Théorie de l'apprentissage social Approche selon laquelle le comportement est appris et maintenu par l'observation et l'imitation des comportements des autres personnes.

Théorie des portillons Théorie qui postule que le mécanisme par lequel les influx nerveux transmettent la douleur peut être bloqué au niveau de la moelle épinière.

Théorie des processus antagonistes Théorie de la perception de la couleur qui postule que le système visuel réagit de façon opposée à certaines paires de couleur et à la présence du noir et du blanc.

Théorie trichromatique Théorie de la perception de la couleur qui postule l'existence de trois types de cônes, sensibles à différentes longueurs d'onde, et dont l'interaction serait à l'origine des variations de couleur.

Théories de l'apprentissage social et cognitif Théories de l'apprentissage qui, de façon générale, étudient l'interaction d'une personne avec son environnement et qui mettent l'accent sur l'apprentissage par observation, les processus cognitifs et les croyances.

Thérapie centrée sur la personne Approche thérapeutique visant la croissance, où le thérapeute, tout en s'efforçant de faire part de son expérience personnelle, fait preuve d'authenticité et d'empathie, et pose sur son client un regard positif inconditionnel.

Timbre Dimension du son qui correspond à la diversité des fréquences.

Tolérance À la suite de l'usage régulier d'une drogue, résistance accrue de l'organisme, qui requiert des doses de plus en plus élevées pour obtenir les mêmes effets.

Trait Caractéristique qui permet de décrire une personne; censée se maintenir dans le temps et malgré les changements de l'environnement.

Transfert Phase critique de la thérapie psychanalytique durant laquelle le patient transfère sur le thérapeute des émotions et des réactions inconscientes, comme ses réactions émotionnelles vis-à-vis de ses parents.

Tronc cérébral Partie du cerveau située au-dessus de la moelle épinière et responsable de fonctions automatiques, comme les battements du cœur et la respiration.

Trouble bipolaire Trouble de l'humeur caractérisé par l'alternance de périodes de dépression et de périodes d'euphorie.

Trouble dissociatif de l'identité (TDI) Trouble psychologique caractérisé par la présence chez une même personne d'au moins deux personnalités distinctes, chacune ayant son propre nom et ses traits caractéristiques.

Trouble obsessionnel-compulsif Trouble anxieux dans lequel une personne est aux prises avec des pensées persistantes et répétitives (obsession) et des comportements rituels et répétitifs (compulsion) visant à réduire l'anxiété.

V

Valide Qualifie un test qui mesure ce qu'il est censé mesurer.

Variable Caractéristique du comportement ou de l'expérience de la personne qui peut être mesurée et décrite sur une échelle numérique.

Variable contaminante Variable qui ne fait pas partie du protocole de recherche mais qui peut exercer une forte influence sur les variables étudiées.

Variable dépendante Variable qui peut être modifiée par les effets de la variable indépendante.

Variable indépendante Variable manipulée par l'expérimentateur et qui constitue le traitement expérimental.

Bibliographie

De langue française

Alexander, F. (1968). *Principes de psychanalyse.* Paris: Petite Bibliothèque Payot.

American Psychiatric Association (1996). *DSM IV, Manuel diagnostique et statistique des troubles mentaux.* 4ᵉ éd., Paris: Masson.

Andler, D. (1992). *Introduction aux sciences cognitives.* Paris: Gallimard.

Association de psychologie scientifique de langue française (1987). *Comportement, cognition et conscience.* Paris: PUF.

Aubert, J., P. Gilbert (1997). *Psychologie de la ressource humaine.* Paris: PUF.

Bachelor, A. et P. Joshi (1986). *La méthode phénoménologique de recherche en psychologie.* Québec: Presses de l'Université Laval.

Baddeley, A. (1993). *La mémoire: théorie et pratique.* Grenoble: Presses Universitaires de Grenoble.

Bagot, D. (1996). *Information, sensation et perception.* Paris: Masson.

Bandura, A. (1980). *L'apprentissage social.* Bruxelles: Pierre Mardaga.

Barbaras, R. (1997). *La perception.* Paris: Hatier.

Barbeau, D. (1993). La motivation scolaire. *Pédagogie Collégiale,* 7(1), 20-27.

Barbeau, D. (1994). *Analyse de déterminants et d'indicateurs de la motivation scolaire d'élèves du collégial.* Rapport de recherche, Montréal: Collège de Bois-de-Boulogne.

Barbeau, D., A. Montini et C. Roy (1997). *Sur les chemins de la connaissance. La motivation scolaire.* Montréal: Association québécoise de pédagogie collégiale.

Barrelet, J. M. et A. N. Perret-Clermont (1996). *Jean Piaget et Neuchâtel.* Lausanne: Payot.

Bastien, H. (1951). *Psychologie de l'apprentissage pédagogique.* Montréal: Lidec.

Beaufils, B. et H. Paicheler (1984). Des comportements à l'attribution de traits. *Psychologie française,* 29 (1), 54-55.

Beaufils, B. et H. Paicheler (1986). Du producteur au percepteur: le circuit des valeurs. *Revue de psychologie appliquée,* 36 (2), 95-113.

Bee, H. (1997). *Les âges de la vie. Psychologie du développement humain.* Saint-Laurent: Éditions du Renouveau Pédagogique.

Bear, M. F. L. et B.W. Connors (1997). *Neuroscience: À la découverte du cerveau.* Paris: Éditions Pradel.

Bélanger, J. (1978). Image et réalité du béhaviorisme. *Philosophiques,* 5(1), 3-100.l

Bergeret, J. (1995). *Freud, la violence et la dépression: l'œdipe et le narcissisme.* Paris: PUF.

Bernier, J.-J. et B. Pietrulewicz (1998). *La psychométrie: traité de mesure appliquée.* Montréal: Gaëtan Morin éditeur.

Bideaud, J. (1990). Vous avez dit «structure»? *Archives de psychologie,* 58 (225), 165-184.

Bideaud, J. et M. Richelle (1985). *Psychologie développementale: problèmes et réalités.* Paris: Pierre Mardaga.

Bion, W.-R. (1980). *Entretiens psychanalytiques.* Paris: Gallimard.

Blanchet, G., J. Raffier et R. Voyazopoulos (1995). *Intelligences, scolarité et réussites.* Paris: Éditions Pensée Sauvage.

Blancheteau, M. (1982). *L'apprentissage animal.* Bruxelles: Pierre Mardaga.

Blancheteau, M. et A. Magnan (dir.) (1994). *Psychologie expérimentale et psychologie du développement: hommage à César Florès.* Paris: L'Harmattan.

Boisvert, J. (1999). *La formation de la pensée critique.* Saint-Laurent: Éditions du Renouveau Pédagogique.

Bonnet, C. et N. Chantrier (1994). Bases physiologiques des traitements sensoriels et moteurs. Dans R. Ghiglione et J. F. Richard, *Cours de psychologie 3.* Paris: Dunod.

Bonnet, C., J. M. Hoc, G. Tiberghien (dir.) (1986). *Psychologie, intelligence artificielle et automatique.* Bruxelles: Pierre Mardaga.

Bouchard, P. (1995). *La recherche qualitative: études comparatives.* Sainte-Foy: Université Laval.

Boucheron, S. (1992). *Théorie de l'apprentissage.* Paris: Hermès.

Boudon, R. et A. Bouvier (1997). *Cognition et sciences sociales.* Paris: Éditions PUF.

Boutin, G. (1997). *L'entretien en recherche qualitatif.* Sainte-Foy: Presses de l'Université du Québec.

Braun, C. (1997). *L'évaluation neuropsychologique.* Montréal: Éditions Décarie.

Brossard, A. (1992). *La psychologie du regard: de la perception visuelle aux regards.* Paris: Delachaux et Niestlé.

Bruce, V. et P. Green (1993). *Perception visuelle.* Grenoble: Presses Universitaires de Grenoble.

Bruner, J. S. (1998). *Car la culture donne forme à l'esprit: de la révolution cognitive à la psychologie culturelle.* Genève: Geerg.

Bruyer, R. (1994). La reconnaissance des visages: quoi de neuf? *Psychologie française,* 39 (3), 245-258.

Cadet, B. (1996). *Méthodes statistiques en psychologie.* Caen: Presses universitaires de Caen.

Camus, J.-F. (1996). *La psychologie cognitive de l'attention.* Paris: Armand Colin/Masson.

Caouette, C.E. et C. Deguire (1993). Choisir son avenir: un programme innovateur pour raccrocheurs de niveau collégial. *Revue Québécoise de Psychologie,* 14(1), 135-150.

Castellan, Y. (1993). *Psychologie de la famille.* Toulouse: Éditions Privat.

Casterman, J. (1998). *Activités cognitives: raisonnement, décision et résolution de problèmes.* Bruxelles: De Boeck Université.

Caston, J. (1993). *Psychophysiologie 1.* Paris: Ellipses-Marketing.

Caston, J. (1993). *Psychophysiologie 2.* Paris: Ellipses-Marketing.

Castonguay, L. G. (1987). Rapprochement en psychothérapie: perspectives théoriques, cliniques et empiriques. Dans C. Lecompte et L. G. Castonguay (dir.), *Rapprochement et intégration en psychothérapie* (p. 3-22). Montréal: Gaëtan Morin Éditeur.

Caverni, J. P., C. Bastien, P. Mendelsohn et G. Tiberghien (1988). *Psychologie cognitive: modèles et méthodes.* Grenoble: Presses Universitaires de Grenoble.

Chamberland, C., M. Théorêt, R.Garon et D. Roy (1995). *Les scientines en action: conceptions, implantation et évaluation.* Résumé du rapport de recherche. Université de Montréal.

Chapouthier, G. (1994). *La biologie de la mémoire,* Paris: PUF, collection «Que sais-je?».

Chappuis, R. (1992). *La psychologie des relations humaines.* 3ᵉ éd., Paris: PUF.

Chassaing, J.-L. (1998). *Écrits psychanalytiques classiques sur les toxicomanies.* Association freudienne.

Château, J. (1970). *Psychologie de l'éducation.* Paris: Vrin.

Château, J. (1976). *Psychologie des attitudes intellectuelles.* Paris: Vrin.

Chatillon, J.-C., C. Bastien, P.-M. Baudonnière, G. Vergnaud (1994). *Psychologie du développement.* Paris: Dunod.

Cholette-Perusse, F. (1963). *Psychologie de l'enfant.* Montréal: Éd. Le jour.

Cholette-Perusse, F. (1982). *Psychologie de l'enfant de zéro à dix ans.* Montréal: Éditions de l'homme.

Choulet, P. (1991). *La mémoire.* Paris: Quintette.

Churchland Paul M. (1999). *Le cerveau – Moteur de la raison, siège de l'âme.* Bruxelles: De Boeck Université.

Cloutier, R. (1996). *Psychologie de l'adolescence.* 2e éd., Montréal: Gaëtan Morin éditeur.

Cohen, P. et J. P. Rieu (1994). *Les psychologues. Où sont-ils? Que font-ils?* Syndicat national des psychologues (SNP).

Coleman, D. (1997). *L'intelligence émotionnelle.* Paris: Robert Laffont.

Colloque régional Psychologie de l'éducation, perspectives et prospectives (1988). *Psychologie de l'éducation, perspectives et prospectives: actes.* Association française de psychologie scolaire et l'UFR de psychologie de l'Université de Lille. Lille: Université de Lille.

Cosnier, J. (1988). *La psychologie.* Paris: Seghers.

Cosnier, J. (1994). *Psychologie des émotions et des sentiments.* Paris: Retz.

Coste, J.-C. (1994). *La psychomotricité.* 5e éd., Paris: PUF, collection «Que sais-je?».

Côté, R. L. (1987). *Psychologie de l'apprentissage: une approche modulaire d'auto-formation.* Montréal: Gaëtan Morin éditeur.

Crevier, D. (1997). *À la recherche de l'intelligence.* Paris: Flammarion.

Crommelinck, M. (1990). La conscience en neuroscience et sciences cognitives: une conscience à la frontière des sciences de la nature et des sciences de l'esprit. *Revue québécoise de psychologie, 11* (1-2), 89-106.

De Bonis, M. (1984). Personnalité, recherche fondamentale ou problèmes fondamentaux? *Psychologie française, 29* (1), 48-53.

David, H. (1997). La psychanalyse en question. *Revue québécoise de psychologie. 18* (1), 175-180.

De Bonis, M. (1989). Critique méthodologique des modèles de personnalité. *Confrontation psychiatrique, 30,* 313-329.

Debesse, M. G. Mialaret (1974). *Psychologie de l'éducation.* Paris: PUF.

Dehaene, S. (1997). *Le cerveau en action: imagerie cérébrale fonctionnelle en psychologie cognitive.* Paris: PUF.

Delacour, J. (1998). *Une introduction aux neurosciences cognitives.* Bruxelles: De Boeck Université.

Denhière, G. (1991). *Psychologie française: le traitement cognitif du texte.* Paris: Dunod.

Deret, D. (1998). *Pensée logique, pensée psychologique: l'art du raisonnement.* Paris: L'Harmattan – Sciences cognitives.

Derouesne, C. (1998). *Vivre avec sa mémoire.* Paris: LGF.

Desprats-Péquignot, C. (1995). *La psychanalyse.* Paris: Éditions La Découverte.

Desrosiers, K. et É. Royer (1995). Les troubles de l'attention avec hyperactivité: une synthèse des connaissances à l'intention des enseignants. *CRIRES, 2*(2).

Dessi, P. (1996). *La mémoire, la développer, la garder.* Marseille: Solal.

Dickes, P., A. Fieller, J.-L. Kop *et al.* (1994). *La psychométrie.* Paris: PUF.

Dickès, P., J. Tournois, A. Flieller et J.-L. Kop (1994). *La psychométrie.* Paris: PUF.

Diel, P. (1991). *Psychologie de la motivation: théorie et application thérapeutique.* Paris: Payot.

Doise, W., J.-C. Deschamps et G. Mugny (1995). *Psychologie sociale expérimentale.* 3e éd., Paris: Armand Colin.

Doré, F.-Y. et P. Mercier (1992). *Les fondements de l'apprentissage et de la cognition.* Lille: Presses Universitaires de Lille et Boucherville: Gaëtan Morin éditeur.

Doré, F.-Y. et P. Mercier (1998). *Les fondements de l'apprentissage et de la cognition.* Boucherville: Gaëtan Morin éditeur.

Doron, R. et F. Parot (1998). *Dictionnaire de psychologie.* Paris: PUF.

Dubé, L. (1986). *Psychologie de l'apprentissage de 1880 à 1980.* Montréal: Presses de l'Université du Québec.

Dubé, L. (1996). *Psychologie de l'apprentissage.* 3e éd., Sillery, Québec: Presses de l'Université du Québec.

Dubé, R. (1992). *Hyperactivité et déficit d'attention chez l'enfant.* Boucherville: Gaëtan Morin éditeur.

Dubois, D. (1997). *Catégorisations et cognitions: de la perception au discours.* Paris: Éditions Kimé.

Dumauner, E. (1992). *Psychologie expérimentale de la perception.* Paris: PUF.

Duval, P. et M.-T. Estivill (1998). *Annuaire – Guide de la psychologie.* Paris: Hommes et perspectives.

Duyckaerts F. (1999). *Les fondements de la psychothérapie.* Bruxelles: De Boeck Université.

Errazuriz, N. et R. Fribowg (1993). *Aspects psychocognitifs.* Suisse: Éditions universitaires.

Eustache F., B. Lechevalier et F. Viader (1998). *La conscience et ses troubles (Séminaire Jean-Louis Signoret).* Bruxelles: De Boeck Université.

Falissarel, B. (1996). *Comprendre et utiliser les statistiques dans les sciences de la vie.* Paris: Masson.

Famose, J. P. (1993). *Cognition et performance.* Paris: Éditions Vigot.

Feyereisen, P., J.-D. de Lannoy (1985). *Psychologie du geste.* Bruxelles: Pierre Mardaga.

Feyerlisen, P. (1994). *Le cerveau et la communication.* Paris: PUF.

Fliesn, W. (1995). *Rêves et rêveries.* Montréal: Éditions du Méridien.

Fortin, C. et R. Rousseau (1992). *Psychologie cognitive: une approche de traitement de l'information.* 2e éd., Montréal: Presses de l'Université du Québec.

Fortin, M.-F. (1997). *Guide d'apprentissage de la recherche.* Mont-Royal: Décarie.

Fraisse, P. (1991). *La psychologie expérimentale.* 9e éd., Paris: PUF, collection «Que sais-je?».

Fraisse, P. et J. Piaget (1991). *L'intelligence.* Paris: PUF.

Frances, R. (1992). *La perception.* Paris: PUF.

Fraosse, P. et J. Piaget (1975). *La perception.* Paris: PUF.

Freixa I Baque, E. (1989). Personnalité et émotion: approche psychophysiologique. *Psychologie médicale, 21* (14), 2127-2132.

Freud, S. (1954). *Cinq psychanalyses.* Paris: PUF.

Freud, S. (1969). *La vie sexuelle.* Paris: PUF.

Freud, S. (1971). *Malaise dans la civilisation.* Paris: PUF.

Friedler, J. (1995). *Psychanalyse et neuroscience: la légende du boiteux.* Paris: PUF.

Friedman, L. (1995). La réalité psychique dans la théorie psychoanalytique. *Revue française de psychanalyse, 59* (1), 231-237.

Frisby, J. P. (1979). *De l'œil à la vision.* Paris: Fernand Nathan.

Gardner, H. (1996). *L'intelligence et l'école: la pensée de l'enfant et les visées de l'enseignement.* Paris: Retz.

Geismar-Wieviorka, S. (1998). *Les toxicomanes ne sont pas tous incurables.* Paris: Seuil.

Gemelli, A. (1965). *Psychologie de l'enfant à l'homme.* Paris: Nouv. éd. latines.

Gineste, M.-D. (1997). *Analogie et cognition: étude expérimentale et simulation informatique.* Paris: PUF.

Godefroid, J. (1993). *Les fondements de la psychologie: science humaine et science cognitive.* Paris: Vigot.

Green, A. (1990). La question des rêves en psychanalyse: du modèle freudien à nos jours. *Psychiatrie française, 21* (1), 66-76.

Grünbaum, A. (1993). *La psychanalyse à l'épreuve.* Paris: Éclat.

Habib, M. (1997). *Bases neurologiques des comportements.* Paris: Masson.

Hall, C. S. (1957). *L'A.B.C. de la psychologie freudienne.* Paris: Montaigne.

Hervé, C. (1998). *Éthique de la recherche et éthique clinique.* Paris: Éditions L'Harmattan.

Hétu, J.-L. (1988). *Psychologie du vieillissement.* Montréal. Éd. du Méridien.

Hoc, J.-M. (1987). *Psychologie cognitive de la planification.* Grenoble: Presses Universitaires de Grenoble.

Huber, W. (1977). *Introduction à la psychologie de la personnalité.* Bruxelles: Pierre Mardaga.

Huot, R. (1994). *Introduction à la psychologie.* Boucherville: Gaëtan Morin éditeur.

Huteau, M. (1995). Les différences individuelles dans le domaine de la personnalité. Dans *Manuel de psychologie différentielle.* Paris: Dunod.

Ionescu, S., M.-M. Jaquet, et C. Lhote (1997). *Les mécanismes de défense. Théorie et clinique.* Paris: Nathan.

Isnard, G. (1995). *Mémoire dans tous ses états.* Montréal: Éditions du Méridien.

Jamet, É. (1997). *Lecture et réussite scolaire.* Paris: Dunod.

Jeunier, B. (1998). *La psychobiologie: approches historiques et contemporaines.* Paris: Nathan.

Jimenez, M. (1997). *La psychologie de la perception.* Paris: Flammarion.

Jouvent, R. (dir.) (1991). *Psychologie française: des hypothèses et des modèles en psychopharmacologie des comportements.* Paris: Dunod.

Julo, J. (1995). *Représentation des problèmes et réussite en mathématiques.* Rennes: Presses universitaires de Rennes.

Jung, C. G. (1995). *Psychologie et éducation.* Paris: Buchet-Chastel.

Ketcham, K. et E. Loftus (1998). *Le syndrome des faux souvenirs: ces psys qui manipulent la mémoire.* Paris: Exergue.

Krymko-Bleton, I. (dir.) (1997). *Transports de psychanalyse.* Montréal: Harmattan.

Lambotte, M.-Cl. (1995). *La psychologie et ses méthodes.* Paris: Éditions du Fallois.

Laplanche, J. (1998). *La problématique (tome 1): L'angoisse.* Paris: PUF.

Laplanche, J. (1998). *Problématiques (tome 2): La castration / symbolisations.* Paris: PUF.

Laplanche, J. (1998). *Problématiques (tome 3): La sublimation.* Paris: PUF.

Laterrasse, C., A. Beaumatin (1997). *La psychologie de l'enfant.* Milan: Presses Universitaires de Milan.

Lavorel, P. (1991). *Psychologie et cerveau: prolégomènes à une étude des calculs mentaux.* Lyon: Presses universitaires de Lyon.

Le Bon, G. (1987). *Psychologie de l'éducation.* Amis de Gustave Le Bon

L'Écuyer, R. (1994). *Le développement du concept de soi de l'enfance à la vieillesse.* Montréal: Presses de l'Université de Montréal.

Le Ny, J.-F. (dir.) (1993). *Intelligence naturelle et intelligence artificielle.* Paris: PUF.

Leblanc, J. (dir.) (1996). *Démystifier les maladies mentales: les dépressions et les troubles affectifs cycliques.* Montréal: Gaëtan Morin.

Legendre, R. (1993). *Dictionnaire actuel de l'éducation.* Montréal: Guérin.

Legendre-Bergeron, M. F. (1980). *Lexique de la psychologie du développement de Jean Piaget.* Chicoutimi: Gaëtan Morin éditeur.

Legrand, M., J. Nizet, A. Van Haeght (1982). *La psychologie dans l'école.* Namur: Presses Universitaires de Namur.

LeGuen, C. (1989). *Théorie de la méthode psychanalytique.* Paris: PUF.

Lemaire P. (1999). *Psychologie cognitive.* Bruxelles: De Boeck Université.

Les méthodes en psychologie. Paris: PUF, collection «Que sais-je», 1995.

Lev Semenovitch. V. (1998). *Théorie des émotions: Étude historico-psychologique.* Paris: L'Harmattan.

Lieury, A. (1992). *La mémoire humaine: résultats et théories.* Bruxelles: Éditions Pierre Mardaga.

Lieury, A. (1997). *La psychologie est-elle une science?* Paris: Flammarion, collection «Dominos».

Lieury, A. (1990). *Manuel de psychologie générale.* Paris: Dunod.

Lieury, A. (1996). *Méthodes pour la mémoire.* 2e éd., Paris: Dunod.

Lieury, A. (1997). *Manuel de psychologie générale.* Paris: Dunod.

Lieury, A. (1997). *Mémoire et réussite scolaire.* 3e éd., Paris: Dunod.

Liewry, A. et F. Fenouillet (1996). *Motivation et réussite scolaire.* Paris: Dunod.

Limeney, M. (1998). *Psychologie générale de la perception.* Paris: Éditions Presses Univers Mirail.

Malcuit, G., A. Pomerleau et P. Maurice (1995). *Psychologie de l'apprentissage: termes et concepts.* Maloine.

Margolin, J. C. (1996). *L'humanisme.* Paris: Encyclopédie Universalis, 11, 727-729.

Marine, C. et C. Escribe (1998). *Histoire de la psychologie générale.* Éditions In-Press.

Maslow, A. H. (1972). *Vers une psychologie de l'être.* Paris: Fayard.

May, R. (1971). L'apparition de la psychologie existentielle. Dans G. Allport, H. Feifel, A. H. Maslow, R. May et C. R. Rogers, *Psychologie existentielle* (p. 9-52). Paris: Épi.

Meuris, G. (1985). Les méthodes des tests... à la croisée des chemins. *Bulletin of the International Test Commission, 21,* 5-12.

Meuris, G. (1988). Carl Rogers (1902-1987): Une pédagogie centrée sur la personne. *Bulletin de psychologie scolaire et d'orientation, 37* (2), 83-94.

Mialaret, G. (1998). *La psycho-pédagogie.* 4e éd., Paris: PUF, collection «Que sais-je?».

Millet, L. (1993). *Psychologie.* Paris: Œil / F.-X. de Guibert.

Millet, L. (1993). *La psychologie, connaissance réelle de l'homme?* Paris: F.-X de Guibert.

Monteil, J. M. (1993). *Le soi et le contexte.* Paris: Armand Colin.

Morand de Jouffrey, P. (1995). *La psychologie de l'enfant.* Alleur: Marabout.

Morin, Estelle M. (1996). *Psychologies au travail.* Montréal: Gaëtan Morin éditeur.

Morin, P. C. et S. Bouchard. *Introduction aux théories de la personnalité.* Montréal: Gaëtan Morin éditeur.

Mounier, E. (1962). *Introduction aux existentialistes.* Paris: Gallimard.

Mueller, F.-L. (1985). *La psychologie contemporaine.* Paris: Payot.

Myers, D. G. (1998). *Traité de psychologie.* Paris: Flammarion.

Nathan, T. (1998). *Psychothérapies.* Paris: Odile Jacob.

Nicolaiedis, N. (1995). Perception et reconnaissance. *Revue française de psychanalyse, 59* (2), 565-569.

Nicolas, S. et P. Perruchet (1998). *Mémoire et apprentissage implicite.* Saint-Martin d'Hères: Presses Universitaires de Grenoble.

Nuttin, J. (1991). *Théorie de la motivation humaine.* Paris: PUF.

Oléron, P. (1994). *L'intelligence.* 6e éd., Paris: PUF.

Ordre des psychologues du Québec (1996). *Rapport annuel 1994-1995.* Montréal.

Paicheler, H. et B. Beaufils (1984). Les théories implicites de la personnalité: modèle personnologique ou social de la personne. *Psychologie française, 29* (1), 53-54.

Parot, F. et M. Richelle (1994). *Introduction à la psychologie: Histoire et méthodes.* Paris: PUF.

Pcat, J. (1980). *Psycho-physiologie du système nerveux central.* Ellipses Marketing.

Pelletier, L. G. et R. J. Vallerand (1993). Une perspective humaniste de la motivation: les théories de la compétence et de l'autodétermination. Dans R. J. Vallerand et E.E. Thill (dir.), *Introduction à la psychologie de la motivation.* Montréal: Études Vivantes.

Pelletier, P. (1996). *Les thérapies transpersonnelles.* Montréal: Fides.

Perraudeau, M. (1996). *Piaget aujourd'hui.* Paris: Colin.

Perron, R. et coll. (1997). *La pratique de la psychologie clinique.* Paris: Dunod.

Piaget, J. (1986). *La psychologie de l'intelligence.* 7e éd., Paris: Armand Colin.

Piaget, J. et B. Inhelder (1992). *La psychologie de l'enfant.* 14e éd., Paris: PUF.

Piaget, J., P. Mounoud, J.-P. Bronckart. (dir.) (1987). *Psychologie.* Paris: Gallimard.

Pichot, P. (1997). *Les tests mentaux.* Paris: PUF, collection «Que sais-je?».

Plomin, R. (1998). *Des gènes au comportement.* Bruxelles: De Boeck Université.

Posner, M. L. et M. E. Raichle (1998). *L'esprit en images.* Bruxelles: De Boeck Université.

Prévost, C. (1998). *La psychologie fondamentale.* 2e éd., Paris: PUF, collection «Que sais-je?».

Psychologie de l'éducation: nouvelle approches américaines. Voir Revue française de pédagogie, no 111.

Psychologie de l'enfant et de l'adolescent. Voir Marsyas, no 22.

Psychologie de l'enfant et pédagogie expérimentale / Édouard Claparède. – Delachaux et Niestlé. Comprend: Vol. 1, Le développement mental de l'enfant; vol. 2, Les méthodes.

Psychologie de l'enfant, nouvelles tendances *Voir Sciences humaines,* no 2.

Psychologie et éducation, no 25; École maternelle, Pensée sauvage, 1996.

Psychologie française, no 42-4: Vieillissement normal et maladie d'Alzheimer / éd. Michel Isingrini, Roger Fontaine. Grenoble: Presses Universitaires de Grenoble, 1997.

Psychologie française, no 43: Mémoire et apprentissage implicite / dir. Serge Nicolas, Pierres Perrochet, Grenoble: Presses Universitaires de Grenoble, 1998.

Psychologie française, vol. 31, no 3-4: Génétique, neurogénétique et comportement / dir. Pierre Roubertoux. Paris: Armand Colin, 1987.

Psychologie française, vol. 34, no 1: Vision et déplacement: locomotion passive et locomotion active / éd. Claude Bonnet, Jean Pailnous. Psychologie française. 1989.

Purves D, G. J. Augustine, D. Fitzpatrick, L. C. Katz, A. S. Lamantia et J. O. Mcnamara (1999). *Neurosciences*. Bruxelles: De Boeck Université.

Rangell, L. (1995). Les réalités psychanalytiques et le but de la cure analytique. *Revue française de psychanalyse, 59* (1), 261-270.

Reed, S. K. (1998). *Cognition. Théories et applications*. Bruxelles: De Boeck Université.

Reid, W. (1987). Psychanalyse et/ou béhaviorisme. Dans C. Lecompte et L. G. Castonguay (dir.), *Rapprochement et intégration en psychothérapie* (p. 51-61). Montréal: Gaëtan Morin éditeur.

Renault, B., F. Macar (dir.) (1992). *Psychologie française: imagerie cérébrale en psychologie cognitive*. Paris: Dunod.

Reuchlin, M. (1989). La personnalité comme fonction intégratrice des conduites. *Confrontation psychiatrique, 30*, 283-297.

Reuchlin, M. (1998). *Psychologie*. 13e éd., Paris: PUF.

Reuchlin, M. et M. Huteau (1997). *Le guide de l'étudiant en psychologie*. Paris: PUF.

Rialle, V. et D. Fisette (1996). *Penser l'esprit: des sciences de la cognition à une philosophie cognitive*. Grenoble: Presses Universitaires de Grenoble.

Ric, F. (1996). L'impuissance acquise (learned helplessness) chez l'être humain: une présentation théorique. *Année psychologique, 96* (4), 677-702.

Rivière, A. (1991). *La psychologie de Vygotsky*. Bruxelles: Pierre Mardaga.

Roazen, P. (1995). Les patients de Freud: intemporels? *Revue française de psychanalyse, 59* (4), 1197-1213.

Robert, M., *et al.* (1988). *Fondements et étapes de la recherche scientifique en psychologie*. Saint-Hyacinthe: Edisem.

Rogers, C. R. (1972). *Le développement de la personne*. Paris: Dunod.

Rogers, C. R. et G. M. Kinget (1976). *Psychothérapie et relations humaines: théorie et pratique de la thérapie non directive*. Louvain: Presses Universitaires de Louvain.

Rosenzweig, M. R., A. L. Leiman (1997). *Psychophysiologie*. 2e éd., Paris: InterÉditions.

Rosenzwzeig, M. R., A. L. Leiman et M. S. Breedlove (1998). *Psychologie*. Bruxelles: De Boeck Université.

Rossi, J.-P. (1997). *La recherche expérimentale en psychologie*. Paris: Dunod.

Rossi, J.-P. (1997). *L'approche expérimentale en psychologie*. Paris: Dunod.

Rathus Spencer, A. (1995). *Psychologie générale*. 2e éd., Montréal: Éditions Études Vivantes.

Saint-Yves, A. (1983). *Psychologie de l'apprentissage-enseignement: une approche individuelle ou de groupe*. Montréal: Presses de l'Université du Québec.

Sauze, F. (1998). *Au banquet de la cognition: esprit matière es-tu là*. Paris: Éditions Cosmogone.

Schacter D. L. (1999). *À la recherche de la mémoire — Le cerveau, l'esprit et le passé*. Bruxelles: De Boeck Université.

Schadron, G. et V. Yzerbyt. *Connaître et juger autrui, une introduction à la cognition sociale*. Grenoble: Presses Universitaires de Grenoble.

Scherer, K. R. (1984). Les émotions: fonctions et composantes. *Cahier de psychologie cognitive, 4* (1), 9-39.

Shallice (1995). *Symptômes et modèles en neuropsychologie*. Paris: PUF.

Signoret, J.-L. 1998). *La mémoire*, Éditions Francis Eustache.

Sinelnikoff, N. (1998). *Les psychothérapies: dictionnaire critique, concepts, principaux théoriciens, techniques, pathologies, symptômes*. 2e éd., Paris: ESF éditeur.

St-Arnaud, Y. (1974). *La personne humaine*. Montréal: Éditions de l'Homme.

St-Arnaud, Y. (1987). Qu'est-ce que le béhaviorisme et la psychanalyse ont apporté à la psychologie humaniste? Dans C. Lecompte et L. G. Castonguay (dir.), *Rapprochement et intégration en psychothérapie* (p. 113-121). Montréal: Gaëtan Morin éditeur.

Sternberg R. (1998). *Psychologie cognitive*. Bruxelles: De Boeck Université.

Swendseir, J. et E. Blatter (1996). *Psychopathologie et modèles cognitivo-comportementaux. Les recherches récentes*. Grenoble: Presses Universitaires de Grenoble.

Swendsen, J.; Blatier, C. (1996). *Psychopathologie et modèles cognitivo-comportementaux: les recherches récentes*. France: Presses Universitaires de Grenoble.

Symposium de l'Association de psychologie scientifique de langue française, Toulouse, 1987 (1990). *Psychologie et cerveau*. Paris: PUF.

Tardif, J. (1992). *Pour un enseignement stratégique*. Montréal: Les Éditions Logiques.

Thibaut, J.-P., J.-A. Rondal (1996). *Psychologie de l'enfant et l'adolescent*. Nouvelle édition, Labor, Éducation 2000.

Thinès, G. (1980). *Phénoménologie et sciences du comportement*. Bruxelles: Pierre Mardaga.

Thinès, G. et A. Lempereur (1984). *Dictionnaire général des sciences humaines*. Louvain-la-Neuve: Ciaco.

Tisseron, S. (1998). *L'inconscient et les objets*. Paris: Aubier.

Tremblay, M. (1992). *L'adaptation humaine: un processus biopsychosocial à découvrir*. Montréal: Éditions Saint-Martin.

Tyson, R. et P. Tyson (1996). *Les théories psychanalytiques de développement de l'enfant et de l'adolescent*. Paris: PUF.

Vacola, G. (1989). Carl-Gustav Jung, 1876-2961, Un penseur. *Psychiatrie française, 20* (2), 79-84.

Vallerand, R. J. (1994). *Les fondements de la psychologie sociale*. Boucherville: Gaëtan Morin éditeur.

Vallerand, R. J. et E. Thill (1993). *Introduction à la psychologie de la motivation*. Québec: Vigot.

Vallerand, R. J. et L. Bouffard (1985). Concepts et théories en attribution. *Revue québécoise de psychologie, 6* (2), 45-65.

Vanier, A. (1996). *Éléments d'introduction à la psychanalyse*. Paris: Nathan, collection «Psychologie 128».

Vauclair, J. (1995). *La cognition animale*. Paris: PUF.

Vezin, J.-F. (1994). *Psychologie de l'enfant: l'enfant capable: les découvertes contemporaines en psychologie du développement*. Paris: L'Harmattan.

Vogler, J. (1996). *L'évaluation*. Paris: Hachette Éducation.

Vygotsky, L. (1998). *Théorie des émotions*. Paris: L'Harmattan.

Weil-Barais, A. (1993). *L'homme cognitif*. Paris: PUF.

Widlocher, D. (1996). *Les nouvelles cartes de la psychanalyse*. Paris: Éditions O. Jacob.

Wolf, M. (1998). *La psychopathologie et ses méthodes*. Paris: PUF, collection «Que sais-je?».

Wolton, D. (dir.) (1998). Psychologie ordinaire et sciences cognitives. Voir Hermès, n° 3.

Yzerbyt, V. (1995). *L'homme en société*. Paris: PUF.

Zavialoff, N. (dir.) (1990). *Psychologie et neuropsychologie*. Paris: L'Harmattan.

Abel, Gene G.; Mittelman, Mary; Becker, Judith V.; Rathner, Jerry; et al. (1988). Predicting child molesters' response to treatment. Conference of the New York Academy of Sciences: Human sexual aggression: Current perspectives. *Annals of the New York Academy* of Sciences, *528*, 223–234.

Abrams, David B., & Wilson, G. Terence (1983). Alcohol, sexual arousal, and self-control. *Journal of Personality and Social Psychology, 45*, 188–198.

Abu-Lughod, Lila (1992). *Wriring women's worlds: Bedouin stories.* Berkeley: University of California Press.

Adamopoulos, John, & Lonner, Walter J. (1994). Absolutism, relativism, and universalism in the study of human behavior. In W. I. Lonner & R. S. Malpass (eds.), *Psychology and culture.* Needham Heights, MA: Allyn & Bacon.

Adams, Gerald R.; Ryan, John H.; Hoffman, Joseph J.; Dobson, William R.; & Nielsen, Elwin C. (1985). Ego identity status, conformity behavior, and personality in late adolescence. *Journal of Personality and Social Psychology, 47*, 1091–1104.

Adams, James L. (1986). *Conceptual blockbusting: A guide to better ideas* (3rd ed.). Boston: Addison-Wesley.

Adams, M. J. (1990). *Learning to read: Thinking and learning about print.* Cambridge, MA: MIT Press.

Ader, Robert, & Cohen, Nicholas (1993). Psychoneuroimmunology: Conditioning and stress. *Annual Review of Psychology, 44*, 53–85.

Adler, Alfred (1927/1959). *Understanding human nature.* New York: Premier.

Adler, Alfred (1935). The fundamental views of individual psychology. *International Journal of Individual Psychology, 1*, 5–8.

Adler, Alfred (1938/1964). *Social interest: A challenge to mankind.* New York: Capricorn.

Affleck, Glenn; Tennen, Howard; Croog, Sydney; & Levine, Sol (1987). Causal attribution, perceived control, and recovery from a heart attack. *Journal of Social and Clinical Psychology, 5*, 339–355.

Ainsworth, Mary D. S. (1973). The development of infant–mother attachment. In B. M. Caldwell & H. N. Ricciuti (eds.), *Review of child development research* (Vol. 3). Chicago: University of Chicago Press.

Ainsworth, Mary D. S. (1979). Infant–mother attachment. *American Psychologist, 34*, 932–937.

Ainsworth, Mary D. S.; Blehar, Mary L.; Waters, Everett; & Wall, Sally (1978). *Patterns of attachment.* Hillsdale, NJ: Erlbaum.

Alagna, Sheryle W., & Hamilton, Jean A. (1986). Science in the service of mythology: The psychopathologizing of menstruation.

Paper presented at the annual meeting of the American Psychological Association, Washington, DC.

Aldag, Ramon J., & Fuller, Sally R. (1993). Beyond fiasco: A reappraisal of the groupthink phenomenon and a new model of group decision processes. *Psychological Bulletin, 113*, 533–552.

Aldhouse, Peter (1992). The promise and pitfalls of molecular genetics. *Science, 257*, 164–165.

Allen, Laura S., & Gorski, Robert A. (1992). Sexual orientation and the size of the anterior commissure in the human brain. *Proceedings of the National Academy of Sciences, 89*, 7199–7202.

Allison, David B.; Heshka, Stanley; Neale, Michael C.; Lykken, David T.; et al. (1994). A genetic analysis of relative weight among 4,020 twin pairs, with an emphasis on sex effects. *Health Psychology, 13,*362–365.

Allport, Gordon W. (1954–1979). *The nature of prejudice.* Reading, MA: Addison-Wesley.

Alpert, Bené; Field, Tiffany; Goldstein, Sheri; & Perry, Susan (1990). Aerobics enhances cardiovascular fitness and agility in preschoolers. *Health Psychology, 9*, 48–56.

Amabile, Teresa M. (1983). *The social psychology of creativity.* New York: Springer-Verlag.

Amabile, T. M., & Hennessey, B. A. (1992). The motivation for creativity in children. In A. K. Boggiano & T. S. Pittman (eds.), *Achievement and motivation: A social developmental perspective.* New York: Cambridge University Press.

American Psychological Association (1984). *Survey of the use of animals in behavioral research at U.S. universities.* Washington, DC: Author.

American Psychological Association (1992). *100 years. The American Psychological Association: A historical perspective.* Washington.

American Psychiatric Association (1994). *The diagnostic and statistical manual of mental disorders* (4th ed.). Washington, DC: Author.

Amir, Tehuda (1994). The contact hypothesis in intergroup relations. In W. 1. Lonner & R. Malpass (eds.), *Psychology and culture.* Needham Heights, MA: Allyn & Bacon.

Anastasi, Anne (1988). *Psychological testing* (6th ed.). New York: Macmillan.

Andersen, Barbara L.; Kiecolt-Glaser, Janice K.; & Glaser, Ronald (1994). A biobehavioral model of cancer stress and disease course. *American Psychologist, 49*, 389–404.

Andersen, Susan M.; Klatzky, Roberta L.; & Murray, John (1990). Traits and social stereotypes: Efficiency differences in social information processing. *Journal of Personality and Social Psychology, 59*, 192–201.

Anderson, James A., & Rosenfeld, Edward (eds.) (1988). *Neurocomputing: Foundations of research.* Cambridge, MA: MIT Press.

Anderson, John R., & Bower, Gordon H. (1973). *Human associative memory.* Washington, DC: Winston.

Anderson, John R. (1990). *The adaptive nature of thought.* Hillsdale, NJ: Erlbaum.

Andreasen, Nancy C.; Arndt, Stephan; Swayze, Victor, II; Cizadlo, Ted; et al. (1994). Thalamic abnormalities in schizophrenia visualized through magnetic resonance image averaging. *Science, 266*, 294–298.

Andreassi, J. L. (1986). *Psychophysiology: Human behavior and physiological response* (2nd ed.). Hillsdale, NJ: Lawrence zErlbaum.

Ansbacher, Heinz (1968). The concept of social interest. *Journal of Individual Psychology, 24*, 131–149.

Anshacher, Heinz, & Ansbacher, Rowena (eds.) (1964). *The individual psychology of Alfred Adler.* New York: Harper Torebbooks.

Antrobus, John (1991). Dreaming: Cognitive processes during cortical activation and high afferent thresholds. *Psychological Review, 98*, 96–121.

APA Commission on Violence and Youth (1993). *Violence and youth: Psychology's response.* Washington, DC: American Psychological Association.

Appiah, Kwame A. (1994). Beyond race: Fallacies of reactive Afrocentrism. *Skeptic, 2*(4), 104–107.

Apter, Tern (1990). *Altered loves: Mothers and daughters during adolescence.* New York: St. Martin's Press. Archer, J., & Lloyd, B. (1982). *Sex and gender.* Cambridge, England: Cambridge University Press.

Arendt, Hannah (1963). *Eichmann in Jerusalem: A report on the banality of evil.* New York: Viking.

Arendt, Josephine; Aldhous, Margaret; & Wright, John (1988, April 2). Synchronization of a disturbed sleep-wake cycle in a blind man by melatonin treatment. *Lancet, 1*(8588), 772–773.

Arkes, Hal R. (1991). Some practical judgment/ decision making research. Paper presented at the annual meeting of the American Psychological Association, Boston.

Arkes, Hal R.; Boehm, Lawrence E.; & Xu, Gang (1991). The determinants of judged validity. *Journal of Experimental Social Psychology, 27*, 5 76–605.

Arkes, Hal R.; Faust, David; Guilmette, Thomas J.; & Hart, Kathleen (1988). Eliminating the hindsight bias. *Journal of Applied Psychology, 73*, 305–307.

Aronson, Elliot (1995). *The social animal* (7th ed.). New York: Freeman.

Aronson, Elliot, & Mills, Judson (1959). The effect of severity of initiation on liking for a group. *Journal of Abnormal and Social Psychology, 59*, 177–181.

Aronson, Elliot; Stephan, Cookie; Sikes, Jev; Blaney, Nancy; & Snapp, Matthew (1978). *The jigsaw classroom.* Beverly Hills, CA: Sage.

Aronson, Elliot; Wilson, Timothy D.; & Akert, Robin M. (1994). *Social psychology: The heart and the mind.* New York: HarperCollins.

Arroyo, Carmen G., & Zigler, Edward (1995). Racial identity, academic achievement, and the psychological well-being of economically disadvantaged adolescents. *Journal of Personality and Social Psychology, 69,* 903–914.

Asch, Solomon E. (1952). *Social psychology.* Englewood Cliffs, NJ: Prentice-Hall.

Asch, Solomon E. (1965). Effects of group pressure upon the modification and distortion of judgments. In H. Proshansky & B. Seidenberg (eds.), *Basic studies in social psychology* New York: Holt, Rinehart and Winston.

Aserinaky, Eugene, & Kleitman, Nathaniel (1955). Two types of ocular motility occurring in sleep. *Journal of Applied Physiology, 8,* 1–10.

Ashton, P. T., & Webb, R. B. (1986). *Making a difference: Teachers' sense of efficacy and student achievement.* White Plains, NY: Longman.

Askenasy, Hans (1994). *Cannibalism: From sacrifice to survival.* Amherst, New York: Prometheus.

Astington, J. W., & Gopnik, Alison (1991). Theoretical explanations of children's understanding of the mind. In G. E. Butterworth, P. L. Harris, A. M. Leslie, & H. M. Wellman (eds.), *Perspectives on the child's theory of mind.* New York: Oxford University Press.

Atkinson, Richard C., & Shiffrin, Richard M. (1968). Human memory: A proposed system and its control processes. In K. W. Spence & J. T. Spence (eds.), *The psychology of learning and motivation. Vol. 2: Advances in research and theory.* New York: Academic Press.

Atkinson, Richard C., & Shiffrin, Richard M. (1971, August). The control of short-term memory. *Scientific American, 225(2),* 82–90.

Azrin, Nathan H., & Foxx, Richard M. (1974). *Toilet training in less than a day.* New York: Simon & Schuster.

Azuma, Hiroshi (1984). Secondary control as a heterogeneous category. *American Psychologist, 39,* 970–97 1.

Bahrick, Harry P. (1984). Semantic memory content in permastore: Fifty years of memory for Spanish learned in school. *Journal of Experimental Psychology: General, 113,* 1–29.

Bahrick, Harry P.; Bahrick, Phyllis O.; & Wittlinger, Roy P. (1975). Fifty years of memory for names and faces: A cross-sectional approach. *Journal of Experimental Psychology: General, 104,* 54–75.

Bailey, J. Michael (1993, March 25). Science and the fear of knowledge. *Chicago Tribune,* opinion page.

Bailey, J. Michael, & Benishay, Deana S. (1993). Familial aggregation of female sexual orientation. *American Journal of Psychiatry, 150,* 272–277.

Bailey, J. Michael, & Pillard, Richard C. (1991). A genetic study of male sexual orientation. *Archives of General Psychiatry, 48,* 1089–1096.

Bailey, J. Michael; Bobrow, David; Wolfe, Marilyn; & Mikach, Sarah (1995). Sexual orientation of adult sons of gay fathers. *Developmental Psychology, 31,* 124–129.

Bailey, J. Michael; Gaulin, Steven; Agyei, Yvonne; & Gladue, Brian A. (1994). Effects of gender and sexual orientation on evolutionarily relevant aspects of human mating psychology. *Journal of Personality and Social Psychology, 66,* 1081–1093.

Bailey, J. Michael; Pillard, Richard C.; Neale, Michael C.; &Agyei, Yvonne (1993). Heritable factors influence sexual orientation in women. *Archives of General Psychology, 50,* 2 17–223.

Bailey, Ronald H. (1975). *The role of the brain.* New York: Time-Life Books.

Baillargeon, Renée (1991). Reasoning about the height and location of a hidden object in 4.5- and 6.5-month-old infants. *Cognition, 38,* 13–42.

Baillargeon, Renée (1994). How do infants learn about the physical world? *Current Directions in Psychological Science, 5,* 133–140.

Baker, Robert A. (1992). *Hidden memories: Voices and visions from within.* Buffalo, NY: Prometheus.

Balson, C. Daniel (1990). How social an animal? The human capacity for caring. *American Psychologist, 45,*336–346.

Baltes, Paul B. (1983). Life-span developmental psychology: Observations on history and theory revisited. In R. M. Lerner (ed.), *Developmental psychology: Historical and philosophical perspectives.* Hillsdale, NJ: Eribaum.

Baltes, Paul B.; Dittmann-Kohli, Freya; & Dixon, Roger A. (1984). New perspectives on the development of intelligence in adulthood: Toward a dual-process conception and a model of selective optimization with compensation. In P. B. Baltes & O. G. Brim, Jr. (eds.), *Life-span development and behavior* (Vol. 6). New York: Academic Press.

Bandura, A. (1977). Self-efficacy: Toward a unifying theory of behavioral change. *Psychological Review, 84,* 191-215.

Bandura, Albert (1977). *Social learning theory.* Englewood Cliffs. NJ: Prentice-Hall.

Bandura, Albert (1986). *Social foundations of thought and action: A social cognitive theory* Englewood Cliffs, NJ: Prentice-Hall.

Bandura, Albert (1990). Self-regulation of motivation through goal systems. In R. A. Dienstbier (ed.), *Nebraska Symposium on Motivation* (Vol. 38). Lincoln: University of Nebraska Press.

Bandura, Albert (1991). Social cognitive theory of moral thought and action. In W. M. Kurtines & I. L. Gewirtz (eds.), *Handbook of moral behavior and development: Vol. 1. Theory* Hillsdale, NJ: Erlbaum.

Bandura, Albert (1992). Self-efficacity mechanism in psychobiologic functioning. In R. Schwarzer (ed.), *Self-efficacy: Thought control of action.* Washington, DC: Hemisphere Publishing Corp.

Bandura, A. (1993). Perceived self-efficacy in cognitive development and functioning. *Educational Psychologist, 28,* 117-148.

Bandura, Albert (1994). Self-efficacy. In *Encyclopedia of human behavior* (Vol. 4). Orlando, FL: Academic Press.

Bandura, Albert; Ross, Dorothea; & Ross, Sheila A. (1963). Vicarious reinforcement and imitative learning. *Journal of Abnormal and Social Psychology, 67,* 60 1–607.

Banks, Martin S. (in collaboration with Philip Salapatek) (1984). Infant visual perception. In P. Mussen (series ed.), M. M. Haith & J. J. Campos (vol. eds.), *Handbook of child psychology: Vol. IL Infancy and developmental psychobiology* (4th ed.). New York: Wiley.

Bardach, Ann Louise (1993, August). Tearing the veil. *Vanity Fair,* 123–127, 154–158.

Barinaga, Marcia (1992). Challenging the «no new neurons» dogma. *Science, 255,* 1646.

Barkley, R. A. (1990). *Attention deficit hyperactivity disorder. A Handbook of diagnosis and treatment.* New York: The Guilford Press.

Barkow, Jerome H.; Cosmides, Leda; & Tooby, John (eds.) (1992). *The adapted mind: Evolutionary psychology and the generation of culture.* New York: Oxford University Press.

Barlow, David H. (1994). Empirically validated psychological procedures. Paper presented at the annual meeting of the American Psychological Association, Los Angeles.

Baron, Miron; Risch, Neil; Hamburger, Rahel; Man-del, Batsheva; et al. (1987, March 19). Genetic linkage between X-chromosome markers and bipolar affective illness. *Nature, 326,* 289–292.

Bartlett, Frederic C. (1932). *Remembering.* Cambridge, England: Cambridge University Press.

Barton, Scott (1994). Chaos, self-organization, and psychology. *American Psychologist, 49,* 5–14.

Bartoshuk, L. M. (1993). Genetic and pathological taste variation: What can we learn from animal models and human disease? In D. J. Chadwick, J. Marsh, & J. Goode (eds.), *The molecular basis of smell and taste transduction.* CIBA Foundation Symposia Series, No. 179. New York: Wiley.

Bartoshuk, L. M., & Beauchamp, G. K. (1994). Chemical senses. *Annual Review of Psychology, 45,* 419-449.

Bauer, Patricia J., & Dow, Gina Annunziato (1994). Episodic memory in 16- and 20-month-old children: Specifics are generalized but not forgotten. *Developmental Psychology 30*, 403–417.

Bauer, Patricia J., & Fivush, Robyn (1992). Constructing event representations: Building on a foundation of variation and enabling relations. *Cognitive Development, 7*, 381–401.

Bauer, Patricia J., & Hertsgaard, Louise A. (1993). Increasing steps in recall of events: Factors facilitating immediate and long-term memory in 13.5- and 16.5-month-old children. *Child Development, 64*, 1204–1223.

Baum, William M. (1994). *Understanding behaviorism:Science, behavior, and culture.* New York: Harper-Collins.

Baumrind, Diana (1966). Effects of authoritative parental control on child behavior. *Child Development, 37*, 887–907.

Baumrind, Diana (1971). Current patterns of parental authority. *Developmental Psychology Monograph, 4* (1, Part 2).

Baumrind, Diana (1973). The development of instrumental competence through socialization. In A. D. Pick (ed.), *Minnesota Symposium on Child Psychology* (Vol. 7). Minneapolis: University of Minnesota Press.

Baumrind, Diana (1989). Rearing competent children. In W. Damon (ed.), *Child development today and tomorrow.* San Francisco: Jossey-Bass.

Baumrind, Diana (1991). Parenting styles and adolescent development. In R. Lerner, A. C. Petersen, & J. Brooks-Goon (eds.), *The encyclopedia of adolescence.* New York: Garland.

Baumrind, Diana (1995). Commentary on sexual orientation: Research and social policy implications. *Developmental Psychology, 31*, 130–136.

Bechtel, William, & Abrahamsen, Adele (1990). *Connectionism and the mind: An introduction to parallel processing in networks.* Cambridge, MA: Basil Black-well.

Beck, Aaron T. (1976). *Cognitive therapy and the emotional disorders.* New York: International Universities Press.

Beck, Aaron T. (1991). Cognitive therapy: A 30-year retrospective. *American Psychologist, 46*, 368–375.

Becker, Ernest (1971). *The birth and death of meaning* (2nd ed.). New York: Free Press.

Becker, Ernest (1973). *The denial of death.* New York: Free Press.

Bee, Helen (1997). *The developing child* (8th ed.). New York: Longman.

Beebe, B.; Gerstman, L.; Carson, B.; et al. (1982). Rhythmic communication in the mother–infant dyad. In M. Davis (ed.), *Interaction rhythms: Periodicity in communicative behavior.* New York: Human Sciences Press.

Begg, I. M.; Needham, D. R.; Douglas, R.; & Bookbinder, M. (1993). Do backward messages unconsciously affect listeners? No. *Canadian Journal of Experimental Psychology, 47*, 1-14.

Bekenstein, Jonathan W., & Lothman, Eric W. (1993). Dormancy of inhibitory interneurons in a model of temporal lobe epilepsy. *Science, 259*, 97–100.

Bell, Alan P.; Weinberg, Martin S.; & Hammeramith, Sue K. (1981). *Sexual preference: Its development in men and women.* Bloomington: Indiana University Press.

Bellugi, Ursula; Bihrle, Amy; Neville, Helen; Doherty, Sally; & Jernigan, Terry L. (1992). Language, cognition, and brain organization in a neurodevelopmental disorder. In M. Gunnar & C. Nelson (eds.), *Developmental behavioral neuroscience: The Minnesota Symposia on Child Psychology* Hillsdale, NJ: Erlbaum.

Bem, Sandra L. (1985). Androgyny and gender schema theory: A conceptual and empirical integration. In T. B. Sonderegger (ed.), *Nebraska Symposium on Motivation: Vol. 32. Psychology and gender, 1984.* Lincoln: University of Nebraska Press.

Benbow, Camilla P., & Stanley, Julian C. (1983). Sex differences in mathematical reasoning: More facts. *Science, 222*, 1029–1031.

Benedek, E. P., & Schetky, D. H. (1987). Problems in validating allegations of sexual abuse: Parts 1 and 2. Factors affecting perception and recall of events. *Journal of the American Academy of Child and Adolescent Psychiatry, 26*, 915–922.

Benjamin, J. (1988). *The bonds of love: Psychoanalysis, feminism, and the problem of domination.* New York: Pantheon.

Benjamin, J.; Li, L.; Patterson, C.; et al. (1996). Population and familial association between the D4 dopamine receptor gent and measures of novelty seeking. *Nature Generics, 12*, 81–84.

Benjamin, Jessica (1988). *The bonds of love: Psychoanalysis, feminism, and the problem of domination.* New York: Pantheon.

Bentall, R. P. (1990). The illusion of reality: A review and integration of psychological research on hallucinations. *Psychological Bulletin, 107*, 82–95.

Benton, Cynthia; Hernandez, Anthony; Schmidt, Adeny; Schmitz, Mary; et al. (1983). Is hostility linked with affiliation among males and with achievement among females? A critique of Pollak and Gilligan. *Journal of Personality and Social Psychology, 45*, 1167–1171.

Bereiter, Carl, & Bird, Marlene (1985). Use of thinking aloud in identification and teaching of reading comprehension strategies. *Cognition and Instruction, 2*, 13 1–156.

Berenbaum, Sheri A., & Hines, Melissa (1992). Early androgens are related to childhood sex-typed toy preferences. *Psychological Science, 3*, 203–206.

Bernieri, Frank J.; Davis, Janet M.; Rosenthal, Robert; & Knee, C. Raymond (1994). Interactional synchrony and rapport: Measuring synchrony in displays devoid of sound and facial affect. *Personality and Social PsychologyBullerin, 20*, 303–311.

Bernstein, Anne E., & Warner, Gloria M. (1993). *An introduction to contemporary psychoanalysis.* New York: Jason Aronson.

Bernstein, Ilene L. (1985). Learning food aversions in the progression of cancer and treatment. *Annals of the New York Academy of Sciences, 443*, 365–380.

Berry, John W. (1994). Acculturative stress. In W. J. Lonner & R. S. Malpass (eds.), *Psychology and culture.* Needham Heights, MA: Allyn & Bacon.

Berry, John W.; Poortinga, Ype; Segall, Marshall H.; & Dasen, Pierre R. (1992). *Cross-cultural psychology:Research and applications.* Cambridge, England: Cambridge University Press.

Besalel-Azrin, V.; Azrin, N. H.; & Armstrong, P. M. (1977). The student-oriented classroom: A method of improving student conduct and satisfaction. *Behavior Therapy, 8*, 193–204.

Best, Deborah L., & Williams, John E. (1993). Cross-cultural viewpoint. In A. E. Beall & R. J. Steinberg (eds.), *The psychology of gender.* New York: Guilford Press.

Betancourt, Hector, & L6pez, Steven R. (1993). The study of culture, ethnicity, and race in American psychology. *American Psychologist, 48*, 629–637.

Bettelheim, Bruno (1967). *The empty fortress.* New York: Free Press.

Bevan, William (1991). Contemporary psychology: A tour inside the onion. *American Psychologist, 46*,475–483.

Biederman, I. (1987). Recognition-by-components: A theory of human image understanding. *Psychological Review, 94*, 115-147.

Birdwhistell, Ray L. (1970). *Kinesics and context: Essays on body motion communication.* Philadelphia: University of Pennsylvania Press.

Bjork, DanielW. (1993). *B. F. Skinner: A life.* New York: Basic Books.

Black, Donald W.; Wesner, Robert; Bowers, Wayne; & Gabel, Janelle (1993). A comparison of fluvoxamine, cognitive therapy, and placebo in the treatment of panic disorder. *Archives of General Psychiatry, 50*, 44–50.

Blakemore, Cohn, & Cooper, Grahame F. (1970). Development of the brain depends on the visual environment. *Nature, 228*, 477–478.

Blass, Thomas (1993). What we now know about obedience: Distillations from 30 years of research on the Milgram paradigm. Paper presented at the annual meeting of the American Psychological Association, Toronto.

Bliss, T. V., & Colhingridge, G. L. (1993). A synaptic model of memory: Long-term potentiation in the hippocampus. *Nature, 361(6407)*, 31–39.

Block, Jeanne (1971). *Lives through time.* Berkeley, CA: Bancroft.

Bloom, Lois M. (1970). *Language development: Form and function in emerging grammars.* Cambridge, MA: MIT Press.

Blos, Peter (1962). *On adolescence.* New York: Free Press.

Blum, Kenneth, with James E. Payne (1991). *Alcohol and the addictive brain.* New York: Free Press/Science News Press.

Boehm, Lawrence E. (1994). The validity effect: A search for mediating variables. *Personality and Social Psychology Bulletin, 20,* 285–293.

Boesch, Cristophe (1991). Teaching among wild chimpanzees. *Animal Behovior, 41,* 530–532.

Boggiano, Ann K.; Shields, Ann; Barrett, Marty; Kellam, Teddy; *et al.* (1992). Helplessness deficits in students: The role of motivational orientation. *Motivation and Emotion, 16,* 271–296.

Bohannon, John N. (1988). Flashbulb memories for the space shuttle disaster: A tale of two theories. *Cognition, 29,* 179–196.

Bohannon, John N., & Stanowicz, Laura (1988). The issue of negative evidence: Adult responses to children's language errors. *Developmental Psychology, 24,* 684–689.

Bohannon, John N., & Symons, Victoria (1988). Conversational conditions of children's imitation. Paper presented at the biennial Conference on Human Development, Charleston, South Carolina.

Bohman, Michael; Cloninger, R.; Sigyardsson, S.; & von Knorring, Anne-Lila (1987). The genetics of alcoholisms and related disorders. *Journal of Psychiatric Research, 21,* 447–452.

Bolos, Annabel M.; Dean, M.; Lucas-Derse, S.; Rams-burg, M.; *et al.* (1990, December 26). Population and pedigree studies reveal a lack of association between the dopamine D2 receptor gene and alcoholism. *Journal of the American Medical Association, 264,* 3156–3160.

Bond, Rod, & Smith, Peter B. (1996). Culture and conformity: A mets-analysis of studies using Asch's (1952b, 1956) line judgment task. *Psychological Bullerin, 119,* 111–137.

Bothwell, R. K., Deffenbacher, K. A., & Brigham, J. C. (1987). Correlation of eyewitness accuracy and confidence: Optimality hypothesis revised. *Journal of Applied Psychology, 72,* 691–698.

Bouchard, Claude; Tremblay, A.; Despres, J. P.; Nadeau, A.; *et al.* (1990, May 24). The response to long-term overfeeding in identical twins. *New England Journal of Medicine, 322,* 1477–1482.

Bouchard, Thomas I., Jr. (1984). Twins reared together and apart: What they tell us about human diversity. In S. W. Fox (ed.), *Individuality and determinism.* New York: Plenum.

Bouchard, Thomas I., Jr.; Lykken, David T.; McGue, Matthew; Segal, Nancy L.; *et al.* (1990). Sources of human psychological differences: The Minnesota Study of Twins Reared Apart. *Science, 250,* 223–228.

Bouchard, Thomas J., Jr. (1995). Nature's twice-told tale: Identical twins reared apart–what they tell us about human individuality. Paper presented at the annual meeting of the Western Psychological Association, Los Angeles.

Bouchard, Thomas J., Jr. (1996). IQ similarity in twins reared apart: Findings and responses to critics. In R. J. Steinberg & E. Grigorenko (eds.), *Intelligence: Heredity and environment.* New York: Cambridge University Press.

Bouchard, Thomas J., Jr. (in press). The genetics of personality. In K. Blum & B. P. Noble (eds.), *Handbook ofpsychoneurogenerics.* Boca Raton FL: CRC Press.

Bouchard, Thomas J., Jr.; Lykken, David T.; McGue, Matthew; Segal, Nancy L.; *et al.* (1991). «Sources of human psychological differences: The Minnesota Study of Twins Reared Apart»: Response. *Science, 252,* 191–192.

Bousfield, W. A. (1953). The occurrence of clustering in the recall of randomly arranged associates. *Journal of General Psychology, 49,* 229–240.

Bowen, Murray (1978). *Family therapy in clinical practice.* New York: Jason Aronson.

Bower, Gordon H., & Clark, M. C. (1969). Narrative stories as mediators of serial learning. *Psychonomic Science, 14,* 181–182.

Bowers, Kenneth S.; Regehr, Glenn; Balthazard, Claude; & Parker, Kevin (1990). Intuition in the context of discovery. *Cognitive Psychology, 22,* 72–110.

Bowlby, John (1958). The nature of the child's tie to his mother. *International Journal of Psycho-Analysis, 39,* 350–373.

Bowlby, John (1969). *Attachment and loss. Vol. I: Attachment.* New York: Basic Books.

Bowlby, John (1973). *Attachment and loss. Vol. II: Separation.* New York: Basic Books.

Bowlby, John (1988). *A secure base: Parent–child attachment and healthy human development.* NewYork: Basic Books.

Boyd-Frankilo, Nancy (1989). *Black families in therapy: A multisystems approach.* New York: Guilford Press.

Boysen, Sarah T., & Berntson, Gary G. (1989). Numerical competence in a chimpanzee *(Pan troglodytes). Journal of Comparative Psychology, 103,* 23–31.

Bracha, H. Stefan; Torrey, E. Fuller; Bigelow, Llewellyn B.; Lohr, James B.; & Lininglon, Beverly B. (1991). Subtle signs of prenatal maldevelopment of the hand ectoderm in schizophrenia: A preliminary monozygotic twin study. *Biological Psychiatry, 30,* 719–725.

Bradley, R. H.; Caldwell, B. M.; Rock, S. L.; *et al.* (1989). Home environment and cognitive development in the first 3 years of life: A collaborative study involving six sites and three ethnic groups in North America. D*evelopmental Psychology, 25,* 217–235.

Bradley, Robert H., & Caldwell, Bettye M. (1984). 174 children: A study of the relationship between home environment and cognitive development during the first 5 years. In Allen W. Gottfried (ed.), *Home environment and early cognitive development: Longitudinal research.* Orlando, FL: Academic Press.

Brainerd, C. J.; Reyna, V. F.; & Brandse, E. (1995). Are children's false memories more persistent than their true memories? *Psychological Science, 6,* 359–364.

Bransford, John; Sherwood, Robert; Vye, Nancy; & Rieser, John (1986). Teaching thinking and problem solving. *American Psychologist, 41,* 1078–1089.

Breggin, Peter R. (1991). *Toxic psychiatry* New York: St. Martin's Press.

Brehm, Sharon S. (1992). *Intimate relationships* (2nd ed.). New York: McGraw-Hill.

Breland, Keller, & Breland, Marian (1961). The misbehavior of organisms. *American Psychologist, 16,* 681–684.

Brennan, J. F. (1982). *History and systems of psychology.* Englewood Cliffs: Prentice-Hall.

Bretherton, Inge, & Beeghly, Marjorie (1982). Talking about internal states: The acquisition of an explicit theory of mind. *Developmental Psychology, 18,* 906–921.

Breuer, Josef, & Freud, Sigmund (1895). *Studies on hysteria.* In J. Strachey (ed.), *The standard edition of the complete psychological works of Sigmund Freud* (Vol. 2). London: Hogarth Press.

Brewer, Marilynn B. (1993). Social identity, distinctiveness, and in-group homogeneity. *Social Cognition, 11,* 150–164.

Brewer, Marilynn B.; Manzi, Jorge M.; & Shaw, John S. (1993). In-group identification as a function of depersonalization, distinctiveness, and status. *Psychological Science, 4,* 88–92.

Briere, John, & Conte, Jon R. (1993). Self-reported amnesia for abuse in adults molested as children. *Journal of Traumatic Stress, 6,* 21–31.

Brigham, John C., & Malpass, Roy S. (1985, Fall). The role of experience and contact in the recognition of faces of own- and other-race persons. *Journal of Social Issues, 41,* 139–155.

Brockner, Joel, & Rubin, Jeffrey Z. (1985). *Entrapment in escalating conflicts: A social psychological analysis.* New York: Springer-Verlag.

Brodie-Scott, Cheryl, & Hobbs, Stephen H. (1992). Biological rhythms and publication practices: A follow-up survey, 1987–1991. Paper presented at the Southeastern Psychological Association, Knoxville, Tennessee.

Brodsky, Annette M. (1982). Sex, race, and class issues in psychotherapy research. In J. H. Harvey & M. M. Parks (eds.), *Psychotherapy research and behavior change: Vol. 1. The APA Master Lecture Series.* Washington, DC: American Psychological Association.

Brody, Nathan (1990). Behavior therapy versus placebo: Comment on Bowers and Clum's meta-analysis. *Psychological Bulletin, 107,* 106–109.

Brown, Alan S. (1991). A review of the tip-of-the-tongue experience. *Psychological Bulletin,* 109, 204-223.

Brown, Jonathon D. (1991). Staying fit and staying well. *Journal of Personality and Social Psychology, 60,* 555–561.

Brown, Jonathon D., & Smart, S. April (1991). The self and social conduct: Linking self-representations to prosocial behavior. *Journal of Personality and Social Psychology, 60,* 368–375.

Brown, Laura S. (1986). Diagnosis and the Zeitgeist: The politics of masochism in the DSM-III-R. Paper presented at the annual meeting of the American Psychological Association, Washington, DC.

Brown, Paul (1994). Toward a psychobiological study of dissociation. In SI. Lynn & I. Rhue (eds.), *Dissociation: Clinical, theoretical and research perspectives.* New York: Guilford Press.

Brown, Robert, & Middlefell, Robert (1989). Fifty-five years of cocaine dependence [letter]. *British Journal of Addiction, 84,* 946.

Brown, Roger (1986). *Social psychology* (2nd ed.). New York: Free Press.

Brown, Roger, & Fraser, C. (1964). The acquisition of syntax. In U. Bellugi & R. Brown (eds.), *The acquisition of language. Monographs of the Society for Research in Child Development,* 29 (Serial No. 92), 43–79.

Brown, Roger, & Kulik, James (1977). Flashbulb memories. *Cognition, 5,* 73–99.

Brown, Roger, & McNeill, David (1966). The «Tip of the tongue» phenomenon. *Journal of Verbal Learning and Verbal Behavior, 22,* 1–12.

Brown, Roger, & MeNeill, David (1966). The «tip of the tongue» phenomenon. *Journal of Verbal Learning and Verbal Behavior, 5,* 325–337.

Brown, Roger, & Hanlon, C. (1970). Derivational complexity and order of acquisition in child speech. In J. R. Hayes (ed.), *Cognition and the development of language.* New York: Wiley.

Brown, Roger; Cazden, Courtney; & Bellugi, Ursula (1969). The child's grammar from I to III. In J. P. Hill (ed.), *Minnesota Symposium on Child Psychology* (Vol. 2). Minneapolis: University of Minnesota Press.

Brown, S. P. (1996). A meta-analysis and review of organizational research on job involvement. *Psychological Bulletin, 120,* 235-255.

Brownell, Kelly D., & Rodin, Judith (1994). The dieting maelstrom: Is it possible and advisable to lose weight? *American Psychologist, 49,* 78 1–791.

Bruck, Maggie; Ceci, Stephen J.; Francœur, Emmett; & Renick, Ashley (1995). Anatomically detailed dolls do not facilitate preschoolers' reports of a pediatric examination involving genital touching. *Journal of Experimental Psychology: Applied, 1,* 95–105.

Brunner, H. G.; Nelen, M. R.; & van Zandvoort, P. (1993). X-linked borderline mental retardation with prominent behavioral disturbance: Phenotype, genetic localization, and evidence for disturbed monoamine metabolism. *American Journal of Human Genetics,* 52,1032–1039.

Buck, L., & Axel, R. (1991). A novel multigene family may encode odorant receptors: A molecular basis for odor recognition. *Cell,* 65, 175-187.

Buck, Ross (1984). *The communication of emotion.* New York: Guilford Press.

Buck, Ross, & Teng, Wan-Cheng (1987). Spontaneous emotional communication and social biofeedback: A cross-cultural study of emotional expression and communication in Chinese and Taiwanese students. Paper presented at the annual meeting of the American Psychological Association, New York.

Bullough, Vern L. (1976). *Sexual variance in society and history.* New York: John Wiley & Sons.

Burke, Deborah M.; Burnett, Gayle; & Levenstein, Peggy (1978). Menstrual symptoms: New data from a double-blind study. Paper presented at the annual meeting of the Western Psychological Association, San Francisco.

Burke, Deborah M.; MacKay, Donald G.; Worthley, Joanna S.; & Wade, Elizabeth (1991). On the tip of the tongue: What causes word finding failures in young and older adults? *Journal of Memory and Language, 30,* 237–246.

Burstyn, Linda (1995, October). Female circumcision comes to America. *The Atlantic Monthly,* 28–35.

Bushman, Brad J. (1993). Human aggression while under the influence of alcohol and other drugs: An integrative research review. *Psychological Science, 2,* 148–152.

Bushman, Brad J (1995). Moderating role of trait aggressiveness in the effects of violent media on aggression. *Journal of Personality and Social Psychology, 69,* 950–960.

Buss, David M. (1994). *The evolution of desire: Strategies of human mating.* New York: Basic Books.

Buss, David M. (1995). Evolutionary psychology: A new paradigm for psychological science. *Psychological Inquiry, 6,* 1–30.

Buss, David M. (1996). Sexual conflict: Can evolutionary and feminist perspectives converge? In O. M. Buss & N. Malamuth (eds.), *Sex, power, conflict: Evolutionary and feminist perspectives.* New York: Oxford University Press.

Buss, David M.; Abbott, M.; Angleitner, Alois; et al. (1990). International preferences in selecting mates: A study of 37 cultures. *Journal of Cross-Cultural Psychology, 21,* 5–47.

Bussey, Kay, & Bandura, Albert (1992). Self-regulatory mechanisms governing gender development. *Child Development, 63,* 1236–1250.

Bussey, Kay, & Maughan, Betty (1982). Gender differences in moral reasoning. *Journal of Personality and Social Psychology, 42,* 70 1–706.

Butler, S.; Chalder, T.; Ron, M.; Wessely, S.; et al. (1991). Cognitive behaviour therapy in chronic fatigue syndrome. *Journal of Neurology Neurosurgery & Psychiacry, 54,* 153–158.

Buunk, Brain; Angleitner, Alois; Oubaid, V.; & Buss, David M. (1996). Sex differences in jealousy in evolutionary and cultural perspective: Tests from the Netherlands, Germany, and the United States. *Psychological Science,* forthcoming.

Byne, William (1993). Sexual orientation and brain structure: Adding up the evidence. Paper presented at the annual meeting of the International Academy of Sex Research, Pacific Grove, California.

Byne, William, & Parsons, Bruce (1993). Human sexual orientation: The biologic theories reappraised. *Archives of General Psychiatry, 50,* 228–239.

Cabezas,A.; Tam, T. M.; Lowe, B. M.; Wong, A.; & Turner, K. (1989). Empirical study of barriers to upward mobility of Asian Americans in the San Francisco Bay area. In G. Nomura (ed.), *Frontiers of Asian American studies.* Pullman: Washington State University Press.

Cahill, Larry; Prins, Bruce; Weber, Michael; & MeGaugh, James L. (1994). b-Adrenergic activation and memory for emotional events. *Nature, 371,* 702–704.

Cain, Kathleen M., & Dweck, Carol S. (1995, January). The relation between motivational patterns and achievement cognitions through the elementary school years. *Merrill-Palmer Quarterly, 41,* 25–52.

Calof, David (1993, September/October). Facing the truth about false memory. *The Family Therapy Net-worker, 17,* 38–45.

Cam, Edward G., & Durand, V. Mark (1985). Reducing behavior problems through functional communication training. *Journal of Applied Behavior Analysis, 18,*111–126.

Camel, J. F.; Withers, G. S.; & Greenough, William T. (1986). Persistence of visual cortex dendritic alterations induced by post-weaning exposure to a super-enriched» environment in rats. *Behavioral Neuroscience, 100,* 810–813.

Camera, Wayne I., & Schneider, Dianne L. (1994). Integrity tests: Facts and unresolved issues. *American Psychologist, 49,* 112–119.

Campbell, Anne (1993). *Men, women, and aggression.* New York: Basic Books.

Campbell, Frances A., & Ramey, Craig T. (1994). Effects of early intervention on intellectual and academic achievement: A follow-up study of children from low-income families. *Child Development, 65,* 684–698.

Campbell, Frances A., & Ramey, Craig T. (1995). Cognitive and school outcomes for high risk students at middle adolescence: Positive effects of early intervention. *American Educational Research Journal, 32,* 743–772.

Campbell, Jennifer; Trapnell, Paul D.; Heine, Steven J.; Katz, Ilana M.; et al. (1996). Self-concept clarity: Measurement, personality correlates, and cultural boundaries. *Journal of Personality and Social Psychology, 70,* 141–156.

Campbell, Joseph (1949/1968). *The hero with 1,000 faces* (2nd ed.). Princeton, NJ: Princeton University Press.

Campos, Joseph J.; Barrett, Karen C.; Lamb, Michael E.; Goldsmith, H. Hill; & Stenberg, Craig (1984). Socioemotional development. In P. H. Mussen (series ed.), M. M. Haith & J. I. Campos (vol. eds.), *Handbook of child psychology: Vol. 2. Infancy and developmental psychobiology* (4th ed.). New York: Wiley.

Caplan, Paula J. (1995). *They say you're crazy* Reading, MA: Addison-Wesley.

Caramazza, Alfonso, & Hillis, Argye E. (1991, February 28). Lexical organization of nouns and verbs in the brain. *Nature, 349,* 788–790.

Carli, Linda L. (1990). Gender, language, and influence. *Journal of Personality and Social Psychology, 59,* 941–951.

Carpenter, William T., Jr.; Sadier, John H.; et al. (1983). The therapeutic efficacy of hemodialysis in schizophrenia. *New England Journal of Medicine, 308(12),* 669–675.

Carr, Edward G., & McDowell, Jack J. (1980). Social control of self-injurious behavior of organic etiology. *Behavior Therapy 11,* 402–409.

Carroll, Kathleen M.; Rounsaville, Bruce J.; & Nich, Charla (1994). Blind man's bluff: Effectiveness and significance of psychotherapy and pharmacotherapy blinding procedures in a clinical trial. *Journal of Consulting and Clinical Psychology, 62,* 276–280.

Carter, Betty, & MeGoldinick, Monica (eds.) (1988). *The changing family life cycle: A framework for family therapy* (2nd ed.). New York: Gardner Press.

Carver, Charles S.; Ironson, G.; Wynings, C.; Greenwood, D.; et al. (1993). Coping with Andrew: How coping responses relate to experience of loss and symptoms of poor adjustment. Paper presented at the annual meeting of the American Psychological Association, Toronto.

Carver, Charles S.; Scheier, Michael F.; & Weintraub, Jagdish K. (1989). Assessing coping strategies: A theoretically based approach. *Journal of Personality and Social Psychology, 56,* 26 7–283.

Casawell, Sally (1993). Public discourse on the benefits of moderation: Implications for alcohol policy development. *Addiction, 88,* 459–465.

Cassel, W. S., & Bjorkiund, D. E. (1992). Age differences and suggestibility of eyewitnesses. Symposium paper presented at the annual meeting of the Conference on Human Development, Atlanta.

Cattell, Raymond B. (1965). *The scientific analysis of personality* Baltimore: Penguin.

Cattell, Raymond B. (1973). *Personality and mood by questionnaire.* San Francisco: Jossey-Bass.

Ceci, Stephen J. (1994). Cognitive and social factors in children's testimony. In B. Sales & G. Vandenbos (eds.), *Psychology in litigation and legislation.* Washington, DC: American Psychological Association.

Ceci, Stephen J., & Bruck, Maggie (1993). Suggestibility of the child witness: A historical review and synthesis. *Psychological Bulletin, 113,* 403–439.

Ceci, Stephen J., & Bruck, Maggie (1995). *Jeopardy in the courtroom: A scientific analysis of children's testimony* Washington, DC: American Psychological Association.

Celis, William, III (1993, August 1). Down from the self-esteem high. *New York Times,* Education Section.

Cermak, Laird S., & Craik, Fergus I. M. (eds.) (1979). *Levels of processing in human memory.* Hillsdale, NJ: Erlbaum.

Chambless, Dianne L. (1985). Agoraphobia. In M. Hersen & A. S. Bellak (eds.), *Handbook of clinical behavior therapy with adults.* New York: Plenum.

Chambless, Dianne L. (1995). Training in and dissemination of empirically validated psychological treatments: Report and recommendations. *The Clinical Psychologist, 48,* 3–24.

Chan, Connie S., & Grossman, Hildineth Y. (1988). Psychological effects of running loss on consistent runners. *Perceptual & Motor Skills, 66,* 875–883.

Chance, June E., & Goldstein, Alvin G. (1995). The other-race effect in eyewitness identification. In S. L. Sporer, G. Koehoken, & R. S. Malpass (eds.), *Psychological issues in eyewitness identification.* Hillsdale, NJ: Erlbaum.

Chance, Paul (1988, October). Knock wood. *Psychology Today,* 68–69.

Chance, Paul (1989, November). The other 90%. *Psychology Today,* 20–21.

Chance, Paul (1992, November). The rewards of learning. *Phi Delta Kappan, 74,* 200–207.

Chance, Paul (1994). *Learning and behavior* (3rd ed.). Belmont, CA: Wadsworth.

Chen, S. C. (1937). Social modification of the activity of ants in nest-building. *Physiological Zoology, 10,* 420–436.

Cheney, Dorothy L., & Seyfarth, Robert M. (1985). Vervet monkey alarm calls: Manipulation through shared information? *Behavior, 94,* 150–166.

Cheney, Dorothy L., & Seyfarth, Robert M. (1990). *How monkeys see the world: Inside the mind of another species.* Chicago: University of Chicago Press.

Chipuer, Heather M.; Rovine, Michael J.; & Plomin, Robert (1990). LISREL modeling: Genetic and environmental influences on IQ revisited. *Intelligence, 14,* 11–29.

Chodorow, Nancy (1978). *The reproduction of mothering.* Berkeley: University of California Press.

Chodorow, Nancy (1992). *Feminism and psychoanalytic theory* New Haven, CT: Yale University Press.

Chomsky, Noam (1957). *Syntactic structures.* The Hague, Netherlands: Mouton.

Chomsky, Noam (1980). Initial states and steady states. In M. Piatelli-Palmerini (ed.), *Language and learning: The debate between Jean Piaget and Noam Chomsky.* Cambridge, MA: Harvard University Press.

Chrisler, Joan C.; Johnston, Ingrid K; Champagne, Nicole M.; & Preston, Kathleen E. (1994). Menstrual joy: The construct and its consequences. *Psychology of Women Quarterly, 18,* 375–387.

Christensen, Andrew, & Jacobson, Neil S. (1994). Who (or what) can do psychotherapy: The status and challenge of nonprofessional therapies. *Psychological Science, 5,* 8–14.

Chua, Streamson C., Jr.; Chung, Wendy K.; Wu-Peng, S. Sharon; et al. (1996). Phenotypes of mouse *diabetes* and rat *fatty* due to mutations in the OB (leptin) receptot. *Science, 271,* 994–996.

Cialdini, Robert B. (1993). *Influence: The psychology of persuasion.* New York: Quill.

Clark, Margaret S.; Milberg, Sandra; & Erber, Ralph (1987). Arousal state dependent memory: Evidence and some implications for understanding social judgments and social behavior. In K. Fiedler & J. P. Forgas (eds.), *Affect, cognition and social behavior.* Toronto: Hogrefe.

Clarke-Stewart, K. Alison; Thompson, W.; & Lepore, S. (1989). Manipulating children's interpretations through interrogation. Paper presented at the biennial meeting of the Society for Research on Child Development, Kansas City, Missouri.

Clarke-Stewart, K. Alison; VanderStoep, Laima P.; & Killian, Grant A. (1979). Analyses and replication of mother—child relations at two years of age. *Child Development, 50,* 777–793.

Clifford, M. M. (1990). Students need challenge, not easy success. *Educational Leadership, 48,* 22-26.

Cloninger, C. Robert; Svrakic, Dragan M.; & Przybeck, Thomas R. (1993). A psychobiological model of temperament and character. *Archives of General Psychiatry, 50,* 975–990.

Clopton, Nancy A., & Sorell, Gwendolyn T. (1993). Gender differences in moral reasoning: Stable or situational? *Psychology of Women Quarterly, 17,* 85–101.

Cochran, Susan D., & Peplau, Letitia Anne (1985). Value orientations in heterosexual relationships. *Psychology of Women Quarterly, 9,* 477–488.

Cofer, C. N. (1972). *Motivation and emotion.* Glenview, IL: Scott Foresman.

Cohn, Lawrence D. (1991). Sex differences in the course of personality development: A meta-analysis. *Psychological Bulletin, 109,* 252–266.

Colby, Anne; Kohlberg, Lawrence; Gibbs, J.; & Lieberman, M. (1983). A longitudinal study of moral judgment. *Monographs of the Society for Research in Child Development, 48* (1–2, Serial No. 200).

Cole, Michael (1984). The world beyond our borders: What might our students need to know about it? *American Psychologist, 39,* 998–1005.

Cole, Michael (1990). Cultural psychology: A once and future discipline? In I. J. Berman (ed.), *Cross-cultural perspectives: Nebraska Symposium on Motivation, 1989.* Lincoln: University of Nebraska Press.

Cole, Michael, & Cole, Sheila R. (1993). *The development of children* (2nd ed.). New York: W. H. Freeman.

Collins, Allan M., & Loftus, Elizabeth F. (1975). A spreading-activation theory of semantic processing. *Psychological Review, 82,* 407–428.

Collins, Barry (1993). Using person perception methodologies to uncover the meanings of the Milgram obedience paradigm. Paper presented at the annual meeting of the American Psychological Association, Toronto.

Collins, Bud (1981, August 30). Rivals at Flushing Meadows. *The New York Times Magazine,* 71.

Comstock, George; Chaffee, Steven; Katzman, Natan; McCombs, Maxwell; & Roberts, Donald (1978). *Television and human behavior.* New York: Columbia University Press.

Condon, William (1982). Cultural microrhythms. In M. Davis (ed.), *Interaction rhythms: Periodicity in communicative behavior.* New York: Human Sciences Press.

Considine, R. V.; Sinha, M. K.; Heiman, M. L.; et al. (1996). Serum immunoreactive-leptin concentrations in normal-weight and obese humans. *New England Journal of Medicine, 334,* 292–295.

Conway, Martin A.; Anderson, Stephen J.; Larsen, Steen F.; Donneily, C. M.; et al. (1994). The formation of flashbulb memories. *Memory and Cognition, 22,* 326–343.

Conway, Michael, & Ross, Michael (1984). Getting what you want by revising what you had. *Journal of Personality and Social Psychology, 47,* 738–748.

Coons, Philip M.; Milstein, Victor; & Marley, Carma (1982). EEG studies of two multiple personalities and a control. *Archives of General Psychiatry, 39,* 823–825.

Cooper, M. Lynne; Frone, Michael R.; Russell, Marcia; & Mudar, Pamela (1995). Drinking to regulate positive and negative emotions: A motivational model of alcohol use. *Journal of Personality and Social Psychology, 69,* 990–1005.

Copi, Irving M., & Burgess-Jackson, Keith (1992). *Informal logic* (2nd ed.). New York: Macmillan.

Corder, E. H.; Saunders, A. M.; Strittmatter, W. J.; et al. (1993). Gene dose of apolipoprotein E type 4 allele and the risk of Alzheimer's disease in late onset families. *Science, 261,* 921–923.

Corkin, Suzanne (1984). Lasting consequences of bilateral medial temporal lobectomy: Clinical course and experimental findings in H. M. *Seminars in Neurology, 4,* 249–259.

Cornell-Bell, A. H.; Finkbeiner, S. M.; Cooper, M. S.; & Smith, S. J. (1990). Glutamate induces calcium waves in cultured astrocytes: Long-range glial signaling. *Science, 247,* 470–473.

Cose, Ellis (1994). *The rage of a privileged class.* New York: HarperCollins.

Cosmides, Leda; Tooby, John; & Barkow, Jerome H. (1992) Introduction: Evolutionary psychology and conceptual integration. In J. H. Barkow, L. Cosmides, & J. Tooby (eds.), *The adapted mind: Evolutionary psychology and the generation of culture.* New York: Oxford University Press.

Costa, Paul T., Jr., & McCrae, Robert R. (1994). «Set like plaster»? Evidence for the stability of adult personality. In R. Heatherton & I. Weinberger (eds.), *Can personality change?* Washington, DC: American Psychological Association.

Cowen, Emory L.; Wyman, Peter A.; Work, William C.; & Parker, Gayle R. (1990). The Rochester Child Resilience Project (RCRP): Overview and summary of first year findings. *Development and Psychopathology, 2,* 193–212.

Craik, Fergus I. M., & Tulving, Endel (1975). Depth of processing and the retention of words in episodic memory. *Journal of Experimental Psychology: General, 104,* 268–294.

Crandall, James E. (1984). Social interest as a moderator of life stress. *Journal of Personality and Social Psychology, 47,* 164–174.

Crawford, Mary, & Marecek, Jeanne (1989). Psychology constructs the female: 1968–1988. *Psychology of Women Quarterly, 13,* 147–165.

Crews, Frederick, and his critics (1995). *The memory wars: Freud's legacy in dispute.* New York: New York Review of Books.

Critchlow, Barbara (1983). Blaming the booze: The attribution of responsibility for drunken behavior. *Personality and Social Psychology Bulletin, 9,* 451–474.

Critchlow, Barbara (1986). The powers of John Barley-corn: Beliefs about the effects of alcohol on social behavior. *American Psychologist, 41,* 75 1–764.

Crocker, Jennifer, & Major, Brenda (1989). Social stigma and self-esteem: The self-protective properties of stigma. *Psychological Review, 96,* 608–630.

Crook, John H. (1987). The nature of conscious awareness. In C. Blakemore & S. Greenfield (eds.), *Mind-waves: Thoughts on intelligence, identity, and consciousness.* Oxford: Basil Blackwell.

Cross, A. J. (1990). Serotonin in Alzheimer-type dementia and other dementing illnesses. *Annals of the New York Academy of Science, 600,* 405–415.

Cross, William E. (1971). The Negro-to-Black conversion experience: Toward a psychology of Black liberation. *Black World, 20,* 13–27.

Crystal, David S.; Chen, Chuansheng; Fuligni, Andrew J.; Stevenson, Harold W.; et al. (1994). Psychological maladjustment and academic achievement: A cross-cultural study of Japanese, Chinese, and American high school students. *Child Development, 65,* 738–753.

Crystal, Jonathon D., & Shettleworth, Sara J. (1994). Spatial list learning in black-capped chickadees. *Animal Learning and Behavior, 22,* 77–83.

Csikszentmihalyi, M., & Rathunde, K. (1993). The measurement of flow in everyday life: Toward a theory of emergent motivation. In J. E. Jacobs (ed.), *Nebraska symposium on motivation: Developmental perspectives on motivation* (Vol. 40). Lincoln: University of Nebraska Press.

Cubelli, Roberto (1991, September 19). A selective deficit for writing vowels in acquired dyagraphia. *Nature, 353,* 209–210.

Curtiss, Susan (1977). *Genie: A psycholinguistic study of a modern-day «wild child.»* New York: Academic Press.

Curtiss, Susan (1982). Developmental dissociations of language and cognition. In L. Obler & D. Feb (eds.), *Exceptional language and linguistics.* New York: Academic Press.

Dabbs, James M., Jr., & Morris, Robin (1990). Testosterone, social class, and antisocial behavior in a sample of 4,462 men. *Psychological Science, 1,* 209–211.

Dahlstrom, W. Grant (1993). Tests: Small samples, large consequences. *American Psychologist, 48,* 393–399.

Daly, Martin, & Wilson, Margo (1983). *Sex, evolution, and behavior* (2nd ed.). Belmont, CA: Wadsworth.

Damasio, Antonio R. (1990). Category-related recognition defects as a clue to the neural substrates of knowledge. *Trends in Neurosciences, 13,* 95–98.

Damasio, Antonio R. (1994). *Descartes' error: Emotion, reason, and the human brain.* New York: Grosset/Putnam.

Damasio, Hanna; Grabowski, Thomas; Frank, Randall; Galaburda, Albert M.; & Damasio, Antonio R. (1994). The return of Phineas

Gage: Clues about the brain from the skull of a famous patient. *Science, 264,* 1102–1105.

Danish, Paul (1994, February 13). Legalizing marijuana would allow regulation of its potency. *New York Times,* letters page.

Darley, John M. (1993). Research on morality: Possible approaches, actual approaches [review of *Handbook of moral behavior and development*]. *Psychological Science, 4,* 353–357.

Darling, Nancy, & Steinberg, Laurence (1993). Parenting style as context: An integrative model. *Psychological Bulletin, 113,* 487–496.

Darwin, Charles (1859). On *the origin of species.* [A facsimile of the first edition, edited by Ernst Mayer, 1964.] Cambridge, MA: Harvard University Press.

Darwin, Charles (1872/1965). *The expression of the emotions in man and animals.* Chicago: University of Chicago Press.

Darwin, Charles (1874). *The descent of man and selection in relation to sex* (2nd ed.). New York: Hurst.

Dasen, Pierre R. (1994). Culture and cognitive development from a Piagetian perspective. In W. I. Lonner & R. S. Malpass (eds.), *Psychology and culture.* Needham Heights, MA: Allyn & Bacon.

Davidson, Richard J.; Ekman, Paul; Saron, Clifford D.; Senulis, Joseph A.; & Friesen, Wallace V. (1990). Approach-withdrawal and cerebral asymmetry: I. Emotional expression and brain physiology. *Journal of Personality and Social Psychology, 58,* 330–341.

Davis, David B. (1984). *Slavery and human progress.* New York: Oxford University Press.

Davis, Joel (1984). *Endorphins: New waves in brain chemistry.* Garden City, NY: Dial Press.

Dawes, Robyn M. (1994). *House of cards: Psychology and psychotherapy built on myth.* New York: Free Press.

Dawson, Neal V.; Arkes, Hal R.; Siciiano, C.; *et al.* (1988). Hindsight bias: An impediment to accurate probability estimation in clinicopathologic conferences. *Medical Decision Making, 8(4),* 259–264.

de Bono, Edward (1971). *The dog exercising machine.* New York: Touchstone.

de Bono, Edward (1985). *de Bono's thinking course.* New York: Facts on File.

de la Garza, Rodolfo O.; DeSipio, Luis; Garcia, F. Chris; Garcia, John; & Falcon, Angelo (1992). *Latino voices: Mexican, Puerto Rican, & Cuban perspectives on American politics.* Boulder, CO: Westview.

de Lacoste-Utamaing, Christine, & Holloway, Ralph L. (1982). Sexual dimorphism in the human corpus callosum. *Science, 216,* 1431–1432.

de Rivera, Joseph (1989). Comparing experiences across cultures: Shame and guilt in America and Japan. *Hiroshima Forum for Psychology, 14,* 13–20.

Dean, Geoffrey (1986–1987, Winter). Does astrology need to be true? Part I: A look at the real thing. *The Skeptical Inquirer, 11,* 166–184.

Dean, Geoffrey (1987, Spring). Does astrology need to be true? Part II: The answer is no. *The Skeptical Inquirer, 11,* 257–273.

Deaux, Kay (1985). Sex and gender. *Annual Review of Psychology, 36,* 49–81.

Deaux, Kay, & Major, Brenda (1987). Putting gender into context: An interactive model of gender-related behavior. *Psychological Review, 94,* 369–389.

Deaux, Kay, & Major, Brenda (1990). A social-psychological model of gender. In D. L. Rhode (ed.), *Theoretical perspectives on sexual difference.* New Haven, CT: Yale University Press.

Deci, E. L. (1975). *Intrinsic motivation.* New York: Plenum.

Deci, E. L., & Ryan, R. M. (1985). *Intrinsic motivation and self-determination in human behavior.* New York: Plenum.

Deci, E. L.; Schwartz, A.; Scheinman, L.; & Ryan, R. M. (1981). An instrument to assess adult's orientations toward control versus autonomy in children: Reflections on intrinsic motivation and perceived competence. *Journal of Educational Psychology, 73,* 642–650.

Deci, Edward L., & Ryan, Richard M. (1987). The support of autonomy and the control of behavior. *Journal of Personality and Social Psychology, 53,* 1024–1037.

DeLoache, Judy S. (1987, December 11). Rapid change in the symbolic functioning of very young children. *Science, 238,* 1556–1557.

DeLoache, Judy S. (1995). The early development of symbolic understanding: Implications for children's testimony. Paper presented at the annual meeting of the American Psychological Association, New York.

Dement, William (1955). Dream recall and eye movements during sleep in schizophrenics and normals. *Journal of Nervous and Mental Disease, 122,* 263–269.

Dement, William (1978). *Some must watch while some must sleep.* New York: W. W. Norton.

Dement, William (1992). *The sleepwarchers.* Stanford, CA: Stanford Alumni Association.

Dement, William, & Kieitman, Nathaniel (1957). The relation of eye movements during sleep to dream activity: An objective method for the study of dreaming. *Journal of Experimental Psychology, 53,* 339–346.

DeMyer, Marian K. (1975). Research in infantile autism: A strategy and its results. *Biological Psychiatry, 10,* 433–452.

Denmark, Florence; Russo, Nancy F.; Frieze, Irene H.; & Sechzer, Jeri A. (1988). Guidelines for avoiding sexism in psychological research. *American Psychologist, 43,* 582–585.

Dennett, Daniel C. (1991). *Consciousness explained.* Boston: Little, Brown.

Desimone, R. (1991). Face-selective cells in the temporal cortex of monkeys. *Journal of Cognitive Neuroscience, 3,* 1-8.

Deutsch, Morton (1949). An experimental study of the effects of cooperation and competition among group processes. *Human Relations, 2,* 199–231.

Deutsch, Morton (1980). Fifty years of conflict. In L. Festinger (ed.), *Retrospections on social psychology.* New York: Oxford University Press.

Deutsch, Morton, & Collins, Mary Ellen (1951). *Interracial housing: A psychological evaluation of a social experiment.* Minneapolis: University of Minnesota Press.

DeValois, R. L. (1960). Color vision mechanisms in the monkey. *Journal of General Physiology, 43,* 115-128.

DeValois, R. L., & DeValois, K. K. (1975). Neural coding of color. In E. C. Carterette & M. P. Friedman (eds.), *Handbook of perception* (Vol. 5). New York: Academic Press.

Devine, Patricia G. (1995). Breaking the prejudice habit: Progress and prospects. Award address paper presented at the annual meeting of the American Psychological Association, New York.

Devine, Patricia G.; Evett, Sophia R.; & VasquezSuson, Kristin A. (1996). Exploring the interpersonal dynamics of intergroup contact. In R. M. Sorrentino & E. T. Higgins (eds.), *Handbook of motivation and cognition: Vol. 3. The interpersonal context.* New York: Guilford Press.

Devine, Patricia G.; Monteith, Margo J.; Zuwerink, Julia R.; & Elliot, Andrew J. (1991). Prejudice with and without compunction. *Journal of Personality and Social Psychology, 60,* 817–830.

Devolder, Patricia A., & Pressley, Michael (1989). Metamemory across the adult lifespan. *Canadian Psychology, 30,* 578–587.

Devor, E. J.; Abell, C. W.; Hoffman, P. L.; Tabakoff, B.; & Cloninger, C. R. (1994). Platelet MAO activity in type I and type II alcoholism. *Annals of the New York Academy of Sciences, 708,* 119–128.

di Leonardo, Micaela (1987). The female world of cards and holidays: Women, families, and the work of kinship. *Signs, 12,* 1–20.

di Leonardo, Micaela (1991). Introduction. In M. di Leonardo (ed.), *Gender at the crossroads of knowledge.* Berkeley: University of California Press.

Diamond, Jared (1994, November). Race without color. *Discover,* 82–89.

Diamond, Marian C. (1993). An optimistic view of the aging brain. *Generations, 17,* 31–33.

Dickinson, Alyce M. (1989). The detrimental effects of extrinsic reinforcement on «intrinsic motivation.» *The Behavior Analyst, 12,* 1–15.

DiFranza, Joseph K.; Winters, Thomas H.; Goldberg, Robert J.; Cinillo, Leonard; *et al.* (1986). The relationship of smoking to motor vehicle accidents and traffic violations. *New York State Journal of Medicine, 86,* 464–467.

Digman, John M. (1990). Personality structure: Emergence of the five-factor model. In M. R. Rosenzweig & L. W. Porter (edt.), *Annual Review of Psychology* Palo Alto, CA: Annual Reviews.

Dinges, David F.; Whitehouse, Wayne G.; Oinne, Emily C.; Powell, John W.; *et al.* (1992). Evaluating hypnotic memory enhancement (hypermnesia and reminiscence) using multitrial forced recall. *Journal of Experimental Psychology: Learning, Memory and Cognition, 18,* 1139–1147.

Dinnerstein, Dorothy (1976). *The mermaid and the Minotaur: Sexual arrangements and human malaise.* New York: Harper & Row.

Dinsmoor, James A. (1992). Setting the record straight: The social views of B. F. Skinner. *American Psychologist, 47,* 1454–1463.

Doblin, R., & Kleiman, M. A. K. (1991). Marihuana as anti-emetic medicine: A survey of oncologists' attitudes and experiences. *Journal of Clinical Oncology, 9,* 1275–1280.

Doi, L. T. (1973). *The anatomy of dependence.* Tokyo: Kodansha International.

Dollard, John, & Miller, Neal E. (1950). *Personality and psychotherapy: An analysis in terms of learning, thinking, and culture.* New York: McGraw-Hill.

Doty, Richard M.; Peterson, Bill E.; & Winter, David G. (1991). Threat and authoritarianism in the United States, 1978-1987. *Journal of Personality and Social Psychology, 61,* 629–640.

Dovidlo, John F.; Allen, Judith L.; & Schroeder, David A. (1990). Specificity of empathy-induced helping: Evidence for altruistic motivation. *Journal of Personality and Social Psychology, 59,* 249–260.

Druckman, Daniel, & Swets, John A. (eds.) (1988). *Enhancing human performance: Issues, theories, and techniques.* Washington, DC: National Academy Press.

Dunford, Franklyn; Huizinga, David; & Elliott, Delbert S. (1990). The role of arrest in domestic assault: The Omaha police experiment. *Criminology, 28,* 183–206.

du Verglas, Gabrielle; Banks, Steven R.; & Guyer, Kenneth E. (1988). Clinical effects of fenfluramine on children with autism: A review of the research. *Journal of Autism and Developmental Disorders, 18,* 297–308.

Duval, S., & Wicklund, R. A. (1972). *A theory of objective self-awareness.* New York: Academic Press.

Dweck, Carol S. (1990). Toward a theory of goals: Their role in motivation and personality. In R. A. Dienstbier (ed.), *Nebraska Symposium on Motivation* (Vol. 38). Lincoln: University of Nebraska Press. Dweck, Carol S. (1992). The study of goals in psychology [Commentary to feature review]. *Psychological Science, 3,* 165–167.

Dym, Barry, & Glenn, Michael L. (1993). *Couples:Exploring and understanding the cycles of intimate relationships.* New York: HarperCollins.

Eagly, Alice H. (1987). *Sex differences in social behavior: A social-role interpretation.* Hillsdale, NJ: Erlbaum.

Eagly, Alice H., & Carli, Linda L. (1981). Sex of researchers and sex-typed communications as determinants of sex differences in influencibility: A meta-analysis of social influence studies. *Psychological Bulletin, 90,* 1–20.

Eagly, Alice H.; Makhijani, M. G.; & Kionsky, B. G. (1990). Gender and the evaluation of leaders: A meta-analysis. *Psychological Bulletin, 111,* 3–22.

Eagly, Alice H., & Wood, Wendy (1991). Explaining sex differences in social behavior: A meta-analytic perspective. *Personality and Social Psychology Bulletin, 17,* 306–315.

Ebbinghaus, Hermann M. (1885/1913). *Memory: A contribution to experimental psychology* (H. A. Roger & C. E. Bussenius, trans.). New York: Teachers College, Columbia University.

Eberlin, Michael; McConnachie, Gene; Ibel, Stuart; & Volpe, Lisa (1993). Facilitated communication: A failure to replicate the phenomenon. *Journal of Autism and Developmental Disorders, 23,* 507–530.

Ebstein, R. P.; Novick, O.; Umanaky, R.; *et al.* (1996). Dopamine D4 receptor (D4DR) exon III polymorphism associated with the human personality trait of novelty seeking. *Nature Genetics, 12,* 78–80.

Eccles, Jacquelynne S. (1993). Parents and gender-role socialization during the middle childhood and adolescent years. In S. Oskamp & M. Costanzo (eds.), *The Claremont Symposium on Applied Social Psychology:Gender issues in contemporary society* Newbury Park, CA: Sage.

Eccles, Jacquelynne S.; Jacobs, Janis E.; & Harold, Rena D. (1990). Gender role stereotypes, expectancy effects, and parents' socialization of gender differences. *Journal of Social Issues, 46,* 183–201.

Eckensberger, Lutz H. (1994). Moral development and its measurement across cultures. In W. J. Lonner & R. Malpass (eds.), *Psychology and culture.* Needham Heights, MA: Allyn & Bacon.

Edelson, Marshall (1994). Can psychotherapy research answer this psychotherapist's questions? In P. F. Talley, H. H. Strupp, & S. F. Butler (eds.), *Psychotherapy research and practice: Bridging the gap.* New York: Basic Books.

Edsall, Thomas B., & Edsall, Mary D. (1991). *Chain reaction: The impact of race, rights, and taxes on American politics.* New York: W. W. Norton.

Edwards, Carolyn P. (1987). Culture and the construction of moral values. In J. Kagan & S. Lamb (eds.), *The emergence of morality in young children.* Chicago: University of Chicago Press.

Egan, G. (1975). *The skilled helper: A model for systematic helping and interpersonal relating.* Pacific Grove, CA: Brooks/Cole.

Egan, G. (1986). *The skilled helper: A systematic approach to effective helping* (3rd ed.). Pacific Grove, CA: Brooks/Cole.

Egeland, Janice A.; Gerhard, Daniela; Pauls, David; Sussex, James; *et al.* (1987, February 26). Bipolar affective disorders linked to DNA markers on chromosome ll. *Nature, 325,* 783–787.

Eibl-Eibesfeldt, I. (1970). *Ethology: The biology of behavior.* New York: Holt, Rinehart & Winston.

Eich, E., & Hyman, R. (1992). Subliminal self-help. In D. Druckman & R. A. Bjork (eds.), *In the mind's eye: Enhancing human performance.* Washington, DC: National Academy Press.

Eich, Eric (1995). Searching for mood dependent memory. *Psychological Science, 6,* 67–75.

Eichenbaum, Luise, & Orbach, Susie (1983). *Understanding women: A feminist psychoanalytic approach.* N&w York: Basic Books.

Eisenberger, Robert, & Selbst, Michael (1994). Does reward increase or decrease creativity? *Journal of Personality and Social Psychology, 66,* 1116–1127.

Eisler, Riane (1987). *The chalice and the blade.* San Francisco: HarperCollins.

Ekman, Paul (1994). Strong evidence for universals in facial expressions: A reply to Russell's mistaken critique. *Psychological Bulletin, 115,* 268–287.

Ekman, Paul, & Heider, Karl G. (1988). The universality of a contempt expression: A replication. *Motivation and Emotion, 12,* 303–308.

Ekman, Paul; Friesen, Wallace V.; O'Sullivan, Maureen; *et al.* (1987). Universals and cultural differences in the judgements of facial expression of emotion. *Journal of Personality and Social Psychology, 53,* 712–7 17.

Elbert, Thomas; Pantev, Christo; Wienbruch, Christian; Rockstroh, Brigitte; & Taub, Edward (1995, October 13). Increased cortical representation of the fingers of the left hand in string players. *Science, 270,* 305–307.

Elliott, Diana M. (1995). Delayed recall of traumatic events: Correlates and clinical implications. Paper presented at the annual meeting of the American Psychological Association, New York.

Elliott, G. R., & Eisdorfer, C. (eds.)(1982). *Stress and human health: Analysis and implications of research.* New York: Springer.

Elliott, Robert, & Morrow-Bradley, Cheryl (1994). Developing a working marriage between psychotherapists and psychotherapy researchers: Identifying shared purposes. In P. F. Talley, H. H. Strupp, & S. F. Butler (eds.), *Psychotherapy research and practice:Bridging the gap*. New York: Basic Books.

Ellis, Albert (1958). Rational psychotherapy. *Journal of General Psychology*, 59, 35–49.

Ellis, Albert (1989). The history of cognition in psychotherapy. In A. Freeman, K. M. Simon, L. E. Beutler, & H. Arkowitz (eds.), *Comprehensive handbook of cognitive therapy*. New York: Plenum.

Ellis, Albert (1993). Changing rational-emotive therapy (RET) to rational emotive behavior therapy (REBT). *Behavior Therapist, 16*, 257–258.

Elmes, D. G.; Kantowitz, B. H.; & Roediger, III, H. L. (1989). *Research methods in psychology*, 3rd ed. St.Paul: West Publishing Company.

Elshtain, Jean B. (1987). *Women and war*. New York: Basic Books.

Emmorey, Karen; Kosslyn, Stephen M.; & Bellugi, Ursula (1993). Visual imagery and visual-spatial language: Enhanced imagery abilities in deaf and hearing ASL signers. *Cognition, 46*, 139–181.

Englander-Golden, Paula; Whitmore, Mary R.; & Dienstbier, Richard A. (1978). Menstrual cycle as focus of study and self-reports of moods and behavior. *Motivation and Emotion, 2*, 75–86.

Ennis, Robert H. (1986). A taxonomy of critical thinking dispositions and abilities. In J. B. Baron & R. I. Steinberg (eds.), *Teaching thinking skills*. New York: W. H. Freeman.

Epstein, Robert (1990). Generativity theory and creativity. In M. A. Runco & R. S. Albert (eds.), *Theories of creativity* Newbury Park, CA: Sage.

Epstein, Robert; Kirshnit, C. E.; Lanza, R. P.; & Rubin, L. C. (1984, March 1). «Insight» in the pigeon: Antecedents and determinants of an intelligent performance. *Nature, 308*, 6 1–62.

Erikson, Erik H. (1950/1963). *Childhood and society* (2nd ed.). New York: W. W. Norton.

Erikson, Erik H. (1987). *A way of looking at things:Selected papers from 1930 to 1980* (Stephen Schielo, ed.). New York: W. W. Norton.

Eron, Leonard D. (1980). Prescription for reduction of aggression. *American Psychologist, 35*, 244–252.

Eron, Leonard D. (1982). Parent-child interaction, television violence, and aggression of children. *American Psychologist, 37*, 197–211.

Eron, Leonard D. (1995). Media violence: How it affects kids and what can be done about it. Invited address presented at the annual meeting of the American Psychological Association, New York.

Eron, Leonard D., & Huesmann, L. Rowell (1987). Television as a source of maltreatment of children. *School Psychology Review, 16*, 195–202.

Ervin-Tripp, Susan (1964). Imitation and structural change in children's language. In E. H. Lenneberg (ed.), *New directions in the study of language*. Cambridge, MA: MIT Press.

Esterson, Allen (1993). *Seductive mirage: An exploration of the work of Sigmund Freud*. New York: Open Court.

Evans, Christopher (1984). *Landscapes of the night* (edited and completed by Peter Evans). New York: Viking.

Evans, R. I. (1975). *Carl Rogers: The man and his ideas*. New York: E. P. Dutton & Co.

Exner, John E. (1993). *The Rorschach: A comprehensive system. Vol. 1: Basic foundations* (3rd ed.). New York: Wiley.

Eyferth, Kiaus (1961). [The performance of different groups of the children of occupation forces on the Hamburg-Wechsler Intelligence Test for Children.] *Archiv für die Gesamte Psychologie, 113*, 222–241.

Eysenck, Hans J. (1994). The «Big Five» or «Giant 3»? Criteria for a paradigm. In C. F. Halverson, G. A. Kohnstamm, & R. P. Martin (eds.), *The developing structure of temperament and personality from infancy to adulthood*. Hilladale, NJ: Erlbaum.

Eysenck, Hans J. (1990). The prediction of death from cancer by means of personality/stress questionnaire: Too good to be true? *Perceptual and Motor Skills, 71*, 216–218.

Eysenck, Hans J. (1993, August). Psychoanalysis: Pseudo-science [letter to the editor]. *Monitor, 4*, 68.

Fabes, Richard A.; Fisenbeing, Nancy; Karbon, Mariss; Bernzweig, Jane; et al. (1994). Socialization of children's vicarious emotional responding and prosocial behavior: Relations with mothers' perceptions of children's emotional reactivity. *Developmental Psychology, 30*, 44–55.

Fagot, Beverly I. (1984). Teacher and peer reactions to boys' and girls' play styles. *Sex Roles, 11*, 691–702.

Fagot, Beverly I. (1985). Beyond the reinforcement principle: Another step toward understanding sex role development. *Developmental Psychology, 2*, 1097–1104.

Fagot, Beverly I. (1993, June). Gender role development in early childhood: Environmental input, internal construction. Invited address presented at the annual meeting of the International Academy of Sex Research, Monterey, California.

Fagot, Beverly I., & Leinbach, Mary D. (1993). Gender-role development in young children: From discrimination to labeling. *Developmental Review, 13*, 205–224.

Fagot, Beverly I.; Hagan, R.; Leinbach, Mary D.; & Kinonsheing, S. (1985). Differential reactions to assertive and communicative acts of toddler boys and girls. *Child Development, 56*, 1499–1505.

Fairchild, Halford H. (1985). Black, Negro, or Afro-American? The differences are crucial! *Journal of Black Studies, 16*, 47–55.

Falk, Ruma, & Greenbaum, Charles W. (1995). Significance tests die hard: The amazing persistence of a probabilistic misconception. *Theory and Psychology, 5*(1), 75–98.

Fancher, Robert T. (1995). *Cultures of healing*. New York: W. H. Freeman.

Faraone, Stephen V.; Kremen, William S.; & Tsuang, Ming T. (1990). Genetic transmission of major affective disorders: Quantitative models and linkage analyses. *Psychological Bulletin, 108*, 109–127.

Faust, David, & Ziskin, Jay (1988, July 1). The expert witness in psychology and psychiatry. *Science, 241*, 31–35.

Fausto-Sterling, Anne (1985). *Myths of gender: Biological theories abour women and men*. New York: Basic Books.

Fazio, Russell H.; Jackson, Joni R.; Dunton, Bridget C.; & Williams, Carol J. (1995). Variability in automatic activation as an unobtrusive measure of racial attitudes: A bona fide pipeline? *Journal of Personality and Social Psychology, 69*, 1013–1027.

Feather, N. T. (1966). Effects of prior success and failure on expectations of success and subsequent performance. *Journal of Personality and Social Psychology 3*, 287–298.

Feeney, Dennis M. (1987). Human rights and animal welfare. *American Psychologist, 42*, 593–599.

Fein, Steven, & Spencer, Steven J. (1993). Self-esteem and stereotype-based downward social comparison. Paper presented at the annual meeting of the American Psychological Association, Toronto.

Feingold, Alan (1988). Cognitive gender differences are disappearing. *American Psychologist, 43*, 95–103.

Fenigstein, A.; Scheier, M. F.; & Buss, A. H. (1975). Public and private self-consciousness, assessment and theory. *Journal of Consulting and Clinical Psychology, 43*, 522–527.

Fernald, L. D. (1984). *The Hans legacy: A story of science*. Hillsdale, NJ: Erlbaum.

Feshbach, Norma; Feshbach, Seymour; Fauvre, Mary; & Ballard-Campbell, Michael (1983). *Learning to care: A curriculum for affective and social development*. Glenview, IL: Scott, Foresman.

Festinger, Leon (1957). *A theory of cognitive dissonance*. Evanston, IL: Row, Peterson.

Festinger, Leon (1980). Looking backward. In L. Festinger (ed.), *Retrospections on social psychology* New York: Oxford University Press.

Festinger, Leon, & Carlsmith, J. Merrill (1959). Cognitive consequences of forced compliance. *Journal of Abnormal and Social Psychology, 58*, 203–210.

Festinger, Leon; Pepitone, Alhert; & Newcomb, Theodore (1952). Some consequences of deindividuation in a group. *Journal of Abnormal and Social Psychology, 47*, 382–389.

Festinger, Leon; Riecken, Henry W.; & Schachter, Stanley (1956). *When prophecy fails*. Minneapolis: University of Minnesota Press.

Field, Tiffany (1989, Summer). Individual and maturational differences in infant expressivity. *New Directions for Child Development, 44*, 9–23.

Field, Tiffany; Cohen, Debra; Garcia, Robert; & Greenberg, Reena (1984). Mother-stranger face discrimination by the newborn. *Infant Behavior and Development, 7*, 19–25.

Fincham, Frank D., & Bradbury, Thomas N. (1993). Marital satisfaction, depression, and attributions: A longitudinal analysis. *Journal of Personality and Social Psychology, 64*, 442–452.

Fingarette, Herbert (1988). *Heavy drinking: The myth of alcoholism as a disease.* Berkeley: University of California Press.

Finkelhor, David (1984). *Child sexual abuse: New theory and research.* New York: Free Press.

Fiore, Edith (1989). *Encounters: A psychologist reveals case studies of abduction by extraterrestrials.* New York: Bantam.

Fischhoff, Baruch (1975). Hindsight is not equal to foresight: The effect of outcome knowledge on judgment under uncertainty. *Journal of Experimental Psychology: Human Perception and Performance, 1*, 288–299.

Fisher, Ronald J. (1994). Generic principles for resolving intergroup conflict. *Journal of Social Issues, 50*, 47–66.

Fisher, Ronald P., & Geiselman, R. Edward (1992). *Memory-enhancing techniques for investigative interviewing: The cognitive interview.* New York: C. C. Thomas.

Fisher, Seymour, & Greenberg, Roger P. (1993). How sound is the double-blind design for evaluating psychotropic drugs? *The Journal of Nervous and Mental Disease, 181*, 345–350.

Fisher, Seymour, & Greenberg, Roger P. (eds.) (1989). *A critical appraisal of biological treatments for psychological distress: Comparisons with psychotherapy and placebo.* Hillsdale, NJ: Erlbaum.

Fiske, Susan T. (1993). Controlling other people: The impact of power on stereotyping. *American Psychologist, 48*, 621–628.

Fitzgerald, Joseph M. (1988). Vivid memories and the reminiscence phenomenon: The role of a self narrative. *Human Development, 31*, 261–273.

Fivush, Robyn (1993). Developmental perspectives on autobiographical recall. In G. S. Goodman & B. L. Bottoms (eds.), *Child victims, child witnesses: Understanding and improving testimony* New York: Guilford Press.

Fivush, Robyn, & Hamond, Nina R. (1991). Autobiographical memory across the school years: Toward reconceptualizing childhood amnesia. In R. Fivush & J.A. Hudson (eds.),

Knowing and remembering in young children. New York: Cambridge University Press.

Flavell, John H. (1993). Young children's understanding of thinking and consciousness. *Current Directions in Psychological Science, 2*, 40–43.

Flavell, John H.; Green, F. L.; & Flavell, E. R. (1990). Developmental changes in young children's knowledge about the mind. *Cognitive Development, 5*, 1–27.

Fleming, Raymond; Baum, Andrew; & Singer, Jerome E. (1984). Toward an integrative approach to the study of stress. *Journal of Personality and Social Psychology, 46*, 939–949.

Foa, Edna, & Emmelkamp, Paul (eds.) (1983). *Failures in behavior therapy* New York: Wiley.

Foderaro, Lisa W. (1995, May 28). Can problem drinkers really just cut back? *The New York Times*, National section, 15.

Fogelman, Eva (1994). *Conscience and courage: Rescuers of Jews during the Holocaust.* New York: Anchor Books.

Fordham, Signithia (1991, Spring). Racelessness in private schools: Should we deconstruct the racial and cultural identity of African-American adolescents? *Teachers College Record, 92*, 470–484.

Fordham, Signithia, & Ogbu, John (1986). Black students' school success: Coping with the burden of «acting White.» *Urban Review, 18*, 176–206.

Forgas, Joseph, & Bond, Michael H. (1985). Cultural influences on the perception of interaction episodes. *Personality and Social Psychology Bulletin, 11*, 75–88.

Forsyth, G. Alfred; Arpey, Stacie H.; & Stratton-Hess, Caroline L. (1992). Correcting errors in the interpretation of research. Poster session paper presented at the annual meeting of the American Psychological Association, Washington, DC.

Fouls, Roger S.; Fouls, Deborah H.; & Van Cantfort, Thomas E. (1989). The infant Loulis learns signs from cross-fostered chimpanzees. In R. A. Gardner, B. T. Gardner, & T. E. Van Cantfort (eds.), *Teaching sign language to chimpanzees.* New York: State University of New York Press.

Fouts, Roger S., & Rigby, Randall L. (1977). Man-chimpanzee communication. In T. A. Seboek (ed.), *How animals communicate.* Bloomington: University of Indiana Press.

Fox, Nathan A., & Davidson, Richard J. (1988). Patterns of brain electrical activity during facial signs of emotion in 10-month-old infants. *Developmental Psychology, 24*, 230–236.

Fox, Ronald E. (1994). Training professional psychologists for the twenty-first century. *American Psychologist, 49*, 200–206.

Frankl, Victor E. (1955). *The doctor and the soul: An introduction to logocherapy* New York: Knopf.

Frank, Jerome D. (1985). Therapeutic components shared by all psychotherapies. In M. I. Mahony & A. Freeman (eds.), *Cognition and psychotherapy* New York: Plenum.

Frederich, R. C.; Hamann, A.; Anderson, S.; *et al.* (1995). Leptin levels reflect body lipid content in mice: evidence for diet-induced resistance to leptin action. *Nature Medicine, 1*, 1311–1314.

Freed, C. R.; Breeze, R. E.; Rosenberg, N. L.; & Schneck, S. A. (1993). Embryonic dopamine cell implants as a treatment for the second phase of Parkinson's disease. Replacing failed nerve terminals. *Advances in Neurology, 60*, 721–728.

Freedman, Jonathan L. (1988). Television violence and aggression: What the evidence shows. In S. Oskamp (ed.), *Applied social psychology annual: Vol. 8. Television as a social issue.* Newbury Park, CA: Sage.

Freeman, Ellen; Rickels, Karl; Sondheimer, S. J.; & Polansky, M. (1990). Ineffectiveness of progesterone suppository treatment for premenstrual syndrome. *Journal of the American Medical Association, 264*, 349–353.

Freud, Anna (1946]. *The ego and the mechanisms of defence.* New York: International Universities Press.

Freud, S. (1915). Instincts and their vicissitudes. In *Collected papers of Sigmund Freud* (Vol. 4). London: Hogarth.

Freud, Sigmund (1900/1953). *The interpretation of dreams*. In J. Strachey (ed. and trans.), *The standard edition of the complete psychological works of Sigmund Freud* (Vols. 4 and 5). London: Hogarth Press.

Freud, Sigmund (1905a). Fragment of an analysis of a case of hysteria. In J. Strachey (ed. and trans.), *The standard edition of the complete psychological works of Sigmund Freud* (Vol. 7). London: Hogarth Press and the Institute of Psycho-Analysis (1964 edition).

Freud, Sigmund (1905b). Three essays on the theory of sexuality. In Strachey, *Standard edition* (Vol. 7).

Freud, Sigmund (1908). Civilized sexual morality and modern nervousness. In Strachey, *Standard edition* (Vol.9).

Freud, Sigmund (1920/1960). *A general introduction to psychoanalysis* (Joan Riviere, trans.). New York: Washington Square Press.

Freud, Sigmund (1920/1963). The psychogenesis of a case of homosexuality in a woman. In S. Freud, *Sexuality and the psychology of love.* New York: Collier Books.

Freud, Sigmund (1923/1962). *The ego and the id* (Joan Riviere, trans.). New York: W. W. Norton.

Freud, Sigmund (1924a). The dissolution of the Oedipus complex. In Strachey, *Standard edition* (Vol. 19).

Freud, Sigmund (1924b). Some psychical consequences of the anatomical distinction between the sexes. In Strachey, *Standard edition* (Vol. 19).

Freud, Sigmund (1930/1962). *Civilization and its discontents* (I. Strachey, ed. and trans.). New York: W. W. Norton.

Freud, Sigmund (1933). Femininity. In Strachey, *Standard edition* (Vol. 22).

Freud, Sigmund (1961). *Letters of Sigmund Freud, 1873–1 939* (E. L. Freud, ed.). London: Hogarth Press.

Friedman, H. S., & Booth-Kelley, S. (1987). The «disease-prone personality»: A meta-analytic view of the construct. *American Psychologist, 42,* 539-555.

Friedman, William; Robinson, Amy; & Friedman, Britt (1987). Sex differences in moral judgments? A test of Gilligan's theory. *Psychology of Women Quarterly,* 11, 37–46.

Frijda, Nico H. (1988). The laws of emotion. *American Psychologist, 43,* 349–358.

Fuchs, C. S.; Stampfer, M. J.; Colditz, G. A.; Giovannucci, E. L.; et al. (1995, May 11). Alcohol consumption and mortality among women. *New England Journal of Medicine, 332,* 1245–1250.

Funder, David C., & Colvin, C. Randall (1991). Explorations in behavioral consistency: Properties of persons, situations, and behaviors. *Journal of Personality and Social Psychology, 60,* 773–794.

Gaertner, Samuel L.; Mann, Jeffrey A.; Dovidio, John F.; Murrell, Audrey J.; & Pomare, Marina (1990). How does cooperation reduce intergroup bias? *Journal of Personality and Social Psychology, 59,* 692–704.

Gaines, Stanley O., Jr., & Reed, Edward S. (1995). Prejudice: From Allport to DuBois. *American Psychologist, 50,* 96–103.

Galanter, E. (1962). Contemporary psychophysics. In R. Brown, E. Galanter, H. Hess, & G. Mandler (eds.), *New directions in psychology.* New York: Holt, Rinehart and Winston.

Galanter, Marc (1989). *Cults: Faith, healing, and coercion.* New York: Oxford University Press.

Gale, Anthony (ed.) (1988). *The polygraph test: Lies, truth, and science.* London: Sage.

Gallant, J. L.; Braun, J.; & Van Essen, D. C. (1993). Selectivity for polar, hyperbolic, and Cartesian gratings in macaque visual cortex. *Science, 259,* 100-103.

Galotti, Kathleen (1989). Approaches to studying formal and everyday reasoning. *Psychological Bulletin, 105,* 331–351.

Ganaway, George K. (1991). Alternative hypotheses regarding satanic ritual abuse memories. Paper presented at the annual meeting of the American Psychological Association, San Francisco.

Garcia, John, & Koelling, Robert A. (1966). Relation of cue to consequence in avoidance learning. *Psychonomic Science, 4,* 23–124.

Gardner, Howard (1983). *Frames of mind: The theory of multiple intelligences.* New York: Basic Books.

Gardner, Howard (1985). *The mind's new science: A history of the cognitive revolution.* New York: Basic Books.

Gardner, Howard (1992). Scientific psychology: Should we bury it or praise it? *New Ideas in Psychology, 10,* 179–190.

Gardner, Howard (1993). *Multiple intelligences: The theory in practice.* New York: Basic Books.

Gardner, R. Allen, & Gardner, Beatrice T. (1969). Teaching sign language to a chimpanzee. *Science, 165,* 664–672.

Garmezy, Norman (1991). Resilience and vulnerability to adverse developmental outcomes associated with poverty. *American Behavioral Scientist, 34,* 416–430.

Garnets, Linda, & Kimmel, Douglas C. (eds.) (1993). *Psychological perspectives on lesbian and gay male experiences.* New York: Columbia University Press.

Garnets, Linda; Hancock, Kristin A.; Cochran, Susan D.; Goodchilds, Jacqueline; & Peplau, Letitia A. (1991). Issues in psychotherapy with lesbians and gay men: A survey of psychologists. *American Psychologist, 46,* 964–972.

Gates, Henry Louis (1992, July 20). Black demagogues and pseudo-scholars. *New York Times,* opinion page. Gay, Peter (1988). *Freud: A life for our time.* New York: W. W. Norton.

Gaziano, J. Michael, & Hennekens, Charles (1995, July 1). Royal colleges' advice on alcohol consumption [editorial]. *British Medical Journal, 311,* 3–4.

Gazzaniga, Michael S. (1967). The split brain in man. *Scientific American, 217(2),* 24–29.

Gazzaniga, Michael S. (1983). Right hemisphere language following brain bisection: A 20-year perspective. *American Psychologist, 38,* 525–537.

Gazzaniga, Michael S. (1985). *The social brain: Discovering the networks of the mind.* New York: Basic Books.

Gazzaniga, Michael S. (1988). *Mind matters.* Boston: Houghton Mifflin.

Geis, Florence L. (1993). Self-fulfilling prophecies: A social psychological view of gender. In A. E. Beall & R. J. Steinberg (eds.), *The psychology of gender.* New York: Guilford Press.

Gelernter, Joel; O'Malley, S.; Risch, N.; Kranzler, H. R.; et al. (1991, October 2). No association between an allele at the D2 dopamine receptor gene (DRD2) and alcoholism. *Journal of the American Medical Association, 266,* 180 1–1807.

Geller, E. Scott, & Lehman, Galen R. (1988). Drinking-driving intervention strategies: A person-situation-behavior framework. In M. D. Laurence, I. R. Snortum, & F. E. Ziminig (eds.), *The social control of drinking and driving.* Chicago: University of Chicago Press.

Gelles, Richard J., & Straus, Murray A. (1988). *Intimate violence: The causes and consequences of abuse in the American family* New York: Touchstone.

Gerboer, George (1988). Telling stories in the information age. In B. D. Ruben (ed.), *Information and behavior* (Vol. 2). New Brunswick, NJ: Transaction Books.

Gergen, Kenneth J. (1973). Social psychology as history. *Journal of Personality and Social Psychology 26,* 309–320.

Gergen, Kenneth J. (1985). The social constructionist movement in modern psychology. *American Psychologist, 40,* 266–274.

Gergen, Kenneth J. (1994). Exploring the postmodern: Perils or potentials? *American Psychologist, 49,* 412–416.

Gergen, Mary M. (1992). Life stories: Pieces of a dream. In G. Rosenwald & R. Ochberg (eds.), *Storied lives.* New Haven, CT: Yale University Press.

Gerson, Kathleen (1993). *No man's land: Men's changing commitments to family and work.* New York: Basic Books.

Gewirtz, Jacob L. (1991). An analysis of infant social learning. Paper presented at the annual meeting of the American Psychological Association, San Francisco.

Gewirtz, Jacob L., & Peláez-Nogueras, Martha (1991b). Infants' separation difficulties and distress due to misplaced maternal contingencies. In T. Field, P. McCabe, & N. Schneiderman, *Stress and coping in infancy and childhood.* Hilladale, NJ: Erlbaum.

Gewirtz, Jacob L., & Peláez-Nogueras, Martha (1991a). The attachment metaphor and the conditioning of infant separation protests. In J. L. Gewirtz & W. M. Kurtines (eds.), *Intersections with attachment.* Hills-dale, NJ: Erlbaum.

Gibbons, Frederick X.; McGovern, Paul G.; & Lando, Harry A. (1991). Relapse and risk perception among members of a smoking cessation clinic. *Health Psychology, 10,* 42–45.

Gibson, Eleanor J. (1994). Has psychology a future? *Psychological Science, 5,* 69–76.

Gibson, Eleanor, & Walk, Richard (1960). The «visual cliff.» *Scientific American, 202,* 80–92.

Gilbert, Daniel T.; Pelham, Brett W.; & Kinull, Douglas S. (1988). On cognitive busyness: When person perceivers meet persons perceived. *Journal of Personality and Social Psychology, 54,* 73 3–739.

Gillham, Jane E.; Reivich, Karen J.; Jaycox, Lisa H.; & Seligman, Martin E. P. (1995). Prevention of depressive symptoms in schoolchildren: Two-year follow-up. *Psychological Science, 6,* 343–351.

Gilligan, Carol (1982). *In a different voice.* Cambridge, MA: Harvard University Press.

Gilligan, Carol, & Wiggins, Grant (1987). The origins of morality in early childhood relationships. In J. Kagan & S. Lamb (eds.), *The emergence of morality in young children.* Chicago: University of Chicago Press.

Gilliland, B. E.; James, R. K.; & Bowman, J. T. (1989). *Theories and strategies in counseling* and *psychotherapy* (2nd ed.). Englewood Cliffs, NJ: Prentice-Hall.

Gillin, J. Christian; Sitaram, N.; Janowsky, D.; et al. (1985). Cholinergic mechanisms in REM sleep. In A. Wauquier, J. M. Gaillard, I. M. Monti, & M. Radulovacki (eds.), *Sleep: Neurotransmitters and neuromodulators.* New York: Raven Press.

Gilmore, David D. (1990). *Manhood in the making:Cultural concepts of masculinity.* New Haven, CT: Yale University Press.

Giordano, Magda; Ford, Lisa M.; Shipley, Michael T.; et al. (1990). Neural grafts and pharmacological intervention in a model of Huntington's disease. *Brain Research Bulletin, 25,* 453–465.

Giorgi, A. (1971). Phenomenology and experimental psychology: 1, In A. Giorgi, W. Fisher, & R. von Eckartsberg (eds.), *Duquesne Studies in Phenomenological Psychology* (Vol. 1). Pittsburg: Duquesne University Press.

Gise, Leslie H. (ed.) (1988). *The premenstrual syndromes.* New York: Churchill Livingstone.

Gladue, Brian A. (1994). The biopsychology of sexual orientation. *Current Directions in Psychological Science, 3,* 150–154.

Glanzer, Murray, & Cunitz, Anita R. (1966). Two storage mechanisms in free recall. *Journal of Verbal Learning and Verbal Behavior, 5,* 351–360.

Glazer, Myron P., & Glazer, Penina M. (1990). *The whistleblowers: Exposing corruption in government and industry.* New York: Basic Books.

Glick, Peter, & Fiske, Susan T. (1996). The ambivalent sexism inventory: Differentiating hostile and benevolent sexism. *Journal of Personality and Social Psychology, 70,* 491–512.

Goddard, Henry H. (1917). Mental tests and the immigrant. *Journal of Delinquency, 2,* 243–277.

Gold, Paul E. (1987). Sweet memories. *American Scientist, 75,* 151–155.

Goldberg, Lewis R. (1990). An alternative «description of personality»: The big-five factor structure. *Journal of Personality and Social Psychology, 59,* 1216–1229.

Goldberg, Lewis R. (1993). The structure of phenotypic personality traits. *American Psychologist, 48,* 26–34.

Goldman, Alan (1994, Winter). The centrality of»Ningensei» to Japanese negotiating and interpersonal relationships: Implications for U.S. -Japanese communicalion. *International Journal of Intercultural Relations, 18,* 29–54.

Goldman, Mark S.; Brown, Sandra A.; Christiansen, Bruce A.; & Smith, Gregory T. (1991). Alcoholism and memory: Broadening the scope of alcohol-expectancy research. *Psychological Bulletin, 110,* 137–146.

Goldstein, Richard (1980, September 30). Getting real about getting high: An inter-

view with Andrew Well, M.D. *The Village Voice.*

Goleman, Daniel (1995). *Emotional intelligence.* New York: Bantam.

Golub, Sharon (1992). *Periods: From menarche to menopause.* Newbury Park, CA: Sage.

Goodenough, Donald R.; Shapiro, Arthur; Holden, Melvin; & Steinschriber, Leonard (1959). A comparison of dreamers and nondreamers: Eye movements, electroencephalograms and the recall of dreams. *Journal of Abnormal and Social Psychology, 59,* 295–302.

Goodman, Gail S.; Qin, Jianjian; Bottoms, Bette L.; & Shaver, Phillip R. (1995). Characteristics and sources of allegations of ritualistic child abuse. Final report to the National Center on Child Abuse and Neglect, Washington, DC. [Executive summary and complete report available from NCCAN, 1-800-394-3366.]

Goodman, Gail S.; Rudy, L.; Bottoms, B.; & Aman, C. (1990). Children's concerns and memory: Issues of ecological validity in the study of children's eyewitness testimony. In R. Fivush & J. Hudson (eds.), *Knowing and remembering in young children.* New York: Cambridge University Press.

Goodman, Gail S.; Wilson, M. E.; Hazan, C.; & Reed, R. S. (1989). Children's testimony nearly four years after an event. Paper presented at the annual meeting of the Eastern Psychological Association, Boston.

Gopnik, Myrna (1991). Familial aggregation of a developmental language disorder. *Cognition, 39,* 1–50.

Gopnik, Myrna (1994). Prologue. (Special issue: Linguistic aspects of familial language impairment) In J. Matthews (ed.), *McGill working papers in linguistics,* Vol. 10 (1&2). Montreal, Quebec: McGill University.

Gore, P. M., & Rotter, Julian B. (1963). A personality correlate of social action. *Journal of Personality, 31,* 58–64.

Goren, C. C.; Sarty, J.; & Wu, P. Y. (1975). Visual following and pattern discrimination of face-like stimuli by newborn infants. *Pediatrics, 56,* 544–549.

Gorn, Gerald J. (1982). The effects of music in advertising on choice behavior: A classical conditioning approach. *Journal of Marketing, 46,* 94–101.

Gottesman, Irving I. (1994). Perils and pleasures of genetic psychopathology. Distinguished Scientist Award address presented at the annual meeting of the American Psychological Association, Los Angeles.

Gottfried, Adele Eskeles; Fleming, James S.; & Gottfried, Allen W. (1994). Role of parental motivational practices in children's academic intrinsic motivation and achievement. *Journal of Educational Psychology, 86,* 104–113.

Gould, James L., & Gould, Carol G. (1995). *The animal mind.* San Francisco: W. H. Freeman.

Gould, Stephen Jay (1981). *The mismeasure of man.* New York: W. W. Norton.

Gould, Stephen Jay (1987). *An urchin in the storm.* New York: W. W. Norton.

Gould, Stephen Jay (1990, April). The war on (some) drugs. *Harper's,* 24.

Gould, Stephen Jay (1994, November 28). Curveball. [Review of *The Bell Curve,* by Richard J. Herinnatein and Charles Murray.] *The New Yorker,* 139–149.

Gould, Stephen Jay, & Elredge, Niles (1977). Punctuated equilibria: The tempo and mode of evolution reconsidered. *Paleobiology 3,* 115–151.

Graf, Peter, & Schacter, Daniel A. (1985). Implicit and explicit memory for new associations in normal and amnesic subjects. *Journal of Experimental Psychology:Learning, Memory and Cognition, 11,* 501–518.

Graham, Jill W. (1986). Principled organizational dissent: A theoretical essay. *Research in Organizational Behavior, 8,* 1–52.

Grain, Stephen (1991). Language acquisition in the absence of experience. *Behavioral & Brain Sciences, 14,* 597–650.

Greene, Robert L. (1986). Sources of recency effects in free recall. *Psychological Bulletin, 99,* 221–228.

Greenfield, Patricia, & Beagles-Roos, Jessica (1988). Radio vs. television: Their cognitive impact on children of different socioeconomic and ethnic groups. *Journal of Communication, 38,* 71–92.

Greenough, William T. (1991). The animal rights assertions: A researcher's perspective. *Psychological Science Agenda* (American Psychological Association), 4(3), 10–12.

Greenough, William T., & Anderson, Brenda J. (1991). Cerebellar synaptic plasticity: Relation to learning vs. neural activity. *Annals of the New York Academy of Sciences, 627,* 231–247.

Greenough, William T., & Black, James E. (1992). Induction of brain structure by experience: Substrates for cognitive development. In M. Gunnar & C. A. Nelson (eds.), *Behavioral developmental neuroscience: Vol.24. Minnesota Symposia on Child Psychology* Hillsdale, NJ: Erlbaum.

Greenwald, A. G.; Spangenberg, E. R.; Pratkanis, A. R.; & Eskenazi, J. (1991). Double-blind tests of subliminal self-help audiotapes. *Psychological Science, 2,* 119-122.

Greenwald, Anthony G. (1992). New Look 3: Unconscious cognition reclaimed. *American Psychologist, 47,* 766–779.

Gregor, Anne (1993, June 1). Getting to root of cultural gaffes. *Los Angeles Times,* D3, DlO.

Gregory, R. L., & Wallace, J. G. (1963). Recovery from early blindness: A case study. *Monograph Supplement 2, Quarterly Journal of Experimental Psychology,* No. 3.

Greven, Philip (1991). *Spare the child: The religious roots of punishment and the psychological impact of physical abuse.* New York: Knopf.

Gribbin, Kathy; Schale, K. Warner; & Parham, Iris A. (1980). Complexity of life style and maintenance of intellectual abilities. *Journal of Social Issues, 36(2)*, 47–61.

Griffin, Donald R. (1992). *Animal minds.* Chicago: University of Chicago Press.

Griffith, James E., & Villavicenclo, Sandra (1985). Relationships among acculturation, sociodemographic characteristics and social supports in Mexican American adults. *Hispanic Journal of Behavioral Sciences, 7*, 75–92.

Grinspoon, Lester, & Bakalar, James B. (1993). *Marihuana, the forbidden medicine.* New Haven, CT: Yale University Press.

Groebel, Jo, & Hinde, Robert (eds.) (1989). The Seville statement on violence. In *Aggression and war: Their biological and social bases.* Cambridge, England: Cambridge University Press.

Gronbaek, M.; Deis, A.; Sorensen, T. I.; Becker, U.; Schnohr, P.; & Jensen, G. (1995, May 6). Mortality associated with moderate intakes of wine, beer, or spirits. *British Medical Journal, 310*, 1165–1169.

Gross, Martin (1978). *The psychological society.* New York: Random House.

Gross, Paul R., & Levitt, Norman (1994). *Higher superstition: The academic left and its quarrels with science.* Baltimore: Johns Hopkins University Press.

Grusec, Joan E., & Goodnow, Jacqueline J. (1994). Impact of parental discipline methods on child's internalization of values: A reconceptualization of current points of view. *Developmental Psychology, 30*, 4–19.

Grusec, Joan E.; Saas-Kortsaak, P.; & Simutis, Z. M. (1978). The role of example and moral exhortation in the training of altruism. *Child Development, 49*, 920–923.

Guba, Egon G. (1990). The alternative paradigm dialog. In E.G. Guba (ed.), *The paradigm dialog.* Newbury Park, CA: Sage.

Gudykunst, W. B., & Ting-Toomey, S. (1988). *Culture and interpersonal communication.* Newbury Park, CA: Sage.

Guilford, J. P. (1950). Creativity. *American Psychologist, 5*, 444–454.

Gutheil, Thomas G. (1993). The psychology of pharmacology. In M. Schacter (ed.), *Psychotherapy and medication.* Worthvale, NJ: Jason Aronson.

Haber, Ralph N. (1970, May). How we remember what we see. *Scientific American, 222*, 104–112.

Hackett, Gail; Betz, Nancy E.; Casas, J. Manuel; & Rocha-Singh, Indra A. (1992). Gender, ethnicity, and social cognitive factors predicting the academic achievement of students in engineering. *Journal of Counseling Psychology 39*, 527–538.

Halass, Jeffrey L.; Gajiwala, Ketan S.; Maffei, Margherita; et al. (1995). Weight-reducing effects of the plasma protein encoded by the obese gene. *Science, 269*, 543–546.

Haler, Richard J.; Siegel, Benjamin V., Jr.; MacLachlan, Andrew; Soderling, Eric; et al. (1992). Regional glucose metabolic changes after learning a complex visuospatial/motor task: A positron emission tomographic study. *Brain Research, 570*, 134–143.

Haler, Richard J.; Siegel, Benjamin V., Jr.; Nuechterlein, Keith H.; Hazlett, Erin; et al. (1988). Cortical glucose metabolic rate correlates of abstract reasoning and attention studied with positron emission tomography. *Intelligence, 12*, 199–217.

Hall, C. S., & Lindzay, G. (1978). *Theories of personality.* New York: John Wiley & Sons.

Hall, Edward T. (1959). *The silent language.* Garden City, NY: Doubleday.

Hall, Edward T. (1976). *Beyond culture.* New York: Anchor.

Hall, Edward T. (1983). *The dance of life: The other dimension of time.* Garden City, NY: Anchor Press.

Hall, Edward T., & Hall, Mildred R. (1990). *Understanding cultural differences.* Yarmouth, ME: Intercultural Press.

Halpern, Diane (1995). The disappearance of cognitive gender differences: What you see depends on where you look. *American Psychologist, 44*, 1156–1157.

Halpern, Diane (1995). *Thought and knowledge: An introduction to critical thinking* (3rd ed.). Hillsdale, NJ: Erlbaum.

Hamer, Dean H.; Hu, Stella; Magnuson, Victoria L.; et al. (1993). A linkage between DNA markers on the X chromosome and male sexual orientation. *Science, 261*, 321–327.

Haney, Craig; Banks, Curtis; & Zimbardo, Philip (1973). Interpersonal dynamics in a simulated prison. *International Journal of Criminology and Penology, 1*, 69–97.

Hanna, Elizabeth, & Meltzoff, Andrew N. (1993). Peer imitation by toddlers in laboratory, home, and day-care contexts: Implications for social learning and memory. *Developmental Psychology, 29*, 701–710.

Hanson, F. Allan (1993). *Testing testing: Social consequences of the examined life.* Berkeley: University of California Press.

Hare, Robert D. (1965). Temporal gradient of fear arousal in psychopaths. *Journal of Abnormal Psychology, 70*, 442–445.

Hare, Robert D. (1986). Twenty years of experience with the Cleckley psychopath. In W. H. Reid, D. Doff, J. I. Walker, & J. W. Bonner (eds.), *Unmasking the psychopath: Antisocial personality and related syndromes.* New York: W. W. Norton.

Hare, Robert D. (1993). *Without conscience: The disturbing world of the psychopaths among us.* New York: Pocket Books.

Hare-Muslin, Rachel T. (1991). Sex, lies, and headaches: The problem is power. In T. J. Goodrich (ed.), *Women and power: Perspectives for therapy* New York: W. W. Norton.

Hare-Mustin, Rachel T., & Marecek, Jeanne (1990). Gender and the meaning of difference: Postmodernism and psychology. In R. Hare-Mustin & J. Marecek (eds.), *Psychology and the construction of gender.* New Haven, CT: Yale University Press.

Haritos-Fatouros, Mika (1988). The official torturer: A learning model for obedience to the authority of violence. *Journal of Applied Social Psychology, 18*, 1107–1120.

Harkins, Stephen G., & Szymanski, Kate (1989). Social loafing and group evaluation. *Journal of Personality and Social Psychology, 56*, 934–941.

Harlow, Harry E, & Harlow, Margaret K. (1966). Learning to love. *American Scientist, 54*, 244–272.

Harlow, Harry F. (1958). The nature of love. *American Psychologist, 13*, 673–685.

Harlow, Harry F.; Harlow, Margaret K.; & Meyer, D. R. (1950). Learning motivated by a manipulation drive. *Journal of Experimental Psychology, 40*, 228–234.

Harmon-Jones, Eddie; Brehm, Jack W.; Greenberg, Jeff; Simon, Linda; & Nelson, David E. (1996). Evidence that the production of aversive consequences is not necessary to create cognitive dissonance. *Journal of Personality and Social Psychology, 70*, 5–16.

Harris, Ben (1979). Whatever happened to little Albert? *American Psychologist, 34*, 151–160.

Harris, Marvin (1974). *Cows, pigs, wars, and witches:The riddles of culture.* New York: Simon & Schuster.

Harris, Marvin (1985). *Good to ear: Riddles of food and culture.* New York: Simon & Schuster.

Harris, P.; Brown, E.; Marriott, C.; Whittall, S.; & Harmer, S. (1991). Monsters, ghosts and witches: Testing the limits of the fantasy-reality distinction in young children. *British Journal of Developmental Psychology, 9*, 105–123.

Hart, John, Jr.; Beinndt, Rita S.; & Caramazza, Alfonso (1985, August 1). Category-specific naming deficit following cerebral infarction. *Nature, 316*, 339–340.

Harter, S. (1982). The perceived competence scale for children. *Child Development, 53*, 87-97.

Harter, Susan, & Jackson, Bradley K. (1992). Trait vs. nontrait conceptualizations of intrinsic/extrinsic motivational orientation. *Motivation and Emotion, 16*, 209–230.

Hasher, Lynn, & Zacks, Rose T. (1984). Automatic processing of fundamental information: The case of frequency of occurrence. *American Psychologist, 39*, 1372–1388.

Hatfield, Elaine, & Rapson, Richard L. (1993). *Love, sex, and intimacy* New York: HarperCollins.

Hawkins, Scott A., & Hastie, Reid (1990). Hindsight: Biased judgments of past events after the outcomes are known. *Psychological Bulletin, 107*, 311–327.

Heath, Shirley B. (1989). Oral and literate traditions among Black Americans living in poverty. *American Psychologist, 44,* 367–373.

Heininnstein, Richard J., & Murray, Charles (1994). *The bell curve: Intelligence and class structure in American life.* New York: Free Press.

Heinrichs, R. Walter (1993). Schizophrenia and the brain: Conditions for a neuropsychology of madness. *American Psychologist, 48,* 22 1–233.

Helms, Janet E. (1990). *Black and White racial identity theory research, and practice.* Westport, CT: Greenwood Press.

Helson, Ravenna, & McCabe, Laurel (1993). The social clock project in middle age. In B. F. Turner & L. E. Troll (eds.), *Women growing older.* Newbury Park, CA: Sage.

Helson, Ravenna; Roberts, Brent; & Agronick, Gail (1995). Enduringness and change in creative personality and the prediction of occupational creativity. *Journal of Personality and Social Psychology, 6,* 1173–1183.

Hepworth, Joseph T., & West, Stephen G. (1988). Lynchings and the economy: A time-series reanalysis of Hovland and Sears (1940). *Journal of Personality and Social Psychology, 55,* 239–247.

Herdt, Gilbert (1984). *Ritualized homosexuality in Melanesia.* Berkeley: University of California Press.

Hergenhahn, B. R. (1990). *An introduction to theories of personality.* New Jersey: Prentice-Hall.

Hergenhahn, B. R. (1992). *An introduction to the history of psychology.* CA: Cole Publishing Company.

Herman, John H. (1992). Transmutative and reproductive properties of dreams: Evidence for cortical modulation of brainstem generators. In I. Antrobus & M. Bertini (eds.), *The neuropsychology of dreaming.* Hillsdale, NJ: Erlbaum.

Herman, Judith L. (1992). *Trauma and recovery* New York: Basic Books.

Herman, Judith L., & Harvey, Mary R. (1993, April). The false memory debate: Social science or social backlash? *The Harvard Mental Health Letter, 9,* 4–6.

Herman, Louis M. (1987). Receptive competencies of language-trained animals. In J. S. Rosenblatt, C. Beer, M. C. Busnel, & P. J. B. Slater (eds.), *Advances in the study of behavior* (Vol. 17). Petaluma, CA: Academic Press.

Herman, Louis M.; Kuczaj, Stan A.; & Holder, Mark D. (1993). Responses to anomalous gestural sequences by a language-trained dolphin: Evidence for processing of semantic relations and syntactic information. *Journal of Experimental Psychology: General, 122,* 184–194.

Heron, Woodburn (1957). The pathology of boredom. *ScientificAmerican, 196(1),* 52–56.

Hershberger, Scott L.; Lykken, David T.; & McGue, Matt (1995). A twin registry study of male and female sexual Orientation. Paper presented at the annual meeting of the American Psychological Association, New York.

Hicks, Robert D. (1991). The police model of satanism crime. In J. T. Richardson, J. Best, & D. G. Bromley (eds.), *The satanism scare.* New York: Aldine de Gruyter.

Higley, J. D.; Hasert, M. L.; Suomi, S. J.; & Linnoila, M. (1991). A nonhuman primate model of alcohol abuse: Effects of early experience, personality, and stress on alcohol consumption. *Proceedings of the National Academy of Science, 88,* 7261–7265.

Hilgard, Ernest R. (1991). Psychology as an integrative science versus a unified one. Invited address, presented at the annual meeting of the American Psychological Association, San Francisco.

Hill, Winfred F. (1990). *Learning: A survey of psychological interpretations.* New York: HarperCollins.

Hilts, Philip J. (1995). *Memory's ghost: The strange tale of Mr. M. and the nature of memory* New York: Simon & Schuster.

Hirsch, Helmut V. B., & Spinelli, D. N. (1970). Visual experience modifies distribution of horizontally and vertically oriented receptive fields in cats. *Science, 168,* 869–871.

Hirsehel, J. David; Hutchinson, Ira W., III; Dean, Charles; *et al.* (1990). *Charlotte spouse assault replication project: Final report.* Washington, DC: National Institute of Justice.

Hite, Shere (1987). *Women and love: A cultural revolution in progress.* New York: Knopf.

Hobson, J. Allan (1988). *The dreaming brain.* New York: Basic Books.

Hobson, J. Allan (1990). Activation, input source, and modulation: A neurocognitive model of the state of the brain-mind. In R. R. Bootzin, J. F. Kihlstrom, & D. L. Schacter (eds.), *Sleep and cognition.* Washington, DC: American Psychological Association.

Hobson, J. Allan, & MeCarley, Robert W. (1977). The brain as a dream state generator: An activation-synthesis hypothesis of the dream process. *American Journal of Psychiatry, 134,* 1335–1348.

Hobson, Robert F. (1985). *Forms of feeling: The heart of psychotherapy.* London: Tavistock.

Hoffman, Martin L. (1977). Empathy, its development and prosocial implications. In C. B. Keasey (ed.), *Nebraska Symposium on Motivation* (Vol. 25). Lincoln: University of Nebraska Press.

Hoffman, Martin L. (1987). The contribution of empathy to justice and moral judgment. In N. Elsenberg & J. Strayer (eds.), *Empathy and its development.* New York: Cambridge University Press.

Hoffman, Martin L. (1989). Empathy, social cognition, and moral action. In W. Kurtines & J. Gewirtz (eds.), *Moral behavior and development: Vol. 1. Advances in theory research, and application.* Hillsdale, NJ: Erlbaum.

Hoffman, Martin L. (1994). Discipline and internalilalion. *Developmental Psychology, 30,* 26–28.

Hoffman, Martin L., &Saltzstein, Herbert (1967). Parent discipline and the child's moral development. *Journal of Personality and Social Psychology, 5,* 45–57.

Hofstede, Geert, & Bond, Michael H. (1988). The Confucius connection: From cultural roots to economic growth. *Organizational Dynamics,* 5–21.

Hogg, Michael A., & Abrams, Dominic (1988). *Social identifications: A social psychology of intergroup relations and group processes.* New York: Routledge.

Holmes, David S. (1990). The evidence for repression: An examination of sixty years of research. In J. L. Singer (ed.), *Repression and dissociation.* Chicago: University of Chicago Press.

Holmes, David S. (1994). *Abnormal psychology* (2nd ed.). New York: HarperCollins.

Holt, Jim (1994, October 19). Anti-social science? *New York Times,* op-ed page.

Hooker, Evelyn (1957). The adjustment of the male overt homosexual. *Journal of Projective Techniques, 21,* 18–31.

Hooven, Carole; Gottman, John M.; & Katz, Lynn E (1995). Parental mets-emotion structure predicts family and child outcomes. *Cognition and Emotion, 9,* 229–269.

Hopkins, Bill L. (1987). Comments on the future of applied behavior analysis. *Journal of Applied Behavior Analysis, 20,* 339–346.

Hoptman, Matthew J., & Davidson, Richard J. (1994). How and why do the two cerebral hemispheres interact? *Psychological Bulletin, 116,* 195–219.

Horn, G., & Hinde, R. A. (eds.) (1970). *Short-term changes in neural activity and behaviour.* New York: Cambridge University Press.

Horne, J.A. (1988). Sleep loss and «divergent» thinking ability. *Sleep, 11,* 528–5 36.

Horner, Althea J. (1991). *Psychoanalytic object relations therapy* New York: Jason Aronson.

Horner, Matina (1972). Toward an understanding of achievement-related conflicts in women. *Journal of Social Issues, 28,* 157–176.

Horney, Karen (1926/1973). The flight from womanhood. Reprinted in I. B. Miller (ed.), *Psychoanalysis and women.* New York: Brunner/Mazel.

Horney, Karen (1945). *Our inner conflicts.* New York: W. W. Norton.

Horney, Karen (1950). *Neurosis and human growth.* New York: W. W. Norton.

Horney, Karen (1967). *Feminine psychology.* NewYork: W W. Norton.

Hornstein, Gail (1992). The return of the repressed: Psychology's problematic relations with psychoanalysis, 1909–1960. *American Psychologist, 47,* 254–263.

Horowitz, Mardi J. (1988). *Introduction to psychodynamics: A new synthesis*. New York: Basic Books.

Houston, John P. (1981). *Fundamentals of learning and memory*, 2nd ed. New York: Academic Press.

Hovland, Carl I., & Sears, Robert R. (1940). Minor studies of aggression: Correlation of lynchings with economic indices. *Journal of Psychology, 9,* 301–310.

Howard, George S. (1991). Culture tales: A narrative approach to thinking, cross-cultural psychology, and psychotherapy. *American Psychologist, 46,* 187–197.

Howe, Mark L., &Courage,Mary L. (1993). On resolving the enigma of infantile amnesia. *Psychological Bullecin, 113,* 305–326.

Howe, Mark L.; Courage, Mary L.; & Peterson, Carole (1994). How can I remember when «I» wasn't there? Long-term retention of traumatic experiences and emergence of the cognitive self. (Special issue: The recovered memory/false memory debate.) *Consciousness and Cognition, 3,* 327–355.

Hrdy, Sarah B. (1988). Empathy, polyandry, and the myth of the coy female. In R. Bleier (ed.), *Feminist approaches to science.* New York: Pergamon.

Hrdy, Sarah B. (1994). What do women want? In T. A. Bass (ed.), *Reinventing the future: Conversations with the world's leading scientists.* Reading, MA: Addison-Wesley.

Hu, S.; Pattatucci, A. M.; Patterson C; *et al.* (1995). Linkage between sexual orientation and chromosome Xq28 in males but not in females. *Nature Genetics, 11,*248–256.

Hubbard, Ruth (1990). *The politics of women's biology* New Brunswick, NJ: Rutgers University Press.

Hubbard, Ruth, & Wald, Elijah (1993). *Exploding the gene myth.* Boston: Beacon Press.

Hubel, D. H., & Wiesel, T. N. (1962). Receptive fields, binocular interaction and functional architecture in the cat's visual cortex. *Journal of Physiology* (London), *160,* 106–154.

Hubel, D. H., & Wiesel, T. N. (1962). Receptive fields, binocular interaction and functional architecture in the cat's visual cortex. *Journal of Physiology* (London), *160,* 106-154.

Hubel, D. H., & Wiesel, T. N. (1968). Receptive fields and functional architecture of monkey striate cortex. *Journal of Physiology* (London), *195,* 2 15–243.

Huesmann, L. Rowell; Eron, Leonard; Lelkowitz, Monroe M.; &Walder, Leopold (1984). The stability of aggression over time and generations. *Developmental Psychology, 20,* 1120–1134.

Hughes, Judith M. (1989). *Reshaping the psychoanalytic domain: The work of Melanie Klein, W R. D. Fair-bairn, & D. W Winnicott.* Berkeley: University of California Press.

Hughes, Robert (1993). *The culture of complaint: The fraying of America.* New York: Oxford University Press.

Hull, C. L. (1943). *Principles of behavior.* New York: Appleton-Century-Crofts.

Hull, J. G. (1981). A self-awareness model of the causes and effects of alcohol consumption. *Journal of Abnormal Psychology, 90,* 586-600.

Hull, J. G., & Young, R. D. (1983). The self-awareness-reducing effects of alcohol consumption: Evidence and implications. In J. Suls & A. G. Greenwald (eds.), *Psychological perspectives on the self* (Vol. 2). Hillsdale, N.J.: Erlbaum.

Hull, J. G.; Young, R. D.; & Jouriles, E. (1986). Applications of the self-awareness model of alcohol consumption: predicting patterns of use and abuse. *Journal of Personality and Social Psychology, 51,* 790-796.

Hunt, Morton M. (1993). *The story of psychology* New York: Doubleday.

Huntington's Disease Collaborative Research Group (1993). A novel gene containing a trinucleotide repeat that is expanded and unstable on Huntington's disease chromosomes. *Cell, 72,* 971–983.

Hupka, Ralph B. (1981). Cultural determinants of jealousy. *Alternative Lifestyles, 4,* 3 10–356.

Hupka, Ralph B. (1991). The motive for the arousal of romantic jealousy: Its cultural origin. In P. Salovey (ed.), *The psychology of jealousy and envy* New York: Guilford Press.

Hurst, William; Neisser, Ulnic; & Spelke, Elizabeth (1978, January). Divided attention. *Human Nature, 1,* 54–61.

Hurvich, L. M., & Jameson, D. (1974). Opponent processes as a model of neural organization. *American Psychologist, 29,* 88-102.

Huston, Aletha, & Wright, John C. (1995). Effects of educational TV viewing of lower-income preschoolers on academic skills, school readiness, and school adjustment 1 to 3 years later. Report to Children's Television Workshop from the Center for Research on the Influences of Television on Children, University of Kansas, Lawrence.

Hyde, Janet S. (1981). How large are cognitive gender differences? A meta-analysis using *w* and d. *American Psychologist, 36,* 892–901.

Hyde, Janet S. (1984). How large are gender differences in aggression? A developmental mets-analysis. *Developmental Psychology, 20,* 722–736.

Hyde, Janet S., & Linn, Marcia C. (1988). Gender differences in verbal ability: A meta-analysis. *Psychological Bulletin, 104,* 53–69.

Hyde, Janet S.; Fennema, Elizabeth; & Lamon, Susan I. (1990). Gender differences in mathematics performance: A meta-analysis. *Psychological Bulletin, 107,* 139–155.

Hyman, Ira E.; Husband, Troy H.; & Billings, E James (1995). False memories of childhood experiences. *Applied Cognitive Psychology* 9, 181–197.

Hyman, Irwin A. (1994). Is spanking child abuse? Conceptualizations, research and policy implications. Paper presented at the annual meeting of the American Psychological Association, Los Angeles.

Hyman, Ray (1994). Anomaly or artifact? Comments on Bem and Honorton. *Psychological Bulletin, 115,* 25–27.

Iaccino, James F. (1994). *Psychological reflections on cinematic terror: Jungian archetypes in horror films.* Westport, CT: Praeger/Greenwood.

Inglehart, Ronald (1990). *Culture shift in advanced industrial society.* Princeton, NJ: Princeton University Press.

Irons, Edward D., & Moore, Gilbert W. (1985). *Black managers: The case of the banking industry* New York: Praeger/Greenwood.

Islam, Mir Rabiul, & Hewstone, Miles (1993). Intergroup attributions and affective consequences in majority and minority groups. *Journal of Personality and Social Psychology, 64,* 93 6–950.

Izard, Carroll E. (1994a). Four systems for emotion activation: Cognitive and noncognitive processes. *Psychological Review, 100,* 68–90.

Izard, Carroll E. (1994b). Innate and universal facial expressions: Evidence from developmental and cross-cultural research. *Psychological Bulletin, 115,* 288–299.

Jacklin, Carol N., & Reynolds, Chandra (1993). Gender and childhood socialization. In A. E. Beall & R. J. Steinberg (eds.), *The psychology of gender.* New York: Guilford Press.

Jacobs, Janis E., & Eceles, Jacquelynne S. (1985). Gender differences in math ability: The impact of media reports on parents. *Educational Researcher, 14,* 20–25.

Jacobsen, Teresa; Edelstein, Wolfgang; & Hofmann, Volker (1994). A longitudinal study of the relation between representations of attachment in childhood and cognitive functioning in childhood and adolescence. *Developmental Psychology, 30,* 112–124.

Jacobson, John W., & Mulick, James A. (1994). Facilitated communication: Better education through applied ideology. *Journal of Behavioral Education, 4,* 93–105.

Jacobvitz, Robin N. S. (1990). Defining and measuring TV addiction. Paper presented at the annual meeting of the American Psychological Association, Boston.

Jacox, Ada; Cam, D. B.; & Payne, Richard (1994, March 3). New clinical-practice guidelines for the management of pain in patients with cancer. *New England Journal of Medicine, 330,* 65 1–655.

James, William (1890/1950). *Principles of psychology* (Vol. 1). New York: Dover.

Janis, Irving L. (1982). *Groupthink: Psychological studies of policy decisions and fiascoes* (2nd ed.). Boston: Houghton Mifflin.

Janis, Irving L. (1989). *Crucial decisions: Leadership in policymaking and crisis management.* New York: Free Press.

Janis, Irving L.; Kaye, Donald; & Kirschner, Paul (1965). Facilitating effects of «eatingwhile-reading» on responsiveness to persuasive communications. *Journal of Personality and Social Psychology 1*, 18 1–186.

Jellinek, E. M. (1960). *The disease concept of alcoholism.* New Haven, CT: Hillhouse Press.

Jenkins, Sharon Rae (1994). Need for power and women's careers over 14 years: Structural power, job satisfaction, and motive change. *Journal of Personality and Social Psychology, 66*, 155–165.

Jensen, Arthur R. (1969). How much can we boost IQ and scholastic achievement? *Harvard Educational Review, 39*, 1–123.

Jensen, Arthur R. (1981). *Straight talk about mental rests.* New York: Free Press.

Jensen, J. P.; Bergin, Allen E.; & Greaves, D. W. (1990). The meaning of eclecticism: New survey and analysis of components. *Professional Psychology: Research and Practice, 21*, 124–130.

Jessel, T. M., & Iversen, L. L. (1979). Opiate analgesics inhibit substance P release from rat trigeminal nucleus. *Nature, 268*, 549-551.

John, E. R.; Tang, Y.; Brill, A. B.; Young, R.; & Ono, K. (1986). Double-labeled metabolic maps of memory. *Science, 233*, 1167–1175.

Johnson, Kent R., & Layng, T. Joe (1992). Breaking the structuralist barrier: Literacy and numeracy with fluency. *American Psychologist, 47*, 1475–1490.

Johnson, Marcia K. (1995). The relation between memory and reality. Paper presented at the annual meeting of the American Psychological Association, New York.

Johnson, Mark H.; Dziumawiec, Suzanne; Ellis, Hadyn; & Morton, John (1991). Newborns' preferential tracking of face-like stimuli and its subsequent decline. *Cognition, 40*, 1–19.

Johnson, Robert, & Downing, Leslie (1979). Deindividuation and valence of cues: Effects of prosocial and antisocial behavior. *Journal of Personality and Social Psychology, 37*, 1532–1538.

Johnson-Laird, Philip N. (1988). *The computer and the mind: An introduction to cognitive science.* Cambridge, MA: Harvard University Press.

Jones, James M. (1991). Psychological models of race: What have they been and what should they be? In J. D. Goodehilds (ed.), *Psychological perspectives on human diversity in America.* Washington, DC: American Psychological Association.

Jones, Mary Cover (1924). A laboratory study of fear: The case of Peter. *Pedagogical Seminary 31*, 308–315. Jones, Russell A. (1977). *Self-fulfilling prophecies.* Hillsdale, NJ: Erlbaum.

Jones, Steve (1994). *The language of genes.* New York: Anchor.

Judd, Charles M.; Park, Bernadette; Ryan, Carey S.; Binsuer, Markus; & Kraus, Susan (1995). Stereotypes and ethnocentrism: Diverging interethnic perceptions of African American and White American youth. *Journal of Personality and Social Psychology, 69*, 460–481.

Jung, Carl (1967). *Collected works.* Princeton, NJ: Princeton University Press.

Kagan, Jerome (1984). *The nature of the child.* New York: Basic Books.

Kagan, Jerome (1989). *Unstable ideas: Temperament, cognition, and self* Cambridge, MA: Harvard Univerally Press.

Kagan, Jerome (1993). The meanings of morality. *Psychological Science*, 4, 353, 357–360.

Kagan, Jerome (1994). *Galen's prophecy: Temperament in human nature.* New York: Basic Books.

Kagan, Jerome, & Lamb, Sharon (eds.) (1987). *The emergence of morality in young children.* Chicago: University of Chicago Press.

Kagan, Jerome, & Moss, Howard (1962). *Birth to maturity.* New York: Wiley.

Kagan, Jerome, & Snidman, Nancy (1991). Infant predictors of inhibited and uninhibited profiles. *Psychological Science, 2*, 40–44.

Kagan, Jerome; Snidman, Nancy; Julia-Sellers, Martha; & Johnson, Maureen O. (1991). Temperament and allergic symptoms. *Psychosomatic Medicine, 53*, 332–340.

Kahneman, Daniel, & Treisman, Anne (1984). Changing views of attention and automaticity. In R. Parasuraman, D. R. Davies, & J. Beatty (eds.), *Varieties of attention.* New York: Academic Press.

Kamau, Steven J., & Williams, Kipling D. (1993). Social loafing: A meta-analytic review and theoretical integration. *Journal of Personality and Social Psychology, 65*, 681–706.

Kameda, Tatsuya, & Sugimori, Shinkichi (1993). Psychological entrapment in group decision making: An assigned decision rule and a groupthink phenomenon. *Journal of Personality and Social Psychology, 65*, 282–292.

Kamin, Allen; Houston, Susan E.; Axton, Ted R.; & Hall, Rosalie (1995). Self-efficacy and race car driver performance: A field investigation. Paper presented at the annual meeting of the American Psychological Association, New York.

Kamney, Benjamin R.; Bradbury, Thomas N.; Fincham, Frank D.; & Sullivan, Kieran T. (1994). The role of negative affectivity in the association between attributions and marital satisfaction. *Journal of Personality and Social Psychology, 66*, 413–424.

Kandel, Eric R., & Schwartz, James H. (1982). Molecular biology of learning: Modulation of transmitter release. *Science, 218*, 433–443.

Kane, John M. (1987). Treatment of schizophrenia. *Schizophrenia Bulletin, 13*, 133–156.

Kanter, Rosabeth Moss (1977/1993). *Men and women of the corporation.* New York: Basic Books.

Kantor, J. R. (1982). *Cultural psychology* Chicago: Principia Press.

Kaplan, Meg S.; Morales, Miguel; & Becker, Judith V. (1993). The impact of verbal satiation of adolescent sex offenders: A preliminary report. *Journal of Child Sexual Abuse, 2*, 81–88.

Kaplan, Stephen L.; Randolph, Stephen W.; & Lemli, James M. (1991). Treatment outcomes in the reduction of fear: A meta-analysis. Paper presented at the annual meeting of the American Psychological Association, San Francisco.

Karasek, Robert, & Theorell, Tomes (1990). *Healthy work: Stress, productivity and the reconstruction of working life.* New York: Basic Books.

Karon, Bertram P. (1994). Psychotherapy: The appropriate treatment of schizophrenia. Paper presented at the annual meeting of the American Psychological Association, Los Angeles.

Kashima, Yoshihisa; Yamaguchi, Susumu; Kim, Uichol; Choi, Sang-Chin; et al. (1995). Culture, gender, and self: A perspective from individualism-collectivism research. *Journal of Personality and Social Psychology, 69*, 925–937.

Katz, Irwin, & Hass, K. Glen (1988). Racial ambivalence and American value conflict: Correlational and priming studies of dual cognitive structures. *Journal of Personality and Social Psychology, 55*, 893–905.

Katz, J., & Melzack, R. (1990). Pain «memories» in phantom limbs: Review and clinical observations. *Pain, 43*, 319-336.

Katz, Jonathan Ned (1995). *The invention of heterosexuality.* New York: Dutton.

Katz, Lilian G. (1993, Summer). All about me. *American Educator, 17(2)*, 18–23.

Katz, Phyllis A., & Ksansnak, Keith R. (1994). Developmental aspects of gender role flexibility and traditionality in middle childhood and adolescence. *Developmental Psychology, 30*, 272–282.

Kaufman, Joan, & Zigler, Edward (1987). Do abused children become abusive parents? *American Journal of Orthopsychiatry, 57*, 186–192.

Kavale, K. A. (1982). The efficacy of stimulant drug treatment for hyperactivity: A meta-analysis. *Journal of Learning Disabilities, 15*, 280-289.

Kaye, Kenneth (1977). Toward the origin of dialogue. In H. R. Schaffer (ed.), *Studies in mother-infant interaction.* New York: Academic Press.

Kazdin, A. E. (1977). *The token economy: A review and evaluation.* New York: Plenum.

Keane, M. M.; Gabrieli, J. D. E.; & Corkin, S. (1987). Multiple relations between fact-learning and priming in global amnesia. *Society for Neuroscience Abstracts, 13*, 1454.

Keating, Caroline F. (1994). World without words: Messages from face and body. In W. I. Lonner & R. Malpass (eds.), *Psychology and culture.* Needham Heights, MA: Allyn & Bacon.

Keirstead, Susan A.; Rasminsky, Michael; Fukuda, Y.; *et al.* (1989). Electrophysiologic responses in hamster superior colliculus evoked by regenerating retinal axons. *Science, 246,* 255–257.

Kelman, Herbert C., & Hamilton, V. Lee (1989). *Crimes of obedience: Toward a social psychology of authority and responsibility* New Haven, CT: Yale University Press.

Kelsoe, John R.; Ginns, Edward I.; Egeland, Janice A.; Gerhard, Daniela S.; *et al.* (1989). Re-evaluation of the linkage relationship between chromosome 11p loci and the gene for bipolar affective disorder in the Old Order Amish. *Nature, 342,* 238–243.

Kemnberg, Otto F. (1976). *Object relations theory and clinical practice.* New York: Jason Aronson.

Kendall-Tackett, Kathleen A.; Williams, Linda Meyer; & Finkelhor, David (1993). Impact of sexual abuse on children: A review and synthesis of recent empirical studies. *Psychological Bulletin, 113,* 164–180.

Kendler, K. S.; Heath, A. C.; Neale, M. C.; Kessler, R. C.; & Eaves, L. J. (1992, October 14). A population-based twin study of alcoholism in women. *Journal of the American Medical Association, 268,* 1877–1882.

Keneally, Thomas (1982/1993). *Schindler's list.* New York: Simon & Schuster.

Kenrick, Douglas T., & Trost, Melanie R. (1993). The evolutionary perspective. In A. E. Beall & R. I. Sternberg (eds.), *The psychology of gender.* New York: Guilford Press.

Kerr, John (1993). *A most dangerous method: The story of Jung, Freud, and Sabina Spiel rein.* New York: Knopf.

Kesnem, Raymond P.; Measom, Michael O.; Fomsman, Shawn L.; & Holbrook, Terry H. (1984). Serial-position curves in rats: Order memory for episodic spatial events. *Animal Learning and Behavior, 12,* 378–382.

Kesner, Raymond P.; Chiba, Andrea A.; & Jackson-Smith, Pamela (1994). Rats do show primacy and recency effects in memory for lists of spatial locations: A reply to Gaffan. *Animal Learning and Behavior, 22,* 214–218.

Kiatsky, Arthur L. (1994). Epidemiology of coronary heart disease-influence of alcohol. *Alcohol: Clinical and Experimenral Research, 18,* 88–96.

Kiecolt-Glaser, Janice, & Glaser, Ronald (1989). Behavioral influences on immune function: Evidence for the interplay between stress and health. In T. Field, P. McCabe, & N. Schneiderman (eds.), *Stress and coping,* vol. 2. Hillsdale, NJ: Erlbaum.

Kieinmuntz, Benjamin, & Szucko, Julian J. (1984, March 29). A field study of the fallibility of polygraph lie detection. *Nature, 308,* 449–450.

Kihlstmom, John F. (1994). Hypnosis, delayed recall, and the principles of memory. *International Journal of Clinical and Experimental Hypnosis, 40,* 337–345.

Kihlstrom, John F. (1995). From a subject's point of view: The experiment as conversation and collaboration between investigator and subject. Invited address presented at the seventh annual meeting of the American Psychological Society, New York.

Kihlstrom, John F., & Harackiewicz, Judith M. (1982). The earliest recollection: A new survey. *Journal of Personality, 50,* 134–148.

Kihlstrom, John F.; Barnhardt, Terrence M.; & Tataryn, Douglas J. (1992). The psychological unconscious: Found, lost and regained. *American Psycholoist, 47,* 788–791.

Kihlstrom, John F.; Schacter, Daniel L.; Cork, Randall C.; Hurt, Catherine A.; and Behin, Steven E. (1990). Implicit and explicit memory following surgical anesthesia. *Psychological Science, 1,* 303–306.

Kilma, Edward S., & Bellugi, Ursula (1966). Syntactic regularities in the speech of children. In I. Lyons & R. I. Wales (eds.), *Psycholinguistics papers.* Edinburgh, Scotland: Edinburgh University Press.

Kimble, Gregory A. (1993). A modest proposal for a minor revolution in the language of psychology. *Psychological Science, 4,* 253–255.

Kimble, Gregory A. (1994). A frame of reference for psychology. *American Psychologist, 49,* 510–519.

Kimble, Gregory A. (1996). *Psychology: The hope of a science.* Cambridge, MA: MIT Press.

King, Patricia M., & Kitchener, Karen S. (1994). *Developing reflective judgment: Understanding and promoting intellectual growth and critical thinking in adolescents and adults.* San Francisco: JosseyBass.

Kinoll, Barry M. (1992). *Teaching hearts and minds:College students reflect on the Vietnam War in literature.* Carbondale: Southern Illinois University Press.

Kinsbourne, Marcel (1982). Hemispheric specialization and the growth of human understanding. *American Psychologist, 37,* 411–420.

Kinupa, David J.; Thompson, Judith K.; & Thompson, Richard F. (1993). Localization of a memory trace in the mammalian brain. *Science, 260,* 989–991.

Kipnis, David, & Schmidt, Stuart (1985, April). The language of persuasion. *Psychology Today, 19(4),*40–46.

Kirschenbaum, B.; Nedergaard, M.; Preuss, A.; *et al.* (1994). In vitro neuronal production and differentiation by precursor cells derived from the adult human forebrain. *Cerebral Cortex, 4,* 576–589.

Kitchener, Karen S., & King, Patricia M. (1990). The Reflective Judgment Model: Ten years of research. In M. L. Commons (ed.), *Models and methods in the study of adolescent and adult thought: Vol. 2. Adult development.* Westport, CT: Greenwood Press.

Kitchener, Karen S.; Lynch, Cindy L.; Fischer, Kurt W.; & Wood, Phillip K. (1993). Developmental range of reflective judgment: The effect of contextual support and practice on developmental stage. *Developmental Psychology, 29,* 893–906.

Kitzinger, Celia, & Wilkinson, Sue (1995). Transitions from heterosexuality to lesbianism: The discursive production of lesbian identities. *Developmental Psychology, 31,* 95–104.

Kluft, Richard P. (1987). The simulation and dissimulation of multiple personality disorder. *American Journal of Clinical Hypnosis, 30,* 104–118.

Kluft, Richard P. (1993). Multiple personality disorders. In D. Spiegel (ed.), *Dissociative disorders: A clinical review.* Lutherville, MD: Sidran.

Knight, George P.; Johnson, Lora G.; Carlo, Gustavo; & Elsenbeing, Nancy (1994). A multiplicative model of the dispositional antecedents of a prosocial behavior: Predicting more of the people more of the time. *Journal of Personality and Social Psychology, 66,* 178–183.

Kobler, Wolfgang (1925). *The mentality of apes.* New York: Harcourt, Brace.

Koch, Sigmund (1981). The nature and limits of psychological knowledge: Lessons of a century qua «science.» *American Psychologist, 36,* 257–259.

Koch, Sigmund (1992). «Psychology» or «The psychological studies»? *American Psychologist, 48,* 902–904.

Koegel, Robert L.; Schineibman, Laura; O'Neill, Robert E.; & Burke, John C. (1983). The personality and family-interaction characteristics of parents of autistic children. *Journal of Consulting and Clinical Psychology, 51,* 683–692.

Koeske, Randi D. (1987). Premenstrual emotionality: Is biology destiny? In M. R. Walsh (ed.), *The psychology of women: Ongoing debates.* New Haven, CT: Yale University Press.

Kohlberg, Lawrence (1964). Development of moral character and moral ideology. In M. Hoffman & L. W. Hoffman (eds.), *Review of child development research.* New York: Russell Sage Foundation.

Kohlberg, Lawrence (1976). Moral stages and moralization: The cognitive-developmental approach. In T. Lickona (ed.), *Moral development and behavior.* New York: Holt, Rinehart and Winston.

Kohlberg, Lawrence (1984). *Essays on moral development, Vol. 2. The psychology of moral development: The nature and validity of moral stages.* San Francisco: Harper & Row.

Kohlberg, Lawrence (1966). A cognitive-developmental analysis of children's sex-role concepts and attitudes. In E. E. Maccoby (ed.), *The development of sex differences.* Stanford, CA: Stanford University Press.

Kohn, Alfie (1992). *No contest: The case against competition* (rev. ed.). Boston: Houghton Mifflin.

Kohn, Alfie (1993). *Punished by rewards.* Boston: Houghton Mifflin.

Kohn, Melvin, & Schoolem, Carmi (1983). *Work and personality: An inquiry into the impact of social stratification.* Norwood, NJ: Ablex.

Kohut, Heinz (1971). *The analysis of the self* . New York: International Universities Press.

Kohut, Heinz (1977). *The restoration of the self.* New York: International Universities Press.

Kolbert, Elizabeth (1995, June 5). Public opinion polls swerve with the turns of a phrase. *The New York Times,* Al.

Koocher, Gerald P.; Goodman, Gail S.; White, C. Sue; Friedrich, William N.; et al. (1995). Psychological science and the use of anatomically detailed dolls in child sexual-abuse assessments. *Psychological Bulletin, 118,* 199–222.

Kopta, Stephen M.; Howard, Kenneth I.; Lowry, Jenny L.; & Beutler, Larry E. (1994). Patterns of symptomatic recovery in psychotherapy. *Journal of Consulting and Clinical Psychology, 62,* 1009–1016.

Kosslyn, Stephen M. (1980). *Image and mind.* Cambridge, MA: Harvard University Press.

Kosslyn, Stephen M.; Margolis, Jonathan A.; Barrett, Anna M.; Goldknopf, Emily J.; et al. (1990a). Age differences in imagery abilities. *Child Development, 61,* 995–1010.

Kosslyn, Stephen M.; Seger, Carol; Pani, John R.; & Hillger, Lynn A. (1990b). When is imagery used in everyday life? A diary study. *Journal of Mental Imagery, 14,* 131–152.

Kraemer, G. W.; Ebert, M. H.; Lake, C. R.; & McKinney, W. T. (1984). Hypersensitivity to d-amphetamine several years after early social deprivation in rhesus monkeys. *Psychopharmacology, 82,* 266–271.

Kramer, Peter (1993). *Listening to Prozac.* New York: Viking.

Kuczmarski, R. J.; Flegal, K. M; Campbell, S. M.; & Johnson, C. L. (1994). Increasing prevalence of overweight among U.S. adults: The National Health and Nutrition Examination Surveys, 1960 to 1991. *Journal of the American Medical Association, 272,* 205–211.

Kuhn, Deanna; Weinstock, Michael; & Flaton, Robin (1994). How well do jurors reason? Competence dimensions of individual variation in a juror reasoning task. *Psychological Science, 5,* 289–296.

Kunda, Ziva (1990). The case for motivated reasoning. *Psychological Bulletin, 108,* 480–498.

Kurdek, L.A. (1987). Sex role self schema and psychological adjustment in coupled homosexual and heterosexual men and women. *Sex Roles, 17,* 549–562.

Kurtines, William M., & Gewirtz, Jacob L. (eds.) (1991). *Handbook of moral behavior and development* (Vols. 1–3). Hillsdale, NJ: Erlbaum.

Lader, Malcolm (1989). Beozodiazepine dependence. (Special issue: Psychiatry and the addictions.) *International Review of Psychiatry, 1,* 149–156.

Lader, Malcolm, & Morton, Sally (1991). Beozodiazepine problems. *British Journal of Addiction, 86,* 823–828.

LaFromboise, Teresa; Coleman, Hardin L. K.; & Gerton, Jennifer (1993). Psychological impact of biculturalism: Evidence and theory. *Psychological Bulletin, 114,* 395–412.

Lakoff, George (1987). *Women, fire, and dangerous things: What categories reveal about the mind.* Chicago: University of Chicago Press.

Lakoff, Robin T. (1990). *Talking power.* New York: Basic Books.

Lakoff, Robin T., & Coyne, James C. (1993). *Father knows best: The use and abuse of power in Freud's case of «Dora.»* New York: Teachers College Press.

Lambert, Michael J., & Bergin, Allen E. (1994). The effectiveness of psychotherapy. In A. E. Bergin & S. L. Garfield (eds.), *Handbook of psychotherapy and behavior change* (4th ed.). New York: Wiley.

Land, E. H. (1959). Experiments in color vision. *Scientific American, 200* (5), 84-94, 96, 99.

Landrine, Hope (1988). Revising the framework of abnormal psychology. In P. Bronstein & K. Quina (eds.), *Teaching a psychology of people.* Washington, DC: American Psychological Association.

Landry, D. W.; Zhao, K.; Yang, G. X.; Glickman, M.; & Georgiadis, T. M. (1993, March 26).Antibody-catalyzed degradation of cocaine. *Science, 259,* 1899–1901.

Lane, Charles (1994, December 1). The tainted sources of «The Bell Curve.» *New York Review of Books,* 14–18.

Langer, Ellen J., & Piper, Alison I. (1988). Television from a mindful/mindless perspective. In S. Oskamp *(ed.), Applied social psychology annual: Vol.8. Television as a social issue.* Newbury Park, CA: Sage.

Langer, Ellen J.; Blank, Arthur; & Chanowitz, Benzion (1978). The mindlessness of ostensibly thoughtful action: The role of placebic information in interpersonal interaction. *Journal of Personality and Social Psychology, 36,* 635–642.

Langer, Ellen J. (1989). *Mindfulness.* Reading, MA: Addison-Wesley.

Larmore, Kim; Ludwig, Arnold M.; & Cain, Rolene L. (1977). Multiple personality: An objective case study. *British Journal of Psychiatry, 131,* 35–40.

Lashley, Karl S. (1950). In search of the engram. In *Symposium of the Society for Experimental Biology* (Vol. 4). New York: Cambridge University Press.

Latané, Bibb, & Darley, John (1976). Help in a crisis: Bystander response to an emergency. In J. Thibaut, J. Spence, & R. Carlson (eds.), *Contemporary topics in social psy-* *chology* Morristown, NJ: General Learning Press.

Latané, Bibb; Williams, Kipling; & Harkins, Stephen (1979). Many hands make light the work: The causes and consequences of social loafing. *Journal of Personality and Social Psychology, 37,* 822–832.

Lau, Richard R. (1982). Origins of health locus on control beliefs. *Journal of Personality and Social Psychology, 37,* 322–334.

Laumann, Edward O.; Gagnon, John H.; Michael, Robert T.; & Michaels, Stuart (1994). *The social organization of sexuality.* Chicago: University of Chicago Press.

Laursen, Brett, & Collins, W. Andrew (1994). Interpersonal conflict during adolescence. *Psychological Bulletin, 115,* 197–209.

Lazarus, Arnold A. (1990). If this be research... *American Psychologist, 58,* 670–671.

Lazarus, Richard S. (1991). Cognition and motivation in emotion. *American Psychologist, 46,* 352–367.

Leahey, T. H. (1987). *A history of psychology.* Englewood Cliffs, NJ: Prentice-Hall.

LeDoux, Joseph E. (1989). Cognitive-emotional interactions in the brain. *Cognition and Emotion, 3,* 267–289.

Lee, Jerry W., & Hart, Richard (1985). Techniques used by individuals who quit smoking on their own. Paper presented at the annual meeting of the American Psychological Association, Los Angeles.

Lent, James R. (1968, June). Mimosa cottage: Experiment in hope. *Psychology Today,* 51–58.

Lepowsky, Maria (1994). *Fruit of the motherland: Gender in an egalitarian society.* New York: Columbia University Press.

Lepper, Mark R.; Greene, David; & Nisbett, Richard E. (1973). Undermining children's intrinsic interest with extrinsic rewards. *Journal of Personality and Social Psychology, 28,* 129–137.

LeVay, Simon (1991). A difference in hypothalamic structure between heterosexual and homosexual men. *Science, 253,* 1034–1037.

Levenson, Leah (1983). *With wooden sword: A portrait of Francis Sheehy-Skeffington, militant pacifist.* Boston: Northeastern University Press.

Levenson, Robert W. (1992). Autonomic nervous system differences among emotions. *Psychological Science, 3,* 23–27.

Leventhal, Howard (1970). Findings and theory in the study of fear communications. In L. Berkowitz (ed.), *Advances in experimental social psychology* (Vol. 5). New York: Academic Press.

Levine, Daniel S. (1990). *Introduction to cognitive and neural modeling.* Hillsdale, NJ: Erlbaum.

Levine, Joseph, & Suzuki, David (1993). *The secret of life: Redesigning the living world.* Boston: WBGH Educational Foundation.

Levine, Robert V.; Martinez, Todd S.; Brase, Gary; & Sorenson, Kermy (1994). Helping in 36 U.S. cities. *Journal of Personality and Social Psychology, 67,* 69–82.

Levinthal, Charles F. (1988). *Messengers of paradise: Opiates and the brain.* New York: Anchor.

Levy, Jemre (1985, May). Right brain, left brain: Fact and fiction. *Psychology Today,* 38–39, 42–44.

Levy, Jerre; Trevarthen, Colwyn; & Sperry, Roger W. (1972). Perception of bilateral chimeric figures following hemispheric deconnection. *Brain, 95,* 61–78.

Levy, Robert I. (1973). *Tahitians: Mind and experience* in *the Society Islands.* Chicago: University of Chicago Press.

Levy-Lahad, Ephrat; Wijsman, Ellen M.; Nemens, Ellen; et al. (1995b). A familial Alzheimer's disease locus on chromosome 1. *Science, 269,* 970–973.

Levy-Lahad, Ephrat; Wasco, Wilma; Poomkaj, Pamvoneh; et al. (1995a). Candidate gene for the chromosome 1 familial Alzheimer's disease locus. *Science, 269,* 973–977.

Lewis, Marc D. (1993). Early socioemotional predictors of cognitive competency at 4 years. *Developmental Psychology, 29,* 1036–1045.

Lewis, Michael (1992). *Shame: The exposed self* New York: Free Press.

Lewontin, Richard C. (1970). Race and intelligence. *Bulletin of the Atomic Scientists, 26(3),* 2–8.

Lewontin, Richard C. (1982). *Human diversity.* New York: Scientific American Library.

Lewontin, Richard C. (1993). *Biology as ideology: The doctrine of DNA.* New York: HarperPerennial.

Lewontin, Richard C.; Rose, Steven; & Kamin, Leon J. (1984). *Not in our genes: Biology ideology and human nature.* New York: Pantheon.

Lewy, Alfred J.; Ahmed, Saeeduddin; Jackson, Jeanne L.; & Sack, Robert L. (1992). Melatonin shifts human circadian rhythms according to a phase-response curve. *Chronobiology International, 9,* 380–392.

Libet, Benjamin (1985). Unconscious cerebral initiative and the role of conscious will in voluntary action. *Behavioral and Brain Sciences, 8,* 529–566.

Lichtenstein, Sarah; Slovic, Paul; Fischhoff, Baruch; Layman, Mark; & Combs, Barbara (1978). Judged frequency of lethal events. *Journal of Experimental Psychology: Human Learning and Memory, 4,* 551–578.

Lickona, Thomas (1983). *Raising good children.* New York: Bantam.

Lieberman, David A. (1979). Behaviorism and the mind: A (limited) call for a return to introspection. *American Psychologist, 34,* 319–333.

Liebeskind, Arthur S. (1991). Chemical dependency and the denial of the need for intimacy. In A. Smaldino (ed.), *Psychoanalytic approaches to addiction.* New York: Brunner/Mazel.

Lifton, Robert J. (1986). *The Nazi doctors: Medical killing and the psychology of genocide.* New York: Basic Books.

Lightdale, Jenifer R., & Prentice, Deborah A. (1994). Rethinking sex differences in aggression: Aggressive behavior in the absence of social roles. *Personality and Social Psychology Bulletin, 20,* 34–44.

Lightfoot, Lynn O. (1980). Behavioral tolerance to low doses of alcohol in social drinkers. Unpublished doctoral dissertation, University of Waterloo, Waterloo, Ontario.

Linday, Linda A. (1994). Maternal reports of pregnancy, genital, and related fantasies in preschool and kindergarten children. *Journal of the American Academy of Child and Adolescent Psychiatry, 33,* 416–423.

Lindsay, D. Stephen, & Read, J. Don (1995). «Memory work» and recovered memories of childhood sexual abuse: Scientific evidence and public, professional, and personal issues. *Psychology Public Policy, and the Law, 1,* 846–908.

Lindvall, O.; Sawle, G.; Widner, H.; et al. (1994). Evidence for long-term survival and function of dopaminergic grafts in progressive Parkinson's disease. *Annals of Neurology, 35,* 172–180.

Linton, Marigold (1978). Real-world memory after six years: An in vivo study of veiny long-term memory. In M. M. Grunebeing, P. E. Morris, & R. N. Sykes (eds.), *Practical aspects of memory* London: Academic Press.

Lips, Hilary M. (1991). *Women, men, and power.* Mountain View, CA: Mayfield.

Lipsey, Mark W., & Wilson, David B. (1993). The efficacy of psychological, educational, and behavioral treatment: Confirmation from meta-analysis. *American Psychologist, 48,* 1181–1209.

Lipstadt, Deborah E. (1993). *Denying the Holocaust: The growing assault on truth and memory* New York: Free Press.

Lipstadt, Deborah E. (1994, Spring). Denying the Holocaust: The fragility of memory. *Brandeis Review,* 30–33.

Lissner, L.; Odell, P. M.; D'Agostino, R. B.; Stokes, J., III; et al. (1991, June 27). Variability of body weight and health outcomes in the Framingham population. *New England Journal of Medicine, 324* (26), 1839–1844.

Lochman, John E. (1992). Cognitive-behavioral intervention with aggressive boys: Three-year followup and preventive effects. *Journal of Consulting and Clinical Psychology, 60,* 426–432.

Locke, E. A., & Latham, G. P. (1990). *A theory of goal-setting and task performance.* Englewood Cliffs, NJ: Prentice-Hall.

Locke, E. A.; Shaw, K.; Saari, L.; & Latham, G. (1981). Goal-setting and task performance: 1969-1980. *Psychological Bulletin, 90,* 125–152.

Locke, Edwin A., & Latham, Gary P. (1990). Work motivation and satisfaction: Light at the end of the tunnel. *Psychological Science, 1,* 240–246.

Loehlin, John C. (1988). Partitioning environmental and genetic contributions to behavioral development. Invited address presented at the annual meeting of the American Psychological Association, Atlanta.

Loehlin, John C. (1992). *Genes and environment in personality development.* Newbury Park CA: Sage.

Loehlin, John C.,: Horn, J. M.; & Willerman, L. (1996). Heredity, environment, and IQ in the Texas adoption study. In R. J. Steinberg & E. Grigorenko (eds.), *Intelligence: Heredity and environment.* New York: Cambridge University Press.

Loftus, Elizabeth E. (1980). *Memory* Reading, MA: Addison-Wesley.

Loftus, Elizabeth E., & Ketcham, Katherine (1994). *The myth of repressed memory.* New York: St. Martin's Press.

Loftus, Elizabeth E., & Zanni, Guido (1975). Eyewitness testimony: The influence of the wording of a question. *Bulletin of the Psychonomic Society, 5,* 86–88.

Loftus, Elizabeth F. (1993). The reality of repressed memories. *American Psychologist, 48,* 5 18–537.

Loftus, Elizabeth F. (1995). Memories of childhood trauma or traumas of childhood memory. Paper presented at the annual meeting of the American Psychological Association, New York.

Loftus, Elizabeth F., & Greene, Edith (1980). Warning: Even memory for faces may be contagious. *Law and Human Behavior, 4,* 323–334.

Loftus, Elizabeth F., & Palmer, John C. (1974). Reconstruction of automobile destruction: An example of the interaction between language and memory. *Journal of Verbal Learning and Verbal Behavior, 13,* 585–589.

Loftus, Elizabeth F., & Pickrell, Jacqueline E. (1995). The formation of false memories. (Special issue on false memories.) *Psychiatric Annals, 25,* 720–725.

Loftus, Elizabeth F.; Miller, David G.; & Burns, Helen J. (1978). Semantic integration of verbal information into a visual memory. *Journal of Experimental Psychology: Human Learning and Memory, 4,* 19–31.

Loftus, Geoffrey R. (1993). A picture is worth a thousand p values: On the irrelevance of hypothesis testing in the microcomputer age. *Behavior Research Methods, Instruments & Computers, 25,* 150–156.

Loll, Bernice, & Maluso, Diane (1993). The social learning of gender. In A. E. Beall & R. J. Steinberg (eds.), *The psychology of gender.* New York: Guilford Press.

Lonner, Walter J. (1995). Culture and human diversity. In E. Trickett, R. Watts, & O. Birman (eds.), *Human diversity: Perspectives on people in context.* San Francisco: Jossey-Bass.

Lonner, Walter J., & Malpass, Roy S. (1994). When psychology and culture meet: An introduction to cross-cultural psychology. In W. J. Lonner & R. S. Malpass (eds.), *Psychology and culture*. Needham Heights, MA: Allyn & Bacon.

López, Steven R. (1995). Testing ethnic minority children. In B. B. Wolman (ed.), *The encyclopedia of psychology psychiatry and psychoanalysis*. New York: Henry Holt.

López, Steven R. (1989). Patient variable biases in clinical judgment: Conceptual overview and methodological considerations. *Psychological Bulletin, 106*, 184–203.

Lovaas, O. Ivar (1977). *The autistic child: Language development through behavior modification*. New York: Halsted Press.

Lovaas, O. Ivar; Schreibman, Laura; & Koegel, Robert L. (1974). A behavior modification approach to the treatment of autistic children. *Journal of Autism and Childhood Schizophrenia, 4*, 111–129.

Luce, Gay Gaer, & Segal, Julius (1966). *Current research on sleep and dreams*. Bethesda, MD: U.S. Department of Health, Education, and Welfare.

Luengo, M. A.; Carrillo-de-la-Peña, M. T.; Otero, J. M.; & Romero, E. (1994). A short-term longitudinal study of impulsivity and antisocial behavior. *Journal of Personality and Social Psychology, 66*, 542–548.

Luepnitz, Deborah A. (1988). *The family interpreted:Feminist theory in clinical practice*. New York: Basic Books.

Lugaresi, Ello; Medori, R.; Montagna, P.; *et al.* (1986, October 16). Fatal familial insomnia and dysautonomia with selective degeneration of thalamic nuclei. *New England Journal of Medicine, 315*, 997–1003.

Lundin, R. W. (1985). *Theories and systems of psychology*. Toronto: D. C. Heath and Company.

Luria, Alexander R. (1980). *Higher cortical functions in man* (2nd rev. ed.). New York: Basic Books.

Luria, Alexander R. (1968). *The mind of a mnemonist* (L. Soltaroff, trans.). New York: Basic Books.

Lutz, Catherine (1988). *Unnatural emotions*. Chicago: University of Chicago Press.

Lykken, David T. (1981). A *tremor in the blood: Uses and abuses of the lie detector*. New York: McGraw-Hill.

Lytton, Hugh, & Romney, David M. (1991). Parents' differential socialization of boys and girls: A meta-analysis. *Psychological Bulletin, 109*, 267–296.

Maccoby, Eleanor E. (1990). Gender and relationships: A developmental account. *American Psychologist, 45*, 513–520.

Maccoby, Eleanor E., & Martin, John A. (1983). Socialization in the context of the family: Parent-child interaction. In E. M. Hetherington (ed.), *Handbook of child psychology: Vol. 20. Socialization, personality,* and social development. Orlando, FL: Academic Press.

MacKavey, William R.; Malley, Janet E.; & Stewart, Abigail, J. (1991). Remembering autobiographically consequential experiences: Content analysis of psychologists' accounts of their lives. *Psychology and Aging, 6*, 50-59.

MacKinnon, Donald W. (1968). Selecting students with creative potential. In P. Heist (ed.), *The creative college student: An unmet challenge*. San Francisco: Jossey-Bass. MacLean, Harry N. (1993). *Once upon a time: A true story of memory murder, and the law*. New York: Harper-Collins.

Macrae, C. Neil; Milne, Alan B.; & Bodenhausen, Galen V. (1994). Stereotypes as energy-saving devices: A peek inside the cognitive toolbox. *Journal of Personality and Social Psychology, 66*, 3 7–47.

Maddi, S., & Costa, P. T. (1972). *Humanism in personology: Allport, Maslow and Murray*. Chicago: Aldine & Atherton.

Madigan, Carol O., & Elwood, Ann (1984). *Brainstorms and thunderbolts*. New York: Macmillan.

Maffei, M.; Halass, J.; Ravussin, E.; *et al.* (1995). Leptin levels in human and rodent: Measurement of plasma leptin and ob RNA in obese and weight-reduced subjects. *Nature Medicine, 1*, 1155–1161.

Maki, Ruth H., & Berry, Sharon L. (1984). Metacomprehension of text material. *Journal of Experimental Psychology: Learning, Memory, and Cognition, 10*, 663–679.

Malamuth, Neil, & Dean, Karol (1990). Attraction to sexual aggression. In A. Parrot & L. Bechhofer (eds.), *Acquaintance rape: The hidden crime*. Newark, NJ: Wiley.

Malatesta, V. J., & Adams, H. E. (1984). The sexual dysfunctions. In H. E. Adams & P. B. Sutker (eds.), *Comprehensive handbook of psychopathology*. New York: Plenum.

Maling, Michael S., & Howard, Kenneth I. (1994). From research to practice to research to.... In P. F. Talley, H. H. Strupp, & S E Butler (eds.), *Psychotherapy research and practice: Bridging the gap*. New York: Basic Books.

Manning, Carol A.; Hall, J. L.; & Gold, Paul E. (1990). Glucose effects on memory and other neuropsychological tests in elderly humans. *Psychological Science, 1*,307–311.

Manning, Carol A.; Ragozzino, Michael E.; & Gold, Paul E. (1993). Glucose enhancement of memory in patients with probable senile dementia of the Alzheimer's type. *Neurobiology of Aging, 14*,523–528.

Marcia, James E. (1976). Identity six years later: A follow-up study. *Journal of Youth and Adolescence, 5*, 145–160.

Marcus, Gary F.; Pinker, Steven; Ullman, Michael; Hollander, Michelle; *et al.* (1992). Overregularization in language acquisition. *Monographs of the Society for Research in Child Development, 57* (Serial No. 228), 1–182.

Markus, Hazel R., & Kitaysma, Shinobu (1991). Culture and the self: Implications for cognition, emotion, and motivation. *Psychological Review, 98*, 224–253.

Markus, Hazel R., & Numius, Paula (1986). Possible selves. *American Psychologist, 41*, 954–969.

Marlatt, G. Alan, & Rohsenow, Damaris J. (1980). Cognitive processes in alcohol use: Expectancy and the balanced placebo design. In N. K. Mello *(ed.),Advances in substance abuse* (Vol. 1). Greenwich, CT: JAI Press.

Marshall, Grant N. (1991). A multidimensional analysis of internal health locus of control beliefs: Separating the wheat from the chaff? *Journal of Personality and Social Psychology, 61*, 483–491.

Marshall, Grant N.; Wortman, Camille B.; Vickers, Ross R., Jr.; Kusulas, Jeffrey W.; & Hervig, Linda K. (1994). The five-factor model of personality as a framework for personality-health research. *Journal of Personality and Social Psychology, 67*, 278–286.

Maslow, A. H. (1971). *The farther reaches of human nature*. New York: Viking.

Maslow, A. H. (1987). *Motivation and personality* (3rd ed.). New York: Harper & Row.

Maslow, Abraham H. (1971). *The farther reaches of human nature*. New York: Viking.

Masson, Jeffrey (1984). *The assault on truth: Freud's suppression of the seduction theory*. New York: Farrar, Straus & Giroux.

Matthews, John (ed.) (1994). Special issue: Linguistic aspects of familial language impairment. *McGill working papers in linguistics*, Vol. 10 [l&2]. Montreal, Quebec: McGill University.

Mawhinney, T. C. (1990). Decreasing intrinsic «motivation» with extrinsic rewards: Easier said than done. *Journal of Organizational Behavior Management, 11*,175–191.

May, Mitchell (1991). Observations on countertransference, addiction, and treatability. In A. Smaldino (ed.), *Psychoanalytic approaches to addiction*. New York: Brunner/Mazel.

Mayer, John D., & Salovey, Peter (1993). The intelligence of emotional intelligence. *Intelligence, 17*, 433–442.

Mayer, John D.; McCormick, Laura J.; & Strong, Sara E. (1995). Mood-congruent memory and natural mood: New evidence. *Personality and Social Psychology Bulletin, 21*, 736–746.

McAdams, Dan P. (1988). *Power, intimacy and the life story: Personological inquiries into identity*. New York: Guilford Press.

McCloskey, Michael, & Cohen, Neal J. (1989). Catastrophic interference in connectionist networks: The sequential learning problem. *The Psychology of Learning and Motivation, 24*, 109–165.

McCloskey, Michael; Wible, Cynthia G.; & Cohen, Neal J. (1988). Is there a special flashbulb-memory mechanism? *Journal of Experimental Psychology: General, 117,* 171–181.

McCmae, Robert R., & Costa, Paul T., Jr. (1988). Do parental influences matter? A reply to Halverson. *Journal of Personality, 56,* 445–449.

McComd, Joan (1989). Another time, another drug. Paper presented at the conference, Vulnerability to the Transition from Drug Use to Abuse and Dependence, Rockville, Maryland.

McConnell, James V. (1962). Memory transfer through cannibalism in planarians. *Journal of Neuropsychiatry 3* (Monograph Supplement 1).

McCord, Joan (1990). Crime in moral and social contexts. *Criminology, 28,* 1–26.

McCord, Joan (1991). Questioning the value of punishment. *Social Problems, 38,* 167–179.

McCrae, Robert R. (1987). Creativity, divergent thinking, and openness to experience. *Journal of Personality and Social Psychology, 52,* 1258–1265.

McDonough, Laraine, & Mandler, Jean M. (1994). Very long-term recall in infancy. *Memory, 2,* 339–352.

McFarlane, Jessica; Martin, Carol L.; & Williams, Tannis M. (1988). Mood fluctuations: Women versus men and menstrual versus other cycles. *Psychology of Women Quarterly, 12,* 201–223.

McGaugh, James L. (1990). Significance and remembrance: The role of neuromodulatory systems. *Psychological Science, 1,* 15–25.

McGinnis, Michael, & Foege, William (1993, November 10). Actual causes of death in the United States. *Journal of the American Medical Association, 270,* 2207–2212.

McGlynn, Susan M. (1990). Behavioral approaches to neuropsychological rehabilitation. *Psychological Bulletin, 108,* 420–441.

McGoldrick, Monica, & Pearce, John K. (1982). Family therapy with Irish Americans. In M. McGoldrick, J. K. Pearce, & J. Giordano (eds.), *Ethnicity and family therapy* New York: Guilford Press.

McGrath, Ellen; Keita, Gwendolyn P.; Strickland, Bonnie; & Russo, Nancy E (eds.) (1990). *Women and depression: Risk factors and treatment issues.* Washington, DC: American Psychological Association.

McGue, Matt, & Lykken, David T. (1992). Genetic influence on risk of divorce. *Psychological Science, 3,* 368–373.

McGue, Matt; Bouchard, Thomas J., Jr.; Iacono, William G.; & Lykken, David T. (1993). Behavioral genetics of cognitive ability: A life-span perspective. In R. Plumb & G.E. MeLearn (eds.), *Nature, nurture, and psychology.* Washington, DC: American Psychological Association.

McGue, Matt; Pickens, Roy W.; & Svikis, Dace S. (1992). Sex and age effects on the inheritance of alcohol problems: A twin study. *Journal of Abnormal Psychology, 101,* 3–17.

McGuinness, Diane (1993). Sex differences in cognitive style: Implications for math performance and achievement. In L. A. Penner, G. M. Batsche, & H. Knoff (eds.), *The challenge in mathematics and science education: Psychology's response.* Washington, DC: American psychological Association.

McHugh, Paul R. (1993a). History and the pitfalls of practice. Unpublished paper, Johns Hopkins University.

McHugh, Paul R. (1993b, December). Psychotherapy awry. *American Scholar,* 17–30.

McHugh, Paul R. (1993c, September). Multiple personality disorder. *The Harvard Mental Health Letter, 10,* 4–6.

McKee, Richard D., & Squire, Larry R. (1992). Equivalent forgetting rates in long-term memory for diencephalic and medical temporal lobe amnesia. *Journal of Neuroscience, 12,* 3765–3772.

McKee, Richard D., & Squire, Larry R. (1993). On the development of declarative memory. *Journal of Experimental Psychology: Learning, Memory and Cognition, 19,* 397–404.

McNally, Richard J. (1994). *Panic disorder: A critical analysis.* New York: Guilford Press.

McNeill, David (1966). Developmental psycholinguistics. In F. L. Smith & G. A. Miller (eds.), *The genesis of language: A psycholinguistic approach.* Cambridge, MA: MIT Press.

Mealey, Linda (1996). Evolutionary psychology: The search for evolved mental mechanisms underlying complex human behavior. In I. P. Hurd (ed.), *Investigating the Biological Foundations of Human Morality* (Vol. 37). Lewiston, NY: Edwin Mellen Press.

MeClearn, Gerald E. (1993). Behavioral genetics: The last century and the next. In R. Plumb & G. E. MeClearn (eds.), *Nature, nurture, and psychology* Washington, DC: American Psychological Association.

McClelland, David C. (1961). *The achieving society.* New York: Free Press.

McClelland, David C. (1987). Characteristics of successful entrepreneurs. *Journal of Creative Behavior, 3,* 219–233.

McClelland, David C.; Atkinson, John W.; Clark, Russell A.; & Lowell, Edgar L. (1953). *The achievement motive.* New York: Appleton-Century-Crofta.

McClelland, James L. (1994). The organization of memory: A parallel distributed processing perspective. *Revue Neurologique, 150,* 570–579.

Medawar, Peter B. (1979). *Advice to a young scientist.* New York: Harper & Row.

Medawar, Peter B. (1982). *Pluto's republic.* Oxford: Oxford University Press.

Mednick, Martha T. (1989). On the politics of psychological constructs: Stop the bandwagon, I want to get off. *American Psychologist, 44,* 1118–1123.

Mednick, Sarnoff A.; Huttunen, Matti O.; & Machón, Ricardo (1994). Prenatal influenza infections and adult schizophrenia. *Schizophrenia Bulletin, 20,* 263–267.

Mednick, Sarnoff A. (1962). The associative basis of the creative process. *Psychological Review, 69,* 220–232.

Meichenbaum, Donald (1975). Self-instruction methods. In F. H. Kanfer & A. P. Goldstein (eds.), *Helping people change.* Elmsford, NY: Pergamon Press.

MeLeod, Beverly (1985, March). Real work for real pay. *Psychology Today,* 42–44, 46, 48–50.

Meltzer, Herbert Y. (1987). Biological studies in schizophrenia. *Schizophrenia Bulletin, 13,* 77–111.

Meltzoff, Andrew N., & Gopnik, Alison (1993). The role of imitation in understanding persons and developing a theory of mind. In S. Baron-Cohen, H. TagerFlusbeing, & D. Cohen (eds.), *Understanding other minds.* New York: Oxford University Press.

Melzack, R. (1973). *The puzzle of pain.* New York: Basic Books.

Melzack, R., & Wall, P. D. (1965). Pain mechanisms: A new theory. *Science, 13,* 971–979.

Melzack, Ronald (1973). *The puzzle of pain.* New York: Basic Books.

Mercer, Jane (1988, May 18). Racial differences in intelligence: Fact or artifact? Talk given at San Bernardino Valley College, San Bernardino, California.

Merikle, P. M., & Skanes, H. E. (1992). Subliminal self-help audiotapes: A search for placebo effects. *Journal of Applied Psychology, 77,* 772–776.

Mershon, Bryan, & Gorsuch, Richard L. (1988). Number of factors in the personality sphere: Does increase in factors increase predictability of real-life criteria? *Journal of Personality and Social Psychology, 55,* 675–680.

Merskey, Harold (1992). The manufacture of personalities: The production of MPD. *British Journal of Psychiatry, 160,* 327–340.

Merskey, Harold (1994). The artifactual nature of multiple personality disorder. *Dissociation, VII,* 173–175.

Meyer-Bahlburg, Heino F. L.; Ehrhardt, Anke A.; Rosen, Laura R.; Gruen, Rhoda S.; Veridiano, Norma P.; Vann, Felix H.; & Neuwalder, Herbert F. (1995). Prenatal estrogens and the development of homosexual Orientation. *Developmental Psychology, 31,* 12–21.

Meyerowitz, Beth E., & Chaiken, Shelley (1987). The effect of message framing on breast self-examination attitudes, intentions, and behavior. *Journal of Personality and Social Psychology, 52,* 500–510.

Miachel, Walter (1973). Toward a cognitive social learning reconceptualization of personality. *Psychological Review, 80,* 252–253.

Miachel, Walter (1990). Personality dispositions revisited and revised: A view after three decades. In L. A. Pervin (ed.), *Handbook of personality: Theory and research*. New York: Guilford Press.

Michaels, J. W.; Bloommel, J. M.; Brocato, R. M.; Linkous, R. A.; & Rowe, J. S. (1982). Social facilitation and inhibition in a natural setting. *Replications in Social Psychology, 2*, 21–24.

Milavsky, J. Ronald (1988). Television and aggression once again. In S. Oskamp (ed.), *Applied social psychology annual: Vol. 8. Television as a social issue*. Newbury Park, CA: Sage.

Milgram, Stanley (1963). Behavioral study of obedience. *Journal of Abnormal and Social Psychology, 67*, 371–378.

Milgram, Stanley (1974). *Obedience to authority: An experimental view*. New York: Harper & Row.

Miller, Alice (1984). *Thou shalt not be aware: Psychoanalysis and society's betrayal of the child*. New York: Farrar, Straus & Giroux.

Miller, George A. (1956). The magical number seven, plus or minus two: Some limits on our capacity for processing information. *Psychological Review, 63*, 81–97.

Miller, Joan G. (1984). Culture and the development of everyday social explanation. *Journal of Personality and Social Psychology, 46*, 961–978.

Miller, Jonathan (1983). *Stares of mind*. New York: Pantheon.

Miller, Neal E. (1978). Biofeedback and visceral learnlog. *Annual Review of Psychology, 29*, 421–452.

Miller, Neal E. (1985). The value of behavioral research on animals. *American Psychologist, 40*, 423–440.

Miller, Paris M.; Smith, Gregory T.; & Goldman, Mark S. (1990). Emergence of alcohol expectancies in childhood: A possible critical period. *Journal of Studies on Alcohol, 51*, 343–349.

Miller, Richard L.; Brickman, Philip; & Bolen, Diana (1975). Attribution versus persuasion as a means for modifying behavior. *Journal of Personality and Social Psychology, 31*, 430–441.

Miller, Scott D., & Triggiano, Patrick J. (1992). The psychophysiological investigation of multiple personality disorder: Review and update. *American Journal of Clinical Hypnosis, 35*, 47–61.

Miller-Jones, Dalton (1989). Culture and testing. *American Psychologist, 44*, 360–366.

Milner, Brenda (1970). Memory and the temporal regions of the brain. In K. H. Pribram & D. E. Broadbent (eds.), *Biology of memory* New York: Academic Press.

Minuchin, Salvador (1984). *Family kaleidoscope*. Cambridge, MA: Harvard University Press.

Mischel, Walter (1966). A social-learning view of sex differences in behavior. In E. E. Maccoby (ed.), *The development of sex differences*. Stanford, CA: Stanford University Press.

Mischel, Walter (1984). Convergences and challenges in the search for consistency. *American Psychologist, 39*, 351–364.

Mistry, Jayanthi, & Rogoff, Barbara (1994). Remembering in cultural context. In W. J. Lonner & R. Malpass (eds.), *Psychology and culture*. Needham Heights, MA: Allyn & Bacon.

Mitchell, D. E. (1980). The influence of early visual experience on visual perception. In C. S. Harris (ed.), *Visual coding and adaptability* Hilladale, NJ: Erlbaum.

Mitchell, Stephen A. (1993). *Hope and dread in psychoanalysis*. New York: Basic Books.

Mithers, Carol L. (1994). *Reasonable insanity: A true story of the seven ties*. Reading, MA: Addison-Wesley.

Moffitt, Terrie E. (1993). Adolescence-limited and life-course-persistent antisocial behavior: A developmental taxonomy. *Psychological Review, 100*, 674–701.

Moore, T. E. (1992). Subliminal perception: Facts and fallacies, *Skeptical Inquirer, 16*, 273-281.

Moore, Timothy E. (1995). Subliminal self-help auditory tapes: An empirical test of perceptual consequences. *Canadian Journal of Behavioural Science, 27*, 9–20.

Moore, T. E. (1995). Subliminal self-help auditory tapes: An empirical test of perceptual consequences. *Canadian Journal of Behavioural Science, 27*, 9-20.

Morris, Michael W., & Peng, Kaiping (1994). Culture and cause: American and Chinese attributions for social and physical events. *Journal of Personality and Social Psychology, 67*, 949–971.

Morrison, Ann M., & Von Glinow, Mary Ann (1990). Women and minorities in management. *American Psychologist, 45*, 200–208.

Moscovici, Serge (1985). Social influence and conformity. In G. Lindzey & E. Aronson (eds.), *Handbook of social psychology* (Vol. 2, 3rd ed.). New York: Random House.

Moston, S. (1987). The suggestibility of children in interview studies. *First Language, 2*, 67–78.

Mozell, M. M.; Smith, B. P.; Smith, P. E.; Sullivan, R. L.; & Swender, P. (1969). Nasal chemoreception in flavor identification. *Archives of Otolaryngology, 90*, 367-373.

Mulick, James (1994, November/December). The non-science of facilitated communication. *Science Agenda* (APA newsletter), 8–9.

Murphy, Sean (ed.) (1993). *Astrocytes: Pharmacology and function*. San Diego, CA: Academic Press.

Murphy, Sheila T., & Zajonc, R. B. (1993). Affect, cognition, and awareness: Affective priming with optimal and suboptimal stimulus exposures. *Journal of Personality and Social Psychology, 64*, 723–739.

Murphy, Sheila T.; Monahan, Jennifer L.; & Zajonc, R. B. (1995). Additivity of nonconscious affect: Combined effects of priming and exposure. *Journal of Personality and Social Psychology, 69*, 589–602.

Myers, David G. (1980). *The inflated self* New York: Seabury.

Myers, Ronald F., & Sperry, R. W. (1953). Interocular transfer of a visual form discrimination habit in cats after section of the optic chiasm and corpus callosum. *Anatomical Record, 115*, 351–352.

Nadel, Lynn, & Zola-Morgan, Stuart (1984). Infantile amnesia: A neurobiological perspective. In M. Moscovitch (ed.), *Infantile memory: Its relation to normal and pathological memory in humans and other animals*. New York: Plenum.

Nash, Michael R. (1987). What, if anything, is regressed about hypnotic age regression? A review of the empirical literature. *Psychological Bulletin, 102*, 42–52.

Nash, Michael R. (1994). Memory distortion and sexual trauma: The problem of false negatives and false positives. *International Journal of Clinical and Experimental Hypnosis, 42*, 346–362.

Nash, Michael R., & Nadon, R. (1996). The scientific status of hypnosis in the courts. In O. Faigman, D. Kaye, M. Saks, & J. Sanders (eds.), *The West companion to scientific evidence*. St. Paul, MN: West Publishing.

Nathan, Debbie (1994, Fall). Dividing to conquer? Women, men, and the making of multiple personality disorder. *Social Text, 40*, 77–114.

Nedergaard, Maiken (1994). Direct signaling from astrocytes to neurons in cultures of mammalian brain cells. *Science, 263*, 1768–1771.

Needleman, Herbert L.; Riess, Julie A.; Tobin, Michael J.; et al. (1996). Bone lead levels and delinquent behavior. *Journal of the American Medical Association, 275*, 363–369.

Needleman, Herbert L.; Schell, Alan; Bellinger, David; Leviton, Alan; et al. (1990). The long-term effects of exposure to low doses of lead in childhood: An 11-year follow-up report. *New England Journal of Medicine, 322*, 83–88.

Neisser, Ulmic, & Harsch, Nicole (1992). Phantom flashbulbs: False recollections of hearing the news about *Challenger*. In E. Winograd & U. Neisser (eds.), *Affect and accuracy in recall: Studies of «flashbulb memories.»* New York: Cambridge University Press.

Neisser, Ulric; Winogmad, Eugene; & Weldon, Mary Sue (1991). Remembering the earthquake: «What I experienced» vs. «How I heard the news.» Paper presented at the annual meeting of the Psychonomic Society, San Francisco.

Nelson, Thomas O., & Leonesio, R. Jacob (1988). Allocation of self-paced study time and the «labor in vain effect.» *Journal of Experimental Psychology: Learning, Memory, and Cognition, 14,* 676–686.

Nelson, Thomas O., & Dunlosky, John (1991). When people's judgments of learning (JOLs) are extremely accurate at predicting subsequent recall: The «delayed JOL effect.» *Psychological Science, 2,* 267–270.

Neufeld, R. W., & Mothersill, K. J. (1980). Stress as an irritant of psychopathology. In I. G. Sarason & C. D. Spielberger (eds.), *Stress and anxiety* (Vol. 7). New York: Hemisphere.

Newcomb, M. D. & Harlow, L. L. (1986). Life events and substance use among adolescents: Mediating effects of perceived loss of control and meaninglessness in life. *Journal of Personality and Social Psychology, 51,* 564–577.

Newman, Eric A., & Hartline, Peter H. (1982). The infrared «vision» of snakes. *Scientific American, 246*(3), 116–127.

Newman, Joseph P.; Widom, Cathy S.; & Nathan, Stuart (1985). Passive avoidance in syndromes of disinhibition: Psychotherapy and extraversion. *Journal of Personality and Social Psychology, 48,* 1316–1327.

Newman, Leonard S., & Baumeister, Roy F. (1994). «Who would wish for the trauma?» Explaining UFO abductions. Paper presented at the annual meeting of the American Psychological Association, Los Angeles.

Niemi, G.; Katz, R. S.; & Newman, D. (1980). Reconstructing past partisanship: The failure of party identification recall questions. *American Journal of Political Science, 24,* 633–651.

Nigg, Joel T., & Goldsmith, H. Hill (1994). Genetics of personality disorders: Perspectives from personality and psychopathology research. *Psychological Bulletin, 115,* 346–380.

Nisbett, Richard E. (1988, October 6). Testimony on behalf of the American Psychological Association before the U.S. House of Representatives Committee on Armed Services, *Congressional Record.*

Nisbett, Richard E. (1993). Violence and U.S. regional culture. *American Psychologist, 48,* 441–449.

Nisbett, Richard E., & Ross, Lee (1980). *Human inference: Strategies and shortcomings of social judgment.* Englewood Cliffs, NJ: Prentice-Hall.

Noble, Ernest P.; Blum, Kenneth; Ritchie, T.; Montgomery, A.; & Sheridan, P. J. (1991). Allelic association of the D2 dopamine receptor gene with receptor-binding characteristics in alcoholism. *Archives of General Psychiatry, 48,* 648–654.

Noelle-Neumann, Elisabeth (1984). *The spiral of silence.* Chicago: University of Chicago Press.

Norman, D. A. (1988). *The psychology of everyday things.* New York: Basic Books.

O'Leary, Ann (1990). Stress, emotion, and human immune function. *Psychological Bulletin, 108,* 363–382.

O'Reilly, Jane (1980). *The girl I left behind.* New York: Macmillan.

Oatley, Keith (1993). *Best laid schemes: The psychology of emotions.* New York: Cambridge University Press.

Ofshe, Richard J., & Watters, Ethan (1994). *Making monsters: False memory psychotherapy and sexual hysteria.* New York: Scriboer.

Ogbu, John U. (1993). Differences in cultural frame of reference. *International Journal of Behavioral Development, 16,* 483–506.

Ogden, Jenni A., & Corkin, Suzanne (1991). Memories of H. M. In W. C. Abraham, M. C. Corballis, & K. G. White (eds.), *Memory mechanisms: A tribute to G. V Goddard.* Hillsdale, NJ: Erlbaum.

Ogden, Thomas H. (1989). *The primitive edge of experience.* New York: Jason Aronson.

Ogilvie, D. M. (1987). The undesired self: A neglected variable in personality research. *Journal of Personality and Social Psychology, 52,* 379–385.

Olds, James (1975). Mapping the mind into the brain. In F. G. Worden, J. P. Swazy, & G. Adelman (eds.), *The neurosciences: Paths of discovery.* Cambridge, MA: Colonial Press.

Olds, James, & Milner, Peter (1954). Positive reinforcement produced by electrical stimulation of septal area and other regions of the rat brain. *Journal of Comparative and Physiological Psychology, 47,* 419–429.

Oliner, Samuel P., & Olinem, Pearl M. (1988). *The altruistic personality: Rescuers of Jews in Nazi Europe.* New York: Free Press.

Oliver, Roland (1992). *The African experience.* New York: HarperCollins.

Orlinsky, David E., & Howard, Kenneth I. (1994). Unity and diversity among psychotherapies: A comparative perspective. In B. Bongar & L. E. Beutler (eds.), *Foundations of psychotherapy: Theory research, and practice.* New York: Oxford University Press.

Orlinsky, David E. (1994). Research-based knowledge as the emergent foundation for clinical practice in psychotherapy. In P. F. Talley, H. H. Strupp, & S. F. Butler (eds.), *Psychotherapy research and practice: Bridging the gap.* New York: Basic Books.

Ortar, G. (1963). Is a verbal test cross-cultural? *Scripts Hierosolymitana* (Hebrew University, Jerusalem), 13, 219–235.

Ortony, Andrew; Clore, Gerald L.; & Collins, Allan (1988). *The cognitive structure of emotions.* Cambridge, England: Cambridge University Press.

Oskamp, Stuart (ed.) (1988). *Television as a social issue.* Newbury Park, CA: Sage.

Ozer, Elizabeth M., & Bandura, Albert (1990). Mechanisms governing empowerment effects: A self-efficacy analysis. *Journal of Personality and Social Psychology, 58,* 472–486.

Paige, Karen E., & Paige, Jeffery M. (1981). *The politics of reproductive ritual.* Berkeley: University of California Press.

Palmer, Stephen; Schreiber, Charles; & Fox, Craig (1991). Remembering the earthquake: «Flashbulb» memory for experienced vs. reported events. Paper presented at the annual meeting of the Psychonomic Society, San Francisco.

Panksepp, J.; Herman, B. H.; Vilberg, T.; Bishop, P.; & DeEskinazi, E G. (1980). Endogenous opioids and social behavior. *Neuroscience and Biobehavioral Reviews, 4,* 473–487.

Papani, Mauricio R., & Bitterman, M. E. (1990). The role of contingency in classical conditioning. *Psychological Review, 97,* 396–403.

Park, Denise C.; Smith, Anderson D.; & Cavanaugh, John C. (1990). Metamemories of memory researchers. *Memory and Cognition, 18,* 321–327.

Parks, Randolph W.; Loewenstein, David A.; Dodrill, Kathryn L.; Barker, William W.; et al. (1988). Cerebral metabolic effects of a verbal fluency test: A PET scan study. *Journal of Clinical and Experimental Neuropsychology, 10,* 565–575.

Parlee, Mary Brown (1982). Changes in moods and activation levels during the menstrual cycle in experimentally naive subjects. *Psychology of Women Quarterly, 7,* 119–131.

Parlee, Mary Brown (1989). The science and politics of PMS research. Paper presented at the annual meeting of the Association for Women in Psychology, Newport, Rhode Island.

Patterson, Charlotte J. (1992). Children of lesbian and gay parents. *Child Development, 63,* 1025–1042.

Patterson, Charlotte J. (1995). Sexual orientation and human development: An overview. *Developmental Psychology, 31,* 3–11.

Patterson, Francine, & Linden, Eugene (1981). *The education of Koko.* New York: Halt, Rinehart and Winston.

Patterson, Gerald R. (1994). Developmental perspectives on violence. Invited address presented at the annual meeting of the American Psychological Association, Los Angeles.

Patterson, Gerald R.; DeBaryshe, Barbara D.; & Ramsey, Elizabeth (1989). A developmental perspective on antisocial behavior. *American Psychologist, 44,* 329–335.

Patterson, Gerald R.; Reid, John; & Dishion, Thomas (1992). *Antisocial boys.* Eugene, OR: Castalia.

Paul, Richard W. (1984, September). Critical thinking: Fundamental to education for a free society. *Educational Leadership,* 4–14.

Paulus, Paul B., & Dzindolet, Mary T. (1993). Social influence processes in group brainstorming. *Journal of Personality and Social Psychology, 64,* 575–586.

Peabody, Dean (1985). *National characteristics.* Cambridge, England: Cambridge University Press.

Pedersen, Nancy L.; Plomin, Robert; McClearn, G. E.; & Friberg, Lars (1988). Neuroticism, extraversion, and related traits in adult twins reared apart and reared together. *Journal of Personality and Social Psychology,* 55, 950–957.

Peele, Stanton (1989). *Diseasing of America: Addiction treatment out of control.* Lexington, MA: Lexington Books.

Peele, Stanton, & Brodsky, Archie, with Mary Arnold (1991). *The truth about addiction and recovery.* New York: Simon & Schuster.

Pellegrini, Anthony D., & Galda, Lee (1993). Ten years after: A reexamination of symbolic play and literacy research. *Reading Research Quarterly,* 28, 163–175.

Penfield, Wilder, & Perot, Phanor (1963). The brain's record of auditory and visual experience: A final summary and discussion. *Brain,* 86, 595–696.

Pennebaker, James W. (1982). *The psychology of physical symptoms.* New York: Springer-Verlag.

Pennisi, Elizabeth (1994, January). A molecular whodunit. *Science News,* 145, 8–11.

Peplau, Letitia A., & Conrad, Eva (1989). Beyond non-sexist research: The perils of feminist methods in psychology. *Psychology of Wonien Quarterly,* 13, 379–400.

Peplau, Letitia A., & Gordon, Steven L. (1985). Women and men in love: Gender differences in close heterosexual relationships. In V. O'Leary, R. Unger, & B. Wall-stan (eds.), *Women, gender, and social psychology* Hillsdale, NJ: Eribaum.

Pepperberg, Irene M. (1990). Cognition in an African gray parrot *(Psittacus erichacus):* Further evidence for comprehension of categories and labels. *Journal of Comparative Psychology,* 104, 41–52.

Pepperberg, Irene M. (1994). Numerical competence in an African gray parrot *(Psittacus erithacus). Journal of Comparative Psychology,* 108, 36–44.

Perdue, Charles W.; Dovidio, John F.; Gurtman, Michael B.; & Tyler, Richard B. (1990). Us and them: Social categorization and the process of intergroup bias. *Journal of Personality and Social Psychology,* 59, 475–486.

Perloff, Robert (1992, Summer). «Where ignorance is bliss, 'tis folly to be wise.» *The General Psychologist Newsletter,* 28, 34.

Perry, David G.; Perry, Louise C.; & Rasmussen, Paul (1986). Cognitive social learning mediators of aggression. *Child Development,* 57, 700–711.

Perry, Samuel W., & Heidrich, George (1982). Management of pain during debridement: A survey of U.S. burn units. *Pain,* 13, 267–280.

Pert, Candace B., & Snyder, Solomon H. (1973). Opiate receptor: Demonstration in nervous tissue. *Science,* 179, 1011–1014.

Peters, Douglas P. (1991). Confrontational stress and children's testimony. Paper presented at the biennial meeting of the Society for Research in Child Development, Seattle.

Peterson, Christopher, & Barrett, Lisa C. (1987). Explanatory style and academic performance among university freshmen. *Journal of Personality and Social Psychology,* 53, 603–607.

Peterson, Lloyd R., & Peterson, Margaret J. (1959). Short-term retention of individual verbal items. *Journal of Experimental Psychology,* 58, 193–198.

Pfungst, Oskar (1911/1965). *Clever Hans (The horse of Mr. von Osten): A contribution to experimental animal and human psychology* New York: Holt, Rinehart and Winston.

Phares, E. Jerry (1976). *Locus of control in personality.* Morristown, NJ: General Learning Press.

Phillips, D. P.; Ruth, T. E.; & Wagner, L. M. (1993, November 6). Psychology and survival. *Lancet,* 342 (8880), 1142–1145.

Phinney, Jean S. (1990). Ethnic identity in adolescents and adults: Review of research. *Psychological Bulletin,* 108, 499–514.

Piaget, Jean (1929/1960). *The child's conception of the world.* Paterson, NJ: Littlefield, Adams.

Piaget, Jean (1951). *Plays, dreams, and imitation in childhood.* New York: W. W. Norton.

Piaget, Jean (1952). *The origins of intelligence in children.* New York: International Universities Press.

Piaget, Jean (1984). Piaget's theory. In P. Mussen (series ed.) & W. Kessen (vol. ed.), *Handbook of child psychology: Vol. 1. History theory and methods* (4th ed.). New York: Wiley.

Pickens, Jeffrey (1994). Perception of auditory-visual distance relations by 5-month-old infants. *Developniental Psychology,* 30, 537–544.

Pines, Maya (1983, September). The human difference. *Psychology Today,* 62–68.

Pinker, Steven (1994). *The language instinct: How the mind creates language.* New York: Morrow.

Pipe, Margaret-Ellen, & Goodman, Gail S. (1991). Elements of secrecy: Implications for children's testimony. *Behavioral Sciences and the Law,* 9, 33–41.

Piper, August, Jr. (1994). Multiple personality disorder. *British Journal of Psychiatry,* 164, 600–612.

Plomin, Robert (1988). The nature and nurture of cognitive abilities. In R. I. Steinberg (ed.), *Advances in the psychology of human intelligence* (Vol. 4). Hillsdale, NJ: Erlbaum.

Plomin, Robert (1989). Environment and genes: Determinants of behavior. *American Psychologist,* 44, 105–111.

Plomin, Robert, & Daniels, D. (1987). Why are children in the same family so different from one another? *Behavioral and Brain Sciences,* 10, 1–16.

Plomin, Robert, & DeFries, John C. (1985). *Origins of individual differences in infancy: The Colorado Adoption Project.* New York: Academic Press.

Plomin, Robert; Comley, Robin; DeFries, J. C.; & Fulker, D. W. (1990). Individual differences in television viewing in early childhood: Nature as well as nurture. *Psychological Science,* 1, 371–3 77.

Plous, Scott L. (1991). An attitude survey of animal rights activists. *Psychological Science,* 2, 194–196.

Plutchik, Robert (1987). Evolutionary bases of empathy. In N. Elsenbeing & J. Strayer (eds.), *Empathy and its development.* New York: Cambridge University Press.

Plutchik, Robert (1988). The nature of emotions: Clinical implications. In M. Clynes & I. Panksepp (eds.), *Emotions and psychopathology* New York: Plenum.

Plutchik, Robert; Conte, Hope R.; Karasu, Toksoz; & Buckley, Peter (1988, Fall/ Winter). The measurement of psychodynamic variables. *Hillside Journal of Clinical Psychology,* 10, 132–147.

Polich, John; Pollock, Vicki E.; & Bloom, Floyd E. (1994). Meta-analysis of P300 amplitude from males at risk for alcoholism. *Psychological Bulletin,* 115, 55–73.

Pomeranz, B. H. (1989). Transcutaneous electrical nerve stimulation (TENS). In G. Adelman (ed.), *Neuroscience year.* Boston: Birkhauser.

Poole, Debra A. (1995). Strolling fuzzy-trace theory through eyewitness testimony (or vice versa). *Learning and Individual Differences,* 7, 87–93.

Poole, Debra A., & White, Lawrence T. (1991). Effects of question repetition on the eyewitness testimony of children and adults. *Developmental Psychology,* 27, 975–986.

Poole, Debra A.; Lindsay, D. Stephen; Memon, Amina; Bull, Ray (1995). Psychotherapy and the recovery of memories of childhood sexual abuse: U.S. and British practitioners' opinions, practices, and experiences. *Journal of Consulting and Clinical Psychology,* 63, 426–437.

Pope, Harrison G., Jr.; Keck, P. E.; & McElroy, S. L. (1986). Frequency and presentation of neuroleptic malignant syndrome in a large psychiatric hospital. *American Journal of Psychiatry,* 143, 1227–1233.

Pope, Kenneth, & Bouhoutsos, Jacqueline (1986). *Sexual intimacy between therapists and patients.* New York: Praeger.

Portenoy, Russell K. (1994). Opiold therapy for chronic nonmalignant pain: Current status. In H. L. Fields & I. C. Liebeskind (eds.), *Progress in pain research and management. Pharmacological approaches to the treatment of chronic pain: Vol. 1. New concepts and critical issues.* Seattle: International Association for the Study of Pain.

Posada, German; Lord, Chiyoko; & Waters, Everett (1995). Secure base behavior and children's misbehavior in three different contexts: Home, neighbors, and school. Paper presented at the annual meeting of the Society for Research in Child Development, Indianapolis.

Poulin-Dubois, Diane; Serbin, Lisa A.; Kenyon, Brenda; & Derbyshire, Alison (1994). Infants' intermodal knowledge about gender. *Developmental Psychology, 30,* 436–442.

Poulos, Constantine X., & Cappell, Howard (1991). Homeostatic theory of drug tolerance: A general model of physiological adaptation. *Psychological Review, 98,* 390–408.

Powell, Russell A., & Boer, Douglas P. (1994). Did Freud mislead patients to confabulate memories of abuse? *Psychological Reports, 74,* 1283–1298.

Powell, Russell A., & Boer, Douglas P. (1995). Did Freud misinterpret reported memories of sexual abuse as fantasies? *Psychological Reports, 77,* 563–570.

Pratkanis, Anthony, & Aronson, Elliot (1992). *Age of propaganda: The everyday use and abuse of persuasion.* New York: W. H. Freeman.

Premack, David, & Premack, Ann James (1983). *The mind of an ape.* New York: W. W. Norton.

Pribmam, Karl H. (1982). Localization and distribution of function in the brain. In *I.* Orbach (ed.), *Neuropsychology after Lashley* Hillsdale, NJ: Erlbaum.

Pribram, Karl H. (1971). *Languages of the brain: Experimental paradoxes and principles.* Englewood Cliffs, NJ: Prentice-Hall.

Prochaska, James O.; Norcross, John C.; & DiClemente, Carlo C. (1994). *Changing for good.* New York: Morrow.

Pulkinen, Lea (1982). Self-control and continuity in childhood and delayed adolescence. In P. Baltes & O. Brim (eds.), *Life span development and behavior* (Vol. 4). New York: Academic Press.

Putnam, Frank (1989). *Diagnosis and treatment of multiple personality disorder.* New York: Guilford Press.

Pynoos, R. S., & Nader, K. (1989). Children's memory and proximity to violence. *Journal of the American Academy of Child and Adolescent Psychiatry, 28,* 236-241.

Quinn, Susan (1987). *A mind of her own: The life of Karen Horney* New York: Summit Books.

Radetsky, Peter (1991, April). The brainiest cells alive. *Discover, 12,* 82–85, 88, 90.

Raine, Adrian; Brennan, Patricia; & Mednick, Sarnoff A. (1994). Birth complications combined with early maternal rejection at age one year predispose to violent crime at age 18 years. *Archives of General Psychiatry, 51,* 984–988.

Raine, Adrian; Buchsbaum, Monte S.; Stanley, Jill; et al. (1994). Selective reductions in prefrontal glucose metabolism in murderers. Paper presented at the annual meeting of the American Psychological Association, Los Angeles.

Randi, James (1982, March). The 1980 divining tests. *The Skeptic,* 2–6.

Rateliff, Roger (1990). Connectionist models of recognition memory: Constraints imposed by learning and forgetting functions. *Psychological Review, 97,* 285–308.

Raz, Sarah, & Raz, Naftali (1990). Structural brain abnormalities in the major psychoses: A quantitative review of the evidence from computerized imaging. *Psychological Bulletin, 108,* 93–108.

Rechtschaffen, Allan; Gilliland, Marcia A.; Bergmann, Bernard M.; & Winter, Jacqueline B. (1983). Physiological correlates of prolonged sleep deprivation in rats. *Science, 221,* 182–184.

Reeve, J. (1997). *Understanding motivation and emotion* (2nd ed.). Fort Worth, TX: Harcourt Brace College Publishers.

Reppert, Steven M.; Weaver, David R.; Rivkees, Scoff A.; & Stopa, Edward G. (1988). Putative melatonin receptors in a human biological clock. *Science, 242,* 78–81.

Rescorla, Robert A. (1968). Probability of shock in the presence and absence of CS in fear conditioning. *Journal of Comparative and Physiological Psychology, 66,* 1–5.

Rescorla, Robert A., & Wagner, Allan R. (1972). A theory of Pavlovian conditioning: Variations in the effectiveness of reinforcement and nonreinforcement. In A. H. Black & W. E Prokasy (eds.), *Classical conditioning II: Current research and theory* New York: Appleton-Century-Crafts.

Rescorla, Robert A. (1988). Pavlovian conditioning: It's not what you think it is. *American Psychologist, 43,* 151–160.

Restak, Richard (1983, October). Is free will a fraud? *Science Digest, 91*(10), 52–55.

Restak, Richard M. (1994). *The modular brain.* New York: Macmillan.

Reynolds, Brent A., & Weiss, Samuel (1992). Generation of neurons and astrocytes from isolated cells of the adult mammalian central nervous system. *Science, 255,* 1707–1710.

Reynolds, David K. (1987). *Water bears no scars: Japanese lifeways for personal growth.* New York: Morrow.

Rhoades, David F. (1985). Pheromonal communication between plants. In G. A. Cooper-Driver, T. Swain, & E. E. Conn (eds.), *Research advances in phytochemistry* (Vol. 19). New York: Plenum.

Rice, Mabel L. (1989). Children's language acquisition. *American Psychologist, 44,* 149–156.

Richardson-Klavehn, Alan, & Bjork, Robert A. (1988). Measures of memory. *Annual Review of Psychology, 39,* 475–543.

Richards, Ruth L. (1991). Everyday creativity and the arts. Paper presented at the annual meeting of the American Psychological Association, San Francisco.

Richards, Ruth L.; Kinney, Dennis K.; Benet, Maria; & Merzel, Ann (1988). Everyday creativity: Characteristics of the Lifetime Creativity Scales and validation with three large samples. *Journal of Personality and Social Psychology, 54,* 476–485.

Ristau, Carolyn A. (ed.) (1991). *Cognitive ethology: The minds of other animals.* Hillsdale, NJ: Erlbaum.

Robertson, John, & Fitzgerald, Louise E. (1990). The (mis)treatment of men: Effects of client gender role and life-style on diagnosis and attribution of pathology. *Journal of Counseling Psychology, 37,* 3–9.

Robins, Lee N.; Davis, Darlene H.; & Goodwin, Donald W. (1974). Drug use by U.S. Army enlisted men in Vietnam: A follow-up on their return home. *American Journal of Epidemiology, 99,* 235–249.

Robins, Lee N.; Tipp, Jayson; & Przybeck, Thomas R. (1991). Antisocial personality. In L. N. Robins & D. A. Regier (eds.), *Psychiatric disorders in America.* New York: Free Press.

Robinson, Leslie A.; Berman, Jeffrey S.; & Neimeyer, Robert A. (1990). Psychotherapy for the treatment of depression: A comprehensive review of controlled outcome research. *Psychological Bulletin, 108,* 30–49.

Robinson, Paul (1993). *Freud and his critics.* Berkeley: University of California Press.

Rodin, Judith (1988). Control, health, and aging. Invited address presented at the annual meeting of the Society of Behavioral Medicine, Boston.

Rodin, Judith; Silberstein, Lisa R.; & Striegel-Moore, Ruth H. (1990). Vulnerability and resilience in the age of eating disorders: Risk and protective factors for bulimia. In I.E. RoIf et al. (eds.), *Risk and protective factots in the development of psychopathology* Cambridge, England: Cambridge University Press.

Roediger, Henry L., & McDermott, Kathleen B. (1995). Creating false memories: Remembering words not presented in lists. *Journal of Experimental Psychology; Learning, Memory and Cognition, 21,* 803–814.

Roediger, Henry L., III (1990). Implicit memory: Retention without remembering. *American Psychologist, 45,* 1043–1056.

Roehrs, Timothy; Timms, Victoria; Zsyghuizen-Doorenbos, Ardith; Buzenski, Raymond; et al. (1990). Polysomnographic, performance, and personality differences of sleepy and alert normals. *Sleep, 13,* 395–402.

Rogers, C.R. (1942). *Counseling and psychotherapy.* Boston: Houghton Mifflin.

Rogers, C.R. (1959). A theory of therapy, personality, and interpersonal relationships, as developed in the client-centered framework.

In S. Koch (ed.), *Psychology: A study of a science* (Vol. 3). New York: McGraw-Hill.

Rogers, C.R. (1963). Toward a science of the person. In A. J. Sutich & M. A. Vich (eds.), *Readings in humanistic psychology* (21-50). New York: The Free Press.

Rogers, C.R. (1966). *A therapist's view of personal goals.* Wallingford, PA: Pendle Hill.

Rogers, C. R. (1969). *Freedom to learn: A view of what education might become.* Columbus, OH: Chas. E. Merrill.

Rogers, C. R. (1972). *On becoming partners: Marriage and its alternatives.* New York: Delacorte Press.

Rogers, C. R. (1977). *Carl Rogers on personal power: Inner strength and its revolutionary impact.* New York: Delacorte Press.

Rogers, C. R. (1980). *A way of being.* Boston: Houghton Mifflin.

Rogers, Carl (1951). *Client-centered therapy: Its current practice, implications, and theory* Boston: Houghton Mifflin.

Rogers, Carl (1961). *On becoming a person.* Boston: Houghton Mifflin.

Rogers, Ronald W., & Prentice-Dunn, Steven (1981). Deindividuation and anger-mediated interracial aggression: Unmasking regressive racism. *Journal of Personality and Social Psychology,* 41, 63–73.

Rogers, S. (Winter, 1992-1993). How a publicity blitz created the myth of subliminal advertising. *Public Relations Quarterly,* 12–17.

Rogler, Lloyd H.; Malgady, Robert G.; Costantino, Giuseppe; & Blumenthal, Rena (1987). What do culturally sensitive mental health services mean? The case of Hispanics. *American Psychologist,* 42, 565–570.

Rogoff, Barbara, & Chavajay, Pablo (1995). What's become of research on the cultural basis of cognitive development? *American Psychologist,* 50, 859–877.

Rosaldo, Renato (1989). *Culture and truth: The remaking of social analysis.* Boston: Beacon Press.

Rosen, B. R.; Aronen, H. J.; Kwong, K. K.; *et al.* (1993). Advances in clinical neuroimaging: Functional MR imaging techniques. *Radiographics,* 13, 889–896.

Rosen, K. D. (1977). *Psychobabble.* New York: Atheneum.

Rosenberg, Harold (1993). Prediction of controlled drinking by alcoholics and problem drinkers. *Psychological Bulletin,* 113, 129–139.

Rosenthal, Robert (1966). *Experimenter effects in behavioral research.* New York: Appleton-Century-Crofts.

Rosenzweig, Mark R. (1984). Experience, memory, and the brain. *American Psychologist,* 39, 365–376.

Ross, Hildy S., & Lollis, Susan P. (1987). Communication within infant social games. *Developmental Psychology,* 23, 24 1–248.

Ross, Michael (1989). Relation of implicit theories to the construction of personal histories. *Psychological Review,* 96, 341–357.

Rotter, Julian B. (1966). Generalized expectancies for internal versus external control of reinforcement. *Psychological Monographs,* 80 (Whole no. 609, 1–28).

Rotter, Julian B. (1982). *The development and applications of social learning theory: Selected papers.* New York: Praeger.

Rotter, Julian B. (1990). Internal versus external control of reinforcement: A case history of a variable. *American Psychologist,* 45, 489–493.

Roueché, Berton (1984, June 4). Annals of medicine: The hoof-beats of a zebra. *The New Yorker,* 71–86.

Rowe, Walter F. (1993, Winter). Psychic detectives: A critical examination. *Skeptical Inquirer,* 17, 159–165.

Rubin, Jeffrey Z. (1994). Models of conflict management. *Journal of Social Issues,* 50, 33–45.

Ruda, M. A. (1982). Opiates and pain pathways: Demonstration of enkephalin synapses on dorsal horn projection neurons. *Science,* 215, 1523-1525.

Ruggiero, Vincent R. (1988). *Teaching thinking across the curriculum.* New York: Harper & Row.

Ruggiero, Vincent R. (1991). *The art of thinking: A guide to critical and creative thought* (3rd ed.). New York: HarperCollins.

Rumbaugh, Duane M. (1977). *Language learning by a chimpanzee: The Lana project.* New York: Academic Press.

Rumbaugh, Duane M.; Savage-Rumbaugh, E. Sue; & Pate, James L. (1988). Addendum to «Summation in the chimpanzee (*Pan troglodytes*).» *Journal of Experimental Psychology: Animal Behavior Processes,* 14, 118–120.

Rumelhart, David E., & McClelland, James L. (1987). Learning the past tenses of English verbs: Implicit rules or parallel distributed processing. In B. MacWhinney (ed.), *Mechanisms of language acquisition.* Hillsdale, NJ: Erlbaum.

Rumelhart, David E.; McClelland, James L.; & the PDP Research Group (1986). *Parallel distributed processing: Explorations in the microstructure of cognition* (Vols. 1 and 2). Cambridge, MA: MIT Press.

Rush, Florence (1980). *The best kept secret: Sexual abuse of children.* Englewood Cliffs, NJ: Prentice-Hall.

Rushton, J. Philippe (1993). Cyril Burt: Victim of the scientific hoax of the century. Paper presented at the annual meeting of the American Psychological Association, Toronto, Canada.

Russell, Michael; Peeke, Harman V. S.; *et al.* (1984). Learned histamine release. *Science,* 225, 733–734.

Ryan, R. M., & Connell, J. P. (1989). Perceived locus of causality and internalization: Examining reasons for acting in two domains. *Journal of Personality and Social Psychology,* 57, 749-761.

Ryle, Gilbert (1949). *The concept of mind.* London: Hutchinson.

Rymer, Russ (1993). *Genie: An abused child's-flight from silence.* New York: HarperCollins.

Sabini, John, & Silver, Maury (1985, Winter). Critical thinking and obedience to authority. *National Forum (Phi Beta Kappa Journal),* 13–17.

Sacks, Oliver (1985). *The man who mistook his wife for a hat and other clinical tales.* New York: Simon & Schuster

Sacks, Oliver (1993, May 10). To see and not see. *The New Yorker,* 59–66, 68–73.

Sadri, Golnaz, & Robertson, Ivan T. (1993). Self-efficacy and work-related behaviour: A review and metaanalysis. *Applied Psychology: An International Review,* 42, 139–152.

Sagan, Eli (1988). *Freud, women, and morality: The psychology of good and evil.* New York: Basic Books.

Sahley, Christie L.; Rudy, Jerry W.; & Gelperin, Alan (1981). An analysis of associative learning in a terrestrial mollusk: 1. Higher-order conditioning, blocking, and a transient US preexposure effect. *Journal of Comparative Physiology,* 144, 1–8.

Saltz, Bruce L.; Woerner, M. G.; Kane, J. M.; Lieberman, J.A.; *et al.* (1991, November 6). Prospective study of tardive dyskinesia incidence in the elderly. *Journal of the American Medical Association,* 266(17), 2402–2406.

Salzinger, Kurt (1990). A behavioral analysis of human error. Paper presented at the annual meeting of the American Psychological Association, Boston.

Samelson, Franz (1979). Putting psychology on the map: Ideology and intelligence testing. In A. R. Buss (ed.), *Psychology in social context.* New York: Irvington.

Sanberg, Paul R.; Koutouzis, Ted K.; Freeman, Thomas B.; *et al.* (1993). Behavioral effects of fetal neural transplants: Relevance to Huntington's disease. *Brain Research Bulletin,* 32, 493–496.

Sank, Zachary B., & Strickland, Bonnie (1973). Some attitudes and behavioral correlates of a belief in militant or moderate social action. *Journal of Social Psychology,* 90, 337–338.

Sapolsky, Robert M. (1987, July). The case of the falling nightwatchmen. *Discover,* 8, 42–45.

Sarbin, Theodore R. (1986). The narrative as a root metaphor for psychology. In T. R. Sarbin (ed.), *Narrative psychology: The storied nature of human conduct.* New York: Praeger.

Satir, Virginia (1983). *Conjoint family therapy* (3rd ed.). Palo Alto, CA: Science and Behavior Books.

Saucier, Gerard (1994). Separating description and evaluation in the structure of personality attributes. *Journal of Personality and Social Psychology,* 66, 141–154.

Savage-Rumbaugh, E. Sue (1986). *Ape language: From conditioned response to symbol.* New York: Columbia University Press.

Savage-Rumbaugh, Sue, & Lewin, Roger (1994). *Kanzi: The ape at the brink of the human mind.* New York: Wiley.

Savage-Rumbaugh, Sue; Shanker, Stuart; & Taylor, Talbot (1996). *Apes, language and the human mind.* New York: Oxford University Press.

Saxe, Leonard (1991). Lying: Thoughts of an applied psychologist. *American Psychologist, 46,* 409–415.

Saywitz, Karen; Goodman, Gail S.; Nicholas, Elissa; & Moan, Susan (1991). Children's memory for genital exam: Implications for child sexual abuse. *Journal of Consulting and Clinical Psychology, 59,* 682–691.

Scarnati, James T.; Kent, William; & MacKenzie, William (1993). Peer coaching and cooperative learning: One room school concept. *Journal of Instructional Psychology, 20,* 65–71.

Scarr, Sandra (1993). Biological and cultural diversity: The legacy of Darwin for development. *Child Development, 64,* 1333–1353.

Scarr, Sandra, & Weinberg, Robert A. (1994). Educational and occupational achievement of brothers and sisters in adoptive and biologically related families. *Behavioral Genetics, 24,* 301–325.

Scarr, Sandra, & Weinberg, Richard A. (1977). Intellectual similarities within families of both adopted and biological children. *Intelligence, 1,* 170–191.

Scarr, Sandra; Pakstis, Andrew J.; Katz, Soloman H.; & Barker, William B. (1977). Absence of a relationship between degree of white ancestry and intellectual skill in a black population. *Human Generics, 39,* 69–86.

Schachter, Stanley, & Singer, Jerome E. (1962). Cognitive, social, and physiological determinants of emotional state. *Psychological Review, 69,* 379–399.

Schacter, Daniel L. (1990). Memory. In M. I. Posner (ed.), *Foundations of cognitive science.* Cambridge, MA: MIT Press.

Schacter, Daniel L.; Chiu, C.-Y. Peter; & Ochsner, Kevin N. (1993). Implicit memory: A selective review. *Annual Review of Neuroscience, 16,* 159–182.

Schacter, Daniel L., & Moscovitch, Morris (1984). Infants, amnesics, and dissociable memory systems. In M. Moscovitch (ed.), *Infant memory.* New York: Plenum.

Schafer, Roy (1992). *Retelling a life: Narration and dialogue in psychoanalysis.* New York: Basic Books.

Schaie, K. Warner (1984). Midlife influences upon intellectual functioning in old age. *International Journal of Behavioral Development, 7,* 463–478.

Schaie, K. Warner (1993). The Seattle Longitudinal Studies of adult intelligence. *Current Directions in Psychological Science, 2,* 171–175.

Schaie, K. Warner, & Willis, Sherry L. (1986). Can decline in adult intellectual function-ing be reversed? *Developmental Psychology, 22,* 223–232.

Schank, Roger, with Peter Childers (1988). *The creative attitude.* New York: Macmillan.

Schatzman, M.; Worsley, A.; & Fenwick, P. (1988). Correspondence during lucid dreams between dreamed and actual events. In J. Gackenbach & S. LaBerge (eds.), *Conscious mind, sleeping brain.* New York: Plenum.

Schein, Edgar; Schneier, Inge; & Barker, Curtis H. (1961). *Coercive persuasion.* New York: W. W. Norton.

Schelem, Lawrence M.; Newcomb, Michael D.; & Bentlem, Peter M. (1990). Influences of drug use on mental health: An 8-year study. Paper presented at the annual meeting of the American Psychological Association, Boston.

Schlaug, Gottfried; Janeke, Lutz; Huang, Yanxiong; & Steinmetz, Helmuth (1995, February 3). In vivo evidence of structural brain asymmetry in musicians. *Science, 267,* 699–701.

Schlossberg, Nancy K. (1984). Exploring the adult years. In A. M. Rogers & C. J. Schemer (eds.), *The G. Stanley Hall Lecture Series* (Vol. 4). Washington, DC: American Psychological Association.

Schmidt, Peter J.; Nieman, Lynnette K.; Grover, Gay N.; Muller, Karl L.; *et al.* (1991). Lack of effect of induced menses on symptoms in women with premenstrual syndrome. *New England Journal of Medicine, 324,* 1174–1179.

Schneider, Allen M., & Tarshis, Barry (1986). *An introducrion to physiological psychology* (3rd ed.). New York: Random House.

Schneider, Allen M., & Tarshis, Barry (1986). *An introduction to physiological psychology,* 3rd ed. New York: Random House.

Schnell, Lisa, & Schwab, Martin E. (1990, January 18). Axonal regeneration in the rat spinal cord produced by an antibody against myelin-associated neurite growth inhibitors. *Nature, 343,* 269–272.

Schroeder, D. H., & Costa, P. T. (1984). Influence of life events stress on physical illness: Substantive effects or methodological flaws? *Journal of Personality and Social Psychology, 46,* 853-863.

Schulkin, Jay (1994). Melancholic depression and the hormones of adversity: A role for the amygdala. *Current Directions in Psychological Science, 3,* 41–44.

Schulman, Michael (1991). *The passionate mind:Bringing up an intelligent and creative child.* New York: Free Press.

Schulman, Michael, & Mekler, Eva (1994). *Bringing up a caring child* (rev. ed.). New York: Doubleday.

Schultz, D. P., & Schultz, S. E. (1992). *A history of modern psychology.* FL: Harcourt Brace Jovanovich.

Schuman, Howard, & Scott, Jacqueline (1989). Generations and collective memories. *American Journal of Sociology, 54,* 359–381.

Schunk, D. H., & Hanson, A. R. (1989). Self-modeling and children's cognitive skill learning. *Journal of Educational Psychology, 83,* 155-163.

Schwartz, Barry, & Reilly, Martha (1985). Long-term retention of a complex operant in pigeons. *Journal of Experimental Psychology: Animal Behavior Processes, 11,* 337–355.

Schwartz, Jeffery; Stoessel, Paula W.; Baxter, Lewis R.; Martin, Kammon M.; & Phelps, Michael E. (1996). Systematic changes in cerebral glucose metabolic rate after successful behavior modification treatment of obsessive-compulsive disorder. *Archives of General Psychiatry, 53,* 109–113.

Scofield, Michael (1993, June 6). About men: Off the ladder. *New York Times Magazine,* 22.

Scribner, Sylvia (1977). Modes of thinking and ways of speaking: Culture and logic reconsidered. In P. N. Johnson-Laird & P. C. Wason (eds.), *Thinking: Readings in cognitive science.* Cambridge, England: Cambridge University Press.

Segal, Julius (1986). *Winning life's roughest battles.* New York: McGraw-Hill.

Seidenberg, Mark S., & Petitto, Laura A. (1979). Signing behavior in apes: A critical review. *Cognition, 7,* 177–215.

Seif, Ellie (1979, June). A young mother's story. *Red-book,* 165–167.

Sekuler, R., & Blake, R. (1985). *Perception.* New York: Knopf.

Seligman, Martin E. P. (1975). *Helplessness: On depression, development, and death.* San Francisco: W. H. Freeman.

Seligman, Martin E. P., & Hager, Joanne L. (1972, August). Biological boundaries of learning: The sauce béarnaise syndrome. *Psychology Today,* 59–61, 84–87.

Seligman, Martin E. P. (1991). *Learned optimism.* New York: Knopf.

Sem-Jacobsen, C.W. (1959). Effects of electrical stimulation on the human brain. *Electroencephalography and Clinical Neurophysiology, 11,* 379.

Serbin, Lisa A.; Powlishta, Kimberly K.; & Gulko, Judith (1993). The development of sex typing in middle childhood. *Monographs of the Society for Research in Child Development, 58*(2, Serial No. 232), v-74.

Serpell, Robert (1994). The cultural construction of intelligence. In W. J. Lonner & R. S. Malpass (eds.), *Psychology and culture.* Needham Heights, MA: Allyn & Bacon.

Shatz, Marilyn, & Gelman, Rochel (1973). The development of communication skills: Modifications in the speech of young children as a function of the listener. *Monographs of the Society for Research in Child Developmenr,* 38.

Shaver, Phillip R. (1994). Attachment and care giving in adult romantic relationships. Paper presented at the annual meeting of the American Psychological Association, Los Angeles.

Shaywitz, Bennett A.; Shaywitz, Sally E.; Pugh, Kenneth R.; et al. (1995). Sex differences in the functional organization of the brain for language. *Nature, 373,* 607–609.

Shedler, Jonathan, & Block, Jack (1990). Adolescent drug use and psychological health. *American Psychologist, 45,* 612–630.

Shedler, Jonathan; Mayman, Martin; & Manis, Melvin (1993). The illusion of mental health. *American Psychologist, 48,* 1117–1131.

Sheehan, Neil (1988). *A bright shining lie: John Paul Vann and America in Vietnam.* New York: Random House.

Sherif, Carolyn Wood (1979). Bias in psychology. In J. Sherman & E. T. Beck (eds.), *The prism of sex.* Madison: University of Wisconsin Press.

Shemmer, Michael (1997). *Why people believe weird things: Pseudoscience, superstitions, and other confusions of our age.* New York: W. H. Freeman.

Shepard, Roger N. (1967). Recognition memory for words, sentences and pictures. *Journal of Verbal Learning and Verbal Behavior, 6,* 156–163.

Shepard, Roger N., & Metzler, Jacqueline (1971). Mental rotation of three-dimensional objects. *Science, 171,* 701–703.

Sherif, Muzafer (1958). Superordinate goals in the reduction of intergroup conflicts. *American Journal of Sociology, 63,* 349–356.

Sherif, Muzafer; Harvey, O. J.; White, B. J.; Hood, William; & Sherif, Carolyn (1961). *Intergroup conflict and cooperation: The Robbers Cave experiment.* Norman: University of Oklahoma Institute of Intergroup Relations.

Sherman, Bonnie R., & Kunda, Ziva (1989). Motivated evaluation of scientific evidence. Paper presented at the annual meeting of the American Psychological Society, Arlington, Virginia.

Sherman, Lawrence W. (1992). *Policing domestic violence.* New York: Free Press.

Sherman, Lawrence W., & Berk, Richard A. (1984). The specific deterrent effects of arrest for domestic assault. *American Sociological Review, 49,* 261–271.

Sherman, Lawrence W.; Schmidt, Janell D.; Rogan, Dennis P.; et al. (1991). From initial deterrence to long-term escalation: Short-custody arrest for poverty ghetto domestic violence. *Criminology, 29,* 82 1–849.

Sherrington, R.; Rogaev, E. I.; Liang, Y.; et al. (1995). Cloning of a gene bearing missense mutations in early-onset familial Alzheimer's disease. *Nature, 375,* 754–760.

Shields, Stephanie A. (1991). Gender in the psychology of emotion: A selective research review. In K. T. Strong-man (ed.), *International review of studies on emotion* (Vol. 1). New York: Wiley.

Shore, Steven N. (1992, Fall). Scientific cre-

ationism: The social agenda of a pseudo-science. *Skeptical Inquirer,* 17(1), 70–73.

Shuchman, Miriam, & Wilkes, Michael S. (1990, October 7). Dramatic progress against depression. *The New York Times Magazine,* pt. 2: *The Good Health Magazine,* 12, 30ff.

Shweder, Richard A. (1990). Cultural psychology— What is it? In I. W. Stigler, R. A. Shweder, & G. Herdt (eds.), *Cultural psychology: The Chicago Symposia on Human Development.* Cambridge, England: Cambridge University Press.

Shweder, Richard A.; Mahapatra, Manamohan; & Miller, Joan G. (1990). Culture and moral development. In I. W.

Stigler, R. A. Shweder, & G. Herdt (eds.), *Cultural psychology: Essays on comparative human development.* Cambridge, England: Cambridge University Press.

Siegel, Ronald K. (1989). *Intoxication: Life in pursuit of artificial paradise.* New York: Dutton.

Siegel, Shepard (1990). Classical conditioning and opiate tolerance and withdrawal. In D. J. K. Balfour (ed.), *Psychotropic drugs of abuse.* New York: Pergamon.

Siegel, Shepard, & Sdao-Jarvie, Katherine (1986). Attenuation of ethanol tolerance by a novel stimulus. *Psychopharmacology, 88,* 258–261.

Siegel, Shepard; Hinson, Riley E.; Kmank, Marvin D.; & McCully, Jane (1982). Heroin «overdose» death: Contribution of drug-associated environmental cues. *Science, 216,* 436–437.

Siegler, Robert (1996). *Emerging minds: The process of change in children's thinking.* New York: Oxford University Press.

Sifneos, Peter E. (1992). *Short-term anxiety-provoking psychotherapy* New York: Basic Books.

Sigman, M.; Neumann, C.; Carter, E.; et al. (1988). Home interactions and the development of Embu toddlers in Kenya. *Child Development, 59,* 1251–1261.

Silverstein, Brett, & Perlick, Deborah (1995). *The cost of competence.* New York: Oxford University Press.

Simon, Herbert A. (1973). The structure of ill-structured problems. *Artificial Intelligence, 4,* 181–202.

Simon, Herbert A. (1992). What is an «explanation» of behavior? *Psychological Science,* 3, 150–161.

Sims, Ethan A. (1974). Studies in human hyperphagia. In G. Bray & J. Bethune (eds.), *Treatment and management of obesity* New York: Harper & Row.

Singer, Jerome L. (1984). The private personality. *Personality and Social Psychology Bulletin,* 10, 7–30.

Sinclair, Robert C.; Hoffman, Curt; Mark, Melvin M.; Martin, Leonard L.; & Pickering, Tracie L. (1994). Construct accessibility and the misattribution of arousal: Schacter and

Singer revisited. *Psychological Science,* 5, 15–19.

Singer, Jerome L., & Singer, Dorothy G. (1988). Some hazards of growing up in a television environment: Children's aggression and restlessness. In S. Oskamp (ed.), *Applied social psychology annual: Vol. 8. Television as a social issue.* Newbury Park, CA: Sage.

Singer, Margaret T.; Temerlin, Maurice K.; & Langone, Michael D. (1990). Psychotherapy cults. *Cultic Studies Journal,* 7, 101–125.

Skal, David J. (1993). *The monster show: A cultural history of horror.* New York: W. W. Norton.

Skeptic (1994). Roper Poll highly exaggerated says Gallup [Skeptical News column]. *Skeptic,* 2(4), 24.

Skinner, B. F. (1938). *The behavior of organisms: An experimental analysis.* New York: Appleton-Century-Crafts.

Skinner, B. F. (1948). Superstition in the pigeon. *Journal of Experimental Psychology, 38,* 168–172.

Skinner, B. F. (1948/1976). *Walden tsvo.* New York: Macmillan.

Skinner, B. F. (1953). *Science and human behavior.* New York: Macmillan.

Skinner, B. F. (1956). A case history in the scientific method. *American Psychologist, 11,* 221–233.

Skinner, B. F. (1968). *The technology of teaching.* New York: Appleton-Century-Crafts.

Skinner, B. F. (1972). The operational analysis of psychological terms. In B. F. Skinner, *Cumulative record* (3rd ed.). New York: Appleton-Century-Crafts.

Skinner, B. F. (1978). *Reflections on behaviorism and society.* Englewood Cliffs, NJ: Prentice-Hall.

Skinner, B. F. (1983). *A matter of consequences.* New York: Knopf.

Skinner, B. F. (1987). What is wrong with daily life in the Western world? In B. F. Skinner, *Upon further reflection.* Englewood Cliffs, NJ: Prentice-Hall.

Skinner, B. F. (1990). Can psychology be a science of mind? *American Psychologist, 45,* 1206–1210.

Skinner, B. F., & Vaughan, Margaret (1984). *Enjoy old age.* New York: W. W. Norton.

Skinner, I. B.; Erskine, A.; Pearce, S. A.; Rubenstein, I.; et al. (1990). The evaluation of a cognitive behavioural treatment programme in outpatients with chronic *pain Journal of Psychosomatic Research, 34,* 13–19.

Skreslet, Paula (1987, November 30). The prizes of first grade. *Newsweek,* 8.

Slade, Pauline (1984). Premenstrual emotional changes in normal women: Fact or fiction? *Journal of Psychosomatic Research, 28,* 1–7.

Slobin, Daniel I. (1970). Universals of grammatical development in children. In G. B. Flores d'Arcais & W. J. M. Levelt (eds.), *Advances in psycholinguistics.* Amsterdam, Netherlands: North-Holland.

Slobin, Daniel I. (ed.) (1985). *The cross-linguistic study of language acquisition* (Vols. 1 & 2). Hillsdale, NJ: Eribaum.

Slobin, Daniel I. (ed.) (1991). *The cross-linguistic study of language acquisition* (Vol. 3). Hilladale, NJ: Erlbaum.

Smelser, Neil J.; Vasconcellos, John; & Mecca, Andrew (eds.) (1989). *The social importance of self-esteem.* Berkeley: University of California Press.

Smith, B. A.; Fillion, T. J.; & Blass, E. M. (1990). Orally mediated sources of calming in 1- to 3-day-old human infants. *Developmental Psychology, 26,* 731-737.

Smith, James F., & Kida, Thomas (1991). Heuristics and biases: Expertise and task realism in auditing. *Psychological Bulletin, 109,* 472–489.

Smith, M. Brewster (1994). Sellhood at risk: Postmodern perils and the perils of postmodernism. *American Psychologist, 49,* 405–411.

Smith, Mary Lee; Glass, Gene; & Miller, Thomas I. (1980). *The benefits of psychotherapy* Baltimore, MD: Johns Hopkins University Press.

Smith, N.; Tsimpli, I.-M.; & Ouhalla, J. (1993). Learning the impossible: The acquisition of possible and impossible languages by a polyglot savant. *Lingua, 91,* 279–347.

Smither, Robert D. (1994). *The psychology of work and human performance* (2nd ed.). New York: Harper-Collins.

Snodgrass, Sara E. (1985). Women's intuition: The effect of subordinate role on interpersonal sensitivity. *Journal of Personality and Social Psychology, 49,* 146–155.

Snodgrass, Sara E. (1992). Further effects of role versus gender on interpersonal sensitivity. *Journal of Personality and Social Psychology, 62,* 154–158.

Snow, Margaret E.; Jacklin, Carol N.; & Maccoby, Eleanor (1983). Sex-of-child differences in father-child interaction at one year of age. *Child Development, 54,* 227–232.

Solanto, M. V. & Wender, E. H. (1989). Does methylphenidate constrict cognitive functioning? *Journal of the American Academy of Child and Adolescent Psychiatry, 28,* 897-902.

Solomon, P. R. (1979). Science and television commercials: Adding relevance to the research methodology course. *Teaching of Psychology, 6,* 26-30.

Sommer, Robert (1969). *Personal space: The behavioral basis of design.* Englewood Cliffs, NJ: Prentice-Hall.

Sorce, James F.; Emde, Robert N.; Campos, Joseph; & Klinnert, Mary D. (1985). Maternal emotional signaling: Its effect on the visual cliff behavior of 1-year-olds. *Developmental Psychology, 21,* 195–200.

Spanos, Nicholas P. (1996). *Multiple identities and fulse memories: A sociocognitive perspective.* Washington, DC: American Psychological Association.

Spanos, Nicholas P.; Burgess, Cheryl A.; & Burgess, Melissa F. (1994). Past-life identities, UFO abductions, and satanic ritual abuse: The social construction of memories. *International Journal of Clinical and Experimental Hypnosis, 42,* 433–446.

Spanos, Nicholas P.; DuBreuil, Susan C.; & Gabora, Natalie J. (1991). Four month follow-up of skill trainlog induced enhancements in hypnotizability. *Con temporary Hypnosis, 8,* 25–32.

Sparer, Siegfried L.; Penrod, Steven; Read, Don; & Cutler, Brian (1995). Choosing, confidence, and accuracy: A meta-analysis of the confidence-accuracy relation in eyewitness identification studies. *Psychological Bulletin, 118,* 315–327.

Spelke, Elizabeth S.; Breinlinger, Karen; Macamber, Janet; & Jacobson, Kristen (1992). Origins of knowledge. *Psychological Review, 99,* 605–632.

Speltz, Matthew L.; Greenberg, Mark T.; & Deklyen, Michelle (1990). Attachment in preschoolers with disruptive behavior: A comparison of clinic-referred and nonproblem children. *Development and Psychopathology 2,* 31–46.

Spence, Janet T. (1985). Gender identity and its implications for concepts of masculinity and femininity. In T. Sonderegger (ed.), *Nebraska Symposium on Motivanon.* Lincoln: University of Nebraska Press.

Spencer, M. B., & Dornbusch, Sanford M. (1990). Ethnicity. In S. S. Feldman & G. R. Elliott (eds.), *At the threshold: The developing adolescent.* Cambridge, MA: Harvard University Press.

Sperling, George (1960). The information available in brief visual presentations. *Psychological Monographs, 74* (498).

Sperry, Roger W. (1964). The great cerebral commissure. *Scientific Amen can, 210(1),* 42–52.

Sperry, Roger W. (1982). Some effects of disconnecting the cerebral hemispheres. *Science, 217,* 1223–1226.

Spilich, George J.; June, Lorraine; & Renner, Judith (1992). Cigarette smoking and cognitive performance. *British Journal of Addiction, 87,* 113–126.

Sprecher, Susan; Sullivan, Quintin; & Hatfield, Elaine (1994). Mate selection preferences: Gender differences examined in a national sample. *Journal of Personality and Social Psychology, 66,* 1074–1080.

Squire, Larry R. (1987). *Memory and the brain.* New York: Oxford University Press.

Squire, Larry R., & Zola-Morgan, Stuart (1991). The medial temporal lobe memory system. *Science, 253,* 1380–1386.

Squire, Larry R.; Ojemann, Jeffrey G.; Miezin, Francis M.; *et al.* (1992). Activation of the hippocampus in normal humans: A functional anatomical study of memory. *Proceedings of the National Academy of Science, 89,* 1837–1841.

Staats, Carolyn K., & Stasts, Arthur W. (1957). Meaning established by classical conditioning. *Journal of Experimental Psychology, 54,* 74–80.

Stanovich, Keith (1996). *How to think straight about psychology* (4th ed.). New York: HarperCollins.

Staples, Brent (1994). *Parallel time.* New York: Pantheon. *State of New Hampshire* v. *Joel Hungerford* (St. 94 45 7) & *State* v. *John Morahan* (St. 93 1734 6) Superior Court, Northern District of Hillsborough County, State of New Hampshire. Notice of Decision, May 23, 1995.

Staub, Ervin (1989). *The roars of evil: The origins of genocide and other group violence.* New York: Cambridge University Press.

Staub, Ervin (1990). The psychology and culture of torture and torturers. In P. Suedfeld (ed.), *Psychology and torture.* Washington, DC: Hemisphere.

Steele, Claude M. (1994, October 31). Bizarre black IQ claims abetted by media. *San Francisco Chronicle,* oped page.

Steinberg, Laurence; Domnbusch, Sanford M.; & Brown, B. Bradford (1992). Ethnic differences in adolescent achievement: An ecological perspective. *American Psychologist, 47,* 723–729.

Steinberg, Robert J. (1986). *Intelligence applied:Understanding and increasing your intellectual skills.* San Diego: Harcourt Brace Jovanovich.

Steinberg, Robert J. (1988). *The triarchic mind: A new theory of human intelligence.* New York: Viking.

Steinberg, Robert J., & Kolligian, John, Jr. (eds.) (1990). *Competence considered.* New Haven, CT: Yale University Press.

Steinberg, Robert J., & Wagner, Richard K. (1989). Individual differences in practical knowledge and its acquisition. In P. Ackerman, R. J. Steinberg, & R. Glaser (eds.), *Individual differences.* New York: W. H. Freeman.

Steinberg, Robert J.; Okagaki, Lynn; & Jackson, Alice S. (1990). Practical intelligence for success in school. *Educational Leadership, 48,* 35–39.

Steinberg, Robert J.; Wagner, Richard K.; & Okagaki, Lynn (1993). Practical intelligence: The nature and role of tacit knowledge in work and at school. In H. Reese & I. Puckett (eds.), *Advances in lifespan development.* Hillsdale, NJ: Erlbaum.

Steinberg, Robert J.; Wagner, Richard K.; Williams, Wendy M.; & Horvath, Joseph A. (1995). Testing common sense.*Americao Psychologist, 50,* 912–927.

Steiner, Robert A. (1989). *Don't get taken!* El Cerrito, CA: Wide-Awake Books.

Stenbeing, Craig R., & Campos, Joseph (1990). The development of anger expressions in infancy. In N. Stein, B. Leventhal, & T. Trabasso (eds.), *Psychological and biological approaches to emotion.* Hillsdale, NJ: Erlbaum.

Stephan, K. M.; Fink, G. R.; Passingham, R. E.; et al. (1995). Functional anatomy of the mental representation of upper movements in healthy subjects. *Journal of Neurophysiology, 73,* 373–386.

Stephan, Walter (1985). Intergroup relations. In G. Lindzey & E. Aronson (eds.), *Handbook of social psychology* (Vol. 2). New York: Random House.

Stephan, Walter G., & Stephan, Cookie (1992). Reducing intercultural anxiety through intercultural contact. *International Journal of Intercultural Relations, 16,* 96–106.

Stephan, Walter G.; Ageyev, Vladimir; Coates-Shrider, Lisa; Stephan, Cookie W.; & Abalakina, Marina (1994). On the relationship between stereotypes and prejudice: An international study. *Personality and Social Psychology Bulletin, 20,* 277–284.

Stephan, Walter, & Brigham, John C. (1985). Intergroup contact: Introduction. *Journal of Social Issues, 41(3),* 1–8.

Stephens, Mitchell (1991, September 20). The death of reading. *Los Angeles Times Magazine,* 10, 12, 16, 42, 44.

Stern, Daniel (1985). *The interpersonal world of the infant.* New York: Basic Books.

Stern, Marilyn, & Karraker, Katherine H. (1989). Sex stereotyping of infants: A review of gender labeling studies. *Sex Roles, 20,* 50 1–522.

Stevenson, Harold W.; Chen, Chuansheng; & Lee, Shin-ying (1993, January 1). Mathematics achievement of Chinese, Japanese, and American children: Ten years later. *Science, 259,* 53–58.

Stevenson, Harold W.; Lee, Shin-ying; Chen, Chuansheng; Lummis, Max; et al. (1990a). Mathematics achievement in children in China and the United States. *Child Development, 61,* 1053–1066.

Stevenson, Harold W.; Lee, Shin-ying; Chen, Chuansheng; Stigler, James W.; et al. (1990b). Contexts of achievement: A study of American, Chinese, and Japanese children. *Monographs of the Society for Research in Child Development, 55(1–2).*

Stewart, D.; Cudworth, C. J.; & Lishman, J. R. (1993). Misperception of time-to-collision by drivers in pedestrian accidents. *Perception, 22,* 1227-1244.

Stickler, Gunnar B.; Salter, Margery; Broughton, Daniel D.; & Alario, Anthony (1991). Parents' worries about children compared to actual risks. *Clinical Pediattics, 30,* 522–528.

Stimpson, Catharine (1996, Winter). Women's studies and its discontents. *Dissent, 43,* 67–75.

Straus, Murray A. (1991). Discipline and deviance: Physical punishment of children and violence and other crime in adulthood. *Social Problems, 38(2),* 133–154.

Strickland, Bonnie R. (1965). The prediction of social action from a dimension of internal-external control. *Journal of Social Psychology, 66,* 353–358.

Strickland, Bonnie R. (1989). Internal-external control expectancies: From contingency to creativity. *American Psychologist, 44,* 1–12.

Strupp, Hans H. (1982). The outcome problem in psychotherapy: Contemporary perspectives. In I. H. Harvey & M. M. Parks (eds.), *Psychotherapy research and behavior change: Vol. 1. The APA Master Lecture Series.* Washington, DC: American Psychological Association.

Strupp, Hans H., & Binder, Jeffrey (1984). *Psychotherapy in a new key.* New York: Basic Books.

Stunkard, Albert J. (ed.) (1980). *Obesity.* Philadelphia: Saunders.

Sue, Stanley (1991). Ethnicity and culture in psychological research and practice. In I. Goodehilds (ed.), *Psychological perspectives on human diversity in America.* Washington, DC: American Psychological Association.

Suedfeld, P. (1975). The benefits of boredom: Sensory deprivation reconsidered. *American Scientist, 63* (1), 60-69.

Suedfeld, Peter; Little, B. R.; Rank, A. D.; Rank, D. S.; & Ballard, E. (1986). Television and adults: Thinking, personality and attitudes. In T. M. Williams (ed.), *The impact of television: A natural experiment in three communities.* San Diego: Academic Press.

Sulloway, Frank J. (1992). Freud, *biologist of the mind:Beyond the psychoanalytic legend* (rev. ed.). Cambridge, MA: Harvard University Press.

Sundstrom, Eric; De Meuse, Kenneth P.; & Futmell, David (1990). Work teams: Applications and effectiveness. *American Psychologist, 45,* 120–133.

Suomi, Stephen J. (1987). Genetic and maternal contributions to individual differences in rhesus monkey biobehavioral development. In N. Kinasnegor, E. Blass, M. Hofer, & W. Smotherman (eds.), *Perinatal development: A psychobiological perspective.* New York: Academic Press.

Suomi, Stephen J. (1989). Primate separation models of affective disorders. In J. Madden (ed.), *Adaptation, learning, and affect.* New York: Raven Press.

Suomi, Stephen J. (1991). Uptight and laid-back monkeys: Individual differences in the response to social challenges. In S. Branch, W. Hall, & J. E. Dooling (eds.), *Plasticity of development.* Cambridge, MA: MIT Press.

Super, Charles A., & Harkness, Sara (1994). The developmental niche. In W. I. Loaner & R. Malpass (eds.), *Psychology and culture.* Needham Heights, MA: Allyn & Bacon.

Sweat, Jane A., & Durm, Mark W. (1993, Winter). Psychics: Do police departments really use them? *Skeptical Inquirer, 17,* 148–158.

Swedo, Susan E., & Rapoport, Judith L. (1991). Trichotillomania [hair-pulling]. *Journal of Child Psychology and Psychiatry and Allied Disciplines, 32,* 401–409. Symons, Donald (1979). *The evolution of human sexuality* New York: Oxford University Press.

Szapocznik, Jose, & Kurtines, William M. (1993). Family psychology and cultural diversity. *American Psychologist, 48,* 400–407.

Taffel, Ronald (1990, September/October). The politics of mood. *Family Therapy Networker,* 49–53, 72.

Tajfel, Henri, & Turner, John C. (1986). The social identity theory of intergroup behavior. In S. Worchel & W. G. Austin (eds.), *Psychology of intergroup relations.* Chicago: Nelson-Hall.

Tajfel, Henri; Billig, M. G.; Bundy, R. P.; & Flament, C. (1971). Social categorization and intergroup behavior. *European Journal of Social Psychology, 1,* 149–178.

Tanaka, K.; Saito, H.-A.; Fukada, Y.; & Moriya, M. (1991). Coding visual images of objects in the inferotemporal cortex of the macaque monkey. *Journal of Neurophysiology, 66,* 170–189.

Tanur, Judith M. (ed.) (1992). *Questions about questions: Inquiries into the cognitive basis of surveys.* New York: Russell Sage Foundation.

Tartter, Vivien C. (1986). *Language processes.* New York: Halt, Rinehart and Winston.

Taub, David M. (1984). *Primate paternalism.* New York: Van Nostrand Reinhold.

Tavris, Carol (1987, January). How to succeed in business abroad. *Signature,* 86–87, 110–113.

Tavris, Carol (1989). *Anger: The misunderstood emotion* (rev. ed.). New York: Touchstone.

Tavris, Carol (1992). *The mismeasure of woman.* New York: Touchstone.

Taylor, Donald M., & Porter, Lana E. (1994). A multicultural view of stereotyping. In W. I. Loaner & R. Malpass (eds.), *Psychology and culture.* Needham Heights, MA: Allyn & Bacon.

Taylor, Shelley E. (1989). *Positive illusions: Creative self-deception and the healthy mind.* New York: Basic Books.

Taylor, Shelley E. (1991). *Health psychology,* 2nd ed. New York: McGraw-Hill.

Taylor, Shelley E. (1995). *Health psychology* (3rd ed.). New York: McGraw-Hill.

Taylor, Shelley E.; Peplau, Letitia A.; & Sears, David O. (1997). *Social psychology* (9th ed.). Englewood Cliffs, NJ: Prentice-Hall.

Tellegen, Auke; Lykken, David T.; Bouchard, Thomas J., Jr.; et al. (1988). Personality similarity in twins reared apart and together. *Journal of Personality and Social Psychology, 54,* 1031–1039.

Terr, Lenore (1990). *Too scared to cry* New York: Basic Books.

Terr, Lenore (1994). *Unchained memories: True stories of traumatic memories, lost and found.* New York: Basic Books.

Terrace, H. S. (1985). In the beginning was the "name". *American Psychologist, 40,* 1011–1028.

Thibodeau, Ruth, & Aronson, Elliot (1992). Taking a closer look: Reasserting the role of the self-concept in dissonance theory. *Personality and Social Psychology Bulletin, 18,* 591–602.

Thoma, Stephen J. (1986). Estimating gender differences in the comprehension and preference of moral issues. *Developmental Review, 6,* 165–180.

Thomas, Alexander, & Chess, Stella (1980). *The dynamits of psychological development.* New York: Brunner/Mazel.

Thomas, Alexander, & Chess, Stella (1982). Temperament and follow-up to adulthood. In R. Pointer & G. M. Collins (cdi.), *Temperamental differences in infants and young children.* London: Pitman.

Thomas, Alexander, & Chess, Stella (1984). Genesis and evolution of behavioral disorders: From infancy to early adult life. *American Journal of Psychiatry, 141,* 1–9.

Thorndike, Edward L. (1898). Animal intelligence: An experimental study of the associative processes in animals. *Psychological Review Monograph Supplement, 2* (Whole No. 8).

Thompson, Richard F. (1986). The neurobiology of learning and memory. *Science, 233,* 94 1–947.

Thorndike, Edward L. (1903). *Educational psychology* New York: Columbia University Teachers College.

Thornhill, Randy (1980). Rape in *Panorpa* scorpion-flies and a general rape hypothesis. *Animal Behavior, 28,* 52–59.

Thornton, E. M. (1984). *The Freudian fallacy: An alternative view of Freudian theory* Garden City, NY: Dial.

Tillman, Jane G.; Nash, Michael R.; & Lerner, Paul M. (1994). Does trauma cause dissociative pathology? In S. Lynn & I. Rhue (eds.), *Dissociation: Clinical and theoretical perspectives.* New York: Guilford Press.

Tolman, Edward C. (1938). The determiners of behavior at a choice point. *Psychological Review, 45,* 1–35.

Tolman, Edward C. (1948). Cognitive maps in rats and men. *Psychological Review, 55,* 189–208.

Tolman, Edward C., & Honzik, Chase H. (1930). Introduction and removal of reward and maze performance in rats. *University of California Publications in Psychology, 4,* 257–275.

Torrey, E. Fuller (1988). *Surviving schizophrenia* (rev. ed.). New York: Harper & Row.

Torrey, E. Fuller; Bowler, Ann E.; Taylor, Edward H.; & Gottesman, Irving I. (1994). *Schizophrenia and manic-depressive disorder.* New York: Basic Books.

Tougas, Francine; Brown, Rupert; Beaton, Ann M.; & Joly, Stéphane (1995). Neosexism: Plus ça change, plus c'est pareil. *Personality and Social Psychology Bulletin, 21,* 842–849.

Trafimow, David; Triandis, Harry C.; & Goto, Sharon G. (1991). Some tests of the distinction between the private self and the collective self. *Journal of Personality and Social Psychology, 60,* 649–655.

Tranel, Daniel, & Damasio, Antonio (1985). Knowledge without awareness: An autonomic index of facial recognition by prosopagnosics. *Science, 228,* 1453–1454.

Traub, James (1993, June 7). The hearts and minds of City College. *The New Yorker,* 42–53.

Triandis, Harry C. (1994). *Culture and social behavior.* New York: McGraw-Hill.

Triandis, Harry C. (1995). *Individualism and collectivism.* Boulder, CO: Westview.

Trimble, Joseph E., & Medicine, Beatrice (1993). Diversification of American Indians: Forming an indigenous perspective. In U. Kim & I. W. Berry (eds.), *Indigenous psychologies: Research and experience in cultural context.* Newbury Park, CA: Sage.

Trivers, Robert (1972). Parental investment and sexual selection. In B. Campbell (ed.), *Sexual selection and the descent of man.* New York: Aldine de Gruyter.

Trumbach, R. (1989). Gender and the homosexual role in modern western culture: The 18th and 19th centuries compared. In D. Altman, C. Vance, M. Vicinus, & J. Weeks (eds.), *Which homosexuality?* London, England: GMP Publishers.

Tulving, Endel (1985). How many memory systems are there? *American Psychologist, 40,* 385–398.

Tversky, Amos, & Kahneman, Daniel (1981). The framing of decisions and the psychology of choice. *Science, 211,* 453–458.

Tversky, Amos, & Kahneman, Daniel (1986). Rational choice and the framing of decisions. *Journal of Business, 59,* S251–S278.

Tzischinsky, Omna; Pal, I.; Epstein, Rachel; Dagan, Y.; & Lavie, Peretz (1992). The importance of timing in melatonin administration in a blind man. *Journal of Pineal Research, 12,* 105–108.

Unger, Rhoda (1990). Imperfect reflections of reality: Psychology constructs gender. In R. T. Hare-Muslin & I. Marecek (eds.), *Making a difference: Psychology and the construction of gender.* New Haven, CT: Yale University Press.

Usher, JoNell A., & Neisser, Ulric (1993). Childhood amnesia and the beginnings of memory for four early life events. *Journal of Experimental Psychology: General, 122,* 155–165.

Vaillant, George E. (1983). *The natural history of alcoholism: Causes, patterns, and paths to recovery* Cambridge, MA: Harvard University Press.

Vaillant, George E. (1995). *The natural history of alcoholism revisited.* Cambridge, MA: Harvard University Press.

Vaillant, George E. (ed.) (1992). *Ego mechanisms of defense.* Washington, DC: American Psychiatric Press.

Vaillant, George E., & Miofaky, Eva S. (1982). The etiology of alcoholism. *American Psychologist, 37,* 494–503.

Valkenburg, Patti M., & van der Voort, Tom H. A. (1994). Influence of TV on daydreaming and creative imagination: A review of research. *Psychological Bulletin, 116,* 316–339.

Vallerand, R. J., & Reid, G. (1984). On the causal effects of perceived competence on intrinsic motivation: A test of cognitive evaluation theory. *Journal of Sport Psychology, 6,* 94–102.

Van Cantfort, Thomas E., & Rimpau, James B. (1982). Sign language studies with children and chimpanzees. *Sign Language Studies, 34,* 15–72.

Van Lancker, Diana R., & Kempler, Daniel (1987). Comprehension of familiar phrases by left- but not by right-hemisphere damaged patients. *Brain and Language, 32,* 265–277.

Vandenberg, Brian (1985). Beyond the ethology of play. In A. Gottfried & C. C. Brown (eds.), *Play interactions.* Lexington, MA: Lexington Books.

Vandenberg, Brian (1993). Existentialism and developmeat. *American Psychologist, 48,* 296–297.

Vasquez, Melba J. T., & Barón, Augustine, Jr. (1988). The psychology of the Chicano experience: A sample course structure. In P. Bronstein & K. Quina (eds.), *Teaching a psychology of people.* Washington, DC: American Psychological Association.

Vila, J., & Beech, H. R. (1980). Premenstrual symptomstology: An interaction hypothesis. *British Journal of Social and Clinical Psychology, 19,* 73–80.

Vokey, J. R., & Read, J. D. (1985). Subliminal messages: Between the devil and the media. *American Psychologist, 40,* 1231-1239.

Von Lang, Jochen, & Sibyll, Claus (eds.) (1984). *Eichmann interrogated: Transcripts from the archives of the Israeli police.* NewYork: Random House.

Voycin, Daniel; Voyem, Susan; & Bryden, M. P. (1995). Magnitude of sex differences in spatial abilities: A metaanalysis and consideration of critical variables. *Psychological Bulletin, 117,* 250–270.

Wadden, Thomas A.; Foster, G. D.; Letizia, K. A.; & Mullen,J. L. (1990, August 8). Long-term effects of dietlog on resting metabolic rate in obese outpatients. *Journal of the American Medical Association, 264,* 707–711.

Wade, C., & Cirese, S. (1991). *Human sexuality* (2nd ed.). San Diego: Harcourt Brace Jovanovich.

Wade, Carole, & Cirese, Sarah (1991). *Human sexuality* (2nd ed.). San Diego: Harcourt Brace Jovanovich.

Wagemaker, Herbert, Jr., & Cade, Robert (1978). Hemodialysis in chronic schizophrenic patients. *Southern Medical Journal, 71*, 1463–1465.

Wagenaar, Willem A. (1986). My memory: A study of autobiographical memory over six years. *Cognitive Psychology, 18*, 225–252.

Walker, Alice, & Parmar, Pratibha (1995). *Warrior marks: Female genital mutilation and the sexual binding of women.* Fort Worth, TX: Harcourt Brace.

Walker, Anne (1994). Mood and well-being in consecutive menstrual cycles: Methodological and theoretical implications. *Psychology of Women Quarterly, 18*, 271–290.

Walker, Lawrence J. (1989). A longitudinal study of moral reasoning. *Child Development, 60*, 157–166.

Walker, Lawrence J.; de Vries, Brian; & Trevethan, Shelley D. (1987). Moral stages and moral orientations in real-life and hypothetical dilemmas. *Child Development, 58*, 842–858.

Wallbott, Harald G.; Ricci-Bitti, Pio; & Bänninger-Huber, Eva (1986). Non-verbal reactions to emotional experiences. In K. R. Scherer, H. G. Wallbott, & A. B. Summerfield (eds.), *Experiencing emotion: A cross-cultural study* Cambridge, England: Cambridge University Press.

Waller, Niels G.; Kojetin, Brian A.; Bouchard, Thomas J., Jr.; Lykken, David T.; & Tellegen, Auke (1990). Genetic and environmental influences on religious interests, attitudes, and values: A study of twins reared apart and together. *Psychological Science, 1*, 138–142.

Wang, Alvin Y., & Thomas, Margaret H. (1992). The effect of imagery-based mnemonics on the long-term retention of Chinese characters. *Language Learning, 42*, 359–376.

Wang, Alvin Y; Thomas, Margaret H.; & Ouellette, Judith A. (1992). The keyword mnemonic and retention of second-language vocabulary words. *Journal of Educational Psychology, 84*, 520–528.

Ward, L. Monique (1994). Preschoolers' awareness of associations between gender and societal status. Paper presented at the annual meeting of the American Psychological Association, Los Angeles.

Warren, Gayle H., & Raynes, Anthony E. (1972). Mood changes during three conditions of alcohol intake. *Quarterly Journal of Studies on Alcohol, 33*, 979–989.

Washburn, David A., & Rumbaugh, Duane M. (1991). Ordinal judgments of numerical symbols by macaques (*Macaca mulatta*). *Psychological Science, 2*, 190–193.

Waters, Everett; Memmick, Susan K.; Albersheim, Lesh J.; & Treboux, Dominique (1995). Attachment security from infancy to early adulthood: A 20-year-longitudinal study. Paper presented at the annual meeting of the Society for Research in Child Development, Indianapolis.

Watson, John B. (1913). Psychology as the behaviorist views it. *Psychological Review, 20*, 158–177.

Watson, John B. (1925). *Behaviorism.* New York: W. W. Norton.

Watson, John B., & Rayner, Rosalie (1920). Conditioned emotional reactions. *Journal of Experimental Psychology, 3*, 1–14.

Webb, Wilse B., & Cartwright, Rosalind D. (1978). Sleep and dreams. In M. Rosenzweig & L. Porter (eds.), *Annual Review of Psychology, 29*, 223–252.

Webster, Richard (1995). *Why Freud was wrong.* New York: Basic Books.

Wegner, Daniel M. (1994). Ironic processes of mental control. *Psychological Review, 101*, 34–57.

Weil, Andrew T. (1972/1986). *The natural mind: A new way of looking at drugs and the higher consciousness.* Boston: Houghton Mifflin.

Weiner, B. (1984). Principles for a theory of student motivation and their application within an attributional framework. In R. Ames & C. Ames (eds.), *Student Motivation* (Vol. 1, p. 15-38). New York: Academic Press.

Weiner, B. (1986). *An attributional theory of motivation and emotion.* New York: Springer-Verlag.

Weiner, Bernard (1986). *An attributional theory of motivation and emotion.* New York: Springer-Verlag.

Weiss, Bahr; Dodge, Kenneth A.; Bates, John E.; & Petitt, Gregory S. (1992). Some consequences of early harsh discipline: Child aggression and a maladaptive social information processing style. *Child Development, 63*, 1321–1335.

Weisz, John R.; Rothbaum, Fred M.; & Blackburn, Thomas C. (1984). Standing out and standing in: The psychology of control in America and Japan. *American Psychologist, 39*, 955–969.

Weisz, John R.; Weiss, Bahr; Alicke, Mark D.; & Klotz, M. L. (1987). Effectiveness of psychotherapy with children and adolescents: A meta-analysis for clinicians. *Journal of Consulting and Clinical Psychology, 55*, 542–549.

Weisz, John R.; Weiss, Bahr; Han, Susan S.; Granger, Douglas A.; & Morton, Todd (1995). Effects of psychotherapy with children and adolescents revisited: A meta-analysis of treatment outcome studies. *Psychological Bulletin, 117*, 450–468.

Wells, Gary L. (1993). What do we know about eyewitness identification? *American Psychologist, 48*, 553–571.

Wells, Gary L.; Luus, C.A. Elizabeth; & Windschitl, Paul D. (1994). Maximizing the utility of eyewitness identification evidence. *Current Directions in Psychological Science, 3*, 194–197.

Werner, Emmy E. (1989). High-risk children in young adulthood: A longitudinal study from birth to 32 years. *American Journal of Orthopsychiatry, 59*, 72–81.

Westen, Drew (1991). Social cognition and object relations. *Psychological Bulletin, 109*, 429–455.

Wheeler, Douglas L.; Jacobson, John W.; Paglieri, Raymond A.; & Schwartz, Allen A. (1993).An experimental assessment of facilitated communication. *Mental Retardation, 31*, 49–59.

Whisman, Mark A. (1993). Mediators and moderators of change in cognitive therapy of depression. *Psychological Bulletin, 114*, 248–265.

Whitam, Frederick L.; Diamond, Milton; & Martin, James (1993). Homosexual orientation in twins: A report on 61 pairs and 3 triplet sets. *Archives of Sexual Behavior, 22*, 187–206.

White, R. W. (1959). Motivation reconsidered: The concept of competence. *Psychological Review, 66*, 297-333.

White, Robert W. (1959). Motivation reconsidered: The concept of competence. *Psychological Review, 66*, 297–333.

White, Sheldon H., & Pillemer, David B. (1979). Childhood amnesia and the development of a socially accessible memory system. In J. F. Kiblatrom & F. I. Evans (eds.), *Functional disorders of memory* Hillsdale, NJ: Erlbaum.

Whitehurst, Grover J.; Arnold, David S.; Epstein, Jeffrey N.; Angell, Andrea L.; et al. (1994).A picture book reading intervention in day care and home for children from low-income families. *Developmental Psychology, 30*, 679–689.

Whitehurst, Grover J.; Falco, F. L.; Lonigan, C. J.; Fischel, J. E.; et al. (1988). Accelerating language development through picture book reading. *Developmental Psychology, 24*, 552–559.

Whiting, Beatrice B., & Edwards, Carolyn P. (1988). *Children of different worlds: The formation of social behavior.* Cambridge, MA: Harvard University Press.

Whiting, Beatrice B., & Whiting, John (1975). *Children of six cultures.* Cambridge, MA: Harvard University Press.

Whitney, Kristina; Sagrestano, Lynda M.; & Maslach, Christina (1994). Establishing the social impact of individuation. *Journal of Personality and Social Psychology, 66*, 1140–1153.

Wicklund, R. A. (1975). Objective self-awareness. In L. Berkowitz (ed.), *Advances in experimental social psychology* (Vol. 9). New York: Academic Press.

Widner, H.; Tetrud, J.; Rehncrona, S.; et al. (1993). Fifteen months' follow-up on bilateral embryonic mesencephalic grafts in two cases of severe MPTP-induced Parkinsonism. *Advances in Neurology, 60*, 729–733.

Widom, Cathy S. (1989). Does violence beget violence? A critical examination of the literature. *Psychological Bulletin, 106*, 3–28.

Williams, Kipling D., & Karau, Steven J. (1991). Social loafing and social compensation: The effects of expectations of co-worker performance. *Journal of personality and Social Psychology, 61*, 570–581.

Williams, Linda M. (1994). Recall of childhood trauma: A prospective study of women's memories of child sexual abuse. *Journal of Consulting and Clinical Psychology, 62*, 1167–1176.

Williams, Walter (1986). *The spirit and the flesh: Sexual diversity in American Indian culture.* Boston: Beacon Press.

Williams, Wendy M.; Blythe, Tina; White, Noel; Li, Jin; et al. (1996). *Practical intelligence fur school.* New York: Harper-Collins.

Wilner, Daniel; Walkley, Rosabelle; & Cook, Stuart (1955). *Human relations in interracial housing.* Minneapolis: University of Minnesota Press.

Wilson, Edward O. (1975). *Sociobiology: The new synthesis.* Cambridge, MA: Belkoap/Harvard University Press.

Wilson, Edward O. (1978). *On human nature.* Cambridge, MA: Harvard University Press.

Wilson, Edward O. (1994). *Naturalist.* Washington, DC: Island Press.

Wilson, G. Terence, & Fairburn, Christopher G. (1993). Cognitive treatments for eating disorders (Special section: Recent developments in cognitive and constructivist psychotherapies). *Journal of Consulting and Clinical Psychology, 61*, 261–269.

Windholz, George, & Lamal, P. A. (1985). Kohier's insight revisited. *Teaching of Psychology, 12*, 165–167.

Winnicott, D. W. (1957/1990). *Home is where we start from.* New York: W. W Norton.

Witelson, Sandra F.; Glazer, I.I.; & Kigar, D. L. (1994). Sex differences in numerical density of neurons in human auditory association cortex. *Society fur Neuroscience Abstracts, 30* (Abstr. No.582.12).

Woo, Elaine (1995, January 21). Teaching that goes beyond IQ. *Los Angeles Times,* Al, A22, A23.

Wood, James M.; Nezworski, Teresa; & Stejskal, William J. (1996). The comprehensive system for the Rorschach: A critical examination. *Psychological Science, 7*, 3–10.

Wood, Robert, & Bandura, Albert (1989). Impact of conceptions of ability on self-regulatory mechanisms and complex decision making. *Journal of Personality and Social Psychology, 56*, 407–415.

Wooley, Susan; Wooley, O. Wayne; & Dyrenforth, Susan (1979). Theoretical, practical, and social issues in behavioral treatments of obesity. *Journal of Applied Behavior Analysis, 12*, 3–25.

Woolfolk, Robert L., & Richardson, Frank C. (1984). Behavior therapy and the ideology of modernity. *American Psychologist, 39*, 777–786.

Wright, Daniel B. (1993). Recall of the Hillsborough disaster over time: Systematic biases of «flashbulb» memories. *Applied Cognitive Psychology, 7*, 129–138.

Wright, R. L. D. (1976). *Understanding statistics: An informal introduction for the behavioral sciences.* New York: Harcourt Brace Jovanovich.

Wu, Tzu-chin; Tashkin, Donald P.; Djahed, Behnam; & Rose, Jed E. (1988). Pulmonary hazards of smoking marijuana as compared with tobacco. *New England Journal of Medicine, 318*, 347–351.

Wurtman, Richard J. (1982). Nutrients that modify brain function. *Scientific American, 264(4)*, 50–59.

Wyatt, Gail E., & Mickey, M. Ray (1987). Ameliorating the effects of child sexual abuse: An exploratory study of support by patents and others. *Journal of Interpersonal Violence, 2*, 403–414.

Wylie, Mary S. (1993, September/October). The shadow of a doubt. *The Family Therapy Networker, 17*, 18–29, 70, 73.

Yalom, Irvin D. (1980). *Existential psychotherapy* New York: Basic Books.

Yalom, Irvin D. (1989). *Love's executioner and other tales of psychotherapy* New York: Basic Books.

Yapko, Michael (1994). *Suggestions of abuse: True and false memories of childhood sexual trauma.* New York: Simon & Schuster.

Yee, Albert H.; Fairchild, Halford H.; Weizmann, Fredric; & Wyatt, Gail E. (1993). Addressing psychology's problems with race. *American Psychologist, 48*, 1132–1140.

Yoder, Janice D., & Kahn, Arnold S. (1993). Working toward an inclusive psychology of women. *American Psychologist, 48*, 846–850.

Young, M. P., & Yamane, S. (1992). Sparse population coding of faces in the inferotemporal cortex. *Science, 256*, 1327-1331.

Young-Eisendrath, Polly (1993). *You're not what I expected: Learning to love the opposite sex.* New York: Morrow.

Zaccaria, J. S., & Weir, R. W. (1967). A comparison of alcoholics and selected samples of non-alcoholics in terms of a positive concept of mental health. *Journal of Social Psychology, 71*, 151-157.

Zahn-Waxler, Carolyn; Radke-Yarrow, Marian; & King, Robert (1979). Child rearing and children's prosocial initiations toward victims of distress. *Child Development, 50*, 319–330.

Zajonc, Robert B. (1965). Social facilitation. *Science, 149*, 269–274.

Zajonc, Robert B. (1968). Attitudinal effects of mere exposure. *Journal of Personality and Social Psychology, 9, Monograph Supplement, 2*, 1–27.

Zhang, Yiying; Proenca, Ricardo; Maffei, Margherita; et al. (1994). Positional cloning of the mouse obese gene and its human homologue. *Nature, 372(6505)*, 425–432.

Zilbergeld, Bernie (1983). *The shrinking of America:Myths of psychological change.* Boston: Little, Brown.

Zimbardo, Philip G. (1970). The human choice: Individuation, reason, and order versus deindividuation, impulse, and chaos. In W. I. Arnold & D. Levine (eds.), *Nebraska Symposium on Motivation, 1969.* Lincoln: University of Nebraska Press.

Zimbardo, Philip G., & Leippe, M. R. (1991). *The psychology of attitude change and social influence.* New York: McGraw-Hill.

Zinberg, Norman (1974). The search for rational approaches to heroin use. In P. G. Bourne (ed.), *Addiction.* New York: Academic Press.

Zuckerman, Marvin (1990). Some dubious premises in research and theory on racial differences: Scientific, social, and ethical issues. *American Psychologist, 45*, 1297–1303.

Zuckerman, Marvin; Kuhlman, D. Michael; Joireman, Jeffrey; Teta, Paul; & Kraft, Michael (1993). A comparison of three structural models for personality: The Big Three, the Big Five, and the Alternative Five. *Journal of Personality and Social Psychology, 65*, 757–768.

Zuckerman, Marvin; Kuhlman, D. Michael; & Camac, Curt (1988). What lies beyond E and N? Factor analysea of scales believed to measure basic dimensions of personality. *Journal of Personality and Social Psychology, 54*, 96–107.

Sources des illustrations et des photographies

Première partie

Chapitre 1

Pages 2-3: Kunsthistorisches Museum, Vienna. *Page 4:* SPL/Publiphoto. *Page 5:* Alan Levenson/Tony Stone Images. *Page 8:* (à gauche) Jacquart Design; (à droite) Magrath/ Folsom/SPL/Photo Researchers, Inc. *Page 11:* Magrath/Folsom/SPL/Photo Researchers, Inc. *Page 12:* Édimédia/Publiphoto. *Page 13:* Archives of the History of American Psychology, The University of Akron. *Page 14:* Kunsthistorisches Museum, Vienna. *Page 17:* (à gauche) T.W.'s Image Network Inc.; (à droite) Lonnie Duka/T.W.'s Image Network Inc. *Page 21:* Howard Sochurek, Inc. *Page 22:* Vladimir Lange/Image Bank. *Page 23:* Jacqueline Leroux. *Page 24:* Larry Wells/ T.W.'s Image Network Inc. *Page 25:* Gamma/ Superstock.

Chapitre 2

Page 31: SPL/Photo Researchers, Inc. *Page 32:* Alan Carey/The Image Works. *Page 35:* (à gauche) Val Corbett/Tony Stone Images; (à droite) Herbert L. Stormont/Unicorn Stock Photos. *Page 37:* ©1965, Stanley Milgram. Tiré du film *Obedience*, distribué par Pennsylvania State University, PCR. *Page 40:* Ponomareff/Ponopresse Internationale. *Page 43:* Jacquart Design. *Page 56:* Hank Morgan/Rainbow. *Page 61:* (fond) Kunsthistorisches Museum, Vienna.

Deuxième partie

Pages 62-63: (fond) Kunsthistorisches Museum, Vienna (détail).

Chapitre 3

Page 64: ©1997 John Rizzo/Photonica. *Page 71:* Orietta Agostini. *Page 76:* Dan McCoy/Rainbow. *Page 77:* (à gauche) Avec l'autorisation du Dr Michael E. Phelps et du Dr John Mazziotta, UCLA School of Medicine; (à droite) Richard Haier, University of California, Irvine. *Page 87:* Corbis/Bettmann.

Chapitre 4

Page 100: (en haut) Superstock; ©René Magritte/Sodrac (Montréal) 1999; (en bas) dessin tiré de R. L. Gregory et J. C. Wallace, « Recovery from early blindness », *Experimental Psychological Society Monograph*, no 2, Cambridge, 1963. *Page 103:* (à gauche) Ewing Galloway/T.W.'s Image Network Inc.; (à droite) B. Nation/Sygma. *Page 105:* Michael Beasley/Tony Stone Images. *Page 106:* (fond) Kunsthistorisches Museum, Vienna. *Page 111:* Ron James. *Page 112:* Jacquart Design. *Page 114:* (photo *a*) Andrea Booher/Tony Stone Images; (photo *b*) J. Williamson/Photo Researchers, Inc.; (photos *c*) ©Jean-Philippe Caron; (photo *d*) Jacqueline Leroux; (photos *e, f, g*) ©Jean-Philippe Caron. *Page 122:* Tony Fabre(danseur)/Michael Slobodian, photographe.

Évaluation de la perspective biologique

Page 125: (détail) Kunsthistorisches Museum, Vienna.

Troisième partie

Pages 138-139: (fond) Kunsthistorisches Museum, Vienna (détail).

Chapitre 5

Page 140: Mya Kramer/Photonica. *Pages 140-141:* Dessins tirés de « Psychotherapy in action: How one therapist reached a withdrawn boy » in *Forms of* feeling par Robert Hobson/Tavistock Publications. *Pages 147-151:* (fond) Kunsthistorisches Museum, Vienna. *Page 148:* Philipp Bourseiller/ Gamma-Liaison/Ponopresse Internationale. *Page 150:* (les 3 photos) Allan Hobson/Photo Researchers, Inc. *Page 151:* Raeanne Rubenstein/T.W.'s Image Network Inc. *Page 156:* (fond) Kunsthistorisches Museum, Vienna. *Page 157:* Penny Gentieu/Tony Stone Images. *Page 159:* M. C. Escher/Cordon Art.

Évaluation de la perspective psychodynamique

Page 164: Kunsthistorisches Museum, Vienna (détail). *Page 167:* Gamma/Ponopresse. *Page 173:* Sidney Harris. *Page 175:* Everett Collection. *Page 179:* (fond) Kunsthistorisches Museum, Vienna.

Quatrième partie

Pages 180-181: (fond) Kunsthistorisches Museum, Vienna (détail).

Chapitre 6

Page 182: ©Arthur Tress/Photonica. *Page 183:* (en haut, à droite) Nick Vedros, Vedros & Associates/Tony Stone Images. *Page 184:* ©The Granger Collection, New York. *Page 188:* (à gauche) Jacqueline Leroux; (à droite) Bianca Lam. *Page 190:* Professeur Benjamin Harris. *Page 196:* Lee Snider/The Image Works. *Page 199:* Steve Azzara/Sygma. *Page 201:* (fond) Kunsthistorisches Museum, Vienna. *Page 202:* Francis Demance/Ponopresse Internationale. *Page 205:* Bill Keefrey/ T.W.'s Image Network Inc. *Page 209:* Epstein et al., *Nature*, ©1984 MacMillan Magazines Limited.

Chapitre 7

Page 213: Bianca Lam. *Page 216:* Margo Granistsas/Photo Researchers, Inc. *Page 220:* Rolland Renaud photographe. *Page 223:* Myrleen Cate/ T.W.'s Image Network Inc.

Évaluation de la perspective béhavioriste

Page 227: (en haut) Kunsthistorisches Museum, Vienna (détail); (en bas à droite) Dominion Post. *Page 231:* Rolland Renaud photographe. *Page 234:* ERPI.

Cinquième partie

Pages 240-241: (fond) Kunsthistorisches Museum, Vienna (détail).

Chapitre 8

Page 242: Stewart Cohen/ T.W.'s Image Network Inc. *Page 244:* Jeffrey Markowitz/ Sygma. *Page 245:* John Carter/Photo Researchers, Inc. *Page 246:* Omni Photo/T.W.'s Image Network Inc. *Page 247* Michael Rougier/ Life Magazine © Time Inc. *Page 248:* Publiphoto/Reuters/STR/Archive Photos. *Page 249:* Steve Skloot/Photo Researchers, Inc. *Page 249:* Éditions Tabary/Tabary-Goscinny. *Page 250:*

Corbis-Bettmann Archives. *Page 254:* AP-Wide World/Canapress. *Page 255:* Corbis-Bettmann Archives. *Page 256:* Catherine Leroy/Gamma/Ponopresse Internationale. *Page 257:* Marilynn jeune, Ponopresse Internationale; Marilynn Star, Gamma/Ponopresse Internationale. *Page 258:* Lawrence Migdale/Photo Researchers, Inc.

Évaluation de la perspective humaniste

Page 262: Kunsthistorisches Museum, Vienna (détail). *Page 263:* Carol Lee/The Picture Cube. *Page 265:* Dave Lissy/T.W.'s Image Network Inc. *Page 266:* (à gauche) Michael Greenlar/Black Star; (à droite) Chip Henderson/T.W.'s Image Network Inc.; (en bas à droite) David A. Harvey/©National Geographic Society. *Page 268:* 1994, Rich Pilling/MLB Photos. *Page 270:* BSIP Agency/T.W.'s Image Network Inc.

Sixième partie

Pages 274-275: (fond) Kunsthistorisches Museum, Vienna (détail).

Chapitre 9

Page 276: Games Magazine. *Page 287:* Shelly Katz. *Page 292:* Fred Prouser/Sipa Press/Ponopresse Internationale. *Page 293:* W. Hill, Jr./The Image Works. *Page 300:* Bob Daemmrich/Stock Boston. *Page 302:* Sidney Harris. *Page 306:* Susan Kulin/Photo Researchers, Inc. *Page 307:* Games Magazine.

Chapitre 10

Page 311: Photofest. *Page 313:* Janèle Vézeau. *Page 315:* Karen Preuss/The Image Works. *Page 329:* Omni Photo/T.W.'s Image Network Inc. *Page 333:* Paul Shambroom/Photo Researchers, Inc.

Évaluation de la perspective cognitive

Page 338: Kunsthistorisches Museum, Vienna (détail). *Page 339:* Jacquart Design. *Page 343:* Jim Pickerell/Stock Boston.

Septième partie

Pages 350-351: (fond) Kunsthistorisches Museum, Vienna (détail).

Chapitre 11

Page 352: ©1995 Arthur Tress/Photonica. *Page 355:* National Library of Medicine/Visual Image Presentations. *Page 361:* (à gauche) Paula Lerner/The Picture Cube; (à droite) Tom McCarthy/Unicorn Stock Photos.

Index